INOVAÇÕES RADICAIS NA EDUCAÇÃO BRASILEIRA

I58	Inovações radicais na educação brasileira / Organizadores, Flavio Rodrigues Campos, Paulo Blikstein. – Porto Alegre : Penso, 2019.
	xx, 479 p. ; 25 cm. (Série Tecnologia e inovação na educação brasileira)
	ISBN 978-85-8429-169-4
	1. Educação. I. Campos, Flavio Rodrigues. II. Blikstein, Paulo.
	CDU 37.04

Catalogação na publicação: Karin Lorien Menoncin – CRB 10/2147

INOVAÇÕES RADICAIS NA EDUCAÇÃO BRASILEIRA

Flavio Rodrigues **Campos**
Paulo **Blikstein**
(Orgs.)

Série Tecnologia e Inovação
na Educação Brasileira

Porto Alegre
2019

© Penso Editora Ltda., 2019.

Gerente editorial
Letícia Bispo de Lima

Colaboraram nesta edição

Coordenadora editorial
Cláudia Bittencourt

Capa
Paola Manica

Preparação de originais
Grasielly Hanke Angeli

Leitura final
Lisandra Cássia Pedruzzi Picon

Editoração
Kaéle Finalizando Ideias

Reservados todos os direitos de publicação à
PENSO EDITORA LTDA., uma empresa do GRUPO A EDUCAÇÃO S.A.
Av. Jerônimo de Ornelas, 670 – Santana
90040-340 – Porto Alegre – RS
Fone: (51) 3027-7000 – Fax: (51) 3027-7070

SÃO PAULO
Rua Doutor Cesário Mota Jr., 63 – Vila Buarque
01221-020 – São Paulo – SP
Fone: (11) 3221-9033

SAC 0800 703-3444 – www.grupoa.com.br

É proibida a duplicação ou reprodução deste volume, no todo ou em parte, sob quaisquer formas ou por quaisquer meios (eletrônico, mecânico, gravação, fotocópia, distribuição na Web e outros), sem permissão expressa da Editora.

IMPRESSO NO BRASIL
PRINTED IN BRAZIL

AUTORES

Flavio Rodrigues Campos (Org.). Pedagogo, avaliador de tecnologias educacionais do Ministério da Educação e consultor pedagógico do Serviço Nacional de Aprendizagem Comercial, São Paulo (Senac-SP). Foi pesquisador visitante da Escola de Educação da Stanford University em 2016, e, desde 2004, coordena projetos de inovação educacional ligados ao uso de tecnologia em escolas públicas e privadas. Em mais de 10 anos como diretor pedagógico, atuou na coordenação de professores, coordenadores e alunos, tendo criado o projeto "Tinker Education" de robótica educacional, iniciativa que leva o ensino de engenharia e computação a alunos da educação básica. É Mestre em Educação, Arte e História da Cultura pela Universidade Presbiteriana Mackenzie (UPM) e tem dois doutorados: em Educação pela Pontifícia Universidade Católica de São Paulo (PUC-SP) e em Letras pela UPM, além de pós-doutorado na Faculdade de Educação da Universidade de São Paulo (USP). Atuou como professor adjunto do Curso de Pedagogia da Universidade do Grande ABC e da Escola de Formação de Professores (EFAP) do Governo do Estado de São Paulo.

Paulo Blikstein (Org.). Professor associado do Departamento de Matemática, Ciência e Tecnologia do Teachers College, Columbia University, onde dirige o Transformative Learning Technologies Laboratory. Atuou como professor na Stanford University de 2008 a 2018, onde fundou e dirigiu o Lemann Center for Educational Entrepreneurship and Innovation in Brazil, uma iniciativa dedicada à transformação da educação pública brasileira. Criou e dirige o programa FabLearn, primeira iniciativa acadêmica para levar o movimento *maker* e *fab labs* à educação, agora presente em mais de 22 países. É Mestre em Engenharia pela USP e em Media Lab pelo Massachusetts Institute of Technology (MIT), e Doutor em Educação pela Northwestern University, tendo recebido, em 2011, o Early Career Award da Fundação Nacional de Ciências dos Estados Unidos e, em 2016, o Jan Hawkins Award da Associação de Pesquisa Educacional Norte-americana.

Adelmo Teotônio da Silva. Bibliotecário do Serviço Nacional de Aprendizagem Industrial de Pernambuco (Senai-PE). Professor de Letras e Língua Portuguesa da Universidade de Pernambuco (UPE).

Alessandra Rodrigues. Professora da Universidade Federal de Itajubá (Unifei). Pesquisadora e docente permanente do Programa de Pós-graduação em Educação em Ciências (PPGEC) da Unifei. Especialista em Língua Portuguesa pela Universidade do Planalto Catarinense (Uniplac). Mestra em Educação pela Uniplac. Doutora em Educação pela PUC-SP.

Alex Sandro Gomes. Professor da Universidade Federal de Pernambuco (UFPE). Especialista em Tecnologia Educacional pela Université de Paris V, França. Mestre em Psicologia Cognitiva pela UFPE. Doutor em Educação pela Université de Paris V, França.

Alexsandra Maria da Silva. Administradora. Especialista em Auditoria e Perícia Contábil pela Faculdade de Ciências Humanas Esuda e em Gestão de Cooperativas pelo Centro Universitário Maurício de Nassau (Uninassau). Mestra em Gestão de Desenvolvimento Local Sustentável pela UPE.

Alexandre Vieira Rocha. Professor pedagogo na Rede Municipal de Educação de Mesquita, RJ. Especialista em Educação Integral pela Faculdade São Luís.

Ana Paula Costa de Oliveira. Professora assistente na Faculdades Santa Cruz. Analista técnica sênior do Sistema Federação das Indústrias do Estado do Paráná (FIEP). Especialista em Gestão Escolar: Educação Profissional pelo Senac. Mestra em Literatura pela Universidade Federal de Santa Catarina (UFSC).

Ana Paula Lucio Souto Ferreira. Professora de educação infantil. Vice-diretora da Escola da Prefeitura de Guarulhos Manuel Bandeira.

Andressa Lutiano. Formadora de educadores para educação holística. Pós-graduada em Didáticas para Educação Bilíngue pelo Instituto Singularidades. Mestranda em Educação Integral e Liderança do SelfDesign Graduate Institute. Sócia-fundadora da Wish School e idealizadora da educação holística.

Beatriz Fosco Giorgi. Coordenadora pedagógica e professora de Linguagens Artísticas da Wish School. Especialista em Autoconhecimento na Formação do Educador pelo Instituto Singularidades. Sócia da Wish School.

Camila Zentner. Coordenadora pedagógica da Escola da Prefeitura de Guarulhos Manuel Bandeira. Especialista em Educação Infantil pela USP.

Carla Pineda Lechugo. Docente da Faculdade de Tecnologia de Sorocaba (Fatec-Sorocaba). Professora de Pós-graduação nas áreas de Gestão Empresarial e Educação Superior. Especialista em Metodologia do Ensino Superior pela Associação de Ensino de Itapetininga (AEI). Mestra e Doutora em Educação pela Universidade de Sorocaba (Uniso).

Carla Priscila Antunes dos Santos. Professora de Artes. Especialista em Professor Coach pela Universidade Cândido Mendes (Ucam). Assessora técnica da Equipe de Implantação das Escolas em Tempo Integral do Amapá (EMTI-AP). Coordenadora do Festival Imagem-Movimento (FIM).

Carolina Costa Cavalcanti. Professora convidada da Fundação Dom Cabral e docente do Centro Universitário Adventista de São Paulo (Unasp). Pesquisadora do Núcleo de Pesquisa em Novas Arquiteturas Pedagógicas da USP. Mestra em Tecnologias Educacionais pelo Instituto Tecnológico e de Estudos Superiores de Monterrey (Itesm), México. Doutora em Educação pela USP.

Cassia Fernandez. Física. Pesquisadora do Laboratório de Sistemas Integráveis Tecnológico (LSI-Tec)/ Centro Interdisciplinar em Tecnologias Interativas da USP (CITI-USP). Consultora científica do Lemann Center, Stanford University, Estados Unidos. Mestra em Ciências pela USP.

Célia Regina Gonçalves Marinelli. Advogada. Especialista em Direito Educacional pela PUC-Campinas. Mestra em Educação pela Universidade Metodista de São Paulo (Umesp). Doutora em Educação pela Universidade Metodista de Piracicaba (Unimep).

Claudia Cezar. Professora doutora e pesquisadora do Instituto Perfil Esportivo de Pesquisa, Educação e Consultoria em Obesidade Humana (Ipepcoh). Especialista em Psicossomática pela Associação Brasileira de Medicina Psicossomática (ABMP), em Fisiologia do Exercício pela Universidade Federal de São Paulo (Unifesp) e em Métodos de Treinamento Físico pela USP. Mestra em Nutrição e Metabolismo pelo Departamento de Pediatria da Unifesp. Doutora em Nutrição Humana Aplicada pela USP. Membro da Comissão de Ética da Faculdade de Ciências Farmacêuticas (FCF) da USP. Membro do Laboratório Sujeito e Corpo (Sucor) do Instituto de Psicologia da USP. Diretora da ABMP, gestão 2017-2019.

Diego Elias Santana Duarte. Professor e pesquisador do Centro Integrado de Educação de Jovens e Adultos (Cieja) Campo Limpo e da Escola Técnica Guaracy Silveira do Centro Paula Souza (CPS). Mestre em Geografia Urbana pela USP.

Eda Luiz. Diretora do Cieja Campo Limpo. Especialista em Programa Nacional de Integração da Educação Profissional com a Educação Básica na Modalidade de Educação de Jovens e Adultos (Proeja) pelo Centro Federal de Educação Tecnológica de São Paulo (Cefet).

Eduardo Toledo Santos. Engenheiro eletricista. Professor doutor do Departamento de Engenharia de Construção Civil da Escola Politécnica (EP) da USP. Mestre e Doutor em Engenharia Elétrica pela EP-USP.

Elaine Cristina de Andrade. Analista de empreendedorismo e inovação do Sistema FIEP. Professora convidada da Pós-graduação da Universidade Tiradentes. Palestrante e professora convidada do Serviço Social da Indústria (Sesi) e do Senai-Paraíba. Pós-graduada em Gestão da Qualidade e Produtividade pela Universidade Federal do Paraná (UFPR). Mestra em Tecnologia e Sociedade pela Universidade Tecnológica Federal do Paraná (UTFPR).

Eliane Maria de Santana. Professora de Língua Portuguesa e Inglesa e coordenadora do Instituto Educadores Sem Fronteiras. Especialista em Comunicação em Mídias Digitais pela Escuela de Negocios de la Innovación y los Emprendedores (IEBS), Espanha.

Fabio Ancona Lopez. Médico. Professor titular aposentado do Departamento de Pediatria da Unifesp. Especialista em Pediatria pela Sociedade Brasileira de Pediatria (SBP) e Associação Médica Brasileira (AMB) e em Nutrologia pela SBP e Associação Brasileira de Nutrologia (Abran). Doutor em Ciências da Saúde pela Faculdade de Ciências Médicas e Biológicas de Botucatu (FCMBB) da Universidade Estadual Paulista Júlio de Mesquita Filho (Unesp).

Fabíola Guadix. Pedagoga e publicitária.

Fausto Gentile. Consultor pedagógico. Mestre em Educação e Artes pela Unesp. Doutor em Educação: Currículo pela PUC-SP. Pós-doutorado no Grupo de Estudos e Pesquisa em Interdisciplinaridade da PUC-SP.

Felipe Roberto Martins. Professor de Língua Portuguesa, Literatura e Comunicação Profissional da Escola Técnica Estadual do CPS. Especialista em Psicopedagogia pela Universidade de Mogi das Cruzes (UMC).

Francisco Carvalho de Melo Neto. Gestor da Escola Estadual Professor Mileno Ferreira da Silva, Santana do Ipanema, AL. Especialista em Programação do Ensino de História pela UPE. Mestre em Educação pelo Centro Latino-americano de Economia Humana (CLAEH), Uruguai. Doutorando do Programa de Pós-graduação da Universidade SEK, Chile.

Germano de Barros Ferreira. Professor, licenciado em Estudos Sociais: História. Diretor-presidente do Serviço de Tecnologia Alternativa (Serta). Diretor da Escola Técnica do Campo, Conselheiro Nacional de Desenvolvimento Rural (Condraf). MBA em Gestão de Cooperativas pela Universidade Católica de Pernambuco (Unicap). Especialista em Gestão Pública pelo Instituto Federal de Pernambuco (IFPE) e em Políticas Educacionais e Inovação pela Escola de Inovação e Políticas Públicas da Fundação Joaquim Nabuco (EIPP/Fundaj). Mestre em Gestão do Desenvolvimento Local Sustentável pela UPE.

Membro da Subcomissão Temática da Sociobiodiversidade da Comissão Nacional de Agroecologia e Produção Orgânica (CNAPO).

Giulia Yosue Kawakami Pereira. Graduanda em *Design* Gráfico da Unesp, *Campus* Bauru.

Ivani Catarina Arantes Fazenda. Professora do Programa de Pós-graduação em Educação: Currículo da PUC-SP. Consultora da Organização das Nações Unidas para a Educação, a Ciência e a Cultura (Unesco). Pesquisadora nível 1 do Conselho Nacional de Desenvolvimento Científico e Tecnológico (CNPq). Doutora em Antropologia pela USP. Pós-doutorado em Psicologia no Instituto Internacional de Psicologia Analítica. Livre-docente pela Unesp.

Joana Darth da Costa Mathias. Professora de Educação Física e pesquisadora do Projeto Avaliação do Estado Nutricional de Escolares (Aene). Professora efetiva na Secretaria Municipal de Educação da Cidade de São Paulo. Especialista em Informações Técnicas Culturais e Desportivas do Centro de Educação Unificada Cantos do Amanhecer da Prefeitura de São Paulo. Especialista Aene pela Prefeitura de São Paulo em parceria com a USP e em Atividades Físicas para Grupos Especiais pela AVM Faculdade Integrada.

José Armando Valente. Professor titular do Departamento de Multimeios, Mídia e Comunicação do Instituto de Artes da Universidade Estadual de Campinas (Unicamp). Pesquisador do Núcleo de Informática Aplicada à Educação (NIED) da Unicamp. Professor colaborador do Programa de Pós-graduação em Educação: Currículo da PUC-SP. Doutor em Cursos de Bioengenharia e de Educação pelo MIT, Estados Unidos. Livre-docente pela Unicamp.

José Enrique Rossi. Coordenador pedagógico do ensino fundamental II da Escola Granja Viana, Cotia, SP. Especialista em Fisiologia do Exercício pela Unifesp.

José Pacheco. Educador. Colaborador no Projeto Âncora. Especialista em Educação da Criança pela Faculdade de Psicologia e de Ciências da Educação da Universidade do Porto (FPCEUP), Portugal. Mestre em Ciências da Educação pela FPCEUP.

Karen Nery Carreiro. Professora de Língua Portuguesa e Artes do Cieja Campo Limpo.

Leila R. Sarmento Coelho. Educadora da Escola Nossa Senhora do Carmo. Especialista em Leitura e Produção Textual pela Universidade Estadual da Paraíba (UEPB), em Psicopedagogia pela Faculdades Integradas de Patos (FIP) e em Educação de Jovens e Adultos pela Universidade Federal da Paraíba (UFPB). Mestra em Linguística pela UFPB. Doutora em Educação pela UFPB.

Lilian Corrêa Luitz. Gerente de Educação Básica e Continuada do Sesi-PR. Especialista em Desenvolvimento Pessoal e Profissional pela Universidade Estadual de Ponta Grossa (UEPG), em Planejamento e Gerenciamento Estratégico pela PUCPR e em Biologia Cultural pela Universidade do Chile.

Lilian L'Abbate Kelian. Educadora, historiadora e militante da Rede Internacional de Educação Democrática. Formadora de técnicos do poder público, professores e educadores sociais.

Lourdes Maria de Melo Franco. Professora na Escola Municipal de Ensino Fundamental Ernani Silva Bruno. Especialista em Educação Física Escolar pela Faculdades Metropolitanas Unidas (FMU) e em Gênero e Diversidade pela Unifesp.

Luciano Aparecido Borges Almeida. Professor. Especialista em Psicopedagogia pelo Centro Universitário de Rio Preto (Unirp). Mestre e doutorando em Letras na UPM.

Luciene Silva Souza. Professora de Ciências Humanas e coordenadora institucional do Instituto Educadores Sem Fronteiras. Professora de Ciências Humanas do Colégio Anglo 21. Especialista em Psicopedagogia pelo Centro Universitário Assunção (Unifai).

Luiz Guilherme Lutterbach. Físico. Mestre e Doutor em Óptica Quântica pela PUC-Rio.

Luiza Regina Branco Fernandes. Professora de Tecnologia Educacional da Escola Lourenço Castanho, São Paulo, SP. Especialista em Demografia pela Faculdade de Saúde Pública da USP.

Marco Aurélio Cosmo Machado. Professor de Língua Inglesa. Professor titular no Centro Universitário Cesmac. Especialista em Tecnologias na Aprendizagem pelo Centro Universitário Senac-Santo Amaro.

Marcos Ribeiro das Neves. Professor de Educação Física e pedagogo. Professor da rede municipal de São Paulo. Membro do Grupo de Pesquisa em Educação Física Escolar (GPEF) da Faculdade de Educação da USP. Mestre em Educação pela USP.

Maria Elizabeth Bianconcini de Almeida. Professora associada da PUC-SP. Pesquisadora de produtividade 1C do CNPq. Especialista em Planejamento Universitário pela Universidade Federal de Alagoas (Ufal) e em Informática na Educação pela Unicamp. Mestra em Supervisão e Currículo pela PUC-SP. Doutora em Educação: Currículo pela PUC-SP.

Maria Lucia M. Carvalho Vasconcelos. Professora titular do Programa de Pós-graduação em Letras da UPM. Especialista em Didática do Ensino Superior pela UPM. Doutora em Educação pela USP e em Administração pela UPM.

Mariana Benchimol. Consultora em Educação Inovadora. Mestra em Geografia pela UFRJ. Idealizadora do Trilha da Educação e do Programa de Apoio à Formação de Educadores(as). Cofundadora do Instituto Oju Moran e da Escola Comunitária Cirandas.

Mariana Peramezza Del Fiol. Diretora pedagógica na Escola Técnica de Educação em Saúde do Hospital Alemão Oswaldo Cruz. Especialista em Supervisão e Orientação Educacional e Gestão Escolar pela PUC-SP. Pós-graduada em Educação Corporativa, Gestão do Conhecimento e Aprendizagem Organizacional pela Fundação Instituto de Administração-SP (FIA-SP). Mestra em Educação, Arte e História da Cultura pela UPM.

Mariangela Pinheiro de Magalhães Oliveira. Nutricionista. Especialista em Alimentação Coletiva pela Associação Brasileira de Nutrição (Asbran).

Marina Gadioli. Professora. Graduada em Teatro pela Universidade Anhembi Morumbi. Pós-graduada em Língua Portuguesa e Literatura pela UPM. Sócia da Wish School.

Michael Hafran Filardi. Professor de Ciências Biológicas e em Projetos Mão na Massa. Especializando em Metodologias Ativas para uma Educação Inovadora no Instituto Singularidades e em Ensino de Ciências na UTFPR. Mestre em Agroecologia e em Biodiversidade Vegetal pela Universidade de Barcelona, Espanha.

Mildren Lopes Wada Duque. Psicóloga e gestora da Escola Maria Peregrina. Especialista em Psicopedagogia pelo Centro Universitário do Norte Paulista (Unorp) e em Gestão Escolar pelo Senac. Mestra em Saúde e Educação pela Faculdade de Medicina de São José do Rio Preto (Famerp).

Mônica Cristina Garbin. Pedagoga. Mestra e Doutora em Educação pela Unicamp. Professora doutora da Universidade Virtual do Estado de São Paulo (Univesp).

Monica de Castro. Professora adjunta na Universidade Estácio de Sá. Professora do Programa de Pós-graduação em Educação da Universidade Estácio de Sá. Mestra em Educação pelo Instituto de Estudos Avançados em Educação da Fundação Getúlio Vargas (Iesae-FGV). Doutora em Psicologia pela PUC-Rio. Pós-doutorada na Université de Montréal, Canadá.

Nádia Moya. Coordenadora pedagógica da Escola Estadual Henrique Dumont Villares. Especialista em Direção e Supervisão Escolar pela Faculdade Integrada Campos Salles.

Pâmela de Bortoli Machado. Pesquisadora associada ao Grupo Olho da Faculdade de Educação da Unicamp. Mestra e doutoranda em Multimeios na Unicamp.

Paola Salmona Ricci. Educadora e *designer* educacional. Especialista em Infância, Educação e Desenvolvimento Social pelo Instituto Singularidades. Lemann *Fellow*. Mestranda em Technology Educacional e Media do Teachers College, Columbia University, Estados Unidos.

Patricia Luissa Masmo. Gestora do Grupo Educação: Desenho de Cursos. Coordenadora de Desenho de Cursos do Senac-SP. Pesquisadora do Grupo de Estudos e Pesquisa em Interdisciplinaridade da PUC-SP. Especialista em Dinâmica dos Grupos pela Sociedade Brasileira de Dinâmicas de Grupos (SBDG) e *Coach* de Times pela Team Academy. Mestranda em Educação: Currículo da PUC-SP.

Paulo José de Santana. Economista, educador popular e professor de Economia Solidária no Curso Técnico de Agroecologia do Serta. Especialista em Gestão de Cooperativas pela Unicap. Mestre em Gestão do Desenvolvimento Local Sustentável pela Faculdade de Ciências da Administração de Pernambuco (FCAP) da UPE.

Raquel de O. e S. do Nascimento. Pedagoga. Gerente de Unidade Sesi/Senai-Portão de Curitiba, PR. Professora do Centro Universitário Campos de Andrade (Uniandrade). Especialista em Psicopedagogia e em Pedagogia Terapêutica pela Universidade Tuiuti do Paraná (UTP) e em Gestão de Educação a Distância pelo Senac-PR. Mestra em Educação: Práticas Pedagógicas: Elementos Articuladores pela UTP.

Regina Pundek. Professora na Escola Kid's Home. Especialista em Engenharia Civil pela UFSC, em Psicopedagogia pela Faculdade Taboão da Serra (FTS) e pelo Curso de Formação de Leitores e Críticos Literários do Instituto Superior de Educação Vera Cruz (Isevec).

Rita Junqueira de Camargo. Engenheira de alimentos. Especialista em Infância, Educação e Desenvolvimento Social pelo Instituto Singularidades. Mestra em Tecnologia Nuclear pelo Instituto de Pesquisas Energéticas e Nucleares (Ipen) da USP. Doutora em Ciência dos Alimentos pela FCF-USP. *Creative Learning Fellow* do Lifelong Kindergarten (LLK) do MIT Media Lab.

Rodrigo Lemonica. Professor de Tecnologia Educacional da Escola Lourenço Castanho. Bacharel em Ciências da Computação pela Universidade Paulista (Unip). Pós-graduado em Psicopedagogia Clínica e Institucional pela FMU.

Rodrigo Travitzki. Professor e pesquisador de Políticas Públicas de Educação do Colégio Equipe. Mestre em Filosofia pela Universidade Federal de São Carlos (UFSCar). Doutor em Educação pela USP. Pós-doutorado em Métodos Quantitativos para Educação pela Universidade da Beira Interior (UBI), Portugal.

Romario Pires de Novaes. Professor de Língua Portuguesa do Instituto Federal da Bahia (IFBA), *Campus* Ilhéus. Especialista em Ensino de Língua Portuguesa pela Ucam e em Gestão Pública Municipal pela UFBA.

Rosana Garcia. Consultora pedagógica do Senac-SP. Especialista em Educação pela PUC-Campinas. Mestra em Educação, Comunicação e Administração pela Universidade São Marcos.

Rosilei Ferrarini. Pedagoga. Especialista em Psicopedagogia e Gestão Escolar pela Fundação L'Hermitage. Mestranda em Educação da PUCPR.

Sérgio Leal Ferreira. Arquiteto. Professor da EP-USP. Doutor em Engenharia de Construção Civil pela EP-USP.

Simone Kubric Lederman. Pedagoga. Especialista em Administração pelo Curso de Especialização em Administração para Graduados (Ceag) da FGV. Mestra em Psicologia da Educação pela Faculdade de Educação da USP. *Creative Learning Fellow* do LLK-MIT Media Lab.

Solange Turgante Adamoli. Diretora da Escola da Prefeitura de Guarulhos Manuel Bandeira. Especialista em Educação: Aprendizagem e Linguagem pelo Centro Universitário de Araras "Dr. Edmundo Ulson" e em Coordenação Pedagógica pela UFSCar.

Tathyana Gouvêa. Pedagoga e administradora. Mestra em Gestão Escolar pela PUC-SP. Doutora em Inovação Educacional pela USP. Fundadora do Projeto Educação.

Thaisa Sampaio Sarmento. Arquiteta e urbanista. Professora adjunta da Faculdade de Arquitetura e Urbanismo da Ufal. Pesquisadora do Grupo de Pesquisa em Ergonomia Aplicada ao Ambiente Construído da UFPE. Mestra em Arquitetura e Urbanismo pela Ufal. Doutora em *Design* pela UFPE.

Thiago Stefanin. Professor de Artes Visuais e pedagogo. Mestre profissional em Mídia e Tecnologia pela Unesp.

Ulisses F. Araujo. Professor titular da USP. Mestre em Educação pela Unicamp. Doutor em Psicologia pela USP. Presidente da PAN-PBL: Association of Problem-Based Learning and Active Learning Methodologies.

Valdiane Soares da Silva. Professora. Especialista em Leitura e Produção de Textos pela Faculdads Integradas da Vitória de Santo Antão (FAINTVISA).

Valdir Lamim-Guedes. Biólogo. Professor do Centro Universitário Senac-Santo Amaro. Especialista em Educação Ambiental pela USP, em Jornalismo Científico pela Unicamp e em *Design* Instrucional pela Unifei. Mestre em Ecologia pela Universidade Federal de Ouro Preto (UFOP). Doutorando em Educação da Faculdade de Educação da USP.

Valéria Bussola Martins. Professora dos Cursos de Letras, Jornalismo e Publicidade da UPM. Pós-doutorada em Letras na UPM.

Vanessa Mariano de Castro. Professora de Geografia da Escola Municipal Casimiro José de Lima Filho, da Prefeitura Municipal de Fortaleza. Especialista em Educação, Pobreza e Desigualdade Social pela Universidade Federal do Ceará (UFC). Mestranda em Educação Brasileira da UFC.

Vilma Villarouco. Professora titular do Departamento de Expressão Gráfica da UFPE. Docente do Programa de Pós-graduação em *Design* e docente e coordenadora do Programa de Pós-graduação em Ergonomia da UFPE. Mestra em Engenharia de Produção pela UFPB. Doutora em Engenharia de Produção pela UFSC.

Vitor Yamashita Akamine. Graduando em Marketing da Escola de Artes, Ciências e Humanidades (EACH) da USP.

Waldomiro Loyolla. Engenheiro eletricista. Professor titular da Univesp. Mestre em Engenharia Elétrica pela USP. Doutor em Engenharia Elétrica pela Unicamp. Presidente do Conselho Científico da Associação Brasileira de Educação a Distância (ABED).

Zoralia Aparecida dos Santos Ferreira. Pedagoga. Professora do ensino fundamental I e II da Prefeitura de Blumenau, SC. Especialista em Psicopedagogia Clínica, Hospitalar e Institucional pela Faculdade de Educação Superior do Piemonte da Chapada (FESPC).

A SÉRIE

A **Série Tecnologia e Inovação na Educação Brasileira** foi idealizada por Paulo Blikstein, professor na Columbia University (EUA), diretor do Transformative Learning Technologies Lab e Senior Fellow no Lemann Center for Educational Entrepreneurship and Innovation in Brazil da Stanford University (EUA). A série almeja mapear e divulgar pesquisas, implementações e práticas bem-sucedidas em inovação e tecnologia educacional no Brasil. Os primeiros títulos da série, a serem publicados em 2019, são:

- *Inovações radicais na educação brasileira* (Flavio Rodrigues Campos, coorganizador)
- *Robótica e computação física na educação brasileira* (Rodrigo Barbosa e Silva, coorganizador)
- *Ludicidade, jogos digitais e gamificação na aprendizagem: estratégias para transformar as escolas no Brasil* (Luciano Meira, coorganizador)
- *Computação na educação básica: fundamentos e experiências* (André Raabe e Avelino F. Zorzo, coorganizadores)

Os livros foram estruturados para trazer também a voz do professor e do aluno, contando com seções e capítulos escritos por educadores e por estudantes. Nesses quatro volumes, a série conta com mais de 70 capítulos e mais de 50 autores de todos os Estados da federação, constituindo o mais completo retrato da inovação educacional no Brasil.

A série foi apoiada pela Fundação Lemann, que possibilitou que os coorganizadores pudessem ser pesquisadores visitantes no Lemann Center da Stanford University no período de 2015 a 2018, e teve coordenação editorial de Tatiana Hochgreb-Häegele e Livia Macedo.

Série Tecnologia e Inovação na Educação Brasileira

Idealização e direção
Paulo Blikstein
    Professor associado do Departamento de Matemática, Ciência e Tecnologia do Teachers College, Columbia University.

Coordenação editorial
Tatiana Hochgreb-Häegele
    Pós-doutora em Ciências – Lemann Center for Educational Entrepreneurship and Innovation in Brazil, Stanford University

Livia Macedo
    Mestre em Aprendizagem, Design e Tecnologia pela Stanford University. Gerente de projetos de STEM (Science, Technology, Engineering and Math) no Transformative Learning Technologies Lab, Teachers College, Columbia University

PREFÁCIO

A inovação radical em educação ganhou o mundo – no Brasil e no exterior, nunca se falou tanto sobre como mudar a escola. Mas seria um erro imaginar que se trata de um fenômeno novo: o tema está presente na história da educação desde pelo menos o século XIX. Pensamos em novas formulações escolares desde o momento em que a escola se institucionalizou, e os exemplos atravessam culturas e geografias – vão desde a Rússia czarista, com a escola fundada por Tolstói em Yasnaya Polyana, até a escola-laboratório de John Dewey, da escola moderna de Ferrer e Guàrdia à revolução de Montessori.

Além das experiências dessas escolas, há educadores que também se tornaram referência em inovação radical, inspirando escolas do mundo todo. Paulo Freire, no Brasil, apresentou um método de alfabetização fundamentado na perspectiva de leitura do mundo e de seu poder emancipatório, transformando a visão do papel da escola e do professor. Sua teoria, não por coincidência, surgiu em uma época de grandes transformações no País.

Seymour Papert, professor e pesquisador sul-africano que trabalhou com Piaget em Genebra (Suíça) e com Marvin Minsky no Massachusetts Institute of Technology (MIT-EUA), propôs uma abordagem radicalmente transformadora. O construcionismo muda o papel da mediação tecnológica, promovendo o aluno a protagonista e fazendo da tecnologia matéria-prima de construção em vez de meio de transmissão. Papert dizia que "não é o computador que deve programar as crianças, são as crianças que devem programar o computador". Na década de 1960, quando computadores ocupavam salas inteiras e custavam milhões de dólares, ninguém poderia imaginar que sua visão se realizaria em apenas algumas décadas.

Freire e Papert são dois representantes de um seleto grupo de teóricos – como Ivan Illich, John Dewey, Johann Pestalozzi e Anton Makarenko – que transformaram a realidade escolar com práticas radicalmente inovadoras e inspiraram a criação de novas escolas. Summerhill, um exemplo emblemático de escola democrática iniciado na Inglaterra em 1921, propunha a participação ativa do aluno nas decisões da escola. A Escola da Ponte, fundada em 1976 em Portugal, seguiu a mesma linha, defendendo a participação do aluno nas decisões escolares e curriculares desde as séries iniciais. Um exemplo brasileiro de escola democrática foi a Criarte (depois Novo Horizonte e Escola da Vila), criada em São Paulo, na década de 1970, por um grupo liderado por Madalena Freire, que depois atraiu educadores progressistas como Antônio José Lopes, Alda Beraldo e Pedro Paulo Salles.

Mas a inovação radical no Brasil começa muito antes, já no final do século XIX. Um exemplo é o movimento da Escola Nova, que se destacou na Europa e na América, incluindo o nosso país, na primeira metade do século XX, inspirado por Rousseau (1712-1778), Pestalozzi (1746-1827) e Fröebel (1782-1852). O movimento dava grande importância à formação integral do aluno, ao respeito ao tempo da aprendizagem e à mudança do papel privilegiado do docente em relação ao conhecimento. Tendo Rui Barbosa como um de seus entusiastas, o movimento foi marcado fortemente pela influência de John Dewey, e seus pressupostos ganharam força com a publicação do "Manifesto dos Pioneiros da Escola Nova" em 1932, reunindo outros grandes nomes da educação brasileira, como Lourenço Filho e Anísio Teixeira.

Mais do que uma revisão exaustiva de ideias radicalmente inovadoras, nosso objetivo é destacar que houve diversas experiências de inovação radical ao longo da história da educação brasileira. Muitas delas acabaram esquecidas e "reinventadas" décadas depois por escolas e gurus educacionais. Intencionalmente ou não, nessas reinvenções, os autores originais são muitas vezes esquecidos, os fundamentos teóricos apagados e as lições de experiências passadas ignoradas. Mas o pior tipo de reinvenção é a recriação seletiva, em que os aspectos de fácil implementação são mantidos, e os difíceis, eliminados. Paulo Freire, por exemplo, defendeu o ensino adaptado à realidade do aluno, por meio de um processo complexo de coconstrução curricular. Muitas escolas e gurus se dizem também defensores de uma educação "relevante" e "significativa", mas deixam de lado a complexa tarefa de redesenhar currículos, entender a realidade do aluno e lidar com questões de justiça social na sala de aula.

Na última década, esse processo de reinvenção se acelerou. Em vez de inspirações teóricas ou baseadas em pensadores da educação, uma nova onda de escolas inovadoras passou a trazer inspirações do mundo do empreendedorismo, notadamente do Vale do Silício e de escolas de elite nos Estados Unidos. Essas escolas, preocupadas com o tradicionalismo da educação convencional, passaram a implementar o ensino baseado em projetos, a educação centrada no aluno e a flexibilização curricular. Muitas dessas propostas, no entanto, eram repetições embaladas como inovação, frequentemente desprovidas de fundamentos teóricos ou evidências empíricas. Infelizmente, educadores como Papert e Dewey veem suas ideias sistematicamente reinventadas e trivializadas, capturadas em aplicativos e *kits* que são radicais apenas no *marketing* – muitos oferecem produtos que em nada lembram o radicalismo desses autores.

Este livro é, de certa forma, uma resposta a esse movimento, mostrando não só que há inovações sólidas no Brasil, mas também que experiências inovadoras devem ser fundamentadas, documentadas e estudadas à luz de teorias pedagógicas coerentes, apresentando evidências e dados que sirvam como fonte de inspiração para escolas e educadores. Esperamos ter conseguido sistematizar grande parte do trabalho em inovação radical na educação brasileira, para que sejamos mais criteriosos e mais desconfiados dos inovadores "disruptivos", dos gurus estrangeiros e do *marketing* da "revolução educacional". Nosso olhar deve se voltar para a solidez teórica e para a sustentabilidade da inovação.

E, claro, devemos nos sentir orgulhosos do belíssimo trabalho que vem sendo feito por educadores, professores, pesquisadores e alunos brasileiros nesse difícil e fascinante projeto de construir o futuro da educação no País.

O LIVRO

Entendemos por inovação radical, no contexto desta obra, transformações profundas e significativas no ambiente escolar, considerando as relações pedagógicas, a organização curricular e o processo de ensino-aprendizagem.

A obra não tem a pretensão de esgotar o debate sobre essa temática, mas busca ampliar a discussão sobre teoria e prática da inovação, apresentando experiências de escolas que promovem mudanças fundamentais em sua organização, com transformações profundas (ou supressão completa) no currículo estruturado por disciplinas, na seriação por idade, na divisão da escola em salas de aula ou na aplicação de avaliações. Algumas dessas mudanças também incluem a participação dos alunos na definição do currículo, a implementação de processos democráticos de decisão e a inclusão de conteúdos não "tradicionais" no currículo.

A composição dos capítulos procurou envolver todos os níveis de ensino, da educação infantil ao ensino superior e técnico, evidenciando práticas diversificadas, considerando experiências de todas as regiões do Brasil. Nesse sentido, trata, dentre outras, de inovação nas seguintes temáticas:

- Práticas da interdisciplinaridade no contexto escolar
- Processos de ensino e aprendizagem na escola
- Abordagens metodológicas na educação básica e profissional
- Desenho curricular
- Gestão escolar
- Planejamento pedagógico
- Discurso pedagógico
- Uso de tecnologias na educação (recursos digitais, ensino de programação, pensamento computacional, fabricação digital, ensino de engenharia, robótica educacional)
- Avaliação
- Atuação e formação de docentes (inicial e continuada)

Assim, os capítulos se caracterizam pela diversidade de temas e níveis de ensino, pela criatividade dos professores em transformar a sala de aula e inovar em termos de métodos e estratégias de ensino, bem como na perspectiva de instituições de ensino que inovam em sua organização pedagógica e curricular.

A obra está estruturada em quatro partes:

Parte I – Fundamentos: constitui espaço de contribuições ao campo teórico-prático da inovação educativa. Assim, em 11 capítulos, 27 autores apresentam temas como a renovação de práticas pedagógicas nas escolas brasileiras, as diferentes abordagens teóricas para a aprendizagem, modelos pedagógicos inovadores na formação de professores e o papel do Estado na inovação educacional. Os capítulos também abordam a arquitetura escolar relacionada ao processo de ensino-aprendizagem e ao currículo, a importância da interdisciplinaridade, assim como temáticas emergentes sobre tecnologias educacionais e jogos educativos.

É possível constatar, a partir dos estudos e reflexões apresentados nos capítulos, que as inovações radicais na educação transformam a realidade escolar sobretudo a partir de um laço coerente entre teoria e prática, considerando metodologias, tecnologias, propostas pedagógicas, currículos, espaços educacionais e, não menos importante, professores, alunos e todos aqueles envolvidos no processo educativo.

Parte II – Escolas inovadoras: apresenta experiências *in loco* de escolas inovadoras no Brasil, contadas por elas próprias. Nesse sentido, aborda transformações significativas nas escolas quanto a sua organização curricular, metodologias e o papel de educadores e alunos. Assim, apresentamos experiências das seguintes instituições: a escola de educação infantil bilingue Kid's Home (SP), a Escola Comunitária Cirandas (RJ), o Instituto Educadores Sem Fronteiras (SP), a Escola da Prefeitura de Guarulhos Manuel Bandeira (SP), a Escola Maria Peregrina (SP), a Escola Rubem Alves (Mesquita-RJ), o Centro Universitário Senac-SP, o colégio de educação profissional Serta (PE), o Colégio Sesi Paraná (PR), a Escola Tia Ciata (RJ), a Escola Nossa Senhora do Carmo (PB) e a Wish School (SP).

As experiências apresentadas pelas escolas evidenciam a transformação da cultura escolar brasileira, com práticas radicalmente inovadoras, fundamentadas em diversas teorias pedagógicas. Podemos constatar nas práticas descritas que, seja na avaliação, na mediação, na relação com o saber, na organização pedagógica e curricular, ou nas relações pedagógicas, a inovação radical é uma realidade no País e se aproxima cada vez mais de inovações no exterior.

Essas experiências, nesse sentido, podem contribuir com a difusão de conhecimento de como, por exemplo, organizar o currículo e o dia a dia escolar por projetos, ressignificar os papéis de alunos e professores, e planejar atividades interdisciplinares que conduzam ao engajamento dos alunos.

Parte III – Experiências inovadoras de docentes: apresenta experiências inovadoras de docentes em contextos reconhecidamente tradicionais – ou seja, professores tentando implementar inovações radicais em ambientes convencionais. Assim, são discutidas experiências como o uso de tecnologias, a incorporação de espaços *maker*, a utilização de metodologias ativas, as perspectivas do uso de diários de aprendizagem e trabalho com projetos na educação profissional.

As experiências evidenciam o protagonismo dos docentes brasileiros em promover a transformação da sala de aula, incorporando práticas inovadoras no planejamento, na mediação e na avaliação. Nessa parte da obra, caracterizada pela diversidade de práticas, as experiências relatadas descrevem valiosas lições aprendidas ante o desafio de inovar, mesmo em instituições e ambientes tradicionais.

Parte IV – Experiências inovadoras de alunos: traz experiências inovadoras de aprendizagem contadas pelos alunos, apresentando seus pontos de vista sobre suas vivências. Nelas, a perspectiva dos alunos quanto à inovação torna-se única à medida que evidencia a tomada de consciência do educando quanto a sua autonomia e sua ação emancipadora no processo de ensino-aprendizagem. Nós, como organizadores da obra, incluímos o relato dos alunos tanto por sua qualidade e pertinência quanto como um símbolo. Frequentemente nossos alunos são objetificados e simplificados pelo sistema escolar e pela pesquisa educacional, tendo sua voz sistematicamente silenciada, filtrada ou reinterpretada. Mas acreditamos que, especialmente em relação ao tema aqui abordado, ouvir a voz direta do aluno é fundamental e esperamos que isso ocorra de forma cada vez mais frequente na literatura educacional brasileira.

A publicação desta obra tem por objetivo convidar o leitor a refletir sobre o importante tema da inovação educacional. Esperamos que a leitura, com base nos fundamentos e práticas descritos aqui, encontre renovada força e inspiração para transformar a educação no Brasil.

Flavio Rodrigues Campos
Paulo Blikstein
Orgs.

SUMÁRIO

Introdução
Inovação ou renovação educacional? Dilemas, controvérsias
e o futuro da escolarização 1
Flavio Rodrigues Campos

Parte I – FUNDAMENTOS

1. O movimento brasileiro de renovação educacional 15
   Tathyana Gouvêa

2. Criando condições para que alunos identifiquem suas preferências
   de aprendizagem: uma experiência com a graduação em Midialogia 27
   José Armando Valente

3. A formação de professores para inovar a educação brasileira 40
   Ulisses F. Araujo | Carolina Costa Cavalcanti | Mônica Cristina Garbin | Waldomiro Loyolla

4. Inovação em educação e o papel do Estado 54
   Célia Regina Gonçalves Marinelli

5. Contribuições do exame antropométrico escolar: associação do
   conteúdo do currículo educacional com educação alimentar na
   escola, avaliação do estado nutricional e autogestão da saúde 67
   Claudia Cezar | José Enrique Rossi | Lourdes Maria de Melo Franco
   Joana Darth da Costa Mathias | Mariangela Pinheiro de Magalhães Oliveira
   Fabio Ancona Lopez

6. Currículo de arquitetura aberta: estruturando as liberdades
   de aprender e ensinar 83
   Lilian L'Abbate Kelian | Rodrigo Travitzki

7. Diretrizes em *design* para requalificação de salas de aula:
   adequações à prática do ensino híbrido 98
   Thaisa Sampaio Sarmento | Vilma Villarouco | Alex Sandro Gomes

8. Interdisciplinaridade: currículo, didática e inovação 120
   Ivani Catarina Arantes Fazenda | Fausto Gentile | Patricia Luissa Masmo

9. Projeto Âncora: a gênese de novas construções sociais
   de aprendizagem 124
   José Pacheco

10. **Narrativa de *games*: uma estratégia para mobilização e engajamento do alunado** 134
    Luciano Aparecido Borges Almeida

11. **Narrativas digitais, cultura *maker* e pensamento computacional: reflexões sobre possibilidades de articulação e aplicação em contextos educacionais** 148
    Alessandra Rodrigues | Maria Elizabeth Bianconcini de Almeida

Parte II – ESCOLAS INOVADORAS

12. **Criação e implementação da Escola de Educação Infantil Kid's Home** 159
    Regina Pundek

13. **Escola Comunitária Cirandas: inovação que conversa com a vida** 176
    Mariana Benchimol | Fabíola Guadix | Luiz Guilherme Lutterbach

14. **O Instituto Educadores Sem Fronteiras como um laboratório para políticas públicas educativas e inovação radical** 190
    Valdir Lamim-Guedes | Eliane Maria de Santana | Luciene Silva Souza

15. **Escola da Prefeitura de Guarulhos Manuel Bandeira: um sonho de transformação** 203
    Solange Turgante Adamoli | Ana Paula Lucio Souto Ferreira | Camila Zentner

16. **Maria Peregrina: a escola do encontro** 217
    Mildren Lopes Wada Duque

17. **Inovação na rede pública municipal de Mesquita (RJ): o fortalecimento de uma política pública** 224
    Alexandre Vieira Rocha

18. **Inovação curricular no ensino superior brasileiro: metodologias ativas, engajamento e aprendizagem significativa no bacharelado em Moda do Senac – São Paulo** 235
    Rosana Garcia

19. **Agroecologia e educação profissional do campo: a experiência do Serta** 247
    Germano de Barros Ferreira | Valdiane Soares da Silva | Paulo José de Santana
    Alexsandra Maria da Silva

20. **Inovação radical no ensino médio: o Colégio Sesi Paraná e a metodologia das oficinas de aprendizagem** 256
    Ana Paula Costa de Oliveira | Elaine Cristina de Andrade | Lilian Corrêa Luitz
    Raquel de O. e S. do Nascimento | Rosilei Ferrarini

21. **O avesso da lógica: a proposta pedagógica da Escola Tia Ciata** 274
    Monica de Castro

22. Essa vida chamada Escola Nossa Senhora do Carmo: o olhar para dentro e para fora nos caminhos de uma outra educação 291
    Leila R. Sarmento Coelho

23. Wish School: educação holística 307
    Andressa Lutiano | Beatriz Fosco Giorgi | Marina Gadioli

Parte III – EXPERIÊNCIAS INOVADORAS DE DOCENTES

24. A realização audiovisual como metodologia pedagógica transversal: experiências com o Programa Ensino Médio Inovador (ProEMI) 327
    Carla Priscila Antunes dos Santos

25. Conectando Fab Labs e escolas públicas na cidade de São Paulo 336
    Simone Kubric Lederman | Paola Salmona Ricci | Rita Junqueira de Camargo

26. Descobertas de novos caminhos 343
    Francisco Carvalho de Melo Neto

27. Diários de aprendizagem: possibilidades de avaliação na educação superior tecnológica 353
    Carla Pineda Lechugo

28. Ensino da literatura e leitura crítica: um projeto da sala de aula ao teatro em uma escola de Pernambuco 359
    Adelmo Teotônio da Silva

29. Papos, vielas e quebradas: jovens no Cieja Campo Limpo 365
    Diego Elias Santana Duarte | Eda Luiz | Karen Nery Carreiro | Marcos Ribeiro das Neves

30. Filme-educação: uma experiência em escolas de Campinas/SP 372
    Pâmela de Bortoli Machado

31. Implementação de um espaço de criação no contexto do Instituto Sidarta 378
    Michael Hafran Filardi | Cassia Fernandez

32. Relato da experiência com o jornal *Joca* 386
    Nádia Moya

33. Relato de experiência de leitura do livro *Fiel*, de Jessé Andarilho 402
    Romario Pires de Novaes | Zoralia Aparecida dos Santos Ferreira

34. *Maker Space* e os alunos empreendedores da sustentabilidade 405
    Rodrigo Lemonica | Luiza Regina Branco Fernandes

35. O trabalho por projetos e as modificações no papel do professor do ensino técnico profissional 413
    Mariana Peramezza Del Fiol

36. O desafio de trabalhar com as tecnologias da informação e da comunicação nas escolas de educação básica da rede pública de São Paulo: uma experiência, diferentes relatos 423
    Maria Lucia M. Carvalho Vasconcelos | Valéria Bussola Martins

37. Começando os experimentos: um relato do uso de QR Codes em sala de aula de língua inglesa 435
    Marco Aurélio Cosmo Machado

38. Representação gráfica para projeto de engenharia 438
    Sérgio Leal Ferreira | Eduardo Toledo Santos

39. Riscos sociais: uma reflexão sobre questões de gênero, sexualidade e direitos humanos na escola 450
    Vanessa Mariano de Castro

40. Relato de experiência de professor: a transposição da leitura em vivências 456
    Felipe Roberto Martins

Parte IV – EXPERIÊNCIAS INOVADORAS DE ALUNOS

41. Projeto A Cidade Ideal 465
    Regina Pundek

42. Educação Agora: possibilidade de implementação de projetos educacionais a partir da cultura *maker* 472
    Thiago Stefanin

43. Projeto Togotoy 477
    Giulia Yosue Kawakami Pereira | Vitor Yamashita Akamine

INTRODUÇÃO

INOVAÇÃO OU RENOVAÇÃO EDUCACIONAL?
Dilemas, controvérsias e o futuro da escolarização

Flavio Rodrigues Campos

A ideia de inovação está cercada em um espaço/tempo repleto de fragilidades teóricas, demonstrando um caráter "sedutor" e "enganador", aspecto destacado por muitos autores desde meados do século XX.

O destaque ao caráter "sedutor" da inovação se dá para ressaltar determinado fascínio que o termo promove nos diferentes setores da sociedade. O que se detalha no mito de que essa encerraria em si a solução para as complexas demandas dos sistemas educacionais. Além disso, essa "sedução" traz consigo uma característica enganadora, pois muitas vezes não encoraja uma análise das implicações pedagógicas no interior da escola.

No campo da inovação em educação é comum considerar três vertentes – inovação, mudança e reforma – que, embora apareçam relacionadas, definem realidades diversas. Torna-se necessário, então, perceber o significado desses conceitos e situá-los do ponto de vista de suas origens e contextos.

Uma das concepções é a mudança como algo que pode alterar determinadas tarefas pertinentes à unidade que está em processo de inovação. A mudança aqui assume papel de motor propulsor de determinadas transformações que se dão gradativamente.

Assim destaca Fernandes (2000, p. 48):

O conceito de mudança aparece frequentemente associado ao de evolução gradual, sendo utilizado para referir às alterações provocadas por agentes internos ou externos, concretizadas de forma progressiva [...]

A expressão "mudança inovadora" também evidencia a busca da definição de inovação educacional. Aqui o conceito de renovação é entendido como a implantação de uma novidade, como uma nova descoberta, no sistema educativo. Nesse sentido, Fullan (2000, p. 63) destaca que as implantações de novos caminhos devem ser não só fruto do individual, mas também do coletivo.

O que muitas vezes acontece é uma exagerada confiança em relação a determinada novidade, que nem sempre se estabelece para o coletivo e para o individual da mesma forma, não favorecendo as mudanças necessárias.

Nesse sentido, a mudança nas escolas se estabelece na ação de todas as personagens que integram o ambiente educativo. Assim, destaca Thurler (2001, p. 26):

A mudança dentro do estabelecimento escolar só é possível se ela, para os atores, tiver mais significados do que o *status quo*. As regras, os valores, os objetivos, a cultura, os arranjos que alicerçam a organização do trabalho em um estabelecimento escolar determinam, em parte, a maneira como os atores constroem o sentido e a utilidade de uma eventual transformação de suas práticas educativas ou administrativas.

Podemos destacar com essas colocações que, embora toda inovação leve consigo uma determinada intenção de mudança, nem toda mudança necessariamente implica uma inovação. A mudança muitas vezes apenas retoma práticas esquecidas no passado ou até mesmo reacende determinadas práticas que se revezam durante os anos (FERNANDES, 2000).

Por fim, podemos caracterizar a mudança como processo, a renovação como uma integração de atividades que são interdependentes entre si, agindo de maneira que umas escoltem as ações das outras. Como exemplo, podemos citar a investigação propriamente dita, o desenvolvimento, a propagação e a aplicação de novos modelos educacionais.

Em termos de inovação, podemos dizer que se trata de uma ruptura de situações ou práticas anteriores, ou seja, a possibilidade de transformação que se institui de dentro para fora. A inovação, portanto, se dá em forma de construção e depende da relação entre o coletivo e a individualidade de suas personagens.

Perante tais colocações, podemos dizer que a definição de inovação educacional passa necessariamente por alguns pressupostos, a saber: esse processo deverá ser incomum (não se faz a todo instante); precisa ser algo que proporcione reais contribuições às instituições e aos sistemas educativos; também precisa englobar um grande número de personagens que atuem no cenário da educação e ser um processo pré-elaborado e planejado.

Esses pressupostos, segundo Goldberg (1995, p. 201) apresentam três aspectos em comum:

a. A origem (processo de produção)
b. O objeto (uma mudança)
c. O alvo (sistema educacional)

Para poder falar sobre a inovação educacional e os processos de mudança social, precisamos destacar os marcos que delimitam as relações da educação com o contexto social mais abrangente no qual se insere, bem como com os processos de mudança social de determinada sociedade.

Podemos identificar a educação como um processo social específico. Em meio ao âmbito da escola, muitos cientistas sociais procuram relacioná-la com outras formas de processo educacional e analisá-la com todas as dimensões importantes da sociedade, como a econômica, a política e a ideológica.

Nesse caminho, acredita-se que tais dimensões influenciam as condições internas do sistema escolar em diferentes aspectos: identidade de professores e alunos, socialização dos alunos, processos de interação social, etc.

Uma das situações problemáticas é a preocupação com relação ao tipo de mudança provocada pela inovação, se ela será qualitativa ou apenas quantitativa. Um bom exemplo disso é que em nossa sociedade podemos visualizar ações que supervalorizam a industrialização em cidades do interior que posteriormente sofrem em decorrências das migrações descontroladas, da mudança na qualidade de vida, etc. Para Litwin (1997), assim também ocorre no setor educativo, no qual muitas inovações são empregadas de forma quantitativa, somando-se diferentes novidades às práticas educativas sem levar em consideração todo o processo de uma inovação.

Outro aspecto relevante é a dificuldade de integração entre as diferentes unidades da sociedade. A relação indústria/escola, por exemplo, na qual facilmente se percebe o não acompanhamento por parte das escolas das necessidades das empresas, sobretudo no que se refere às inovações tecnológicas, forçando as empresas a desenvolver programas de capacitação interna. Com a supervalorização do desenvolvimento econômico, aparece a ênfase nas ciências exatas e a diminuição do valor das ciências humanas, visto que a diminuição de recursos é evidente, além da carência de bolsas para estas últimas.

Como último aspecto, destacamos a dificuldade de maior integração entre as instituições escolares formais e aquelas que projetam e aplicam a educação informal, de forma assistemática, pois sua dinâmica de ensino e aprendizagem não encontra respaldo nas estruturas burocráticas das instituições formais.

No Brasil, as diversas manifestações de melhorias, como na rede de ensino, nas diferentes leis que procuram favorecer o aumento de vagas e o aumento de recursos financeiros, etc., apenas mantêm a ideia de que as inovações não chegam a repercutir o esperado.

Acerca das possibilidades reais de mudança no contexto da inovação educativa, devemos destacar a questão da cooperação profissional docente, vivência essa que depende de como a cooperação está firmada na cultura escolar, como descreve Thurler (2001, p. 60) ao afirmar que "o grau e o modo de cooperação profissional inscritos na cultura de um estabelecimento escolar influenciam a maneira como os professores reagem em face a uma mudança".

Assim, entendemos como inovação educativa a ação transformadora que aponta para a modificação de teorias e práticas pedagógicas, que gera um foco de agitação intelectual constante e que facilita a construção de conhecimento, mas também a compreensão do que dá sentido ao conhecimento. A inovação educativa destaca a noção holística sobre os conteúdos/conhecimentos que envolvem todas as dimensões e os componentes que contribuem para o desenvolvimento das pessoas, conhecido atualmente com educação integral.

DILEMAS E CONTROVÉRSIAS DA INOVAÇÃO EDUCATIVA: O CURRÍCULO E A ESCOLA

O contexto educacional atual está repleto de ações, propostas e práticas consideradas "inovadoras" por seus atores. Tecnologias, metodologias, materiais didáticos, entre outras dimensões, estão invadindo o universo escolar com a promessa de mudança nas práticas educacionais, nos processos e métodos, podendo-se citar, por exemplo, desde o uso de modelos como o *Design Thinking* e o uso de tecnologias para a otimização do ensino até a incorporação de materiais didáticos digitais que sugerem a ação individual do aluno na construção do conhecimento.

Práticas consideradas inovadoras, como é o caso de escolas que organizam seu currículo e o dia a dia escolar por projetos, tendem a servir de modelo a ser copiado e tratado como algo "revolucionário" e novo em relação à escola formal. Contudo, grande parte dessas práticas e modelos ou "todas(os)" já existem de forma sistemática desde o fim do século XIX e as primeiras décadas do século XX, como, por exemplo, a organização do currículo de forma mais integrada e contextualizada. Alguns exemplos que podemos citar são os centros de interesse (*Ovide Decroly*), o método de projetos (*William Kilpatrick*), o método natural (*Celestin Freinet*), a escola laboratório da experiência (*John Dewey*), a escola do trabalho (*Georg Kershensteiner*), entre outros.

Entendemos, portanto, que parece controverso o direcionamento da inovação educacional do ponto de vista da "novidade", como se aquela "inovação" nunca tivesse existido, sendo, assim, considerada uma descoberta. Parece-nos mais plausível a consideração de inovação como renovação de práticas pedagógicas locais a partir de experiências inovadoras anteriores, bem como na escala em que essa renovação se dá.

Carbonell (2015, p. 78) destaca quatro visões não inovadoras sobre os conteúdos/conhecimentos em relação ao currículo: *visão enciclopédica, visão centrada nos interesses dos alunos, visão relativista* e *visão utilitária*.

A *visão enciclopédica* trata da organização curricular dos saberes de modo que são propostos uniformemente, descontextualizados, cultural e socialmente inúteis, estruturados sob a lógica da memorização.

A *visão centrada nos interesses dos alunos* faz parte de um movimento pendular de crítica ao modelo enciclopédico, em que se menospreza o valor e a seleção dos conteúdos/conhecimentos; sendo assim, ensinar está em função dos interesses, das necessidades e dos ritmos dos alunos. Essa visão diz não ser necessário pensar na seleção dos conteúdos/conhecimentos por se contrapor ao desejo e à liberdade do aluno. Constitui-se da derivação do psicologismo, do espontaneísmo, das pedagogias não diretivas e do construtivismo, tendo "sequestrado" o debate em torno da seleção, o sentido da relevância dos conteúdos/conhecimentos. Assim, ela tem priorizado as opiniões e as demandas dos alunos e ignorado qualquer conhecimento estruturado e proposto pela escola. Uma das "propagandas" mais comuns dessa visão é o "aprender a aprender", de certa forma uma proposição um tanto quanto vaga, porque ainda são necessários conhecimentos culturais específicos. A clara falta de atenção a esse ponto se agrava pela confusão e pela ambiguidade em que se estabelece, em diferentes reformas, a distinção entre conteúdos/conhecimentos conceituais, procedimentais e atitudinais.

A *visão relativista* também se destaca pela reação pendular ao modelo enciclopédico que universaliza a cultura, legitimando dogmas, verdades absolutas e conhecimentos etnocêntricos. Existem discursos contra-hegemônicos que reiteram mais que justificadamente um currículo que contemple a diversidade cultural. Entretanto, esse discurso relativista se constitui ao extremo ao usar a diversidade, a complexidade e a incerteza como álibis para sustentar que todas as opiniões e todos os conhecimentos têm o mesmo valor, bem como colocar em questão qualquer certeza ou veracidade do conhecimento. Tal posicionamento nega ou subestima a existência de evidências científicas, verdades históricas ou referenciais éticos.

Na *visão utilitária*, associa-se o novo vértice do discurso das competências (uma versão moderna e inventada da pedagogia dos objetivos) que coloniza todos os âmbitos e níveis educativos. Assim, os objetivos e os conhecimentos mínimos – apenas um eufemismo – são substituídos por uma vasta lista de competências, convertendo-se em uma espécie de tábua de salvação do processo de ensino e aprendizagem.

O discurso, nessa visão, diz que o "mantra" não é mais adquirir conteúdos/conhecimentos – não importa quais sejam –, senão o "aprender a aprender", como se essa atividade pudesse ser realizada à margem da aquisição de conteúdos/conhecimentos. Assim, são enfatizadas as capacidades de desenvolvimento pessoal e social, em detrimento ao debate sobre a seleção e a hierarquização dos conteúdos culturais. Podemos atribuir a essa visão a "obsessão" pela avaliação das competências mediante o aumento de "provas" nacionais e internacionais, como o Programa Internacional de Avaliação de Alunos (PISA). Embora seja evidente a importância das competências linguística, científica e matemática, não é possível medi-las apenas com uma avaliação. Existem ainda competências relacionadas a outras áreas do conhecimento que não são avaliadas, mas que fazem parte do capital cultural mínimo que deve ser adquirida na educação formal.

Destacamos aqui uma premissa importante: o ensino e a aprendizagem de conhecimentos/conteúdos (o que se ensina e aprende) sempre estão associados a metodologia, estratégias de ensino, atividades e materiais didáticos utilizados (como se ensina e aprende). Nossa proposta não é debater sobre a relação entre o que se ensina na realidade da sala de aula, tampouco sobre o que os alunos aprendem fora da escola ou até mesmo em espaços informais. A questão é tratar o currículo escolar e suas possibilidades de adaptação, reconstrução e posicionamento ante os desafios contemporâneos.

Carbonell (2015, p. 80) aponta para a visão transformadora dos conhecimentos/conteúdos escolares em superação às quatros visões citadas anteriormente. Assim, suas características podem incluir aspectos relacionados a essas quatro visões, mas integradas em uma nova lógica, direcionada a uma educação integral, que tenha êxito em estabelecer conexões maduras entre o desenvolvimento pessoal e o cultural, entre as distintas capacidades e os conhecimentos/conteúdos.

Conforme Carbonell (2015, p. 80) destaca:

> Uno de los atributos del conocimiento inovador es su relevancia; es decir, la adquisición de contenidos básicos con valor cultural y social que nos ayuden a comprender la evolución multidimensional de la humanidad y a comprender le mundo que vivimos.

O mesmo autor, em sua obra *A aventura de inovar: a mudança na escola* (2001), acentua 10 componentes do conhecimento inovador: afeta todos os aspectos do desenvolvimento pessoal; tem que ser relevante; se enriquece com a interculturalidade; trata da emancipação e da busca da verdade; desenvolve o pensamento reflexivo e a compreensão do tempo passado, presente e futuro; fala mais de perguntas do que de respostas; se enriquece com a experiência pessoal; carrega forte carga emotiva e forma parte da subjetividade; tem como alvo a realidade a sua volta para analisá-la e transformá-la; tem caráter interdisciplinar em contraposição à lógica da fragmentação do saber.

Assim, a investigação em educação e a experiência docente têm demonstrado com muitos exemplos e dados – os projetos de trabalho na organização do currículo são um exemplo bem ilustrativo – que, quando estabelecemos relações entre os saberes e a disciplinas, em que o conhecimento se integra e torna-se globalizado, os fenômenos naturais e sociais são mais bem compreendidos.

Um dilema aqui, entretanto, é a seleção e a hierarquização dos conhecimentos/conteúdos: como escolher entre o necessário e o acessório? Quais são os conceitos, ideias, fenômenos sociais e científicos que explicam como as coisas são e por que são, e como chegamos a esse ponto como humanidade? Ainda, questionando ao mesmo tempo, se o futuro de toda a humanidade ou de nosso país em particular poderia ter sido diferente dependendo das decisões tomadas.

Existem projetos de currículo, por exemplo, que organizam e sequenciam o saber curricular em função dos grandes problemas e questões relevantes que têm formatado passado-presente-futuro: alimentação, meio ambiente, transporte, os conflitos mundiais e suas revoluções, como os 17 objetivos sustentáveis da Organização das Nações Unidas (ONU), entre outros.

Que sejam esses ou outros conteúdos, a partir da perspectiva da transformação inovadora atribui-se relevância ao diálogo constante entre docentes e alunos com vistas a questionar criticamente o conhecimento; identificar questões duvidosas da ciência; substituir concepções e esquemas mentais obsoletos; fazer perguntas pertinentes e buscar respostas a partir de diferentes fontes de informação; estabelecer relações entre o local e o global; construir conhecimento da melhor maneira possível e a usar as tecnologias de informação e comunicação de forma responsiva e construtiva.

Em última instância, o desenvolvimento humano tem em seu aspecto elementar a capacidade de estabelecer relações entre os diferentes tipos de informação e dados com o objetivo de criar seu próprio critério, ampliar a visão sobre as coisas do mundo e compreender a realidade.

Ora, o papel da escola, pelo menos o principal, é promover o conhecimento do senso comum para o conhecimento científico (FREIRE, 1995). Nesse sentido, ocorre o processo de transformação do currículo da esfera técnico-política à prático-pedagógica, e na educação formal a escola é o espaço em que se dá a mediação desse processo, sendo os professores seus agentes.

Assim, o que escolas e professores ensinam é resultado da complexidade de um sistema de decisões, ideias, relações e condições que se integram para lidar com a gestão do saber. Se professores e escola ensinam uma versão adaptada de forma pedagógica da cultura relevante disponível em nossa sociedade, então eles nos ensinam a experiência pública do saber e a possibilidade de participar da sociedade de forma integral, buscando sentido para a realidade.

IDENTIDADE DOCENTE: PROFISSIONALIZAÇÃO E PAPEL DO ENSINO

Outro ponto central na questão da inovação ou renovação educacional é a identidade docente e seu papel perante os desafios constantes da profissão, as mudanças na relação pedagógica, os avanços nas leis e diretrizes educacionais, entre outras nuances que colaboram para o aprofundamento do debate sobre o que "pertence" ao docente no dia a dia de seu trabalho.

A docência como profissão tem ocupado holofotes das pesquisas sobre formação de professores nas últimas décadas, destacando saberes específicos de seu exercício e trazendo para o debate a questão de sua formação inicial.

A literatura pedagógica investigativa sobre formação docente no Brasil foi influenciada, até a década de 1980, pelos estudos norte-americanos, os mais divulgados até então. No que diz respeito ao ensino, segundo Cunha (2013), podemos citar os estudos de Gage (1963) demonstrando que as investigações a respeito do professor começaram ao tentar estudar a eficácia do ensino. Aos poucos, esses estudos se deslocaram para investigar o ato de ensinar em si, ou seja, a interação na sala de aula, Flanders (1960) tendo sido um dos mais divulgados. Tivemos ainda estudos que centraram suas perspectivas nas condições cognitivas do ensino.

Já na década de 1970, abriu-se espaço para investigações com perspectiva psicológica do professor. Alguns de seus autores foram Morrison e McIntire (1971), Lembo (1975) e Mosquera (1976), destacando a valorização de aspectos psicológicos na construção da identidade docente.

A partir do início dos anos 1980, a dimensão social da atuação docente ganhou espaço, entendendo-se a identidade docente como construção social e cultural. Paulo Freire (1992) tornou-se a grande referência. Além dele, estudos de Mello (1982), Nosella (1983), Vieitez (1982), entre outros, iniciaram novos rumos na investigação da competência docente sob o viés técnico e político. Esses autores começaram então a incorporar dimensões culturais e subjetivas as quais ainda não haviam sido consideradas.

Martins (1982), Lüdke; André (1986), Fazenda (1995), Veiga (1988), Cunha (1989), Pimentel (1993), Pimenta (1994), Penin (1994) e outros investigadores nacionais juntaram-se a estudiosos internacionais como Schulman (1989), Sacristán (1989), Nóvoa (1992), Schön (1983), Zeichner (1992, 1995), Contreras (1994), entre outros, na perspectiva de estudar o professor como sujeito concreto da ação pedagógica.

Na questão da profissão docente, aspectos da cultura e gênero foram incorporados em relação a sua condição social, tendo como expoentes, entre outros, estudos de Arroyo (1985), Abraamo (1987), Silva (2000), Louro (1989), Lopes (1991), Costa (1995), Hypólito (1991), Pessanha (1994), Varela (1992), Apple (1989), Enguita (1991), Nóvoa (1992) e Guerrero (1992).

Nesse contexto, destaca Cunha (2013, p. 616):

> A base cultural da docência, percebida como uma produção histórica, também foi aceita pelos estudiosos da área, que incorporaram essa dimensão como um valor. Dela, decorreu uma valorização da subjetividade, ou melhor, das subjetividades, instalando a discussão do sujeito histórico da transformação social. O professor assumia-se na história como sujeito e, para além das dimensões psicológica, política e profissional, reconhecia-se sua inserção na cultura, em que a contingência global convive com os determinismos locais.

QUADRO 1 Tendências investigativas na formação do professor

Tendências	Estudos	Período
Psicologia comportamental	Valor profissional medido pela capacidade de fazer os alunos compreenderem as informações	1960/70
Interacionista	A medida da influência do comportamento do professor (verbal e interativo) sobre o aluno revela sua eficácia.	1960/70
Psicologia cognitivista	A ação do professor relaciona-se com os processos de pensamento dos alunos e a construção das habilidades de ensino. Evolui para o impacto da perspectiva epistemológica construtivista.	1970/80
Psicologia afetiva	A afetividade do educador, seus traços de personalidade, interesses e autoconceito são básicos para a construção da profissionalidade e das suas formas de ensinar.	1970/80
Política filosófica	O professor é entendido dentro da estrutura de poder da sociedade, na qual sua identidade é uma construção social. Competências técnica e política se aliam.	1980
Política antropológica	O professor é um sujeito culturalmente produzido e politicamente situado. Sua história e condição de trabalho ressignificam a sua formação	1980/90
Política sociológica/ culturalista	A profissionalização do professor e sua condição de trabalho na organização da sociedade capitalista, sua condição de gênero, classe e etnia tem profundos significados nas suas práticas sociopedagógicas.	1980/90
Política pós-estruturalista	O professor e suas formas de ser e agir estão subordinados a um regime de verdade produzido pelas teorias críticas, tendo efeitos de poder e de verdade específicos sobre os processos de subjetivação docente, relacionados a um dever moral. Centra seu interesse nos processos de subjetivação e nas questões de governabilidade	1990/2000
Política neoliberal	O professor é preponderantemente um gestor de pedagogias predeterminadas em forma de competências a serem alcançadas pelos estudantes, na perspectiva da produtividade. É atingido por um processo de proletarização e desqualificação progressiva pelo esvaziamento de sua condição intelectual	Final de 1990 e 2000
Políticas centradas na epistemologia da prática	O professor é um sujeito reflexivo que toma a prática como ponto de partida da formação e da sua profissionalidade, ressignificando contextualmente a teoria. Assume a autoformação como princípio e a reflexão como possibilidade de desenvolvimento. Considera os contextos institucionais e sociais em que atua	1990 e anos 2000
Narrativas culturais e desenvolvimento profissional	O professor age com base nos saberes estruturais, provenientes de diferentes fontes e contextos. Constrói seus saberes a partir das múltiplas influências de formação, em cotejamento com o contexto cultural e institucional onde atua	Anos 2000

Fonte: Cunha (2013, p. 620).

Outro movimento que influenciou a formação de professores foi a introdução do discurso das competências, tendo como seus principais expoentes Coll (1987) e Perrenoud (1993). Hargreaves (1999) acrescenta à discussão a importância do lugar de formação do professor, trazendo esse elemento como potencial agregador de transformação de sua trajetória.

A valorização da experiência e a posição do professor reflexivo também construíram seu espaço de investigação na formação de professores, desde Schon (1983), com a epistemologia da prática, a relação teoria e prática da ação docente e o destaque aos saberes da docência com Tardif (2002), Nóvoa (1992), Garcia (1999) e Gauthier (1999), Pimenta (1999), Ramalho (2004), Cunha (2006, 2010), entre outros.

As fases apresentadas e muitas outras que não foram exploradas marcam de certa forma a produção de sentido e conceitos relacionados à formação de professores que influenciaram políticas, legislações e culturas.

Quanto ao ensino, objeto epistemológico da didática e ação principal da docência, é preciso salientar que, embora o aluno na perspectiva de uma educação emancipadora tenha de ser protagonista de seu aprendizado, isso não diminui o papel docente tornando-o invisível ou apenas um "mediador" do processo de ensino-aprendizagem.

Em uma sala de aula cada vez mais complexa, o docente precisa assumir a relevância de seu papel, sendo protagonista naquilo que lhe cabe, a saber: organização do currículo e seleção de conhecimentos/conteúdos; planejamento das estratégias de ensino-aprendizagem; seleção e organização de processos de avaliação; mediação do processo de ensino-aprendizagem, entre outros. Assim, não se trata apenas de ser um coadjuvante na escola, apenas "orientando" os alunos durante seu processo de aprendizagem – embora esse seja um de seus papéis – mas sim de colocar-se à altura de seu tempo.

Nesse sentido, a identidade docente, que entendemos a partir dos estudos apresentados, precisa considerar o conhecimento profissional e as características afetivo-motivacionais, conforme a **Figura 1**.

O conhecimento profissional docente, na perspectiva apesentada, organiza-se em conhecimento específico e pedagógico, os quais integram aqueles que são da área do saber de formação técnica do docente, bem como os conhecimentos relacionados à prática docente em serviço, principalmente a didática. Assim, é imprescindível a composição da identidade docente com aspectos técnicos e pedagógicos, reconhecendo a ciência da educação e a prática docente como elemento científico e constitutivo de saberes específicos.

No que diz respeito à dimensão afetivo-motivacional, faz-se necessário destacar a importância de crenças, atitudes e valores relacionados aos conteúdos, ao ensino e à sociedade. A relevância desses aspectos na constituição do profissional docente fica evidente considerando-se as práticas e sua atuação em serviço, não apenas sobre aspectos da vida em sociedade, mas também na relação com os conhecimentos/conteúdos e o ensino como elemento de sua ação profissional.

Nessa mesma dimensão, temos elementos motivacionais para o trabalho que são fundamentais ao profissional docente, considerando tudo o que envolve sua motivação, como formação continuada, remuneração, políticas públicas, condição de trabalho, entre outros.

A partir das dimensões aqui apresentadas, a identidade profissional docente compõe-se de três elementos-chave: *reflexão*, *pesquisa* e *curadoria*. A *reflexão* sobre a prática diária, relacionando-a à teoria, é elemento fundamental da prática docente. Não se trata de uma reflexão superficial do cotidiano, mas de uma ressignificação permanente e uma busca de sentido da ação docente, sempre relacionada ao currículo, ao ensino e à aprendizagem. Portanto, um dos fatores principais do desenvolvimen-

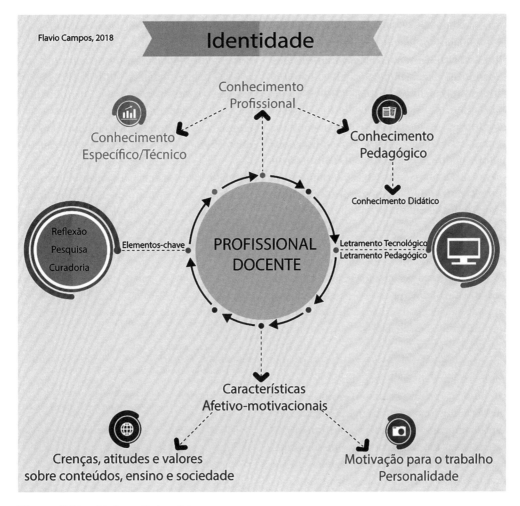

Figura 1 Identidade profissional docente.
Fonte: Do autor.

to profissional docente é a reconstrução permanente de seu pensamento prático reflexivo relacionado à particularidade de cada situação pedagógica.

O elemento *pesquisa* destaca a necessidade de incluir na prática docente uma atitude de investigação, em que se tenha domínio de instrumentos de pesquisa e registro de sua atuação em serviço, ou seja, que se torne um professor-pesquisador. Nesse sentido, produzir conhecimento científico de sua prática e assim contribuir para os processos de inovação no interior da escola.

Por fim, o elemento *curadoria* representa o papel docente ante o desafio de pensar o currículo (os conteúdos, sua seleção e ordenação), a relação do saber com o aluno e as características de planejamento e prática docente que colabore com um processo de aprendizagem emancipador e significativo. Assim, em uma sociedade em constante avanço tecnológico no processamento da informação, é fundamental que o docente possa pensar a sala de aula como local de exposição de arte, em que o curador dispõe as obras com intencionalidade e permite aos expectadores construir o sentido individual e coletivo.

Em relação ao desenvolvimento profissional docente ao longo de sua carreira, apontamos dois letramentos importantes: *tecnológico* e *pedagógico*. As tecnologias de informação e comunicação têm grande influência na escola atualmente, integrando inclusive materiais didáticos e aprimorando processos administrativos e pedagógicos, bem como proporcionando ferramentas de apoio ao ensino, sejam físicas ou digitais. Com efeito, é importante que o professor possa compreender a utilização das tecnologias em sua prática e como instrumentalizar-se quanto ao uso dos diferentes tipos de tecnologias disponíveis, sendo esse um processo permanente.

O letramento pedagógico considera os conhecimentos teórico-práticos específicos relacionados à ciência da educação e à didática, e que em muitos casos não faz parte da formação desse professor, por exemplo, os docentes do ensino superior. Nesse caso, os saberes docentes não podem vir apenas da ação em serviço, ou seja, aprendo enquanto ensino, mas na busca de formação contínua que permita ao docente compreender os aspectos constitutivos do ser professor. Com isso não queremos dizer que aqueles que têm formação nas licenciaturas, por exemplo, não precisam do letramento pedagógico. Ao contrário, a busca pela contínua formação é essencial para o profissional docente, permitindo ampliar seu repertório didático, estar atento às transformações e inovações da profissão, entre outros aspectos.

REFERÊNCIAS

ABRAMO, P. O professor, a organização corporativa e a ação política. In: CATTANI, D. et al. (Orgs.). *Universidade, escola e formação de professores*. São Paulo: Brasiliense, 1987.

ANDRÉ, M. *Tendências da pesquisa e do conhecimento didático no início dos anos 2000*. In: ENCONTRO NACIONAL DE DIDÁTICA E PRÁTICAS DE ENSINO,14., 2008, Porto Alegre. Anais... Porto Alegre: EDIPUCRS, 2008, p.487-499.

APPLE, M. *Educação e poder*. Porto Alegre: Artes Médicas, 1989.

ARROYO, M. *Mestre, educador, trabalhador: organização do trabalho e profissionalização*. 1985. Tese (Doutorado) – Universidade Federal de Minas Gerais, Belo Horizonte, 1985.

ASCHNER, M. The analysis of verbal interaction in the classroom. In: BELLACK, A. (Org.). *Theory and research in teaching*. New York: Columbia University, 1963, p. 53-78.

CARBONELL, J. *A aventura de inovar:* a mudança na escola. Porto Alegre: Artmed, 2001. (Inovação pedagógica, 1).

CARBONELL, J. Las pedagogias innovadoras y las visiones de los contenidos. In: SACRISTÁN, J. G. (Org). *Los contenidos: una reflexión necessária*. Madrid: Morata, 2015.

COLL, C. *Psicologia y curriculum*. Barcelona: Laia, 1987.

CONTRERAS, J. *Ensenanza, currículum y professorado: Introducción crítica a La didáctica*. Madrid: Akal, 1994.

CORAZZA, S. *Artistagens:* a filosofia da diferença e a educação. Belo Horizonte: Autêntica, 2006.

COSTA, M. V. *Gênero, classe e profissionalismo no trabalho de professoras e professores de classe populares*. Tese (Doutorado) – Universidade Federal do Rio Grande do Sul, Porto Alegre, 1995.

CUNHA, M. I. O tema da formação de professores: trajetórias e tendências do campo na pesquisa e na ação. *Educação e pesquisa*, n.3, p. 609-625, 2013.

CUNHA, M. I. *Trajetórias e lugares de formação da docência universitária: da perspectiva individual ao espaço institucional*. Araraquara: Junqueira e Marins, 2010.

CUNHA, M. I. *Verbetes: formação inicial e formação continuada*. Enciclopédia de pedagogia universitária. Brasília: MEC/INEP, 2006. p. 354.

ENGUITA, M. A ambiguidade da docência: entre o profissionalismo e a proletarização. *Teoria e Educação*, n. 4, p. 41-61, 1991.

FAZENDA, I. *A pesquisa em educação e as transformações do conhecimento*. Campinas: Papirus, 1995.

FERNANDES, M. R. *Mudança e inovação na pós-modernidade*: perspectivas curriculares. Porto: Porto, 2000.

FLANDERS, N. A. *Teacher influence, pupil attitudes and achievement*. Minneapolis: University of Minnesota, 1960.

FREIRE, P. *Extensão ou comunicação*. 7. ed. Rio de Janeiro: Paz e Terra, 1983.

FREIRE, P.; PAPERT, S. *O futuro da escola*. São Paulo: PUCSP,1995.

FULLAN, M. *A escola como organização aprendente*. Porto Alegre: Artmed, 2000.

GAGE, N. (Org.). *Handbook of research on teaching*. Chicago: Rand McNally, 1963.

GARCIA, C. M. Formação de professores: para uma mudança educativa. Porto: Porto, 1999.

GAUTHIER, J. *O que é pesquisar: entre Deleuze e Guattari e o candomblé*: pensando mito, ciência, arte e culturas de resistência. *Educação e Sociedade*, v.20, n. 77, 1999.

GOLDBERG, M. A. A. Inovação educacional: a saga de uma definição. In: GARCIA, E. W. (Org.) *Inovação educacional no Brasil: problemas e perspectivas*. São Paulo: Cortez, 1995.

GUERRERO, A. S. *Manual de sociología de la educación*. Madri: Sistesis, 1992.

HARGREAVES, A. Hacia una geografía social de la formación docente. In: PÉREZ GOMES, Á.; BARQUIN RUIZ, J.; ÂNGULO RASCO, J. F. (Orgs.). *Desarrollo profesional del docente: política, investigación y práctica*. Madrid: Akal, 1999.

HYPOLITO, Á. Processo de trabalho na escola: algumas categorias para análise. *Teoria e Educação*, n. 4, p. 3-21, 1991.

LEMBO, J. M. *Por que falham os professores*. São Paulo: EPU/EDUSP, 1975.

LITWIN, E. *Tecnologia educacional: política, histórias e propostas*. Porto Alegre: Artes Médicas, 1997

LOPES, E. M. A educação da mulher: a feminilização do magistério. *Teoria e Educação*, n. 4, p. 22-40, 1991.

LOURO, G. Magistério de 1º grau: um trabalho de mulher. *Educação e Realidade*, n. 2, p. 31-39, 1989.

LÜDKE, M; ANDRÉ, M. *Pesquisa em educação: abordagens qualitativas*. São Paulo: EPU, 1986.

MARTINS, P. L. O. *Didática teórica / didática prática*: para além do confronto. São Paulo: Loyola, 1982.

MELLO, G. *Magistério de 1º grau:* da competência técnica ao compromisso político. São Paulo: Cortez, 1982.

MORRISON, A.; MCINTYRE, D. *Schools and socialization.* Harmondsworth: Penguin Books, 1971.

MOSQUERA, J. *O professor como pessoa.* Porto Alegre: Sulina, 1976.

NOSELLA, P. Compromisso político como horizonte da competência técnica. *Educação e Sociedade*, n. 14, p. 91-107, 1983.

NÓVOA, A. Formação de professores e profissão docente. In: NÓVOA, A. *Os professores e sua formação.* Lisboa: Dom Quixote, 1992.

PENIN, S. *A aula:* espaço de conhecimento, lugar de cultura. Campinas: Cultura, 1994.

PERRENOUD, Philippe. Práticas pedagógicas, profissão docente e formação: perspectivas sociológicas. Lisboa: Dom Quixote, 1993.

PESSANHA, E. *Ascensão e queda do professor.* São Paulo: Cortez, 1994.

PIMENTA, S. G. (Org.). *Saberes pedagógicos e atividade docente*. 7. ed. São Paulo: Cortez, 1999.

PIMENTA, S. G. *O estágio na formação de professores.* São Paulo: Cortez, 1994.

PIMENTEL, M. G. *O professor em construção.* Campinas: Papirus, 1993.

RAMALHO, B. et al. *Formar o professor, profissionalizar o ensino: perspectivas e desafios*. Porto Alegre: Sulina, 2004.

REMMERS, J.; GAGE, Norberto. *Paradigms for research on teacher affectiveness. Review of Research in Education*, v.5, n.1, p. 163-168, 1977.

SACRISTÁN, J. G. *A educação obrigatória: seu sentido educativo e social*. Porto Alegre: Artmed, 2001.

SACRISTAN, J. G.; PEREZ, Gomes. *La enseñanza*: su teoría y su práctica. Madri: Akal, 1989.

SANTOS, M. A aceleração contemporânea: tempo mundo e espaço mundo. In: SANTOS, M. et al. (Orgs.). *Fim de século e globalização*. São Paulo: Hucitec-Anpur, 1997.

SCHÖN, D. *The reflective practitioner.* London: Temple Smith, 1983.

SCHULMAN, L. Paradigmas y programas de investigación en el estudio de la enseñanza: una perspectiva contemporánea. In: WITTROCK, Merlin. *La investigación de la enseñanza: enfoques, modelos y métodos*. Barcelona: Paidós, 1989.

SILVA, T. T. O projeto educacional moderno: identidade terminal? In: VEIGA-NETO, A. *Crítica pós-estruturalista e educação.* Porto Alegre: Sulina, 2000.

TARDIF, M. *Saberes docentes e formação profissional.* Petrópolis: Vozes, 2002.

THURLER, M. G. *Inovar no interior da escola.* Porto Alegre: Artmed, 2001.

VARELA, J. A maquinaria escolar. *Teoria e Educação*, n. 6, p. 68-96, 1992.

VEIGA, I. P. A. (Org.). *Repensando a didática*. Campinas: Papirus, 1988.

VIEITZ, C. *Os professores e a organização da escola.* São Paulo: Cortez, 1982.

ZABALA, A. *Enfoque globalizador e pensamento complexo: uma proposta para o currículo escolar.* Porto Alegre: Artes Médicas, 2002.

ZEICHNER, K. *Los profesores como profesionales reflexivos y la democratización de la reforma escolar.* In: BERNÁRDEZ, P. M. Congreso Internacional de Didáctica: volver a pensar la educación. Madri: Morata, 1995. (v. 2).

ZEICHNER, K. Novos caminhos para o practicum: uma perspectiva para os anos 90. In: NÓVOA, Antonio (Org.). *Os professores e a sua formação.* Lisboa: Dom Quixote, 1992.

PARTE I

FUNDAMENTOS

O MOVIMENTO BRASILEIRO DE RENOVAÇÃO EDUCACIONAL

Tathyana Gouvêa

EM BUSCA DE UMA COMPREENSÃO SOBRE O PRESENTE

Compreender a própria realidade é tarefa difícil e ousada. Não há um distanciamento das ações investigadas que nos permita analisar suas consequências nem capacidade investigativa que nos possibilite acompanhar a celeridade dos acontecimentos. Por que então mapear, analisar e esboçar conceitos sobre processos ainda tão vivos e imbricados em nosso cotidiano?

Diferentemente de outros campos do saber cujas ideias buscam alimentar outras ideias, em educação, estamos sempre em contato com a prática. Seja ela o objeto que origina a reflexão ou o destinatário da elaboração teórica, é impossível separar teoria e prática, uma vez que educar é verbo, é ação.

Ainda que nem toda teoria seja propositiva ou diretiva, é pela prática e/ou para a prática que orientamos nossa reflexão, e é exatamente isso que justifica essa investigação: pensar o fazer coletivo de hoje para ampliar a compreensão dos próprios agentes educacionais na busca de uma educação que faça mais sentido para cada um de nós.

Este capítulo é fruto da tese de doutorado defendida na Faculdade de Educação da Universidade de São Paulo (BARRERA, 2016) em que se buscou, por meio de uma pesquisa teórica e empírica, identificar, compreender e analisar a rede das organizações brasileiras que realizam ou promovem mudanças no atual modelo da escola.

O estudo foi desenvolvido a partir de uma pesquisa de campo exploratória e descritiva, que teve início em 2013 e se estendeu até janeiro de 2016. Foram realizadas análise de documentos, análise de produções culturais, entrevistas com os principais agentes ligados à inovação educacional do País (40 entrevistas), observação direta de escolas e projetos em diferentes Estados brasileiros (20 visitas), além de acompanhamento indireto de outras 36 experiências educativas por todo o Brasil. O objetivo foi caracterizar as iniciativas, compreender as relações que estabelecem entre si e coletar as percepções que os atores têm diante do atual momento e dos processos de transformação.

De maneira mais sintética, apresentaremos, nas próximas páginas, as iniciativas educacionais que compuseram essa investigação, trazendo na sequência contribuições teóricas que nos permitem analisá-las como práticas sociais contemporâneas, bem como justificar a principal tese defendida na pesquisa: vivemos hoje um movimento de renovação educacional no Brasil.

Figura 1.1 Mapeamento coletivo da Reevo de iniciativas brasileiras.
Fonte: Reevo (2016, documento *on-line*).

AS INICIATIVAS EDUCACIONAIS BRASILEIRAS*

São dois os principais e mais completos mapeamentos de escolas e projetos educacionais que rompem com o modelo tradicional de escola:** o mapa da Reevo e o mapa do Ministério da Educação (MEC).

O primeiro é colaborativo: qualquer pessoa, ainda que não pertença ao projeto, pode cadastrar uma escola localizada em qualquer parte do mundo. Não há nenhum tipo de seleção desses projetos ou curadoria do que pode fazer parte ou não do mapa, sendo apenas indicado o que se entende por educação alternativa, conforme segue:

> Entendemos por educação alternativa todas aquelas práticas, teorias, filosofias e propostas diferentes do entendimento da educação tradi-

cional hegemônica estabelecida. Referimo-nos, principalmente, àquelas experiências, projetos e instituições educacionais que abordam, de uma forma ou de outra, a aprendizagem e o pleno desenvolvimento dos seres humanos em comunidade, respeitando sua vida, sua cultura e seu entorno. Entendemos, dentro da educação alternativa, as experiências e tendências educacionais, tais como a educação progressista, ativa, livre, libertária, democrática, holística, popular, aberta, em casa, entre pares, ecológica, personalizada, cooperativa, autoaprendizagem colaborativa, etnoeducação, aprendizagem autodirigida, educação sem escola; práticas tais como a criança natural, teoria do apego e outras; todas estas entendidas como possíveis de se desenvolver em contextos de educação formais e informais (REEVO, 2016, documento *on-line*).

No mapa da Reevo de 2016, encontravam-se 777 experiências ao redor do mundo, sendo 99 delas no Brasil, com a distribuição apresentada na **Figura 1.1**.

Já no mapa divulgado pelo MEC em 2015 (**Fig. 1.2**), pelo Programa de Inovação e Criatividade na Educação Básica, dirigido por Helena Singer, há uma seleção prévia das esco-

---

*Este capítulo não se dedicará aos casos concretos descritos na tese, focando apenas as sistematizações e as compreensões teóricas, uma vez que outros capítulos deste livro trarão contribuições de tal ordem.
**Essa definição será apresentada na próxima seção do capítulo.

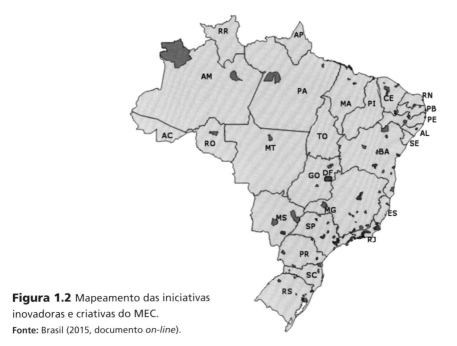

Figura 1.2 Mapeamento das iniciativas inovadoras e criativas do MEC.
Fonte: Brasil (2015, documento *on-line*).

las. Mais de 500 instituições de todo o país se inscreveram, e 178 foram selecionadas (BRASIL, 2015).

Vale destacar algumas características do conjunto dessas experiências:

[...] 74,3% são escolas e as demais 25,7% são organizações educativas que atuam na formação de crianças, adolescentes e jovens, algumas com foco específico em cultura, comunicação, tecnologias digitais ou educação ambiental. Entre elas, 52,8% são públicas e 47,2% são particulares. A inovação atinge todos os níveis de ensino da educação básica: 83 instituições desenvolvem propostas com crianças da Educação Infantil, 132 trabalham com alunos do Ensino Fundamental, 73 estão voltadas aos adolescentes do Ensino Médio e 40 atuam na Educação de Jovens e Adultos. Ressalte-se que, no Ensino Médio, há inovação tanto na modalidade regular quanto no Ensino Técnico.

Tanto as cidades quanto as zonas rurais mostraram-se propícias à inovação, havendo organizações que criam cotidianamente novos caminhos para garantir a qualidade da educação nas cinco regiões do país. Não ficaram de fora as escolas indígenas, que também demonstraram ampla capacidade de criar o novo. É interessante notar que constam da lista tanto instituições que já trilham um longo caminho na prática da inovação quanto organizações que ainda não consolidaram integralmente a inovação nas cinco dimensões descritas pelo MEC na chamada pública, mas apresentam bons planos em andamento nesta direção. Nesta categoria estão 40 organizações (BRASIL, 2015, documento *on-line*).

O aprofundamento da pesquisa em algumas das várias experiências apresentadas nesses dois mapeamentos permitiu a identificação de três grandes tendências do processo de inovação educacional:

- *Uso da tecnologia* – Por meio dela, novas relações pedagógicas são criadas. Uma educação mais personalizada é possível, um amplo universo de conhecimento torna-se acessível aos estudantes, independentemente de sua localidade, e a interface mais atraente torna o processo de aprendizagem mais interativo. Encontram-se, nessa linha, as grandes editoras de livros, que buscam adaptar-se diante de fortes transições em seu setor; as empresas de tecnologia, as fundações que investem na tecnologia para mudar o cenário da educação, especialmente em função da escala que ela permite; e os vários projetos educativos de cunho tecnológico, incluindo aqui também os espaços *makers*.

- *Educação democrática* – Além da gestão democrática, já garantida pela própria Lei nº 9.394/96, Lei de Diretrizes e Bases, alguns projetos têm ressaltado a importância de uma pedagogia democrática (BRASIL, 1996). Nessas escolas, alunos, professores e gestores trabalham juntos na resolução dos problemas da instituição, avançando nos saberes conhecidos como "não cognitivos", fortalecendo o trabalho em equipe, o senso de responsabilidade e a cooperação. Além disso, tais projetos baseiam-se no respeito aos interesses e ao ritmo da criança, muitas vezes permitindo que o jovem escolha seu trajeto de aprendizagem e que a comunidade tenha especial destaque na constituição do currículo escolar.
- *Visão sustentável e integral* – A compreensão do homem como ser dotado de múltiplas inteligências, constituído na interação com o outro, na natureza e na cultura de sua comunidade, que se manifesta por meio de um corpo, com sentimentos, emoções e sensações e, para algumas abordagens, dotado de alma e espírito, gera a necessidade de uma educação diferente daquela oferecida convencionalmente. Nessa tendência, encontram-se tanto propostas ligadas a grupos religiosos, a exemplo de comunidades budistas ou espíritas, projetos ligados a uma nova ordem de produção e consumo, bem como projetos que preparam os estudantes para novos desafios que se apresentam no trabalho e na sociedade.

OS INVARIANTES DA ORGANIZAÇÃO ESCOLAR E OS PROCESSOS DE INOVAÇÃO

Autores da história e sociologia da educação, ao se debruçarem sobre os estudos da cultura, da forma e da organização escolar, mencionam três dimensões como elementos invariantes, mais relevantes ou constitutivos da escola tradicional: o tempo (fragmentado em aulas de 50 minutos), o espaço (fragmentado em salas de aula) e as relações pedagógicas (fragmentação do saber, classificação, programas e controle). Para alguns autores, essa relação aparece desmembrada em relações de poder e relações com o saber. Esses elementos são os aspectos definidores da organização da escola hegemônica. É com base nessa definição que analisaremos as alterações que estão sendo propostas e o próprio conceito de inovação.

Vale ressaltar que, apesar de adotarmos o termo *invariantes* em relação aos "padrões" adotados em larga escala pelas escolas tradicionais, não podemos considerar que tais características sejam naturais à instituição escolar, que nasceram com ela ou que são imutáveis. Tanto o tempo e o espaço escolar como as relações pedagógicas são construções sociais. O modo como se apresentam hoje é resultado de muitos anos de ação educacional, de embates, estratégias e dinâmicas próprias. É possível, inclusive, compreender que cada um deles tem história própria, ainda que se influenciem mutuamente. São construções sociais independentes, e as forças que se combinaram para o surgimento dessas práticas foram variadas, inclusive temporal e geograficamente.* Como nos lembra Ramos do Ó (2003, p. 6): "As tecnologias utilizadas pela escola não foram inventadas *ab initio*; são híbridas, heterogêneas, construindo um autêntico complexo de relações entre pessoas, coisas e forças [...]".

---

*Para uma melhor compreensão desses invariantes, sugere-se a leitura de Barrera (2016); sobre o tempo, Elias (1998); sobre o espaço, Viñao Frago e Escolano (2001); sobre as relações com o saber, Silva (2013); e sobre as relações de poder, Weber (1978) e Foucault (1987; 2012).

QUADRO 1.1 Categorias no modelo tradicional e não tradicional

Categoria	Escola tradicional	Escola não tradicional
Organização escolar	Unidade.	Rede/comunidade.
Tempo	Grade horária, calendário escolar, seriação, idade biológica, horário rígido, fragmentado e predefinido.	Ritmo do aluno, horário flexível e adaptável, grandes ciclos ou períodos de formação, tempo livre.
Espaço	Sala de aula, corredores, edifício próprio, carteiras individuais enfileiradas, lousa, cadernos, livros e apostilas.	Ambientes diversos, flexíveis e abertos. Possibilidade de transitar entre os espaços. Maior integração com a natureza. Maior integração com o território. Mobília adaptável, de uso coletivo, estimulando agrupamentos. Objetos tecnológicos. Integração com espaços virtuais.
Poder	Burocrático, autoritário,* mecanismos de premiação e punição definidos.	Assembleia, colegiados, acordos coletivos, regras coletivamente construídas e com frequência atualizadas, castigos não previamente definidos.
Saber	Sequencial, do mais simples ao mais complexo, professor detém o conteúdo e o julgamento sobre a apropriação que os alunos fazem do saber, por meio de provas com notas, que determinam a possibilidade de o aluno seguir para o próximo período. Retenção, recuperação e reforço. Currículo predefinido, com objetivos aula a aula. Transmissão oral pelo professor com suporte escrito. Exercícios, lição de casa. Saberes formais explicitados.	Currículo flexível ou modular, trajetória de aprendizagem do aluno, avaliação formativa, autoavaliação ou avaliação mediante solicitação do aluno (quando se sente preparado), professor ou computador registra os conteúdos que os alunos aprenderam e relaciona com os parâmetros curriculares. Uso de dispositivos para registros individuais ou coletivos. Roteiros de estudo. Grupos de estudo. Vivências. Projetos. Pesquisas. Conteúdo da internet. Conteúdo da comunidade. Saber formal, informal, popular e tradicional. Conteúdos não são previamente definidos. Saber prático. Pessoas da comunidade e demais estudantes são fontes de saber. De acordo com o interesse do aluno. Competências socioemocionais.

*Baseado em autoridade, diferente de autoritarismo.

O que a pesquisa de campo nos revelou é que esses invariantes estão sendo questionados e redesenhados por diversas iniciativas no País. São práticas pedagógicas variadas que trazem soluções de naturezas diversas e, por vezes, até contraditórias.

Em um esforço de síntese, esboçamos, no **Quadro 1.1**, um esquema comparativo dessas categorias para os dois tipos* de instituição

*Vale ter em vista que se tratam, em ambos os casos, de agrupamentos heterogêneos, e que não são todas as escolas que apresentam todos os itens aqui listados ou que se identificam integralmente com a proposta apresentada. Provavelmente, muitas delas inclusive se percebem entre essas duas categorias, até porque definições não determinam as dinâmicas de cada organização. Há tanto uma fluidez na identidade de cada uma quanto uma tendência à apropriação lenta e gradual de alguns instrumentos que aqui estamos associando às "escolas não tradicionais", por serem elas que usam em maior escala essas propostas.

A ruptura parcial ou total com os invariantes produz impactos diretos nos processos pedagógicos e implicações no projeto da escola e em sua função social. Porém, não se trata da substituição de um modelo por outro. A maior parte dessas experiências encontra-se em processos dinâmicos de construção de seus projetos. Além disso, diferenciam-se muito entre si, inviabilizando uma análise conjunta e coletiva sobre seus resultados ou efeitos. Ademais, rupturas com alguns invariantes podem estar a serviço do reforço de outros. Por exemplo, a mudança de tempos e espaços para reforçar as relações de poder já existentes.

A ideia e o conceito de inovação são, portanto, bastante controversos e têm sido tema para muitos autores, sendo usados de inúmeras maneiras por diferentes atores sociais. Por isso, torna-se importante esclarecer como compreendemos o termo.

Em pesquisa encomendada pela Organização das Nações Unidas para a Educação, a Ciência e a Cultura (Unesco), Messina (2001) analisa a literatura sobre o tema e destaca a importância de refletirmos sobre essa definição, uma vez que também reconhece a fragilidade teórica do conceito de inovação.

Messina (2001) observa que, na década de 1960, esse tema era recorrente no campo educacional. Na década seguinte, o conceito de inovação foi vinculado a propostas predefinidas para que outros sujeitos a adotassem. Tratava-se de mudanças a serem implantadas verticalmente, de cima para baixo, mecanismos de ajuste que reforçavam a regulação social e pedagógica e acabavam por homogeneizar a inovação. Apenas na década de 1990, o conceito passou a ser também relacionado a processos autogerados e diversos e, nos anos 2000, surgiu como algo mais aberto, com múltiplas formas e significados, associado ao contexto em que se insere. Ainda assim, a bibliografia sobre o tema assume a inovação como um fim em si ou como solução para os diversos problemas complexos e estruturais da educação.

Messina (2001) ainda afirma que a inovação é vista como um processo e não como um acontecimento, o que comumente a diferencia do conceito de mudança. Por isso, a autora salienta a importância de ambos serem vistos como um processo comum.

> A mudança é uma viagem, uma passagem, uma virada que é tão animadora quanto ameaçante. Mudar implica desnaturalizar ou distanciarmo-nos do *habitus* que nos constitui, que é tão estruturante quanto estruturado, separarmo-nos desses modos de sentir, pensar e agir (MESSINA, 2001, p. 228).

Conflitos, incertezas e ansiedades são intrínsecos à inovação. É necessário aprender novos códigos culturais, o que, para alguns autores, está associado a um processo de aprimoramento.

Werebe (1980), por exemplo, define a inovação como intencional e sinônimo de melhoria:

> A expressão "inovar" tem uma conotação valorativa [...], na medida em que significa: mudar para melhor, dar um aspecto novo, consertar, corrigir, adaptar a novas condições "algo" que está superado, que é inadequado, obsoleto, etc. O processo de inovação pressupõe o conhecimento da situação que se pretende mudar, bem como dos recursos disponíveis, das dificuldades e limitações da operação (WEREBE, 1980, p. 245).

Ainda que tal concepção esteja presente na definição de muitos autores, discordamos dessa associação, já que as mudanças podem beneficiar apenas determinado grupo, normalmente aquele que se associa aos objetivos formais dos projetos, pressupondo um conceito de progresso, de avanço linear, em que vemos adaptações capazes de gerar melhores resultados para alguns, mas não necessariamente para todos, uma vez que vivemos em uma trama complexa de relações na qual coexistem objetivos diversos e até mesmo contraditórios. O mesmo raciocínio é empregado para pensarmos sobre conhecimento da situação que se quer mudar.

Como as informações são distribuídas de forma desigual, não consideramos como condição para a inovação o conhecimento das dificuldades e dos recursos disponíveis. Entendemos que os agentes propulsores de mudança têm clareza da situação que querem mudar e, mesmo que essa compreensão não esteja sistematizada em relatórios, ela pode existir de forma mais visceral. Ainda que grande parte da literatura sobre o tema seja voltada a inovação nas organizações, ligada ao desenvolvimento tecnológico e empresarial, não podemos ignorar as lutas sociais que passam a empregar novas técnicas para sobreviver em determinadas condições. Alguns grupos sociais não chegam a empregar o termo inovação, mas têm bastante clareza da situação que os oprime e do desejo de mudança. Portanto, consideraremos para a definição de inovação a intenção de mudança e seu caráter prático, mas não podemos pressupor a clareza dos recursos e mecanismos da mudança como intrínsecos ao processo.

Por essa explanação, já se evidencia também que o conceito de inovação que defenderemos aqui não se refere a processos que são privilégio de alguns poucos, mas à possibilidade de ação de qualquer sujeito. Tal concepção se contrapõe à de outro grande grupo de teóricos que associa o conceito de inovação à escala. Dessa maneira, inovação na educação acabaria limitando-se às mudanças ligadas ao sistema, excluindo as provocadas pelos próprios agentes em suas práticas sociais, cujos mecanismos de transmissão são outros que não os formais.

Messina (2001, p. 232) aponta nesse mesmo sentido, trazendo uma das grandes contribuições para o estudo de inovação na educação: "[...] toda mudança começa em cada um de nós. A pergunta central é como articular a dimensão individual com a social, as mudanças na escola e nos sistemas educacionais [...] a relação entre os níveis de mudança é um dos temas mais relevantes [...]".

Canário (2005) amplia a discussão sobre os agentes proponentes das inovações fazendo uma distinção terminológica entre mudanças baseadas na lógica da reforma e aquelas baseadas na lógica da inovação:

> Os processos de mudança deliberada, no campo educativo, têm sido afectados por uma dupla ineficácia: por um lado, as reformas impostas "de cima" produzem mudanças formais, mas, raramente, transformações profundas, duráveis e conformes com as expectativas dos reformadores; por outro, as inovações construídas nas escolas encontram dificilmente um terreno propício para se multiplicarem e percorrerem, em sentido inverso, o sistema educativo – permanecem confinadas a um estatuto periférico, e os professores inovadores estão, com frequência, votados a alguma marginalidade. Esta ineficácia tem por base, do nosso ponto de vista, a simultaneidade da *coexistência* e do *desencontro* de duas lógicas distintas de mudança: uma *lógica de reforma* e uma *lógica de inovação*. [...] Reservaremos a designação de *reforma* para processos de mudança planificada centralmente, exógenos às escolas, em que é predominante uma lógica de mudança *instituída*, ou seja, aqueles em que existe uma clara separação, no tempo e no espaço, entre os que concebem e decidem e os que aplicam. Utilizaremos o termo *inovação* para designar processos de mudança endógenos às escolas, em que é dominante uma lógica de mudança *instituinte*, ou seja, em que existe coincidência ou, pelo menos, uma relação muito próxima e directa entre os que concebem, decidem e executam (CANÁRIO, 2005, p. 93, grifos do autor).

Ghanem (2012) também faz a distinção entre inovação educacional e ação reformadora de governantes:

> A mudança educacional deve ser o produto da convergência de práticas advindas de duas lógicas de ação diferentes: a da inovação educacional e da reforma educacional. Esta é uma mudança radical de grande escala, de caráter sistêmico. A lógica da inovação educacional orienta práticas que estão situadas na base de sistemas escolares, às vezes em estabelecimentos individualmente considerados e outras vezes em organizações locais entendidas como associações comunitárias. Ao seguirem a lógica da inovação, as práticas educacionais se diferenciam do que costuma ser praticado junto a determinado grupo social em determinado lugar. Assim sendo, a inovação não se distingue por qualquer qualidade original, antes, porém, está marcada por sua diferença em relação ao que é costumeiro. Por definir-se em relação a um grupo localizado, a inovação educacional tende a ser principalmente endógena e as práticas que seguem esta orientação dependem de um elevado voluntarismo de educadores(as). Além de descontínuas no tempo, estas práticas são fragmentadas, isoladas e têm baixa visibili-

dade. A reforma educacional deve ser vista como uma lógica que configura outro campo, cujas práticas não são criadas por agentes diretos de sua execução. Para estas práticas, as autoridades estatais do poder executivo e as autoridades acadêmicas das universidades fazem prescrições que as caracterizam fortemente. A orientação normativa e coerciva própria da lógica da reforma faz com que as práticas educacionais sejam muito homogêneas, tenham ampla abrangência e alta visibilidade. Tendem mais a ser muito exógenas e a contar com grande sustentabilidade, amparada por recursos orçamentários do poder público. Sejam as práticas educacionais no âmbito da reforma sejam as circunscritas pela inovação, não há razão para que a pesquisa lhes atribua um valor positivo ou negativo *a priori*. As alterações que estas ações perseguem ou alcançam estão também sujeitas a juízos de valor, mas devemos concordar com Craft [...] quanto à necessidade de não tomá-las como ações boas ou más em si mesmas (GHANEM, 2012, p. 104).

Vemos, portanto, a importância de considerar quem está propondo a mudança para quem. E vale considerar também que as mudanças educacionais podem se dar nas diferentes esferas que compõem a realidade educacional. Os dados de campo nos revelam que mudanças em uma única dimensão de atuação, como a escola, são mais difíceis de serem sustentadas ou exigem mais dos envolvidos do que processos conjuntos e coletivos, envolvendo diversos agentes e instituições, uma vez que a escola precisa de bons profissionais, cuja formação se dá na universidade, que precisam de materiais educacionais para desenvolver seu trabalho, cuja ação educativa, por sua vez, está inserida em determinado território e comunidade, que têm na Secretaria de Educação o direcionamento de suas práticas, e todos eles estão sujeitos às normas do MEC e da legislação pertinente. Ou seja, a ação educativa não é feita somente na escola e pela escola, cada um desses agentes e instituições pode inovar em suas esferas de atuação, favorecendo os processos de mudança como um todo.

Resumindo essas reflexões, temos a seguinte definição para o conceito de inovação educacional: *Inovação na educação é um processo intencional de mudança de uma prática educativa desenvolvida por um sujeito, grupo ou sociedade que incorpora um ou mais aspectos novos a essa prática.*

Essa definição carrega uma série de elementos que precisam ser bem compreendidos:

a. a inovação na educação é um *processo* e não um acontecimento pontual;
b. os sujeitos proponentes da inovação têm como *intenção* a alteração de certa *prática social*. Portanto, o termo diz respeito a determinado contexto e grupo social, não sendo objetivo, como se algo pudesse ser inovador por si só;
c. pais, famílias, professores, organizações da sociedade civil, escolas, órgãos internacionais, empresas e governos podem ser *agentes de inovação*, propondo novas formas de ação em suas práticas ou serem agentes promotores de inovação estimulando outros sujeitos a adotar novas práticas em diferentes instâncias;
d. trata-se de um processo relativo à *educação* e não apenas à escolarização;
e. associa-se inovação à mudança e não à melhoria, ou seja, não há necessariamente uma carga valorativa, uma vez que muitas propostas inovadoras estão atreladas a outros objetivos para a educação e não apenas a melhores práticas (processos mais eficazes ou mais eficientes), isto é, seu valor é relativo de acordo com os diferentes grupos sociais. Essa associação requer que compreendamos também a inovação como um processo de mudança de *habitus*, que envolve, portanto, perdas, conflitos, rupturas, etc.

A partir da pesquisa de campo, ficou evidenciado que, além dos vários agentes já citados que podem realizar ou promover mudanças, determinado grupo tem papel de destaque na construção dos processos de inovação: os produtores culturais. Enquanto, no passado, a função de legitimação dos discursos estava restrita às universidades e à grande mídia, na atualidade, além delas, muitos coletivos, produtores independentes, institutos e fundações têm abraçado a causa da educação e desenvolvido conteúdos que difundem essas iniciativas para o grande público, especialmente a partir da internet. A título de exemplo, temos iniciativas como o TEDxUnisinos, que tratou em suas palestras especificamente sobre inovação educacional; o coletivo Educ-Ação, que escreveu o livro *Volta ao mundo em 13 escolas*, trazendo exemplos de escolas inovadoras pelo mundo; o filme *Quando sinto que já sei*, que retrata escolas inovadoras no Brasil; o livro *EDUshifts: o futuro da educação é agora!*, com artigos de educadores de várias partes do mundo; o canal Porvir, dedicado exclusivamente à produção de conteúdos sobre inovação educacional; a Conferência Nacional de Alternativas para uma Nova Educação (CONANE), que, além de três conferências nacionais, vem realizando conferências regionais; a Ashoka, com o projeto Escolas Transformadoras; e o *III manifesto pela educação*, redigido por diversos educadores e entregue ao ministro da Educação em 2013. Essas referências ampliam o repertório de educadores, famílias e sociedade, levando o tema da inovação para o debate e permitindo que a educação avance para os caminhos que coletivamente julgarmos mais adequados.

ENTRE O PASSADO E O FUTURO: O MOVIMENTO DE RENOVAÇÃO EDUCACIONAL

Os dados da pesquisa de campo, em especial as entrevistas e as produções culturais, nos levaram à hipótese de que estaríamos diante de um novo movimento de renovação educacional no País. Para validar tal hipótese, foi preciso compreender a ideia de "movimento educacional". A partir de levantamento bibliográfico sobre movimentos sociais, culturais e artísticos, bem como de textos do e sobre o movimento escolanovista, único representante que temos de movimentos educacionais, chegamos à seguinte definição de movimento educacional:

> [...] um conjunto de práticas e propostas educacionais, com traços em comum, que se diferenciam do modelo vigente e são ativamente propagadas por alguns educadores e pessoas interessadas, que podem estar articulados a fim de legitimar e ampliar as práticas que sustentam (BARRERA, 2016, p. 190).

Apesar de terem uma face política – uma vez que o projeto educativo é um projeto político –, os movimentos educacionais diferenciam-se dos movimentos sociais por conta do tipo de atuação. Trata-se mais da realização de determinado tipo de prática – o que para os pintores seria denominado de estilo artístico – do que de lutas pela garantia de direitos. Há, sim, diversos movimentos sociais articulados a causas educacionais (GHANEM, 1998) e que podem estar envolvidos em um movimento educacional, mas não podem ser confundidos com este porque suas práticas e seus objetivos são distintos.

O movimento educacional também se aproximaria dos movimentos culturais, vinculando-se, por exemplo, ao movimento de desescolarização, aos grupos ligados ao parto humanizado, à cultura da paz, à sustentabilidade, entre outros, em que se praticam novos estilos de vida, novas formas de relacionamento e comportamento. Todavia, os movimentos culturais apresentam peculiaridades que não nos permitem classificá-los como o próprio movimento educacional.

Trata-se, portanto, de um movimento ligado às práticas e aos ofícios de determinado grupo (como os movimentos artísticos), que se articula com os movimentos sociais e com os movimentos culturais. O fato de termos tido poucos movimentos educacionais revela o traço conservador e burocrático da área. São incontáveis as reformas educacionais, mas poucas se articularam a movimentos educacionais.

Com base em diversos autores, entre eles Azevedo (1963), Warde (1982), Cambi (1999) e Vidal (2013), podemos fazer uma análise comparativa de como o momento atual se aproxima ou diferencia das características do movimento escolanovista de 1920-1930.

Em semelhança, podemos salientar que ambos os momentos se caracterizam por um estado democrático, em contraposição a momentos ditatoriais, considerando que o último deles teve fim em 1986. O discurso veiculado na mídia e em produtos culturais traz a demanda por mudanças, em especial na educação do País. Realizavam-se e realizam-se encontros e congressos para divulgação de ideias e práticas, salientando-se hoje também as mídias sociais e a formação de redes. E, em ambos os períodos, observam-se propostas heterogêneas, com tendências variadas, algumas de cunho mais tecnicista, outras mais humanistas. Diversas experiências educacionais surgiram e surgem no País, não como um novo modelo, mas em contraposição ao modelo vigente. Há um caráter missionário em parte dos educadores, havendo um alto grau de "entrega" aos projetos aos quais se vinculam, por razões espirituais ou de lutas sociais.

Apesar das semelhanças, destacamos, no **Quadro 1.2**, três principais diferenças de cada momento.

De fato, são muitas as semelhanças com o movimento que se deu há quase um século, mas é possível observar que o atual momento não se define exclusivamente pelas características citadas. Ele traz outras demandas, a atualização de diversas questões e novas dinâmicas internas. Para citar alguns exemplos: o público que frequenta as escolas é completamente diferente, tanto pelo perfil dos jovens quanto pela garantia de acesso à grande parcela da população, enquanto, em 1920, o projeto era para poucos. Hoje a educação atrai muito interesse econômico, sendo tratada também co-

QUADRO 1.2 Características do movimento escolanovista e do momento atual

Escolanovismo (décadas de 1920 e 1930)	Momento atual (início do século XXI)
As ideias pedagógicas eram veiculadas sob o rótulo de "novas" e valorizavam a centralidade na criança, a criatividade, o processo de individualização do ensino, a compreensão global da criança, a pedagogia ativa, o contato com a natureza e a escola como uma comunidade de vida, buscando **adequar a educação às exigências da sociedade moderna**.	De forma geral, as iniciativas se associam à ideia de mudança e de novidade em contraposição ao modelo atualmente vigente. Em seus discursos, valorizam a criatividade, a compreensão global da criança e o processo de individuação, mas com práticas bastante diferentes entre si, evidenciando que há concepções diversas sobre criatividade e integralidade entre os vários agentes. A personalização do ensino apresenta-se como discurso recorrente, bem como as habilidades socioemocionais. **Algumas buscam adequar-se à contemporaneidade, mas outras se opõem aos ritmos e valores modernos, valorizando a natureza e uma nova consciência social.**
O movimento se estendia para além das experiências pedagógicas, envolvendo **gestores públicos, intelectuais e mídia**, e publicou, por exemplo, o *Manifesto dos pioneiros*.	A mídia tem participação ativa, ainda que não de forma contundente e exaustiva. **Os envolvidos no processo são em maior número, mas são pessoas de menor popularidade e poder político**, sendo pequeno o grupo de intelectuais envolvidos.
O movimento nacional vinculava-se à associação internacional.	**Há trocas internacionais com outras redes e associações, mas não de forma única e centralizada.** São os próprios agentes ou pequenos grupos que se relacionam com a Reevo (América Latina), com a Associação Internacional de Escolas Democráticas, entre outras.

mo um mercado. Os principais articuladores do movimento do século XX eram simultaneamente educadores, intelectuais e gestores, enquanto, na atualidade, raramente esses papéis se sobrepõem, sendo necessária maior articulação entre os vários setores, que agora incluem fundações e organizações não governamentais (ONGs). Por serem os próprios pais e professores agentes importantes desse atual movimento, a ideia de inovação é tão forte quanto a de reforma. Apesar de a maioria dos projetos resgatar as bases epistemológicas do escolanovismo, no atual processo também são identificadas práticas variadas, como educação não diretiva e a própria desescolarização. As relações agora são mais horizontais, fluidas, dinâmicas e virtuais. Assim, é considerado um novo movimento de renovação pedagógica – e, por isso, guarda tantas semelhanças –, mas que não se trata exclusivamente da atualização do movimento escolanovista.

Portanto, defendemos a ideia de que o Brasil vive, na segunda década do século XXI, um movimento de renovação educacional. Trata-se de um movimento educacional que questiona a escola tradicional (como aqui definimos), valendo-se, de forma geral, de um discurso pautado nas ideias de mudança, transformação e inovação. É um movimento heterogêneo, tanto em suas propostas como em relação aos agentes envolvidos, incluindo educadores, escolas, coletivos, fundações, empresas, governo, mídia e pais. Desenvolve-se conjuntamente com movimentos sociais e culturais e engloba pautas específicas da educação, como a desescolarização, a educação integral e a educação do campo.

Estarmos diante de um movimento de redesenho da instituição escolar não quer dizer que a mudança social é certa. Por um lado, assim como o movimento escolanovista, o atual movimento pode trazer novas perspectivas para a escola hegemônica, sem de fato romper com todos os seus invariantes. Por outro, mesmo alterando profundamente a compreensão que temos de escola, as consequências desse processo ainda são bastante incertas. Até o momento, somos capazes de mensurar os efeitos dessas novas metodologias e formas de conhecer em indivíduos e pequenos grupos, mas os impactos disso para a sociedade ainda são bastante incertos.

Para Vincent, Lahire e Thin (2001), a incorporação da instituição escolar pela sociedade resultou em mudanças antropológicas, de modo que as relações estabelecidas na sociedade moderna e pós-moderna se caracterizam pelas relações escolarizadas. Porém, os mesmos autores ressaltam que a alteração na estrutura da escola que vem sendo proposta não rompe com a forma escolar de socialização; pelo contrário, é justamente pelo fato de a sociedade estar tão condicionada a essa forma de socialização que as organizações escolares podem ser alteradas sem que isso deturpe o já estabelecido modo de socialização, inclusive por vezes intensificando-o. Os pesquisadores defendem essa ideia alegando, entre outras coisas, que um universo separado para a infância já está estabelecido; que se tem evidenciado o prolongamento da escolarização, antecipando cada vez mais o início desse processo e não pondo fim a ele ao longo de toda a vida, e que as próprias famílias passaram a adotar formas pedagógicas de se relacionar com seus filhos, transformando cada momento em um instante educativo e instrutivo.

Existe inovação em diversas áreas e setores da sociedade, mas inovar em educação significa propor mudanças em uma das principais bases de sustentação da forma de socialização moderna. Ainda que Vincent, Lahire e Thin (2001) defendam que a instituição possa deixar de existir sem comprometer a estrutura que ela mesma criou, de fato ainda não experienciamos tal possibilidade.

Não temos indícios de que a inovação educacional altere os alicerces da sociedade, mas é impossível que isso aconteça se a mantivermos. É isso que é relevante e intimidador ao pensarmos na inovação educacional: romper com as bases de socialização que conhecemos. Do mesmo modo que os antigos não seriam capazes de compreender o que viria a ser a sociedade escritural,* não temos hoje condições de pensar sobre as possibilidades e os limites das sociedades pós-escriturais.

Os possíveis desdobramentos do movimento dependem de nossas escolhas coletivas, sendo de nossa responsabilidade a construção desse futuro ainda incerto e nunca determinável.

REFERÊNCIAS

AZEVEDO, F. *A cultura brasileira*: introdução ao estudo da cultura no Brasil. 4. ed. Brasília: UnB, 1963.

BARRERA, T. G. S. *O movimento brasileiro de renovação educacional no início do século XXI*. 2016. 276 f. Tese (Doutorado em Educação) – Faculdade de Educação, Universidade de São Paulo, São Paulo, 2016.

BRASIL. *Lei nº 9.394, de 20 de dezembro de 1996*. Estabelece as diretrizes e bases da educação nacional. 1996. Disponível em: <http://www.planalto.gov.br/Ccivil_03/leis/L9394.htm>. Acesso em: 05 ago. 2018.

BRASIL. Ministério da Educação. *Saiba como foi feito o mapa da inovação e criatividade na educação básica*. 22 dez. 2015.

Disponível em: <http://criatividade.mec.gov.br/mapa-da-inovacao>. Acesso em: 05 ago. 2018.

CAMBI, F. *História da pedagogia*. São Paulo: UNESP, 1999.

CANÁRIO, R. *O que é a escola?* Um "olhar" sociológico. Porto: Porto, 2005.

ELIAS, N. *Sobre o tempo*. Rio de Janeiro: Jorge Zahar, 1998.

FOUCAULT, M. *Microfísica do poder*. 25. ed. São Paulo: Graal, 2012.

FOUCAULT, M. *Vigiar e punir*: nascimento da prisão. Petrópolis: Vozes, 1987.

GHANEM, E. Inovação educacional em pequeno município: o caso Fundação Casa Grande (Nova Olinda, CE, Brasil). *Educação em Revista*, v. 28, n. 3, p. 103-124, 2012.

GHANEM, E. Social movements in Brazil and their educational work. *International Review of Education*, v. 44, n. 2-3, p. 177-189, 1998.

MESSINA, G. Mudança e inovação educacional: notas para reflexão. *Cadernos de Pesquisa*, n. 114, p. 225-233, 2001.

RAMOS DO Ó, J. *O governo de si mesmo*: modernidade pedagógica e encenações disciplinares do aluno liceal (último quartel do século XIX – meados do século XX). Lisboa: Educa, 2003.

REEVO. *Mapeamento coletivo de educação alternativa*. 2016. Disponível em: <http://map.reevo.org/?l=pt_PT>. Acesso em: 05 ago. 2018.

SILVA, T. T. *Documentos de identidade*: uma introdução às teorias do currículo. 3. ed. Belo Horizonte: Autêntica, 2013.

VIDAL, D. 80 anos do Manifesto dos Pioneiros da Educação Nova: questões para debate. *Educação e Pesquisa*, v. 39, n. 3, p. 577-588, 2013.

VIÑAO FRAGO, A.; ESCOLANO, A. *Currículo, espaço e subjetividade*: a arquitetura como programa. Rio de Janeiro: DP&A, 2001.

VINCENT, G.; LAHIRE, B.; THIN, D. Sobre a história e a teoria da forma escolar. *Educação em Revista*, n. 33, p. 7-47, 2001.

WARDE, M. J. O Manifesto de 32: reconstrução educacional no Brasil. *Revista Ande*, ano 1, n. 5, p. 8-10, 1982.

WEBER, M. Os fundamentos da organização burocrática: uma construção do tipo ideal. In: CAMPOS, E. (Org.). *Sociologia da burocracia*. 4. ed. Rio de Janeiro: Zahar, 1978. p. 15-28.

WEREBE, M. J. Alcance e limitações da inovação educacional. In: GARCIA, W. *Inovação educacional no Brasil*: problemas e perspectivas. São Paulo: Cortez, 1980. p. 244-264.

---

*Baseada na palavra escrita, na organização do pensamento e da relação do homem com o mundo pela lógica escritural – sistematizável, transmissível, que requer disciplina e abstração e que permite objetivar, documentar e instituir relações e organizações burocráticas.

CRIANDO CONDIÇÕES PARA QUE ALUNOS IDENTIFIQUEM SUAS PREFERÊNCIAS DE APRENDIZAGEM:
uma experiência com a graduação em Midialogia

José Armando Valente

Com a disseminação das tecnologias digitais de informação e comunicação (TDIC) e o fato de essas tecnologias estarem adentrando a sala de aula, novas abordagens pedagógicas estão surgindo, alterando a dinâmica dos processos de ensino e aprendizagem tradicionais. As metodologias ativas, como a aprendizagem baseada em projetos (*project based learning* – PBL), a aprendizagem por meio de jogos (*game based learning* – GBL), o método de caso ou discussão e solução de casos (*teaching case*) e a aprendizagem em equipe (*team-based learning* – TBL), quando desenvolvidas por intermédio do uso de tecnologias digitais, têm proporcionado o que é conhecido como ensino híbrido, ou *blended learning* (CHRISTENSEN; HORN; STAKER, 2013).

Com a implantação do ensino híbrido tanto no ensino básico quanto no ensino superior, os alunos deixam de ser receptores passivos da informação transmitida pelos professores para assumir uma postura mais participativa, em que passam a ter maior responsabilidade pela própria aprendizagem. Um passo além e ainda mais inovador é a implantação do que tem sido denominado de aprendizagem personalizada. Segundo essa abordagem, professor e aluno, com base nos interesses, na preferência de aprendizagem e no conhecimento prévio do aluno sobre determinado assunto, podem estabelecer estratégias de ensino e aprendizagem mais adequadas para atender às necessidades do aluno (BACICH; TANZI NETO; TREVISANI, 2015).

No caso do ensino híbrido, um exemplo de abordagem utilizada é a rotação individual, em que cada aluno tem um roteiro individualizado e não necessariamente participa de todas as estações ou modalidades de atividades disponíveis (CHRISTENSEN; HORN; STAKER, 2013). A escolha desse roteiro é basicamente determinada pelos interesses e pelas necessidades educacionais do próprio aluno.

No caso da aprendizagem personalizada, o aluno tem um papel ainda mais importante na decisão do que e de como estudar. Nesse sentido, para que possa participar de maneira efetiva dessas decisões, ele deve estar preparado para assumir, junto com seu professor, a escolha sobre o conteúdo a ser estudado e a abordagem a ser utilizada. No caso da decisão sobre o que estudar, o professor pode ter acesso às informações sobre o desempenho do estudante e, com esse diagnóstico, propor atividades que supram suas necessidades. Entretanto, a abordagem a ser utilizada depende das preferências de aprendizagem do aluno. O fato de ele estar consciente sobre as práticas e as atividades que são mais efetivas na sua formação facilita suas escolhas, tornando, assim, a personalização um caminho de mão dupla: o professor deve conhecer o aluno para poder sugerir atividades e situações de aprendizagem, bem como este deve se conhecer para poder auxiliar o professor na identificação da abordagem educacional mais adequada (VALENTE, 2019).

No entanto, cabe a questão: estão os alunos conscientes das suas preferências de aprendizagem e das circunstâncias mais favoráveis ao seu processo de aprender?

Esse processo de conscientização tem sido desenvolvido como parte das atividades realizadas na disciplina "CS 405 – Educação e Tecnologia", do curso de Comunicação Social – Midialogia, ministrada na Universidade Estadual de Campinas (Unicamp). Neste capítulo, serão tratadas algumas ideias sobre o ensino híbrido, a aprendizagem personalizada e o papel do aluno nessas novas abordagens educacionais, as questões relacionadas às preferências de aprendizagem e como esses conceitos estão sendo trabalhados nessa disciplina. Serão apresentadas as atividades e as condições criadas para que os alunos possam identificar e tomar consciência de suas preferências de aprendizagem, bem como das circunstâncias mais favoráveis para aprender e de como as TDIC contribuem para seus processos de aprendizagem.

O ENSINO HÍBRIDO

As metodologias ativas, como a aprendizagem baseada em projetos, em problemas, na investigação ou em jogos, não são novidade. Elas foram propostas por Dewey (1944) em meados do século passado e desde então têm sido usadas na educação, porém de maneira tímida e em situações muito especiais. No entanto, com a possibilidade de integração dessas metodologias com as TDIC, surgiu o que vem sendo denominado de ensino híbrido.

O ensino híbrido é a tentativa de usar as vantagens do ensino *on-line* e os benefícios da sala de aula tradicional na educação formal. No ensino híbrido, o aluno estuda os conteúdos e as instruções por meio dos recursos *on-line* e, em outros momentos, desenvolve diferentes atividades em sala de aula, podendo interagir com os colegas e o professor (STAKER; HORN, 2012).

Christensen, Horn e Staker (2013) categorizaram as diferentes modalidades de ensino híbrido que estão sendo implantadas no ensino básico e no ensino superior norte-americano, tais como: modelo de rotação, modelo *flex*, modelo *à la carte* e modelo virtual enriquecido.

O modelo de rotação consiste em proporcionar ao aluno a oportunidade de alternar ou circular por diferentes modalidades de aprendizagem. Ele está dividido em outros quatro subgrupos: o modelo de rotação por estações, que consiste em proporcionar ao aluno a possibilidade de circular, dentro da sala de aula, por diferentes estações, sendo uma delas uma estação de aprendizagem *on-line*, outra de desenvolvimento de projetos, trabalhos em grupo ou interagindo com o professor, tirando dúvidas; o modelo de laboratório rotacional, no qual o aluno circula em diferentes espaços dentro do *campus*, sendo um deles o laboratório no qual ele realiza atividades *on-line*, ou laboratórios para o desenvolvimento de práticas específicas; o modelo de sala de aula invertida, no qual a rotação ocorre na residência ou em outra localidade fora da escola, onde o aluno estuda o conteúdo e realiza atividades *on-line* e, em sala de aula, realiza atividades supervisionadas presencialmente pelo professor; e o modelo de rotação individual, no qual o aluno circula entre diferentes modalidades de aprendizagem de acordo com um roteiro individualizado e não necessariamente participa de todas as estações ou modalidades disponíveis.

No modelo *flex*, a ênfase dos processos de ensino e aprendizagem é o conteúdo e as instruções que o aluno trabalha via plataforma *on-line*. A parte flexível corresponde ao tipo de suporte que ele recebe na situação presencial, podendo ser um apoio substancial de um professor certificado ou de um adulto, auxiliando o aluno de acordo com a sua necessidade.

No modelo *à la carte*, o aluno realiza uma ou mais disciplinas totalmente *on-line* ao mesmo tempo que participa de atividades educacionais em escolas tradicionais. Já no modelo virtual enriquecido, a ênfase está nas disciplinas que o aluno realiza *on-line*, sendo que ele pode desenvolver algumas atividades presencialmente, como, por exemplo, experiências práticas, laboratórios ou mesmo uma disciplina presencial. Esse modelo difere do *à la carte* pelo fato de a maior parte do ensino estar acontecendo *on-line*, sendo complementado com poucas atividades presenciais.

O ensino híbrido é baseado nas metodologias ativas, que consistem na realização de práticas pedagógicas para envolver os alunos, engajá-los em atividades nas quais eles são protagonistas de sua aprendizagem. Além disso, as tecnologias digitais utilizadas na implantação dessas metodologias estão mudando a dinâmica da escola e da sala de aula, como, por exemplo, na organização dos tempos e espaços da escola, nas relações entre o aprendiz e a informação, nas interações entre alunos e entre alunos e professor. Essas mudanças já estão ocorrendo em algumas escolas tanto no ensino básico (BERGMANN; SAMS, 2012; BACICH; TANZI NETO; TREVISANI, 2015) quanto em instituições de ensino superior (BELCHER, 2001; WATKINS; MAZUR, 2013; BACICH; TANZI NETO; TREVISANI, 2015). No Brasil, cerca de 50 instituições de ensino superior que pertencem ao Consórcio STHEM Brasil (STHEM – em inglês: *Science, Technology, Humanity, Engineering and Mathematics*) já estão implantando disciplinas ou cursos usando modelos do ensino híbrido (STHEM BRASIL, 2017).

Além das mudanças na dinâmica da sala de aula tradicional, o ensino híbrido tem todas as características para favorecer o que tem sido denominado de aprendizagem personalizada. Segundo Christensen, Horn e Staker (2013), nos modelos de ensino híbrido, os alunos têm mais controle do tempo, do local e do ritmo de estudo, assumindo um papel protagonista em relação à sua aprendizagem. Por exemplo, o modelo de rotação individual, que propõe um currículo customizado, o uso de tecnologias digitais e um roteiro individual de atividades, está a um passo de oferecer processos de ensino e aprendizagem nos quais os alunos poderão "[...] experimentar a escola de acordo com seus próprios roteiros de estudos otimizados [...]" (CHRISTENSEN; HORN; STAKER, 2013, p. 44).

Uma vez que o aluno está realizando parte das atividades educacionais via plataformas *on-line*, o professor pode acessar esse material e verificar as dificuldades encontradas por ele, seus interesses e suas necessidades. Com base nessas informações, ele pode propor, junto ao aluno, atividades e situações de aprendizagem personalizadas. *Softwares* e algoritmos inteligentes poderão auxiliar o professor e o aluno na avaliação de aspectos positivos e negativos das atividades realizadas, facilitando a tarefa de customização do que deve ser desenvolvido para suprir as dificuldades encontradas.

A APRENDIZAGEM PERSONALIZADA

A tentativa de personalizar processos de ensino e aprendizagem também não é novidade. Diversos programas educacionais e estratégias de apoio acadêmico foram criados para atender às necessidades de aprendizagem, interesses, aspirações ou origens culturais distintas de cada aluno (GLOSSARY OF EDUCATION REFORM, 2015). O fato de o professor poder fazer um diagnóstico do desempenho do aluno possibilita que ele proponha atividades pedagógicas que podem ter três direções diferentes: a aprendizagem diferenciada, a aprendizagem individualizada e a aprendizagem personalizada (BASYE, 2014).

Na aprendizagem diferenciada, a instrução é adaptada para atender às necessidades e aos objetivos individuais dos alunos. Trata-se da adaptação do currículo a seus interesses e capacidades. Os objetivos acadêmicos para o conjunto de alunos são os mesmos, porém o professor pode empregar alguns recursos, abordagens ou práticas que são mais adequados para um aluno ou grupo de alunos.

No caso da aprendizagem individualizada, os objetivos curriculares são iguais para um grupo de estudantes, mas cada um pode progredir em velocidades diferentes, realizando atividades de acordo com suas necessidades, seus interesses e seu ritmo de estudo.

Em relação à denominada aprendizagem personalizada,* o aluno deve estar envolvido na realização de atividades de aprendizagem que são adaptadas às suas preferências, aos seus interesses pessoais e à sua curiosidade inata. A ênfase deve ser o engajamento dos alunos e a possibilidade de uma formação mais global, como mencionado por Fullan (2009). Por sua vez, Patrick, Kennedy e Powell (2013) recomendam que a aprendizagem personalizada permita que os alunos tenham voz e possam escolher o que, como, quando e onde aprendem.

No entanto, para que tenham voz e possam ter participação efetiva no processo de escolha das circunstâncias e estratégias de aprendizagem mais adequadas para sua formação, é preciso que os alunos se conheçam como aprendizes. Isso implica ter consciência sobre como aprendem, como gostam de aprender e que tipo de informação é mais fácil de ser assimilada, se imagética, sonora, etc. Esse conhecimento certamente facilita a identificação das estratégias, dos materiais de apoio e das circunstâncias de aprendizagem condizentes com os interesses e as necessidades do aprendiz.

---

*O termo "aprendizagem personalizada" é uma tradução direta do inglês personalized learning, e pode ser entendido como redundante se considerarmos que a aprendizagem efetiva, baseada na construção de conhecimento, é sempre personalizada.

Conhecendo como os aprendizes aprendem – os estilos de aprendizagem

Parece bastante racional a ideia de que, se adequarmos as estratégias de ensino ao estilo de aprendizagem do aluno, a tendência é ele melhorar seu desempenho e aprender mais. As teorias e as práticas relacionadas aos estilos de aprendizagem têm gerado grande interesse e controvérsia nos últimos 30 anos ou mais.

Um dos primeiros autores a fazer referência ao papel do *estilo cognitivo* no desempenho intelectual foi Thurstone, em 1924 (STERNBERG, 1985). Ele observou que o elemento crítico no desenvolvimento de uma atividade intelectual é a capacidade de não ser impulsivo e reter respostas rápidas e instintivas, substituindo-as por respostas mais racionais e mais bem pensadas. Allport (1937) usou o termo "estilo cognitivo" para designar abordagens individuais para resolver problemas, receber e recuperar informações memorizadas.

Essas observações deram origem aos estudos sobre a relação entre estilo cognitivo e processos de ensino e aprendizagem. Por exemplo, Riding e Rayner (1998) entenderam o estilo cognitivo como uma maneira automática de responder a informações e situações, presente provavelmente desde o nascimento ou definida nos primeiros anos de vida, afetando uma vasta área do comportamento individual e social. A posição desses autores traduz uma visão bastante difundida nos estudos sobre estilo cognitivo, que é entendido como uma marca "cognitiva", enfatizando a forma como as pessoas agem ou o modo como pensam, e não as habilidades adquiridas, a quantidade de conteúdo ou a qualidade do pensamento. Estudos mostram que o estilo cognitivo está intimamente ligado à fisiologia e não muda ao longo da vida. Gallego (2013) menciona diversos estudos realizados no final dos anos de 1970 que mostram que o estilo de aprendizagem usado por alunos é composto por três quintos do estilo cognitivo, estando os dois quintos restantes relacionados às estratégias de aprendizagem que desenvolvem para ajustar as estratégias de ensino ao estilo cognitivo. Essas ideias foram empregadas por Riding e Rayner (1998) para identificar o que eles denominaram de "estilo pessoal", a abordagem individual por meio da qual as pessoas respondem a situações de aprendizagem, composta por dois aspectos fundamentais: o estilo cognitivo e as estratégias de aprendizagem, que refletem os processos usados pelo aprendiz a fim de responder às demandas das diferentes situações de aprendizagem.

Felder (2017) aprofundou essas ideias definindo estilo de aprendizagem como uma preferência característica e dominante na forma como as pessoas recebem e processam informações, considerando os estilos como habilidades passíveis de serem desenvolvidas. O autor afirma que alguns aprendizes tendem a focar mais em fatos, dados e algoritmos, enquanto outros se sentem mais confortáveis com teorias e modelos matemáticos. Alguns também podem responder preferencialmente a informações visuais, como figuras, diagramas e esquemas, enquanto outros têm mais facilidade a partir de informações verbais – explanações orais ou escritas. Uns preferem aprender de modo ativo e interativo, outros já têm uma abordagem mais introspectiva e individual. O autor define quatro dimensões de estilos de aprendizagem: ativo-reflexivo, racional-intuitivo, visual-verbal e sequencial-global.

Riding e Rayner (1998) reforçam a necessidade de entender a diferença entre estilo, habilidade e estratégia. Todos esses termos estão intimamente relacionados ao desempenho na aprendizagem. Quando a habilidade aumenta, o desempenho tende a melhorar, enquanto o estilo pode ter um impacto positivo ou negativo, dependendo da natureza do conteúdo e da tarefa sendo realizada. Esse impacto pode ser contornado com o uso de estratégias que cumprem um papel de adequação entre as variáveis conflitantes.

Com a possibilidade de uso das TDIC como parte das estratégias de ensino, como no ensino híbrido, tanto o material de apoio quanto a metodologia podem ser facilmente alterados para acomodar diferentes estilos de aprendizagem. Assim, diversos trabalhos procuram relacionar o estilo de aprendizagem dos alunos ao desempenho em cursos com base no ensino híbrido. No entanto, os resultados são bastante controversos. Alguns estudos mostram uma relação positiva do estilo de aprendizagem com a participação no curso, o desempenho e a satisfação dos alunos envolvidos (TREVELIN; PEREIRA; OLIVEIRA NETO, 2013; CHENG; CHAU, 2016). Em outros trabalhos, os resultados não são tão positivos e não mostram uma relação significativa entre o estilo de aprendizagem, a motivação e o sucesso no ensino híbrido (CENTENO; SOMPONG, 2012; SEAVER, 2014).

De fato, os estudos sobre artigos que relacionam estilo de aprendizagem e estratégias de ensino objetivando aumento no desempenho dos alunos indicam que, em sua maioria, os resultados são questionáveis. Primeiro, é surpreendente o grande número de aplicações realizadas em pequenas amostras de alunos em contextos específicos e usando diferentes testes para avaliar os estilos de aprendizagem. Essa variedade de situações tem se mostrado problemática para a constatação de evidências do impacto dos estilos de aprendizagem no ensino e na aprendizagem. Coffield et al. (2004b) concluem que existem poucos estudos robustos com resultados empíricos que oferecem evidências confiáveis, válidas e implicações claras para as práticas relatadas. Outros autores, como Pashler et al. (2008), chegam a resultados semelhantes, apontando diversos problemas metodológicos nos documentos estudados. Mais recentemente, o jornal *The Guardian* (2017, documento *on-line*) publicou uma carta na qual cerca de 30 pesquisadores de diferentes instituições afirmam que a prática de ensino voltada para o estilo de aprendizagem dos alunos "[...] é ineficaz, um desperdício de recursos e até mesmo prejudicial, pois pode levar a uma abordagem fixa que poderia prejudicar o potencial dos alunos para se aplicarem ou se adaptarem a diferentes modos de aprendizagem [...]".

Considerando a capacidade do ser humano de aprender e de se adaptar às diferentes situações de aprendizagem, os autores desses estudos sugerem que os alunos devem desenvolver um repertório de estratégias e, com isso, tomar consciência das próprias preferências de aprendizagem e trabalhar para adquirir os estilos que ainda não têm. Todavia, os professores podem desenvolver planos de aula que explorem diferentes estilos por meio de diferentes atividades de ensino e aprendizagem (COFFIELD et al., 2004a, 2004b).

Desenvolvendo o conceito de preferências de aprendizagem

Com base nos resultados mencionados no tópico anterior, Cavellucci (2003) entendeu que, além de caracterizar o estilo do aprendiz, é necessário analisar o conteúdo e o contexto em que os processos de ensino e aprendizagem ocorrem, ou seja, as circunstâncias de aprendizagem. Essa constatação é fruto do estudo que a autora fez sobre o trabalho desenvolvido por Moreno et al. (2000). As autoras argumentam que o indivíduo se orienta e conhece grande parte do mundo que o rodeia por meio de modelos da realidade que ele constrói. Nesse sentido, elas propõem:

> [...] estudar quais são as características, o funcionamento e as formas como os constrói. Diante de acontecimentos observáveis, a partir dos quais é possível realizar diversas interpretações, cada indivíduo seleciona e organiza uma série de dados, a partir dos quais constrói o que denominamos de modelo organizador. As diferenças que apresentam as interpretações que diversos indivíduos dão a um mesmo fenômeno vão informar-nos sobre as características diferenciais de seus respectivos modelos (MORENO et al., 2000, p. 78).

O modelo organizador é construído a partir de percepções, ações, inferências e do conhecimento prévio que o sujeito tem da situação. Essa construção resulta em um sistema de relações que podem ou não ser de caráter operatório, com coerência interna que produz no sujeito a ideia de representação do mundo real. Assim, para essa construção do modelo organizador, o aprendiz pode não considerar todos os elementos possíveis da situação ou do fenômeno, mas somente aqueles a que ele, por diferentes motivos, atribui significado. Nesse sentido, algumas vezes são incorporados dados não existentes na realidade, fruto de inferências nem sempre adequadas, feitas a partir da falta de alguma informação considerada necessária pelo sujeito. Esses dados passam a fazer parte do modelo em condição de igualdade com aqueles tirados da realidade, da mesma forma que dados importantes da realidade podem perfeitamente ser negligenciados, comprometendo o modelo. Além disso, os modelos organizadores são sistemas dinâmicos de representação da realidade e evoluem com o desenvolvimento cognitivo do sujeito, sendo constantemente revisados para atender às suas novas exigências.

A representação da realidade como processo individual, em constante modificação e construção, parece mais interessante do que a visão cognitivista que entende essa abordagem individual como algo definido logo nos primeiros anos de vida, uma marca definitiva que não muda ao longo da vida.

As concepções de Moreno et al. (2000) são importantes para complementar as ideias sobre estilo de aprendizagem, permitindo pensar que os aprendizes têm um conjunto de preferências que determinam uma abordagem individual para aprender, o qual foi denominado de preferências de aprendizagem (CAVELLUCCI; VALENTE, 2003; VALENTE; CAVELLUCCI, 2007).

Essas preferências variam de acordo com o conteúdo, o contexto de aprendizagem e a experiência do aprendiz. Elas não são as mesmas em todas as situações e são passíveis de aprimoramento de acordo com os interesses e as necessidades do aprendiz. Essas preferências de aprendizagem podem mudar conforme o aprendiz adquire mais habilidades e desenvolve outras estratégias para lidar com diferentes situações de aprendizagem na escola e na vida.

As ideias sobre preferências de aprendizagem foram utilizadas em uma das disciplinas do curso de Comunicação Social – Midialogia, no sentido de criar uma série de atividades para que os alunos pudessem tomar consciência das suas preferências e entender como e o que eles aprendem por meio do uso das TDIC.

Preferências de aprendizagem em uma disciplina do curso de Midialogia

O curso de Comunicação Social – Midialogia foi criado em 2004, como parte das atividades do Departamento de Multimeios, Mídia e Comunicação, do Instituto de Artes da Unicamp. Desde então, tem ficado entre as quatro opções mais procuradas na primeira fase dos vestibulares dessa Universidade, sendo que em cada turma há 30 vagas.

Ele é fundamentado no tripé mídias, sociedade e arte, que contempla os eixos tecnológico, social e estético, que são constituintes da Midialogia. As mídias contemporâneas são veículos de comunicação e expressão e conteúdo que são estudados como linguagens e processos de significação. O curso não prevê áreas de formação específicas, como jornalismo, propaganda ou cinema. O aprofundamento em uma dessas áreas é determinado pelo aluno, de acordo com seu interesse e em termos das disciplinas que frequenta, tanto oferecidas pelo curso quanto por outros cursos do Instituto de Artes ou de outros institutos e faculdades da Unicamp.

O curso tem como fundamento a aprendizagem baseada em projetos, sendo que estes tanto são usados como parte das disciplinas em geral quanto há disciplinas específicas para o desenvolvimento de projetos integrados. Assim, o curso de Midialogia tem uma forte inserção tecnológica e é baseado em projetos, permitindo o uso de abordagens pedagógicas bastante inovadoras, proporcionando a criação de ambientes de aprendizagem que dão mais autonomia ao aluno e, ao mesmo tempo, permitem que ele desenvolva competências que são fundamentais e marcantes no ambiente de trabalho atual.

Nesse curso, ministro a disciplina CS 405 – Educação e Tecnologia, desde quando foi oferecida pela primeira vez, em 2006. O tema é "aprendizagem e as tecnologias digitais de informação e comunicação", embora o foco tenha sofrido algumas alterações em função das mudanças tecnológicas ao longo desses anos. A disciplina faz parte do quarto semestre da grade curricular, tem carga horária semanal de quatro horas, e as aulas presenciais são complementadas com atividades usando o ambiente de aprendizagem virtual TelEduc.

A disciplina tem como objetivos:

- Discutir as questões sobre aprendizagem, apresentando como referencial teórico as abordagens sociointeracionistas.
- Entender como as TDIC podem auxiliar o processo de ensino e aprendizagem (presencial ou a distância).
- Discutir as implicações do uso das TDIC na educação.

A proposta é que os alunos partam da sua experiência como aprendizes, analisem como aprendem com as TDIC, entendam como elas podem contribuir para a aprendizagem de outras pessoas e como os processos de ensino e aprendizagem (presencial ou a distância) podem ser auxiliados pelo seu uso.

O programa da disciplina é apresentado e discutido com os alunos no primeiro dia de aula e prevê as seguintes atividades na forma de projetos:

- **Projeto 1** – os alunos realizam cinco exercícios relacionados às preferências de aprendizagem e, a partir dos resultados obtidos, desenvolvem individualmente um documento de 2 a 3 páginas, relatando o que entendem sobre suas preferências de aprendizagem e como as TDIC contribuem para seu processo de aprendizagem.
- **Projeto 2** – cada dupla de alunos deve observar ambientes formais, não formais e informais e verificar se podem ser considerados contextos de aprendizagem. Com base nessa experiência, devem produzir um documento de 2 a 3 páginas, descrevendo o ambiente, as tecnologias usadas, como o ambiente pode ser considerado um contexto de aprendizagem e como as pessoas aprendem nesse contexto.
- **Projeto 3** – cada trio de alunos deve realizar um seminário de até 30 minutos sobre o uso de *softwares*, *hardware* ou da Web 2.0 para auxiliar a aprendizagem. Esse seminário deve ser complementado com um diaporama, que faz parte da avaliação.
- **Projeto 4** – cada trio de alunos deve elaborar e entregar um produto multimidiático (p. ex., vídeo ou animação) sobre ambientes de aprendizagem para a era da mobilidade, conectividade e convergência tecnológica (*m-learning*) e um documento de 3 a 5 páginas, justificando as escolhas feitas e a proposta como um todo.
- **Projeto 5** – a classe como um todo deve elaborar o *site* da disciplina: cada aluno desempenha um papel específico nessa elaboração.

A 15ª aula do semestre é dedicada à análise do *site* e dos produtos midiáticos desenvolvidos pelos alunos como parte do Projeto 4.

Quanto ao Projeto 1, foco deste capítulo, os alunos realizam individualmente cinco exercícios cujos resultados são usados no desenvolvimento do Projeto. O primeiro exercício é parte de um questionário que o aluno responde no primeiro dia de aula. Nesse questionário, há diversas questões sobre a formação acadêmica, como, por exemplo, onde estudou, se escola particular ou pública. As duas últimas questões são relativas à compreensão sobre o que significa aprender e como ele entende que as TDIC podem auxiliar uma pessoa a aprender:

- Com base na sua experiência de aprendiz e em seu conhecimento sobre aprendizagem, o que significa para você uma pessoa ter aprendido algo? Qual comportamento ou atitude você gostaria de poder observar para poder afirmar que uma pessoa aprendeu alguma coisa?
- Como você entende que as tecnologias digitais de informação e comunicação podem auxiliar uma pessoa a aprender sobre determinado conteúdo ou procedimento? Justifique sua resposta com exemplo e indicando como a pessoa aprende nesse caso.

Os resultados do questionário são apresentados e discutidos com os alunos na aula da segunda semana, em uma apresentação de PowerPoint. Com relação à questão sobre a concepção de aprendizagem, os alunos em geral respondem que a pessoa deve saber explicar ou repassar o que aprendeu ou que ela deve saber aplicar o que aprendeu em uma situação de resolução de problema, por exemplo. O interessante é que nunca associam essas duas situações, como propõe Piaget (1977, 1978), no sentido de que o aprendiz deve saber não só expressar ou aplicar o que aprendeu, mas saber conceituar o que faz.

Sobre a questão da aprendizagem com as TDIC, em geral mencionam que essas tecnologias ajudam a aprender de maneira diferente, usando recursos midiáticos como vídeos, jogos e tutoriais. Eles ainda não entendem a possibilidade de as TDIC auxiliarem os processos de construção de conhecimento por meio da descrição de procedimentos para que as máquinas possam produzir resultados e, com base nos resultados, refletir e depurar os conceitos e as estratégias envolvidos nesses procedimentos. Essas ações devem produzir um processo espiralado de construções conceituais e de estratégias cada vez mais elaboradas (VALENTE, 2002). Esse tema da espiral de aprendizagem é retomado ao longo da disciplina por meio de leituras e discussões sobre as atividades que os alunos desenvolvem em outros projetos.

O segundo exercício consiste em elaborar um documento descrevendo a trajetória de vida acadêmica do aluno, indicando os principais eventos e as pessoas que mais contribuíram para que tenha chegado ao curso de Midialogia. É sugerido que ele resgate as pessoas ou os fatos mais influentes nesse processo, que papel tiveram e como contribuíram para sua formação acadêmica. Essa atividade é baseada em métodos usados na formação de professores, conhecidos como autobiográficos (NÓVOA; FINGER, 1988), ou baseados em história de vida (PINEAU; LE GRAND, 2002). Consiste na descrição, oral ou por escrito, de sua trajetória de vida como aprendentes, enfatizando o papel de diferentes pessoas (pais, amigos, professores) ou diferentes situações (espaços e momentos) que contribuíram para seu processo de aprendizagem ou maneiras de fazer coisas ou pensar.

Nesse exercício, os alunos primeiramente mencionam que nunca haviam pensado sobre como as coisas aconteceram e como contribuíram para sua formação e as escolhas feitas ao longo de sua vida acadêmica. Em geral, mencionam o papel de alguém da família que foi determinante nessa formação, fatos que foram importantes no ensino básico para a escolha da área a ser seguida no ensino superior, e, nos últimos anos, têm mencionado o uso das TDIC como meio para aprender.

No terceiro exercício, o aluno deve elaborar um documento, procurando responder a três questões que contribuem para que entenda como aprende: "o que sei fazer bem", "como aprendi" e "como sei que sei". É sugerido que pense sobre algo que entende que sabe fazer bem e que descreva essa atividade; em seguida,
que descreva sobre como aprendeu a desenvolver essa atividade; e, por fim, como sabe que sabe desenvolver bem a atividade.

Os alunos consideram esse o exercício o mais difícil. Primeiro, ninguém nunca lhes perguntou a respeito, e eles nunca pararam para pensar sobre isso. Segundo, nunca acham que há algo que saibam fazer bem. Terceiro, é muito difícil saber como avaliar o que de fato sabem. Mas, no fim, esse exercício sempre é muito bem avaliado e revelador de situações bastante interessantes.

O quarto exercício tem como objetivo o desenvolvimento de testes para a identificação dos estilos de aprendizagem do aluno. Eles podem usar dois testes: o Index of Learning Styles, desenvolvido por Felder e Soloman (2017), e o Questionário VARK, versão em português (VARK, c2018). Ambos são feitos *on-line* e autocorrigidos. Com base nos resultados, o aluno deve produzir um breve texto, registrando os estilos identificados e comentando os resultados.

Em geral, eles são muito críticos sobre esses testes. Entendem que as questões podem ser manipuladas e os resultados nem sempre correspondem ao que eles percebem ser seu estilo de aprender. Contudo, alguns mencionam que os testes são úteis para esclarecer tendências com relação às diferentes dimensões trabalhadas nos testes, como holístico-analítica (tendência a organizar as informações em parte ou como um todo) e verbal-imagética (tendência a representar informações enquanto pensam verbalmente ou por meio de imagens mentais). Os alunos passam a entender se são balanceados com relação a essas dimensões ou se uma delas assume papel mais relevante.

Por fim, o quinto exercício é feito em sala de aula, e duas telas são mostradas aos alunos por meio de projeção. Uma só com imagem de pessoas realizando determinada tarefa em um contexto rural. Outra só com textos sobre determinado fato científico. Primeiro, é mostrada a tela só com imagem, sendo solicitado que a observem e registrem em uma folha de papel o máximo possível de informação que conseguem apreender. Em seguida, é mostrada a tela com texto, e eles devem também registrar as informações apreendidas.

Após o registro das informações sobre as duas telas, é solicitado que leiam o que conseguiram registrar. É interessante observar a variedade de estratégias adotadas e o tipo de informações registradas. Por exemplo, no caso da tela com imagem, alguns registram elementos na forma de uma lista de fatos: duas mulheres, presença de animais, céu azul, etc. Outros, as informações obtidas na forma de uma narrativa, como duas mulheres que trabalham em um sítio realizando algum tipo de artesanato com barro; as atividades acontecem em um contexto aparentemente rural e em condições precárias. Outros, ainda, misturam a lista de fatos e as narrativas. O mesmo acontece com a tela só com texto. O confronto dessas diferentes estratégias possibilita a discussão sobre uma mesma informação ser apresentada para os alunos e cada um apreender coisas diversas e usar diferentes estratégias de registro.

Os resultados desses exercícios são usados para desenvolver o Projeto 1, que consiste em elaborar um documento sobre "minhas preferências de aprendizagem". O objetivo do projeto é descrever, com base nos exercícios realizados, a concepção que o aluno tem sobre sua preferência de aprendizagem. O documento deve abordar:

a. como o aluno entende ser sua preferência de aprendizagem;
b. as circunstâncias mais favoráveis para ele aprender; e
c. como as TDIC contribuem para a sua aprendizagem.

Além da descrição, o aluno deve justificar as afirmações com base nos dados relatados nos exercícios realizados. Após o documento ser entregue via plataforma TelEduc, cada aluno apresenta, em sala de aula, os resultados mais importantes e sua reflexão sobre o que o desenvolvimento do projeto significou em termos de poder tomar consciência de suas preferências de aprendizagem.

O objetivo de o aluno ter de compilar todas as informações obtidas durante cada um dos exercícios é contrapor e refletir sobre diferentes aspectos de seu processo de aprendizagem e, com isso, construir o que entende ser suas preferências de aprendizagem, as circunstâncias mais favoráveis para o processo de aprendizagem e como as TDIC favorecem ou não esse processo. Por exemplo, os alunos mencionam que as redes sociais atualmente são as plataformas às quais mais recorrem para sanar dúvidas, debater questões ou resolver problemas específicos. Além disso, o uso de tutoriais *on-line* e a possibilidade de acessar ferramentas *on-line* – como Dropbox, Google Drive e Onedrive, programas de armazenamento em nuvem que permitem a edição e o compartilhamento de documentos – ajudam a organizar as informações e o pensamento.

As aulas são organizadas com base na abordagem do ensino híbrido, sendo que os exercícios e os projetos são realizados fora da sala de aula. Os resultados são disponibilizados no ambiente TelEduc, no portfólio individual de cada aluno. Antes da aula, esse material é analisado por mim e alguns trabalhos são selecionados para serem comentados em aula. Na aula, alguns temas relativos aos conteúdos sendo trabalhados são brevemente discutidos. Por exemplo, o que é descrito sobre a história de vida acadêmica, sobre o resultado dos testes de estilo de aprendizagem, etc.

Meu papel nessas discussões e na avaliação de cada exercício e do projeto é verificar a pertinência quanto ao que foi solicitado. Os trabalhos não são avaliados com relação ao conteúdo que o aluno apresenta. Além disso, por decisão da turma, o resultado do Projeto 1 não faz parte do material que é disponibilizado no *site* da disciplina por ser algo muito pessoal e, algumas vezes, de caráter íntimo.

Conforme os exercícios são realizados, é possível perceber o grau de conhecimento dos alunos sobre o tema proposto e como esses trabalhos os ajudam a identificar e explicitar interesses, preferências, valores e crenças. Tais aspectos são especificamente discutidos em sala e constituem um exercício importante para descobrir o que cada aluno é e como aprende em termos de estratégias, circunstâncias e uso das TDIC.

DISCUSSÃO

Este capítulo está sendo apresentado como parte do contexto de "escolas inovadoras". Assim, por que estamos tratando de preferências de aprendizagem e o que esse tema tem de inovador?

Primeiro, considerando as novas tendências educacionais que estão procurando implementar a aprendizagem personalizada, é interessante constatar quão distantes os alunos estão de entender sobre seus processos de aprendizagem. Tal dificuldade se dá pelo fato de nossa sociedade não estar preparada para falar sobre o aprender, como observado por Papert (1980). Não temos nem mesmo termos em nossa língua para designar comportamentos e ações sobre o aprender. Estamos aprendendo praticamente todos os dias, realizando atividades que desenvolvemos todo o tempo e desde o nosso nascimento, porém não estamos conscientes sobre como aprendemos e como avaliamos o produto dessa aprendizagem. Sabemos muito pouco ou quase nada sobre nosso próprio processo de aprendizagem.

Segundo, faltam em nosso sistema educacional ações que possam ajudar tanto o aluno quanto o professor na identificação e no uso das preferências de aprendizagem. Certamente a tomada de consciência sobre as preferências de aprendizagem ajudaria os estudantes na escolha das estratégias, dos materiais de apoio e das circunstâncias de aprendizagem, bem como possibilitaria aos professores mais condições de adequar as circunstâncias de aprendizagem a fim de atender às diferentes necessidades e aos interesses dos alunos. Além disso, na sala de aula estão em jogo as preferências tanto do professor quanto dos alunos. Quando decide sobre a forma como as informações serão apresentadas e como determinado tema será organizado e encaminhado, seria importante que o professor estivesse consciente das abordagens pedagógicas que podem ser utilizadas para estimular o desenvolvimento das diferentes estratégias de aprendizagem de seus alunos, como proposto por Moreno et al. (2000).

Finalmente, a proposta não é usar os testes para avaliar o estilo de aprendizagem de cada aluno, como é feito em práticas mencionadas em muitos estudos. Como propõem Coffield et al. (2004a, 2004b), a ideia é evitar os rótulos advindos de tais testes e propor situações nas quais professor e aluno, atentos às concepções discutidas neste capítulo, possam criar condições para a tomada de consciência de suas preferências de aprendizagem.

O trabalho realizado na disciplina CS 405 – Educação e Tecnologia mostra como criar essas condições. Por sua vez, outras condições podem ser criadas. Por exemplo, incluir o desenvolvimento de atividades pedagógicas nas quais o professor, conhecendo a temática sobre preferências de aprendizagem, pode ajudar o aluno a se conhecer como aprendiz. Na verdade, trata-se de uma espiral crescente de conhecimento (VALENTE, 2002) tanto para o aluno quanto para o professor, que tem início com a observação que o professor pode fazer sobre atividades propostas por ele que tratam explicitamente de ajudar o aluno a entender seu processo de aprender, como realizado na disciplina, ou com a observação do desempenho do aluno expressado nas ações e nas atividades que realiza – por exemplo, na forma como lida com a informação, como se comunica e organiza suas atividades. O professor pode questionar como o aluno aprendeu sobre determinado conceito, questionando como ele teve acesso à informação, como desenvolveu determinada atividade, como e onde prefere estudar.

O professor pode trocar ideias com o aluno sobre o que ele reporta e gradativamente discutir e tentar explicitar as preferências de aprendizagem do aluno. A ideia é que o próprio aluno, ao longo de sua vida na escola (e fora dela), possa ir certificando-se de como aprende e desenvolvendo habilidades e estratégias que o tornem um aprendiz mais eficiente nos diferentes ambientes de aprendizagem. Conforme vai se conhecendo, ele pode ir adequando suas preferências de aprendizagem às atividades que realiza e vice-versa, procurando evitar situações em sua vida acadêmica ou profissional em que possa se sentir inadequado quanto ao que deve aprender.

Um ambiente de aprendizagem no qual todos (alunos e professor) possam tomar consciência de como aprendem, em que possam refletir e discutir sobre suas preferências de aprendizagem e possam observar quais fatores interferem de maneira positiva ou negativa nos processos de ensino e aprendizagem certamente beneficiará a todos. Esse ambiente propiciará mais oportunidades para o desenvolvimento de estratégias que auxiliarão os estudantes a se tornarem mais capazes de lidar com as diferenças individuais e com as variadas situações de aprendizagem na escola e na vida.

CONSIDERAÇÕES FINAIS

O fato de as TDIC estarem adentrando a sala de aula, propiciando mudanças inovadoras na dinâmica e nas atividades pedagógicas, como o ensino híbrido e a aprendizagem personalizada, demanda que alunos e professores tenham consciência de como aprendem e, com isso, possam escolher os caminhos mais adequados para os processos de ensino e aprendizagem. No entanto, o trabalho na disciplina CS 405 – Educação e Tecnologia do curso de Midialogia mostra que os alunos ainda não têm tal consciência.

A disciplina tem como um de seus objetivos criar condições para que eles possam realizar diferentes atividades e, com isso, construir suas concepções sobre como aprendem, conhecer as circunstâncias mais favoráveis para essa aprendizagem e como as TDIC os auxiliam nesse processo.

As estratégias adotadas foram baseadas em estudos da literatura e em uma pesquisa realizada pela aluna de mestrado Cavellucci (2003). Ela teve a sensibilidade de ir além do âmbito dos estudos sobre estilos de aprendizagem e buscou, com o trabalho de Moreno et al. (2000), compreender o papel do contexto e do conteúdo na construção do modelo organizador que o aprendiz usa para representar sua realidade. A junção dessas ideias com as ideias originárias dos estudos sobre estilos de aprendizagem possibilitou a criação do conceito de preferências de aprendizagem, usado na criação das atividades desenvolvidas na disciplina.

Considero que esse trabalho é um primeiro passo na direção de poder propiciar, tanto na escola quanto em outros segmentos da sociedade, as condições para que as pessoas possam tomar consciência de suas preferências de aprendizagem. Essa conscientização deve facilitar em muito a implantação de estratégias inovadoras nos processos de ensino e aprendizagem. A educação realmente precisa conhecer o aprendiz, para que ele possa ter voz, para que seja acolhido pela escola e possa assumir um papel mais ativo e criativo em sua aprendizagem.

REFERÊNCIAS

ALLPORT, G. W. *Personality*: a psychological interpretation. New York: Holt, 1937.

BACICH, L.; TANZI NETO, A.; TREVISANI, F. M. (Org.). *Ensino híbrido*: personalização e tecnologia na educação. Porto Alegre: Penso, 2015.

BASYE, D. *Personalized vs. differentiated vs. individualized learning*. 24 jan. 2018. Disponível em: <https://www.iste.org/explore/articledetail?articleid=124>. Acesso em: 05 ago. 2018.

BELCHER, J. W. Studio Physics at MIT. *MIT Physics Annual*, p. 58-64, 2001. Disponível em: <http://web.mit.edu/jbelcher/www/Belcher_physicsannual_fall_01.pdf>. Acesso em: 05 ago. 2018.

BERGMANN, J.; SAMS, A. *Flip your classroom*: reach every student in every class every day. Eugene: ISTE, 2012.

CAVELLUCCI, L. C. B. *Estudo de um ambiente de aprendizagem baseado em mídia digital*: uma experiência na empresa. 2003. 205 f. Dissertação (Mestrado em Multimeios) – Instituto de Artes, Universidade Estadual de Campinas, Campinas, 2003.

CAVELLUCCI, L. C. B.; VALENTE, J. A. As preferências de aprendizagem no cotidiano escolar. *Pátio*: Revista Pedagógica, v. 8, p. 46-49, 2003.

CENTENO, E. G.; SOMPONG, N. Technology and learning styles in the GE classroom: towards developing blended learning systems for the 21st century learner. *British Journal of Arts and Social Sciences*, v. 9, n. 2, 2012.

CHENG, G.; CHAU, J. Exploring the relationships between learning styles, online participation, learning achievement and course satisfaction: an empirical study of a blended learning course. *British Journal of Educational Technology*, v. 47, n. 2, p. 257-278, 2016. Disponível em: <https://onlinelibrary.wiley.com/doi/abs/10.1111/bjet.12243>. Acesso em: 05 ago. 2018.

CHRISTENSEN, C.; HORN, M. B.; STAKER, H. *Ensino híbrido*: uma inovação disruptiva? Uma introdução à teoria dos híbridos. 2013. Disponível em: <http://porvir.org/wp-content/uploads/2014/08/PT_Is-K-12-blended-learning-disruptive-Final.pdf>. Acesso em: 05 ago. 2018.

COFFIELD, F. et al. *Learning styles and pedagogy in post-16 learning*: a systematic and critical review. London: Learning and Skills Research Centre, 2004b. Disponível em: <http://www.leerbeleving.nl/wp-content/uploads/2011/09/learning-styles.pdf>. Acesso em: 05 ago. 2018.

COFFIELD, F. et al. *Should we be using learning styles?* What research has to say to practice. London: Learning and Skills Research Centre, 2004a. Disponível em: <http://www.itslifejimbutnotasweknowit.org.uk/files/LSRC_LearningStyles.pdf>. Acesso em: 05 ago. 2018.

DEWEY, J. *Democracy and education*. New York: Free, 1944.

FELDER, R. M. *Richard Felder's home page*. 2017. Disponível em: <http://www4.ncsu.edu/unity/lockers/users/f/felder/public/RMF.html>. Acesso em: 05 ago. 2018

FELDER, R. M.; SOLOMAN, B. A. *Index of learning styles questionnaire*. [2017?]. Disponível em: <https://www.webtools.ncsu.edu/learningstyles/>. Acesso em: 05 ago. 2018.

FULLAN, M. *Michael Fullan response to MS 3 questions about personalized learning*. 2009. Disponível em: <http://michaelfullan.ca/wp-content/uploads/2016/06/Untitled_Document_16.pdf>. Acesso em: 05 ago. 2018.

GALLEGO, D. J. Ya he diagnosticado el estilo de aprendizaje de mis alumnos y ahora ¿Qué hago? *Revista Estilos de Aprendizaje*, v. 11, n. 12, 2013. Disponível em: <https://www2.uned.es/revistaestilosdeaprendizaje/numero_12/articulos/articulo_1.pdf>. Acesso em: 05 ago. 2018.

GLOSSARY OF EDUCATION REFORM *Personalized learning*. 14 may 2015. Disponível em: <http://edglossary.org/personalized-learning/>. Acesso em: 05 ago. 2018.

MORENO, M. et al. *Conhecimento e mudança*: os modelos organizadores na construção do conhecimento. São Paulo: Moderna, 2000.

NÓVOA, A.; FINGER, M. *O método (auto)biográfico e a formação*. Lisboa: Ministério da Saúde, 1988.

PAPERT, S. *Mindstorms*: children, computers and powerful Ideas. New York: Basic Books, 1980.

PASHLER, H. et al. Learning styles concepts and evidence. *Psychological Science*, v. 9, n. 3, p. 104-106, 2008.

PATRICK, S.; KENNEDY, K.; POWELL, A. *Mean what you say*: defining and integrating personalized, blended and competency education. 2013. Disponível em: <http://www.inacol.org/wp-content/uploads/2015/02/mean-what-you-say.pdf>. Acesso em: 05 ago. 2018.

PIAGET, J. *A tomada de consciência*. São Paulo: Melhoramentos, 1977.

PIAGET, J. *Fazer e compreender*. São Paulo: Melhoramentos, 1978.

PINEAU, G.; LE GRAND, J. L. *Les histories de vie*. 3rd ed. Paris: Presses Universitaires de France, 2002.

RIDING, R.; RAYNER, S. *Cognitive styles and learning strategies* – understanding style differences in learning and behavior. London: David Fulton Publisher, 1998.

SEAVER, S. *Learning style relationship to motivation and success in the flipped vs non-flipped classroom*. 2014. Dissertação (Mestrado em Ciências) – Bemidji State University, Bemidji, 2014.

STAKER, H.; HORN, M. B. *Classifying K–12 blended learning*. Mountain View: Innosight Institute, 2012. Disponível em: <http://www.christenseninstitute.org/wp-content/uploads/2013/04/Classifying-K-12-blended-learning.pdf>. Acesso em: 05 ago. 2018.

STERNBERG, R. J. *Beyond IQ*: a triarchic theory of human intelligence. Cambridge: Cambridge University, 1985.

STHEM BRASIL. *STHEM Brasil*: consórcio de IES brasileiras. [2017]. Disponível em: <http://sthembrasil.com/ >. Acesso em: 05 ago. 2018.

THE GUARDIAN. *No evidence to back idea of learning styles*. 12 mar. 2017. Disponível em: <https://www.theguardian.com/education/2017/mar/12/no-evidence-to-back-idea-of-learning-styles>. Acesso em: 05 ago. 2018.

TREVELIN, A. T. C.; PEREIRA, M. A. A.; OLIVEIRA NETO, J. D. A utilização da "sala de aula invertida" em cursos superiores de tecnologia: comparação entre o modelo tradicional e o modelo invertido *"flipped classroom"* adaptado aos estilos de aprendizagem. *Revista Estilos de Aprendizaje*, v. 11, n. 12, 2013. Disponível em: <https://www2.uned.es/revistaestilosdeaprendizaje/numero_12/articulos/articulo_8.pdf>. Acesso em: 05 ago. 2018.

VALENTE, J. A. A espiral da aprendizagem e as tecnologias da informação e comunicação: repensando conceitos. In: JOLY, M. C. (Ed.). *Tecnologia no ensino*: implicações para a aprendizagem. São Paulo: Casa do Psicólogo, 2002. p. 15-37.

VALENTE, J. A. A sala de aula invertida e a possibilidade do ensino personalizado: uma experiência com a graduação em Midialogia. In: BACICH, L.; MORAN, J. (Org.). *Metodologias ativas para uma educação inovadora*: uma abordagem teórico-prática. Porto Alegre: Penso, 2019.

VALENTE, J. A.; CAVELLUCCI, L. C. B. Preferências de aprendizagem: aprendendo na empresa e criando oportunidades na escola. In: VALENTE, J. A.; ALMEIDA, M. E. B. (Org.). *Formação de educadores a distância e integração de mídias*. São Paulo: Avercamp, 2007. p. 193-202.

VARK. *Questionário*: como eu aprendo melhor? c2018. Disponível em: <http://vark-learn.com/questionario/>. Acesso em: 05 ago. 2018.

WATKINS, J.; MAZUR, E. Retaining students in science, technology, engineering, and mathematics (STEM) majors. *Journal of College Science Teaching*, v. 42, n. 5, p. 36-41, 2013. Disponível em: <http://www.cssia.org/pdf/20000243-RetainingStudentsinSTEMMajors.pdf>. Acesso em: 05 ago. 2018.

LEITURA RECOMENDADA

NEWTON, P. M. The learning styles mythis thrivingin higher education. *Frontiers in Psychology*, v. 6, article 1908, 2015. Disponível em: <https://www.frontiersin.org/articles/10.3389/fpsyg.2015.01908/full>. Acesso em: 05 ago. 2018.

A FORMAÇÃO DE PROFESSORES PARA INOVAR A EDUCAÇÃO BRASILEIRA

Ulisses F. Araujo | Carolina Costa Cavalcanti | Mônica Cristina Garbin
Waldomiro Loyolla

A democratização das sociedades contemporâneas e a busca pela universalização do ensino trouxeram a diversidade para dentro das salas de aula, e novos contingentes populacionais pouco habituados ao universo da educação básica e superior passaram a fazer parte desse cotidiano. Estamos nos referindo não apenas ao acesso à educação por parte das mulheres, das crianças oriundas das classes socioeconômicas mais baixas e das minorias étnico-sociais, mas de uma diversidade maior, que rompe a homogeneização esperada no passado e inclui pessoas com diferentes valores, capacidades físicas, cognitivas, afetivas e morais.

A integração desses "novos" alunos e alunas às salas de aula, muitos deles filhos e filhas de pais não escolarizados e, portanto, representantes de uma primeira geração que tem acesso ao ensino escolar, vem gerando a necessidade de se pensar novas formas de conceber a educação. A luta pela igualdade de condições e pelo direito de inclusão de todas as pessoas no sistema educativo, um fenômeno recente do ponto de vista histórico, associada a mudanças estruturais sobre o papel do conhecimento no mundo atual, determina um forte debate sobre o papel da educação. Defrontamo-nos, assim, com novas questões que envolvem a adoção de políticas públicas capazes de proporcionar não apenas o acesso e a permanência na escola como também de viabilizar o acesso ao conhecimento produzido pela humanidade.

A escola que ainda prevalece no Brasil teve sua origem na Europa nos séculos XVIII e XIX e tem como meta os objetivos do movimento iluminista: uma educação para a razão. Os ideais difundidos nos séculos passados advogavam a razão como a fonte de todo o conhecimento verdadeiro. Assim, desde então, as escolas básicas passaram a estruturar seu currículo apenas no ensino da língua, das matemáticas, das ciências e da cultura, como forma de desenvolver a racionalidade do pensamento. E esse acabou por ser tornar o único objetivo da educação escolar.

É evidente que esse modelo educativo leva a um impasse socioeconômico e cultural de grandes consequências para as sociedades atuais e ainda não foi percebido por todos os políticos, educadores e muitas instituições educacionais: será que a educação pública como a conhecemos, concebida para atender a uma pequena parcela da sociedade e com um modelo pedagógico-científico que almeja o conhecimento racional, centrado no professor, dá conta de atender aos anseios e às necessidades das sociedades contemporâneas? A resposta é claramente negativa, como veremos neste capítulo.

Tal situação traz um grande desafio para os educadores e políticos atuais: o de transformar, ou reinventar, a educação. Como? Em primeiro lugar, repensando os tempos, os espaços, os conteúdos, os métodos e as formas das relações interpessoais presentes nas escolas. Ou seja, estamos falando na criação de escolas diferentes da que conhecemos, concebida na fragmentação disciplinar do século XIX.

Os desafios da diversidade e da universalização impostos pela democratização da sociedade brasileira levam educadores e profissionais da educação a ter de dar conta das demandas e das necessidades de uma sociedade inclusiva, pautada na complexidade do conhecimento inter, multi e transdisciplinar que prevalece neste início do século XXI.

Esse processo de reinvenção, no entanto, precisa estar atento à tradição e à conservação, pois tais características são partes essenciais da missão social da educação: a de conservar, transmitir e enriquecer o patrimônio cultural e científico da humanidade. Assim, entende-se que essa busca por novas configurações educativas não pode ser concebida de maneira dicotômica, contrapondo tradição e inovação. O *novo* não se assenta sobre o vazio e, sim, sobre as experiências milenares da humanidade.

Do ponto de vista do conteúdo, torna-se necessário trazer para o currículo temáticas transversais contextualizadas nos interesses e nas necessidades da maioria das pessoas, e não trabalhar apenas os conteúdos de natureza científica ou de interesse de pequenas parcelas da população. Significa trazer, também, a dimensão ética, de responsabilidade social e de busca da sustentabilidade para os programas de educação básica, complementando e enriquecendo as novas concepções multi, inter e transdisciplinares de conhecimento.

Quanto ao aspecto da forma, significa que é urgente repensar os tempos e os espaços nas instituições de ensino, incorporando, também, as transformações radicais pelas quais vem passando o acesso à informação e ao conhecimento decorrentes das revoluções tecnológicas recentes.

A introdução de sistemas educacionais baseados no uso de tecnologias de informação e comunicação (TICs) e em ferramentas de aprendizagem aberta e colaborativa é um aspecto essencial nesse processo. A Organização das Nações Unidas para a Educação, a Ciência e a Cultura (Unesco), em praticamente todos os seus relatórios recentes, aponta que o emprego dessas ferramentas e dessas perspectivas na educação das próximas décadas pode propiciar condições de ampliação ao acesso e, ao mesmo tempo, promover a qualidade e o êxito na educação.

Com isso, para além de se mudar o conceito de sala de aula com base exclusiva na transmissão de conhecimentos, entende-se que a introdução de novas ferramentas e tecnologias digitais que promovam a interação e novas formas de relações sociais em consonância com novas configurações de produção de conhecimento pela humanidade permite vislumbrar novas formas de organização dos tempos, dos espaços e das relações nas instituições de ensino. A possibilidade de incorporar diferentes linguagens nas relações educativas, apoiadas em recursos multimídia e em novas formas de se conceber as relações de ensino e de aprendizagem e os papéis a serem desempenhados pelos sujeitos da educação, com toda a diversidade derivada de acesso de todos às escolas e universidades, leva-nos a estar no limiar de algo diferente na história da humanidade. E isso não deve ser ignorado pelas instituições responsáveis pelas políticas e pelos cursos de formação de educadores.

Por fim, há de se mexer nas relações interpessoais na escola. Por um lado, promover uma inversão no eixo ensino-aprendizagem, como aponta Shulman (2004), deixando de centrar a educação no ensino para focar na aprendizagem e no protagonismo dos estudantes. Por outro, incorporar mudanças epistemológicas assentadas no princípio de que se aprende fazendo, como os pilares que sustentam a chamada cultura *maker* e os processos colaborativos e cooperativos de produção de conhecimento.

O construtivismo como concepção epistemológica dá sustentação a tais mudanças. Ele pressupõe um sujeito ativo, que participa de maneira intensa e reflexiva das aulas – um sujeito que constrói sua inteligência e sua identidade por meio do diálogo estabelecido com seus pares, com os professores e com as diversas culturas e diferenças, na própria realidade cotidiana do mundo em que vive. Estamos falando, portanto, de alunos que são "autores do conhecimento", e não meros reprodutores daquilo que a sociedade decide que devem aprender. No fundo, essa é uma proposta educativa que promove a aventura intelectual (ARAÚJO, 2014).

Nessa concepção, os professores também têm um novo papel, de mediadores do trabalho pedagógico, e não de detentores e transmissores do conhecimento. As metodologias ativas de aprendizagem são o cerne dessa perspectiva, e isso demanda repensar a formação profissional dos professores nos cursos de graduação e de extensão.

Trazer essa discussão para este livro é o objetivo central deste capítulo, apontando caminhos para as mudanças que se fazem necessárias no âmbito da formação inicial e continuada de professores.

A FORMAÇÃO DE PROFESSORES

Desde a publicação, em 1996, do Relatório para a Unesco da Comissão Internacional sobre a Educação para o século XXI, conhecido como *Relatório Delors*, vem tomando forma em todo o mundo a busca por uma reinvenção ou uma ressignificação da educação visando atender os anseios e as necessidades de uma sociedade inclusiva, ética, colaborativa, democrática e que amplia o acesso ao conhecimento (UNESCO, 2010). No Brasil, no entanto, esse processo segue em passos muito lentos.

Um dos gargalos existentes e um dos maiores desafios no Brasil e no mundo (ORGANIZAÇÃO PARA COOPERAÇÃO E DESENVOLVIMENTO ECONÔMICO, 2006) é atrair e manter o interesse dos jovens pelo magistério como profissão. Chama a atenção, por exemplo, o trabalho de pesquisa de Gatti et al. (2009), que aponta que somente 2% dos jovens brasileiros desejam cursar Pedagogia ou uma licenciatura. Também se destaca a pesquisa de Pinto (2014), mostrando que, no Brasil, o número total de vagas abertas na graduação para formar professores nas disciplinas da educação básica é cerca de três vezes maior que a demanda. Por fim, com base em dados do Instituto Nacional de Estudos e Pesquisas Educacionais Anísio Teixeira (INEP), o Instituto Lobo mostra que, em 2005, a taxa de evasão nos cursos de formação de professores no País atingiu uma média de 38% (SILVA et al., 2007).

Assim, os três estudos citados chamam a atenção para uma complexa conjunção de fatores que complicam o quadro na formação de professores no Brasil: a) há pouco interesse dos jovens em ser professor; b) ao contrário do que se pensa, no caso da formação de professores, há um número suficiente de vagas abertas no ensino superior; e c) cerca de 38% dos jovens que entram nos cursos de formação de professores na graduação acabam desistindo, provocando uma alta taxa de evasão.

Falta de reconhecimento social, baixos salários, violência, indisciplina, falta de apoio familiar aos alunos e jornada de trabalho estressante são algumas das razões que contribuem para os resultados descritos nos parágrafos anteriores. Mas há outra razão pouco explorada e discutida que nos chama a atenção e será o foco de nossa discussão: a forma e a qualidade dos cursos de formação de professores no Brasil.

Sejam públicos ou privados, os cursos de formação de professores no Brasil, em sua maioria, seguem funcionando como se ainda estivessem no século XIX. Reproduzem em suas salas de aula o modelo tradicional expositivo centrado no professor, abordando conteúdos em geral sem vínculo com a realidade e com a vida das pessoas e comunidades; e sem ligação com as práticas de sala de aula que os futuros professores deveriam aprender. Além disso, o uso de tecnologias é praticamente inexistente.

Não é difícil entender, então, a dificuldade em atrair jovens para o exercício da profissão, e que, ao seguir formando professores para dar aula no século XIX, compromete-se qualquer iniciativa de reinvenção da educação no Brasil. Promove-se evasão e, por conseguinte, falta de pessoal qualificado para implementar políticas públicas que levem à transformação da escola e dos processos de ensino-aprendizagem. Esse é, portanto, em nossa concepção, um dos nós górdios para o avanço do nosso sistema educacional: uma formação de professores em nível inicial não condizente com as necessidades da escola contemporânea, desestimulante inclusive, somada à falta de interesse dos jovens pela carreira docente.

São raros os cursos de formação de professores atrativos para os jovens e imbuídos de propiciar aos futuros docentes as habilidades e as competências exigidas na educação a ser reinventada. O que vemos, em geral, são experiências isoladas de algumas escolas, em que os docentes são formados pontualmente a partir do contato com consultores e com os projetos nelas implementados. Assim, formam-se apenas profissionais para atuar nesses projetos específicos.

Portanto, há uma lacuna nesse processo que, a nosso ver, traz complicadores para que a inovação se amplie de forma mais acelerada nas escolas brasileiras: a formação de professores em condições de lidar com as demandas de uma nova geração de alunos conectados com o mundo digital e ansiosos por experiências educacionais mais ativas.

Falta uma política pública em maior escala de formação de professores com habilidades, competências e conhecimentos necessários para levar às salas de aula, em todos os níveis educativos, o que pode ser compreendido como novas arquiteturas pedagógicas, incluindo tanto o uso de tecnologias colaborativas e cooperativas quanto uma nova postura profissional desenvolvida no uso de metodologias de aprendizagem que levem os estudantes a serem protagonistas e autores do processo de construção de conhecimento.

UM CAMINHO DIFERENTE PARA A FORMAÇÃO DE PROFESSORES NO BRASIL

O Estado de São Paulo, na busca por caminhos diferentes para a formação inicial de professores na graduação, criou, em 2012, uma nova instituição pública: a Fundação Universidade Virtual do Estado de São Paulo (Univesp). Reconhecida pelo Conselho Estadual de Educação de São Paulo e com autorização do Ministério da Educação (MEC) para funcionamento, tornou-se a primeira universidade brasileira genuinamente de educação a distância, apesar de seu modelo didático-pedagógico dar prioridade ao uso de modelos semipresenciais.

A Univesp é uma instituição pública de ensino superior que faz uso intensivo das tecnologias digitais de informação e comunicação (TDIC) para dar suporte a um modelo didático-pedagógico baseado em metodologias ativas de aprendizagem, visando formar professores a partir da adoção de arquiteturas pedagógicas inovadoras. Em seu projeto didático-pedagógico, a instituição articula uma ponte entre os conteúdos curriculares apresentados nas disciplinas dos cursos e o mundo profissional, e, nessa articulação, os estudantes entram em contato com contextos reais e aprendem a desenvolver projetos colaborativos nas escolas tendo como eixo central a resolução de problemas e a inovação de processos educacionais (ARAÚJO et al., 2016; LOYOLLA et al., 2017).

O primeiro vestibular para formação de professores foi realizado em julho de 2014, com o oferecimento de 2.034 vagas para os cursos de licenciatura em Biologia, Química, Física e Matemática, distribuídos em 32 polos de 24 cidades do Estado de São Paulo.

No modelo implantado, ao ingressarem na Univesp, os estudantes fazem um ciclo básico nos dois primeiros anos, antes de optarem pelas habilitações específicas, que cursam no terceiro e no quarto ano da graduação.

Nas próximas páginas, vamos trazer detalhes do modelo didático-pedagógico implantado na Univesp, buscando demonstrar como se articulam com os princípios de reinvenção da educação discutidos anteriormente.

O modelo didático-pedagógico da Univesp

O modelo didático-pedagógico dos cursos de licenciatura da Univesp está embasado em cinco pilares, complementares, que visam ofertar aos estudantes uma formação pedagógica e profissional sólida, com foco no desenvolvimento das habilidades e das competências demandadas para a educação no século XXI e com ênfase na formação de professores com mentalidade inovadora e criativa. Os cinco pilares que sustentam o modelo são: a transmissão de conhecimentos relevantes; o uso de situações-problema para o desenvolvimento profissional; a busca da interdisciplinaridade; o trabalho colaborativo e cooperativo; e os princípios do aprender fazendo.

A **transmissão de conhecimentos** é o primeiro pilar. Refere-se à apresentação e à discussão de conceitos e conteúdos considerados relevantes, que foram consolidados pela humanidade no transcorrer da história e pelas áreas de conhecimento específicas vinculadas ao currículo dos cursos de licenciatura. Assim, a Univesp considera que há saberes culturais e científicos acumulados que devem ser transmitidos às novas gerações de estudantes.

Como dito, a conservação é uma das partes essenciais da missão social da educação, e não se pode abrir mão do conhecimento especializado para dar sustentação a processos de inovação e criatividade.

Nos cursos de licenciatura da Univesp, essa transmissão de conhecimentos se dá por meio de videoaulas de cerca de 15 minutos, gravadas nos estúdios da TV Cultura de São Paulo, para as quais são convidados alguns dos maiores especialistas brasileiros nas respectivas áreas de conhecimento dos cursos. Com isso, propicia-se uma qualidade excepcional aos conteúdos que são transmitidos, uma espécie de padronização ao que é considerado relevante, e que chegam a milhares de estudantes e não apenas aos poucos que frequentam as universidades públicas. Com o uso de tecnologias digitais, esses conhecimentos de qualidade ficam disponíveis em um ambiente virtual de aprendizagem (AVA), são disponibilizados no canal digital aberto Univesp TV, da TV Cultura, e em seu canal no YouTube,* permitindo acesso gratuito a milhares de pessoas e não apenas aos alunos da Univesp.

As **situações-problema** são o segundo pilar desse modelo e servem como ponto de partida para que estudantes criem e proponham soluções a problemas complexos identificados em contextos reais (JONASSEN, 2011; DABBAGH; DASS, 2013). Nesse processo, eles aprendem a relacionar a teoria e os exemplos de aplicação vistos nas videoaulas às situações complexas observadas no mundo real.

Compreende-se que uma estrutura curricular em torno de situações-problema em cursos de formação de professores é uma perspectiva que possibilita que os estudantes desenvolvam uma postura investigativa enquanto lidam com desafios e incertezas durante a análise e a resolução dos problemas.

A aprendizagem baseada em problemas (ABP) e a aprendizagem baseada em proble-

---

*Disponível em: <https://www.youtube.com/user/univesptv>.

mas e por projetos (ABPP) são as metodologias implementadas pela Univesp para atender a esse pilar de seu modelo didático-pedagógico. Nas licenciaturas, trabalhando em grupos de seis estudantes, a partir de uma temática geral para todos, os cerca de 2 mil alunos devem identificar e investigar uma situação-problema real na escola e/ou na comunidade local e desenvolver soluções durante um semestre letivo. No processo, eles buscam compreender de forma mais aprofundada um contexto específico e a realidade vivida por pessoas envolvidas no ambiente ou na situação analisada.

A **interdisciplinaridade** é o terceiro pilar e, como veremos adiante, consolida-se por meio de projetos integradores na estrutura curricular, quando os estudantes precisam transpor as tradicionais fronteiras e métodos disciplinares durante seu desenvolvimento.

O **trabalho colaborativo e cooperativo** é o quarto pilar de sustentação da Univesp, embasado na relevância da aprendizagem social, do trabalho em grupo, do compartilhamento de ideias e da coconstrução de conhecimentos para o processo de formação de professores e o exercício profissional.

Novamente, a ABPP fundamenta esse processo e sustenta esse pilar didático-pedagógico da Univesp. Levando os estudantes a se organizar em grupos para a resolução de problemas reais da escola e da sala de aula, tendo de aprender a lidar com a diversidade de interesses e habilidades na equipe e, ao mesmo tempo, aprender a compartilhar planejamento, execução e reflexão sobre os processos implícitos no desenvolvimento dos projetos, criam-se as condições para a coconstrução de conhecimentos, baseada no trabalho colaborativo e cooperativo.

Finalmente, o **aprender fazendo** (*learning by doing*) é o quinto pilar desse modelo, que tem como pano de fundo o rompimento epistemológico com a cultura racionalista de que primeiro se raciocina e reflete para depois fazer ou executar as coisas. No aprender fazendo, busca-se romper a dicotomia entre teoria e prática, aproximando os futuros professores do mundo profissional real das escolas e das salas de aula desde o primeiro dia na universidade. É na ação que se aprende, a partir da reflexão também sobre essa ação, como nos ensinaram autores como John Dewey, Jean Piaget e Paulo Freire. Nas licenciaturas da Univesp, esse pilar está apoiado em duas correntes de pensamento: o *design thinking* (DT) e a cultura *maker*, que são trabalhados de forma complementar à ABPP.

De acordo com Plattner, Meinel e Leifer (2012), o DT é uma metodologia centrada no ser humano que integra a colaboração multidisciplinar e a melhoria iterativa para produzir produtos, sistemas e serviços inovadores com foco no usuário final. Os projetos iniciam com um desafio ou um problema e são centrados no ser humano, porque o processo de concepção de serviços inovadores, por exemplo, começa examinando as necessidades, os sonhos e os comportamentos das pessoas a serem afetadas pelas soluções projetadas (IDEO, 2009). O DT, para Cavalcanti e Filatro (2017), em suas etapas de *ouvir, criar* e *implementar os protótipos de solução aos problemas*, estimula que estudantes desenvolvam soluções inovadoras e reais para os problemas enfrentados em seu cotidiano de forma colaborativa.

A filosofia e metodologia *maker* é também um método de aprendizagem ativa que vem se disseminando em todo o mundo, enfatizando o aprender fazendo no ambiente social e a construção de artefatos. De acordo com Sharples et al. (2013), a emergente cultura *maker* enfatiza a aprendizagem informal, em rede, liderada por pares e compartilhada, motivada pela diversão e autorrealização. Blikstein (2013) diz que os projetos dos alunos em uma cultura *maker* devem estar profundamente conectados com problemas significativos, seja em nível pessoal ou comunitário, e projetar soluções para esses problemas pode ser fonte para transformações educacionais e para o empoderamento das pessoas e das comunidades.

Em síntese, buscando articular em uma mesma estrutura curricular a transmissão de conhecimentos relevantes, o uso de situações-problema para o desenvolvimento profissional, a interdisciplinaridade, o trabalho colaborativo e cooperativo e os princípios do aprender fazendo, o modelo didático-pedagógico da Univesp propicia um caminho diferenciado para a formação de professores que se distancia das formas tradicionais com que isso vem se dando em nosso país.

Esse modelo propicia que o estudante tenha uma formação acadêmica sólida, que enseja a aprendizagem de conteúdos curriculares que embasam as áreas do conhecimento estudadas, enquanto aplica os saberes construídos em contextos reais durante o desenvolvimento do projeto integrador.

Do ponto de vista prático, essa articulação se dá por meio de projetos integradores, obrigatórios na estrutura curricular desde o primeiro semestre e durante todos os quatro anos da graduação. Ele é o eixo central do currículo, em torno do qual circundam todas as atividades formativas e os conteúdos acadêmico-científicos que devem ser trabalhados na escola, como pode ser visto na **Figura 3.1**.

Figura 3.1 Organização do nono bimestre da licenciatura em Biologia.

O PROJETO INTEGRADOR COMO EIXO CENTRAL DA ORGANIZAÇÃO CURRICULAR PARA A FORMAÇÃO DE PROFESSORES

Nos cursos de licenciatura em Ciências e Matemática da Univesp, os projetos integradores (PIs) são desenvolvidos durante cada semestre letivo, com duração de 16 semanas.

Para melhor compreensão da estrutura curricular da Univesp, salientamos que cada turma é constituída por até 54 alunos, distribuídos em nove grupos de até seis alunos, tendo um tutor responsável por mediar as atividades de desenvolvimento dos PIs. O tutor realiza três encontros de tutoria por semana, e de cada encontro participam três grupos, ou cerca de 18 alunos. Cada encontro tem quatro horas de duração e, alternadamente, em uma semana ocorre de forma presencial nos polos da Univesp e, na outra, de forma virtual por meio da ferramenta do Google Hangouts.

Em linhas gerais, tanto no espaço presencial dos polos quanto nos espaços virtuais, o papel dos tutores consiste em organizar e direcionar os estudantes no desenvolvimento dos três passos essenciais do DT:

- Ouvir
- Criar
- Implementar

A seguir, apresentamos o processo de planejamento e desenvolvimento semanal dos PIs, com exemplos, visando demonstrar com maior clareza como vão sendo formados os professores de ciências na perspectiva aqui defendida.

De forma objetiva, no desenvolvimento do PI, cada grupo de até seis alunos deve pesquisar e resolver situações-problema relacionadas à realidade e ao cotidiano do campo de conhecimento de seus cursos e disciplinas. O processo de elaboração do problema do PI pelos grupos nas semanas iniciais é caracterizado pela eta-

QUADRO 3.1 Planejamento do PI para as licenciaturas da Univesp nas semanas 1 a 3

Semana 1	• Aproximação ao tema. • Definição do local onde será desenvolvido o projeto. • Visita ao local definido para observação e escuta de problemas dos usuários, visando definir o tema específico de cada grupo.
Semana 2	• Definição do tema específico a ser estudado pelo grupo. • Segunda visita ao local de desenvolvimento do projeto para escuta de problemas e possíveis soluções na opinião dos usuários.
Semana 3	• Definição do problema de cada grupo. • Definição do plano de ação, considerando dados da escuta dos usuários e dados coletados sobre a temática pesquisada.

pa do OUVIR na perspectiva do DT e segue o planejamento demonstrado no **Quadro 3.1**.

Exemplificando o processo, descrevemos o trabalho de Oliveira e Silva (2016a), alunos do quinto semestre do curso de licenciatura em Química, do Polo Curuçá, na cidade de São Paulo, cujos dados foram apresentados no relatório científico entregue ao final do projeto, bem como no vídeo postado no YouTube (OLIVEIRA; SILVA, 2016b).

A partir do tema central definido pela coordenação da Univesp, "A produção de equipamentos e ferramentas para laboratórios de ciências e matemática", o grupo definiu como campo de trabalho a Associação Beneficente à Criança Desamparada Laços Eternos, em Ferraz de Vasconcelos, São Paulo. Na primeira visita à instituição, buscando observar e ouvir as necessidades e os desejos das crianças que frequentavam o espaço, o grupo coletou relatos como o de Giane,* de que é muito difícil ter aulas práticas e que geralmente os professores só se preocupam em transmitir lições de livros com explicação de algumas coisas. Opinião semelhante à de Manuela, que relatou: "Não temos experimentos nas aulas, trabalhamos com leitura e as lições da apostila". Todos os alunos com quem o grupo conversou, de mais de uma escola na região, afirmaram que não havia laboratório nas escolas e que, portanto, não tinham aula de ciências em laboratório.

Dando andamento a essa primeira etapa do projeto, ouvindo e observando a realidade local para identificar um problema relevante, o grupo acabou definindo o seguinte problema a ser investigado no semestre: "De que maneira podemos introduzir aulas práticas de ciências (experimentação) em sala de aula, com recursos de baixo custo, principalmente em escolas com pouco recurso financeiro e/ou com estrutura física precária?", sendo estabelecido como objetivo geral do projeto: "Construir uma ferramenta de laboratório, no caso um microscópio alternativo de baixo custo, para auxiliar o aprendizado em ciência".

A partir da definição do problema, entra-se na fase de CRIAR, que envolve a criação de protótipos iniciais para o enfrentamento ou a solução do problema. O planejamento e a execução dessa segunda etapa, em um processo iterativo, seguem os passos apresentados no **Quadro 3.2**.

Seguindo o exemplo do projeto apresentado, o grupo passou a trabalhar na criação de um primeiro protótipo para a solução do problema, consistindo em criar um microscópio que utiliza apenas um feixe de *laser* direcionado a uma gota na ponta de uma seringa com amostra para estudo. Essa ideia foi desenvolvida de forma conceitual e apresentada aos mentores convidados para a sessão de *Fishbowl*.**

---

*Os nomes mencionados são fictícios.

**Metodologia criada pela professora Renate Fruchter, diretora do PBL Lab da Stanford University. Busca facilitar a transferência do conhecimento de especialistas para grupos de alunos por meio de uma aprendizagem cognitiva para a resolução e/ou o entendimento de determinado fenômeno ou situação-problema.

QUADRO 3.2 Planejamento do PI para as licenciaturas da Univesp nas semanas 4 a 11

Semana 4	• Desenvolvimento de estudos e pesquisas. • Formulação do protótipo inicial.
Semana 5	• Desenvolvimento de estudos e pesquisas. • Finalização do protótipo inicial.
Semana 6	• Preparação para a sessão de *Fishbowl*.
Semana 7	• *Fishbowl* – discussão sobre os protótipos a ser realizada com mentores convidados.
Semana 8	• Entrega do relatório científico parcial.
Semana 9	• Retomada do projeto com definição de novo plano de ação, considerando as discussões realizadas com os mentores, para consolidar as melhorias no protótipo.
Semana 10	• Visita ao local de desenvolvimento do projeto, focando a obtenção da opinião dos usuários quanto às melhorias a serem realizadas no protótipo.
Semana 11	• Redefinição do protótipo, considerando o *feedback* dos usuários.

A meta com a sessão de *Fishbowl* é trocar ideias e experiências com especialistas no tema do projeto, para que, junto com os alunos, aprimorem o protótipo inicial criado pelos grupos da Univesp (ARAÚJO et al., 2016). Nessa etapa, também se obtém o *feedback* da comunidade-alvo do projeto, visando a melhoria do protótipo de processos de ensino e aprendizagem em desenvolvimento.

Como descrito pelo grupo no relatório final:

> [...] conforme orientações trazidas por profissionais da educação dentro do evento *Fishbowl*, houve uma preocupação mais atenta na questão de uma fundamentação bibliográfica, mais esclarecedora, a respeito dos conceitos de microscopia... para definir se uma ferramenta criada com materiais alternativos poderia ser enquadrada na categoria de microscópio [...] (OLIVEIRA; SILVA, 2016a, p. 33).

Seguindo o relato, "Outra questão levantada no evento tratou da relação motivacional para ciência, ressaltada pelos mentores com a ideia de projeção da imagem microscópica em sala de aula como algo importante [...]" (OLIVEIRA; SILVA, 2016a, p. 33).

Referenciando-se em modelos de microscópio de baixo custo existentes,* o grupo iniciou a construção física do equipamento, que demandou o uso dos seguintes materiais:

- Um pé (toco) de palete
- Pedaço de madeira retangular (dimensões próximas ao do pé de palete)
- Dois parafusos com cerca de 10 cm de comprimento, porcas e arruelas
- Dois lápis redondos
- Dois CDs transparentes
- Uma *webcam*
- Uma lanterna
- Canaleta externa de passagem de fios
- Cola quente
- Cola de contato
- Fita adesiva tipo isolante
- Furadeira
- Serra

Na sequência, considerando as observações dos mentores e outras reflexões, o grupo começou a produzir fisicamente o protótipo, incorporando um projetor ao microscópio, para que a experiência de uso em sala de aula fos-

---

*Modelos encontrados em: <www.tecmundo.com.br>, acesso em: 23 set. 2018.

se compartilhada por todos os alunos, e não uma experiência individual.

Nas semanas seguintes, iniciou-se a preparação para a finalização e a implementação da solução estudada na escola e para quem a solução foi criada (**Quadro 3.3**).

Assim, o grupo concluiu o projeto levando o protótipo final para a escola, para ser testado e aprimorado na própria realidade local, junto aos estudantes, possíveis usuários do microscópio e projetor alternativo construído pelo grupo.

Com a descrição do processo de planejamento e desenvolvimento dos PIs, com um exemplo de projeto que demonstra o passo a passo de um grupo na identificação e solução de um problema estudado, e da construção de um protótipo real e funcional da solução, esperamos ter evidenciado o caminho que defendemos para formar professores para as necessidades da escola do século XXI.

O que buscamos evidenciar é que esses futuros professores de ciências, desde o primeiro semestre do curso, têm de aprender a identificar problemas concretos da realidade local, na escola e/ou na comunidade, ouvir os sujeitos imersos nessa realidade, bem como especialistas, a fim de criar soluções funcionais para os problemas. Para se ter uma melhor ideia do tipo de projetos que esses estudantes de licenciatura de Ciências e Matemática tiveram de desenvolver desde o início do curso, listamos, a seguir, os *temas gerais* que direcionaram os projetos desde 2014:

1. construção de páginas na Wikipédia sobre a riqueza e a diversidade da cultura brasileira;
2. análise quantitativa/qualitativa sobre temas do cotidiano escolar;
3. currículo e inovação;
4. ferramentas para a melhoria do ensino de ciências e matemática;
5. produção de equipamentos e ferramentas para laboratórios de ciências e matemática.

Durante os quatro anos de graduação, cada estudante deverá ter desenvolvido oito projetos em equipe, de forma colaborativa e cooperativa, com base nos princípios do aprender fazendo e a partir do convívio constante na realidade escolar desde o primeiro dia de curso.

É importante destacar, no entanto, que esses projetos não são apenas interessantes, ou mesmo divertidos. Eles são impregnados de conteúdos disciplinares essenciais que foram transmitidos aos estudantes nas videoaulas, para uma compreensão aprofundada dos fenômenos sociais, culturais e científicos, e organizados em torno de princípios de interdisciplinaridade. Ao final de cada semestre, os grupos devem entregar, para avaliação, um vídeo de até 15 minutos que mostre o percurso do projeto e o protótipo desenvolvido, o que direciona esses futuros professores a aprender a lidar com a realidade de linguagens digitais que lhes serão muito importantes no exercício da profissão. E, para não se descuidarem do aprendizado da linguagem acadêmico-científi-

QUADRO 3.3 Planejamento do PI para as licenciaturas da Univesp nas semanas 12 a 16

Semana 12	• Formulação do protótipo final. • Preparação para sua implementação em sala de aula.
Semana 13	• Implementação do protótipo em sala de aula.
Semana 14	• Implementação do protótipo em sala de aula.
Semana 15	• Implementação do protótipo em sala de aula. • Avaliação do processo implantado e escuta dos usuários sobre o aprendizado realizado.
Semana 16	• Entrega do relatório científico final.

ca, devem produzir coletivamente um relatório científico a cada semestre, seguindo as normas acadêmicas e da ABNT, com um capítulo específico descrevendo como os conteúdos disciplinares estudados no curso até aquele momento impregnaram o projeto desenvolvido.

Na **Figura 3.2**, é apresentado um esquema elaborado pelo grupo que criou o microscópio e o projetor alternativo, sintetizando como algumas das disciplinas cursadas até aquele momento (DT, estatística, metodologia científica, PI e práticas para o ensino de ciências) e seus conteúdos específicos impactaram o projeto. Lembramos que, no relatório, não basta apresentar uma imagem como essa, sendo necessário descrever como cada um dos conteúdos foi inserido no projeto.

É importante destacar que o exemplo aqui descrito é um entre centenas que estão ocorrendo a cada semestre nos cursos de formação de professores da Univesp. Apenas nessa turma, com cerca de 2 mil ingressantes no curso em 2014, em torno de 300 projetos são desenvolvidos a cada semestre, com uma riqueza e variedade de problemas impressionantes sendo solucionados na realidade local das escolas. A seguir, é apresentada a síntese de protótipos adicionais de cada um dos cursos de licenciatura, desenvolvidos no quinto semestre, em que o tema geral era "A produção de equipamentos e ferramentas para laboratórios de ciências e matemática" (**Quadros 3.4**). Ao final, há referência ao *link* do vídeo publicado por cada grupo no YouTube.

Com a apresentação desses exemplos de projetos desenvolvidos em 2016 nos cursos de licenciatura em Ciências e Matemática da Univesp, esperamos ter demonstrado que esses futuros professores estão tendo experiências concretas sobre outra forma de organizar o currículo e a realidade educativa da sala de aula. Espera-se que tenham uma formação diferenciada daquela prevalente nos cursos de formação de professores e que estão calcados nos princípios iluministas dos séculos XVIII, XIX e XX. Por fim, espera-se que sejam capa-

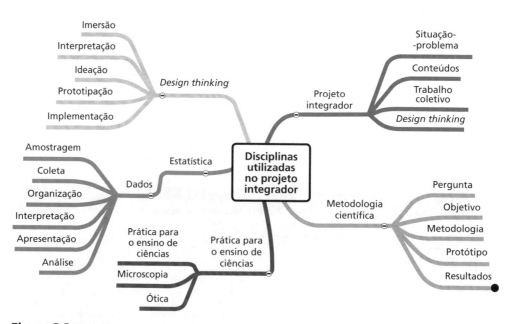

Figura 3.2 Disciplinas que embasaram o PI desenvolvido por um grupo de alunos da licenciatura em Química do Polo Curuçá.

QUADRO 3.4 Síntese de protótipos adicionais

Grupo de licenciatura em Biologia – Polo de Jales
Integrantes: Ana Carolina Silva, Bruna Santos Duarte, Cristiane Donato Ferreira, Higo Al Samir Evangelista e José Hernandes Marangoni

Protótipo	O grupo propôs a construção de uma estufa de baixo custo com técnica simples para a produção de microrganismos que podem ser observados usando o microscópio disponível na escola e que é subutilizado por falta de materiais de laboratório. Além disso, também foram desenvolvidos roteiros de aulas práticas, usando materiais alternativos de laboratório como frascos ou tubos de diluição (foram usadas garrafas *pet* de 250 mL), béquer (foram usadas jarras de palmito de 500 mg), placa de Petri (foram usadas tampas de requeijão e margarina).

https://www.youtube.com/watch?v=zalUv63R4PY&feature=youtu.be
Fonte: Universidade Virtual do Estado de São Paulo (2016).

Grupo de licenciatura em Física – Polo de São José do Rio Preto
Integrantes: Danielle Serrão dos Santos, Fernando Cezoti de Carvalho, Vanessa Sueli e Augusto de Oliveira Silva

Protótipo	O grupo desenvolveu um protótipo de canhão para lançamento de bolas de gude. O protótipo foi usado no fechamento da aula sobre a segunda Lei de Newton, que determina: "a força resultante que atua sobre um corpo é diretamente proporcional à aceleração que ele adquire". Na testagem do protótipo do canhão, os alunos da escola pública articularam os conhecimentos adquiridos na aula e formularam novas hipóteses sobre o lançamento oblíquo e vertical. Para a análise dos resultados de lançamento das bolas de gude pelo canhão, foi usado o vídeo do Programa Tracker, baixado no *site*: <http://www.if.ufrgs.br/cref/uab/lab/tracker.html#exportando>.

https://www.youtube.com/watch?v=p7x7Z7sd_Ms
Fonte: Silva (2016).

Grupo de licenciatura em Matemática – Polo Jundiaí
Integrantes: Deolinda Daniela Ribeiro, José Cleiton da Silva, José Osmar dos Santos, José Roberto Aladic, Leandro Talesa Costa e Tiago Ribeiro da Silva Souza

Protótipo	O protótipo visa auxiliar os professores durante as aulas nos laboratórios de ciências e matemática nas turmas dos anos finais do ensino fundamental. A ferramenta desenvolvida teve como ponto de partida uma entrevista com um professor do nono ano de uma escola pública do município de Jundiaí. O protótipo da reta real foi confeccionado em madeira no ambiente do FabLab com uso do programa Inkspace. Substituiu-se a linha usada para a elaboração de circunferências por um compasso (cintel), que pode ser utilizado em lousa branca.

https://www.youtube.com/watch?v=3JDU2UjprnM
Fonte: Aladic (2016).

---

zes de reinventar a educação e as práticas educativas seguindo as expectativas das sociedades da informação e do conhecimento que vêm se consolidando nos dias atuais.

CONSIDERAÇÕES FINAIS

A busca por transformações na educação é premente, pelas mudanças sociais, políticas, econômicas e tecnológicas que vêm impactando a produção de conhecimento e as habilidades e competências exigidas das novas gerações, que ainda vão entrar no mundo do trabalho. Devemos, no entanto, ser bastante cuidadosos para não buscar respostas simplificadoras para essa realidade complexa que é a educação e todas as suas articulações com todos os campos de saber e de atuação humana.

Compreender os aspectos multidimensionais que caracterizam as relações nas sociedades hipercomplexas, como a nossa, evitando o uso reducionista, disjuntivo e abstrato do pensamento simplificador (MORIN, 2005), demanda a adoção de novas formas de análise e atuação pedagógica, baseadas em paradigmas epistemológicos e científicos que começam a se consolidar no campo da educação, como alguns dos mencionados neste capítulo, quais sejam, o construtivismo, o construcionismo, o aprender fazendo e o trabalho colaborativo e cooperativo calcado em conhecimentos inter, multi e transdisciplinares.

Assim deve ser compreendida a formação de professores para atuar nessa escola que está sendo reinventada em todo o mundo. Romper com a forma tradicional ainda prevalente de formar professores no Brasil é uma condição necessária (embora não suficiente, claro) para que as inovações do mundo contemporâneo sejam absorvidas nos espaços educativos, para que a escola cumpra sua função social de formar e instruir as novas gerações.

O que buscamos foi apresentar um caminho em construção, a fim de atender aos princípios e às demandas aqui discutidos, cientes de que esse é um processo ainda incipiente e de que milhares de metodologias, técnicas, tecnologias e modelos didático-pedagógicos vêm sendo desenvolvidos em todo o mundo. É um momento, portanto, de ebulição acadêmico-científica, mas que tem em seu âmago a perspectiva construtivista que valoriza o papel ativo do ser humano como construtor do mundo e não apenas leitor de realidades dadas.

Por isso, o foco do curso de formação de professores aqui discutido não é tanto o ensinar técnicas e metodologias inovadoras, mas o criar uma mentalidade, uma cultura mental, que transforme a concepção de educação e a prática dos futuros professores, dando-lhes uma nova visão sobre seu papel profissional (não mais de transmissores de conhecimentos) e sobre o papel dos estudantes em sala de aula.

Assim, ao concluir este capítulo, cientes de que muito mais poderia ter sido dito, queremos apenas professar nossa crença de que é preciso avançar na busca por inovações radicais na formação de professores, na adoção de políticas públicas que as viabilizem, sob pena de seguirmos criando excelentes ideias sobre como formar as novas gerações para o desenvolvimento das habilidades e das competências necessárias para as sociedades do século XXI, mas sem professores em sala de aula competentes para levá-las a cabo, como temos visto em inúmeras experiências que ficam circunscritas a seu plano experimental.

Esse é um dos maiores desafios que a nossa atual geração de educadores precisa encarar... e vencer.

REFERÊNCIAS

ALADIC, J. R. Vídeo projeto integrador 10º bimestre. *Youtube*, 2016. Disponível em: <https://www.youtube.com/watch?v=3J-DU2UjprnM>. Acesso em: 09 ago. 2018.

ARAÚJO, U. A. et al. Fishbowl: uma estratégia de mentoria que promove a melhoria de soluções criadas por alunos em projetos integradores. In: SILVA, A. R. L. (Org.). *Demandas para a educação a distância no Brasil no século XXI*. Ponta Grossa: Atena, 2017. v. 1, p. 39-47.

ARAÚJO, U. F. *Temas transversais, pedagogia de projetos e mudanças na educação*. São Paulo: Summus, 2014.

BLIKSTEIN, P. Digital fabrication and 'making' in education: the democratization of invention. In: WALTER-HERMANN, J.; BÜCHING, C. (Ed.). *Fablabs*: of machines, makers and inventors. Bielefeld: Transcript Publishers, 2013.

CAVALCANTI, C. C.; FILATRO, A. *Design thinking*: na educação presencial, a distância e corporativa. São Paulo: Saraiva, 2017.

DABBAGH, N.; DASS, S. Case problems for problem based pedagogical approaches: a comparative analysis. *Computers & Education*, v. 64, p. 161-164, 2013. Disponível em: <http://www.sciencedirect.com/science/article/pii/S0360131512002291>. Acesso em: 06 ago. 2018.

GATTI, B. A. et al. (Coord.). *Atratividade da carreira docente no Brasil*. São Paulo: Fundação Victor Civita, 2009. (Estudos e pesquisas educacionais).

IDEO. *Design kit*: the human-centered design toolkit. [S.l.]: Ideo, 2009. Disponível em: <http://www.ideo.com/work/human-centered-design-toolkit/>. Acesso em: 06 ago. 2018.

JONASSEN, D. H. *Learning to solve problems*: A handbook for designing problem-solving learning environment. New York: Routledge, 2011.

LOYOLLA, W. et al. Modelo pedagógico das graduações da UNIVESP: uma proposta embasada em metodologias ativas. In: SILVA, A. R. L. (Org.). *Demandas para a educação a distância no Brasil no século XXI*. Ponta Grossa: Antena, 2017. v. 1, p. 17-26.

MORIN, E. *Introdução ao pensamento complexo*. Porto Alegre: Sulina, 2005.

OLIVEIRA, D.; SILVA, W. *Construção de um microscópio com materiais alternativos como recurso didático nas aulas de ciências*. 2016a. Monografia (Trabalho final da disciplina Projeto Integrador) – Universidade Virtual do Estado de São Paulo, São Paulo, 2016.

OLIVEIRA, D.; SILVA, W. *Projeto integrador UNIVESP química*. 2016b. Disponível em: <https://www.youtube.com/watch?v=Mm4wpxZodPo&feature=youtu.be>. Acesso em: 09 ago. 2018.

ORGANIZAÇÃO PARA COOPERAÇÃO E DESENVOLVIMENTO ECONÔMICO. *Professores são importantes*: atraindo, desenvolvendo e retendo professores eficazes. São Paulo: Moderna, 2006.

PINTO, J. M. R. O que explica a falta de professores nas escolas brasileiras?. *Jornal de Políticas Educacionais*, n. 15, p. 3-12, 2014.

PLATTNER, H.; MEINEL, C.; LEIFER, L. (Ed.). *Design thinking research*: studying co-creation in practice. [S.l.]: Springer, 2012.

SHARPLES, M. et al. *Open university*: innovating pedagogy. 2013. Open University Innovation Report 2.

SHULMAN, L. S. *The wisdom of practice*. San Francisco: Jossey Bass, 2004.

SILVA, V. S. A. O. Vídeo PI, 2016, STI. *Youtube,* 2016. Disponível em: <https://www.youtube.com/watch?v=p7x7Z7sd_Ms>. Acesso em: 09 ago. 2018.

SILVA FILHO, R. L. L. et al. A evasão no ensino superior brasileiro. *Cadernos de Pesquisa*, v. 37, n. 132, p. 641-659, 2007. Disponível em: <http://dx.doi.org/10.1590/S0100-15742007000300007>. Acesso em: 05 ago. 2018.

UNESCO. *Educação*: um tesouro a descobrir: relatório para a UNESCO da Comissão Internacional sobre educação para o século XXI. 2010. Disponível em: <http://unesdoc.unesco.org/images/0010/001095/109590por.pdf>. Acesso em: 08 ago. 2018.

UNIVESP. *UNIVESP*: Polo de Jales: PI SM3: estufa para crescimento de culturas. *Youtube,* 2016. Disponível em: <https://www.youtube.com/watch?v=zalUv63R4PY&feature=youtu.be>. Acesso em: 09 ago. 2018.

LEITURAS RECOMENDADAS

GARBIN, M. C. et al. Change in teaching practice at the graduate course: ethics, values and citizenship at school. In: ASSOCIATION FOR MORAL EDUCATION CONFERENCE, 41., 2015, Santos. *Proceedings...* Santos, 2015.

RIBEIRO, D. et al. *Produção de equipamentos e ferramentas demonstrativos para classes de matemática para 9º ano*: a real real. 2016. Monografia (Trabalho final da disciplina Projeto Integrador) –Universidade Virtual do Estado de São Paulo, São Paulo, 2016.

SANTOS, D.; CARVALHO, F.; SILVA, V. *O estudo da física*: uma visão aplicada aos alunos do CEDET. 2016. Monografia (Trabalho final da disciplina Projeto Integrador) – Universidade Virtual do Estado de São Paulo, São Paulo, 2016.

SILVA, A. C. et al. *Estufa para crescimento de culturas*. 2016. Monografia (Trabalho final da disciplina Projeto Integrador) – Universidade Virtual do Estado de São Paulo, São Paulo, 2016.

INOVAÇÃO EM EDUCAÇÃO E O PAPEL DO ESTADO

Célia Regina Gonçalves Marinelli

Este capítulo tem como objetivo discutir os processos de apropriação realizados pelo Estado diante de demandas sociais, tendo como foco a inovação na educação na realidade brasileira. Nesse sentido, trata da origem econômica do conceito de inovação e seus tipos básicos e contextualiza o cenário da educação superior brasileira, apresentando suas características. Na sequência, discute a transposição para o campo da educação e sua configuração no discurso oficial, expresso em legislação educacional, e como essas referências e esses dispositivos normativos são, então, apropriados no âmbito das escolas.

Concluímos mostrando que as experiências educacionais inovadoras são aquelas que introduzem algum tipo de mudança na prática escolar, por meio de ações de intervenção intencional, planejada e reflexiva, que leve em consideração as especificidades de cada contexto (como, para que e para quem) e com resultados tangíveis ou passíveis de serem verificados. Portanto, vão muito além da natureza meramente prescritiva que tem pautado as ações do Estado brasileiro na configuração da legislação, da normatização e das políticas públicas para a educação.

Este capítulo, tendo em vista a proposta geral deste livro, também tem a pretensão de servir como pano de fundo para ampliar a reflexão sobre os conteúdos dos demais capítulos, dando ao leitor a oportunidade de considerar as iniciativas e as experiências que estão acontecendo nas escolas brasileiras que representam, no limite, a crença na disposição dos profissionais da educação em imprimir um sentido libertador e transformador para a inovação, a partir da perspectiva que apresentamos.

ORIGENS DO CONCEITO DE INOVAÇÃO

Desde o início do século XX, o conceito de inovação* tem sido objeto de estudo e parte da teoria do desenvolvimento econômico elaborada por Schumpeter (1988), que a explica como uma espécie de força motriz capaz de romper o estado de equilíbrio da produção e levar a um processo de expansão com a introdução de novos produtos ou serviços no mercado, de novos métodos de produção ou de comercialização, de novas matérias-primas ou tecnologias, por exemplo. Para ele, os avanços tecnológicos

---

*O conceito de inovação pode ser compreendido como uma forma de explicar a dinâmica evolutiva da economia, interesse presente desde autores clássicos como Adam Smith (1723-1790) e David Ricardo (1772-1823), entre outros. Neste capítulo, contudo, seguiremos da formulação do conceito a partir da Revolução Industrial.

são condição para a inovação e a geração de riqueza.* Desse modo, o processo de mudança tecnológica está condicionado à pesquisa, graças ao seu potencial de produzir conhecimento novo, que é o que possibilita às empresas aperfeiçoar, desenvolver ou criar produtos e serviços. Sob sua ótica, o empresário tem papel fundamental no desenvolvimento econômico, uma vez que é ele quem movimenta o mercado pela inovação tecnológica que produz.

Já a abordagem neoschumpeteriana compreende não apenas a difusão de novos produtos ou processos de produção, mas também as novas formas de organização das empresas e da sociedade, levando em conta o aspecto comportamental, na medida em que conta com a incorporação de novos hábitos sociais pelas pessoas.

A incorporação de novas tecnologias continua desempenhando papel vital para o crescimento econômico, trazendo consigo novos conceitos e processos, modelos de gestão e demandando pessoas com novas ideias. No entanto, a dinâmica da inovação extrapola os limites institucionais e passa a contar com outros atores, construindo novas redes de informação e criação e estabelecendo conexões com empresas, escolas, Estado e consumidores, sem, contudo, desvincular-se de sua origem, ao manter-se estreitamente articulada ao objetivo de gerar valor econômico.

Na perspectiva clássica, as ideias, as invenções, as pesquisas e o desenvolvimento necessários para colocar um produto no mercado são gerados dentro da própria organização, daí a denominação de inovação fechada. Na abordagem neoschumpeteriana, as organizações podem (e devem) usar recursos externos e disponibilizar seus conhecimentos para outras organizações, o que explica o nome de inovação aberta, definida como o uso de entradas e saídas intencionais de conhecimento para acelerar a inovação interna e expandir os mercados pelo uso externo da inovação (CHESBROUGH, 2006). A ideia é que a disseminação do conhecimento e da tecnologia instaura uma nova dinâmica, fundamentada na crença de que a interação entre pessoas amplia a possibilidade de produzir inovação.

É nesse contexto que surgem os estudos de modelos gerenciais aptos a criar a atmosfera necessária e adequada para a inovação que considere outros atores (p. ex., fornecedores, funcionários e consumidores) e organizações (outras empresas e as instituições de ensino superior, particularmente as universidades em razão da sua ênfase na pesquisa e seu papel na produção de conhecimento), criando novas redes de informação, em um ambiente propício à cocriação.

O fato é que, desde Schumpeter (1988) e a partir de seus estudos, há um esforço em categorizar os tipos de inovação. Tal categorização geralmente leva em conta o grau de mudança provocada e o alcance de sua difusão para definir quão significativo será seu impacto socioeconômico. Entretanto, tanto a tipologia clássica como suas derivações focam as mudanças tecnológicas, geralmente diferenciadas pelo grau de inovação que produzem e pela extensão das mudanças em relação ao que havia antes.

Uma das tipologias mais difundidas classifica a inovação em dois níveis: radical e incremental. A primeira refere-se ao resultado de uma atividade de pesquisa e desenvolvimento realizada na própria organização, em universidades e institutos/laboratórios de pesquisa. É intencional e deliberada. A segunda, por sua vez, varia de intensidade em qualquer ramo de atividade e pode resultar de programas ou projetos organizados especificamente para tal, mas com frequência resulta de invenções e/ou melhorias sugeridas por profissionais ou mesmo

---

*Schumpeter (1988) elaborou sua teoria de desenvolvimento econômico, no contexto do início da Revolução Industrial, considerando o modelo capitalista. Sua elaboração do conceito de inovação ganhou contornos mais nítidos quando ele o diferenciou do conceito de invenção. Para ele, "[...] uma invenção é uma ideia, esboço ou modelo para um novo ou melhorado artefato, produto, processo ou sistema. Uma inovação, no sentido econômico, somente é completa quando há uma transação comercial envolvendo uma invenção e, assim, gerando riqueza [...]" (SCHUMPETER, 1988, p.47).

usuários/consumidores de atividades ou serviços prestados pela organização. São exemplos de inovação incremental as soluções criativas para um problema, uma nova forma de atender ao cliente, uma sugestão de melhoria em determinada etapa do processo produtivo ou um novo produto ou serviço.

Freeman (1987), por sua vez, classifica a inovação incremental como aquela que promove melhoramentos e modificações cotidianas e a inovação radical como aquela que provoca saltos descontínuos em processos e/ou produtos. E acrescenta mais dois tipos: (1) aquelas que introduzem um novo sistema tecnológico, produzindo mudanças abrangentes, ou seja, que afetam mais de um setor e originam novas atividades econômicas; e (2) aquelas que implementam um novo paradigma técnico-econômico, afetando toda a economia e provocando mudanças técnicas em processos e produtos, criando segmentos produtivos e estabelecendo trajetórias de inovações subsequentes e duradouras nas organizações.

Há outras tipologias e definições, além das aqui citadas, mas não é o propósito deste capítulo aprofundar-se no tópico. Os elementos básicos até aqui apresentados são suficientes para situar as origens do conceito de inovação no campo econômico.

O fato é que, hoje em dia, a inovação é considerada uma estratégia para a sustentabilidade econômica das organizações. Ela é vista como alternativa e condição para que as organizações se mantenham competitivas em mercados cada vez mais dinâmicos e como uma tática para expandir a capacidade de negócios contra as oscilações de oferta e demanda de bens e serviços, típicas do modelo capitalista, que tendem a gerar oportunidades limitadas de negócio. Por isso, o crescimento real deve estar sempre voltado à conquista de novos mercados e à geração de novas demandas. E, para conquistar esses novos mercados e gerar novas demandas, as organizações precisam ser capazes de inovar continuamente.

Entendemos que as referências aqui apresentadas são suficientes para compreender a natureza das exigências impostas às escolas de ensino superior, especialmente as universidades, quando consideradas como parte do processo inovador. E, de pronto, pode-se afirmar que, no mínimo, exige-se duplamente delas: como empresas que precisam competir no acirrado mercado, oferecendo novidades na prestação do serviço educacional com elementos de diferenciação (aqui são mais diretamente implicadas as instituições de ensino privadas) e, também, para qualificar a mão de obra, formando profissionais com capacidade inovadora e criatividade, entre outras competências técnicas e atitudinais, demandadas também pelo mercado de trabalho (aqui são compreendidas tanto as instituições particulares como as públicas).

ENSINO SUPERIOR NO BRASIL

O ensino superior brasileiro passou por grandes mudanças nos últimos tempos. Em especial a partir da década de 1990, viveu um período de enorme expansão, conduzida fundamentalmente pelo setor privado, com a criação de inúmeras instituições de ensino, oferta de diferentes formações – bacharelados, licenciaturas e de tecnologia –, em uma variedade de áreas de conhecimento e eixos tecnológicos, com ampliação da oferta de cursos a distância. Essas mudanças acabaram por abarcar um contingente da população que até então se via às margens do ensino superior. Atualmente, o setor se caracteriza pela predominância das organizações privadas e pela diversidade* institucional. São vários os tipos de instituições de ensino superior: universidades, centros uni-

---

*Segundo dados do Censo da Educação Superior de 2016, das 2.407 instituições, 2.111 são privadas e 296 são públicas. Quanto às públicas, 41,6% são estaduais (123), 36,1% são federais (107) e 22,3% são municipais (66). A maioria das universidades é pública (54,8%), e, entre as privadas, predominam as faculdades (88,4%) (BRASIL, 2016).

versitários, faculdades integradas, faculdades e institutos de formação pedagógica.

Essa mudança foi propiciada e amparada por marcos regulatórios, que denotam a presença do Estado, como a promulgação da nova Lei de Diretrizes e Bases da Educação (LDB), de 1996. Posterior a ela, aprovou-se todo um aparato de legislação complementar, acompanhado de políticas públicas que visam dar suporte ao ingresso das classes mais baixas ao ensino superior, mediante a ampliação de programas de bolsas de estudos e de financiamento, como o Programa Universidade para Todos (ProUni)* e o Fundo de Financiamento Estudantil (FIES).**

Cabe, ainda, assinalar mais uma característica do atual sistema de ensino superior brasileiro: entre os diversos tipos de instituições previstas no ordenamento legal, somente as universidades são obrigadas a produzir pesquisa, apesar de a maioria delas se dedicar apenas ao ensino. Entre as que praticam pesquisa, destacam-se as públicas. No entanto, o aumento da concorrência no setor privado, com a abertura de novas instituições e novos cursos e a oferta crescente de vagas, sem o aumento paralelo da demanda, está levando as instituições a passar por dificuldades crescentes. O ensino superior está deixando de ser um mercado atraente, sobretudo nas grandes cidades, com graves riscos para a sobrevivência das instituições de pequeno e médio portes.

No contexto de crise, ampliam-se os riscos de surgirem escolas voltadas a grupos específicos e restritos que prometem exclusividade, travestida de estratégias de mercado que equiparam a educação a qualquer outro tipo comum de serviço. O aluno como protagonista, a interação como princípio de aprendizagem, a aprendizagem baseada em problemas ou em projetos, nesse caso, aparecem como discurso apenas para justificar preços diferenciados, mas sem apresentar uma formação diferenciada de fato.

A competição acirrada e a luta pela sustentabilidade podem criar situações em que a inovação acabe sendo reduzida à mera estratégia de *marketing* para atingir uma clientela sofisticada que se notabiliza pela distinção dos serviços de que usufrui e dos produtos que consome. Tal situação instaura e reforça a hierarquização entre aqueles que podem pagar pelo pacote completo e outros que tenham de se contentar com cursos de baixo investimento e qualidade, apenas para ampliar estatísticas de acesso ao ensino superior, seduzidos pela ideia de que essa formação lhes garantirá as mesmas ou alguma vantagem para empregabilidade e sucesso na carreira. Isso tudo em um cenário no qual a formação superior não tem o mesmo significado de outrora, afinal "[...] hoje, as garantias conferidas pelos diplomas superiores diminuíram, as aposentadorias estão ameaçadas e as carreiras já não são asseguradas [...]" (BOLTANSKI; CHIAPELLO, 2009, p. 51).

---

*O programa concede bolsas de estudo integrais e parciais em cursos de graduação e sequenciais de formação específica, em instituições de ensino superior privadas. Criado pelo governo federal, em 2004, e institucionalizado pela Lei nº 11.096, em 13 de janeiro de 2005, oferece, em contrapartida, isenção de tributos àquelas instituições que aderem a ele. É dirigido aos estudantes egressos do ensino médio da rede pública ou da rede particular na condição de bolsistas integrais, com renda familiar per capita máxima de três salários mínimos. Os candidatos são selecionados pelas notas obtidas no Exame Nacional do Ensino Médio – Enem (BRASIL, c2018b).

**O FIES é um programa do Ministério da Educação (MEC) destinado a financiar cursos de graduação ofertados por instituições não gratuitas na forma da Lei nº 10.260/2001. Em 2010, a taxa de juros do financiamento passou a ser de 3,4% ao ano, o período de carência passou para 18 meses, e o período de amortização para três vezes o período de duração regular do curso mais 12 meses. O Fundo Nacional de Desenvolvimento da Educação (FNDE) tornou-se o agente operador do programa. O percentual de financiamento subiu para até 100% do curso, e as inscrições passaram a ser feitas em fluxo contínuo, permitindo ao estudante solicitar o financiamento em qualquer período do ano. A partir do segundo semestre de 2015, a taxa de juros passou a 6,5% ao ano, e as condições de uso dos recursos mudaram, sendo exigidas contrapartidas periódicas do aluno. Assim, na fase de utilização, durante o curso, o aluno paga a cada três meses o valor máximo de R$ 150,00, referente a juros incidentes sobre o financiamento. Na fase de carência, após a conclusão do curso, tem 18 meses para recompor seu orçamento. Nesse período, paga a cada três meses o valor máximo de R$ 150,00, referente a juros incidentes sobre o financiamento. E na fase de amortização, após encerrado o período de carência, o saldo devedor é parcelado em até três vezes o período financiado da duração regular do curso (BRASIL, c2018a).

INOVAÇÃO E EDUCAÇÃO

A relação entre inovação e conhecimento científico tornou-se um fato significativo a partir da primeira Revolução Industrial. Desde então, passou a ter grande importância na luta competitiva. Porém, em dado momento, esse interesse se renovou para ajustar-se às rápidas mudanças nos modos de produção e no sistema de trabalho (em oposição ao sistema fordista estável e padronizado), de modo que o conhecimento da técnica mais atual e avançada, do mais novo produto e da mais recente descoberta científica tornou-se necessário para alcançar a importante vantagem competitiva (HARVEY, 2002).

A partir da Segunda Guerra Mundial, essa relação ganhou centralidade, devido às mudanças nos processos produtivos que culminaram com a dinâmica denominada de sistema flexível, ou padrão de acumulação flexível, que introduziu novas técnicas gerenciais e de gestão. Essas técnicas estão associadas ao uso intensivo da tecnologia, da terceirização e da flexibilidade na produção, e o seu impacto nos modos de trabalho foi significativo. A globalização e as novas tecnologias fizeram surgir modos flexibilizados de organização do trabalho, passando a demandar trabalhadores polivalentes, ágeis e multifuncionais.

Com a flexibilização da produção e a nova forma de organização das empresas, os trabalhadores precisam adquirir competências que os habilitem a modificar-se continuamente, envolvendo-se no processo de produção, participando e inovando seus modos de fazer ou de desempenhar suas atividades. Do automatismo, pregado pelo taylorismo/fordismo, o modelo toyotista tenciona se apropriar do saber intelectual do trabalhador e de suas iniciativas. Um trabalhador que compreende seu fazer de modo sistêmico, conhecendo os processos tecnológicos e econômicos que o envolvem, é alguém que pode se tornar polivalente, pois será capaz de lidar com várias máquinas ou processos ao mesmo tempo, com autonomia e iniciativa, usando toda sua capacidade inventiva e criatividade (ANTUNES, 2005, 2006).

Exige-se, portanto, um novo perfil profissional, o que leva à necessidade de repensar a formação dos indivíduos para atuar nesse novo contexto. A ideia de qualificação para o trabalho passa a comportar elementos como competências, proatividade e postura propositiva. Espera-se que o indivíduo tenha capacidade para inovar, interagir, agir, intervir e decidir em situações previsíveis e também diante de imprevistos. Assim, instaura-se uma nova lógica, estruturada na incorporação do conhecimento do trabalhador nos processos de produção e fundamentada na premissa de que a geração de conhecimentos e a capacidade tecnológica são ferramentas essenciais para a concorrência entre empresas.

No modelo pós-industrial, a flexibilidade exige competências para analisar, interpretar, criar, trabalhar em equipe, comunicar e continuar a aprender. Tem-se, então, a consolidação do conceito de competência, geralmente compreendido como uma simbiose entre saberes, atitudes e valores: saber fazer, saber ser e saber agir:

> [...]. Esse novo conceito, para o qual a noção de competência vem sendo considerada mais apropriada do que a de qualificação, sobrepõe às exigências do posto de trabalho, passando a se referir a comportamentos e atitudes. Na verdade, são novos atributos atitudinais o que passa a ser valorizado, em que o destaque é colocado na responsabilidade e na postura cooperativa, seja em relação aos colegas, seja em relação à empresa; no engajamento ou envolvimento com os objetivos gerenciais; na disposição para continuar aprendendo, se adaptar a novas situações, ter iniciativa e solucionar problemas, o que remete mais aos componentes implícitos e não organizados da qualificação, como o conhecimento tácito, social ou informação (LEITE, 2003, p. 120).

A educação pautada na fragmentação e na especialização de natureza produtivista, própria do modelo taylorista/fordista, precisa, então, mudar para desenvolver essas competências.

> No âmbito da pedagogia toyotista, as capacidades mudam e são chamadas de "competências". Ao invés de habilidades psicofísicas, fala-se em desenvolvimento de competências cognitivas complexas, mas sempre com o objetivo de atender às exigências do processo de valorização do capital. Nesse sentido, as ferramentas que buscam superar os obstáculos decorrentes da fragmentação do trabalho, em particular no que diz respeito a todas as formas de desperdício, tais como multitarefa ou o controle de qualidade feito pelo trabalhador, não têm como objetivo reconstituir a unidade rompida, mas evitar todas as formas de perda e assim ampliar as possibilidades de valorização do capital (KUENZER, 2005, p. 80).

Assim, os processos educativos e formativos são ressignificados "[...] no campo das concepções e políticas [...] reduzindo-os ao economicismo do emprego e, agora, da empregabilidade [que não significa garantia de emprego, mas a ideia de que se deve dispor de melhores condições de competir pelos poucos empregos existentes]", separando-se "da dimensão ontológica do trabalho e da produção" (FRIGOTTO, 1998, p. 14) [para produzir resultados a curto prazo].

Contudo, esse aparente consenso, incutido exaustivamente nos discursos, não se resolveu na prática. Se as mudanças tecnológicas e no trabalho não podem ser negadas, também não há como negar o "universo de incertezas da realidade econômico-social". Logo, na realidade, ainda não há "[...] clareza quanto ao tipo de formação que as pessoas deveriam receber, para se adaptar às transformações em curso [...]", confundindo-se "[...] com as ainda presentes orientações do modelo taylorista-fordista [...]" (FRANCO, 1998, p. 103). Esse ainda é o dilema que vive a escola quando se vê pressionada a adotar a pedagogia das competências como modo de potencializar a empregabilidade de seus alunos (FRIGOTTO, 2005).

Por isso, a incorporação da ideia de inovação no campo da educação não é simples nem consistente, como bem reconhece Messina (2001, p. 226) ao referir-se à "[...] fragilidade teórica do conceito para explicar os processos inovadores que são desenvolvidos na educação da América Latina [...]", ao que acrescenta:

> Como decorrência, em nome da inovação, têm-se legitimado propostas conservadoras, homogeneizado políticas e práticas e promovido a repetição de propostas que não consideram a diversidade de contextos sociais e culturais. Além disso, a categoria inovação foi tratada como algo à parte das teorias sobre a mudança educacional. Daí a necessidade de integrar ambos os conceitos e de fazer uma reflexão mais geral que envolva a mudança na área (MESSINA, 2001, p. 226).

Na transposição para o campo da educação, o conceito de inovação trouxe de imediato a ideia de que os avanços da ciência e da tecnologia determinariam o desenvolvimento econômico, social e cultural. Esse determinismo tecnológico, fundamentado na crença do potencial positivo da tecnologia, tem influenciado programas e reformas educacionais desde o início do processo de industrialização do País.*

No entanto, não se tem clareza sobre o lugar e os sentidos ocupados pela inovação nas políticas educacionais, considerando a complexidade da escola, da sala de aula e dos di-

---

*A criação do Instituto Brasileiro de Educação, Ciência e Cultura (IBECC) é um exemplo da transposição do conceito de inovação das empresas para o campo da educação. Criado no Rio de Janeiro em 1946, como uma Comissão Nacional da Organização das Nações Unidas para a Educação, a Ciência e a Cultura (Unesco), para promover projetos nessas áreas, transformou-se em experiência institucional inovadora ao estender suas atividades para São Paulo, em 1950, quando passou a realizar projetos de divulgação científica que, até então, ocorriam por iniciativas esparsas e individuais de professores e cientistas. Passou a realizar projetos de educação em ciências, acompanhados da elaboração de material didático, "com o apoio do governo federal e de secretarias estaduais de educação, bem como de agências internacionais, como a Fundação Ford e a Fundação Rockefeller" (KRASILCHIK, 2000, p. 91 apud ABRANTES; AZEVEDO, 2010, p. 470).

ferentes atores que nela atuam, uma vez que nesse contexto "[...] o currículo prescrito nos documentos oficiais dessas políticas é recebido e retrabalhado pelos professores e outros profissionais da educação que, dada certa autonomia, podem simplesmente acatar, adaptar ou resistir às orientações das instâncias superiores [...]" (FERREIRA, 2013, p. 25).

São muitos os documentos oficiais que engendram reformas e orientam em que sentido a educação formal deve se dirigir e para qual fim, mas o movimento de transferência de um contexto para outro (das prescrições legais à realidade da escola e da sala de aula) implica um novo processo de contextualização, ou seja, ao se apropriarem dos dispositivos conceituais normativos, as escolas selecionam e empreendem um processo de deslocamento dos significados, com vistas à implementação de novas práticas discursivas e pedagógicas. Existem variações na forma como as escolas interpretam o discurso oficial, ora aproximando-se, ora distanciando-se da versão original.

Ainda que se presuma que as prescrições normativas sejam claras, a inovação educacional não está dotada de fundamentação teórica, conforme assinala Messina (2001), apesar das importantes contribuições de estudos sobre o tema, por exemplo, os realizados por Huberman (1973), Marques (1977), Covre (1980), Goldberg e Franco (1980), Garcia (1995a, 1995b), Saviani (1995) e Cunha (2007), entre outros pesquisadores que, de uma forma ou de outra, buscam compreender o que significa inovar no âmbito da educação, no contexto das exigências impostas pelo tão falado "mundo do trabalho".

É dessas investigações que surgem alguns esforços no sentido de conceituar o que é inovação educacional. Conceituações que, em regra, referenciam sua relação "[...] com mudanças na mediação pedagógica, sobretudo, por meio da inserção de novos materiais, recursos, atividades e, até mesmo, novas técnicas no âmbito da ação/prática pedagógica, visando alcançar novos objetivos e resultados [...]" (TEIXEIRA, 2011, p. 4).

Torna-se, assim, urgente a reformulação dos currículos, dos projetos pedagógicos, da identidade do professor (não é à toa, portanto, que expressões como tutor, mediador e facilitador surjam no discurso educacional na tentativa de redefinir seu papel no processo de ensino e aprendizagem) e a introdução de novas metodologias. Essas modificações precisam efetivamente produzir algum resultado nas práticas educativas.

É importante destacar que as novas tecnologias de informação e comunicação (TICs) têm papel central, condicionando a produção do discurso educativo formal, que passa a não ter mais sentido se não estiver inserido nesse ambiente. As novas tecnologias tornam-se, por assim dizer, o divisor de águas entre o sistema educativo tradicional, arcaico e ultrapassado, e o novo sistema, moderno, inovador e sintonizado com um novo perfil de aluno e um mercado de trabalho em contínua transformação. Assim, as TICs configuram-se, de certo modo, em posições dicotômicas entre aqueles que acreditam que elas sejam a redenção da humanidade (determinismo tecnológico) e os que se recusam a aceitá-las.

Educação e inovação nas políticas educacionais brasileiras

Afinal, como as políticas educacionais brasileiras têm refletido a ideia de inovação ou quais sentidos da inovação vêm sendo impressos na postura do Estado brasileiro? Essas são questões que mobilizam este capítulo. Porém, antes de adentrar propriamente nessa temática, é oportuno especificar dois conceitos que, adotados para fins de estudo, dão os contornos teóricos da reflexão aqui promovida. O primeiro é o conceito de inovação educacional, compreendida como:

> [...] um conjunto de intervenções, decisões e processos, com certo grau de intencionalidade

e sistematização, que tratam de modificar atitudes, ideias, culturas, conteúdos, modelos e práticas pedagógicas. E, por sua vez, introduzir, em uma linha renovadora, novos projetos e programas, materiais curriculares, estratégias de ensino-aprendizagem, modelos didáticos, e outra forma de organizar e gerir o currículo, a escola e dinâmica da classe (CARBONELL, 2002, p. 19).

O segundo é o conceito de política educacional, compreendida como "[...] um conjunto de medidas que conformam um determinado programa de ação governamental, que procura responder a demandas de grupos de interesse [...]". E, nesse sentido, "[...] a política educacional traduz-se em política pública de corte social [...]" (CARVALHO, 2006, p. 1), em razão de seu propósito de realizar ou tornar efetivo o direito à educação.

Assim, feitos esses esclarecimentos, passamos a tratar propriamente da questão central do capítulo, situando a relação entre Estado, empresariado e educação e as ações políticas decorrentes dessa aproximação.

Foi no fim da década de 1980, mais precisamente a partir do início da década de 1990, que o discurso sobre inovação foi ressignificado no campo da educação no Brasil. No cenário econômico, o País vivia o processo de abertura de mercado, com políticas de redução de impostos e tarifas de importação de produtos, assim como a abertura do mercado financeiro, permitindo a entrada de capital estrangeiro tanto para a participação em investimentos internos como para a especulação no mercado de capitais.*

Na ocasião, ficou evidenciado o atraso tecnológico que acometia o setor industrial brasileiro, e o tema da inovação passou a figurar em estudos especializados e não especializados e em ações políticas que visavam o progresso e o desenvolvimento nacional via modernização tecnológica, "[...] articulando-se de forma cada vez mais íntima técnica e ciência, e, daí, estreitando-se a necessidade de legitimar a aproximação entre empresas, universidades e centros de pesquisa [...]", conforme assinala Delgado (2010, p. 17). O autor ainda acrescenta que, com isso:

> [...] a universidade torna-se o *locus* privilegiado das demandas empresariais do setor produtivo e ela passa a ser convocada a cumprir a dupla missão institucional, de formar recursos humanos qualificados e, simultaneamente, gerar conhecimento de natureza aplicada às exigentes demandas de um setor produtivo capital-intensivo, demandante de conhecimento técnico-científico especializado na geração de inovações técnicas (DELGADO, 2010, p. 17).

Portanto, para alcançar o pleno desenvolvimento dos processos produtivos, a educação, sobretudo a superior, precisa se transformar para formar pessoas capazes de promover a inovação, de produzir conhecimento gerando o desenvolvimento de novas tecnologias, de romper trajetórias, que instituam novos sistemas tecnológicos, paradigmas técnico-econômicos, ou seja, capazes de inovar radicalmente.

Nas palavras de Delgado (2010, p. 23), é:

> [...] a partir de 1990 que o Brasil efetivamente ingressa no cenário globalizado altamente com-

---

*A formação do trabalhador brasileiro começou desde os tempos da colonização, com os aprendizes de artes e ofícios, com o Colégio das Fábricas, depois da chegada da família real, em 1808, e com a consolidação do ensino técnico-industrial, em 1906, primeiro por leis esparsas e, depois, consagrado na Constituição Federal de 1937, a primeira a tratar especificamente do ensino técnico, profissional e industrial. Em 1942, as escolas de aprendizes e artífices passam a chamar-se escolas industriais e técnicas, integrando-se formalmente à estrutura de ensino do País. Na década de 1950, mais precisamente o Plano de Metas do governo de Juscelino Kubitschek (1956-1961) aloca para a educação, pela primeira vez, 3,4% do total de investimento previsto, a fim de formar profissionais orientados para as metas de desenvolvimento do País. Nesse período, as escolas industriais e técnicas foram transformadas em autarquias, com autonomia didática e de gestão, passando a ser denominadas escolas técnicas federais e, depois, em 1978, transformadas em Centros Federais de Educação Tecnológica, com a incumbência de formar engenheiros de operação e tecnólogos.

petitivo, pautado pela centralidade das inovações aplicadas à produção e da ampliada valorização do conhecimento como estratégia desenvolvimentista, expondo o setor produtivo doméstico aos produtos importados e fabricados com os padrões tecnológicos já alcançados internacionalmente.

A abertura comercial e financeira da economia brasileira, ao longo dessa década, estabeleceu um novo cenário concorrencial. No entanto, se, de um lado, as empresas brasileiras estavam à mercê de uma intensa concorrência internacional, de outro, a internacionalização dessas empresas aumentou significativamente o acesso a novos mercados e novas fontes de informação. Com isso, o conhecimento e a inovação passaram a ser importantes tanto para a sobrevivência quanto para a aquisição de vantagens competitivas.

A partir daí, não tardaria para ocorrer a mobilização dos setores produtivos no sentido de buscar e fortalecer a ação do Estado para atingir seus intentos. Delgado (2010) cita alguns fatos que demonstram isso: a criação do Plano Brasileiro de Qualidade e Produtividade (PBQP), em 1990, e a fundação do Instituto Uniemp – Fórum Permanente das Relações Universidade-Empresa, em 1992.* Entretanto, o fato mais significativo, segundo o mesmo autor, aquele que marcaria "[...] a guinada definitiva do país em relação à adoção da inovação como meio estratégico para a consecução dos objetivos de modernização industrial para a competitividade [...]" (DELGADO, 2010, p. 23), ocorreu na década de 2000, com a aproximação da Confederação Nacional da Indústria (CNI) e o Ministério da Ciência e Tecnologia (MCT), responsáveis pela política industrial e política científica e tecnológica, respectivamente. Essa articulação se expressa, particularmente, em alguns documentos, que revelam um novo consenso sobre a inovação:

> Indústria e Ministério da Ciência e Tecnologia estabelecem um "novo consenso" e pactuam uma "nova aliança" ao levantarem a "bandeira da inovação" no início da primeira década do século XXI. Após a conclusão do ciclo da "Conferência Nacional da Ciência, Tecnologia e Inovação", em setembro de 2001, publicou-se o resultado das discussões na forma de um documento no qual constam as orientações e as "diretrizes estratégicas" pactuadas entre setor público e setor privado em relação aos destinos da ciência e da tecnologia em confluência com os interesses econômicos da modernização da economia do país: trata-se do *Livro branco: ciência, tecnologia e inovação* (BRASIL, 2002), publicado em junho de 2002, o ano eleito como "Ano da Inovação" [...] (DELGADO, 2010, p. 23).

Nesse mesmo ano, a CNI publica dois outros importantes documentos, intitulados *A indústria e o Brasil: uma agenda para o crescimento* (2002b) e *A indústria e questão tecnológica* (2002a).** O primeiro, de acordo com Delgado (2010, p. 24), trata a capacidade de inovação "como meio de elevação da produtividade da indústria via progresso tecnológico", e o segundo conclui que é necessário "redefinir as prioridades da indústria e elevar a conscientização da importância do desenvolvimento tecnológico como estratégia de competitividade". Ainda conforme Delgado (2010, p. 24), a publicação desses dois documentos foi fundamental para que a inovação fosse eleita como o novo fim estratégico a ser buscado pelo País para alcançar seu efetivo desenvolvimento.

Essa tomada de posição entre CNI e MCT expressa a "[...] relação entre as necessidades empresariais e determinadas orientações às

---

*Esse grupo era formado por empresários e acadêmicos dispostos a "[...] desenvolver mecanismos que facilitassem o relacionamento entre universidades, empresas e o setor público [...]" (DELGADO, 2010, p. 23).

**Esse estudo investigativo foi elaborado com o apoio do Ministério da Ciência e Tecnologia, por intermédio de financiamento da Financiadora de Estudos e Projetos (FINEP) (DELGADO, 2010).

ações de políticas públicas para que se possa agir no interesse do desenvolvimento da capacidade tecnológica empresarial do país e estas não são apenas referentes às políticas educacionais [...]" (QUARTIERO; BIANCHETTI, 2005 apud DELGADO, 2010, p. 25).*

Enfatiza-se, portanto, a necessidade dos esforços governamentais no sentido de catalisar e fomentar o desenvolvimento do aprendizado tecnológico, por intermédio de políticas públicas especificamente focadas no ensino superior e nas políticas de investimentos e subsídios em setores privados de alta tecnologia (LALL, 2005 apud DELGADO, 2010).

E, como afirma Gramsci (1968, p. 88), as ideias não nascem espontaneamente no cérebro das pessoas, mas antes "[...] tiveram um centro de formação, de irradiação, de difusão, de persuasão, um grupo de homens ou inclusive uma individualidade que as elaborou e apresentou sob a forma política de atualidade [...]".

A partir dessa perspectiva, "[...] os documentos oficiais representam intencionalidades do Estado, que busca, por meio dessas propostas, influenciar na atuação das instituições educacionais e dos professores e, consequentemente, conformar ideologicamente as novas gerações e a sociedade como um todo [...]" (FERREIRA, 2013, p. 25).

É também por meio das políticas que determinadas posições teóricas, notadamente aquelas assumidas por organismos internacionais, como "[...] o Banco Mundial, a Unesco e a Organização para a Cooperação e Desenvolvimento Econômico (OCDE), chegam a todos os níveis e modalidades educacionais [...]" (FERREIRA, 2013, p. 25).

Nessa linha de raciocínio, essa mudança na concepção no âmbito das políticas educacionais ocorreu "[...] quando se passou a adotar a inovação como um princípio orientador da educação, dentro de uma visão sistêmica, segundo a qual toda a sociedade deveria ser inovadora e criativa [...]" (FERREIRA, 2013, p. 58). Contudo, "contraditoriamente a essa visão, que pelo menos teoricamente valoriza a escola e os professores como autônomos e inovadores", na prática a reforma educacional, que teve como marcos a aprovação da LDB (Lei nº 9.394/1996) e a publicação de documentos orientadores, como os Parâmetros Curriculares Nacionais (educação básica) e as Diretrizes Curriculares Nacionais (educação superior), expressa, "[...] mais uma vez, a já antiga ideia de inovação verticalizada, feita a partir de cima [...]" (FERREIRA, 2013, p. 58).

Nas palavras de Messina (2001, p. 228), "[...] ao tornar-se oficial, a inovação tornou-se conservadora. Em um mundo tão globalizado como fragmentário, a inovação educacional é atualmente uma estratégia que parte do centro, portanto, um mecanismo a mais de regu-

---

*Ferreira (2013, p. 22) cita vários fatos que evidenciam o quão forte tem sido o discurso e a exigência de inovação no Brasil, dos quais destacamos: a promulgação da Lei nº 12.193, de 14/1/2010, que criou uma data específica, 19 de outubro, para comemorar o Dia Nacional da Inovação; a mudança de nome do Ministério de Ciência e Tecnologia que teve a palavra "inovação" acrescentada em agosto de 2011, tornando-se Ministério de Ciência, Tecnologia e Inovação. No que se refere às evidência dessa força no campo da educação superior, o mesmo autor menciona: "[...] para citar um exemplo de como a inovação também se tornou uma exigência e até, por que não dizer, uma espécie de lobby para a captação de recursos no meio acadêmico, desde o segundo semestre de 2012, a plataforma Lattes de currículos do Conselho Nacional de Desenvolvimento Científico e Tecnológico (CNPq) foi remodelada para contemplar atividades inovadoras dos pesquisadores. Além do antes inexistente menu 'Inovação', a nova versão do aplicativo traz a possibilidade de que, na seção 'Projetos', os pesquisadores definam se o projeto cadastrado tem potencialidade de inovação em processos, produtos ou serviços. Também recentemente, o novo instrumento para a avaliação in loco das Instituições de Ensino Superior (IES) feita pelo Ministério da Educação (MEC) e que faz parte do Sistema Nacional de Avaliação do Ensino Superior (Sinaes), passou a contemplar entre os critérios avaliativos, a inovação na produção científica dos docentes" (FERREIRA, 2013, p. 23-24). É importante assinalar que o instrumento de avaliação referido pelo autor é de 2010. Esse documento passou por reformulação em 2015 e depois no final de 2017. Nessa reformulação mais recente, a inovação ganhou ainda mais destaque: nos instrumentos de avaliação de curso – autorização e reconhecimento –, o termo aparece 14 vezes (10 vezes na dimensão organização pedagógica, 2 no corpo docente e 2 na infraestrutura) e nos instrumentos de credenciamento e recredenciamento de instituições de ensino, aparece 15 vezes, referida como inovação social, inovação metodológica e inovação tecnológica (MEC, 2017).

lação social e pedagógica [...]" e não de libertação ou de transformação.

Essa tem sido a tônica das políticas públicas brasileiras desde a década de 1990, que agem mais no sentido de homogeneizar modelos e práticas do que de possibilitar a abertura da escola para adotar a inovação como algo que assume múltiplas formas e significados, a depender do contexto em que se insere. Trata-se de abrir-se para uma perspectiva projetiva da inovação, que se contrapõe ao modelo reativo expresso nos marcos regulatórios da educação (MESSINA, 2001).

CONSIDERAÇÕES FINAIS

Referindo-se a um conjunto de ideias ou pensamentos de um grupo de indivíduos, o conceito de inovação, conforme apresentado sinteticamente neste capítulo, configura-se como um argumento ideológico, construído pelos setores produtivos e legitimado por diretrizes estabelecidas por organismos internacionais, como a OCDE, a Unesco e o Banco Mundial, que, questionando a eficácia do sistema educacional, prescrevem um receituário para melhorar a situação geral.

Assim, como princípio educativo, a ideia de inovação tem estado presente desde o início da industrialização no País (do período militar, passando pela fase de redemocratização até os dias atuais), independentemente da coloração política do grupo que está à frente dos poderes executivo e legislativo. Assim, ganhou repercussão graças às ações governamentais, via aparato legal-normativo, representado por leis, políticas públicas e outros documentos prescritivos, sempre guiada pelos movimentos de reestruturação produtiva e pelas formas de acumulação do capital.

Nesse sentido, o conceito de inovação tem acompanhado as mudanças de perspectiva do capital, de modo que se pode perceber o deslocamento do discurso. Se, no período militar, as esperanças de inovação tecnológica estavam concentradas nas universidades, a partir da década de 1990, o discurso adotou uma perspectiva sistêmica por meio da qual se espera o engajamento de toda a sociedade em sua produção e não mais apenas do sistema educacional (FERREIRA, 2013).

A massificação e a midiatização do discurso sobre inovação têm levado à banalização do conceito, em parte pela ausência ou pouca profundidade de crítica. Ele prosperou no campo da educação, abrindo espaço para a lógica simplista em que o lema das instituições de ensino superior bem poderia ser: inovar ou perecer.

Na acirrada concorrência do ensino superior privado, por exemplo, a inovação muitas vezes aparece como solução mágica, capaz de resolver todos os problemas da educação, quando pode até mesmo provocar retrocesso e prejuízos à qualidade dos sistemas educacionais.

Com isso, perde-se de vista que a inovação não se limita a novos e modernos equipamentos ou mesmo se resume às promessas de metodologias "inovadoras", muitas delas nascidas na década de 1960, mas vendidas como se fossem recém-nascidas, inéditas, únicas e exclusivas, entre outros recursos, convertidos em estratégias de *marketing* para atrair os públicos de interesse. Inovar é uma potencialidade humana. Mas é preciso considerá-la para além das limitações do mundo corporativo, que, de tempos em tempos, elege um clichê, transformando práticas e conceitos em modismos, que se mostram esvaziados quando se trata de identificar o que de fato há de inovador na atuação dessa ou daquela empresa. E as instituições de ensino superior, quando se considera a concorrência, não estão imunes a esse comportamento, acabando por construir para si uma identidade que não corresponde à realidade, apenas porque precisam oferecer algo (ainda que seja um discurso) que pretensamente as diferencie das demais.

Nas palavras de Ferreira (2013, p. 273-274), a formação superior "[...] precisa contribuir para a emancipação, para formar indivíduos críticos que sejam capazes de criar, mas também de julgar ética e criticamente essas inovações e as concepções de sociedade e educação que as embasam [...]". E, nesse sentido, pode e deve assumir uma perspectiva projetiva, própria do espaço educacional

[...] sobretudo na relação professor-aluno, no contexto do ato educativo-pedagógico, e na coletividade, não pode limitar-se a atender demandas do mercado e das reestruturações produtivas do capital, sob o risco de empobrecer-se e reduzir-se a mera constituinte da reprodução desse sistema, o qual gera tanta desigualdade e exclusão (FERREIRA, 2013, p. 273-274).

A inovação aplicada à educação pode ter resultados positivos, mas, para isso, precisa considerar o contexto da instituição de ensino e das práticas ali inseridas. Precisa, portanto, ser crítica, emancipadora e transformadora, o que também depende da abordagem do sistema educacional como um todo, da educação básica à educação superior, e primar pela qualidade, pela excelência e pela valorização dos professores.

REFERÊNCIAS

ABRANTES, A. C. S.; AZEVEDO, N. O Instituto Brasileiro de Educação, Ciência e Cultura e a institucionalização da ciência no Brasil, 1946-1966. *Boletim do Museu Paraense Emílio Goeldi. Ciências Humanas*, v. 5, n. 2, p. 469-489, 2010. Disponível em: <http://www.scielo.br/pdf/bgoeldi/v5n2/a16v5n2.pdf>. Acesso em: 06 ago. 2018.

ANTUNES, R. *Os sentidos do trabalho*: ensaio sobre a afirmação e a negação do trabalho. São Paulo: Boitempo, 2006. (Coleção Mundo do Trabalho).

ANTUNES, R. Trabalho e superfluidade. In: LOMBARDI, J. C.; SAVIANI, D.; SANFELICE, J. L. (Org.). *Capitalismo, trabalho e educação*. Campinas: Autores Associados, 2005.

BOLTANSKI, L.; CHIAPELLO, E. *O novo espírito do capitalismo*. São Paulo: WMF Martins Fontes, 2009.

BRASIL. Ministério da Educação. Fundo Nacional de Desenvolvimento da Educação. *Programa de Financiamento Estudantil (FIES)*. [c2018a]. Disponível em: <http://sisfiesportal.mec.gov.br/?pagina=fies>. Acesso em: 06 ago. 2018.

BRASIL. Ministério da Educação. Instituto Nacional de Estudos e Pesquisas Educacionais Anísio Teixeira. *Censo da Educação Superior 2016*: notas estatística. 2016. Disponível em: <http://download.inep.gov.br/educacao_superior/censo_superior/documentos/2016/notas_sobre_o_censo_da_educacao_superior_2016.pdf>. Acesso em: 06 ago. 2018.

BRASIL. Ministério da Educação. *Programa Universidade para Todos*. [c2018b]. Disponível em: <http://prouniportal.mec.gov.br/o-programa>. Acesso em: 06 ago. 2018.

CARBONELL, J. *A aventura de inovar*: a mudança na escola. Porto Alegre: Artmed, 2002.

CARVALHO, C. H. Políticas para o ensino superior no Brasil (1995-2006): ruptura e continuidade nas relações entre público e privado. In: REUNIÃO ANUAL DA ANPED, 29., 2006, Caxambu. *Trabalho...* Caxambu: ANPED, 2006. GT 11: Política de Ensino Superior.

CHESBROUGH, H. W. *Open innovation*: the new imperative for creating and profiting from. Boston: Havard Business, 2006.

CONFEDERAÇÃO NACIONAL DA INDÚSTRIA. *A indústria e a questão tecnológica*. Brasília: CNI, 2002a.

CONFEDERAÇÃO NACIONAL DA INDÚSTRIA. *A indústria e o Brasil*: uma agenda para o crescimento. Brasília: CNI, 2002b.

COVRE, M. L. M. Inovação educacional e ideologia: uma recolocação. *Cadernos de Pesquisa*, n. 33, p. 77-80, 1980.

CUNHA, L. A. *A universidade reformada*: o golpe de 64 e a modernização do ensino superior. São Paulo: Unesp, 2007.

DELGADO, D. M. *Os "sentidos" da ciência no cenário industrial*: a inovação tecnológica e suas implicações na política de educação superior. 2010. 377 f. Tese (Doutorado em Educação Escolar) – Faculdade de Ciências e Letras, Universidade Estadual Paulista Júlio de Mesquita Filho, Araraquara, 2010.

FERREIRA, A. M. *A inovação nas políticas educacionais no Brasil*: universidade e formação de professores. 2013. 305 f. Tese (Doutorado em Educação) – Programa de Pós-graduação em Educação, Faculdade de Educação, Universidade Federal de Goiás, Goiânia, 2013.

FRANCO, M. C. Formação profissional para o trabalho incerto: um estudo comparativo Brasil, México e Itália. In: FRIGOTTO, G. (Org.). *Educação e crise do trabalho*: perspectiva de final de século. Petrópolis: Vozes, 1998. (Coleção Estudos Culturais em Educação).

FREEMAN, C. *Tecnology policy and economic performance*. London: Pinter, 1987.

FRIGOTTO, G. Educação, crise do trabalho assalariado e do desenvolvimento: teorias em conflito. In: FRIGOTTO, G. (Org.). *Educação e crise do trabalho*: perspectiva de final de século. Petrópolis: Vozes, 1998. (Coleção Estudos Culturais em Educação).

FRIGOTTO, G. Estruturas e sujeitos e os fundamentos da relação trabalho e educação. In: SANFELICE, J. L.; SAVIANI, D.; LOMBARDI, J. C. (Org.). *Capitalismo, trabalho e educação*. Campinas: Autores Associados, 2005.

GARCIA, W. E. (Coord.). *Inovação educacional no Brasil*: problemas e perspectivas. Campinas: Autores Associados, 1995a.

GARCIA, W. E. Legislação e inovação educacional a partir de 1930. In: GARCIA, W. E. (Coord.). *Inovação educacional no Brasil*: problemas e perspectivas. Campinas: Autores Associados, 1995b.

GOLDBERG, M. A. A.; FRANCO, M. L. P. B. *Inovação educacional*: um projeto controlado por avaliação e pesquisa. São Paulo: Cortez & Moraes, 1980.

GRAMSCI, A. *Maquiavel, a política e o Estado moderno*. Rio de Janeiro: Civilização Brasileira, 1968.

HARVEY, D. *Condição pós-moderna*: uma pesquisa sobre as origens da mudança cultural. São Paulo: Loyola, 2002.

HUBERMAN, A. M. *Como se realizam as mudanças em educação*: subsídios para o estudo da inovação. São Paulo: Cultrix, 1973.

KUENZER, A. Z. Exclusão includente e inclusão excludente: a nova forma de dualidade estrutural que objetiva as novas relações entre educação e trabalho. In: SANFELICE, J. L.; SAVIANI, D.; LOMBARDI, J. C. (Org.). *Capitalismo, trabalho e educação*. Campinas: Autores Associados, 2005.

LEITE, M. P. *Trabalho e sociedade em transformação*: mudanças produtivas e atores sociais. São Paulo: Fundação Perseu Ábramo, 2003.

MARQUES, J. *Os caminhos do professor*: incertezas, inovações, desempenhos. Porto Alegre: Globo, 1977.

MESSINA, G. Mudança e inovação educacional: notas para reflexão. *Cadernos de Pesquisa*, n. 114, p. 225-233, 2001. Disponível em: <http://www.scielo.br/scielo.php?script=sci_arttext&pid=S0100=15742001000300010-&lng=en&nrm=iso&tlng-pt>. Acesso em: 06 ago. 2017.

SAVIANI, D. A filosofia da educação e o problema da inovação em educação. In: GARCIA, W. E. (Coord.). *Inovação educacional no Brasil*: problemas e perspectivas. Campinas: Autores Associados, 1995.

SCHUMPETER, J. A. *A teoria do desenvolvimento econômico*. São Paulo: Nova Cultural, 1988.

TEIXEIRA, C. M. F. Inovar é preciso: concepções de inovação em educação. 2011. Disponível em: <http://portal.pmf.sc.gov.br/arquivos/arquivos/pdf/14_02_2011_13.47.21.977d2f60a39a-a3508f154136c6b7f6d9.pdf>. Acesso em: 06 ago. 2018.

LEITURAS RECOMENDADAS

BRASIL. Ministério da Ciência e Tecnologia. *Livro branco*: ciência, tecnologia e inovação. Brasília: Ministério da Ciência e Tecnologia, 2002. Disponível em: <http://www.cgee.org.br/arquivos/livro_branco_cti.pdf>. Acesso em: 06 ago. 2018.

BRASIL. Ministério da Educação. Instituto Nacional de Estudos e Pesquisas Educacionais Anísio Teixeira (Inep). Diretoria de Avaliação da Educação Superior (Daes). *Instrumento de avaliação de cursos de graduação*: presencial e a distância - autorização. 2017. Disponível em: http://download.inep.gov.br/educacao_superior/avaliacao_cursos_graduacao/instrumentos/2017/curso_autorizacao.pdf. Acesso em: 22 ago. 2018.

BRASIL. Ministério da Educação. Instituto Nacional de Estudos e Pesquisas Educacionais Anísio Teixeira (Inep). Diretoria de Avaliação da Educação Superior (Daes). *Instrumento de avaliação de cursos de graduação:* presencial e a distância - reconhecimento e renovação de reconhecimento. 2017. Disponível em: http://download.inep.gov.br/educacao_superior/avaliacao_cursos_graduacao/instrumentos/2017/curso_reconhecimento.pdf Acesso em: 22 ago. 2018.

BRASIL. Ministério da Educação. Instituto Nacional de Estudos e Pesquisas Educacionais Anísio Teixeira (Inep). Diretoria de Avaliação da Educação Superior (Daes). *Instrumento de avaliação institucional externa*: presencial e a distância -credenciamento. 2017. Disponível em: http://download.inep.gov.br/educacao_superior/avaliacao_institucional/instrumentos/2017/IES_credenciamento.pdf. Acesso em: 22 ago. 2018.

BRASIL. Ministério da Educação. Instituto Nacional de Estudos e Pesquisas Educacionais Anísio Teixeira (Inep). Diretoria de Avaliação da Educação Superior (Daes). *Instrumento de avaliação institucional externa*: presencial e a distância - recredenciamento e transformação de organização acadêmica. 2017. Disponível em: http://download.inep.gov.br/educacao_superior/avaliacao_institucional/instrumentos/2017/IES_recredenciamento.pdf. Acesso em: 22 ago. 2018.

CONFEDERAÇÃO NACIONAL DA INDÚSTRIA. *Políticas públicas de inovação no Brasil:* a agenda da indústria. Brasília: CNI, 2005.

CONFEDERAÇÃO NACIONAL DA INDÚSTRIA; SERVIÇO SOCIAL DA INDÚSTRIA; SERVIÇO NACIONAL DE APRENDIZAGEM INDUSTRIAL. *Educação para a nova indústria*: uma ação para o desenvolvimento sustentável do Brasil. Brasília: CNI, 2007.

FREEMAN, C.; SOETE, L. *A economia da inovação indu*strial. Campinas: Unicamp, 2008. (Coleção Clássicos da Inovação).

KRASILCHIK, M. A inovação no ensino de ciências. In: GARCIA, W. *Inovação educacional no Brasil*. São Paulo: Cortez, 1995.

LALL, S. A mudança e a industrialização nas economias de industrialização recente da Ásia: conquistas e desafios. In: KIM, L.; NELSON, R. R. (Org.). *Tecnologia, aprendizado e inovação*: as experiências das economias de industrialização recente. Campinas: Unicamp, 2005. (Clássicos da Inovação).

LEVY, P. *Cibercultura*. São Paulo: Editora 34, 2010.

QUARTIERO, E. M.; BIANCHETTI, L. (Org.). *Educação corporativa*: mundo do trabalho e o conhecimento: aproximações. Santa Cruz do Sul: Edunisc, 2005.

CONTRIBUIÇÕES DO EXAME ANTROPOMÉTRICO ESCOLAR:
associação do conteúdo do currículo educacional com educação alimentar na escola, avaliação do estado nutricional e autogestão da saúde

5

Claudia Cezar | José Enrique Rossi | Lourdes Maria de Melo Franco
Joana Darth da Costa Mathias | Mariangela Pinheiro de Magalhães Oliveira
Fabio Ancona Lopez

A ASSOCIAÇÃO ENTRE EDUCAÇÃO E O ENSINO SOBRE BOA SAÚDE CORPORAL (E MENTAL)

Desde 1996, a Lei de Diretrizes e Bases da Educação Nacional (LDB), Lei n° 9.394, orienta que: "[...] os estudos sobre a vida diária, sobre o homem comum e suas práticas [...] devem introduzir no currículo a preocupação de estabelecer conexões entre os conteúdos curriculares e a realidade cotidiana dos alunos [...]" (BRASIL, 2010, p. 28). Em outras palavras, apontar solução de problemas do cotidiano por meio do conteúdo informado pelo currículo, que já é ministrado na sala de aula, proporciona aprendizagem efetiva e transformadora nas escolhas, nas atitudes e nos hábitos de vida, porque viabiliza que o aluno tome consciência de como a teoria aprendida na escola tem aplicabilidade concreta na vida real. Tal orientação é fundamental para tempos em que o culto ao mercado denota a capacidade de competir como virtude e deixa à margem as necessidades humanas básicas, universais e essenciais para a construção da dignidade, subtraindo do indivíduo uma das conquistas mais caras do ser humano, que é a liberdade de ser e de fazer escolhas (WERTHEIN, 2003).

Em consonância com o mercado, a educação brasileira tem duas finalidades: a técnica, que é preparar para o trabalho, e a teleológica e principiológica, que é preparar para a cidadania, compreendendo cidadania como desenvolvimento humano. Nesse propósito, a Organização das Nações Unidas para a Educação, a Ciência e a Cultura (Unesco), atenta ao desenvolvimento dos jovens, pois são uma parcela da população particularmente vulnerável aos problemas sociais e econômicos do País, analisa, por meio de alguns dos indicadores do índice de desenvolvimento humano (IDH), o índice de desenvolvimento juvenil (IDJ) nas áreas de renda, educação e saúde. Sendo as duas últimas relacionadas ao tema deste capítulo, destaca-se que as dimensões que analisam em saúde são gravidez juvenil (11 a 19 anos) e mortalidade juvenil por causas externas e internas (WAISELFISZ, 2006).

Segundo a própria Unesco, em 2004, 92% dessas mortes poderiam ser evitadas tanto por ações de prevenção quanto por controle adequado da gravidez, atenção adequada ao parto, ações preventivas de contracepção, além de diagnósticos precoces, viabilizados por meio de parcerias com diferentes setores. Essas sugestões de prevenção e diagnóstico precoce são o ponto de partida para a discussão que se segue, a qual está amparada nos Parâmetros Curriculares Nacionais (PCNs), porque a saúde é um de seus temas transversais, apresentada no volume 8, e a promoção de sua proteção é conteúdo do tema sobre meio ambiente e saúde, apresentado no volume 9 (BRASIL, 1997).

Muitos estudos, visando a prevenção de doenças e a promoção da saúde são direcionados à população infantil, pois tanto os bons hábitos alimentares quanto a prática regular de exercícios físicos são mais bem incorporados quando propostos precocemente, aumentando a probabilidade de serem mantidos na fase adulta (VOLICER et al., 2003).

Como educar pressupõe proporcionar um processo de descoberta pessoal, vale destacar que, pelo pensamento pedagógico de Morin, Ciurana e Motta (2003), a pedagogia da complexidade deve ser aplicada como estratégia aberta, evolutiva, para afrontar o imprevisto e o novo, tirando proveito dos erros em uma visão de totalidade do ser e do conhecimento. Segundo Breilh (1991), a impressão melhorada sobre as condições de saúde que se produz com os valores médios de estudos populacionais fragmenta-se quando são rompidos de acordo com categorias reais de análise social. Esse fator realça a vitalidade do sistema de vigilância nutricional proposto neste capítulo, pois, diferentemente de um programa epidemiológico, cada professor não faz uma leitura positivista *da média observada entre os valores apresentados por seus alunos*. Ele é o profissional que, além de identificar caso a caso, pode acompanhar a evolução do tratamento de cada um dos alunos que apresentam alterações do estado nutricional, por conhecê-los individualmente e relacionar-se com eles, no mínimo, toda semana.

Conquistar a atenção em sala e instigar o interesse das novas gerações pelos conteúdos do currículo requer aulas que proporcionem condições para que desenvolvam sua capacidade de aprender com prazer e gosto, tornando tal atividade desafiadora, atraente e divertida. Nesse sentido, um dos temas que mais suscita tais condições nos escolares é corpo e todo o tipo de conhecimento relacionado a seu crescimento e desenvolvimento.

Buscar melhor condição de saúde de forma autônoma e independente permite construir identidades plurais, formando seres humanos mais compreensivos, solidários e menos fechados em círculos restritos. Contudo, o currículo escolar não se esgota nos componentes curriculares ou nas áreas de conhecimento porque tanto afeta quanto é afetado pela sociedade. Em nível mundial, diferentes fatores imagéticos têm contribuído para confundir e provocar incertezas no campo da saúde corporal (CEZAR, 2014). A compreensão visual alterada do que seja um padrão de referência para boa condição de saúde, conforme mostra a **Tabela 5.1**, tem trazido sérios danos ao entendimento sobre o conceito de saúde, porque, sem base científica, os menores e os seus pais não têm parâmetros para discernir se estão ou não obesos e, pior, podem se sentir tranquilos quando, na verdade, estão com a saúde alterada (CEZAR, 2014).

Se, por um lado, há imagens e protagonistas estimulando corpos magros abaixo da condição saudável, há também motivação no extremo oposto, e esses erros conceituais estão banalizando a necessidade de uma boa condição de saúde corporal. Um exemplo internacional pode ser identificado na animação cinematográfica *The Croods*, produzida pela Dream Works em 2013.

Nessa história, os personagens vivem no período pré-histórico e passam fome, condição que, em situação real, deixaria as pessoas desnutridas. No entanto, entre os sete personagens, apenas três não estão obesos (o bebê, a vovó e o namorado da protagonista).

Um exemplo brasileiro é a imagem utilizada nos serviços de transportes coletivos para fazer valer a importante Lei de Acessibilidade, nº 5.296/2004 (**Fig. 5.1**). Nela, o ícone que mostra prioridade de assentos para pessoas obesas faz referência a um corpo obeso

TABELA 5.1 Valores de referência para proporção (%) de gordura corporal em crianças e adolescentes[a][*]

% de gordura corporal			
Sexo	Idade	Média	Obesidade
Feminino	Até 10 anos	15 a 20%	> 30%
	Adolescentes	20 a 25%	> 30%
Masculino	Até 10 anos	até 15%	> 25%
	Adolescentes	12 a 15%	> 30%

[a] Demais valores não identificados; embora as porcentagens sejam similares às de adultos, os valores em quilo são diferentes devido à composição corporal ainda em formação.
*Observe-se que os valores da Tabela 5.1 não são valores de índice de massa corporal (IMC).
Fonte: Elaborada a partir de Cezar (2000, 2002).

correspondente ao nível de gravidade 6 ou 7, que é de altíssimo risco (CEZAR, 2018). Certamente é um ícone adequado para facilitar a compreensão e o cumprimento da lei; no entanto, é necessário explicar para a população que a obesidade começa bem antes de o corpo alcançar essa conformação.

Erros conceituais desse tipo, mesmo sem a intenção ou consciência por parte dos produtores da gravidade da questão, ensinam os consumidores a usar essa silhueta alterada como base de referência, sem sê-lo (CEZAR, 2014). Esse modelo de mensagem obscurece os reais conceitos de saúde, de desnutrição e de obesidade, dificultando que as pessoas diferenciem seus direitos de suas responsabilidades. É importante esclarecer que não se trata de cercear as escolhas pessoais, mas de promover a boa condição de saúde com cuidado especial para evitar a discriminação e o *bullying*.

Essas constatações ressaltam a necessidade de avaliar o estado nutricional dos escolares a fim de estabelecer a prevalência e a incidência de afecções crônicas, como são a obesidade e a desnutrição, para identificar a dinâmica desses distúrbios nutricionais na população escolar. Tais resultados usados de forma prospectiva podem indicar medidas corretivas importan-

Figura 5.1 Imagem usada nos serviços de transporte coletivo para fazer valer a Lei de Acessibilidade.
Fonte: http://jornalcomunicacaoufpr.com.br/projeto-de-lei-quer-acabar-com-desrespeito-a-assentos-preferenciais/

tes, tanto para o planejamento e a adoção de recursos quanto para o manejo ou a avaliação e autogestão da saúde. Outro aspecto essencial é o fato de que a população deve ser claramente informada sobre o significado desses distúrbios, pois somente cada indivíduo pode fazer escolhas mais saudáveis e estancar a progressão do problema ou até reverter o quadro. Tais fatores podem afetar significativamente o curso futuro da história da saúde brasileira, demonstrando uma opção da própria população. No entanto, apenas informar teoricamente os escolares é insuficiente. Faz-se necessário comprometê-los com a seriedade da temática. Após identificar que há um problema, uma alteração no estado nutricional, pessoas informadas podem, efetivamente, mudar suas escolhas se estiverem motivadas para tanto.

Identificar a saúde, em aula, por meio da avaliação do estado nutricional

O corpo é afetado pelas escolhas de sono, estilo de vida fisicamente ativo e alimentação (LARSON, 1974; CEZAR, 2016;). Ao avaliar o estado nutricional (EN) de uma pessoa, é possível identificar se ela está saudável, ou seja, se está eutrófica (com saúde adequada), ou se sua saúde está alterada, com condição de desnutrição ou de obesidade, que são estados doentes conforme a *Classificação internacional de doenças e problemas relacionados à saúde* (CID-10) e a quinta edição do *Manual diagnóstico e estatístico de transtornos mentais* (DSM-5) (LEE; NIEMAN, 1995). As alterações do EN afetam não apenas a capacidade de trabalho de uma pessoa, mas também sua capacidade cognitiva e as possibilidades de aproveitar melhor sua vida pessoal e familiar (CEZAR, 2018).

Na economia tanto mundial quanto nacional, a saúde é um dos setores mais importantes. Como o EN reflete, de forma simples e direta, a condição de saúde de uma pessoa, obesidade e desnutrição evidenciam a vulnerabilidade da saúde populacional em relação aos problemas socioeconômicos e culturais de um país (CEZAR, 2005). Decerto, o estrato social, além de interferir significativamente na saúde, evidencia a complexidade do fenômeno "estado nutricional". Inúmeros estudos têm sido realizados com o propósito de dimensionar esses distúrbios na população, porém seus resultados ficam restritos ao conhecimento de especialistas da área, que, no máximo, os publicam para a própria comunidade científica. São raros os estudos que relatam informação à população avaliada sobre os resultados de seu EN.

Associados a essas questões estão o descaso ingênuo de familiares em relação à seriedade dessas doenças e a dificuldade do sistema de saúde para tratá-las, seja pela alta demanda para os casos graves, seja pela impossibilidade de oferecer diagnóstico precoce ou efetivar o tratamento multiprofissional necessário, que deve ser de longa duração. O estudo de Bourderioux et al. (1990) apresentou evidências significativas da necessidade de supervisionar e oferecer cuidados de saúde frequentes e sistemáticos aos adolescentes, como um esforço para detectar e prevenir, ou ainda tratar, os distúrbios que produzem efeitos adversos de longo prazo, como obesidade, desnutrição, uso de cigarros e álcool.

Starfield (2002) ressalta que é fundamental alertar a população sobre os riscos, as causas e as consequências tanto da desnutrição quanto da obesidade, exatamente para estimular a busca por atendimento específico. A autora considera que, em geral, a população de risco, que apresenta maior prevalência desses distúrbios nutricionais, não está consciente nem da gravidade nem da seriedade do problema. A Organização Mundial da Saúde (OMS), em reconhecimento às crescentes iniquidades sociais e de saúde em quase todos os países, adotou um conjunto de princípios para a construção da base de atenção primária dos serviços de saúde, conhecido como Carta de Ljubljana.

Nesse documento, a organização destaca que as pessoas, além de influenciarem os serviços de saúde, devem assumir a responsabilidade por sua própria saúde (CEZAR, 2005). Porém, para que essa venha a ser uma realidade, a população precisa ser informada, sensibilizada e educada para tal. Como fazê-lo? Quais são as estratégias de políticas públicas que devem ser desenvolvidas para esse fim? Qual deve ser a dimensão desse processo de sensibilização e educação? Afinal, para ser eficiente, deveria atender, simultaneamente, adultos, idosos, crianças e adolescentes.

O ambiente escolar tem sido enfatizado como um dos locais mais adequados para desenvolver estudos de monitoramento da saúde e do EN de crianças e adolescentes, além de ser considerado um espaço privilegiado e o mais adequado para informar e, por conseguinte, diminuir a incidência e a prevalência de doenças crônicas não transmissíveis (STORY, 1999; BRIGGS; SAFAII; BEALL, 2003). É considerado um ambiente ideal para a intervenção da obesidade, pois a maioria das crianças de 7 a 17 anos está matriculada na escola (95% no Brasil), em contato diário com os professores, durante 10 meses do ano, por vários anos seguidos (BJÖRNTORP; BRODOFF, 1992).

Entre os estudos nacionais que buscam investigar e disponibilizar informações sobre o EN de escolares, bem como implantar uma análise antropométrica na escola, destaca-se o de Souza e Pires-Neto, realizado em 1998. Os autores mostram que a análise antropométrica é indispensável para avaliar o EN de escolares, uma vez que os resultados foram essenciais para auxiliar o encaminhamento e o tratamento tanto do aluno obeso quanto do desnutrido.

Dada a importância do EN sobre a saúde da população, em maio de 1987, o Instituto Nacional de Alimentação e Nutrição (INAN) solicitou ao epidemiologista Carlos Augusto Monteiro, da Faculdade de Saúde Pública da Universidade de São Paulo (USP), a elaboração de um modelo de análise do EN de escolares que pudesse ser implantado no País por meio de um sistema nacional de coleta e análise anual da estatura de ingressantes nas escolas de ensino fundamental, a fim de estabelecer um sistema nacional de monitoração do crescimento infantil (MONTEIRO, 1989). O modelo de Monteiro (1989) foi desenvolvido com base no estudo de Bengoa, de 1973, primeiro autor a reivindicar o uso da medida de estatura dos escolares para caracterizar e acompanhar o seu estado de saúde e nutrição, sendo a Costa Rica o primeiro país a incorporar efetivamente essa proposta. A seguir, estão as principais características favoráveis da análise do EN encontradas por Monteiro (1989):

1. A cobertura do sistema escolar é superior a qualquer outro programa nacional.
2. O processo de medição de peso e estatura demanda instrumentos e técnicas simples, factíveis para o treinamento dos professores (padronização dos métodos de avaliação).
3. A coleta pode ser feita em nível nacional, em curto prazo de tempo, e os resultados são enviados a uma agência central.
4. A análise tem baixo custo (inferior a 50 centavos de dólar), com necessidade mínima de infraestrutura e pode ser reproduzida anualmente.
5. A análise viabiliza a elaboração de mapeamento periódico (longitudinal) e detalhado de distritos, municípios, estados e regiões do país mais afetados por desnutrição e obesidade.
6. A análise permite avaliar o impacto dos planos de desenvolvimento adotados pelo país e os resultados de programas de suplementação alimentar na escola.

O modelo proposto por Monteiro (1989) foi fundamental para mostrar, de forma aplicada e concreta, que a escola é o ambiente adequado para a realização de uma proposta de vigilância nutricional. Como, no Brasil, a maioria das crianças e dos adolescentes está matriculada em escolas e os professores de educação física têm alta afinidade tanto com a antropometria quanto com a relação entre "corpo próprio e saúde", a pesquisa-ação de Avaliação do Estado Nutricional de Escolares (AENE) apresentada a seguir foi criada no ano de 2000 no Laboratório do Núcleo de Estudos sobre Obesidade e Exercícios Físicos da USP e aprovada pelo Comitê de Ética na Pesquisa da Faculdade de Ciências Farmacêuticas da USP (CEZAR, 2005).

Formação continuada para atualização no tema corpo, saúde e doença

Por meio de uma parceria entre o Programa de Pós-graduação Interunidades em Nutrição Humana Aplicada da USP (Pronut-USP) e o Centro de Práticas Esportivas da USP (CEPEUSP) com a Secretaria Municipal da Educação de São Paulo (SME-SP), foi oferecido o curso para a capacitação dos professores em AENE, com pontuação para evolução na carreira, e 284 educadores em regência se inscreveram. O curso durou seis meses (70 horas), com aulas semanais, e 234 professores o finalizaram (82%), com uma frequência superior a 75% e evasão de 18%. Porém, apenas 180 professores (63,38%) conseguiram entregar mais de 75% das tarefas exigidas para conclusão do curso. Do total, 105 eram professores de educação física, entre os quais 82 disponibilizaram seus dados para serem utilizados no estudo (78%). Entre os professores de educação física que participaram do curso, 18 não puderam realizar o projeto na escola por estarem em função administrativa na SME-SP ou afastados das aulas curriculares por questões médicas. Há de se ressaltar que um deles, mesmo afastado do cargo, realizou seu projeto de AENE em sua escola pois, enquanto assistia ao curso, sensibilizou os professores de educação física da instituição (ausentes na capacitação) a efetivarem o projeto conjuntamente.

Após a análise dos dados coletados pelos 82 professores, foi possível utilizar os resultados de 70 deles (85%). Entre os professores de educação física, 19 eram do sexo masculino, com idade média de 39 anos, e 51 eram do sexo feminino, com idade média de 37 anos. Em relação há quanto tempo estavam em regência na SME-SP, 41% estavam há menos de 4 anos e 11 meses; 43%, de 5 a 15 anos; e os demais, há mais de 15 anos. Nessas proporções, é necessário destacar que 60% dos participantes já atuavam na área há mais de 5 anos. Esses resultados contrariam o senso comum em três aspectos principais: primeiro, por estarem há muito tempo em regência, os professores seriam refratários a novos conhecimentos; segundo, pelo mesmo motivo, restringiriam sua prática docente a "observar o jogo com bola" de seus alunos durante as aulas; e terceiro, não teriam interesse em atualizar-se científica e profissionalmente. Como os resultados obtidos mostram que tais afirmativas são irreais, torna-se evidente o interesse desses professores em regência e por atualização de cunho mais acadêmico e científico a fim de aprimorar sua prática pedagógica.

O interesse dos professores se deu justamente por perceberem a relevância do tema para sua prática docente, para sua responsabilidade social e profissional e para a motivação dos alunos em relação aos estudos. Para Gusdorf (1970), o aparente movimento do ensino que vai de fora para dentro só pode dar resultado se encontrar um movimento inverso, de dentro para fora, e se unir a ele. Apoiando-se na célebre lição de geometria que Sócrates dá a um escravo sem formação em matemática, o autor explica que ninguém pode aprender ou ensinar nada a alguém, as relações constitutivas do saber* estão nas pessoas, aguardando para que o conhecimento se torne consciente

---

*Observe-se que relações constitutivas do saber diferem de conceitos teóricos, como quem desvenda verdades preestabelecidas.

(GUSDORF, 1970). Por isso, durante o curso de formação de AENE, professores de educação física foram estimulados a recuperar o conhecimento sobre medidas e avaliação, bem como sobre fisiologia do exercício, apreendido em sua graduação, a fim de associá-lo àquele que estava sendo trabalhado nessa nova experiência profissional, para, em seguida, estruturar as informações necessárias à sistematização de uma proposta de vigilância nutricional para os escolares. Esse complexo processo pioneiro e inovador gerou inúmeros benefícios para todos os sujeitos envolvidos e, com foco direcionado à educação brasileira, destacamos a seguir os nove principais.

1º diferencial da estratégia de AENE: o educador escreve o próprio projeto de pesquisa científica

Morin, Ciurana e Motta (2003) têm mostrado que, para perceber e entender a dimensão holística do processo educativo, faz-se necessário realizar uma construção coletiva dependente de sentidos, convergências, interações e interdependências dos aspectos pertinentes ao conhecimento tratado. Para Bracht (1999), somente quando podem coparticipar das decisões didáticas, os sujeitos tornam-se autônomos e reflexivos. Assim, todo o processo do curso de AENE foi pautado na metodologia da pesquisa-ação, a qual inclui planejar, atuar, observar, analisar, refletir, avaliar e replanejar, para reiniciar um novo ciclo completo (GÓMEZ; FLORES; JIMÉNEZ, 1999; BRACHT et al., 2003). Além das tarefas semanais de resumo sobre a teoria trabalhada e a realização da avaliação do EN em familiares e amigos, os professores também foram orientados a realizar o próprio projeto de pesquisa antes de implantar a AENE em sua escola, sem obrigatoriedade.

Dos 70 professores de educação física que concluíram o curso de AENE com coleta dos dados antropométricos e socioeconômicos de seus alunos, 100% escreveram um projeto para sua escola. Sua implementação exigia (e ainda exige) seguir três fases específicas: 1) sensibilização (com explicação dos temas tratados em linguagem adequada ao público atendido); 2) coleta de dados (com permissão verbal, consentimento escrito e sigilo de informações); e 3) retorno dos resultados (explicação aos avaliados e responsáveis sobre o significado de seu EN com orientação para prevenir ou tratar as alterações encontradas) (CEZAR; GIROLDO; COZZOLINO, 2003).

2º diferencial da estratégia de AENE: fazer pesquisa-ação em sala de aula permite que o professor pesquisador interfira na própria realidade

Outro aspecto interessante dessa fase foi a alta frequência com que os professores trouxeram artigos de jornais, revistas e livros sobre os temas abordados no curso, com entusiasmo visível pela temática. Além disso, o processo de elaboração individual do projeto de pesquisa deu protagonismo a esses professores em formação, que sentiram que estavam se tornando antropometristas e pesquisadores voluntários.

Uma das características da metodologia de pesquisa-ação é fazem com que o sujeito adquira conhecimentos sobre a realidade e, ao mesmo tempo, os utilize para modificá-la (BRACHT et al., 2003). A partir da elaboração do próprio projeto de pesquisa, esses professores vislumbraram que não estavam fazendo uma coleta de dados para um estudo da USP, mas colocando em prática o próprio projeto de pesquisa. Cabe aqui a declaração de Morais (1986, p. 59): "[...] autoridade é certo tipo de liderança [...], não se impõe, propõe-se [...], autoridade, diversamente de autoritarismo, é um princípio de amor [...]". Segundo o autor, as relações pedagógicas têm de ser dialógicas, por isso a autoridade auxilia e encaminha, com todos os cuidados, para uma aprendizagem libertadora, autônoma e autocrítica, com amplos reflexos positivos na cultura da sociedade em que está inserida (MORAIS, 1986).

Assim, a maioria desses professores passou a interpretar a realização da AENE não como uma obrigação imposta por terceiros ou por instâncias superiores (do CONAE,* da SME, da USP ou da professora organizadora), mas como um desafio profissional, social, acadêmico e até pessoal. Essa condição os estimulou significativamente a encontrar soluções para os problemas consequentes, ou pertinentes, à realização da pesquisa-ação de AENE em seu planejamento de ensino. Há de se enfatizar também que a oportunidade inovadora de "ser protagonista" de seu projeto de pesquisa, de forma supervisionada, influenciou significativamente os professores, que utilizaram *horas extras* para a digitação dos dados, a coleta das medidas, a organização dos termos de consentimento e o preenchimento das fichas individuais de avaliação do EN de seus alunos (alguns avaliaram quase 500 alunos).

3º diferencial da estratégia de AENE: o respeito ao outro

Segundo Morais (1986), ensinar nasce de um compromisso de vida, de uma paixão pelo saber e de gosto pelos encontros humanos. Ele afirma que ensinar é também uma forma de intervir em vidas humanas, mas pelo convite, não pela invasão. Por isso, os professores de educação física foram orientados a pedir permissão tanto a seus diretores quanto aos pais e aos próprios escolares. Após esse pedido formal e respeitoso, as pessoas da comunidade escolar e não escolar, pais e familiares, sentiram-se seguras e lisonjeadas por participarem do processo da pesquisa. Em contrapartida, tornaram-se atentas e receptivas às atividades, às fases, às informações propostas e às orientações sugeridas ao final (CEZAR, 2005). O terceiro diferencial da estratégia AENE coloca na prática diária o exercício de respeitar o outro, pois, além de o convite ocorrer pela exposição de ideias, e não pela imposição ou opressão, quem convida precisa considerar a possibilidade de o outro se negar a participar. Essa condição permite exercitar, de forma concreta, nossos direitos de escolher e de dizer não, fazendo a pessoa que convida tornar-se mais atenta a tal possibilidade e empenhar-se mais.

Como tanto a realização da pesquisa-ação de AENE na escola quanto a aquisição dos equipamentos para a antropometria dependiam diretamente da direção da escola, os professores foram orientados a entregar uma cópia de seu projeto à direção, precedida por uma carta de apresentação com indicação sucinta sobre o conteúdo do projeto: seu objetivo (avaliação do EN dos escolares), origem (parceria com a Faculdade de Ciências Farmacêuticas da USP) e validade (que estavam participando de capacitação específica para realizar o estudo de AENE). Por reflexo dessa atitude, praticamente todos os professores de educação física perceberam que seu trabalho foi reconhecido no ambiente escolar (tanto por responsáveis pela direção quanto pelo corpo administrativo-pedagógico). Alguns, inclusive, foram parabenizados por supervisores de ensino e diretores/coordenadores responsáveis por instâncias externas e superiores à escola.

Os professores também foram orientados a solicitar permissão de pais e responsáveis para fazer a coleta de dados de sua pesquisa, conforme orienta a Resolução nº 196/96 de ética para a pesquisa com humanos. No total, 0,7% dos pais (69 alunos) se recusaram a assinar o termo de consentimento. Foi uma grata surpresa, no entanto, contabilizar que, do total de alunos avaliados, 96,5% devolveram o termo assinado. Aqueles que não devolveram a ficha afirmaram que haviam esquecido de trazê-la ou a tinham perdido (n = 340), mas 100% deles afirmavam que seus pais haviam autorizado a participação na pesquisa. Ressalta-se

---
*Coordenadoria dos Núcleos de Ação Educativa da Secretaria Municipal de Educação.

que os dados desses alunos foram incluídos na amostra, pois consideraram-se verdadeiros os seus argumentos. Concluiu-se depois que, para diminuir, se possível zerar, a proporção de familiares que recusaram o uso de dados dos filhos, é importante promover reunião com eles antes da implementação da pesquisa, das fases de sensibilização dos escolares e de coleta de dados do peso e da estatura. Acredita-se que, havendo oportunidade de esse procedimento continuar sendo realizado anualmente, em um futuro muito próximo esses familiares estarão mais informados sobre a importância da participação de seus filhos na pesquisa-ação de AENE.

Em uma verdadeira relação pedagógica, o crescimento é mútuo: o professor cresce e o aluno também. Sendo assim, é preciso criar nas pessoas o sentido da solidariedade social, do contrário não será possível formar para a cidadania nem fornecer uma base científica sólida. Por isso, durante o curso de AENE, além de informar e discutir o conteúdo, buscou-se ressaltar a importância das relações humanas, da compaixão e da compreensão da função social e política do professor (CEZAR, 2005).

4º diferencial da estratégia de AENE: aquisição de equipamentos para a coleta dos dados antropométricos na escola

Quanto aos equipamentos necessários para a coleta dos dados antropométricos na escola, poucos professores de educação física referiram ter balança na instituição (38%), das quais 50% não estavam em condição de uso. Os professores dessas escolas apresentaram seus projetos elaborados para a AENE e obtiveram apoio da direção, do conselho ou da Associação de Pais e Mestres (APM) da escola, conseguindo verba para comprar ou consertar sua balança. Dois deles, por meio de ofício, obtiveram conserto gratuito de suas balanças.

Dos 42 professores que não tinham balança na escola (62%), 15 (36%) obtiveram verba para compra, também devido à apresentação formal do projeto da pesquisa-ação de AENE para a direção da unidade de ensino. Em uma das escolas, foi a própria professora de educação física que pagou o conserto. A maioria dos professores sem os equipamentos (55%) os pediu emprestados. Para três professores, a solução foi levar as crianças até uma balança disponível nas redondezas: dois as levaram a postos de saúde, e um as levou a uma farmácia.

Apenas 15% dos professores tinham estadiômetro na escola (n = 10). Da mesma forma, utilizaram o projeto. Entre aqueles que não tinham estadiômetro, dois conseguiram que a escola comprasse o equipamento, 42 obtiveram verba suficiente para construir um estadiômetro de madeira ou com fita métrica fixada em uma parede sem rodapé – conforme orientado na formação –, sete custearam os materiais para construir o instrumento, e quatro pediram emprestado (um deles junto à academia em que trabalhava, e o outro a uma escola estadual onde também era professor). Alguns professores relataram que seu estadiômetro de madeira foi montado gratuitamente por pais de alunos, por marceneiros da escola e, inclusive, pelo próprio pai.

5º diferencial da estratégia de AENE: sensibilizar os escolares para que desejem aprender o conteúdo que precisa ser ensinado

Gusdorf (1970) ressalta que, em geral, os professores têm um conteúdo a transmitir e, por isso, respondem a perguntas que os alunos não fizeram. Para evitar esse sério problema pedagógico, na formação, os professores foram orientados a estimular seus alunos a fazer perguntas para que os conteúdos subjacentes à AENE pudessem ser desenvolvidos durante as aulas de educação física na escola. Para tanto, elaboraram atividades de sensibilização para os alunos.

A realização da pesquisa-ação de AENE na instituição de ensino depende também da colaboração e da permissão dos alunos para a coleta de dados, por isso os professores decidiram informar os escolares sobre: a) o assunto da pesquisa; b) como seriam realizadas as coletas de dados; e c) a importância de entender o que significavam os resultados do EN de cada indivíduo. Para tanto, optaram por proporcionar vivências que sensibilizassem os alunos para as três condições citadas e incorporaram essas atividades em seu projeto de pesquisa. Ao final do estudo, quando foram questionados se planejar AENE, escrever, sensibilizar direção, pais e escolares, coletar dados e explicar os resultados obtidos foi possível em sua prática diária, a maioria (53%) respondeu que sim, porém, para 42,5%, não foi, e eles tiveram que fazer ajustes para incluí-las no planejamento. Ao serem questionados sobre a percepção dos escolares quanto à participação na AENE, todos os professores de educação física responderam que seus alunos gostaram de ser medidos e de entender os resultados.

6º diferencial da estratégia de AENE: a proficiência dos professores/antropometristas para explicar saúde e alterações do EN (dar retorno dos resultados obtidos com a pesquisa)

Como a metodologia para análise do EN de um indivíduo é dependente do escore Z ou da distribuição normal de Gauss, dar significado a esses números isolados para a população leiga no assunto é uma tarefa complexa, porém essencial (BREILH, 1991; SAWAYA, 1997). Nesse sentido, desde 1998, no CEPEUSP, o serviço de avaliação do EN dos usuários desenvolveu uma técnica para explicar os resultados dessa avaliação por meio da porcentagem de adequação do IMC (%AIMC) da pessoa em relação ao percentil médio esperado para seu sexo e sua idade, a qual tem sido amplamente utilizada em eventos culturais e de saúde realizados na USP e em diferentes espaços e em outros grupos heterogêneos (CEZAR; TEIXEIRA, 1999; CEZAR; COZZOLINO, 2001; LETTIERI et al., 2001; CEZAR; COZZOLINO, 2002; SANTOS et al., 2002). Os estudos realizados com base nesse indicador têm mostrado que, mesmo sendo um método simplista, é válido e fidedigno tanto para avaliar quanto para significar – e explicar – a condição do EN à população (CEZAR; COZZOLINO, 2003).

O estudo realizado no município de São Paulo por Zimmerman e Cezar (2003), usando a mesma técnica, encontrou diminuição no nível de gravidade da obesidade em adolescentes do sexo feminino que tiveram seu EN avaliado em 2002 e reavaliado em 2003. O estudo foi realizado conforme a descrição da AENE-2003, e o emagrecimento foi obtido porque as próprias alunas se mobilizaram, a partir das orientações recebidas em aula, mudando escolhas de comportamento alimentar e adquirindo um estilo de vida mais ativo. Esse estudo mostra que, se as pessoas são orientadas sobre as consequências de suas escolhas, além de poder decidir sobre seu destino, podem defender-se de propagandas enganosas ou tendenciosas de atores sociais mais interessados em lucro do que no benefício de saúde para a população (LOVISOLO, 1995). Tanto o significado do EN quanto a responsabilidade individual sobre a própria saúde precisam ser ensinados à população.

Dadas as características didático-pedagógicas da pesquisa-ação de AENE, as ações realizadas pelos professores podem ser usadas como políticas públicas de saúde com participação efetiva dos escolares, uma vez que as atividades são preparadas para que os alunos se sintam estimulados a refletir sobre a diferença entre indicadores de saúde e rótulos desonrosos de ordem estética. A partir do conhecimento confiável, aprendem a identificar quais são as condições fisiológicas, naturais, que diferem daquelas impostas pela mídia como "padrão de beleza irreal". Com isso, evita-se que construam um sistema de representações sobre o corpo no qual os indicadores tanto de saúde como estéticos e morais se mimetizem, se confundam e se sobreponham. Assim, o professor deve nortear o ensino com base em referências de padrão validadas por um órgão regulador da saúde confiável e adequado à população com a qual trabalha.

7º diferencial da estratégia de AENE: a qualidade da pesquisa-ação de AENE pode tanto orientar individualmente os estudantes como contribuir para um sistema nacional de vigilância nutricional de escolares

Os resultados encontrados por esses professores permitem afirmar que a pesquisa-ação de AENE contribui para um sistema de vigilância nutricional de escolares de cinco formas essenciais: a) permite realizar uma coleta de dados efetiva e real da estatura e do peso dos escolares: b) sugere tratamento imediato aos alunos com EN alterado, previamente aprovado pelos pais e responsáveis; c) sugere avaliação mais precisa para os alunos considerados falso-positivos ou falso-negativos; d) proporciona educação em saúde nas diferentes faixas etárias e em níveis de ensino, porque associa o conteúdo curricular à prevenção dos problemas de saúde apresentados no cotidiano dos alunos; e e) estimula os professores antropometristas a buscar atualização espontânea e regular nas áreas da saúde, da educação e da educação física e cinesiologia.

Esses achados contribuem para a nação como um todo, porque, no Brasil, os estudos populacionais são realizados pelo Instituto Brasileiro de Geografia e Estatística (IBGE), principal provedor de dados e informações para atender às necessidades dos mais diversos segmentos da sociedade civil e órgãos das esferas governamentais federal, estadual e municipal (IBGE, 2018). Seus levantamentos sobre saúde, EN e alterações em nível nacional foram o Estudo Nacional da Despesa Familiar (ENDEF), realizado em 1974-1975, e as Pesquisas de Orçamentos Familiares (POF), realizadas em 1980 e 1990, POF 1987-1988; POF 1995-1996; POF 2002-2003; e POF 2008-2009. Com o apoio do Ministério da Educação (MEC), em parceria com o Ministério da Saúde, o IBGE realiza a Pesquisa Nacional de Saúde do Escolar (PeNSE), em diversas cidades do País, com duas amostras, uma com apenas alunos do 9º ano e outra com escolares de 13 a 17 anos. A PeNSE, já realizada em 2009, 2012 e 2015, tem por objetivo conhecer e dimensionar fatores de risco e proteção à saúde de adolescentes por meio de suas respostas verbais, e, para se reduzir o custo do estudo, são usados conglomerados amostrais, que diminuem a precisão. Em vez de serem medidas as variáveis de peso e estatura, os estudantes relataram suas percepções a respeito do próprio peso, por exemplo, em 2015, 18% dos avaliados relataram sentir-se gordos ou muito gordos (IBGE, 2018). Entretanto, ao contrário da pesquisa-ação de AENE apresentada neste capítulo, em nenhuma das pesquisas do IBGE os participantes avaliados receberam informações sobre seu estado de saúde e a utilidade dos resultados encontrados. Embora disponíveis para *download* no *site*, essas informações ficam restritas aos especialistas da área.

Se o IBGE, por meio de parceria com o MEC e o Ministério da Saúde, viabilizar e/ou motivar que os professores realizem a pesquisa-ação de AENE, além de beneficiar todos os sujeitos envolvidos no processo – escolares, pessoal administrativo e familiares –, pode sistematizar os dados coletados e enriquecer a qualidade das informações obtidas sem novo custo a cada processo. Com interesse real e comprometido da comunidade escolar e não escolar, pode-se não apenas identificar a incidência e a prevalência de obesidade e desnutrição anualmente em quase 100% das crianças e adolescentes brasileiros, mas, sobretudo, intervir nessas alterações por meio do conhecimento, de forma inteligente e gentil, pois quase todos estão matriculados em escolas.

Capacitar professores de educação física ou de outras áreas, voluntários, para realizar a AENE nas escolas pode valorizar as pesquisas populacionais brasileiras, graças ao potencial de gerar dados nacionais fidedignos, válidos e atualizados anualmente, de forma sistemática, com intervenção subsequente e no próprio local por um custo apenas inicial. Por exemplo, a AENE pode fazer parte do projeto político pedagógico (PPP) da escola e ser realizada todos os anos; o custo advém apenas na primeira formação continuada dos educadores, pois, depois de apreendida, o próprio professor se atualiza; a intervenção junto aos alunos alcança seus familiares e facilita que sejam acompanhados de forma individual e semanalmente.

Por ser realizada pela escola e com alunos de 0 a 18 anos de idade, a AENE tem caráter eminentemente educativo e, aos poucos e conforme aprende, a própria população vai realizando as mudanças necessárias (CEZAR, 2014). Por basear-se em conhecimento científico e experiência vivenciada pelos envolvidos, a mensuração tem sido realizada até na equipe administrativo-pedagógica e influenciado a qualidade de vida dos participantes. Espera-se que, com o passar dos anos e após sistematizados, esses dados de qualidade possam ser usados para a construção de curvas-padrão por região brasileira e venham a fomentar estudos acadêmicos e científicos com as universidades próximas.

Porém, acima de tudo, a estratégia da AENE consagrou-se por seu aspecto afetivo, pois, em sua maioria, além de gostar de participar do processo, os alunos aprendem a lidar com a complexa temática corpo, com escolhas diárias e saúde. Essa é, sem dúvida, a melhor estratégia para estimular pessoas a fazer boas escolhas (ou escolhas mais acertadas para o momento).

8º diferencial da estratégia de AENE: análise longitudinal da pesquisa-ação de AENE e uso dos dados coletados pelo Departamento de Alimentação Escolar

A pesquisa-ação de AENE vem sendo aplicada desde o ano 2000 por quase 500 educadores das secretarias de educação de três cidades do Estado de São Paulo: Itapevi, Barueri e a capital. Após formação específica de atualização profissional, os educadores avaliam, ensinam e intervêm diretamente junto a mais de 60 mil escolares (D.O.M., 2003; CEZAR; GIROLDO; COZZOLINO, 2003; CEZAR, 2005; CEZAR, 2014).

Um levantamento concluído em 2007 investigou a continuidade da pesquisa-ação de AENE realizada em 2003 pelos professores de educação física que participaram daquele projeto (OLIVEIRA, 2014). Foi identificado que, após a capacitação do professor, é possível incluir e manter a pesquisa-ação de AENE no projeto político-pedagógico. No entanto, existem dificuldades de diferentes intensidades, mas que podem ser transponíveis quando o educador consegue elaborar um bom projeto que, por sua vez, acaba envolvendo outros professores, mesmo que de outras disciplinas, além do diretor da unidade educacional. No entanto, o ideal é edificar três ações claras e distintas: uma central, para receber e administrar os dados coletados nas unidades de ensino; a realização de simpósios regulares, para motivar os estudos e a produção acadêmica e científica dos educadores; e prêmios anuais de incentivo à pesquisa científica, com pontuação para evolução na carreira como forma de valorização do empenho extra.

No âmbito de um programa de alimentação escolar público, os dados do EN de escolares podem ser usados para subsidiar o planejamento de estratégias e ações relacionadas à alimentação adequada e saudável e à qualidade dos alimentos oferecidos, além de ações de educação alimentar e nutricional envolvendo toda a comunidade escolar.

9º diferencial da estratégia de AENE: a característica multidisciplinar da pesquisa-ação de AENE tem por base a complexidade e o raciocínio científico

Ressaltando a complexidade do conhecimento sobre a temática corpo, saúde e nutrição, e o quanto esse conhecimento está distribuído nos diferentes conteúdos escolares, em 2015 a Unesco propôs que o conhecimento sobre estilos de vida saudáveis seja incluído, até 2030, no currículo escolar em todo o mundo. No Brasil, o senado federal aprovou, em 17 de abril de 2018, a inclusão da educação alimentar e nutricional no conteúdo das disciplinas de ciências e biologia dos currículos do ensino fundamental e médio, respectivamente. Nesse sentido, desde 2003 educadores de tais componentes curriculares já realizavam a pesquisa-ação de AENE em sala de aula devido à pertinência da temática como conteúdo escolar. Ademais, como se faz necessário desenvolver o pensamento complexo que, para Morin, Ciurana e Motta (2003), é a forma de perceber o mundo para além da realidade fragmentada e por meio da capacidade de interligar diferentes dimensões do real, destaca-se que pedagogos (RIBEIRO, 2009) e professores de matemática (MAZETTI; CATO, 2009; YAMANAKA; GRASSATO; ANSELMO, 2009) e de educação infantil (ASSIS; ROVELO; SANTOS, 2009; GONÇALVES, 2009) também implementam, por meio do conteúdo que ensinam, a pesquisa-ação de AENE desde 2007 (ASSIS; FERNANDES, 2010). Além de auxiliar seus alunos e a comunidade do entorno a associar o conteúdo ensinado em sala de aula para melhorar as próprias condições de saúde e, por consequência, a qualidade de vida, professores de diferentes componentes curriculares contribuem, acima de tudo, para a formação do raciocínio científico dos escolares. Por participarem de congressos acadêmicos e científicos de forma ativa, com apresentação de resumos de suas pesquisas em formato de painel, apresentação oral ou até como palestrantes, os educadores que realizam a pesquisa-ação de AENE de forma voluntária impulsionam de maneira autônoma e praticamente automática a sua atualização profissional. Ao produzirem documentos como resumos científicos, por exemplo, permitem que a história de suas carreiras acadêmicas mostre a qualidade da contribuição de seu trabalho e ensino, os quais constituem, por fim, um registro histórico evolutivo a respeito do progresso da educação brasileira (ZIMMERMANN; CEZAR, 2003; MELO; MORAIS; CEZAR, 2005; ASSIS; FERNANDES, 2010).

10º diferencial da estratégia de AENE: uso do conhecimento ensinado em sala de aula para solucionar problemas do cotidiano e realizar autogestão da saúde

O registro sistemático feito por meio de resumos científicos, realizado pelos professores que fazem pesquisa-ação em sala de aula, permite documentar a conquista de importantes soluções para problemas complicados ou antigos. A pesquisa-ação de AENE tem por premissa estimular o interesse dos escolares a fim de encontrarem soluções para a obesidade por meio dos conceitos de física (volume e dimensão), matemática (razão e proporção ou equação com duas incógnitas), biologia ou ciências (célula, cadeia alimentar, sistema circulatório e linfático, tecido adiposo, muscular e ósseo), geografia (relação clima e necessidade alimentar, perfil demográfico, características de solo e produção agrícola), etc., pois acreditamos que a principal causa da obesidade seja a falta de conhecimentos.

Os sucessos obtidos têm sido arrebatadores, e um dos exemplos foi belamente registrado pela professora Maria Zimmermann, mostrando redução da obesidade em 22% nas suas alunas (ZIMMERMANN; CEZAR, 2003). Essa professora se surpreendeu ao encontrar tal resultado em março, ao replicar a pesquisa-ação de AENE pela segunda vez em sua escola. Conversando com as alunas, ela identificou que, individualmente e por iniciativa própria, elas simplesmente decidiram colocar em prática o que aprenderam, sem fazer restrições drásticas nem esforços físicos intensos. Ao retornarem das férias escolares (de dezembro a fevereiro), constataram a melhora de sua condição de saúde sem gastar e sem sofrer, apenas sendo pessoas mais inteligentes e atentas a suas escolhas e consigo mesmas.

Relato de professores em regência que realizam a pesquisa-ação de AENE desde 2003 até hoje

Caso um

No município de Itapevi, as aulas de educação física nos anos iniciais do ensino fundamental – 1º ao 5º ano – eram desenvolvidas por professores polivalentes. Em 2005, foi implantado o Programa Recreação pelo Movimento, em que o mote principal era estimular a aprendizagem por meio de jogos e brincadeiras. Em 2009, a Secretaria de Educação (SEC) publicou o edital para a contratação de 62 professores de educação física a fim de atender às 43 escolas desse segmento, pois havia apenas uma escola para os anos finais do ensino fundamental. Então, a partir de 2010, esses professores recém-contratados passaram por ciclos de palestras e cursos regulares de atualização a cada início de semestre. A pesquisa-ação de AENE foi uma dessas formações. Assim, além de os professores capacitados avaliarem mais de 15 mil alunos anualmente, complementaram sua formação, sendo levados a pensar e praticar uma educação física diferente daquela restrita aos esportes de quadra.

Caso dois

Na Escola Municipal Ernani Silva Bruno, o início da pesquisa-ação de AENE se deu em 2005. A primeira ação foi escrever um projeto pedagógico para convencer o conselho da escola sobre a necessidade de comprar uma balança mecânica (MELO; MORAIS; CEZAR, 2005). Depois, foi iniciado, com os alunos dos anos finais do ensino fundamental (do 6º ao 9º ano), o projeto por meio do desenvolvimento de conteúdos, como as consequências da obesidade para a saúde e a importância de hábitos saudáveis – alimentação adequada e prática regular de exercícios físicos. Por fim, foi realizada a aferição do peso e da estatura para o cálculo da %AIMC. O objetivo principal foi possibilitar aos alunos a construção de um conhecimento que pudesse influenciar suas escolhas em relação aos hábitos alimentares e de estilo de vida fisicamente ativo. Em um segundo momento, a escola teve a oportunidade de participar da Feira Brasileira de Ciência e Engenharia (Febrace), realizada anualmente na Escola Politécnica da USP (POLI-USP), e seus alunos foram preparados e puderam avaliar o EN dos adultos que a visitavam. Para tanto, passaram por um processo de formação e preparação específico. Passados 12 anos desde que teve início o projeto, pode-se citar, entre os ganhos que superaram as expectativas iniciais: ex-alunos da escola que voltam e relatam como conseguiram emagrecer depois das informações apreendidas e outros que compartilham ter escolhido graduar-se em Nutrição devido a quanto a pesquisa-ação influenciou suas escolhas, sobretudo pela oportunidade de participação na Febrace.

Caso três

Realizar a AENE proporcionou-me muita aprendizagem, uma delas foi vivenciar os bastidores da pesquisa científica, mais rigorosa. Eu não tinha ideia de que poderia fazer parte dela como pesquisadora voluntária, tornar-me proficiente nos conceitos, na metodologia, dominar as condições e aplicá-la em sala de aula, fazer a devolutiva dos resultados e, sobretudo, experimentar uma interação desafiadora de apresentar conteúdos direcionados aos educandos. Os desafios foram muitos: conseguir escrever o projeto, implementá-lo e assegurar que iria fazer parte do planejamento anual da escola. Um destaque especial pode ser dado à prevenção da obesidade e à qualidade de vida em um universo repleto de dificuldades, as quais variam desde aquisição de material básico para iniciar a pesquisa até falta de interesse de profissionais da escola, banalização do tema, receio de constranger as crianças e de iniciar uma onda de *bullying* devido ao preconceito dos desinformados, além da necessidade de administrar o tempo de aula e a coleta de dados em uma rotina de 45 minutos com três aulas por semana e oito salas de aula, com uma média de 30 alunos. Um trabalho exaustivo que requer orientação estimulante, pois a pesquisa-ação de AENE exige muita atenção, dedicação, sensibilidade e estudo; porém com uma recompensa enriquecedora para todos os envolvidos.

CONSIDERAÇÕES FINAIS

Contribuições do exame antropométrico escolar para associar o conteúdo do currículo educacional com educação alimentar na escola, avaliação do EN e autogestão da saúde

O professor que realiza o exame antropométrico escolar, autorizado desde 1939, uma vez que receba formação continuada para implementar a pesquisa-ação de AENE em sua prática pedagógica, consegue associar o conteúdo do currículo com o conhecimento básico sobre educação alimentar e autogestão da saúde. Dessa forma, pode prevenir e tratar alterações do EN dos estudantes, tanto motivando-os para os estudos como incentivando os docentes para a pesquisa científica, contribuindo, assim, com proficiência para fomentar, anualmente, um sistema nacional de vigilância nutricional de escolares capaz de mapear a incidência e a prevalência da desnutrição e da obesidade na população brasileira em idade escolar.

REFERÊNCIAS

ASSIS, M. A.; FERNANDES, A. A. S Pesquisa-ação AENE na primeira infância realizada por professores de educação infantil no CEU CEI Pq. Anhanguera. In: CONGRESSO AENE – AVALIAÇÃO DO ESTADO NUTRICIONAL DE ESCOLARES, SÃO PAULO – SP, 1., 2010, São Paulo. Anais.... São Paulo: [s.n.], 2010.

ASSIS, M. A.; ROVELO, P.; SANTOS, V. Pesquisa-ação AENE no centro de educação infantil CEI: adaptação da análise AENE com menores de 3 anos. In: SIMPÓSIO AENE – AVALIAÇÃO DO ESTADO NUTRICIONAL DE ESCOLARES, SÃO PAULO – SP, 2., 2009, São Paulo. Anais.... São Paulo: [s.n.], 2009.

BJÖRNTORP, P.; BRODOFF, B. N. *Obesity*. Philadelphia: Lippincot, 1992.

BOURDERIOUX, C. et al. Health status of adolescents in the 7th grade at schools in Indre et Loire. Archives Françaises de Pédiatrie, v. 47, n. 5, p. 379-386, 1990.

BRACHT, V. A constituição das teorias pedagógicas da educação física. *Cadernos Cedes*, v. 19, n. 48, p. 69-88, 1999.

BRACHT, V. et al. *Pesquisa em ação*: educação física na escola. Ijuí: Unijuí, 2003.

BRASIL. *Lei nº 9.394, de 20 de dezembro de 1996*. Estabelece as diretrizes e bases da educação nacional. Disponível em: <http://www.planalto.gov.br/CCIVIL_03/Leis/L9394.htm>. Acesso em: 19 ago. 2018.

BRASIL. Ministério da Educação. Conselho Nacional de Educação. *Relatório para Diretrizes Curriculares Nacionais para o ensino fundamental de 9 (nove) anos*. Diário Oficial da União, seção 1, p. 28, 2010.

BRASIL. Ministério da Educação. Secretaria de Educação Fundamental. *Parâmetros curriculares nacionais*: educação física. Brasília: MEC, 1997.

BREILH, J. *Epidemiologia*: economia, política e saúde. São Paulo: Unesp, 1991.

BRIGGS, M.; SAFAII, S.; BEALL, D. L. Position of the American Dietetic Association, Society for Nutrition Education, and American School Food Service Association – Nutrition services: an essential component of comprehensive school health programs. *Journal of the American Dietetic Association*, v. 103, n. 4, p. 505-514, 2003.

CEZAR, C. Alguns aspectos básicos para uma proposta de taxinomia no estudo da composição corporal, com pressupostos em cineantropometria. *Revista Brasileira Medicina Esporte*, v. 6, n.5, p. 188-193, 2000.

CEZAR, C. *Avaliação do estado de nutrição de escolares da capital de São Paulo*: uma experiência multidisciplinar envolvendo professores de educação física. 2005. Tese (Doutorado em Nutrição Humana Aplicada) – Faculdade de Ciências Farmacêuticas, Universidade de São Paulo, São Paulo, 2005.

CEZAR, C. *Comer tratar curtir*: a história da criança que, para emagrecer, queria parar de comer. São Paulo: Ipepcoh, 2016.

CEZAR, C. Estado nutricional: classificação. In: MENDES, R. (Org.). *Dicionário de saúde e segurança do trabalhador*: conceitos – definições – história – cultura. Novo Hamburgo: Proteção Publicações, 2018.

CEZAR, C. Limitações metodológicas e dificuldades práticas para avaliação da composição corporal em obesidade moderada e grave. *Revista Brasileira de Nutrição Clínica*, v.17, n. 4, p. 143-144, 2002.

CEZAR, C. Prevenção da obesidade infantil requer educar para diminuir a banalização. *Pediatria Moderna*, v. 50, n. 10, p. 472-477, 2014.

CEZAR, C.; COZZOLINO, S. M. F. Avaliação nutricional de escolares da capital de São Paulo: uma experiência multidisciplinar envolvendo professores de educação física. In: CON-

GRESSO PAULISTA EDUCAÇÃO FÍSICA, 7., 2003, Jundiaí. *Anais...* Jundiaí: [s.n.], 2003. p. 143.

CEZAR, C.; COZZOLINO, S. M. F. Goal specificity improve nutritional therapy and behavioural change adherence in weight loss. In: SIMPOSIO SATÉLITE DEL CONGRESO INTERNACIONAL DE OBESIDAD, 9., 2002, Buenos Aires. *Résumenes...* Buenos Aires: [s.n.], 2002.

CEZAR, C.; COZZOLINO, S. M. F. O excesso de tecido adiposo em obesos dificulta a utilização de espessimetria de dobras cutâneas para avaliar a composição corporal nesta população. In: CONGRESSO NACIONAL DA SOCIEDADE BRASILEIRA DE ALIMENTAÇÃO E NUTRIÇÃO (SBAN), 6., 2001, Florianópolis. *Annais.* Florianópolis: Sociedade Brasileira Alimentação e Nutrição, 2001.

CEZAR, C.; GIROLDO, F. R. S.; COZZOLINO, S. M. F. Formación de los profesores de educación física para evaluar el estado nutricional de los niños en edad escolar de São Paulo: una experiencia multidisciplinar. In: CONGRESO LATINOAMERICANO NUTRICIÓN, 8, 2003, Acapulco. *Annais.*

CEZAR, C.; TEIXEIRA, L. Knowledge of results (KR) used how specific goal in a educative program for obese adolescent. *International Journal of Obesity*, v. 23, n. 3, p. S79, 1999.

GONÇALVES, E. D. Pesquisa-ação AENE como instrumento para reflexão na educação infantil. In: SIMPÓSIO AENE – AVALIAÇÃO DO ESTADO NUTRICIONAL DE ESCOLARES, SÃO PAULO – SP, 2., 2009, São Paulo. *Anais....* São Paulo: [s.n.], 2009.

GUSDORF, G. *Professores para quê?* Lisboa: Moraes Editores, 1970.

INSTITUTO BRASILEIRO DE GEOGRAFIA E ESTATÍSTICA (IBGE). Pesquisa Nacional de Saúde do Escolar – PeNSE. 2018. Disponível em: https://www.ibge.gov.br/estatisticas-novoportal/sociais/saude.html Acesso em: 02 out. 2018.

LARSON, L. A. *Fitness, health and work capacity*: international standards for assessment. London: Macmillan, 1974.

LEE, R. D.; NIEMAN, D. C. *Nutritional assessment*. Marshall: Mosby, 1995.

LETTIERI, E. et al. Eficiência de um programa esporádico de avaliação da condição física como instrumento para sensibilizar a população sedentária à mudança do estilo de vida, do ponto de vista motor. In: SIMPÓSIO INTERNACIONAL DE CIÊNCIAS DO ESPORTE, 25., 2001, São Paulo. *Anais...* São Paulo: [s.n.], 2001.

LOVISOLO, H. *Educação física*: a arte da mediação. Rio de Janeiro: Sprint, 1995.

MAZETTI, A. G. C.; CATO, C. M. O bem-estar da escola: obesidade x desnutrição. In: SIMPÓSIO AENE – AVALIAÇÃO DO ESTADO NUTRICIONAL DE ESCOLARES, SÃO PAULO – SP, 2., 2009, São Paulo. *Anais...* São Paulo: [s.n.], 2009.

MELO, L. M.; MORAIS, S.; CEZAR, C. Educação física & qualidade de vida: projeto AENE. In: SEMINÁRIO DE EDUCAÇÃO FÍSICA ESCOLAR: EDUCAÇÃO FÍSICA ESCOLAR: QUESTÕES EPISTEMOLÓGICAS, PESQUISA E EDUCAÇÃO CONTINUADA, 8., 2005, São Paulo. *Anais...* São Paulo: [s.n.], 2005.

MONTEIRO, C. A. Coleta e análise da altura dos alunos ingressantes nas escolas de primeiro grau do país: uma proposta para um sistema nacional de acompanhamento do estado de saúde e nutrição da população. *Jornal de Pediatria*, v. 65, n. 3, p. 89-92, 1989.

MORAIS, R. *O que é ensinar.* São Paulo: EPU, 1986.

MORIN, E.; CIURANA, E.; MOTTA, R. M. Educar na era planetária: o pensamento complexo com *método* de aprendizagem pelo erro e incerteza humana. São Paulo: Cortez, 2003.

OLIVEIRA, M. P. M. Continuidade da pesquisa-ação AENE no município de São Paulo realizada por professores de educação física em regência. In: CONGRESSO MULTIDISCIPLINAR EM DIABETES, 19., 2014, São Paulo. *Annais* - TL n. 109 pg. 76).

RIBEIRO, P. C. (2009) "Perfil antropométrico de alunos de uma escola municipal em Campinas/SP". In: II SIMPÓSIO AENE – AVALIAÇÃO DO ESTADO NUTRICIONAL DE ESCOLARES, SÃO PAULO – SP, (Annais) Revista AENE 4(11):12.

SÃO PAULO. *Diário Oficial do Município de São Paulo*, São Paulo, 16 abr. 2003, comunicado nº 482, p. 32.

SANTOS, E.G.; Magalhães, C.; Baccani, E. e Cezar, C. (2002) "Análise da composição corporal após classificação de adequação do IMC: utilidade de um método simplista". SIMPÓSIO INTERNACIONAL CIÊNCIAS DO ESPORTE, 25., 2002, São Paulo. *Anais...* São Paulo: [s.n.], 2002.

SAWAYA, A. L. *Desnutrição urbana no Brasil em um período de transição.* São Paulo: Cortez, 1997.

SOUZA, O. F. E.; PIRES-NETO, C. S. Monitoramento dos índices antropométricos relacionados aos riscos de saúde em crianças de 9 aos 10 anos de idade. *Revista Brasileira de Atividade Física & Saúde*, v. 3, n. 4, p. 5-13, 1998.

STARFIELD, B. *Atenção primária equilíbrio entre necessidades de saúde, serviços e tecnologia*. Brasília: Unesco/Ministério da Saúde, 2002.

STORY, M. et al. The epidemic of obesity in American Indian communities ant their need for childhood obesity-prevention programs. *The American Journal of Clinical Nutrition*, v. 69, 4 Suppl, p. 747S-754S, 1999.

VOLICER, B. J. et al. Health and weight perceptions of obese students. *Nurse Practitioner*, v. 28, n. 11, p. 13-14, 2003.

WAISELFISZ, J. J. *Relatório de desenvolvimento juvenil 2006.* Brasília: Organização dos Estados Ibero-Americanos para a Educação, a Ciência e a Cultura, 2006.

WERTHEIN, J. Prefácio In: MORIN, E.; CIURANA, E.; MOTTA, R. M. *Educar na era planetária*: o pensamento complexo com método de aprendizagem pelo erro e incerteza humana. São Paulo: Cortez, 2003.

YAMANAKA, R. M.; GRASSATO, S.; ANSELMO, R. S. Avaliação e sensibilização do estado nutricional dos alunos da EMEF Emilio Ribas. In: SIMPÓSIO AENE – AVALIAÇÃO DO ESTADO NUTRICIONAL DE ESCOLARES, SÃO PAULO – SP, 2., 2009, São Paulo. *Anais...* São Paulo: [s.n.], 2009.

ZIMMERMANN, M. A.; CEZAR, C. Estado nutricional de escolares: inclusão e resultados da avaliação desenvolvida no componente curricular educação física. In: CONGRESSO PAULISTA DE EDUCAÇÃO FÍSICA, 7., 2003, Jundiaí. *Anais...* Jundiaí: [s.n.], 2003.

LEITURAS RECOMENDADAS

BRASIL. *Projeto de Lei da Câmara n° 102, de 2017*. Inclui o tema Educação Alimentar e Nutricional nos conteúdos das disciplinas de Ciências e Biologia dos currículos do ensino fundamental e do ensino médio, respectivamente. *Diário do Senado Federal*, Brasília, DF, v. 47, p. 248, 17 abr. 2018.

CEZAR, C. *Comer tratar curtir*: a história da criança que, para emagrecer, queria parar de comer. São Paulo: Ipepcoh, 2016.

CEZAR, C. Estado nutricional: classificação. In: MENDES, R. (Org.). *Dicionário de saúde e segurança do trabalhador*: conceitos – definições – história – cultura. Novo Hamburgo: Proteção Publicações, 2018.

CURRÍCULO DE ARQUITETURA ABERTA:
estruturando as liberdades de aprender e ensinar

Lilian L'Abbate Kelian | Rodrigo Travitzki

6

EM BUSCA DE OUTRAS FORMAS ESCOLARES

A crítica daquilo que se convencionou chamar de "escola tradicional" e a busca por alternativas a ela nasceram praticamente juntas. Desde a universalização dos sistemas de ensino europeus em meados século XIX, um volume cada vez maior de professores e filósofos da educação procura outras formas teóricas e práticas de organizar a escola e os respectivos sistemas. Porém, essas já incontáveis experiências não convergiram na maior parte dos países, e certamente não convergiram no Brasil, para uma mudança consistente e estrutural do sistema educacional.

A hipótese que desenvolvemos neste capítulo é que a concepção vigente de currículo e suas respectivas práticas são um importante obstáculo à experimentação, à consolidação e à disseminação de inovações educacionais – fundamentais para a qualidade e a equidade da educação no mundo contemporâneo. Assim, propomos alguns elementos para uma concepção de currículo e de políticas curriculares que possam contribuir para a valorização e a estruturação de práticas escolares inovadoras, sem que essas precisem se posicionar à margem do sistema, como exceções ou laboratórios a serem eventualmente ampliados no sistema de ensino. Pelo contrário, o objetivo é que a diversidade seja vista como componente fundamental da contínua construção coletiva de conhecimentos na educação.

Reunimos tais elementos sob a ideia do "currículo de arquitetura aberta". A expressão é inspirada pela noção de aprendizagem aberta, desenvolvida por Wrigley (2005), e pelos princípios e práticas do movimento do *software* livre. No entanto, antes de seguir na apresentação desses elementos, é fundamental explicitar quais práticas estamos considerando inovadoras e que o currículo de arquitetura aberta poderia abrigar e potencializar.

ALGUNS FUNDAMENTOS

Inovar em qual sentido?

O primeiro e talvez mais central elemento da crítica aos sistemas nacionais de ensino é exatamente aquilo que eles pretenderam superar, seja por ideais de liberdade e igualdade, seja pela posição da nação na economia global: a questão da desigualdade sociocultural e seus impactos na desigual distribuição da instrução entre os cidadãos. Tolstoi (1988), Ivan Illich (1973), Freire (1987), Bourdieu e Passeron (1992) estão entre os inúmeros autores que investigaram essa impossibilidade de o sistema distribuir emancipação tendo como ponto de partida a suposição de que determinados conhecimentos – e formas específicas de lidar com eles – poderiam ser universalmente válidos independentemente de grupo social, classe ou cultura. Assim, estamos considerando inovadoras as práticas curriculares que reconhecem e dão relevância escolar aos saberes e aos valores culturais dos estudantes, assim como dos professores e da comunidade escolar.

Outro desafio a ser superado está relacionado à distribuição dos estudantes por grupos etários e ao agrupamento dos objetivos pedagógicos por séries escolares, e aos respectivos mecanismos de reprovação e aprovação. Essa organização, inspirada em uma "linha de montagem" escolar, é um entrave para a progressão dos estudantes, para o reconhecimento de suas potencialidades e para sua socialização. Por projetar uma homogeneidade cultural e criar uma ilusão de que há um padrão de excelência a ser alcançado em cada etapa da vida escolar, a organização por grupos etários favorece práticas de discriminação e violência escolares e é um impedimento para a inclusão de pessoas com necessidades especiais. Seriam inovadoras, portanto, as práticas educacionais capazes de promover trocas entre estudantes de diferentes idades, de reconhecer as capacidades de cada um, de proporcionar ritmos de aprendizagem adequados a todos e de utilizar a heterogeneidade cognitiva como potência.

A crítica à escola tradicional tem afirmado que ela não deve ser o espaço de transmissão do conhecimento e, sim, da sua construção junto aos estudantes. As estruturas escolares (e o currículo, mais especificamente), porém, determinam o que, como, com quem, em que tempo e com que objetivos os estudantes devem aprender e, assim, impedem que a cultura escolar se organize em torno de comunidades de aprendizagem. Ambas as visões pressupõem liberdade de eleger temas e parceiros, contato com pesquisadores e profissionais experientes (orientadores), tempos alargados ou heterogêneos, possibilidade de erro e correção, singularização de expectativas de aprendizagem, momentos de individuação, momentos de socialização e de apreciação crítica. Assim sendo, outro aspecto que estamos considerando inovador é a proposta de um ambiente favorável ao desenvolvimento de pesquisas e projetos individuais e grupais de estudantes e de professores.

Esses três principais aspectos das inovações educacionais estão presentes em muitas experiências escolares alternativas. Com a liberalidade daqueles que estão convictos de que não existe um conhecimento universal a partir do qual se possa normatizar a produção dos estudantes, muitos professores e comunidades escolares radicais simplesmente (e por bons motivos) aboliram a noção de currículo normativo de suas práticas, desenvolvendo processos radicalmente emergentes. Outros procuraram estruturar os conhecimentos curriculares como temas de pesquisa, buscando desenvolver junto aos estudantes grandes hipóteses ou perguntas orientadoras e estruturando um caminho mais ou menos singular para, com eles, chegar a respostas. Outros ainda encontraram, nos entornos das escolas ou nas saídas de campo, temas mobilizadores e multidisciplinares para organizar pesquisas coletivas e oxigenar as atividades das disciplinas nas salas de aula. E há ainda professores e comunidades escolares que justapuseram, ao lado das atividades e dos conteúdos considerados obrigatórios, cardápios de eletivas, monografias/pesquisas em que os estudantes elegem seus temas, atividades culturais e/ou artísticas, etc. Essas interessantes soluções, muitas das quais realizadas como francas desobediências às entidades supervisoras estaduais e municipais, indicam caminhos possíveis para uma outra conceituação de currículo.

Em todos os casos, necessariamente estamos propondo uma modificação naquilo que tem sido o fundamento da escola desde o Iluminismo. A máxima de Comenius – ensinar tudo a todos – já não é possível na era da informação. As narrativas totalizantes de um sujeito universal já não parecem tão democráticas e eficazes. Nesse contexto, as estruturas escolares não expressariam mais o desejo (ou mais propriamente o dever) de uns de emancipar os outros (de forma universal e obrigatória), mas, sim, um encontro de diferentes buscando juntos (segundo seus entendimentos singulares) o significado de emancipação, produzindo entendimentos convergentes, acumulando conhecimentos mais diversos e construindo objetos/projetos em comum. Diferentes abrigados por uma mesma arquitetura que favorece múltiplos encontros, a escola como espaço para a própria produção de um mundo comum e não apenas como um espaço onde se acessa (ou se ascende a) esse mundo, em uma espécie de monólogo intergeracional.

Antes de mais nada, caberia perguntar: mas é permitido fazer escola de outros jeitos? A lei brasileira não obriga, por exemplo, que as escolas tenham disciplinas específicas? Veremos, a seguir, que não é bem assim.

Bases legais da diversidade curricular

A legislação brasileira sobre o currículo é, em certos momentos, contraditória, preservando noções claramente normativas e prescritivas ao lado de uma visão curricular como prática cultural mais abrangente (p. ex., reconhecendo as culturas afro-brasileiras e indígenas e as questões de gênero). O que pouca gente sabe é que a legislação é claramente convidativa às novas formas de organizar os componentes curriculares, à participação de estudantes na eleição de conteúdos, à compreensão de que ao menos uma parte do currículo (a parte diversificada) deve emergir das comunidades locais. De acordo com as Diretrizes Curriculares Nacionais para a Educação Básica:

Exige-se, pois, problematizar o desenho organizacional da instituição escolar, que não tem conseguido responder às singularidades dos sujeitos que a compõem. Torna-se inadiável trazer para o debate os princípios e as práticas de um processo de inclusão social, que garanta o acesso e considere a diversidade humana, social, cultural, econômica dos grupos historicamente excluídos. Trata-se das questões de classe, gênero, raça, etnia, geração, constituídas por categorias que se entrelaçam na vida social – pobres, mulheres, afrodescendentes, indígenas, pessoas com deficiência, as populações do campo, os de diferentes orientações sexuais, os sujeitos albergados, aqueles em situação de rua, em privação de liberdade – todos que compõem a diversidade que é a sociedade brasileira e que começam a ser contemplados pelas políticas públicas. [...] Diante dessa concepção de educação, a escola é uma organização temporal, que deve ser menos rígida, segmentada e uniforme, a fim de que os estudantes, indistintamente, possam adequar seus tempos de aprendizagens de modo menos homogêneo e idealizado. A escola, face às exigências da educação básica, precisa ser reinventada: priorizar processos capazes de gerar sujeitos inventivos, participativos, cooperativos, preparados para diversificadas inserções sociais, políticas, culturais, laborais e, ao mesmo tempo, capazes de intervir e problematizar as formas de produção e de vida. A escola tem, diante de si, o desafio de sua própria recriação, pois tudo que a ela se refere constitui-se como invenção: os rituais escolares são invenções de um determinado contexto sociocultural em movimento (BRASIL, 2013, p. 16).

Entretanto, essas boas concepções que vêm sendo objeto dos documentos curriculares nacionais não encontram uma contrapartida significativa no desenvolvimento e no acúmulo de práticas escolares que lhes correspondam. O desafio da implementação é conhecido das políticas públicas curriculares, nas mesmas Diretrizes Curriculares Nacionais para a Educação Básica:

Há necessidade de aproximação da lógica dos discursos normativos com a lógica social, ou seja, a dos papéis e das funções sociais em seu dinamismo. Um dos desafios, entretanto, está no que Miguel G. Arroyo (1999) aponta, por exemplo, em seu artigo, "Ciclos de desenvolvimento humano e formação de educadores", em que assinala que as diretrizes para a educação nacional, quando normatizadas, não chegam ao cerne do problema, porque não levam em conta a lógica social. Com base no entendimento do autor, as diretrizes não preveem a preparação antecipada daqueles que deverão implantá-las e implementá-las (BRASIL, 2013, p. 14).

Cabe interrogar, portanto, se não há certa dificuldade em afirmar uma concepção de autonomia escolar (e, com efeito, autonomia curricular) por meio de instrumentos legais como as diretrizes. Reconhecer a autonomia escolar significa estar apto a reconhecer as mais diferentes maneiras de organizar as escolas. Mas como essa multiplicidade de possibilidades pode ser enunciada dentro do marco legal? Qual é o ordenamento jurídico que pode instituir essa liberdade permanente para que as escolas se inventem?

Não é uma questão simples de resolver, mas, se tomarmos a política de fomento à inovação e à criatividade desenvolvida pelo Ministério da Educação (MEC) em 2015 como exemplo, poderemos ter alguns indícios de uma mudança paradigmática. A política centra-se em lançar critérios relativamente abrangentes para premiar iniciativas educativas inovadoras já existentes e, a partir daí, estabelecer trocas entre essas experiências e delas com as universidades. A ideia seria elaborar, aos poucos, parâmetros para reorientar as políticas públicas de educação básica (BRASIL, 2015).* Assim, não é uma política que simplesmente afirma uma autonomia abstrata, mas que reconhece a autonomia dos projetos educacionais e se propõe a dialogar com eles e a facilitar a construção de uma rede entre eles, gerando novos conhecimentos, aprimoramento mútuo, reconhecimento e visibilidade. Embora tenha sido uma política pontual do MEC com continuidade incerta, esse tipo de visão que organiza uma arquitetura de possibilidades parece configurar melhor as condições de implementação da autonomia escolar e da flexibilidade curricular.

Ainda assim, podemos afirmar que a legislação curricular brasileira vem estruturando algumas possibilidades para que as comunidades escolares possam inovar. Desde a Lei de Diretrizes e Bases da Educação (LDB; Lei nº 9.394/96), é possível às escolas: 1) criar diferentes formas de enturmação dos estudantes; 2) organizar o conhecimento por projetos interdisciplinares, unidades de estudo, módulos, etc.; e 3) criar os próprios sistemas de avaliação (BRASIL, 1996).

Porém, entre os professores, há uma sobrevivência impressionante de concepções normativas de currículo. É a própria identidade profissional dos professores que se vê ameaçada quando se afirma a importância dos interesses e dos saberes dos estudantes ou ainda quando se assume que estes devem tomar parte das decisões do currículo escolar.**

De fato, quando se aspira a que os estudantes se tornem sujeitos das suas aprendizagens, os professores são deslocados de suas responsabilidades tradicionais. Entretanto, a atividade do professor passa a ser ainda mais estruturante e criadora. Ele passa a ser aquele que faz a gestão dos saberes e dos interesses dos estudantes, que precisa desenvolver estratégias para que interesses singulares aflorem e sejam elaborados e, ao mesmo tempo, criar estruturas de convergência para que as singula-

---

*A proposta mais detalhada do Programa de Estímulo à Criatividade na Educação Básica está disponibilizada no endereço: <http://criatividade.mec.gov.br/a-iniciativa> (BRASIL, 2015).

**"Ninguém mais do que os participantes da atividade escolar em seus diferentes segmentos conhece a sua realidade e, portanto, está mais habilitado para tomar decisões a respeito do currículo que vai levar à prática [...]" (BRASIL, 2013, p. 183).

ridades se organizem como trabalho coletivo. O professor precisa converter interesses, às vezes superficiais, às vezes ainda mal elaborados, em hipóteses de pesquisa/problemas a resolver/projetos a realizar, colocando seu saber disciplinar a serviço das aprendizagens dos estudantes. Em suma, ele deixa de ser aquele que detém o saber disciplinar e passa a ser aquele que mobiliza o saber disciplinar em uma pesquisa permanente cujo objeto é a aprendizagem dos estudantes.

Currículo e desejo

O currículo tem sempre um caráter polissêmico. Estamos lidando com esse caráter de forma a considerá-lo profundamente positivo. Inicialmente, estamos considerando como currículo os fundamentos da comunidade escolar: os objetivos (ou expectativas) de aprendizagens, as formas de avaliação, os conhecimentos e as práticas culturais disponíveis para as trocas, as possibilidades de agrupamento de estudantes e professores, as relações entre eles, as disposições e os recursos espaciais, os recursos didáticos e as instâncias decisórias. E quando pensamos em arquitetura aberta, pensamos em uma organização desses elementos que possibilite, ao mesmo tempo, produzir o encontro das singularidades presentes na comunidade escolar e reconhecer e alimentar as singularidades em si, criando condições para a emergência de padrões gerais.

Há experiências bem-sucedidas que se organizaram em torno do conceito de currículo emergente, como é o caso das escolas Reggio Emilia, na Itália, ou da Escola Democrática de Hadera, em Israel, e de tantas outras escolas democráticas.* Embora possa não parecer, essa emergência dos interesses dos estudantes tem uma estrutura curricular. É difícil a enxergamos porque está tão incorporada às práticas dos professores que parece invisível. Essas experiências inovadoras nos convidam a estabelecer paralelos com as teorias de currículo: pode o currículo ser um dispositivo do desejo de estudantes e professores?

Os profissionais que trabalham com noções de currículo emergente nem sempre têm clareza sobre sua matéria-prima: o interesse dos estudantes. Tal interesse pode parecer algo espontâneo, imediato e individual, mas, se analisamos essas práticas pedagógicas, observamos um imenso investimento dos professores na identificação (e separação do que teria sentido acadêmico ou não) e na elaboração desses interesses (transformando-os em perguntas ou hipóteses de trabalho). Principalmente, mas não apenas, quando eles estão buscando conexões entre interesses particulares para convergir em um projeto grupal. Assim, parece-nos mais relevante conceituar melhor o que seria "interesse", a partir da noção espinosana de desejo, seguindo os estudos de Merçon (2013).

O desejo, ao contrário do que possa parecer, não é soberano de si mesmo, não é transparente para si mesmo, não é exclusivamente individual (nem social), não se exprime facilmente. É uma experiência comum dos professores perguntar aos estudantes sobre seu desejo, para rapidamente descobrir que eles não sabem expressar o que querem e também não sabem o que querem ou, ainda, que dizem querer certas coisas e em seguida não as querem mais. Há professores que rapidamente colocam um objeto no lugar dessa confusão (colonizam o desejo), e há os que desistem de escutar os estudantes porque, afinal, se eles não sabem o que querem, não será difícil que queiram o que não sabem.

No entanto, o desejo não é algo que se revele em um momento preciso, é um movimento, uma força em constituição permanente, mas também é uma força que se constitui no diálogo com outros desejos, como disse Deleuze (1995, documento *on-line*):

---

*Ver Edwards (1999) e Hecht (2016), respectivamente. Para um panorama das escolas democráticas, ver Singer (2010).

[...] vocês falam abstratamente de desejo pois extraem um objeto que é, supostamente, objeto de seu desejo [...] Vocês não desejam alguém ou algo, desejam sempre um conjunto. Qual é a natureza das relações entre os elementos [de um conjunto] para que eles se tornem desejáveis? [...] Eu desejo em um conjunto. Não há desejo que não corra para um agenciamento. Desejar é construir um agenciamento, construir um conjunto. O desejo é um construtivismo.

Ao pensarmos o currículo como dispositivo do desejo, realizamos uma primeira integração que nos parece muito fundamental e resgata a dimensão afetiva dos processos cognitivos. Segundo Merçon (2013, p. 25):

A razão não participa sempre da educação. O ato de educar ou educar-se sempre envolve algum tipo de conhecimento, mas este conhecimento nem sempre é racional. O que se aprende e se ensina, em uma sala de aula, através de um livro, através de uma conversa com amigos ou da reflexão sobre a própria experiência, pode ser tanto um conhecimento imaginativo, parcial e imediato, como um conjunto de ideias adequadas ou racionais, que nos permite compreender mais efetivamente a realidade e sobre ela atuar com potência aumentada. Não é, portanto, o conhecimento racional aquilo que define o ato educativo. A essência da educação, proponho neste artigo, não radica na razão senão no desejo.

As noções espinosanas do desejo passivo e ativo nos ajudam a pensar sobre esse movimento do desejo. O desejo passivo é aquele que nos possui, aquele que nos distrai de nós mesmos. Um desejo passivo pode se tornar ativo quando conhecemos as suas causas, quando entendemos as nossas conexões com os objetos do nosso desejo:

A atividade [do desejo] consiste no entendimento de como somos determinados pelas coisas, ou seja, em saber a série de causas do nosso apetite e afetos. Considerando que a razão não é nunca apenas um processo cognitivo, mas sempre também afetivo, em sua atividade, ela transforma nosso desejo. Quando um conhecimento adequado de nossa conexão com os objetos é formulado, permitindo que ajamos sem supor que o que sentimos é causado pela presença ou ausência de objetos particulares, saímos da posição de distração ou possessão supostamente exercida pelas coisas e passamos a ocupar um lugar de atividade, em que somos determinados a fazer aquilo que entendemos adequadamente (MERÇON, 2013, p. 39).

Assim, nosso desejo pelo conhecimento é ampliado cada vez que conhecemos nosso próprio desejo. Por isso, um estudante que é continuamente convidado não apenas a indicar seus objetos de desejo, mas a refletir sobre suas conexões com esses objetos, terá condições de tornar-se sujeito na construção do conhecimento e na vida como um todo. O mesmo vale para os professores. Há muitas pedagogias e até mesmo políticas educacionais que intentam valorizar os desejos dos estudantes sem se dar conta de que é preciso trabalhar para que emerjam e se elaborem os desejos dos professores também. Para essa comunidade de sujeitos desejantes, autores de suas aprendizagens, é importante uma arquitetura que possibilite encontros, como diria Deleuze (1995), agenciamentos. E como o desejo é pluriforme, é importante que esses sujeitos se escutem multidimensionalmente. Aqui estamos muito além de estratégias que simplesmente perguntem no início do ano ao estudante: "O que você quer estudar?", e depois siga-se um curso de robótica porque o estudante diz gostar de tecnologia. Estamos pensando em formas mais complexas e duradouras, um estado de escuta permanente que mobilize muitas formas da expressão dos sujeitos (sua história de vida, sua cultura familiar, sua visão política, sua organização corporal, sua linguagem por meio do desenho, das narrativas orais/escritas/tecnológicas, etc.).

Essa noção é chave para nos situarmos nos debates sobre a flexibilização do currículo como solução para o desinteresse dos jovens pelas atividades escolares. Se nos damos conta de que o desejo é uma construção permanente e que acontece dentro de agenciamentos com outros, o que significa a flexibilização curricular?

É comum que as soluções para a singularização de percursos formativos se estruturem como atividades eletivas, aquelas que os estudantes chamam ironicamente de "optatórias" (em um neologismo que mistura optativa e obrigatória). Então, mesmo que se distribua a eles um cardápio variado de itinerários, não se garante que seus desejos estejam realmente integrados ao currículo. Para isso, é necessário que os professores organizem o trabalho pedagógico de outra maneira. É preciso pensar a diversidade curricular para além da solução-padrão, com disciplinas básicas e eletivas.

Inovação via comunidades de usuários

Costumamos supor que as melhores condições para a inovação se encontram nas empresas, especialmente as grandes, pois contam com maior caixa para investir em pesquisa, além do sistema administrativo e da rede de distribuição já existentes. Tal suposição não é inverossímil, porém sua sobrevalorização pode nos cegar para novas possibilidades que nascem, sobretudo após o advento da internet. Há diversos exemplos de inovações criadas pelos próprios usuários, que, inclusive, podem competir no mercado com os produtos de grandes empresas.

Essas considerações são feitas por Von Hippel (2001) em um interessante ensaio que nos convida a refletir sobre a questão da inovação sob uma ótica econômica, tendo como inspiração o movimento de *software* livre. O autor investiga o que chama de *comunidades de usuários inovadoras* (*user innovation communities*), citando inicialmente dois exemplos. Um deles se refere à produção de equipamentos para windsurfe de alto desempenho, enquanto o outro se refere ao *software* livre Apache.

O primeiro caso é especialmente curioso, pois se refere à produção material, diferente do segundo, sobre produção imaterial e, portanto, com menor custo de produção e distribuição. Von Hippel (2001) relata que as bases para o windsurfe de alto desempenho se fundaram em 1978, por usuários (i.e., praticantes do esporte) como Larry Stanley. Ele já praticava saltos no windsurfe há alguns anos, mas os equipamentos disponíveis não eram eficazes para isso, sendo inclusive perigosos para os pés. Foi quando ele resolveu usar uma prancha menor, com tiras para os pés, o que permitiu a execução de saltos e movimentos diversos, dando origem a essa modalidade do esporte. Desde então, as inovações produzidas por diversos esportistas foram não apenas disseminadas, mas também incorporadas aos equipamentos produzidos pelas empresas.

O segundo caso se refere ao programa Apache, muito usado nos servidores de internet atualmente. Foi inicialmente desenvolvido por Rob McCool, que liberou seu código-fonte na internet. Em 1994, um pequeno grupo de usuários do programa decidiu continuar seu desenvolvimento. Foram, aos poucos, resolvendo os "*bugs*" até que, cinco anos depois, o Apache se tornou o servidor de internet mais popular do mundo.

O ensaio destaca algumas similaridades entre os dois casos. Em primeiro lugar, ambos se referem a comunidades com milhares de pessoas participando voluntariamente em torno de interesses comuns. Em segundo, são necessários espaços de trocas e interações: no primeiro caso, são espaços físicos, para os quais os esportistas viajam a fim de praticar e trocar experiências; no segundo, é o próprio espaço virtual (a internet). Outra semelhança, segundo o autor, é que a maioria dos participantes das comunidades não é de fato inovadora, limitando-se a usar as soluções criadas por uma minoria que decide tornar públicas e livres suas inovações.

Para Von Hippel (2001), as comunidades de usuários inovadoras não deveriam existir, segundo a lógica de mercado, mas elas existem. Nesse sentido, é importante investigar as condições que favorecem esse tipo de comunidade, se buscamos estimular a inovação a partir dos usuários (no nosso caso, educadores e estudantes). O autor identifica três condições importantes para a existência de comunidades de usuários inovadores, partindo de uma perspectiva econômica. A seguir, descrevemos essas condições, já adicionando algumas reflexões próprias.

a. Incentivo para os usuários inovarem, ou seja, é preciso que os benefícios da inovação sejam maiores que seus custos, do ponto de vista do usuário. Vejamos a máxima: "se você quiser algo bem-feito, faça você mesmo". Embora seja muitas vezes subestimada ou superestimada, ela faz sentido especialmente no caso de atividades mais especializadas, que requerem não apenas um profundo conhecimento técnico, mas também uma excelência no saber fazer, associada a certo estilo de proceder. Nesse caso, nem sempre há interesse das empresas em criar produtos altamente customizados, pois o custo é alto. É necessário, por exemplo, informação precisa sobre as práticas realizadas localmente para que se possa produzir algo que se ajuste bem às necessidades do usuário. Assim, nos casos em que há baixo custo na criação de algum produto altamente especializado, é possível que a inovação seja mais benéfica aos usuários do que aos fabricantes, criando condições econômicas para a viabilização das comunidades de usuários inovadoras.

b. Incentivo para os usuários disponibilizarem livremente suas inovações, afinal as inovações tendem a ser secretas, para que os custos de criação possam ser compensados pelos benefícios na competição. No entanto, os estudos mostram que, em alguns campos, os usuários revelam livremente suas inovações, soluções customizadas e protótipos. Como isso é possível? Em certas condições, quando o custo de se revelar as inovações é baixo, qualquer pequeno benefício pode estimular os usuários a liberar suas criações. Esses custos seriam relativos à perda do direito autoral e à distribuição, enquanto os benefícios poderiam incluir a possibilidade de usar a inovação do outro usuário. Nesse caso, há um certo pacto comum na comunidade de usuários, uma crença de que todos se beneficiam com o compartilhamento de informação. Afinal, se quero utilizar livremente algo construído por outro, é preciso que eu permita ao outro utilizar aquilo que construí.

c. Difusão de inovações pelos usuários, ou seja, a forma pela qual uma criação local pode ser distribuída para os integrantes da comunidade. A difusão, segundo Von Hippel (2001), pode ocorrer por dois métodos gerais: com a mediação dos fabricantes (em geral encontrada em produtos físicos) e sem a mediação, ou seja, diretamente entre o criador e o usuário (mais comum em produtos informacionais).

Pois bem, o que podemos aprender com a experiência do *software* livre e das comunidades inovadoras de usuários, se desejamos pensar sobre o currículo escolar? Em primeiro lugar, que, em certos campos especializados, é possível a criação de novos produtos – funcionais e competitivos – pelos próprios usuários. Ou seja, a inovação não é exclusividade dos fabricantes – que inclusive podem ser superados em termos de qualidade. Sendo a educação uma atividade especializada, heterogênea, cuja prática se adapta a singularidades dos atores envolvidos, da escola e sua comunidade, é difícil imaginar que os fabricantes de recursos didáticos, ou os formuladores de políticas normativas específicas, se interessem por criar uma grande diversidade de produtos, adaptáveis a diferentes necessidades e contextos. Isso seria muito caro, não vale a pena na relação custo-benefício. Talvez esse seja, inclusive, um importante obstáculo para a inovação educacional no Brasil. Seria mais interessante, nesse sentido, pensar em soluções que estimulem a disseminação das diversas criações locais, que já existem, entre as pessoas que as usam.

O CONCEITO DE ARQUITETURA ABERTA

O que seria uma arquitetura aberta? Utilizamos aqui o termo "arquitetura" no sentido de uma "estrutura habitável": "estrutura", pois há princípios comuns e formas específicas de relação entre os elementos, e "habitável", pois esse tipo de estrutura que nos interessa não faz sentido por si só, ela só existe uma vez que acomoda, dentro si, diversos sujeitos em atividade e interação.

A arquitetura aberta seria, então, em um primeiro sentido, aquela habitável para qualquer sujeito em potencial, enquanto a arquitetura fechada seria habitada apenas por certo tipo de sujeito. No segundo caso, a arquitetura reflete os hábitos e interesses específicos desses sujeitos, podendo se manter essencialmente inalterada depois de estruturada. No primeiro caso, contudo, surge o problema do "sujeito universal", o pressuposto iluminista de uma natureza humana única e consensual. Não nos parece possível preconceber uma estrutura que possa acomodar qualquer um que deseje habitá-la.

Surge, então, outro sentido para a ideia de arquitetura aberta, relativo à possibilidade de mudanças nela mesma. Uma arquitetura é aberta se pode ser transformada pelos seus habitantes, embora mantendo sempre alguma estrutura. Ela precisa ser permeável a elementos externos a si, deve permitir e facilitar adaptações e mudanças, eventualmente da própria estrutura. Nesse sentido, uma arquitetura que se autoproclame habitável a todos, mas que não permita sua adaptação/modificação pelos próprios habitantes, será aqui considerada uma arquitetura fechada.

Em termos filosóficos, uma arquitetura aberta se aproxima mais do mundo vivido – no sentido dado por Habermas (1981) –, acomoda-o melhor do que uma arquitetura fechada. O mundo sistêmico, por sua vez, estruturado predominantemente em torno da razão instrumental, tende a produzir esse tipo de arquiteturas fechadas supostamente habitáveis para todos. Nessa perspectiva, a busca por um currículo nacional que faça sentido na sala de aula se mostra como uma busca de aproximação entre o mundo sistêmico e o mundo vivido na educação, evitando a colonização do segundo pelo primeiro, ou seja, a substituição da razão comunicativa pela razão instrumental nas relações intersubjetivas que permeiam a escola.

A origem do computador pessoal e do *software* livre

A fim de compreender melhor o conceito de arquitetura aberta antes de deslocá-lo para as reflexões sobre currículo, tomemos como exemplo a origem do computador pessoal (PC) e do *software* livre GNU/Linux. Com essa combinação de *hardware* e *software*, qualquer pessoa pode hoje usar ou customizar um computador sem necessidade de pagar *royalties* ou licenças.

Embora os inventores muitas vezes tenham como estímulo sentimentos e crenças pessoais, a inovação no mundo industrial é considerada na relação entre custo e benefício. Para se compensar os custos de criação de um novo *hardware* ou *software*, a indústria estabeleceu mecanismos como o pagamento de *royalties* e licenças. Esse aspecto econômico é fundamental, pois estimula o fechamento de arquiteturas, quando uma indústria cria todos os seus componentes de forma pouco compatível com os outros. O que vale desde *hardware* e *software* até o mercado de livros didáticos.

Uma das exceções a essa regra deu origem à maioria dos computadores que usamos cotidianamente. Os primeiros computadores, fruto da Segunda Guerra, eram grandes e nem sequer possuíam um *software* no sentido que conhecemos: sua própria estrutura física determinava a forma de processar as informações. Com o tempo, os computadores foram se tornando "multitarefa", menores, mas continuavam caros, impossibilitando seu uso cotidiano, sua popularização.

Foi em 1981 que um projeto menor da International Business Machines (IBM) resolveu abrir uma exceção à regra, com o objetivo de produzir um computador de baixo custo (o IBM PC). Para tanto, o pequeno grupo de criadores optou por usar componentes padronizados já disponíveis no mercado e, portanto, sujeitos à livre concorrência e isentos de *royalties*. A ideia era produzir uma estrutura eficaz a partir dos componentes eletrônicos já disponíveis, deixando apenas um componente protegido, que seria produzido somente pela IBM. Era, é claro, um componente essencial para a integração dos outros (i. e., o sistema básico de entrada e saída, a BIOS). O sucesso do IBM PC no mercado de computadores pessoais, até então dominado pela Apple, deu-se principalmente por dois motivos:

1. a eficácia e a estabilidade da estrutura desenvolvida; e
2. a arquitetura aberta.

O curioso é que a iniciativa acabou não rendendo à IBM o esperado, pois outras empresas conseguiram produzir componentes similares ao seu, tornando o IBM PC completamente independente da empresa que o criou. A partir de então, o padrão passou a se chamar "IBM PC compatível", e praticamente todas as indústrias (exceto a Apple) passaram a usá-lo para a produção de PCs. Os computadores que utilizamos hoje são filhos da arquitetura aberta. Seguem, em termos gerais, os padrões do IBM PC (embora muita coisa já não seja compatível com o padrão original, em virtude do intenso desenvolvimento da informática nas últimas décadas).

Pois bem, até agora tratamos apenas do *hardware*, em que a arquitetura se refere a tipificações de elementos (componentes eletrônicos) e padrões de conexão entre eles, de forma a gerar um sistema funcional. A abertura de uma arquitetura se refere a sua transparência, inteligibilidade, penetrabilidade, disponibilidade, baixo custo, flexibilidade e capacidade de incorporação do novo. Tais princípios podem aplicar-se não apenas ao *hardware*, mas também ao *software*, assim como ao currículo. Um passo de cada vez.

A indústria de *software*, como qualquer outra, segue a regra geral de cobrar pelas inovações, normalmente sob a forma de uma licença (em geral temporária) de uso. Além das taxas cobradas, há um segundo aspecto que pode tornar um *software* fechado: a não divulgação do seu código-fonte. Código-fonte é aquele que o programador escreve que faz sentido para um ser humano. Quando o fabricante não deseja ser copiado ou mesmo compreendido, divulga apenas o código "de máquina", legível para computador (basicamente zeros e uns). Assim, o programa pode até funcionar, mas ninguém sabe como. Exceto os *hackers*, provavelmente.

Uma das brechas na arquitetura fechada do mercado de *software* começou a ser aberta com o Manifesto GNU, publicado por Richard Stallman, em 1985. Ele e diversos colaboradores estavam empenhados em construir um sistema operacional similar ao Unix, porém aberto (o termo GNU significa: "Gnu não é Unix"). Havia, inclusive, desafios legais para tal empreitada na época, relacionados ao *copyright*, por exemplo. Para contornar esse problema, Stallman criou um tipo de licença para o GNU, que apelidou de "*copyleft*". A Licença Pública Geral (GPL) GNU, utilizada até hoje, fundamenta-se em quatro princípios, as liberdades de:

1. executar o programa para qualquer finalidade;
2. estudar o programa e adaptá-lo às suas necessidades;
3. distribuir cópias do programa para ajudar o próximo; e
4. aperfeiçoar o programa e distribuir as cópias aperfeiçoadas para beneficiar a comunidade.

O sistema GNU estava praticamente pronto, mas ainda havia questões relacionadas ao seu núcleo (o Kernel), a parte do *software* que se comunica com o *hardware*. Foi em 1991 que Linus Torvalds criou o Linux, a fim de criar seu próprio Unix. Na verdade, ele começou a escrever os códigos porque usava o Unix, mas não estava satisfeito com o desempenho. Então passou a escrever programas que se relacionavam diretamente com o *hardware*, criando, assim, o embrião do Linux. Com o tempo, o Linux passou a ser amplamente usado como núcleo do GNU, sendo ambos livres e abertos, embora baseados no Unix.

Hoje, o sistema operacional GNU/Linux (popularmente, Linux) é muito utilizado em servidores de internet e computadores de laboratórios científicos, embora ainda seja pouco frequente entre os usuários "comuns". É, de qualquer forma, o sistema operacional livre mais usado, cuja comunidade cresce a cada ano, promovendo aperfeiçoamento, estabilidade e diversidade.

Existem diversas "distribuições Linux" disponíveis a qualquer um hoje pela internet. Algumas para uso geral, outras especializadas em multimídia, outras funcionam bem em computadores menos potentes, outras servem para fazer diagnósticos no computador, etc. E há grande compatibilidade entre as distribuições, pois todas se fundamentam na mesma arquitetura aberta, o GNU/Linux.

ARQUITETURA ABERTA NO CURRÍCULO

Ao deslocar o conceito de arquitetura aberta para a problemática do currículo, esperamos contribuir para a superação de algumas dificuldades na educação formal, como a necessidade de articulação entre unidade e diversidade no currículo brasileiro, a distância entre a escola e o estado da arte da teoria pedagógica, a falta de estímulo à inovação, a falta de comunidades que possam fomentar uma cultura de trocas e aperfeiçoamento do trabalho docente, o isolamento da escola, o isolamento das disciplinas e a necessidade de formação continuada dos professores.

Durante qualquer deslocamento, contudo, é necessária atenção redobrada para não se desvirtuarem os conceitos originais. Um cuidado que devemos tomar, nesse caso, é que, quando tratamos de *software*, é possível conceber uma arquitetura fechada e, ao mesmo tempo, confiável, pois há indicadores de qualidade claros para um *software*. Basta rodar o incompreensível código de máquina em alguns computadores e verificar se ele faz o que diz. Se funciona e não tem "*bugs*", é considerado um bom programa. No caso da educação, isso é bem mais complicado. Qual seria o indicador de "*bug*" no sistema? Quando podemos dizer que as coisas funcionaram como planejado?

Tendo em mente essa e outras limitações da analogia entre currículo e *software*, vejamos agora suas potencialidades. A estrutura do *software* livre nos parece uma interessante fonte de inspiração. É uma estrutura que possibilita a uma comunidade:

1. produzir coletivamente (e individualmente);

2. aprender e aprimorar coletivamente (e individualmente);
3. garantir transparência e autoria;
4. disponibilizar publicamente; e
5. criar e usar de modo livre produtos diversificados e relativamente compatíveis entre si.

O currículo de arquitetura aberta seria uma estrutura capaz de permitir a heterogeneidade de métodos pedagógicos, a criatividade contínua, a emergência de padrões gerais, mas, ao mesmo tempo, seria capaz de garantir alguma comparabilidade e gerenciamento, além de ser uma ferramenta útil para o planejamento de ensino. No entanto, seu objetivo não é facilitar o gerenciamento, e, sim, permitir que processos dinâmicos e auto-organizados sejam em alguma medida gerenciados. Deve ser complexo o suficiente para contemplar a diversidade da sociedade brasileira, mas simples o bastante para ser compreendido de forma global, com fácil penetrabilidade para as formas específicas (diferentes pontos de vista). É, portanto, a inteligibilidade, a coerência geral, e não o gerenciamento, o principal critério para se buscar simplicidade no currículo.

Afinal, o recente desenvolvimento da informática tem o potencial de nos livrar de boa parte das restrições que a racionalização impunha ao trabalho docente. Acreditamos que hoje é possível racionalizar a diversidade humana sem a necessidade de tamanha hierarquia e homogeneização, sem que haja uma substituição da razão comunicativa pela razão instrumental. A informática e o *software* livre têm muito a contribuir nesse sentido, mas o desafio é muito mais amplo e vai além da tecnologia.

É de se questionar, nesse sentido, se tal empreitada vale a pena. Se existem tantos professores dispostos e capazes. Se não seria mais eficaz promover centralmente uma reforma curricular do que tentar criar as bases para um currículo dinâmico e complexo, em permanente reforma.

Os trabalhos de Cuban (1990) mostram, desde o final do século passado, como as reformas curriculares não surtem efeitos profundos no sistema escolar, seja pela resiliência das normativas institucionais, seja pela resistência da cultura docente. Em outras palavras, pouco do que se planeja "lá em cima" sobre o currículo faz efeito na sala de aula. Entretanto, diversos estudos têm mostrado que a qualidade docente está ligada à valorização da carreira, associada a certa autonomia – por exemplo, de Martínez-Garrido e Javier Murillo (2016), Fernández Batanero (2013) e Travitzki (2017). Ou seja, o bom professor é minimamente criativo, tem algum estilo de proceder, assim como acontece com outras profissões altamente especializadas, como a medicina e o direito. No Brasil, é comum esquecermos essa importante dimensão do professor, que pode ser reconhecida pela arquitetura aberta.

O fato é que a prática educativa é criativa por natureza. Muitas inovações são feitas cotidianamente na educação, porém a maioria está em arquiteturas fechadas ou "sem arquitetura". Arquiteturas fechadas seriam, por exemplo, plataformas eletrônicas educacionais estaduais com materiais de estudo e instrumentos de avaliação, disponíveis apenas de forma instrumental (sem visão do todo) aos envolvidos (diretores, professores e alunos de um certo estado). Arquiteturas fechadas seriam também livros didáticos ou sistemas apostilados proprietários. Por sua vez, as inovações "sem arquitetura" seriam aquelas feitas cotidianamente pelos professores que dispõem de recursos, tempo e disposição para aprimorar seu trabalho de forma autônoma e crítica, levando em conta os interesses dos alunos, o projeto da escola, os marcos legais, assim como os próprios talentos.

Vale ressaltar que o fechamento da arquitetura no livro didático não se restringe às questões de preço ou direito autoral. Há um problema adicional relativo ao mercado editorial, que precisa lançar novos produtos. Muitas vezes, as novas edições dos livros apresentam mais mudanças na forma do que no conteúdo, quando deveria ser justamente o contrário, se o objetivo for facilitar a vida do professor que já trabalha com ele. Muda-se, por exemplo, o número das questões, obrigando o professor a verificá-las a cada nova edição. Algumas informações interessantes são retiradas das novas edições, mesmo continuando pertinentes e atualizadas. Esse tipo de dificuldade não ocorreria em um sistema de arquitetura aberta tal como o do *software* livre.

Em suma, para se estimular a inovação, é necessário criar condições para um tipo de flexibilidade que não signifique simplesmente um menu de opções determinado por "especialistas" para gerenciar a atividade docente e discente. É necessário um tipo de flexibilidade que seja gerado primariamente por criações, seleções e adaptações locais, feitas pelos próprios usuários, nesse caso os professores. Mais do que flexibilidade, buscamos uma diversidade minimamente estruturada.

O que já existe e o que falta?

Alguns dos elementos que podem integrar um currículo de arquitetura aberta já existem isoladamente. A julgar pela história da informática, o caminho mais promissor seria partir dos elementos já existentes e criar uma maneira de integrá-los de forma eficaz e flexível. Vejamos, então, quais seriam os elementos já existentes:

- Um bom número de professores interessados em melhorar sua prática e em ajudar no desafio de uma educação de qualidade para todos.
- Bancos de recursos educacionais abertos (OER, em inglês), que reúnem materiais didáticos que podem ser usados livremente (p. ex., o Banco Internacional de Objetos Educacionais do MEC).
- *Web* 2.0, ou seja, recursos disponíveis na internet que facilitam a contribuição de pessoas em projetos comuns e permitem a categorização de conteúdos com vários tipos de palavras-chave e diferentes pontos de vista.
- Dicionários e programas de análise textual, que permitem um tratamento mais preciso das palavras, que podem ser agrupadas em conceitos e classificadas em funções sintáticas, por exemplo.
- Fundamentação legal do currículo brasileiro, pois os documentos mais gerais (p. ex., parâmetros curriculares nacionais [PCNs] e diretrizes curriculares) devem ter seus princípios e nomenclaturas incorporados na própria arquitetura curricular.

Todavia, também é importante mapear os principais desafios no caminho para um currículo de arquitetura aberta. Vejamos alguns:

- A abertura aos saberes e aos desejos do aluno, partindo do conceito de "desejo ativo".
- A necessidade do planejamento pedagógico como ponte entre a teoria e a prática na educação, entre o currículo oficial e o currículo praticado. Esse esforço inclui a busca por coerência no dia a dia do ensino, por clareza e eficácia na intencionalidade e também por pontos comuns entre os cursos que possam compor uma arquitetura global.
- O fomento à criação de comunidades de professores que possam gerar e utilizar as criações alheias, com o objetivo de melhorar a qualidade de ensino individual e coletivamente.
- O desenvolvimento de padrões de qualidade que sejam flexíveis, permitindo o reconhecimento de diferentes formas de ensino.

Imaginando um currículo de arquitetura aberta

Como forma de síntese deste capítulo, propomos um exercício de imaginação, uma tentativa de visualização, de concretização dos princípios no mundo tal qual o conhecemos.

Pois bem, nosso exercício imaginativo começa com a formação de comunidades de professores, com uma minoria criadora, capaz de selecionar ou criar materiais didáticos e elaborar planejamentos segundo os padrões da arquitetura aberta. Talvez esses padrões já tenham sido criados, talvez sejam criados pela própria comunidade. Ela precisará de ambientes virtuais de compartilhamento, terá encontros reais periódicos, será beneficiada por políticas específicas. Será um espaço de formação continuada, de inovação compartilhada, de enriquecimento cultural e técnico.

As comunidades de produção coletiva e transparente são aqui consideradas o motor de todo o movimento, assim como acontece no *software* livre e também nas ciências. A consolidação dessas comunidades seria um pressuposto fundamental. As diferentes organizações escolares e formas pedagógicas começariam a ser reconhecidas nas comunidades de professores, sendo com o tempo reconhecidas socialmente e, então, legalmente. Há muito trabalho nesse caminho, mas é sempre bom pensar a longo prazo quando se trata de educação.

Os primeiros currículos de arquitetura aberta surgiriam de forma tímida, seja para sistematizar currículos emergentes de uma escola mais inovadora, seja para integrar as disciplinas em uma escola mais "tradicional", seja para compartilhar conhecimentos de professores de uma mesma disciplina. No entanto, a verdadeira abertura do currículo se daria quando as escolas se tornassem mais comparáveis entre si, assim como as disciplinas, abarcadas por uma estrutura comum, capaz de contemplar a diversidade sem reduzi-la. O currículo brasileiro seria mais claro, mais integrado e mais próximo do funcionamento orgânico da sala de aula e da sociedade, livrando-se de uma ideia formal e homogeneizante de racionalização do homem.

Entre os componentes do currículo, há alguns materiais e outros imateriais, sendo estes mais propensos à criação coletiva, tal como o *software* livre. E são muitas as possibilidades de objetos imateriais (digitalizáveis) no campo do currículo, o que o torna bastante fértil para a arquitetura aberta.

Como seria a estrutura geral? O aspecto central da arquitetura curricular poderia ser o *objetivo pedagógico*, sem o qual não há intencionalidade ou diretividade e, portanto, não há atividade de ensino-aprendizagem. Os objetivos propostos para cada aula, curso ou projeto são o pilar do processo educativo, e é a partir deles que se definirão as estratégias, os recursos didáticos e as formas de avaliação. Dessa forma, seria interessante que todo elemento a ser incorporado na arquitetura curricular tivesse ao menos um objetivo explícito que, quando lido, fizesse sentido tanto aos professores quanto aos alunos. A partir daí, seria construído o núcleo da arquitetura curricular.

Tais objetivos seriam associados a conteúdos, habilidades, etc., compondo uma espécie de rede semântica dinâmica, com o objetivo de facilitar e aprimorar o trabalho docente. Com o tempo de uso, a rede seria capaz de auxiliar na definição de um "currículo mínimo", levando em conta (mas não se reduzindo a) os elementos curriculares que já fazem parte do cotidiano docente.

As arquiteturas, a serem desenvolvidas pela comunidade de professores, acumulariam conhecimentos e consolidariam padrões de conexão, que correspondem a padrões de entrada da informação. Assim, os professores que aprenderem a participar da arquitetura já terão passado por um processo de formação, focado em planejamento e adequação da prática à teoria e aos marcos legais.

Diversos professores de uma mesma escola podem usar a arquitetura aberta para integrar seus cursos. A escola pode inclusive liberar o conjunto integrado de cursos em detalhes, como se fosse uma distribuição do Linux em código aberto. Imaginem o potencial disso para a superação das desigualdades educacionais e da segregação no Brasil. Diferentes escolas gerando propostas curriculares que podem ser empregadas em outros contextos, escolas que "customizam" propostas curriculares alheias e geram novas criações ou simplesmente componentes que são compartilhados e reorganizados. Para todos esses intercâmbios serem possíveis no âmbito de um mesmo sistema de ensino e para que futuramente possamos avaliá-los (de formas mais potentes e interessantes do que as atuais avaliações padronizadas), é preciso que se estruturem em formatos relativamente compatíveis.

Escolas que dão maior valor às escolhas do aluno poderão proporcionar maior visibilidade e reconhecimento a suas práticas curriculares, tendo para isso que encontrar como sistematizar seu trabalho de forma compatível com os padrões da arquitetura aberta. Escolas que dão menor valor às escolhas do aluno poderão mapear os conteúdos, as habilidades e os materiais mais frequentes em certos contextos (p. ex., nas escolas de uma região) e usar essa informação para definir seus currículos.

Todos têm a ganhar com a arquitetura aberta na educação, até porque ela não impede os fechamentos locais, apenas facilita a sinergia e a intercomunicação das diferentes subjetividades que a habitam.

REFERÊNCIAS

BOURDIEU, P.; PASSERON, J.-C. *A reprodução*. Rio de Janeiro: Francisco Alves, 1992.

BRASIL. Lei nº 9.394, de 20 de dezembro de 1996. Estabelece as diretrizes e bases da educação nacional. *Diário Oficial da União*, Brasília, 23 dez. 1996. Disponível em: <http://www.planalto.gov.br/Ccivil_03/leis/L9394.htm>. Acesso em: 10 ago. 2018.

BRASIL. Ministério da Educação. *Inovação e criatividade na educação básica*. 2015. Disponível em: <http://criatividade.mec.gov.br/a-iniciativa>. Acesso em: 10 ago. 2018.

BRASIL. Ministério da Educação. Secretaria de Educação Básica. Secretaria de Educação Continuada, Alfabetização, Diversidade e Inclusão. Conselho Nacional da Educação. *Diretrizes Curriculares Nacionais da Educação Básica*. Brasília: MEC, 2013.

CUBAN, L. A fundamental puzzle of school reform. In: LIEBERMAN, A. (Ed.). *Schools as collaborative cultures*: creating the future now. New York: Falmer, 1990. p. 71-77.

DELEUZE, G. *O abecedário de Gilles Deleuze*: transcrição integral do vídeo, para fins exclusivamente didáticos. Entrevistadora: Claire Parnet. 1995. Disponível em: <http://stoa.usp.br/prodsubjeduc/files/262/1015/Abecedario+G.+Deleuze.pdf>. Acesso em: 07 ago. 2018.

EDWARDS, C. *As cem linguagens da criança*: a abordagem de Reggio Emilia na educação da primeira infância. Porto Alegre: Artmed, 1999.

FERNÁNDEZ BATANERO, J. M. Competencias docentes y educación inclusiva. *Revista Electrónica de Investigación Educativa*, v. 15, n. 2, p. 82-99, 2013.

FREIRE, P. *A pedagogia do oprimido*. Rio de Janeiro: Paz e Terra, 1987.

HABERMAS, J. *Teoria de la acción comunicativa*. Madrid: Taurus Humanidades, 1981. (Racionalidad de la Acción y Racionalización Social, v. 1).

HECHT, Y. *Educação democrática*: o começo de uma história. Belo Horizonte: Autêntica, 2016.

ILLICH, I. *Sociedade sem escolas*. Petrópolis: Vozes, 1973.

MARTÍNEZ-GARRIDO, C.; JAVIER MURILLO, F. Investigación iberoamericana sobre Enseñanza eficaz. *Revista Mexicana de Investigación Educativa*, v. 21, n. 69, p. 471-499, 2016.

MERÇON, J. O desejo como essência da educação. *Filosofia e Educação*, v. 5, n. 1, p. 25-51, 2013.

SINGER, H. *A república das crianças*. Campinas: Mercado de Letras, 2010.

TOLSTOI, L. Da instrução popular. In: TOLSTOI, L. *Obras pedagógicas*. Moscou: Progresso, 1988. p. 38-56.

TRAVITZKI, R. Qualidade com equidade escolar: obstáculos e desafios na educação brasileira. *REICE. Revista Iberoamericana sobre Calidad, Eficacia y Cambio en Educación*, v. 15, n. 4, p. 27-49, 2017.

VON HIPPEL, E. Innovation by user communities: learning from open-source software. *MIT Sloan Management Review*, v. 42, n. 4, p. 82, 2001.

WRIGLEY, T. Inclusive pedagogies: restoring agency and voice to the learner. *REICE. Revista Iberoamericana sobre Calidad, Eficacia y Cambio en Educación*, v. 3, n. 1, p. 297-315, 2005.

LEITURAS RECOMENDADAS

PARAÍSO, M. A. Currículo, desejo e experiência. *Educação e Realidade*, v. 34, n. 2, p. 277-293, 2009.

RANCIÈRE, J. *O mestre ignorante*: cinco lições sobre a emancipação intelectual. Belo Horizonte: Autêntica, 2007.

TADEU, T. A arte do encontro e da composição: Spinoza + currículo + Deleuze. In: CORAZZA, S.; TADEU, T. *Composições*. Belo Horizonte: Autêntica, 2007.

WRIGLEY, T. *Another school is possible*. London: Bookmarks, 2006.

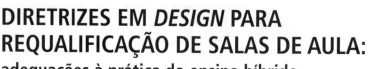

DIRETRIZES EM *DESIGN* PARA REQUALIFICAÇÃO DE SALAS DE AULA:
adequações à prática do ensino híbrido

Thaisa Sampaio Sarmento | Vilma Villarouco | Alex Sandro Gomes

A renovação da forma de aprendizagem para a geração de jovens nativos digitais – *net generation students* (OBLINGER; OBLINGER, 2005) – é uma tendência global; entretanto, as condições de infraestrutura, ergonomia e conforto das escolas nem sempre correspondem às mudanças tecnológicas. Neste capítulo, discute-se uma abordagem contemporânea da relação entre o espaço e a aprendizagem, e apontam-se contribuições em *design* para solucionar questões de inadequação dos ambientes nas escolas públicas brasileiras.

No Brasil, o projeto de arquitetura escolar segue determinado padrão – salas retangulares com fileiras de carteiras e quadro na parede frontal. Essa simplificação evidencia pouco aprofundamento e adequação das normas técnicas brasileiras quanto aos critérios ergonômicos e de conforto ambiental necessários ao bom desempenho das edificações escolares e de seus ambientes internos. De forma geral, não são usadas metodologias de projeto arquitetônico que possibilitem a participação dos usuários nas definições dos ambientes que irão vivenciar. Esse contexto impacta na frágil relação entre usuários e ambiente escolar.

A literatura sobre inovação educacional revela as urgentes e necessárias mudanças estruturantes pelas quais deve passar o sistema de ensino no País. É fundamental mudar o paradigma de "escolas tradicionais", em que o professor permanece no centro do processo, os conteúdos são ministrados em tempos rígidos, e os espaços físicos são inadequados. É importante também que diversos aspectos dos sistemas de ensino estejam voltados à contemporaneidade e que o estudante esteja no centro da própria aprendizagem.

O desafio para a questão do ambiente físico no qual são construídas as aprendizagens na escola reside em readequar sua configuração para abrigar as múltiplas atividades que englobam o aprendizado híbrido.

RELAÇÃO ENTRE AMBIENTE CONSTRUÍDO E APRENDIZAGEM

A ambiência escolar constitui-se pelo estabelecimento de relações ambientais e interpessoais, capazes de contribuir no processo de aprendizagem dos estudantes, promovendo uma relação de reciprocidade. Sanoff (2001) afirma a importância do espaço físico *vis-à-vis* para a escola e o estudante, capaz de despertar o potencial de diferentes tipos de aprendizado social, cognitivo e afetivo.

Powell (2015), Kaup, Kim e Dudek (2013) e Chan e Richardson (2005) também concluem que o desempenho dos estudantes na escola tem relação com a qualidade do edifício. O ambiente os influencia, causando sensações positivas e negativas, com diferentes implicações variando de pessoa a pessoa (DAY; MIDBJER, 2007).

Moran (2015) afirma a importância da inserção de novas tecnologias na educação por meio da adoção de um ensino híbrido. Ensino híbrido, ou *blended learning*, é definido como:

> Educação misturada [...] que combinou vários espaços, tempos, atividades, metodologias, públicos [...] com a mobilidade e a conectividade [...] podemos ensinar e aprender de inúmeras formas, em todos os momentos, em múltiplos espaços (MORAN, 2015, p. 28).

Híbrido também se aplica a tecnologias que integram as atividades, presenciais e/ou virtuais. Refere-se ainda à articulação de processos de ensino e aprendizagem formais e informais, de educação aberta e em rede. Implica misturar e integrar áreas, profissionais e estudantes diferentes, em espaços e tempos distintos (MORAN, 2015).

Para o ensino híbrido, o espaço de aprendizagem precisa adquirir uma configuração mais flexível, adaptável a múltiplas formas de aprendizagem, além da expositiva. Nair, Fielding e Lackney (2013) e Nair (2014) defendem o modelo de Thornburg (1999), que sugere haver quatro modos abrangentes de aprender: *campfire* (aprendizagem com um especialista); *watering hole* (aprendizagem com os pares); *cave* (aprendizagem por introspecção – estudo individual); e *life* (aprender fazendo).

Nair, Fielding e Lackney (2013) relatam sua experiência com novos formatos flexíveis para a sala de aula (**Fig. 7.1**): *learning studio* – sala em L, espaço interno definido por uma área ativa, um espaço central flexível e uma área de descanso na lateral; e *learning suite* – dois ou mais *learning studios* combinados, sem paredes internas, com o objetivo de aumentar o impacto da aprendizagem. As salas são redesenhadas conscientemente para aumentar o número de modalidades de aprendizagem, em práticas integradoras.

Merece destaque a rede Vittra, na Suécia, com mais de 30 escolas – utiliza métodos educativos inovadores, e, para isso, os espaços educacionais são flexíveis e sem paredes (**Fig. 7.2**).

No Brasil, escolas com propostas inovadoras têm reconfigurado seus espaços, pensando em tornar o ambiente escolar mais descontraído e compatível com o comportamento da juventude. Essa é uma questão recente no sistema educacional brasileiro, que, apesar de já ter introduzido ferramentas de aprendizagem

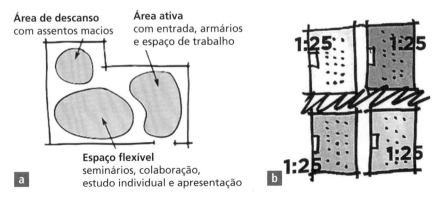

Figura 7.1 (a) *Learning studio*; (b) reformulação de sala tradicional para *learning suite*.
Fonte: Nair, Fielding e Lackney (2013, p. 29 e 41).

Figura 7.2 (a) Ambiente de aprendizagem coletiva na escola Vittra Brotorp; (b) interior da Vittra Telefonplan, conceito *the cave* para aprendizagem em qualquer lugar.
Fonte: *Design* de Rosan Bosch Studio e fotos de Kim Wendt (2011).

inovadoras, continua produzindo espaços educacionais para um ensino tradicional.

Um exemplo de projeto inovador em escolas públicas é subsidiado pelo Instituto Oi Futuro, em Pernambuco e no Rio de Janeiro. São os Núcleos Avançados em Educação (NAVEs), referência de inovação em ensino e em espaço de aprendizagem. Em Recife, funciona na Escola Estadual Cícero Dias; no Rio de Janeiro, no Colégio Estadual José Leite Lopes (**Fig. 7.3**).

A fim de obter dados sobre a realidade dos espaços de aprendizagem e seus usuários, realizou-se uma pesquisa etnográfica breve e uma análise ergonômica em salas de aula da Escola Técnica Cícero Dias, em Recife, no ano de 2017. Esses dados, juntamente às informações obtidas com a revisão da literatura, incentivaram a elaboração de diretrizes em *design* para um ambiente de aprendizagem contemporâneo, alinhadas com as tendências de ensino híbrido.

ESTUDO DE CAMPO NA ESCOLA TÉCNICA CÍCERO DIAS

A Escola Técnica Estadual Cícero Dias, inaugurada em 2006, oferece ensino médio profissionalizante na modalidade integral (**Fig. 7.4**). A parceria com o Instituto Oi Futuro tem como missão criar metodologias inovadoras de ensino e aprendizagem, em diálogo com as tecnologias da informação e da comunicação. Em 2017, a escola contava com 452 estudantes que a frequentavam sem qualquer ônus. Todos os anos, são oferecidas 180 novas

Figura 7.3 (a) Pátio interno do NAVE Recife; (b) espaço de integração do NAVE Rio de Janeiro.
Fonte: (a) http://blogs.ne10.uol.com.br/mundobit/2015/11/11/escola-publica-nave-recife-que-une-ensino-medio-e-curso-de-games-abre-inscricoes/ (b) imagem de Guilherme Maia.

Figura 7.4 (a) Pátio interno durante um ensaio dos estudantes; (b) estudantes participantes da pesquisa.

vagas, por meio de seleção pública para jovens entre 14 e 17 anos. A maioria das vagas é destinada a jovens oriundos de escolas públicas, e há seleção por prova escrita para ingresso. Na escola, são oferecidos dois cursos: Programação de Jogos e Multimídia (INSTITUTO OI FUTURO, 2012).

Pesquisa etnográfica

A pesquisa etnográfica breve permitiu compreender a realidade e a cultura dos jovens estudantes (MILLEN, 2000) e foi desenvolvida no período de uma semana. Nessa escola, as salas são organizadas para cada componente curricular, e as turmas mudam de sala a cada mudança de horário. Na turma, os estudantes são organizados em times de quatro componentes, que estudam e realizam os exercícios juntos.

Como em escolas tradicionais, os *layouts* das salas na escola são organizados para aulas expositivas. Se a disciplina exige o uso de computadores para pesquisa ou trabalhos digitais, as turmas usam uma sala específica de computadores. Foram analisados os dois tipos de salas de aula encontrados: sala para aulas expositivas e sala para atividades em computadores.

Na sala para aulas expositivas, o professor conduziu a aula oralmente, usando uma lousa digital para demonstrar o conteúdo. Enquanto o professor resolvia as questões, os estudantes participavam ativamente da discussão. Todos tiveram oportunidade de expor suas dúvidas. Os estudantes permaneceram sentados em cadeiras e mesas individuais bem pequenas, de frente para a lousa, durante toda a aula (**Fig. 7.5a**), e portavam suas mochilas e seus pertences pessoais, mesmo havendo armários de uso individual localizados no corredor.

Na sala para atividades em computadores (**Fig. 7.5b**), a necessidade de uso dos computadores *desktops* é essencial para a execução das atividades didáticas. Percebeu-se que o *layout* resultante foi determinado pela capacidade do ambiente de acomodar o maior número possível de computadores, que ficam alinhados de frente para uma parede em vidro fosco. A sala dispunha de 32 computadores fornecidos pela escola, sendo um destinado ao professor.

Em um primeiro momento, o professor explicou o conteúdo da aula usando uma projeção sobre a lousa digital. Para isso, os estudantes se sentaram diante da lousa por um curto período de tempo. Em um segundo momento, o professor solicitou que eles realizassem o exercício em duplas, nos *desktops*. Os estudantes voltaram suas cadeiras aos locais de origem, de frente para os computadores. Ao final da aula, o professor os reuniu novamente junto à lousa, para explicar detalhes do exercício.

Figura 7.5 (a) Estudantes observados durante a aula, sentados de frente para a lousa e o professor, em aula expositiva; (b) estudantes observados em aula com recursos computacionais.

A observação revelou dificuldades de rotação das estações de trabalho na sala – condição necessária em abordagens de ensino híbrido, no momento da mudança de atividades didáticas na sala de aula. A quantidade de estudantes da turma, superior ao número de computadores disponíveis, associada à amplitude excessiva do espaço, dificultou o trabalho do professor, para expor o conteúdo, acompanhar cada estudante em seu exercício prático e controlar a dispersão entre os estudantes.

A aplicação de 33 questionários permitiu delinear a caracterização sociocultural e as preferências ambientais dos estudantes. O **Quadro 7.1** sintetiza as informações mais relevantes sobre seu perfil sociocultural.

Sobre a satisfação com a escola que frequentam, 72% afirmaram gostar de ir à escola, contra 12% que afirmaram não gostar, e 15% afirmaram que, às vezes, não gostam de ir (**Fig. 7.6**). Os que responderam gostar associaram a escola a novos conhecimentos, para o futuro e para a vida, além de poder encontrar

QUADRO 7.1 Síntese do perfil sociocultural dos estudantes analisados da Escola Técnica Cícero Dias

Relação entre local de moradia e local da escola	Não há relação direta entre moradia dos estudantes e a escola, pois eles ingressam por seleção.
Lugares preferidos que frequentam	*Shoppings*, espaços públicos ao ar livre, restaurantes e praias.
Meios de transporte que usam para os deslocamentos	Ônibus, metrô, carro da família ou Uber.
Percepção da própria segurança pessoal nos deslocamentos	45,5% não se sentem seguros no trajeto para a escola.
Responsabilidade pelas despesas em suas famílias	Compartilhada entre pais e mães – 90,9% dos pais e 63,63% das mães trabalham ou têm renda.
Condição financeira das famílias	Satisfatória para o suprimento das necessidades básicas em até 72,7% dos respondentes.
Formação educacional dos pais	Pais – 3% têm somente ensino fundamental, 48,4% têm ensino médio, 15,1% têm ensino superior e 21,2% têm pós-graduação.
	Mães – 39,3% têm ensino médio, 24,2% têm ensino superior e 15,1% têm pós-graduação.

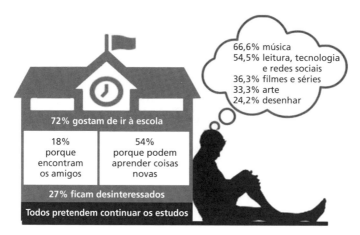

Figura 7.6 Satisfação dos estudantes com a escola que frequentam.

os amigos. O alto índice de satisfação com a escola pode estar associado à metodologia inovadora, dinâmica e colaborativa, à infraestrutura de excelente qualidade e ao perfil dos cursos oferecidos, atualizados com as oportunidades de trabalho no mercado de novas tecnologias e da internet, o que configura um perfil de escola bastante singular no sistema educacional brasileiro.

Em perguntas abertas sobre as preferências dos jovens respondentes, as respostas obtidas foram: 60,6% preferem ouvir música; 54,5% preferem ler, usar tecnologias e redes sociais; 36,36% optam por assistir a séries e filmes, 33,3% preferem apreciar arte, e 24,2% preferem desenhar e ler quadrinhos. Em perguntas de múltiplas respostas sobre o que fazem no tempo livre, os jovens responderam: 72,7% estudam, 33,3% assistem a TV e séries, 30,3% jogam *videogame*, 15,1% ficam com amigos e 12,1% praticam esportes. Outras respostas obtidas foram: dormir, escutar música e dançar, ir à igreja, ler, escrever e desenhar. A escola mantém um ritmo de estudo muito intenso, o que foi demonstrado pelo grande número de respondentes que afirmaram estudar em casa.

Sobre as características preferidas para os ambientes (**Fig. 7.7**), os resultados apontam que: 87,9% preferem ambientes acolhedores; 81,8% gostam de ambientes tranquilos; 75,8% gostam de ambientes com tecnologia; 66,7% preferem ambientes relaxantes; 51,5% gostam de ambientes jovens; 45,5% preferem ambientes simples; e 42,4% preferem ambientes bem-iluminados.

Análise ergonômica dos ambientes de aprendizagem

As análises ergonômicas dos ambientes foram realizadas com base na metodologia ergonômica para o ambiente construído (MEAC) (VILLAROUCO, 2009), que prevê duas etapas: a análise do ambiente e a análise da percepção dos usuários. Os dados observados foram registrados em meio fotográfico e dimensional e estão descritos a seguir.

Sala expositiva

A área útil do ambiente analisado foi de 70,30 m². Considerando a capacidade máxima de ocupação, tem-se a relação 1,75 m²/estudante – satisfatória, uma vez que a relação sugerida pela Fundação para o Desenvolvimento da Educação (FDE, 2012) é de 1,5 m²/estudante. Nessa sala, distribuem-se 40 mesas e 40 cadeiras ao centro; uma mesa com um computador,

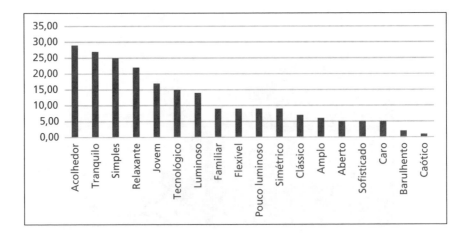

Figura 7.7 Gráfico de preferências dos alunos quanto a características ambientais.
Fonte: Os autores (2018).

para uso do professor, junto à parede da lousa; uma tela de projeção; um projetor suspenso no forro; uma lousa digital (sem utilização); e instalações de internet *Wi-Fi* e de energia elétrica: tomadas e iluminação.

Para mensuração de índices de desempenho, em ambas as salas, utilizaram-se as seguintes ferramentas digitais: desempenho térmico – DS Thermometer (DS Software); desempenho acústico – decibelímetro (Sound Meter, Abc Apps); e desempenho lumínico – medidor de luz O2 LED.* Os dados físicos obtidos encontram-se sintetizados na **Tabela 7.1**.

Elaboramos a planta de uso da sala analisada (**Fig. 7.8**). Na área circulada, está destacada a zona de maior uso – para a atividade expositiva, onde estão dispostas cadeiras e mesas individuais em semicírculo, de frente para a lousa. Em cinza-escuro, destacam-se as zonas de menor uso, nas extremidades ao fundo da sala ou lateralmente à lousa. Os fluxos estão marcados com setas: em preto, para o acesso ao mobiliário; em cinza, para a saída da sala.

Essa sala foi preparada para acomodar 40 estudantes, mas não há espaço suficiente para a circulação entre as mesas, e o orador realiza sua fala apenas de frente para a primeira fila de alunos. Não há possibilidade de mudar ou flexibilizar o *layout*, pela excessiva quantidade de assentos. Segundo relato do professor, quando ele conduz uma atividade em grupo, é difícil adequar a sala e os equipamentos e manter a organização na turma. A organização do espaço escolar é baseada nas disciplinas, ou seja, as salas são fixas por conteúdos e não por turmas. Assim, os armários estão organizados nos corredores, e as turmas mudam de sala a cada nova disciplina do dia. Os assentos não são fixos para cada estudante, que podem mudar de assentos à sua livre escolha.

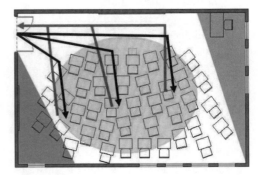

Figura 7.8 Planta (sem escala) da sala de aula de biologia.

---

*Disponível em: <www.o2led.com.br>.

TABELA 7.1 Dados físicos obtidos na sala expositiva

Fator analisado	Índice obtido	Índice recomendado	Observações
Temperatura (°C)	21	23 (KOWALTOWSKI, 2011)	Temperatura mantida constantemente por sistema de condicionamento de ar (*split*). Temperatura externa média de 36 °C, no horário da coleta (inverno).
Ruído (dB)	48-76	25-35 dB (BERLUNG; LINDVALL; SCHEWELA, 1999)| 40-50 (ASSOCIAÇÃO BRASILEIRA DE NORMAS TÉCNICAS, 2017)	O ruído mensurado variou ao longo da aula expositiva, e o nível sonoro da voz do orador e dos estudantes manteve uma média de 61 dB.
Iluminação (lux)	–	300-500 (EUROPEAN STANDARD, 2002) | 300 – geral, 500 – junto à lousa (ASSOCIAÇÃO BRASILEIRA DE NORMAS TÉCNICAS, 2013)	Satisfatória sob a luminária, na área de mesas, mas não é uniforme e é insuficiente junto à lousa, onde não há iluminação específica.
Natural	–	300-500	Não há incidência da luz solar na sala, pois as janelas existentes são pequenas e cobertas por película protetora.
Artificial	225-445	300-500	Oito pontos de luminárias com lâmpadas fluorescentes tubulares, distribuídas uniformemente no ambiente. Foi obtida grande variação entre os pontos mensurados considerando a distância do instrumento em relação à luminária.
Material de acabamento	**Cor**	**Material**	**Observação**
Piso	Cinza	Concreto liso.	Piso uniforme e nivelado, em material pouco absorvente em relação a ruídos. Cor adequada.
Paredes	Branca e azul	Alvenaria simples de tijolos, espessura de 14 cm, sem isolante térmico interno. Acabamento em textura lisa fosca.	Alta refletância das paredes em relação à luz natural e às ondas sonoras. Não há tratamento acústico para absorção de ruídos de fundo, e o tratamento de cores foi utilizado apenas como efeito decorativo.
Teto	Cinza	Laje de concreto maciço, com ondulações.	Média refletância sonora e luminosa que favorece parcialmente as atividades expositivas.
Mobiliário			
Cadeiras			
Baixas	Cinza e azul	Estrutura metálica cinza, assento PVC azul.	Dimensão do assento: 43 x 40 cm. Altura do assento: 44 cm. Cadeiras de assento pequeno, dificultando a acomodação confortável. Não têm apoio para os braços nem para os pés e são fixas.

(*Continua*)

TABELA 7.1 Dados físicos obtidos na sala expositiva *(Continuação)*

Material de acabamento	Cor	Material	Observação
Mobiliário			
Mesas			
Baixas	Cinza e azul	Estrutura metálica cinza, tampo de madeira e revestimento melamínico cinza liso.	Dimensão do tampo: 60 x 45 cm. Altura do tampo: 76 cm. Mesa de uso geral para atividades de escrita e apoio de *laptops*. Dimensionamento pequeno para a realização das atividades de estudo e também para a acomodação das pernas dos usuários, porque há uma bandeja de livros, com 4 cm de altura, restando ao usuário a altura de 71 cm para acomodar-se.
Porta	Branca	Madeira compensada, com pintura branca.	Dimensão: 163 x 212 cm (folha de 80 cm). Ampla abertura em duas folhas e maçaneta acessível, pequeno visor translúcido para visualização do interior de altura inacessível.
Janelas	Vidro com película opaca	Vidro com película.	Dimensão de 80 x 60/120 cm. Janela com estrutura em alumínio, vidro comum, com aplicação de película colorida, não permite visualização do exterior nem ventilação natural.

Para fins de análise das atividades, foram usados dois níveis de abordagem: o nível 1 trata de atividades de acesso e acomodação no ambiente; e o nível 2 refere-se às atividades educacionais propriamente ditas. Os dados obtidos dessa análise encontram-se descritos nas **Tabelas 7.2** e **7.3**. Na **Tabela 7.2**, são analisados os dados no nível 1 de atividade em aula, que demonstram a tarefa demandada ao usuário, as condições oferecidas pelo ambiente e a crítica realizada pelos pesquisadores.

TABELA 7.2 Análise do nível 1 – realizar atividades de acesso e acomodação em sala de aula

Tarefa	Condições oferecidas pelo ambiente	Crítica
Abrir a porta	A largura da porta é de 80 cm e abre para o interior, o que dificulta em situações de fuga. A maçaneta tem formato de alavanca, com risco de captura do punho de casacos.	Devem-se usar as duas folhas para abrir a porta com largura acessível, o visor deve ser maior e estar posicionado até 1,10 m de altura do piso acabado.
Entrar na sala	A sala é pequena para a quantidade de estudantes. Não há espaço de aproximação junto à porta. Para atravessar a sala, é preciso passar de frente para a lousa, interrompendo a aula. O piso permite a execução de movimentos em segurança. A iluminação natural é inexistente, e a artificial é suficiente para o desenvolvimento do caminhar.	O *layout* interno não permite acesso livre a todas as mesas no centro da classe, porque estão agrupadas muito próximas umas das outras no centro da sala.

(Continua)

TABELA 7.2 Análise do nível 1 – realizar atividades de acesso e acomodação em sala de aula *(Continuação)*

Tarefa	Condições oferecidas pelo ambiente	Crítica
Alcançar o assento	O *layout* da sala de aula tem a seguinte organização: mesas e cadeiras individuais ao centro da sala, de frente para a lousa. Existe um tipo de mesa/assento na sala de aula: ao centro da sala, fileiras de assentos individuais voltados para a lousa, em que os estudantes podem escrever, prestar atenção na aula ou estudar sozinhos. Para trabalhos em grupo, as mesas podem ser agrupadas.	*Layout* inadequado para atividades em grupo, e turma muito grande, dificultando trabalhos mais colaborativos e dinâmicos. Mesas no centro da sala são inacessíveis.
Sentar-se		O mobiliário está em bom estado. As cadeiras não têm apoio de braços e são fixas. O tamanho pequeno das mesas e das cadeiras dificulta uma acomodação mais confortável ou o sentar dinâmico.
Organizar os objetos pessoais	Os objetos pessoais e as mochilas ficam acomodados sobre as mesas ou as cadeiras e, no fim da aula, os estudantes podem guardá-los nos armários do corredor ou levá-los de volta para casa.	Os armários ficam dispostos nos corredores e, durante a aula, os pertences pessoais ficam sobre as mesas, que são muito pequenas.
Ficar de pé	O movimento de levantar-se ocorre apenas no início e ao fim da aula. Estudantes movem-se pouco.	Há dificuldade de levantar-se, pois o excesso de mesas e cadeiras obstrui os espaços entre elas.
Sair da sala		Nenhuma.

TABELA 7.3 Análise do nível 2 – realizar atividades de aprendizagem em sala de aula

Tarefa	Condições oferecidas pelo ambiente	Crítica
Assistir a uma apresentação oral	A sala está equipada com ferramentas digitais para apresentação e conexão com internet (*Wi-Fi* e cabos).	A amplitude da sala de aula é pequena, e o *layout* fixo das mesas favorece assistir a apresentações em frente à lousa. A visualização e a audibilidade são boas dentro da sala, mesmo não havendo tratamento acústico para melhorar a inteligibilidade do recinto.
Trabalhar individualmente sobre a mesa	Há um tipo de mesa, individual, ao centro da sala de aula, em que o aluno pode fazer seus trabalhos individuais.	O espaço de sala de aula é insuficiente para executar alterações no *layout*, demandadas por atividades mais dinâmicas ou de grupo. Quando trabalham em grupo, os estudantes agrupam mesas e cadeiras. Não há espaço para atividade de leitura ou de convivência. As mesas são horizontais, de 60 x 45 cm, com altura de 76 cm, medidas pequenas para atividades de aprendizagem. Sua superfície é lisa, e sua estrutura é leve.
Trabalhar em equipe	O *layout* da sala de aula permite que os estudantes realizem atividades de grupo, como leitura, escrita e discussão, mas, para atividades práticas mais dinâmicas, há algumas dificuldades de mobilidade.	A dimensão e o peso das mesas facilitam alterações de *layout*, para reorganizar mesas, como aconselhado para trabalhar em grupos. A iluminação natural é inexistente e totalmente suprida por lâmpadas fluorescentes, em todos os pontos da aula.

(Continua)

TABELA 7.3 Análise do nível 2 – realizar atividades de aprendizagem em sala de aula
(Continuação)

Tarefa	Condições oferecidas pelo ambiente	Crítica
Fazer uma apresentação	O *layout* da sala de aula permite que os estudantes em pé falem de frente para a classe. O espaço frontal é satisfatório.	Há bastante espaço de circulação entre a lousa e as mesas frontais da classe. As poucas janelas facilitam o escurecimento da sala para projeções.
Adequar as condições do ambiente às necessidades específicas da classe	A sala é equipada com sistema elétrico suficiente para acionamento de iluminação artificial e controle de temperatura por meio de refrigeração.	Não há incidência de luz natural, também não há controle da quantidade e do tipo de iluminação artificial.
	As janelas estão posicionadas em duas paredes – ao lado da lousa e ao fundo da sala. São pequenas e não facilitam a iluminação natural nem a visualização do exterior. Não há cortinas.	As janelas não proporcionam iluminação natural, nem ventilação, nem visualização de áreas verdes externas.
	Iluminação artificial é pouco adequada, mas é uniforme na área de mesas. Há uma boa quantidade de tomadas elétricas no perímetro das paredes e também junto à lousa, nas quais podem ser ligados instrumentos de projeção e carregadores de celulares e *tablets*.	Precisa melhorar a condição de dinamicidade da iluminação artificial. Nas mesas, deve haver uma iluminação de tarefa, apropriada para a atividade de escrita e leitura, assim como iluminação na mesa do professor e junto à lousa.

Na **Tabela 7.3** são analisados os dados no nível 2 da atividade na aula que dizem respeito às atividades de aprendizagem.

Sala de computadores

A área útil do ambiente analisado é de 120,61 m². Considerando a capacidade máxima de ocupação, tem-se a relação 3,01 m²/estudante, considerada excessiva. Nessa sala, estão distribuídas 19 mesas e 19 cadeiras com rodízios, junto às janelas; quatro mesas redondas com quatro cadeiras cada, para computadores; duas mesas retangulares com seis cadeiras cada para trabalhos em grupo; de frente para a lousa, uma mesa para o professor, uma lousa digital com projetor suspenso no forro; dois armários; e instalações de internet *Wi-Fi* e de energia elétrica: tomadas e iluminação. Os dados físicos obtidos encontram-se sintetizados na **Tabela 7.4**.

TABELA 7.4 Dados físicos obtidos na sala de computadores

Fator analisado	Índice obtido	Índice recomendado	Observações
Temperatura (°C)	23	23 (KOWALTOWSKI, 2011)	Temperatura mantida constantemente por sistema de condicionamento de ar. Temperatura externa média de 36°C, no horário da coleta (inverno).
Ruído (dB)	46-76	25-35 dB (BERLUNG; LINDVALL; SCHEWELA, 1999) | 40-50 (ASSOCIAÇÃO BRASILEIRA DE NORMAS TÉCNICAS, 2017)	O ruído mensurado variou de acordo com as atividades desempenhadas. A média de ruído foi de 57 dB, mas, ao fundo da sala, os estudantes demonstraram dificuldade de atenção à fala do orador.

(Continua)

TABELA 7.4 Dados físicos obtidos na sala de computadores (*Continuação*)

Fator analisado	Índice obtido	Índice recomendado	Observações
Iluminação (lux)	–	300-500 (EUROPEAN STANDARD, 2002) | 300 – geral, 500 – junto à lousa (ASSOCIAÇÃO BRASILEIRA DE NORMAS TÉCNICAS, 2013)	Insatisfatória, mesmo considerando a luz emitida pelos computadores, e também junto à lousa, onde não há iluminação específica.
Natural	200-205	300-500	Foi mensurada por meio da incidência solar obtida pelas janelas laterais fechadas, em vidro semitransparente, a uma distância de 0,7 m da janela, sobre a mesa, no horário das 10h. A incidência solar é difusa ao longo da lateral da sala e não atinge todas as mesas.
Artificial	200-266	300-500	Seis pontos de luminárias com lâmpadas fluorescentes tubulares, com aletas refletoras, distribuídas uniformemente no ambiente. Foi obtida muita variação entre os pontos mensurados considerando a distância das fontes de iluminação. A iluminação da lousa é feita somente pela luz do projetor.
Material de acabamento	**Cor**	**Material**	**Observação**
Piso	Branco	Cerâmico	Piso uniforme e nivelado, em material pouco absorvente em relação a ruídos. Cor adequada.
Paredes	Branco e laranja	Alvenaria simples de tijolos, espessura de 14 cm, sem isolante térmico interno. Acabamento em pintura fosca.	Média refletância das paredes em relação à luz natural e às ondas sonoras. Não há tratamento acústico para absorção/reflexão do som ao fundo, e o tratamento de cores é apenas decorativo.
Teto	Cinza	Laje de concreto ondulada.	Média refletância sonora e baixa refletância luminosa, que desfavorece as atividades dentro de um ambiente tão grande.
Mobiliário			
Cadeiras			
Rodízio 1	Cinza e branco	Estrutura metálica cinza, assento de PVC branco.	Dimensão do assento: 42 x 42 cm. Altura do assento: 45 cm. Cadeiras pequenas, mas com rodízios que favorecem a mobilidade. Tem apoio para os braços, com 22 cm, mas não para os pés.
Rodízio 2	Preto e verde	Estrutura metálica preta e assento estofado verde.	Dimensão do assento: 45 x 48 cm. Altura do assento: 47 cm. Cadeiras confortáveis, com rodízios que favorecem a mobilidade e com regulagem de altura do assento. Tem apoio para os braços, com 22 cm, mas não para os pés.

(*Continua*)

TABELA 7.4 Dados físicos obtidos na sala de computadores (*Continuação*)

Material de acabamento	Cor	Material	Observação
Mobiliário			
Mesas			
Redonda de quatro lugares	Cinza	Estrutura e tampo em madeira compensada. Revestimento melamínico cinza.	Dimensão: 150 (diam.) x 72 (alt.) cm. Mesa confortável, para acomodar três computadores *desktop* e manter trabalho em equipe, já que os usuários se sentam frente a frente.
Individual	Madeira clara	Estrutura e tampo em madeira clara.	Dimensão do tampo: 80 x 60 cm. Altura do tampo: 73 cm. Mesa individual para *desktop*, não tem espaço para escrita. A forma de organização não favorece a visualização da lousa.
Retangular de seis lugares	Cinza	Estrutura e tampo em madeira compensada. Revestimento melamínico cinza.	Dimensão: 200 (comp.) x 100 (larg.) x 76 (alt.) cm. Mesa confortável para trabalho em equipe, já que os usuários se sentam frente a frente.
Armários	Cinza	Madeira compensada, com revestimento melamínico.	Poucos armários e de uso somente para armazenar trabalhos em desenvolvimento e em correção.
Porta	Branca	Madeira compensada, com pintura branca.	Dimensão: 168 x 220 cm (folha de 80 cm). Ampla abertura e maçaneta acessível, mas dispõe de visor muito pequeno para visualização interior.
Janelas	Estrutura branca, vidro fosco.	PVC e vidro fosco.	Dimensão: 150 x 280 cm. Janela com estrutura em alumínio, com vidro fosco, que não permite a visualização do exterior. As folhas são fixas, não permitindo ventilação natural.

Foi elaborada uma planta de uso da sala analisada. Na **Figura 7.9**, as áreas circuladas destacam as zonas de maior uso, de acordo com as atividades observadas: atividade expositiva e atividade de trabalho nos *desktops*. Em cinza-escuro, destacam-se as zonas de menor uso, nas extremidades ao fundo da sala ou lateralmente à lousa. Os fluxos estão marcados em preto para o acesso ao mobiliário e, em cinza, para a saída da sala.

Essa sala foi preparada para acomodar 40 estudantes, mas há somente 31 *desktops* disponíveis. As atividades são sempre feitas em duplas. O formato, muito alongado, gera áreas de pouco ou nenhum uso, causando dispersão, com consequente desatenção.

Na **Tabela 7.5**, são analisados os dados no nível 1 de atividade em aula, demonstrando a tarefa demandada ao usuário, as condições oferecidas pelo ambiente e a crítica realizada pelos pesquisadores.

Na **Tabela 7.6** são analisados os dados no nível 2 da atividade na aula que dizem respeito às atividades de aprendizagem.

Análise da percepção do usuário

Para coletar a percepção do usuário sobre o ambiente vivenciado, foi aplicada a técnica de *brainstorming*. Os resultados apontaram a satisfação dos estudantes com relação ao ambiente de aprendizagem que utilizam, de acordo com

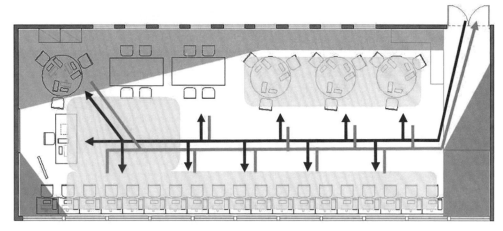

Figura 7.9 Planta (sem escala) da sala de aula de produção de imagens.

TABELA 7.5 Análise das atividades do nível 1 – acesso e percurso em sala de aula

Tarefa	Condições oferecidas pelo ambiente	Crítica
Abrir a porta	A largura da porta é de 85 cm e abre para o exterior, o que facilita em situações de fuga. A maçaneta tem formato de alavanca, com risco de captura do punho de casacos.	O visor é pequeno e em altura inacessível.
Entrar na sala	A sala é ampla. Há espaço de aproximação junto à porta, de onde se visualiza toda a sala de aula antes de atravessá-la. O piso permite a execução de movimentos em segurança. As iluminações naturais ou artificiais são adequadas ao desenvolvimento do caminhar.	O *layout* interno permite acesso livre a todas as mesas, que estão organizadas em volta do perímetro da sala. O espaço existente é superdimensionado para acomodar a turma, e há dispersão durante a aula.
Alcançar o assento	O *layout* da sala de aula tem duas organizações: 1) mesas individuais de frente para a janela lateral; e 2) mesas para grupos junto à parede lateral. Todas as mesas são para uso de computadores *desktop*.	Não há mesas individuais suficientes para trabalho no computador para todos os estudantes. Eles precisam trabalhar em duplas, o que pode causar distração. *Laptops* não são trazidos para a escola, por questões de segurança no trajeto.
Sentar-se	Em frente à parede lateral direita (sem janelas), há seis mesas de grupo com computadores (*desktop*). As cadeiras são estofadas ou em polietileno, com rodízio e apoio de braços, em bom estado.	Nenhuma.
Organizar os objetos pessoais	Os armários são usados para armazenar os trabalhos dos estudantes. Para os objetos pessoais, eles usam armários localizados no corredor.	Não existem armários individuais dentro da sala. As mochilas, os livros e os cadernos ficam sobre as mesas. As mesas individuais não têm espaço suficiente para escrita.
Ficar de pé e sair da sala	O movimento de levantar-se é feito livremente e diversas vezes ao longo da aula.	Nenhuma.

Fonte: Os autores (2018).

TABELA 7.6 Análise do nível 2 – realizar atividades de aprendizagem em sala de aula

Tarefa	Condições oferecidas pelo ambiente	Crítica
Assistir a uma apresentação oral	A sala está equipada com ferramentas digitais para apresentação e conexão com internet (*Wi-Fi*). Os estudantes levam suas cadeiras até a frente da sala para assistir e ouvir a lição.	A amplitude da sala de aula é superdimensionada, porém as cadeiras com rodízios podem ser facilmente movidas para junto da lousa. As mesas não podem ser movidas, pois todas acomodam *desktops*. Não há tratamento acústico para melhorar a inteligibilidade da fala.
Trabalhar individualmente sobre a mesa	Existem três tipos de mesas na sala de aula. As mesas individuais e redondas acomodam *desktops*, e as mesas retangulares são usadas para atividades de escrita e desenho manual, de estudo ou em grupo.	O espaço de sala de aula é adequado para executar alterações no *layout*, demandadas por atividades mais dinâmicas ou de grupo. Não há mesas livres para escrita ou trabalhos manuais para todos os estudantes. Não há espaço para atividade de leitura ou convivência. As mesas com *desktops* estão em frente à parede lateral, onde há sistema elétrico para funcionamento dos computadores. Essa posição torna difícil ver a lousa. Não há iluminação de tarefa nas mesas.
Trabalhar em grupo	O *layout* da sala de aula permite que estudantes usem mesas retangulares para sentar-se ao realizar atividades de grupo, como leitura, escrita, discussão ou atividades práticas.	A iluminação é insuficiente e desuniforme para todos os pontos da aula. Não há lugar para todos os estudantes sentarem à mesa de trabalhos manuais.
Fazer uma apresentação	O *layout* da sala de aula permite que os estudantes em pé falem de frente para a classe. O espaço frontal é satisfatório. Há projetor e tela adequados para executar essa tarefa.	Na frente da classe, há cadeira e mesa do professor, mesa para a impressora e sistema elétrico para o uso de ferramentas digitais. Há pouco espaço de circulação entre a lousa e a mesa frontal. Fios ficam expostos e podem causar acidentes. As janelas próximas foram escurecidas com película, mas essa não é suficiente para escurecer a sala na apresentação de material digital.
Adequar as condições do ambiente às necessidades específicas da classe	A sala é equipada com sistema elétrico suficiente para carregar os *desktops*.	Não há cortinas suficientes para escurecer a sala para projeções, também não há controle da quantidade e do tipo de iluminação artificial, nem do ar-condicionado.
	As janelas estão posicionadas em duas paredes – em ambos os lados da lousa.	Há uma incidência de luz natural difusa sobre as mesas de *desktops* na lateral da sala. As janelas são fixas e em vidro fosco e não permitem a visualização do exterior.
	A iluminação artificial é insuficiente, mas uniforme.	Precisa melhorar a condição de dinamicidade da iluminação artificial. Nas mesas de computadores, deve haver uma iluminação de tarefa, apropriada para evitar ofuscamento e brilho excessivo das telas.
	As tomadas elétricas são usadas somente para os *desktops* e também junto à lousa, onde podem ser ligados instrumentos de projeção.	Não há tomadas suficientes para carregamento de equipamentos pessoais – *laptops* e celulares dos estudantes.
	A sala é equipada com armários para armazenar materiais escolares e trabalhos dos estudantes.	Os armários destinam-se para os materiais, e os estudantes usam armários do corredor.

QUADRO 7.2 Dados da satisfação dos estudantes com o ambiente vivenciado
De que coisas vocês gostam nesta sala de aula?
Espaço amplo; cores nos ambientes; computadores disponíveis o tempo todo; diferentes formas de organização de cada sala; ter ar-condicionado e multimídia nas salas; boa iluminação; relacionamento entre as pessoas; forma de organização das cadeiras em meia-lua.
De que coisas vocês não gostam nesta sala de aula?
Bandeja debaixo das cadeiras; velocidade baixa da internet; as instalações elétricas/hidrossanitárias aparentes; as cadeiras são desconfortáveis e pequenas; muita conversa dos colegas durante a aula; lousas digitais que não funcionam; salas muito fechadas, sem aberturas para o exterior; pouca luz natural; mesas danificadas, que engancham e rasgam as calças; a regulagem no ar-condicionado – às vezes, faz muito frio e, em outras, muito calor; o tamanho da lousa é pequeno; aulas mais dinâmicas; infiltração em algumas paredes.
Se vocês pudessem projetar uma nova sala de aula, que coisas poderiam melhorar?
Em relação à escola: Ter mais momentos de troca de opiniões com os estudantes e ajudar mais com seus problemas; sempre ter aulas dinâmicas.
Em relação à sala de aula: Usar cadeiras estofadas; ter lousa maior; colocar tabelas com as fórmulas nas paredes; ter aparelhos de ar-condicionado mais eficientes e em bom estado de manutenção; usar as lousas digitais em todas as aulas; ter espaço e momento para descanso.

suas preferências pessoais e culturais. As respostas obtidas foram sintetizadas no **Quadro 7.2**.

DIRETRIZES INOVADORAS PARA AMBIENTES DE APRENDIZAGEM EM ESCOLAS BRASILEIRAS

O processo de ideação foi iniciado com a aplicação de uma técnica de prototipação participativa, com 31 estudantes do segundo ano do ensino médio (**Figs. 7.10** e **7.11**). Os resultados gerados em maquetes simplificadas e a revisão de literatura promoveram a elaboração dos conceitos e das tendências em ambientes de aprendizagem, assim como as diretrizes em *design*.

As maquetes criadas pelos próprios estudantes (abordagem de *design participativo* – STICKDORN; SCHNEIDER, 2014) evidenciaram: a necessidade de mais espaços de estudo e convivência ao ar livre; janelas e aber-

Figura 7.10 (a) Estudantes realizando a atividade de maquete; (b) um dos resultados que mostra o desejo de uma área mais confortável para leitura e convivência.

Figura 7.11 (a) Resultado de maquete que demonstra o formato de disposição das mesas em meia-lua; (b) solução apontada pelos estudantes para aula ao ar livre, mas em área coberta.

turas para o exterior; melhoria nas condições dos assentos; maior disponibilidade de rede de internet; autonomia para uso do celular como ferramenta de pesquisa *on-line*.

O processo de ideação foi concluído com a compilação de três grupos de tendências: conceitos educacionais para o ensino híbrido, tendências em escolas e em salas de aula e macroconceitos espaciais (**Tab. 7.7**), que se desdobraram em diretrizes de *design* para ambientes de aprendizagem inovadores e adequados ao ensino híbrido.

Diretrizes em *design* de ambientes de aprendizagem

Os quadros a seguir apontam as diretrizes gerais em *design* para ambientes de aprendiza-

TABELA 7.7 Conceitos e tendências para ambientes de aprendizagem inovadores

Conceitos educacionais para o ensino híbrido	Tendências na escola e na sala de aula
Aprendizagem centrada no estudante: é pensada para tornar os estudantes ativos por meio de um ensino facilitado e um conhecimento descoberto. O saber é uma habilidade explícita e incorporada. As avaliações são pensadas em inteligências múltiplas. Os recursos tecnológicos são ubíquos: aprendizagem sozinho e em grupo, a qualquer hora, e os conteúdos são absorvidos em processo e por colaboração. O planejamento pode adquirir improvisações, novas descobertas e diversidade de pensamentos. A aprendizagem pode ocorrer em horários flexíveis, está interligada com a expressão espacial da escola e também com conexões globais mediante o uso da internet.	Ambientes para grupos grandes e também pequenos; formas dos ambientes mais dinâmicas e coloridas; tecnologia distribuída e livre acesso à informação; transparência e conexão entre espaços internos e externos; mobiliário confortável, leve e ergonômico, adaptável às atividades; espaços flexíveis e multifuncionais; *campfire, watering hole space, cave space, life*; dimensionamento funcional e acessível; áreas de estudo, trabalho e convivência em grupo ao ar livre; infraestrutura e instalações elétricas de boa qualidade e distribuição; espaços de exposição dos trabalhos e de armazenamento; laboratórios de ciências, artes e atividades físicas; áreas casuais de alimentação e convivência; arquitetura bioclimática e sustentabilidade; assinatura local e conexão com a comunidade; banheiros limpos, acessíveis e próximos às salas de aula; paisagismo de sombreamento e para atividades de aprendizagem.
	Macroconceitos espaciais Sentimento de boas-vindas e de acolhida. Versatilidade, agilidade e personalização. Variações e especificidades de acordo com as atividades. Identidade, familiaridade e segurança. Amplitude, acessibilidade e transparências.

Fonte: Elaborada com base em Nair, Fielding e Lackney (2013), Nair (2014), Kowaltowski (2011), Tibúrcio (2005, 2008) e Guidalli (2012).

gem reunidos e/ou elaborados nesta pesquisa. As diretrizes foram agrupadas em quatro categorias principais:

- Ambiente construído – relativo às técnicas e às condições construtivas do ambiente (**Quadro 7.3**, **Figs. 7.12** e **7.13**).
- Condições de conforto – relativas às condições de desempenho climático (**Quadro 7.4**, **Fig. 7.14**).
- *Layout* e mobiliário – relativos às condições ergonômicas e de disposição dos móveis (**Quadro 7.5**, **Fig. 7.15**).
- Tecnologia – relativa às condições e à distribuição de instalações e sistemas (**Quadro 7.6**, **Fig. 7.16**).

CONCLUSÕES PRELIMINARES

Neste capítulo, foram apontadas as principais diretrizes em *design* para a reconfiguração dos ambientes de aprendizagem como premissas para um melhoramento global das condições atuais de infraestrutura nas escolas brasileiras.

É importante destacar a necessidade de estabelecer normas técnicas mais rigorosas e detalhadas para a construção de escolas novas, para reformas das existentes e para a compra de mobiliário e de equipamentos escolares. Em países mais desenvolvidos, os critérios de controle de qualidade construtiva objetivam atingir o melhor desempenho energético e ergonômico dessas edificações, estratégia ainda não adotada no Brasil.

Como visto nos resultados anteriores, requalificar as edificações escolares não se limita à melhoria das condições estéticas e de manutenção, mas está intrinsecamente relacionado ao fornecimento de condições ergonômicas no interior das salas de aula para a plena execução das múltiplas atividades de aprendizagem. Isso colocaria a infraestrutura escolar em alinhamento com as estratégias de ensino híbrido, centrado no desenvolvimento do estudante. Para além das questões técnicas, outros desafios são vislumbrados, especialmen-

QUADRO 7.3 Diretrizes para o ambiente construído

Ambiente construído

1. Forma do ambiente não retangular, proporcionando um *layout* mais dinâmico e flexível, com foco no dimensionamento ergonômico e na acessibilidade, dimensionamento mínimo de 2,25 m² por pessoa.
2. Portas de acesso ao fundo da sala, evitando desconcentrar a turma em relação à lousa. Uso de transparências ou visores, em uma posição que permita a visualização do interior (NAIR, 2014).
3. Instalações elétricas dispostas no centro da sala de aula para carregar instrumentos digitais dos estudantes em suas mesas (LITTLEFIELD, 2011).
4. Banheiros masculino e feminino próximos às salas, evitando longas distâncias para alcançar banheiros coletivos. Usar uma configuração de banheiro doméstico, tornando-o mais agradável e privativo (NAIR, 2014; LITTLEFIELD, 2011).
5. Janelas com aberturas para o exterior amplas e sombreadas, adequadas para o melhor aproveitamento da incidência solar indireta (KOWALTOWSKI, 2011; GUIDALLI; BINS ELY, 2013).
6. Personalização dos ambientes com cores e grafismos dentro das salas, favorecendo a sensação de jovialidade e acolhimento.
7. Possibilidade de proximidade efetiva entre sala de aula, banheiro e varanda, mantendo esses ambientes próximos e acessíveis a todos.
8. Em salas conjugadas, instalação de divisórias acústicas removíveis, permitindo a ampliação das salas, a promoção de atividades colaborativas entre turmas vizinhas ou a acomodação de turmas maiores. Reformulação do *layout* para outras atividades: biblioteca/sala de estudo e laboratórios diversos.
9. Possibilidade de proximidade efetiva entre sala de aula, banheiro e varanda, mantendo esses ambientes próximos e acessíveis a todos.
10. Em salas conjugadas, instalação de divisórias acústicas removíveis, permitindo a ampliação das salas, a promoção de atividades colaborativas entre turmas vizinhas ou a acomodação de turmas maiores. Reformulação do *layout* para outras atividades: biblioteca/sala de estudo e laboratórios diversos.

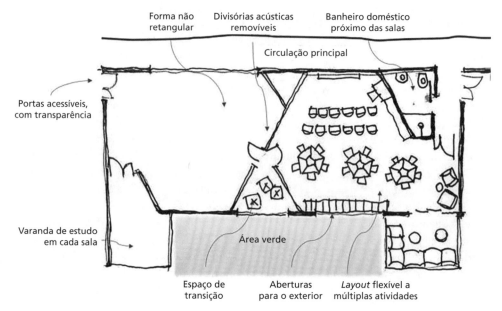

Figura 7.12 *Layout* demonstrativo das soluções propostas para as diretrizes voltadas ao ambiente construído.

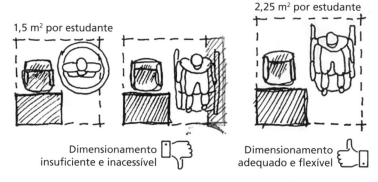

Figura 7.13 Estudo de dimensionamento mínimo sugerido para ambientes de aprendizagem.

QUADRO 7.4 Diretrizes para as condições de conforto

Condições de conforto

1. Adequar o ambiente para atender às condições de conforto de acordo com as estações do ano – proporcionar sensação térmica adequada, especialmente no inverno e no verão, e priorizar inicialmente o condicionamento passivo.
2. Proporcionar condições adequadas de conforto lumínico, acústico e térmico, de acordo com recomendações técnico-normativas (se possível internacionais, por terem critérios mais rigorosos de desempenho). Garantir condições adequadas de visibilidade e de audibilidade do conteúdo em exposição (GEE, 2006).
3. Garantir boas condições de bem-estar psicológico, desenvolvimento do senso de identidade e de pertencimento social; proporcionar espaços ao ar livre e de convivência, com assentos confortáveis e vegetação (NAIR, 2014).

Inovações Radicais na Educação Brasileira 117

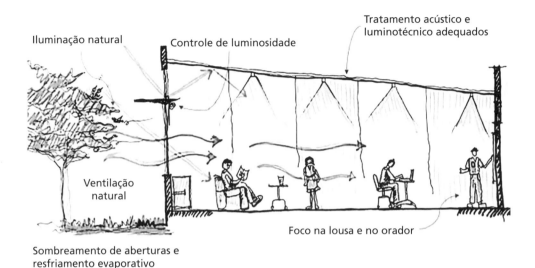

Figura 7.14 Soluções apontadas nas diretrizes de conforto ambiental.

QUADRO 7.5 Diretrizes para *layout* e mobiliário

Layout e mobiliário

1. Usar mobiliário leve, em tamanhos regulares, se possível sobre rodízios, permitindo alterar o *layout* da sala de acordo com as atividades de aprendizagem.
2. Posicionar mesas e cadeiras, inclusive com *desktops*, de frente para a lousa. Evitar o ofuscamento das telas e fornecer cadeiras com assentos ajustáveis, apoio de pés e de braços (ATTAIANESE, 2017).
3. Disponibilizar dois tipos de lousa: quadro-negro/branco para a escrita e lousa digital para apresentações.
4. Propor *layout* flexível a diferentes atividades, tanto gerais como específicas, adequando o mobiliário a múltiplas atividades de aprendizagem: trabalhos colaborativos, espaço pessoal e senso de convivência e de comunicação social (MCVEY, 1996; NAIR, 2014).
5. Proporcionar espaço livre mínimo de 3 m² para o orador se locomover e se comunicar de frente para a plateia (LITTLEFIELD, 2011) e espaço adicional, lateralmente, para organizar e guardar seus pertences pessoais e seu material de trabalho.
6. Fornecer armários de uso contínuo para estudantes, com chave, em tamanho adequado para o armazenamento de mochilas e bolsas (NAIR, 2014) e em altura acessível a cadeirantes.
7. Organizar espaço para exposição dos trabalhos dos estudantes (NAIR, 2014).

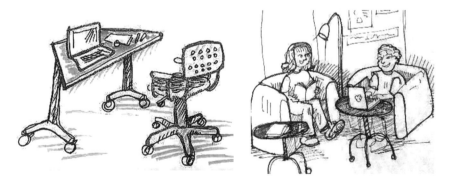

Figura 7.15 Tipos de mobiliário flexíveis, leves ou com rodízios, adotados nas diretrizes para *layout* e mobiliário.

QUADRO 7.6 Diretrizes para tecnologia

Tecnologia

1. Manter conexão com internet livre e constante (por rede *Wi-Fi* e cabeamento) e manter sala de aula física conectada constantemente com módulo de ensino *on-line*, para carregamento, troca e disponibilização de conteúdo.
2. Fazer gestão dos recursos de tecnologia da informação, com transparência e participação coletiva.
3. Manter rede de informações e de conhecimentos dentro e fora da escola, proporcionando atualização e trocas constantes.
4. Alinhar o método de aprendizagem, os recursos tecnológicos e a infraestrutura física da escola (NOU, 2016), favorecendo o ensino híbrido e centrado no estudante.
5. Permitir uso de recursos pessoais de acesso à internet (*laptops* e celulares), com finalidade educacional (se necessário sob supervisão) (NAIR, 2014).
6. Incentivar a produção e o compartilhamento de conteúdo educativo na internet (NAIR, 2014).
7. Instalar sistema de controle de condições ambientais (digital e *on-line*) para iluminação, sombreamento de aberturas, condicionamento de ar e recursos audiovisuais, sob controle do professor de cada ambiente.

Figura 7.16 Soluções em tecnologia para ambientes de aprendizagem adequados ao ensino híbrido.

te quanto à superação das barreiras políticas, culturais e financeiras que atravancam a evolução do sistema brasileiro de educação e merecem outros estudos.

REFERÊNCIAS

ASSOCIAÇÃO BRASILEIRA DE NORMAS TÉCNICAS. *ABNT NBR 10152:2017*. Acústica — Níveis de pressão sonora em ambientes internos a edificações. Rio de Janeiro: ABNT, 2017.

ASSOCIAÇÃO BRASILEIRA DE NORMAS TÉCNICAS. *ABNT NBR ISO/CIE 8995-1:2013*. Iluminação de ambientes de trabalho Parte 1: Interior. Rio de Janeiro: ABNT, 2013.

ATTAIANESE, E. Ergonomia e comfort a scuola. In: SEMINARIO FOCUS SULLA SALUTE E SICUREZZA NELLE SCUOLE: FORMAZIONE, ERGONOMI, ANTINCENDIO E RISCHI PSICOSOCIALI, 2., 2017, Napoli. *Anais...*Napoli: [s.n.], 2017. p. 22-23.

BERGLUNG, B.; LINDVALL, T.; SCHWELA, D. H. (Eds.). Guidelines for community noise. Geneva: World Health Organization,1999. 159 p.

CHAN, T. C.; RICHARDSON, M. D. *Ins and outs of school facility management*: more than bricks and mortar. Lanham: Scarecrow Education, 2005.

DAY, C.; MIDBJER, A. *Environment and children*: passive lessons from the everyday environment. Burlington: Architectural Press, 2007.

EUROPEAN STANDARD. *EN 12464-1*. Light and lighting - Lighting of work places - Part 1: Indoor work places. [S.l.]: European Standard, 2002.

FUNDAÇÃO PARA O DESENVOLVIMENTO DA EDUCAÇÃO. (FDE). *Catálogos de ambiente*: especificações da edificação escolar. São Paulo: FDE, 2012.

GEE, L. Human-centered design guidelines. In: OBLINGER, D. (Ed.). *Learning spaces*. [S.l.]: Educause, 2006.

GUIDALLI, C. R. R. *Diretrizes para o projeto de salas de aula em universidades visando o bem-estar do usuário*. 2012. 265 f. Dissertação (Mestrado em Arquitetura e Urbanismo) – Programa de Pós-Graduação em Arquitetura e Urbanismo, Universidade Federal de Santa Catarina, Florianópolis, 2012.

GUIDALLI, C. R. R.; BINS ELY, V. H. M. Conforto visual nas salas de aula de universidades. In: ENEAC: ENCONTRO NACIONAL DE ERGONOMIA DO AMBIENTE CONSTRUÍDO, 4., 2013, Florianópolis. Anais... Florianópolis: [s.n.], 2013.

INSTITUTO OI FUTURO. NAVE Recife: Escola Técnica Estadual Cícero Dias, 2012. Disponível em: <http://www.oifuturo.org.br/noticias/nave-recife-escola-tecnica-estadual-cicero-dias/>. Acesso em: 11 ago. 2018.

KAUP, M. L.; KIM, H.; DUDEK, M. Planning to learn: the role of interior design in educational settings. International Journal of Design for Learning, v. 4, n. 2, p. 41-55, 2013.

KOWALTOWSKI, D. C. C. K. Arquitetura escolar: o projeto do ambiente de ensino. São Paulo: Oficina de Textos, 2011.

LITTLEFIELD, D. Manual do Arquiteto: planejamento, dimensionamento e projeto. 3. ed. Porto Alegre: Bookman, 2011.

MCVEY, G. Ergonomics and the learning environment. In: JONASSEN, D. (Ed.). Handbook of research for education communications and technology. New York: Macmillan, 1996.

MILLEN, D. R. Rapid ethnography: time deepening strategies for HCI field research. In: CONFERENCE ON DESIGNING INTERACTIVE SYSTEMS: PROCESSES, PRACTICES, METHODS, AND TECHNIQUES. 3., 2000, New York. Anais... New York: ACM, 2000. p. 280-286.

MORAN, J. Educação híbrida: um conceito-chave para educação hoje. In: BACICH, L.; TANZI NETO, A.; TREVISANI, F. M. (Org.). Ensino híbrido: personalização e tecnologia na educação. Porto Alegre: Penso, 2015. p. 23-42.

NAIR, P. Blueprint for tomorrow: redesigning schools for student-centered learning. Cambridge: Harvard Education Press, 2014.

NAIR, P.; FIELDING, R.; LACKNEY, J. The language of school design: design patterns for 21st century schools. 3rd ed. Minneapolis: Designshare.com, 2013.

NOU, D. S. Ergonomic concerns in universities and colleges. In: HEDGE, A. (Ed.). Ergonomic workplace design for health, wellness, and productivity. Boca Raton: Taylor & Francis, 2016. p. 342-376.

O POVO ONLINE. Educação e tecnologia, a experiência do NAVE. Coluna Tecnosfera, 03 abr. 2017. Disponível online em: https://www.opovo.com.br/noticias/colunas/tecnosfera/2017/04/educacao-e-tecnologia-a-experiencia-do-nave.html>. Acesso em: 12 set. 2017.

OBLINGER, D. G.; OBLINGER, J. L. (Ed.). Educating the net generation. [S.l.]: Educause, 2005.

POWELL, M. A. Reacting to classroom design: a case study of how corrective actions impact undergraduate teaching and learning. 2015. 284 f. Thesis (Doctor of Philosophy Educational Studies) – Lesley University, 2015.

ROSAN BOSCH STUDIO. Photos. [2011]. Disponível em: <http://www.rosanbosch.com/sites/default/files/pdf/vittra_telefonplan_eng_0.pdf>. Acesso em: 05 out. 2018.

SANOFF, H. A visioning process for designing responsive schools. Washington: National Clearinghouse for Educational Facilities, 2001.

STICKDORN, M.; SCHNEIDER, J. (Org.). Isto é design thinking de serviços: fundamentos, ferramentas, casos. Porto Alegre: Bookman, 2014.

THORNBURG, D. D. Campfire in cyberspace. Lake Barrington: Starsong, 1999.

TIBÚRCIO, T. Improving learning environment. In: AUER, M.; AUER, U.; MITTERMEIR, R. (Ed.). Proceedings of ICL International Conference: ambient and mobile learning. Villach: [s.n.], 2005.

TIBÚRCIO, T. Mudanças e desafios na arquitetura da sala de aula: o impacto da tecnologia. In: ENTAC: ENCONTRO NACIONAL DE TECNOLOGIA DO AMBIENTE CONSTRUÍDO, 12., 2008, Fortaleza. Anais... Fortaleza: ANTAC, 2008.

VILLAROUCO, V. An ergonomic look at the work environment. In: IEA WORLD CONGRESS ON ERGONOMICS, 17., 2009, Beijing. Proceedings... Beijing: [s.n.], 2009.

INTERDISCIPLINARIDADE:
currículo, didática e inovação

Ivani Catarina Arantes Fazenda | Fausto Gentile
Patricia Luissa Masmo

8

O cenário da educação pública no Brasil e as questões inerentes à didática e à prática de ensino apresentam, contemporaneamente, uma ruptura de valores e convenções. Presenciamos certo ceticismo, indagação e indignação acerca do legado teórico-científico que nos foi outorgado. A prática pedagógica e a didática estão expostas a uma gama diversa de modelos e moldes que evidenciam a exclusão de um exercício intelectual e prezam pela virtuosidade no manejo de técnicas, suscitadas pela necessidade imediatista de educadores que não empreendem uma assertiva dialética com os teóricos das ciências da educação.

Em contrapartida, não podemos negligenciar que a vivência e a descrição de práticas não colaboram para a construção de indicadores eficientes, capazes de evidenciar o desenvolvimento de caminhos inovadores para a educação. Como educadores atuantes e participantes de um coletivo de pesquisadores da interdisciplinaridade,* convivemos com essa mesma dubiedade, assim, propomo-nos, neste capítulo, a um diálogo sobre o papel da interdisciplinaridade como campo de conhecimento e sua capilaridade teórica e praxiológica,

capaz de nortear, teorizar e promover práticas inovadoras a partir dos conhecimentos historicamente construídos, das possibilidades de aberturas para a inovação e para os desafios da educação brasileira.

Para nosso posicionamento, utilizamos as pesquisas realizadas e as experiências vividas por um coletivo de 155 pesquisadores (mestres, doutores e pós-doutores) em um projeto do Grupo de Pesquisas e Estudos em Interdisciplinaridade (GEPI) coordenado por Ivani Fazenda (Pontifícia Universidade Católica de São Paulo [PUCSP]), que trabalha continuamente na análise do cenário da educação pública e suas relações, aproximações e digressões com a interdisciplinaridade. O foco deste capítulo considera também as correlações entre teoria e prática, buscando pontos de coerência intrínseca, evidenciando as bases epistemológicas que possibilitam a transposição do currículo em práticas significativas e inovadoras.

Partimos do pressuposto de que o cenário que apresentamos se estrutura como um movimento complexo e sistêmico, de caráter científico/histórico. Consideramos, ainda, que a didática só atinge pontos relevantes de inovação e ruptura com o tradicional quando há um (re)direcionamento do modelo mental do educador, que se abre para a coincidência significativa de eventos, (re)direcionando as questões relativas

---

*Grupo de Estudos e Pesquisa em Interdisciplinaridade (GEPI). Pontifícia Universidade Católica de São Paulo. Para mais informações, acessar: http://www.pucsp.br/gepi/.

à prática docente e à didática. Ou seja, o transbordar do currículo para vivência cotidiana da sala de aula por meio da interdisciplinaridade parte do princípio da congregação das disciplinas, não pautado apenas na intenção de uni-las e integrá-las, mas na premissa de observar a integralidade do educando e suas relações com o mundo contemporâneo, buscando compreender as diversas possibilidades de se relacionar e dialogar com o mundo a sua volta.

Para a interdisciplinaridade, analisar currículo e didática a fim de compreendê-los como práticas inovadoras na educação nos remete a bases teóricas aportadas na filosofia, na psicologia, na antropologia e na sociologia, assim a interdisciplinaridade se constitui como construto epistemológico, sustentado metodologicamente pelo relacionamento e pelo diálogo e que está em constante ressignificação. Desse modo, uma abordagem para tal análise se constituiria de três fases:* 1) atitude diante do problema do conhecimento; 2) cultura e sociedade; e 3) papel e fases do simbólico.

Na primeira fase, estaríamos refletindo e buscando perceber o posicionamento diante do problema do conhecimento no campo da educação a que a prática inovadora se remete. Historicamente, estaríamos considerando o recorte temporal que vai desde o início da década de 1970 no Brasil, quando a interdisciplinaridade posiciona ao mundo acadêmico sua ruptura ao ensino tradicionalista e bancário, pautado em um currículo imposto, fechado e disciplinar, distante de uma visão integral do mundo e do coletivo nele inserido. Assim, abordaríamos a partir de três linhas de uma mesma teia, como elementos fundantes: o ponto de vista filosófico da natureza social dos envolvidos, em que partiríamos da hipótese e da indagação da relação entre a suposta prática inovadora e a personificação do indivíduo como ser catalisador do universo a sua volta, com capacidade de observar, relacionar, relativizar, dialogar, consensuar e propor soluções, visando uma prática geradora de integração, comprometimento e transformação.

Nesse sentido, consideramos que uma prática inovadora requer como pressuposto uma atitude especial ante o conhecimento, que se evidencia no reconhecimento das competências, das possibilidades e dos limites da própria disciplina e de seus agentes, no conhecimento e na valorização suficientes das demais disciplinas e dos que as sustentam. Torna-se fundamental haver indivíduos capacitados para a escolha da melhor forma e sentido da participação e, sobretudo, para o reconhecimento da provisoriedade das posições assumidas, no procedimento de questionar. Tal atitude conduzirá, evidentemente, à criação de expectativas de prosseguimento e abertura a novos enfoques e aportes.

Assim, a interdisciplinaridade acredita que algo realmente inovador pressupõe uma liberdade científica, alicerça-se no diálogo e na colaboração, funda-se no desejo de inovar, de criar e de ir além, e exercita-se na arte de pesquisar – não objetivando uma valorização técnico-produtiva ou material, mas, sobretudo, possibilitando uma ascese humana, na qual se desenvolva a capacidade criativa de transformar a concreta realidade mundana e histórica em uma aquisição maior de educação em sentido amplo, humanizador e libertador do próprio sentido de ser-no-mundo.

Continuaríamos nossa análise nos enveredando agora para as questões sociológicas e antropológicas dos atores envolvidos, segunda fase da interdisciplinaridade. A intenção é aprofundar o olhar na questão da experiência como forma potencializadora de aprendizagem coletiva. Nossa visão acerca desse tópico considera que cada indivíduo participante é catalisador das condições sociais e antropológicas daqueles que o rodeiam e que essa experimentação em grupo é capaz de gradativamente possibilitar ao indivíduo olhar o todo,

---
*Fases constitutivas da interdisciplinaridade de Fazenda. Esse estudo é parte integral da tese de doutorado (em andamento) intitulada: O estado da arte da interdisciplinaridade: o construto epistemológico, de Ivani Fazenda na PUCSP.

tratar a complexidade e a integralidade. Nesse recorte, seria-nos possível perceber se os educadores se lançaram a uma vivência pautada na interdisciplinaridade de suas práticas pedagógicas, colocando o foco da didática no desenvolvimento dos educandos, buscando encontrar, intrinsecamente por meio das histórias de vida, uma postura diferenciada ante a construção do conhecimento.

Para os limites de nossa reflexão, passaríamos a observar a inovação nos aportando na terceira fase da interdisciplinaridade, papel e fases do simbólico, em que o exercício de reflexão estaria na observação dos pontos de transcendência para as questões sobre o sentido da educação para os envolvidos em suas especificidades. A análise partiria de pontos essenciais da referida prática que buscaram acessar e provocar nos educandos e nos educadores a necessidade de ir em direção ao sentido de seu fazer, pois tal concepção busca as marcas de nossa história de vida, capazes de nos despertar a reflexão para a prática. Assim, conseguiríamos perceber a prática inovadora como aportada na interdisciplinaridade, refutando a concepção herdada de nossa gramática, que preconiza uma estrutura sujeito/verbo/objeto que aplicamos nos níveis sociais e pessoais, em uma tendência de enxergar indivíduos e grupos como "outros" que não nós mesmos. Romper essa fragmentação implica romper o isolamento e protagonizar o conhecimento de forma integral e horizontal, rompendo também a verticalidade entre educador e educando. De certa forma, a prática inovadora acessaria o domínio científico do campo teórico quando os envolvidos habitam os conceitos, compreendendo-os profundamente. Esse habitar significa ir à gênese deles, investigando a forma e a circunstância nas quais eles foram gerados, e intuir-lhes a própria dimensão de totalidade, peculiar a abstrações conceituais essenciais.

Nossa visão de futuro e nossos próximos passos para a consolidação desse novo olhar, desse novo posicionamento em relação a uma educação inovadora e de ruptura, nos remete a algumas questões: a inovação na educação brasileira traz intrinsicamente uma ontologia? Quais são os caminhos para a compreensão da complexidade da educação contemporânea, quando optamos observá-la pela interdisciplinaridade? A inovação carrega consigo uma metodologia intrínseca? Quais são as relações e correlações da inovação em educação com as teorias tradicionais da educação? Como gerar indicadores de efetividade na análise de dados nas pesquisas que apontam para quesitos de inovação na educação?

Estamos em um momento de transição, interiorização e exteriorização de visões e posicionamentos sobre a educação brasileira. O movimento emergencial é a compreensão de como podemos contribuir para a formação de educadores e educandos sem lhes refutar a essência, autonomia e liberdade de expressão. Não podemos ser omissos em consentir que haja uma subversão do currículo e da didática em prol de uma visão emergencial e desenfreada por modelos e aportes difusos e displicentes categorizados como inovação. Clamamos pela coesão, compreendida por nós como uma unidade lógica, um cuidado para com a coerência de um pensamento importante e essencial para os educadores. Esse é nosso compromisso como educadores.

A motivação em estarmos conectados com o tema proposto neste livro vai além de buscarmos integrar o campo teórico da interdisciplinaridade nessa discussão, mas, sim, em comunicar o que cientificamente aprendemos com essa ciência e convivência. O resultado que almejamos é apresentar de forma organizada subsídios científicos capazes de orientar e subsidiar os educadores nesse campo do conhecimento, que convivem com questões e querelas acerca da educação, do currículo e da didática e que precisam se conectar com um mundo diverso, complexo e sistêmico.

LEITURAS RECOMENDADAS

ASCHENBACH, M.; FAZENDA, I.; ELIAS, M. *A arte-magia das dobraduras*: histórias e atividades pedagógicas com origami. São Paulo: Scipione, 1990. (Pensamento e Ação no Magistério, 19).

FAZENDA, I. (Org.). *Dicionário em construção*: interdisciplinaridade. 2. ed. São Paulo: Cortez, 2002.

FAZENDA, I. (Org.). *Interdisciplinaridade na educação brasileira*: 20 anos. São Paulo: CRIARP, 2006.

FAZENDA, I. (Org.). *Metodologia da pesquisa educacional*. 10. ed. São Paulo: Cortez, 1989.

FAZENDA, I. C. A. (Org.). *A pesquisa em educação e as transformações do conhecimento*. 6. ed. Campinas: Papirus, 2004.

FAZENDA, I. C. A. (Org.). *A virtude da força nas práticas interdisciplinares*. Campinas: Papirus, 1999.

FAZENDA, I. C. A. (Org.). *Didática e interdisciplinaridade*. 12. ed. Campinas: Papirus, 1998.

FAZENDA, I. C. A. (Org.). *Encontros e desencontros da didática e da prática de ensino*. São Paulo: Cortez, 1988. (Centro de Estudos Educação e Sociedade, 21).

FAZENDA, I. C. A. (Org.). *Interdisciplinaridade na formação de professores*: da teoria à prática. Canoas: ULBRA, 2006.

FAZENDA, I. C. A. (Org.). *Interdisciplinaridade*: pensar, pesquisar e intervir. São Paulo: Cortez, 2014.

FAZENDA, I. C. A. (Org.). *Novos enfoques da pesquisa educacional*. 6. ed. São Paulo: Cortez, 2004.

FAZENDA, I. C. A. (Org.). *Práticas interdisciplinares na escola*. São Paulo: Cortez, 1981.

FAZENDA, I. C. A. (Org.). *Tá pronto, seu lobo?* Didática/prática na pré-escola. São Paulo: EDUC, 1988.

FAZENDA, I. C. A. *Educação no Brasil anos 60*: o pacto do silêncio. São Paulo: Loyola, 1988.

FAZENDA, I. C. A. et. al. *Um desafio para a didática*: experiências, vivências, pesquisas. São Paulo: Loyola, 1988.

FAZENDA, I. C. A. *Interdisciplinaridade*: história, teoria e pesquisa. 11. ed. Campinas: Papirus, 1994.

FAZENDA, I. C. A. *Interdisciplinaridade*: qual o sentido? São Paulo: Paulus, 2003.

FAZENDA, I. C. A. *Interdisciplinaridade*: um projeto em parceria. São Paulo: Loyola, 1991. (Educar, 13).

FAZENDA, I. C. A.; FERREIRA, N. R. S. (Org.). *Formação de docentes interdisciplinares*. Curitiba: CRV, 2013.

FAZENDA, I. C. A.; PESSOA, V. I. F. (Org.). *O cuidado em uma perspectiva interdisciplinar*. Curitiba: CRV, 2013.

FAZENDA, I. C. A.; PETEROSSI, H. G. *Anotações sobre metodologia e prática de ensino na escola de 1º grau*. 4. ed. São Paulo: Loyola, 1985. (Educação, 10).

FAZENDA, I. C. A.; SEVERINO, A. J. (Org.). *Conhecimento, pesquisa e educação*. Campinas: Papirus, 2001. (Cidade Educativa, 1).

FAZENDA, Ivani Catarina Arantes. (Org.). O que é interdisciplinaridade. São Paulo: Cortez, 2008.

LENOIR, Y.; FAZENDA, Y.; Rey, B. (Org.). *Les fondements de l'interdisciplinarité dans la formation à l'enseignement*. Québec: CRP, 2001.

SEVERINO, A. J.; FAZENDA, I. C. A. (Org.). *Formação docente*: rupturas e possibilidades. Campinas: Papirus, 2002.

SEVERINO, A. J.; FAZENDA, I. C. A. (Org.). *Políticas educacionais*: o ensino nacional em questão. Campinas: Papirus, 2003.

PROJETO ÂNCORA:
a gênese de novas construções sociais de aprendizagem

José Pacheco

PROJETOS SUSTENTÁVEIS

Parece haver um consenso em âmbito internacional, quer entre políticos, quer entre estudiosos e pesquisadores, quanto à necessidade de busca de novas formas de escolarização e de organização escolar, de novos paradigmas de mudança e de novos modelos de formação de professores. E, no Brasil, como em outros países, não faltam exemplos de escolas que, isoladamente ou integradas em movimentos mais amplos, fazem a diferença, pela maneira inovadora como seus professores desenvolvem as aprendizagens dos alunos, estabelecem parcerias com a comunidade e adequam as suas obrigações de serviço público aos valores da justiça social, da igualdade de oportunidades e da construção da cidadania.

Em 1996, os ministros da educação dos países da Organização para a Cooperação e Desenvolvimento Econômico (OCDE), reunidos em Paris, manifestaram sua preocupação com as mudanças rápidas e profundas em curso, em âmbito mundial, com a capacidade de acompanhamento dessas mudanças pelos sistemas educativos e com a necessidade de repensar os modos atuais de organização da escola. Convidaram, então, a OCDE a "[...] avaliar as implicações de diferentes visões da escola de amanhã, tendo em conta, em especial, as novas tecnologias e os progressos da pedagogia [...]". Por seu turno, os ministros da educação, reunidos na 45ª sessão da Conferência Internacional da Educação, propuseram-se a:

> [...] assegurar a participação ativa dos docentes e do conjunto de parceiros da educação nos processos de transformação dos sistemas educativos [...] reforçar a autonomia profissional e o sentido das responsabilidades dos professores [...] suscitar o compromisso de todos os parceiros [...] para que contribuam ativamente para a criação de uma escola entendida como um centro ativo de aprendizagem intelectual, moral, espiritual, cívica e profissional adaptada a um mundo em constante mudança.

Manifestaram preocupação com o futuro, com a mudança e a inovação, com a necessária *desnaturalização* da escola, com o questionamento da sua organização formal e dos objetivos dos sistemas por ela servidos. Ou seja, parece haver, por todo lado e tanto da parte de políticos como de cientistas da educação, uma preocupação profunda com as transformações recentes e em curso (desde a globalização da economia à emergência de novas realidades regionais e supranacionais; desde o desenvolvimento das novas tecnologias ao conceito de *sociedade do conhecimento* e à evolução do mundo do trabalho e do emprego; e desde as transformações sociais e demográficas ao conceito de desenvolvimento sustentável) e com a dificuldade de a organização centenária que é a escola lhes dar resposta, para já não falar da sua dificuldade em preparar o futuro.

A biologia da evolução, com a demonstração de que as espécies novas se formam muitas vezes a partir de pequenas populações periféricas, ou a teoria da gestão, com os conceitos de instituição aprendente e de empresas criadoras de saber, inspiram, por exemplo, Hargreaves, da Universidade de Cambridge, a defender que,

> [...] dado que as autoridades escolares não podem saber antecipadamente quais serão as estruturas e as culturas educativas de que necessitaremos em 2020 e mais além, seria prudente deixar as escolas procurarem, por si mesmas, esta informação tão necessária e experimentarem, através de inovações, o que funciona nas novas condições [...].

Os processos de mudança deliberada, em larga escala, saldaram-se, regularmente e por toda a parte (como é particularmente notório no caso português), por fracassos e decepções. Esses fracassos podem ser relacionados com dois erros principais, um erro de *diagnóstico* e um erro de *metodologia*. O primeiro erro consiste em referenciar a crise da escola como uma mera crise de eficácia e de meios, sobrevalorizando-se uma resposta de natureza técnica. Sabemos, hoje, que a crise da escola se situa, sobretudo, no campo da legitimidade e apela, por isso, a respostas políticas que residem no terreno dos fins da ação educativa. O segundo erro radica em processos de mudança construídos a partir de *cima*, em uma lógica de exterioridade relativamente aos contextos e aos atores locais. Essa importação para o campo educativo de processos industriais de produção de mudanças contribuiu para acentuar, em vez de resolver, a *crise da escola*, estabelecendo uma relação de conflito entre os processos de mudança instituídos (do centro para a periferia) e os processos de mudança instituintes. Em síntese, as escolas e os professores têm vindo de forma metódica, regular e persistente, a ser *vacinados* contra as mudanças.

Esse efeito perverso de vacina só pode ser prevenido e contrariado se, de uma atitude de tutela, a administração educacional souber evoluir para uma atitude de *escuta*, relativamente às escolas e aos professores. Reconhecer, compreender, valorizar e apoiar iniciativas inovadoras das escolas representa assumir uma estratégia indutiva de conhecimento e intervenção na realidade que se situa nos antípodas da lógica da reforma. Essa estratégia indutiva implica reconhecer duas coisas que, sendo irritantes para alguns, não deixam, por isso, de ser óbvias: por um lado, têm sido as escolas a mudar (ou esvaziar de sentido) as reformas e não o contrário; por outro, só é possível mudar as escolas com os professores e não contra eles. Implica, ainda, uma terceira conclusão, a de que é possível e necessário aprender a aprender com aquilo que as escolas fazem (de *bom* e de *mau*).

O projeto construído pelo coletivo da escola do Projeto Âncora resiste e progride, sendo prova da possibilidade de proporcionar oportunidades de aprendizagem e realização pessoal a todos os alunos, a par de um desenvolvimento local sustentável. Entretanto, revela os problemas crônicos do sistema educativo, ousando apontar hipóteses de soluções.

A ruptura paradigmática operada propiciou a resolução de problemas de organização do trabalho escolar, de gestão, gerou processos de inclusão, criou contextos do exercício pleno de democraticidade e participação. O Projeto Âncora prima pelo rigor nas aprendizagens, destacando-se nos excelentes resultados obtidos, como provam estudos de mestrado e doutoramento. Esse projeto significa a rejeição do modelo da escola da modernidade, que, se satisfez necessidades sociais do século XIX, se mostrava obsoleto em meados da década de 1970, e estabelece uma fronteira entre distintos modos de pensar e de fazer educação.

Por contraste com uma perspectiva de estabilidade e continuidade, os conceitos de *mudança*, *inovação* e *reforma* emergiram, a partir do final dos anos de 1960, como palavras-chave para descrever, pensar e planejar o funcionamento dos sistemas escolares. A criação de agências especializadas na promoção de inovações, o desenvolvimento da pesquisa *aplicada* e o crescente domínio do saber técnico-científico reforçaram os mecanismos de *tutela externa* sobre os professores e as escolas. Apesar da retórica sobre a *criatividade* das escolas, os processos de mudança deliberada basearam-se em uma atitude de desconfiança relativa aos professores e às escolas, apresentados como intrinsecamente *resistentes à inovação*. A obrigação imposta às escolas de serem *inovadoras* colocou-as em uma situação de constrangimento, pois se mostra impossível ser criativo por imposição externa... No Projeto Âncora, desenvolveu-se uma experiência ímpar, marcada por um percurso complexo. No projeto, fala-se pouco de autonomia, mas ela é efetivamente exercida, construída desde há muito tempo, uma autonomia não outorgada, nem tutelada.

O Âncora foi alterando sua estrutura organizativa, desde o espaço ao tempo, ao modo (trabalho de pesquisa, predominantemente) e à participação dos alunos no planejamento das aprendizagens e na vida social da escola e da comunidade. Provou ser possível inovar a partir de uma equipe de professores, a partir da escola, dos seus atores e parceiros. Diz-nos ser possível concretizar uma práxis formativa transformadora, no chão da escola, integrando ação e reflexão. E que é possível uma escola diferente, que *desnaturaliza* algumas características da escola tradicional e que tem em conta mudanças econômicas, políticas e tecnológicas, enquanto reforça e desenvolve democracia.

Os dois últimos séculos representaram o triunfo incontestável da escola, enquanto traço distintivo da modernidade. Esse triunfo desvalorizou todas as modalidades educativas não escolares e empobreceu o nosso patrimônio educativo, tornando a educação refém do escolar. A saída para esse paradoxo reside, por um lado, na relativização do escolar (integrado como componente da educação permanente) e, por outro, na sua reinvenção, o que é possível, uma vez que se trata de pura criação humana, tal como tudo o que é social. A escola é uma invenção histórica recente e corresponde, por isso, a *uma escola entre várias escolas possíveis*. A escola que historicamente conhecemos corresponde a três dimensões que, em termos de análise e de ação, é pertinente distinguir: corresponde a outra *forma* de conceber a aprendizagem, com base na dissociação entre o tempo e o espaço de aprender e o tempo e o espaço de agir, privilegiando a ruptura com a experiência dos sujeitos e os modos de aprendizagem baseados na continuidade com a experiência; corresponde a uma nova *instituição* portadora de uma forma específica de socialização normativa que ganhou progressivamente uma posição hegemônica; corresponde, ainda, a uma nova *organização*, que corporiza uma relação social inédita – a relação pedagógica escolar – com base em um conjunto de invariantes (organização do espaço, do tempo, dos saberes e do agrupamento dos alunos) que, por efeito de um processo de naturalização, se tornaram particularmente pouco visíveis e refratários a mudanças. O cerne estruturante da escola é a organização dos alunos em classes homogêneas, objeto de um ensino simultâneo por parte de um professor.

A ruptura com a organização de escola tradicional constitui o traço mais distintivo, importante e original, da experiência do Projeto Âncora: escolas não são edifícios; escolas são pessoas. É essa ruptura que explica que o processo de mudança tenha sido lento, mas consistente (e não superficial e passageiro, como é frequente). Essa ruptura representa uma mudança radical (que vai à raiz das coisas) e equivale a construir uma organização *outra*, que põe em causa todos os estereótipos não explicitados que continuam a servir de referência para analisar e intervir na realidade escolar. Nessa mudança radical reside o seu poder de atração, mas, simultaneamente também, os temores que inspira. Daí que a admiração, por vezes reverente, possa ser concomitante com a ideia de que se trata de algo excepcional e que não pode constituir um referente para as restantes escolas.

É a ruptura com a organização de escola tradicional que obriga que a experiência do Projeto Âncora corresponda a uma intervenção sistêmica que abrange a escola como um todo e implica uma ação coletiva do conjunto dos professores. É dessa ruptura que decorre a possibilidade de o Projeto Âncora ser uma escola *onde não há aulas*, *não há anos de escolaridade*, nem *turmas*, onde *os espaços são polivalentes*, onde os professores não se queixam da falta de tempo *para dar o programa*, onde os discursos e o pensamento dos professores gozam de autonomia, em vez de ser reativos ao que o ministério faz, diz ou pensa fazer.

A organização escolar moderna baseou-se na transposição da relação dual entre um professor e um aluno para uma relação dual entre um professor e uma classe. O pensamento pedagógico continuou preso à primeira alternativa (a relação professor-aprendiz) em desfasamento com a realidade (a relação professor-classe). No Projeto Âncora, essa contradição foi superada, uma vez que a organização é estruturada por uma relação entre uma equipe de professores e um conjunto de alunos, considerados na sua individualidade e que multiplicam entre si, na relação com os espaços e na relação com os professores, uma gama variada de modalidades de interação.

A arquitetura também desempenha um importante papel na concretização dos objetivos do projeto. A disposição espacial ampla encontra a sua maior expressão em um conceito de escola aberta que se revê como uma *oficina de trabalho*, parafraseando Freinet, ou *escola laboratorial*, recorrendo a Dewey. É um espaço propício a múltiplas experiências e aprendizagens, que permite o desenvolvimento de uma pedagogia orientada para *práxis* sociais de integração do meio na escola e da escola na vida, aliando o saber ao saber fazer.

Não há *salas de aula*, nem *aulas*. Um espaço de aprendizagem pode, no início de um dia, acolher um trabalho de grupo; pode servir à expressão dramática, no meio da manhã; no fim do dia, pode receber as crianças que vão participar de um *debate*. Em um mesmo dia, o espaço do refeitório pode ser o lugar de reunião da assembleia ou de expressão plástica. A distribuição das crianças por espaços específicos apenas acontece em situação de *iniciação* e de *transição*, como a seguir se explica.

As crianças da *iniciação* dispõem de um espaço próprio, onde aprendem a ler, a escrever e a ser gente. Porém, os mais novos não permanecem continuamente nesse espaço, partilham outros, nomeadamente, nas áreas de expressão. As crianças da *iniciação* leem e produzem escrita desde o primeiro dia de escola. O que distingue a *iniciação* dos demais níveis é, sobretudo, o modo como se faz o planejamento de atividades, bem como uma maior intervenção dos professores. Quando uma criança acessa um grau de autonomia, que lhe permita a socialização em pequeno grupo, participa de pequenos jogos assistidos por colegas voluntários.

A saída desse núcleo verifica-se quando a criança revela competências de autoplanejamento e avaliação, de pesquisa e de trabalho em pequeno e grande grupo. Aos primeiros planejamentos elaborados pelos tutores e mediadores, sucedem-se esboços de planejamento dos alunos, que se vão aperfeiçoando até atingir a capacidade de previsão da gestão equilibrada dos tempos e dos espaços de aprendizagem.

A *transição* – na qual algumas crianças permanecem apenas o tempo necessário para reconstruírem os itinerários e a autoestima – também dispõe de um recanto para que as crianças possam se reencontrar consigo e com os outros.

Todos os anos, chegam crianças acompanhadas de relatórios elaborados por psicólogos, médicos, pedopsiquiatras, etc. Essas crianças precisam de um tempo de adaptação e de um tipo de atenção que lhes facultem uma integração plena na comunidade que as acolhe.

Os grupos de *desenvolvimento* circulam em total liberdade pelos diversos espaços da escola e convivem segundo uma estrutura familiar, sem separação em ciclos ou anos de escolaridade. Pela aproximação a um contexto de aspecto mais afetivo, mais condicente com a vida em família, embora exequível no contexto institucional, minimizam-se os efeitos da transição para a vida escolar e oferecem-se as condições de estabilidade para um crescimento equilibrado.

O derrubar das paredes libertou alunos e professores da rigidez dos espaços tradicionais e acompanhou o derrube de outros muros. Em conjunto com as alterações arquitetônicas atrás referidas, outras opções organizacionais marcaram a ruptura com o modelo tradicional de organização da escola, que considerávamos não respeitar as individualidades e não favorecer o sucesso de todos. Referimo-nos à organização do tempo e, concretamente, à opção pelo *modelo de dia escolar integral* (ausência de turnos) que evita fraturas na organização do trabalho escolar. Permite uma mobilização integrada das estruturas curriculares e paracurriculares, de acompanhamento e de socialização, estimula a participação na experiência pedagógica cotidiana e permite colocar igual ênfase na aprendizagem dos processos como na dos conteúdos, como estratégia de aprender a aprender. Referimo-nos, ainda, ao progresso dos alunos em que também se *aboliram ou se atenuaram os efeitos do mecanismo de aprovação/reprovação*, por não se lhe encontrar sentido em uma escola em que se procura que tudo se conjugue para proporcionar a concretização de currículos de desenvolvimento concomitante: o da subjetividade e o da comunidade.

Essa excepcional abertura das condições de organização do trabalho escolar poderia ser geradora do caos e permitiria acolher qualquer tipo de projeto. No caso dessa escola, a criação de tais condições tinha em vista, precisamente, eliminar os obstáculos que a organização tradicional impõe ao desenvolvimento de um projeto singular de educação, em que se procura estabelecer a coerência entre as vertentes cultural e socializadora da educação. A vivência na comunidade escolar tem um carácter formativo, veiculador de valores sociais e de normas por todos assumidas e elaboradas com a participação de todos. Vive-se, cultiva-se, respira-se a delicadeza no trato, a suavidade na voz, a afabilidade para com o colega, a disponibilidade, a atenção ao outro, a capacidade de expor e de se expor. A interajuda permanente acontece em todo o sistema de relações, a partir do exemplo dado pelo trabalho em equipe dos professores.

Ao estabelecer uma clara e definitiva ruptura com a organização em classe, essa escola assumiu, em concreto, a tarefa de encontrar outra forma de pensar a organização escolar. Essa ruptura – que não terá, forçosamente, de acontecer em todas as escolas, mas em cada qual a seu modo – teve consequências em vários níveis. Para que se não cerceasse a liberdade e autonomia dos alunos, forçoso se tornou que a abertura organizacional estabelecida fosse sendo matizada por um conjunto complexo de dispositivos que, a par e passo, se irão explicitando em relação às várias dimensões de organização pedagógica da escola. Esses dispositivos, ao constituírem marcadores do cotidiano escolar, reafirmam a preocupação com o tratamento integrado das várias finalidades do projeto.

No domínio das relações interpessoais e do equilíbrio afetivo dos alunos, o *quadro de direitos e deveres* regula todo o sistema de relações, mas é proposto, debatido e aprovado pela assembleia da escola. A *caixinha dos segredos*, onde as crianças depositam *um recado* sempre que pretendem conversar em segredo com algum professor, permite manter e aprofundar cumplicidades entre alunos e professores e, assim, reequilibrar afetivamente os alunos. O *debate* é um dispositivo de trabalho coletivo em que cabe, entre outros, a discussão de assuntos do interesse dos alunos e a gestão de conflitos. A *assembleia da escola* tem um aspecto mais formal e mais abrangente. Obedece a uma convocatória que estabelece os assuntos a tratar, cujo tratamento e conclusões são registrados em ata no final de cada reunião. É dirigida pela mesa da assembleia, que é eleita, e nela se preparam projetos, são resolvidos conflitos, etc.

A organização de meios e a gestão do bem-estar são de responsabilidade coletiva, de acordo com categorias de tarefas a que se dá o nome de *grupos de responsabilidades*. No domínio do agrupamento de alunos, o *grupo heterogêneo* é a unidade básica adotada, muito embora a organização do trabalho alterne entre o trabalho em grupo, o trabalho de pares e o trabalho individual; é, geralmente, constituído por três alunos e organizado de modo a promover a participação e a entreajuda entre alunos de diferentes idades e níveis de desenvolvimento. Apesar de o vínculo afetivo ser a base da constituição do grupo, prevalece uma condição para a sua constituição: cada grupo deve incluir um aluno que tenha mais *necessidade de cuidados*.

Na perspectiva de uma gradual e sustentada passagem para um contexto de *inclusão*, foi-se esbatendo um processo por meio do qual as crianças consideradas com necessidades especiais eram apoiadas individualmente, de forma a poderem participar no cotidiano de uma escola inalterada. Não podendo ser ainda considerada uma *escola plenamente inclusiva*, o Projeto Âncora tende para a *inclusão* e, nesse sentido, o trabalho em grupo heterogêneo assume papel preponderante.

Todo o planejamento se subordina às necessidades a suprir e ao *quadro de objetivos*. Trata-se de uma lista completa de conteúdos ou expectativas de aprendizagem descodificados, transcritos em linguagem acessível a todos. No início de cada dia, cada aluno define o seu *plano individual,* que consiste em um registro de intenções sobre o que quer aprender durante o dia. Este se subordina, por sua vez, às propostas constantes do *plano da quinzena*, o qual resulta de negociação entre professores e alunos. No final do dia e no final da quinzena, procede-se à *avaliação dos planos*, quanto ao seu grau de concretização, para definição dos planos e ações subsequentes.

A avaliação das aprendizagens é feita quando o aluno se sente preparado para o efeito e deseja partilhar conhecimento. Cada aluno comunica o que aprendeu e faz prova de aprendizagem quando sente que é capaz. Por vezes, comunica a outros, durante um *debate*, as descobertas realizadas. Pratica-se uma avaliação efetivamente formativa, contínua e sistemática.

As aprendizagens processam-se, quase sempre, em *trabalho de pesquisa* e não se subordinam a manuais iguais para todos os alunos. Quando algum aluno não consegue concretizar seus objetivos, recorre à ajuda do grupo ou professor *especialista*. Para o trabalho de pesquisa, os alunos dispõem de alguns meios preferenciais, como a *biblioteca*, as tecnologias de informação e comunicação, sendo a pesquisa orientada por roteiros de estudo elaborados com o apoio dos professores.

É feliz a criança a quem se permite satisfazer a liberdade de ação em um ambiente de segurança, confiança e apoio criado pela presença dos educadores. A liberdade permitida a cada criança é concedida na proporção do que ela é capaz de utilizar. A liberdade é mitigada ainda mais pela necessidade de prestação de contas do que se faz. No final de quinzena, o dispositivo *o que eu fiz e o que eu aprendi durante a quinzena* é uma espécie de relatório em que cada aprendiz registra o que fez, o que não fez, o que aprendeu ou não aprendeu. A possibilidade de escolha pessoal do que se inscreve no *plano do dia* é, por sua vez, subordinada ao *plano da quinzena*. Acresce que a autonomia é ainda mais relativa se atendermos a que todos os alunos devem contemplar em seus planejamentos a dimensão do projeto coletivo, elaborado a partir de necessidades sociais da comunidade. Considere-se, ainda, os constrangimentos resultantes do trabalho em grupo heterogêneo, nos grupos de responsabilidades e a obrigatoriedade do cumprimento de regras aprovadas em assembleia. Considere-se, também, a existência do complexo sistema de dispositivos pedagógicos, que determinam a escolha de uma grande parcela das atividades, e será percebido que nada é deixado ao acaso. As crianças agem livremente, integradas em espaços profundamente estruturados. O espaço concedido à gestão da imprevisibilidade, à criatividade, é quase total, não sendo incompatível com uma cultura de esforço, exigência e realização pessoal, de grupo e coletiva. Depois, há o espaço individual dentro de cada grupo, aquele de que cada criança precisa. Daqui resulta que não há dois planejamentos iguais.

Não estando os alunos divididos por turmas, os professores *são professores de todos os alunos* e não estão afetos a um único espaço, a um único grupo de alunos. Há um vínculo afetivo maior entre determinado grupo de alunos e determinado professor. Contrariamente ao que nos diz o senso comum pedagógico, não há neutralidade na afetividade. Por essa razão, professores e alunos manifestam livremente suas preferências, sem que isso afete negativamente o sistema de relações. Os alunos podem escolher os professores com quem querem trabalhar, mas os professores podem tomar a iniciativa de convidar alunos para a formação de equipes, para desenvolvimento de projetos ou tarefas pontuais. Nos diversos espaços educativos, nunca um professor está isolado.

Ninguém tem um lugar fixo para brincar, trabalhar e aprender. Nem os professores, nem os alunos. Ninguém tem tempos fixos para brincar, trabalhar e aprender. Embora haja um horário de referência para alunos e professores, estes não olham para o relógio, quando o que é preciso fazer tem de ser feito. Do trabalho solitário passou-se ao trabalho em *equipe*. Sem deixar de estar disponível para apoiar todo e qualquer aluno, a todo momento, cada professor estará disponível para uma resposta cientificamente mais rigorosa em determinada área. No entanto, essa *especialização* em áreas curriculares processa-se no contexto de uma equipe e não pode ser confundida com a disciplinarização.

Os professores não precisam preparar aulas, na acepção clássica do termo, porque não há aulas. Preparam-se a si próprios, todos os dias, para responder a tudo o que for necessário dar resposta. Preparam-se em equipe. A coordenação da equipe é outorgada, anualmente, a um de seus elementos, o coordenador. Este age como porta-voz e representante da equipe. Harmoniza-se a atividade de ensinar com a de aprender. Não há a preocupação com *dar o programa*, porque são os alunos que o aprendem por meio de intervenções/mediações asseguradas pelos educadores. A ideia de um programa a transmitir a alguém, ao mesmo tempo, em um mesmo espaço, do mesmo modo, não faz sentido. Faz sentido a ideia de aprendizagens diversificadas, significativas, ativas, socializadoras e integradoras. Aquilo que os professores pretendem é o mesmo a que qualquer professor aspira: que as crianças aprendam mais, que aprendam melhor, que se descubram como pessoas, que vejam os outros como pessoas e que sejam pessoas felizes, na medida do possível. Essa ideia esteve presente desde a primeira hora, ao ser inscrita no projeto uma matriz axiológica assente em cinco valores.*

EM NOME DA AUTONOMIA E DA SOLIDARIEDADE

No Projeto Âncora, as crianças são tratadas como crianças e não como alunos. O estatuto das crianças e a relação entre elas e com elas são imediatamente perceptíveis para quem visita

---

*Disponível em: <https://www.youtube.com/watch?v=kE-6MlnwML8Y>.

a escola. As crianças apresentam-na aos visitantes como coisa sua, conhecem-lhe os meandros, dominam por completo os dispositivos pedagógicos, explicitam os porquês de tudo o que fazem, de tudo o que vivem. Pretendeu-se centrar a aprendizagem nos interesses, nos desejos e nos sonhos, bem como na qualidade da relação pedagógica, e fomentar a prática de pesquisa, sabendo da importância da mediação pedagógica, dado que a seleção e o tratamento de informação não promovem, por si só, o acesso ao conhecimento. As crianças desenvolvem estruturas cognitivas em um *aprender fazendo* indissociável de um *aprender a aprender*. O aprender está relacionado com fatores emocionais e motivacionais que podem conduzir a um sentimento de realização pessoal. Implicada uma aprendizagem por descoberta, por meio da concretização de roteiros de estudo, a criança age como sujeito de aprendizagem.

O professor cuida, ajuda, questiona, provoca situações de autorregulação da aprendizagem, estimula as crianças, confia nas suas potencialidades. A aprendizagem, processo social em que os educandos constroem significados tendo em conta experiências passadas, acontece em um tipo de organização, que faculta experiências relevantes e oportunidades de diálogo. Valorizam-se as aprendizagens significativas em uma perspectiva interdisciplinar e holística do conhecimento, estimulando a procura de solução de problemas, de forma a que o aluno trabalhe conceitos, reelaborando-os em estruturas cognitivas cada vez mais complexas. O exercício da descoberta e a aprendizagem crítica permitem que o aluno aprenda a heurística da descoberta e racionalize seus processos cognitivos, aumentando sua autoconfiança e ascendendo a níveis elevados de autonomia.

Entre os princípios defendidos no projeto, avulta o da *significação epistemológica*, traduzida na construção de um conhecimento escolar que procura a conjugação e o encontro entre o conhecimento do senso comum – de que a criança é portadora à chegada à escola – e o conhecimento científico que subjaz a qualquer área científica. Quando os alunos chegam à escola, já possuem determinadas concepções que, embora possam ser *pouco científicas*, são o suporte que permite que atuem na realidade circundante. A escola tem, no entanto, um papel importante na redefinição dessas concepções, tornando-as *mais científicas*. O princípio da *significação psicológica* postula que os conteúdos a aprender devem estar muito próximos, quer da estrutura cognitiva dos alunos, quer de seus interesses e expectativas. O princípio da *significação didática* representa a síntese negociada entre aquilo que os professores consideram desejável que os seus alunos aprendam e os interesses dos alunos. Pela assunção do princípio da *gradualidade*, reconhece-se a necessidade da organização das atividades em uma perspectiva sequencial e a progressiva passagem da aprendizagem dirigida pelos professores para uma aprendizagem autônoma, em que o aluno assume o papel principal na construção do conhecimento.

Foram definidos como objetivos: concretizar uma efetiva diversificação das aprendizagens, tendo por referência uma política de direitos humanos que garantisse as mesmas oportunidades educacionais e de realização pessoal para todos; promover a autonomia e a solidariedade; operar transformações nas estruturas de comunicação e intensificar a colaboração entre instituições e agentes educativos, porque os projetos humanos são atos coletivos, realizados por pessoas frágeis, seres humanos sujeitos a contingências. Para que se mantenham e se aprofundem, é indispensável que todos os intervenientes queiram e façam. Entre *o tempo de estar sozinho* e *o tempo de estar com alguns*, o que permitiu que o projeto não se afundasse perante inúmeros obstáculos foi o trabalho de professores motivados por uma mesma intenção: a de fazer das crianças e dos próprios professores pessoas mais felizes.

Nada foi inventado. As dificuldades de ensinagem geraram interrogações, que conduziram à busca de *soluções*. Os contributos recolhidos foram testados e avaliados. Após experiências cuidadosamente planejadas, algumas das propostas acabaram por ser recusadas, outras passaram a integrar práticas cotidianas, no contexto de um projeto sempre incompleto, sempre a recomeçar, em permanente fase instituinte.

Os pais são interlocutores e parceiros indispensáveis. E há sempre um professor tutor disponível para um atendimento a qualquer hora de qualquer dia, se algum pai o solicita.

FRAGILIDADES

O Projeto Âncora não é um projeto de professor, é de uma escola. Somente poderemos falar de projeto quando todos os envolvidos forem efetivamente participantes, quando todos se conhecerem entre si e se reconhecerem em objetivos comuns. Será possível conciliar a ideia de uma educação para a (e na) cidadania com o trabalho do professor isolado física e psicologicamente em sua sala de aula, sujeito a uma racionalidade que preside à manutenção de um tipo de organização da escola que limita ou impede o desenvolvimento de culturas de cooperação? Quando nos confrontamos com o insucesso de nossos alunos, não será preciso ultrapassar a atribuição de culpas ao *sistema*, não será também necessário interpelar arquétipos que enformam a cultura pessoal e profissional dos professores?

Os contributos das ciências da educação não lograram ainda ultrapassar o nível de um discurso retórico e redundante. Tendem a ser ignorados os efeitos de práticas escolares inadequadas, geradoras de exclusão escolar e social. A maioria dos formadores (da formação inicial ou não inicial) recorre a um modelo de ensino em tudo contrário aos modelos teóricos que transmitem. Como conceber, então, uma ideia de mudança assente sobre uma formação acrítica e contaminada pelo academismo? "Há tendências claras para a 'escolarização' e para a 'academização' dos programas de formação de professores [...] apesar da retórica do 'professor reflexivo [...]'." Como conceber, então, uma ideia de mudança na ausência de uma dimensão reflexiva e praxiológica da formação?

O Projeto Âncora recebe muitos visitantes, é objeto de pesquisas, teses, assunto de artigos e livros. Cremos que essa visibilidade social tendeu para alguma *mitificação*. Felizmente, ainda não é possível *clonar* projetos. Houve fatores de emergência decorrentes de um contexto específico e que não poderiam ser replicados. O que possa ser *transferível* tem mais a ver com o *espírito e a gramática* do projeto. O Projeto Âncora apenas mostrou que há utopias realizáveis.

A GÊNESE DE NOVAS CONSTRUÇÕES SOCIAIS DE APRENDIZAGEM

É como efetiva comunidade de aprendizagem que o Projeto Âncora é singular, na medida em que todos os intervenientes do processo educativo, os adultos (professores e pais) e as crianças, *assumem a aprendizagem como um assunto que lhes diz diretamente respeito*. A organização do ambiente educativo é, assim, pensada para potenciar a *aprendizagem de todos* os alunos, criando oportunidades para uma *participação intencional e genuína* em atividades autênticas e tarefas cotidianas e significativas, que permitem a produção e a partilha de conhecimento, o desenvolvimento de *competências*, a reflexão coletiva sobre os procedimentos e o exercício crescente de autonomia.

A concepção e o desenvolvimento de um projeto educativo são um ato coletivo, têm sentido no quadro de um projeto local de desenvolvimento, consubstanciado em uma lógica comunitária, e pressupõem ainda uma profunda transformação cultural. Definida a matriz axiológica de um projeto, será conveniente que as escolas elaborem termos de autonomia. Somente podemos falar de projeto quando todos os envolvidos são efetivamente participantes, se conhecem entre si e se reconhecem em objetivos comuns. Como enfatizam alguns psicólogos de há um século, o desenvolvimento humano ocorre em meio a uma rede de relações sociais, marcadas por um contexto sociocultural específico, é sempre um ato de relação. O aprendente aprende quando tem um projeto de vida, de vida com os outros. Talvez inspirado no provérbio africano, que nos diz ser *necessária uma tribo para educar uma criança*, Lauro de Oliveira Lima escreveu: "A expressão 'escola de comunidade' procura significar o desenquistamento isolacionista da escola tradicional. Escola, no futuro, será um centro comunitário. A escola não se reduzirá a um lugar fixo murado". E até mesmo a integração das novas tecnologias contribuiu para humanizar e intensificar a comunicação na comunidade de aprendizagem emergente.

Comunidades de aprendizagem são práxis comunitárias assentes em um modelo educacional gerador de desenvolvimento sustentável. Podem assumir a forma de rede social física ou de rede virtual. Nas palavras do mestre Lauro, são divisões celulares da macroestrutura em microestruturas federalizadas em um conjunto maior, mais complexas, facilitadoras do encontro entre pessoas, espaços-tempos de preservação da unidade da pessoa, em lugar de dividir a pessoa para assegurar a unidade da sociedade.

Vivemos um tempo marcado por uma modernização de racionalidade técnica, burocrática, industrial, em uma sociedade da informação caraterizada pelo individualismo. Por essa razão, nas comunidades de aprendizagem, será privilegiada a relação entre pessoas sobre as relações entre instituições, bem como as redes físicas sobre as virtuais. Urge gerar protótipos de comunidades de aprendizagem a partir da escola, embora elas possam ter outras origens. O modelo escolar não é o único modelo de educação, e a educação deverá ser pensada mais a partir das comunidades que serve do que a partir da instituição, de modo que os processos de aprendizagem tenham um papel transformador nas sociedades. Nesse sentido, será necessário: reconceitualizar as práticas escolares, para que as escolas se assumam como nodos de redes de aprendizagem, e erradicar a segmentação cartesiana e o modelo hierárquico de relação.

LEITURAS RECOMENDADAS

NÓVOA, A. A educação cívica de António Sérgio vista a partir da Escola da Ponte (ou vice-versa). In: CANÁRIO, R.; MATOS, F.; TRINDADE, R. (Orgs.). *Escola da Ponte*: um outro caminho para a educação. 2. ed. São Paulo: Suplegraf, 2004.

PACHECO, J. *Aprender em comunidade*. Porto Alegre: Edições SM, 2014.

PACHECO, J. *Contributos para a compreensão do círculo de estudo*. Porto: FPCE-UP, 1995.

PACHECO, J. *Dicionário dos valores em educação*. Porto Alegre: Edições SM, 2012.

PACHECO, J. *Escola da Ponte: formação e transformação da educação*. Petrópolis: Vozes, 2008.

PACHECO, J. Oito tópicos para uma reflexão. In: HENZ, C. I.; ROSSATO, R. (Org.). *Educação humanizadora na sociedade globalizada*. Santa Maria: Biblos, 2007.

PACHECO, J. Organizar a escola para a diversidade. In: GERALDI, C.; RIOLFI, C.; GARCIA, M. F. (Org.). *Escola Viva*: elementos para a construção de uma educação de qualidade social. Campinas: Mercado de Letras, 2004.

PACHECO, J. *Para Alice, com amor*. São Paulo: Cortez, 2004.

PACHECO, J.; EGGERTSDÓTTIR, R.; MARINÓSSON, G. L. *Caminhos para a inclusão*: um guia para o aprimoramento da equipe escolar. Porto Alegre: Artmed, 2007.

PACHECO, J.; PACHECO, M. F. (Org.). *A Escola da Ponte sob múltiplos olhares*: palavras de educadores, alunos e pais. Porto Alegre: Artmed, 2013.

SAYÃO, R.; AQUINO, J. G. Democracia: abre as asas sobre nós. In: SAYÃO, R.; AQUINO, J. G. *Em defesa da escola*. Campinas: Papirus, 2004.

TRINDADE, R. *As escolas do ensino básico como espaços de formação pessoal e social*. Porto: Porto Editora, 1998.

VASCONCELLOS, C. S. Reflexões sobre a Escola da Ponte. *Revista de Educação AEC*, n. 141, 2006.

VASCONCELLOS, C. S. Zona de autonomia relativa. In: VASCONCELLOS, C. S. *Currículo*: a atividade humana como princípio educativo. São Paulo: Libertad, 2011.

NARRATIVA DE GAMES:
uma estratégia para mobilização e engajamento do alunado

Luciano Aparecido Borges Almeida

Um entre os muitos desafios da educação no século XXI será o de propor estratégias de ensino e aprendizagem que mobilizem e engajem o alunado. Nesse sentido, este capítulo apresenta uma prática não tradicional: levar literalmente os *videogames* e seus jogos com narrativas ricamente elaboradas para a sala de aula. Assim como há em toda boa escola uma sala de informática, onde os alunos têm a oportunidade de realizar suas pesquisas e navegar pelo conhecimento disponível na internet, questiona-se: por que não criar uma sala de jogos digitais em todas as escolas do País? Uma sala na qual, em lugar de computadores, os alunos tenham à disposição consoles de *videogames* que os auxiliem a aprender acerca de outra cultura, por exemplo, ou mesmo as histórias sobre o mundo e os homens que vivem e viveram nele.

Fazer os jogos de *videogame*, como meio de expressão importante na contemporaneidade, passarem a dialogar com o universo formal da educação é um dever não apenas dos professores e da escola, mas, sobretudo, de quem pensa em educação. Não obstante, incluir os *games* e as narrativas que trazem, uma vez que não figuram como conteúdo tradicional no currículo, é levar para a sala de aula e, por conseguinte, para os alunos o universo do jogo.

O jogo, entre outras características, ressignifica o ambiente escolar, uma vez que os alunos passam a fazer na escola, local de tarefas em geral impostas, o que livremente experienciam em casa como lazer, apenas porque lhes dá prazer. Ademais, os *games* desafiam os alunos a chegar a algum lugar, pois são estruturados em etapas, em que o jogador sente a progressão, como se estivesse em uma jornada do herói. Eles ainda promovem a ideia de competição, que pode se dar em âmbito individual (jogador vs. computador) ou coletivo (contra um ou mais adversários). Aliás, a ideia de superação é intrínseca aos jogos, uma vez que os *games*, em uma fase após a outra, enigma após enigma, impelem o jogador a caminhar pela narrativa até sua conclusão. Os jogos digitais também trabalham a resiliência do jogador, pois tudo bem se ele errar, já que lhe é permitido reiniciar a partida, quantas vezes forem necessárias, até que atinja o objetivo da atividade.

Espera-se, aqui, oferecer algumas ideias – contudo, sem apontar metodologias – acerca do uso, em sala de aula, de narrativas compostas para determinada mídia e transpostas a outras. Compreende-se que, a partir dessas reflexões, o professor poderá alinhar o interesse dos alunos pelos *games* aos temas culturalmente relevantes, como é o caso da mitologia grega, presente na história do *game God of war*, *corpus* que nos auxiliará a ilustrar as reflexões deste capítulo.

A Grécia antiga foi o berço de um mundo vivo e religioso que ainda se comunica com a contemporaneidade por meio de seu legado cultural, manifesto nos discursos, especialmente na cultura do Ocidente: a mitologia grega. De natureza politeísta, ela concebia que cada deus ou deusa tinha uma identidade, uma história, bem como exercia determinado poder no mundo.

É sobre esse pano de fundo que a narrativa de *God of war – parte 1*, objeto desta reflexão, vem à luz como produto de entretenimento. Assim, situado no mito, o *game*, à luz dos estudos de Huizinga (2001, p. 7), trabalha "[...] em todas as caprichosas invenções da mitologia [...]", em que "[...] há um espírito fantasista que joga no extremo limite entre a brincadeira e a seriedade [...]".

Lançado em julho de 2005, nas palavras de Novak (2010, p. 101), "*God of war – parte 1* revolucionou o gênero ação-aventura ao incorporar sofisticados elementos de narrativa [...]". Em 2004, na E3,* recebeu as indicações de "melhor jogo original", "melhor jogo de ação-aventura" e "melhor jogo de *videogame*", pela Game Critics Award; ganhou como "melhor jogo de PS2", pela Gamespot, e como o "melhor jogo da E3 2004", "melhor *game* do PS2" e "melhor jogo de todos", pela GameSpy; e foi considerado pela *Newsweek* o "jogo mais impressionante do PS2".

Segundo sua roteirista, Marianne Krawczyk, *God of war* apresentou-se como um desafio totalmente novo, uma vez que demandava "[...] a incorporação do projeto de um *game* à construção de uma narrativa [...]" (NOVAK, 2010, p. 124). No entendimento de Krawczyk, a inserção de uma história simples e direta em um mundo projetado para mover-se lateralmente, ainda que difícil, mostrou-se o melhor caminho a seguir na escrita do roteiro (NOVAK, 2010). Com essa proposta em mente, colocou-se à narrativa de *God of war* um fio de história cujo percurso se estrutura a partir de uma sequência de incidentes, dentro do que Campos (2007, p. 20) chama de "[...] massa de estórias** [...]", isto é, o incidente ou o conjunto dele imaginado, em que a "[...] narrativa é o produto da percepção, interpretação, seleção e organização de alguns elementos de uma estória [...]".

Os *games*, que ora utilizam a palavra digital como linguagem e meio de expressão, fazem parte de uma indústria que crescerá 6,6% entre 2016 e 2019 e que já ultrapassa as da música e do cinema (NEWZOO GAMES, 2016). Essa visão do mercado tem demandado das equipes de criação atenção e cuidado com a construção de enredos cada vez mais sofisticados que se estruturam em espaços riquíssimos em detalhes. Se antes, na criação de um *game*, a preocupação girava em torno da jogabilidade, na última década, dados os avanços da tecnologia, ela agora se estende também às narrativas, capazes de imprimir à experiência do usuário não apenas a imersão em um mundo ficcional, mas também certa tensão dramática, características essas antes exclusivas da literatura. Se, por um lado, a história passa a ser relevante na elaboração de um roteiro para *games*, por outro, ela sempre foi o que levava um leitor a adquirir um livro. Tal relação nos leva a pensar a adaptação de uma história de uma mídia a outra e, por conseguinte, a análise da obra literária *God of war*, lançada em 2012, pela editora Leya Brasil, com tradução de Flávia Gasi.*** O livro também narra a primeira parte da saga *God of war*, escrita pelos

---

*Electronic Entertainment Expo – o maior evento sobre *games* do mundo. Durante o período da feira, várias empresas do setor tentam capturar a atenção dos jogadores e da imprensa apresentando novos jogos e falando sobre novidades nesse gigantesco mercado de entretenimento, conforme o *site* Tecmundo. Disponível em: <http://www.tecmundo.com.br/e3-2015/82115-resumo-jogos-datas-lancamentos--tudo-sobre.htm>. Acesso em: 08 jan. 2018.

**Entendemos também por *massa de histórias* obras como *Odisseia* e *Ilíada*.

***Flávia Gasi, escritora, jornalista, doutoranda e mestre pela Pontifícia Universidade Católica de São Paulo (PU-C-SP) no programa de Comunicação e Semiótica (http://www.flaviagasi.com.br/).

norte-americanos Mathew Stover* e Robert E. Vardeman.** Trechos dessa adaptação da história do *game*, transposta para a linguagem impressa, serão analisados mais adiante (STOVER; VARDEMAN, 2012).

Segundo Novak (2010, p. 122), "[...] os *games* respondem por uma proporção significativa do meio altamente visual do entretenimento interativo. Esse meio incorporou a tradição à narrativa visual, mas também revolucionou a forma como as histórias são contadas [...]". Todavia, analisar histórias na contemporaneidade, sobretudo aquelas que se propagam mediante jogos digitais, no âmbito do entretenimento, demanda antes um olhar sobre o conceito de jogo.

O historiador Huizinga (2001, p. 7) comenta que "[...] as grandes atividades arquetípicas da sociedade humana são, desde o início, inteiramente marcadas pelo jogo [...]". Huizinga (2001, p. 3-4), ao escrever o prefácio de *Homo ludens*, obra publicada em 1938, entende "[...] a noção de jogo como um fator distinto e fundamental, presente em tudo o que acontece no mundo [...]". Segundo ele:

> [...] o jogo é mais do que um fenômeno fisiológico ou um reflexo psicológico. Ultrapassa os limites da atividade puramente física ou biológica. É uma função significante, isto é, encerra um determinado sentido. No jogo existe alguma coisa "em jogo" que transcende as necessidades imediatas da vida e confere um sentido à ação. Todo jogo significa alguma coisa (HUIZINGA, 2001, p. 3-4).

Por que as pessoas jogam? Estaria Huizinga (2001) pensando naqueles que passam horas diante de um *videogame* (crianças, jovens e adultos), nessa ação imbuída de sentido para eles e, não raro, negligenciando até mesmo as necessidades imediatas da vida? Certamente que não. Não obstante, aquele que adentra o mundo virtual deixa em suspenso o que comumente se entende por realidade, como estudar, trabalhar, alimentar-se ou mesmo dormir. O autor não pensou neles quando escreveu o recorte citado, no entanto, suas palavras se aplicam também a eles. Afinal, as criaturas, desde o início, jogam pura e simplesmente para se divertir, embora se saiba que o jogo possa ter funções que não atendam estritamente ao lúdico. Esses desdobramentos, no entanto, não serão examinados neste capítulo.

Ao considerar um jogo em sua totalidade, entendendo-o como significante, pode-se chegar a sua essência, que é a de divertir o jogador. É o prazer, segundo Huizinga (2001), a alegria que se experimenta ao jogar, que precisamente define a essência do jogo. Essa euforia que todos os jogadores experimentam não difere da alegria que dois cachorrinhos sentem ao brincar um com o outro; mesmo nessa circunstância, há um jogo em cena, uma prática que culmina em bem-estar.

O jogo apresenta-se como "[...] elemento, dado existente antes da própria cultura, acompanhando-a e marcando-a desde as mais distantes origens até a fase de civilização em que agora nos encontramos [...]", como comenta Huizinga (2001, p. 6). O que equivale a dizer que o jogo existe a despeito da civilização e de uma concepção de mundo, posto que, se, por um lado, sua natureza não é material, por outro, ela é irracional. Segundo esse mesmo autor:

> O que importa é justamente aquela qualidade que é característica da forma de vida a que chamamos "jogo". O objetivo de nosso estudo é o jogo como forma específica de atividade, como "forma significante", como função social. [...] Procuraremos considerar o jogo como o fazem os próprios jogadores, isto é, em sua significação primária (HUIZINGA, 2001, p. 6).

---

*Matthew Woodring Stover nasceu em 1962. É romancista nos gêneros fantástico e de ficção científica. Escritor da série *Guerra nas estrelas*, incluindo a dramatização do Episódio III da saga: *A vingança dos Sith*, é autor, entre outras obras, de *Iron Dawn* e *Jericho Moon*.

**Robert Edward Vardeman nasceu em 1947. Entre seus trabalhos, escreveu fanzines de ficção científica, vindo a ganhar o Hugo Award como melhor escritor do gênero.

Huizinga (2001), ao compreender o jogo como um fator cultural da vida, procura captar seu valor e seus significados por meio da ação do próprio jogo, quer nas imagens que apresenta, quer na "imaginação" da realidade em que se baseia.

O jogo é, portanto, nas palavras do historiador holandês:

> Uma atividade ou ocupação voluntária, exercida dentro de certos e determinados limites de tempo e de espaço, segundo regras livremente consentidas, mas absolutamente obrigatórias, dotado de um fim em si mesmo, acompanhado de um sentimento de tensão e de alegria e de uma consciência de ser diferente da "vida quotidiana" (HUIZINGA, 2011, p. 33).

Assim é definida a noção, segundo Huizinga (2001), capaz de abranger tudo aquilo a que se denomina jogo, incluindo os chamados jogos digitais – novas tecnologias que, a despeito da complexidade que lhes é inerente, têm lastro nos conceitos básicos e nas teorias clássicas dos jogos.

Segundo Salen e Zimmerman (2012, p. 22), os jogos, como produtos da cultura humana, revelam sua complexidade ao atenderem "[...] a uma série de necessidades, desejos, prazeres e usos [...] refletem uma série de inovações tecnológicas, materiais, formas e interesses econômicos [...]".

> Um jogo é um sistema no qual os jogadores se envolvem em um conflito artificial, definido por regras, que resulta em um resultado quantificável. Os elementos-chave dessa definição são o fato de que um jogo é um sistema, os jogadores interagem com o sistema, um jogo é um exemplo de conflito, o conflito nos jogos é artificial, as regras limitam o comportamento dos jogadores e definem o jogo, e cada jogo tem um resultado quantificável ou objetivo (SALEN; ZIMMERMAN, 2012, p. 99).

A definição proposta corrobora a afirmação de Salen e Zimmerman (2012, p. 102): "[...] os jogos digitais têm a sua tessitura construída nas teorias clássicas, uma vez que as qualidades que definem um jogo em uma mídia também o definem em outra [...]". Segundo esses mesmos autores, o *videogame* é uma parte importante da "[...] paisagem do jogo [...]", isto é, uma entre as representações possíveis, por trazer uma série de qualidades únicas, como: a interatividade imediata, mas restrita; a manipulação da informação; os sistemas complexos e automatizados; e a comunicação em rede (SALEN; ZIMMERMAN, 2012, p. 107).

Os jogos digitais, doravante referenciados como *games*, nas palavras de Salen e Zimmerman (2012), ao atuarem como importante "paisagem do jogo", promovem a interação (sistema-jogadores) por meio de um conflito artificial, em que a leitura que o jogador faz do *game* é narrada enquanto ele joga, desde que ele aceite as regras que, como já dito, definem seu comportamento e o próprio jogo.

Esta pesquisa, ao partir do estudo de uma narrativa composta, a princípio, para um *game*, God of war, examina a história que motiva o jogador a interagir com o sistema, ao apresentar um conflito artificial ambientado no mito grego.

Contos sobre os deuses do Olimpo foram passados adiante por contadores. Essas histórias, reelaboradas, modificadas ao longo dos tempos e fundadas em mitos, muitos dos quais conservavam a tradição de cultos locais, propiciaram epopeias como a *Ilíada* e a *Odisseia*.

Pinheiro, em sua "Nota" como revisor da *Odisseia*, de Homero, comenta:

> A *Odisseia*, na sua forma atual, segundo a maioria dos estudiosos, é um agrupado de poemas de várias épocas diferentes [...] sendo organizados em um único poema muito posteriormente da criação original [...] Assim, o que nós temos em mãos é, além de uma obra do próprio Ho-

mero, uma obra produzida por séculos de publicações que alteraram a sua organização. Os poemas originais tinham apenas a forma oral de expressão, e não a escrita como nos chegou o todo do poema (PINHEIRO, 2012, p. 27-29).

A narrativa de *God of war – parte 1*, doravante referenciada apenas como *God of war*, ganha forma a partir da percepção, interpretação, seleção e organização dos mitos gregos (STOVER; VARDEMAN, 2012). Ou seja, a partir dessa "massa de estórias", desse conjunto de "narrativas", que é a mitologia grega, a aventura para o *game* foi imaginada, o que proporcionou a composição de uma nova narrativa. Essa outra narrativa, à margem do cânone, ao manter as personagens clássicas do mito grego e inserir um novo protagonista à trama, criou uma "nova mitologia", circunscrita ao universo do *game*.

ANÁLISE

Stover e Vardeman (2012), ao transporem para a literatura a história de *God of war*, apresentam ao leitor os arquétipos de personagens clássicas* (herói, antagonista, mentor, aliados, guardiões, etc.). A leitura do romance, em suas 383 páginas, tem no espartano Kratos aquele que protagoniza o percurso do herói na história, o deus Ares como seu antagonista e um sem-número de personagens secundárias, que se acotovelam em 31 capítulos,** desempenhando papéis de diferentes relevos. Aqui daremos atenção ao herói e às personagens principais da narrativa.

Esse recorte, como procedimento, mostra-se valioso e exemplar para o professor que pretende, em sala de aula, estimular o alunado a encontrar tanto na narrativa digital quanto na verbal os acréscimos, as supressões, as inversões, os deslocamentos, entre outros procedimentos de relação intertextual possíveis.

As personagens, essas "massas verbais" como refere Forster (1998, p. 44) em sua obra *Aspectos do romance*, não chegaram "[...] assim frias à mente [...]" de seus inventores. Não foram "[...] criadas em delirante excitação [...]", ao contrário, pertencem aos mitos gregos, à cultura do Ocidente, que foram reatualizados no *game* e, posteriormente, retomados pelo romance. Assim, não coube aos escritores imaginar as personagens "do zero", dar-lhes nomes, desse modo escolhendo também o sexo de cada uma, além de seus traços psicológicos e comportamentais. A partir dos traços constitutivos de cada personagem mitológica, os criadores moldaram acontecimentos da narrativa, em que essas personagens passaram a interagir entre si e com o protagonista Kratos, em torno do qual se construiu a trama.

Em *God of war*, há certas personagens que agem como aliadaos, ainda que o auxílio se dê de forma velada. É o caso de alguns deuses do panteão olímpico que ajudam o herói Kratos a cumprir sua tarefa ao fornecer meios e armas para que ele consiga prosseguir em sua jornada a despeito das adversidades. Há também aquelas que são facilmente identificáveis como coadjuvantes do antagonista, razão pela qual tentam de toda sorte atrapalhar o herói. Elas antes atuam como atores com papéis preestabelecidos do que como personagens densas e com desígnios próprios.

Segundo Forster (1998, p. 69), "[...] um romance que tem alguma complexidade requer com frequência gente plana tanto quanto redonda [...]". No entanto, tal complexidade não pode ser verificada em *God of war*, pelo fato de que não se encontram personagens com sondagem psicológica, seja no *game*, seja no romance:

---

*Segundo Novak (2010), tais arquétipos são usados em todos os meios de entretenimento para reforçar a conexão do público com a história. Ver o Capítulo 1 deste estudo, item 1.4.1.
**Não foram incluídos, ao número de capítulos mencionados, o prólogo e o epílogo, que iniciam e finalizam o romance (STOVER; VARDEMAN, 2012).

As personagens planas eram chamadas "humorous" no século XVII; às vezes, chamam-nas tipos, às vezes caricaturas. Em sua forma mais pura, são construídas ao redor de uma única ideia ou qualidade: quando há mais de um fator, atingimos o início da curva em direção às redondas (FORSTER, 1998, p. 66).

Em *God of war* (livro/*game*), as personagens são urdidas em torno de traços caracterológicos previamente apresentados ao jogador ou *player*, aquele que utiliza como entretenimento jogos eletrônicos e os "lê", doravante chamado aqui leitor-jogador, e, desse pacto feito no início das narrativas, as personagens agem na trama, conforme os papéis estabelecidos para a moldura de cada uma delas. No tocante ao romance, as personagens planas mais importantes são: Atena, deusa da sabedoria e da estratégia; Hermes, o mensageiro dos olimpianos; Zeus, o grande pai e senhor dos deuses gregos; Ares, o deus da guerra; Poseidon, deus e senhor dos mares; Ártemis, a deusa caçadora; Oráculo, serva de Atena, senhora das visões; Afrodite, a deusa do amor; e as gêmeas Lora e Zora, filhas de Afrodite e amantes de Kratos em um trecho de sua jornada.

As personagens de *God of war* se mostram mais alinhadas com os próprios interesses no romance do que no *game*. Aliás, na narrativa digital, os deuses, nas vezes em que interferem nos assuntos dos mortais, o fazem sempre amparados na justificativa do bem coletivo, de um propósito partilhado que os congrega a uma união de esforços, cujo objetivo é a continuidade da ordem instaurada, a prevalência do Olimpo. Já na narrativa verbal, os deuses revelam as razões pessoais que os movem, que os fazem interagir com outros personagens, igualmente deuses, semideuses ou meros mortais, com a firme intenção de persuadi-los para influenciar atitudes e, desse modo, intervir no curso dos acontecimentos em proveito próprio. O que nos leva a refletir que, se, por um lado, uma personagem do romance influencia o curso dos eventos na narrativa, por outro, também é influenciada por tais eventos. No *game*, esse fato não ganha todas as cores que encontramos no trecho a seguir, extraído de um diálogo entre Zeus e sua filha, a deusa Atena, no Capítulo 18 do livro (STOVER; VARDEMAN, 2012, p. 246-247):

> "Estou curioso, filha amada. Tenho visto você se esforçar consideravelmente para apoiar e proteger o seu animal de estimação espartano."* "Ele é a última esperança de Atenas." "É mesmo? E, mesmo assim, quando você intercede comigo e com os outros deuses, você nunca pede ajuda para seus adoradores. Você diz que Kratos é a sua esperança, como ele parece ser, mas os seus poderes de persuasão e manipulação não teriam melhor uso, se você pedisse ajuda diretamente? Hefesto, por exemplo, poderia ter apagado todo o fogo com um único aceno de sua mão. Apolo poderia ter curado os seus feridos. Eu mesmo [...]."

Nesse trecho, Zeus e Atena articulam seus discursos, estimulados pela sequência de eventos que se abatem sobre eles. Atena, sentindo-se pressionada, decide contar a verdade a seu pai. Claramente reconhecida por seus pares como aquela que detém os "poderes de persuasão e manipulação", conforme os eventos se sucedem, elabora estratégias de confrontação a Ares e discursos, como o trecho anteriormente referido e o que segue, em que intercede junto a Zeus a fim de conquistar a adesão dele a sua causa:

> "Sim, pai, eu sei. Eu entendo. Como sempre, você vê mais profundamente do que qualquer outro." Atena respirou fundo e decidiu que, nesse caso, a sua causa estaria mais bem fundamentada se, finalmente, falasse a verdade. "Meu pai e senhor, o verdadeiro alvo de Ares não sou eu, nem é a minha cidade." Zeus olhou para ela, seus pensamentos encobertos por uma face sem expressão. "Pai, o alvo é o seu trono!" (STOVER; VARDEMAN, 2012, p. 246-247).

---

*Zeus refere-se a Kratos quando diz a Atena: "o seu animal de estimação espartano".

De acordo com o que postula Forster (1998, p. 66) acerca das personagens planas, como se comentou, elas são construídas "[...] ao redor de uma única ideia ou qualidade [...]". Assim posto, pode-se dizer que Atena se erige a partir de sua principal qualidade, a sabedoria; em torno dessa ideia, seu traço identitário, gravita sua capacidade de apreender as verdadeiras intenções de Ares e construir suas réplicas mediante discursos (como esse que estabelece com Zeus) e ações – é ela quem manipula Kratos a investir contra o Ares e outros seres mitológicos que se apresentam como obstáculo a seus planos.

Atena, na narrativa do romance, persuade vários deuses a ajudar Kratos e, aparentemente, o próprio Zeus a ser-lhe solidário. Isto é, a deusa, ao influenciar certos personagens, impulsiona a ação da narrativa. Para isso, ela tece intricados estratagemas que interferem no desenrolar da história, ajustando as ações de acordo com sua vontade.

O primeiro deus que ela convence é Poseidon, que presenteia Kratos com uma fração do seu poder, fazendo com que passe a comandar as tempestades. Em seguida, Atena também persuade Afrodite a favorecer seu herói, por meio de um boato, que leva a górgona Medusa à morte pelas mãos de Kratos, que, em seguida, usa a cabeça decepada do monstro como arma. O próprio Zeus auxilia Kratos em dois momentos da narrativa. Atena ganha também a adesão de Ártemis a sua causa. A deusa caçadora empresta a Kratos uma arma sem igual, a espada que havia utilizado para matar um titã.

Toda essa sequência de eventos arquitetados por Atena não ocorre na narrativa do *game*. Neste, ela se mostra mais prontamente como mentora do herói, aquela que o guia durante a jornada. No romance, entretanto, ela orienta as ações de Kratos e também age, mobilizando-se junto aos olimpianos. Como deusa da sabedoria, aquela que conhece as estratégias de convencimento, "luta" para persuadir outros deuses a convergir esforços para sua causa. Ainda se observa que, no *game*, a narrativa conduz o leitor-jogador a imaginar que todos os deuses que aparecem a Kratos o assistem, assim agem porque antes houve um acordo nesse sentido entre os olimpianos. A narrativa do romance, no entanto, desvela que a ajuda foi construída em diferentes momentos por Atena, em conversas individuais com Poseidon, Ártemis e Afrodite.

Este estudo entende que as personagens do romance *God of war*, como já dito, consideradas como planas pela forma como existem na história, podem ser classificadas em três ordens em relação à causa do herói: aquelas que são *simpáticas*, aquelas que são *contra* e, ainda, aquelas que são *neutras*.

Em primeiro, esta análise destaca as personagens que se mostram neutras à causa de Kratos: o capitão do navio, personagem caricato, que, de maneira mais explícita, se configura perfilado pelo humor no *game*, diferentemente do que acontece no livro; as náiades, filhas de Poseidon, do mesmo modo presentes nas narrativas do *game* e do romance; os dois servos da Medusa, o corcunda e o cego, personagens que aparecem na narrativa do romance, mas que foram suprimidas na do *game*; os adoradores dos deuses, personagens que, se por um lado desempenham papel relevante nos projetos* do deus Ares no romance, por outro, no *game* não passam de vítimas que hora ou outra são mortas por Kratos, cujas espadas lhes drenam a vida, para fortalecer o herói; função essa que o romance mantém, conforme os trechos a seguir:

> Kratos queimava com o mesmo fogo. Cada pedaço de vida de qualquer criatura que as Lâminas retalhavam corria de volta para as correntes fundidas com os ossos de seus pulsos. As vidas roubadas carregavam o seu corpo e inundavam a sua mente com inesgotável fúria. [...] Ele [Kra-

---

*Ares, quando declara guerra à deusa Atenas, atacando sua cidade, também confronta indiretamente a Zeus e, assim, ao próprio Olimpo.

tos] voltou para a estrada até o Pártenon, cada passo mais forte que o anterior. As Lâminas do Caos, ao tomar vidas, nutriam-no e permitiam sua regeneração. [...] Kratos deslizou entre os ciclopes e desferiu um poderoso golpe de lâmina dupla no peito do minotauro mais próximo. Uma nova força e novo poder fluíram das correntes para seu corpo, quando as Lâminas beberam a vida do homem-touro (STOVER; VARDEMAN, 2012, p. 45, 127, 155).

Dessas citações, depreende-se que tais personagens têm papéis distintos nas duas obras em exame (*game* e romance), no que tange ao andamento dos acontecimentos nas narrativas; contudo se percebe a convergência no tocante à natureza das personagens que estão a serviço da vontade dos deuses ou dos propósitos do herói. No *game*, como se discutiu, os adoradores são manipulados com o propósito de Ares atingir os seus fins; no romance, eles funcionam como instrumentos para Kratos desenvolver seus superpoderes. Em ambas as situações, essas personagens estão inscritas na narrativa apresentando um comportamento neutro. Não agem por suas motivações, mas para atender aos interesses de outros (Ares ou Kratos).

Já as personagens cuja função é existir para impedir que Kratos concretize a tarefa que os deuses lhe deram, portanto, atuam *contra* o herói; entre elas figuram: as harpias; a hidra, que a contragosto do deus Poseidon em *God of war* aterroriza um dos seus mares; os ciclopes, os minotauros, os centauros, as górgonas (entre as quais, tanto no livro quanto no *game*, salienta-se a Medusa); os espectros, as sereias; e os odiosos legionários mortos-vivos (lanceiros, espadachins, arqueiros), asseclas implacáveis do deus Ares.

Acerca do Minotauro, assim como no *game*, o romance atualiza o mito acrescentando uma diferença decisiva, pois converte o monstro em uma raça, isto é, em um conjunto de indivíduos, a exemplo das górgonas, dos centauros e dos ciclopes, aumen-

tando, assim, a dificuldade para o herói em ambas as narrativas, como pode ser visto no trecho a seguir:

> Kratos não estava ali para salvar o povo, ele não conseguia nem olhar para eles. Antes de chegar à esquina, no entanto, ele descobriu que havia cometido um erro. Aquele não era o Minotauro; mas apenas um minotauro. A verdade lhe foi revelada pelo aparecimento de mais três imponentes homens-touro, trovejando em direção a ele com os machados em punho (STOVER; VARDEMAN, 2012, p. 122-123).

Por último, temos as personagens que lutam em algum momento lado a lado com o herói, auxiliando-o em sua jornada, entre as quais este estudo distingue: os guerreiros atenienses, que defendem a cidade de Atenas; os escravos do navio, que, após serem salvos por Kratos, passam a compor sua tripulação; o velho capitão ateniense, que indica o caminho até o ponto da cidade de Atenas onde o herói poderia encontrar o Oráculo; o guerreiro imortal, guardião do fogo, que fica às portas do Templo de Pandora; o homem preso na gaiola, personagem presente em ambas as narrativas, digital e verbal, que Kratos utiliza como sacrifício, como tributo e maneira de agradar a Zeus (não antes de ouvir o que tinha a dizer sobre as armadilhas espalhadas pelo interior do Templo de Pandora); o coveiro, Zeus disfarçado, que ajuda o herói a sair do Hades e o traz novamente à cidade de Atenas, como se constata no fragmento a seguir:

> Atena escondeu o início de um sorriso. As palavras do Pai dos Céus levaram-na a uma conclusão inevitável: o próprio Zeus tinha sido o coveiro, e ele apoiou Kratos. Ela sabia que ele não poderia favorecer abertamente o espartano, por causa de seu próprio decreto. Os outros deuses iriam protestar. Com tanta confusão no Olimpo, graças a Ares e sua desobediência, Zeus caminhava com cuidado. Ele era o Rei dos Deuses, mas nunca poderia suportar uma rebe-

lião aberta encetada entre todos os outros deuses (STOVER; VARDEMAN, 2012, p. 359).

Mesmo Zeus correu em auxílio a Kratos, "dobrando-se" à persuasão de sua filha Atena. Há uma diferença entre as narrativas do *game* e do livro em relação à passagem apresentada. Na narrativa do *game*, fica ambígua a possível manifestação de Zeus disfarçado de coveiro para ajudar Kratos, isto é, o leitor-jogador não tem certeza de que é mesmo ele que atua nessa ação. A dúvida para o leitor-jogador só se dissipa em *God of war: ghost of Sparta*,* quando o coveiro é desbloqueado como personagem na arena de combate e se transforma em Zeus, revelando sua identidade. Entretanto, esse mistério se dissipa para o leitor do romance, como bem ilustrou o recorte anterior, retirado do Capítulo 30 do livro.

As personagens do romance são em número superior às da narrativa do *game*, se levadas em conta ainda aquelas que não agem efetivamente na narrativa. Tais personagens, aqui classificadas como *citadas*, assumem o papel de povoar os diálogos, para esclarecer melhor as circunstâncias da história.

As personagens *citadas* comparecem nos enunciados, seja em um pensamento, uma reflexão, seja servindo de assunto ao diálogo de terceiros. Contudo, se no momento da leitura a personagem citada é "reconhecida" de outro texto que elucida a sua origem, ela pode ganhar novos sentidos, graças ao repertório de quem lê. Como é o caso deste trecho do romance:

> A deusa Atena se postou em armadura completa defronte a seu espelho de bronze polido, encaixou uma flecha em seu arco e retesou a corda vagarosamente [...] ela mirou a flecha através de sua câmara em uma tapeçaria enorme que mostrava a Queda de Troia. A flecha deslizou dos seus dedos e voou direta e certeira para afundar-se na figura entrelaçada de Páris. "Que herói cheio de falhas", meditou. Ela não havia feito uma escolha tão pobre. Ela arriscou muito porque o destino do Olimpo suspendeu-se de seu equilíbrio, quando seu irmão Ares ficou fora de controle (STOVER; VARDEMAN, 2012, p. 10).

Pode-se inferir nesse recorte que o herói Páris exerce, em *God of war*, a função de personagem *citada*, uma vez que não tem relevância na narrativa. Aliás, ele participa como sujeito de um pensamento que passou pela mente de Atena. No entanto, o leitor pode vir a reconhecê-lo como um entre os heróis da epopeia *Ilíada*, em que é narrado que sua história de amor por Helena, esposa do rei Menelau, desconsidera a razão e negligencia seu dever de guerreiro, salvaguardar Troia, ou mesmo o leitor pode resgatar a famosa história *O pomo da discórdia*.** O comentário de Atena de que Páris é "cheio de falhas" é fruto de uma avaliação da conduta desse herói nos dois episódios. Se o fruidor lançar mão desse repertório de leitura, a personagem Páris ganha outra interpretação, em razão de o leitor conhecer o hipotexto da citação e estabelecer relação entre os dois textos. Mas se ele não decodificar a que se refere o comentário de Atena, é possível que esse resíduo de leitura não decifrado o instigue a um movimento extratexto, levando-o a pesquisar o significado desse juízo de Atena sobre Páris.

Genette (2006, p. 8) entende a intertextualidade como "[...] uma relação de copresença entre dois ou vários textos, isto é, essencialmente, e o mais frequentemente, como presença efetiva de um texto em outro. Sua for-

---

*Outro *game* da Saga de Kratos, cuja história ocorre após os eventos do primeiro aqui em estudo.

**"O pomo da discórdia é a história que dá início à guerra de Troia. Quando os deuses se encontraram para o casamento dos pais de Aquiles, Peleu e Tétis, Éris (a Discórdia) jogou uma maçã para as deusas Atena, Hera e Afrodite, dizendo "Para a mais bela". Ninguém queria ser o juiz, e então Zeus manda Hermes enviar as três para o Monte Ida, para que Páris o seja. Cada deusa lhe oferece um dom: Hera lhe diz que será rei de toda a Ásia, Atena lhe promete sabedoria e vitória sobre todas as guerras e Afrodite lhe oferece o amor de Helena de Esparta. Páris escolhe Afrodite" (HOMERO, 2009, p. 565).

ma mais explícita e mais literal é a prática tradicional da citação [...]".

Em um trecho do romance (STOVER; VARDEMAN, 2012), precisamente no Capítulo 18, já comentado, recortamos para análise um diálogo entre Zeus e Atena, em que o senhor do Olimpo cita dois deuses, Hefesto e Apolo, que poderiam tê-la ajudado caso pedisse que dirimissem as aflições por que passavam os adoradores da deusa em Atenas. Hefesto e Apolo participam do discurso entre pai e filha como personagens *citadas*, enquanto no *game* não há qualquer menção a eles. Hefesto e Apolo também podem receber certa ampliação de interpretação caso o leitor reconheça, na leitura do referido diálogo, que há uma relação de intertextualidade com outros discursos, como os dos mitos gregos, com os quais *God of war* dialoga. Nesse processo palimpséstico, as personagens citadas podem receber novos desdobramentos de sentido.

O romance *God of war* é, portanto, terreno profícuo para as personagens classificadas como *citadas*. Este estudo elenca as seguintes personagens mais recorrentes nessa obra: os mortais Páris, Sísifo, Pirítos, Teseu e Odisseu; o barqueiro Caronte; as górgonas Esteno e Euríale; os semideuses Hércules* e Perseu; as moiras; a deusa Hera; os deuses Hefesto, Hélio e Apolo; os titãs Uranos, Atlas, Prometeu, Japeto e Epimeteu.

O antagonista, Ares, no *game* é o deus grego que personifica a guerra. É aquele que ataca e tenta destruir a cidade de Atena, ajudado por seus asseclas, criaturas geradas no próprio Hades.** Contudo, há uma importante diferença entre o Ares do romance e o do *game*. Enquanto este lembra o deus imortalizado na *Odisseia*, "mais bruto que inteligente" (ver HOMERO, 2009, p. 553), aquele usa uma astuta estratégia a fim de enfraquecer tanto a deusa Atena quanto Zeus, ao matar seus adoradores, conforme pode ser lido nos trechos a seguir, retirados do romance:

> No passado, Ares sempre escolhera a força bruta em vez de sutileza, mas talvez ele tenha aprendido a lição. Enquanto o cerco de Atenas mostrava a raiva antiga de Ares, ele podia ter uma nova estratégia em mente. Mate os atenienses e Atenas perde seguidores. Mate o suficiente e seus adoradores a abandonarão em favor de outros deuses – e que melhor para adorar do que o Deus da Guerra, que derrotou sua deusa? [...] os deuses tinham necessidade de culto humano como uma árvore precisa do sol. Poderia existir um deus sem adoradores? Pelo jeito que as coisas estavam em Atenas, Kratos supôs que ele iria descobrir. O poder de Atena decairia? Será que ela simplesmente desapareceria? (STOVER; VARDEMAN, 2012, p. 135-136).

Brandão (2013, p. 40) define o deus Ares como "[...] o espírito da batalha, que se rejubila com a carnificina e o sangue [...]". No entanto, o antagonista do romance aqui em estudo não luta movido apenas pela coragem cega e brutal, como lhe é a natureza. Ao contrário, vai, sim, à guerra, enviando seu exército contra Atenas sob um estratagema: matar o maior número possível de adoradores da deusa. Assim, tanto a cidade cairia quanto a deusa que lhe empresta o nome ficaria enfraquecida.

Kratos, por sua vez, é o protagonista, aquele incumbido pelos deuses de uma tarefa aparentemente impossível, vencer Ares. No romance, ele não mostra diferenças sensíveis se comparado à personagem que nos apresenta a narrativa do *game*. O espartano não se desenvolve psicologicamente ao longo da narrativa de *God of war*, ainda que seja capaz de grandes proezas, alguém dotado de dons excepcionais, razão pela qual empresta à narrativa seu caráter heroico:

---

*Em *God of war*, os autores optaram pela alcunha latina, em lugar do nome grego Héracles.
**O nome Hades designa o deus grego, como também o seu reino. Nas palavras de Brandão (2015, p. 330), o imenso império localizado no "[...] seio das trevas brumosas", na entranhada Terra e, por isso mesmo, denominado "etimologicamente [...]" inferno.

Kratos fez uma careta enquanto lia as palavras esculpidas. O arquiteto realmente projetou o Templo de Pandora, deliberadamente, para ter seus enigmas resolvidos pelo "mais valente herói"? Kratos bufou em desgosto. Ele não era nenhum herói, tendo cometido tantos assassinatos sangrentos, mas não encontraria sua condenação ali. Seu ódio por Ares e a promessa de os deuses apagarem seus pesadelos o levariam à vitória (STOVER; VARDEMAN, 2012, p. 234).

Kratos não surpreende o leitor porque é o típico herói épico, que se mantém inalterado como personagem em ambas as narrativas. Ele é o espartano que não conhece o medo e que anseia pelas batalhas, alguém que vive tanto pelo aço quanto pela glória. Todavia, é um herói que se move pela raiva que o seu antagonista lhe causou e pela graça dos deuses. Kratos, por essas razões, sabe que sem ajuda não há como cumprir sua tarefa e alcançar no processo também a sua vingança, como se lê no seguinte trecho:

[...] um deus sem adoradores simplesmente murchava como névoa ao sol da manhã. Se tal destino se abatesse sobre Atena, a única chance de Kratos se vingar de seu antigo mestre [Ares] iria evaporar com ela. E os pesadelos continuariam, sem pausas, a despedaçar sua sanidade (STOVER; VARDEMAN, 2012, p. 136).

Os pesadelos a que se refere o trecho têm origem na vergonha máxima do herói, que, ludibriado por Ares, em um odioso estratagema, foi movido a matar sua esposa e filha. Desde então, tem servido aos deuses do Olimpo, com o objetivo de livrar-se dessas pesarosas lembranças. A vingança o move. Ela o fortalece, bem como mantém momentaneamente os pesadelos distantes.

Em suma, as personagens de *God of war* são planas e não se desenvolvem ao longo da narrativa tanto do romance quanto do *game*. Conforme considerações de Forster (1998, p. 67), "[...] permanecem inalteráveis em sua mente pelo fato de não terem sido transformados pelas circunstâncias, movendo-se através delas [...]". Não apresentam complexidade psicológica; ao contrário, mantêm os seus traços identitários no enfrentamento dos acontecimentos: Ares, fazendo guerra a Atena até ser vencido pelo irascível e atormentado Kratos; e este, orientado pela deusa da sabedoria, trilhando seu percurso de herói épico.

Com efeito, procuramos nesse primeiro componente da ficção, as personagens do livro, não apenas responder à primeira questão que nos coloca Coutinho (2015) sobre quem participa dos acontecimentos em *God of war*, como também tecer comparações a esse respeito entre as narrativas digital e verbal, tentando verificar em que se aproximam ou se distanciam.

O crítico literário Genette (2006, p. 45) considera que, por vezes:

A arte de "fazer o novo com o velho" tem a vantagem de produzir objetos mais complexos [...] do que os produtos "fabricados": uma função nova se superpõe e se mistura com uma estrutura antiga, e a dissonância entre esses dois elementos copresentes dá sabor ao conjunto.

God of war surge, assim, como um hipertexto ficcional, ou seja, ficção derivada de outra, cuja origem, a mitologia grega, é entendida como hipotexto em razão de seu caráter preliminar. Segundo Genette (2006), a derivação do hipotexto ao hipertexto é, ao mesmo tempo, maciça e explícita de maneira mais ou menos oficial, em que se percebem elementos da hipertextualidade. Genette (2006, p. 40) ainda nos diz que ela deve ser entendida como "[...] toda situação redacional que funciona como um hipertexto em relação à precedente, e como um hipotexto em relação à seguinte [...]". Ele também adverte que "[...] quanto menos a hipertextualidade de uma obra é maciça e explícita, mais sua análise depende de um julgamento constitutivo, até mesmo de uma decisão interpretativa do leitor [...]" (GENETTE, 2006, p. 18). Todavia, o leitor-jogador, caso seja conhecedor da "massa de estória", percebe-a de forma diferente daquele que não teve acesso aos contos sobre os deuses e deusas da Grécia antiga. Não obstante, para compreender a aventura de *God of war*, não se necessita recorrer a seu hipotexto, ou seja, ela pode ser lida por si mesma.

CONSIDERAÇÕES FINAIS

Este breve estudo, operando o cotejo entre textos, entendeu *God of war* como um hipertexto que tem nos textos da mitologia grega o seu hipotexto. Da análise, constatou-se que a narrativa do *game God of war* constitui terreno profícuo para o estudo comparado, passível de ser reproduzido em sala de aula. Como se mostrou no exame do *corpus*, um texto familiar aos alunos pode ser aproximado a outro, culturalmente relevante, como o são os mitos gregos.

God of war, o romance, oferece ao leitor uma narrativa, do mesmo modo, palimpséstica, em que se nota a presença de outros textos. No entanto, a análise não apenas procurou pelas relações que a narrativa do romance estabelece com a mitologia grega, como também entendeu e definiu como hipotexto do romance a narrativa do *game*.

Aquele que lê *God of war* percebe que a narrativa do romance se estrutura, assim como o *game*, em um nexo de causa e efeito, que gera mudança e desenvolvimento. O leitor experiencia a história do herói Kratos nesse suporte tão somente como atividade mental que recria o universo da fábula ao longo da leitura, sem a possibilidade de intervir no andamento da história, cujo protagonista também tem a Grécia antiga como lugar de transcurso de suas ações. Portanto, o leitor do romance acompanha o herói interagindo com outras personagens da mitologia, mas sem qualquer meio de interferir na arquitetura da narrativa. Eis aí o aspecto que diferencia o *game* do livro, o aspecto da jogabilidade.

Assim como no *game*, o romance tem um sem-número de mitos e lendas, que estão em camadas na história, o que também é exposto ao crivo analítico do leitor, que, eventualmente, pode identificar esses outros textos e relacionar de que modo esse espectro de histórias anteriores se aproxima ou se distancia da narrativa, que é atualizada enquanto o leitor a assimila.

Do mesmo modo, não é imprescindível que se saiba dessas lendas e histórias da mitologia grega ou, ainda, ter jogado *God of war* no PlayStation® para começar a ler o romance homônimo. No entanto, caso o leitor conheça as personagens e as lendas gregas, ou mesmo tenha se entretido com o *game*, em uma ou várias partidas, ele entra em contato com variadas maneiras de contar uma mesma história, interagindo de modo diverso em cada suporte.

Esta análise, portanto, ao partir do estudo de uma narrativa composta a princípio para um *game*, ao examinar também trechos do romance, depreende que este se distancia daquele com relação ao número de diálogos, bem como aos espaços em que ocorrem as ações da narrativa.

Os diálogos no *game* são, em razão do aspecto da jogabilidade, encontrados em menor número se comparados com os do romance. Há no romance, portanto, a presença de um recurso de oralidade que o *game* não supera, os seus diálogos, o que impacta de maneira importante no aprofundamento das informações disponíveis ao leitor a respeito da história. Por exemplo, temos no *game* e no livro um momento comum que é quando Zeus procura Kratos para lhe dar o poder do raio. No romance, por meio dos diálogos, o leitor termina a narrativa sabendo os motivos que levaram o deus a agir, no *game* não. Há, no *game*, apenas a informação de que os deuses irão ajudar Kratos porque Ares se tornou uma ameaça. Desse recurso, mais amplamente trabalhado no romance, resulta uma narrativa mais rica em informação, que propicia que o leitor se muna de mais elementos para a recriação da história. Já no *game*, o diálogo atua como recurso mínimo imprescindível para o leitor-jogador operar no sistema; a jogabilidade é o fim último desse suporte. Entretanto, nos dois casos, não se descarta a possibilidade de que esses leitores decifrem a relação intertextual tecida na narrativa ou que a busquem em pesquisa no hipotexto ou que se satisfaçam com o que lhes é oferecido.

No que diz respeito à categoria espaço, há um a mais na narrativa do romance, o Olimpo. Esse local, distante do plano dos homens, é fértil em diálogos, cuja característica digna de nota tem no recurso intertextual uma constante na construção dos sentidos em *God of war*, conforme já referido.

O interesse de jovens e adultos por livros que são oficialmente adaptações de *games* pode contribuir do mesmo modo para o ensino e a aprendizagem nas escolas. Pois, como já mencionado, *God of war* constitui um objeto proveitoso para o estudo da literatura comparada, em que se pode partir, em sala de aula, do conhecimento prévio do aluno, a fim de ampliá-lo com relação a temas culturalmente relevantes, bem como mostrar a possibilidade de conhecer como trabalhar, criticamente, diferentes linguagens.

Por fim, ao pensar a maneira como a mitologia grega foi reapropriada em *God of war*, sobretudo como sua história foi adaptada de um suporte a outro, uma vez que reavalia e transcreve o sistema narrativo do *game* para as estruturas simbólicas do romance, constatou-se, nesta análise, que o monomito proposto por Cambell está presente em ambas as narrativas aqui em estudo. Esse "único mito", a jornada do herói, é o que mantém inter-relacionada a linha de acontecimentos em *God of war*, tanto na mídia digital quanto na verbal.

O monomito, compartilhado pelas lendas e pelos mitos de todas as culturas do mundo, razão pela qual é tão comum em histórias de aventura, com o desenvolvimento dos *games*, passa hodiernamente a estruturar também as narrativas especialmente criadas para esse suporte, cujo estado constante de evolução tanto se configura quanto se inscreve por meio da palavra "digital". O que se depreende dessa reflexão é o fato de que, a despeito do avanço da tecnologia, que faz evoluir elementos que ajudam a compor a narrativa de um *game*, como os gráficos e a jogabilidade, o modo de contar a história, de urdir os acontecimentos, ainda segue a maneira clássica dos livros.

Em suma, *God of war*, seja o *game* ou o romance, utiliza o que Huizinga (2001, p. 7) chamou de as "[...] caprichosas invenções da mitologia [...]" de maneira envolvente, uma vez que recupera a tradição e proporciona àquele que experiencia sua história notar que nela "[...] há um espírito fantasista que joga no extremo limite entre a brincadeira e a seriedade [...]".

REFERÊNCIAS

BRANDÃO, J. S. *Mitologia grega*. 20. ed. Petrópolis: Vozes, 2013. v. III.

BRANDÃO, J. S. *Mitologia grega*. 26. ed. Petrópolis: Vozes, 2015. v. I.

CAMPOS, F. *Roteiro de cinema e televisão:* a arte e a técnica de imaginar, perceber e narrar uma estória. Rio de Janeiro: Jorge Zahar, 2007.

COUTINHO, A. *Notas de teoria literária*. 2. ed. Petrópolis: Vozes, 2015.

FORSTER, E. M. *Aspectos do romance*. 2. ed. São Paulo: Globo, 1998.

GENETTE, G. *Palimpsestos*: a literatura de segunda mão. Belo Horizonte: FALE/UFMG, 2006. Disponível em: <https://social.stoa.usp.br/articles/0037/3032/GENETTE-Gerard-Palimpsestos.pdf>. Acesso em: 13 ago. 2018.

HOMERO. *Ilíada*. 2. ed. São Paulo: Ediouro, 2009.

HOMERO. *Odisseia*. 2. ed. São Paulo: Ediouro, 2009.

HUIZINGA, J. *Homo ludens*. 5. ed. São Paulo: Perspectiva, 2001.

NEWZOO GAMES. *Free 2016 global games market report:* an overview of trends & insights. 2016. Disponível em: <https://

cdn2.hubspot.net/hubfs/700740/Reports/Newzoo_Free_2016_Global_Games_Market_Report.pdf>. Acesso em: 13 ago. 2018.

NOVAK, J. *Desenvolvimento de games*. São Paulo: Cengage Learning, 2010.

PINHEIRO, M. R. Nota do revisor. In: HOMERO. *Odisseia*. Tradução e prefácio de Carlos Alberto Nunes. Rio de Janeiro: Nova Fronteira, 2012. p. 27-29.

SALEN, K.; ZIMMERMAN, E. *Regras do jogo:* fundamentos do design de jogos. São Paulo: Blucher, 2012. 4 v.

STOVER, M.; VARDEMAN, R. E. *God of war*. São Paulo: Leya, 2012.

LEITURAS RECOMENDADAS

BRANDÃO, J. S. *Mitologia grega*. 22. ed. Petrópolis: Vozes, 2013. v. II.

CAMPBELL, J. *O herói de mil faces*. São Paulo: Pensamento, 2007.

CAMPBELL, J. *O poder do mito*: com Bill Moyers. São Paulo: Palas Athena, 2012.

ELIADE, M. *Mito e realidade*. São Paulo: Perspectiva, 2013.

ELIADE, M. *O sagrado e o profano:* a essência das religiões. 3. ed. São Paulo: WMF Martins Fontes, 2010.

GENETTE, G. *Discurso da narrativa*. 3. ed. Lisboa: Vega, 1995.

JOGO DIGITAL

SANTA MONICA STUDIO. *God of war 1*. [DVD] Plastation 2 / [Blu-ray Disc] Plastation 3. USA: Sony Computer Entertainment of America, 22 March 2005.

SITE OFICIAL

SANTA MONICA STUDIO. *God of war*. [c2018]. Disponível em: <http://sms.playstation.com/god-of-war>. Acesso em: 13 ago. 2018.

NARRATIVAS DIGITAIS, CULTURA *MAKER* E PENSAMENTO COMPUTACIONAL:
reflexões sobre possibilidades de articulação e aplicação em contextos educacionais

Alessandra Rodrigues | Maria Elizabeth Bianconcini de Almeida

O movimento *maker* remete à ideia, não tão nova, mas que com frequência volta à cena em diferentes momentos e contextos, do "faça você mesmo". Atualmente, a cultura *maker* parece passar por mais um período de ascensão e tem sido objeto de curiosidade por parte de diferentes setores sociais – entre os quais, o educacional.

Nessa recente revisitação, Samagaia e Delizoicov Neto (2015) afirmam que outra ideia vem sendo agregada à do "*Do it yourself*": a de fazer com os outros ("*Do it with others*"). Nessa reconstrução, de certa forma também conceitual, "[...] os '*makers*' identificam-se ainda a um movimento organizado, estruturado a partir da noção de mínimos recursos e máxima partilha de ideias, de projetos e de concepções [...]" (SAMAGAIA; DELIZOICOV NETO, 2015, p. 2). Essa perspectiva cada vez mais colaborativa pode ser associada diretamente às possibilidades abertas pela disseminação e popularização das tecnologias digitais de informação e comunicação (TDIC) e pelas ferramentas da *web* 2.0 – o que vem provocando alterações significativas tanto no processo de produção quanto no de consumo e disseminação do conhecimento.

Nos Estados Unidos, destacam-se dois grupos que trabalham com essa abordagem: 1) cultura *maker* e fabricação digital na educação (BLIKSTEIN; MARTINEZ; PANG, 2016) para apoiar o currículo; e 2) comunidade *Learning Creative Learning* (LCL), que explora o conceito de *creative learning spiral* (RESNICK, 2017).

Dessa forma, a cultura *maker* começa a entrar nos contextos educacionais como mais uma promessa de aprimoramento nos processos formativos. Entretanto, muitas vezes, as escolas e as universidades buscam incorporar elementos do movimento *maker* sem que as devidas reflexão e depuração sejam realizadas e/ou incentivadas.

Neste capítulo, exploraremos o potencial das narrativas digitais na cultura *maker* quando implementada em contextos educacionais/formativos. Compreendemos que essas narrativas aliam elementos promotores da reflexão e depuração das ações desenvolvidas durante a realização de um projeto *maker* – o que poderia contribuir para a superação de uma visão tecnicista apoiada no "saber fazer", por si só, ou do "fazer por fazer", sem reflexão sobre/na ação e posterior depuração para nova ação.

CULTURA *MAKER* E NARRATIVAS DIGITAIS

Clarke e Adam (2012) referem que as narrativas digitais, ou *digital storytelling*, abrangem todas as formas e os processos narrativos que são produzidos e compartilhados digitalmente. Isso inclui histórias somente com imagens, rádio-histórias para internet, *podcasting* e narrativas multimídias que integram imagens, sons e textos escritos.

Assim, com essa amplitude de possibilidades, as narrativas digitais vêm conferindo novos contornos à prática humana milenar de contar histórias. Transformada pelas TDIC, a narrativa digital tem, agregados a si, elementos multissemióticos (áudios, vídeo, imagens, etc.) que podem contribuir tanto para a representação do pensamento quanto para sua compreensão e depuração. Outro aspecto importante advindo das tecnologias digitais e que interfere nessa nova forma de narrar e de narrar-se é a ampliação das possibilidades de construção de narrativas digitais colaborativas e em redes (RODRIGUES, 2017; ALMEIDA; VALENTE, 2014). Além disso, a facilidade de fazer e refazer a narrativa é ampliada pelas características das TDIC – o que confere dinamicidade e plasticidade à narrativa digital e, de certa maneira, a aproxima da cultura *maker*.

A definição de Chase (2011, p. 421) nos auxilia a perceber que essa possibilidade de aproximação está no cerne do próprio conceito de narrativa, entendida pela autora como:

> [...] a distinct form of discourse: as meaning making through the shaping or ordering of experience, a way of understanding one's own or other's actions, of organizing events and objects into a meaningful whole, of connecting and seeing the consequences of actions and events over time.*

Parece-nos que os elementos apontados por Chase (2011) como estruturantes da narrativa podem facilmente ser associados aos alicerces da cultura *maker*. Assim, a ordenação da experiência para a construção de significados, a busca pela compreensão da ação (própria e de outros), a organização de eventos em um todo significativo e a percepção das consequências das ações ao longo do tempo, entendidos como elementos próprios das narrativas, conforme também especificado por Bruner (1991, 2008), ligam-se, por exemplo, à ideia já desenvolvida por alguns grupos de *makers* de divulgar, em *blogs* abertos ao público, os processos e os resultados de suas pesquisas, seus sucessos e fracassos. Trata-se, assim, de uma cultura fortemente vinculada à coletividade, como apontam Samagaia e Delizoicov Neto (2015), e para a qual a ação de narrar-se pode trazer contribuições importantes no sentido de tornar o "*Do it yourself*" uma experiência mais completa e complexa – porque também mais refletida *no* e *pelo* narrar.

Nesse exercício narrativo, o narrador desenvolve um processo reflexivo dialético entre a experiência e a narração em desenvolvimento, que lhe oportuniza atribuir significados e sentidos ao vivido (BRUNER, 1991; CUNHA, 1997; ALMEIDA; VALENTE, 2012; RODRIGUES, 2017) ao mesmo tempo em que compartilha seu processo de aprendizagem e de reformulação do conhecimento colocado em ação na produção em desenvolvimento, tornando a narrativa digital uma "janela" da mente de seu autor (ALMEIDA; VALENTE, 2012). Considerando, então, que um dos pilares da cultura *maker* é o compartilhamento de informação e tecnologia, podemos pensar na narrativa digital como uma forma de efetivar esse compartilhamento que extrapola a mera apresentação de informações e resultados, mas traz o processo organizado e significado pelos sujeitos, como sugere Chase (2011), colocando-os em uma posição ainda mais protagonista e possibilitando trocas mais ricas, uma vez que são mais reflexivas, compartilhadas e autorais.

---

*Em livre tradução: "[...] uma forma distinta de discurso: como significado por meio da modelagem ou ordenação da experiência, um modo de compreender as próprias ações ou as de outras pessoas, de organizar eventos e objetos em um todo significativo, de conetar e ver as consequências de ações e eventos ao longo do tempo".

Dessa forma, o registro do exercício de fazer e refazer coisas em narrativas digitais pode contribuir para a tomada de consciência do sujeito sobre o próprio processo formativo, assim como alcançar outros sujeitos quando do compartilhamento dessas narrativas – que unem objetividade e subjetividade em um todo significativo. Em outras palavras, pelas narrativas digitais, os processos de construção podem ser narrados aliando informações técnicas e operacionais às percepções/reflexões/compreensões dos sujeitos acerca do processo – o que nos parece complementar a formação desencadeada pelo "*Do it yourself*".

O compartilhamento de narrativas digitais por e entre comunidades de *makers* também poderia incentivar o próprio desenvolvimento do conhecimento científico, uma vez que tais narrativas teriam potencial de narrar percursos metodológicos com maior detalhamento, promovendo a depuração individual e coletiva do conhecimento e a espiral de aprendizagem dos sujeitos (VALENTE, 2005).

Intencionalidade pedagógica, currículo, cultura *maker* e narrativas digitais

Trazida para contextos formais de educação e uma vez adentrando as escolas, a cultura *maker* precisa também ser ressignificada por meio da consideração de alguns elementos importantes: a intencionalidade pedagógica e a relação com o currículo. Essa relação poderia ser articulada via narrativas digitais, uma vez que tais narrativas são mediadoras dos processos de aprender, construir e compartilhar conhecimento, caracterizando o que Goodson (2007) denomina como narrativas de aprendizagem e narrativas curriculares. A narrativa digital pode se constituir como um instrumento de investigação sobre a aprendizagem e o currículo desenvolvido no ato criativo que impulsiona e caracteriza o movimento *maker*.

Compreendemos a intencionalidade pedagógica como composta por ações conscientes, planejadas e executadas conforme intenções educativas determinadas. Nesse sentido, é importante que uma atividade *maker* desenvolvida em contexto escolar dialogue com essas intenções e vice-versa. Caso contrário, corre-se o risco do esvaziamento, do "fazer pelo fazer" sem reflexão.

Para se ter clareza do significado da intencionalidade pedagógica, reportamo-nos ao conceito ampliado de educação proposto por Libâneo (2005), para quem a educação é uma prática social que se realiza em distintos contextos, institucionalizados ou não, e assim não se limita ao âmbito da instituição escolar tampouco da família. Porém, o grau de intencionalidade pedagógica varia conforme as características do contexto. Quando se trata da educação informal, as práticas educativas podem decorrer de ações que propiciam a aprendizagem de novos saberes em situações não institucionalizadas e sem intencionalidade pedagógica. Por sua vez, as práticas educativas instituídas em contextos de educação não formal (como empresas, sindicatos, meios de comunicação) têm certa intencionalidade pedagógica, mas não se caracterizam como espaços educativos convencionais e não oferecem certificação credenciada. Os níveis mais elevados de intencionalidade pedagógica e de sistematização são observados quando a prática pedagógica ocorre em instituições de educação formal, como universidades e escolas.

De acordo com a visão de Libâneo (2005), a atividade *maker* desenvolvida em contextos de educação formal carrega uma especificidade que deve ser compreendida, sobretudo, no que se refere à concepção de currículo, que também assumimos segundo uma ótica mais ampliada – para além de listas de conteúdos e métodos.

Entendendo o currículo, para além dessa estrutura fixa e hierarquizada de conteúdos, como um espaço para acolher e problematizar "[...] o popular e o erudito, a escola, além de transmitir, irá redefinir, ressignificar, produzir conhecimentos melhores, resultado da aproximação da prática e da teoria e, quem sabe, chegar à circularidade dos saberes [...]" (GARCIA; MOREIRA, 2003, p. 29). Assim, como prática de poder e também de significação (LOPES; MACEDO, 2011), o currículo, ao mesmo tempo em que orienta a intencionalidade pedagógica, é construído por ela em um movimento dialético.

Por esse viés, usar a narrativa digital como recurso pedagógico e curricular associado a atividades *maker* pode contribuir para o desenvolvimento do currículo e de seus processos de significação, bem como para o reconhecimento da aprendizagem como processo. Nessa articulação entre as ações desenvolvidas em um projeto *maker* e os conteúdos curriculares, a narrativa digital põe em movimento a experiência de aprender, valorizando o "[...] conhecimento relacional [...] 'molhado' de intuições, adivinhações, desejos, aspirações, dúvidas, medo, a que não falta, porém, razão também [...]" (FREIRE, 2014, p. 71).

Assim, a associação curricular realizada pelas narrativas digitais a partir desse tipo de projeto privilegiaria a convivência de epistemologias em uma perspectiva ecológica (SANTOS, 2010) em que a hierarquização dos conhecimentos (e das formas de conhecer) não se dê *a priori*, mas no encontro e no diálogo entre lógicas, saberes e fazeres solicitados no processo de criação e construção colaborativa de diferentes artefatos.

Esse caminho levaria à construção do "currículo narrativo", proposto por Goodson (2007). Um currículo que estaria voltado a privilegiar as aprendizagens sem hierarquizá-las, mas colocando-as "em relação", a partir das narrativas de aprendizagem, e tendo a "aprendizagem narrativa" como elemento estruturante.

Goodson (2007, p. 248-250) conceitua a aprendizagem narrativa, colocando-a no início de "uma nova especificação para o currículo" e argumenta:

Entre os motivos que emergem na aprendizagem narrativa estão o trajeto, a busca e o sonho – todos eles motivos centrais para a contínua elaboração de uma missão de vida. [...] Passar da aprendizagem prescritiva autoritária e primária para uma aprendizagem narrativa e terciária poderia transformar nossas instituições educacionais e fazê-las cumprir sua antiga promessa de ajudar a mudar o futuro social de seus alunos.

Parece-nos que os princípios que estruturam a cultura *maker* podem ser inter-relacionados, quando se tem clareza das intenções pedagógicas, com essa ideia de currículo e aprendizagem narrativa, e poderiam ser potencializados pela narrativa digital. Além disso, "[...] a interatividade, a multidimensionalidade e a emancipação do currículo como um hipertexto [...] só é possível com as tecnologias da informação, que abrem 'novos mundos ao mundo por descobrir' [...]" (PACHECO, 2005, p. 135).

Cultura *maker*, narrativas digitais e pensamento computacional

No contexto da cultura digital, a adoção das tecnologias na educação vem sendo (re)discutida buscando-se possibilidades de ampliação dessa utilização para além do que Buckingham (2007) denomina uso de "*software* de escritório", ou seja, o uso das TDIC como ferramentas mais avançadas para produção e edição de textos e planilhas, por exemplo. Nessa visão mais ampla das possibilidades abertas pelas tecnologias digitais à educação, Valente (2016) aponta, a partir da análise de diversos documentos, algumas estratégias, entre as quais destacamos: a) a exploração de temas relativos ao letramento digital por meio de disciplinas inseridas no currículo; e b) a exploração de conceitos do pensamento computacional em diferentes atividades e disciplinas curriculares e de maneira transversal.

Entendemos que não se trata só da programação propriamente dita, mas também do uso de narrativas digitais associadas a atividades *maker* em diferentes disciplinas curriculares que pode contribuir para o desenvolvimento e a percepção do pensamento computacional em situações e contextos que não estejam diretamente ligados à computação em si. Esse tipo de trabalho pode se constituir em uma inovação pedagógica criada em contexto ao mesmo tempo em que permite ao sujeito apropriar-se dos múltiplos letramentos – que se constituem, por sua vez, como uma das competências básicas da cultura digital (IANNONE; ALMEIDA; VALENTE, 2016).

Conforme salienta Almeida (2018), as narrativas digitais se desenvolvem por meio das TDIC, integrando suas propriedades e funcionalidades, nomeadamente de: registro, recuperação e atualização de informações; representação do pensamento em estruturas não lineares e multimodais; e depuração do processo de construção com a contínua reconstrução da narrativa. Tais características provocam transformações nos modos de estruturar o pensamento, influenciam os sistemas de interpretação e de negociação de sentidos consigo mesmo e com os potenciais leitores.

Essa associação das narrativas digitais e do pensamento computacional, materializada em atividades ligadas à cultura *maker*, justifica-se como possibilidade de inovação desde os conceitos-chave que constituem o pensamento computacional, propostos pela International Society for Technology in Education (ISTE) e pela American Computer Science Teachers Association (CSTA), quais sejam: coleta de dados, análise de dados, representação de dados, decomposição de problema, abstração, algoritmos, automação, paralelização e simulação (VALENTE, 2016).

Parece-nos que vários desses conceitos-chave estão presentes também nas narrativas digitais desde sua produção até sua divulgação e seu compartilhamento. Ao estruturar, por exemplo, uma narrativa digital sobre o processo de construção de um projeto *maker*, o sujeito precisará coletar dados das ações desenvolvidas no projeto ao mesmo tempo que os analisa, organiza e escolhe quais serão importantes para historiar o processo. Terá, ainda, que pensar em formas de representar esses dados e informações por meio de diferentes linguagens, a fim de permitir e/ou facilitar a compreensão do processo e do produto pelo outro. Ao fazer isso, o autor da narrativa digital precisa também exercitar um tipo de abstração imaginativa para "prever" caminhos possíveis tomados pelo leitor em decorrência da não linearidade da leitura digital.

Corroborando essas ideias, Valente (2016, p. 876) aponta que as narrativas digitais "[...] passam a ter as mesmas propriedades de um programa computacional. A sua elaboração envolve as mesmas ações como descrição, execução, reflexão e depuração, possibilitando a realização da espiral de aprendizagem [...]". Assim, se considerarmos, em consonância com as ideias de Grover, Cooper e Pea (2014), que as ações de programação por si só não bastam para fazer o pensamento computacional ser desenvolvido, podemos novamente pensar nas narrativas digitais como outra possibilidade para esse desenvolvimento.

Nessa direção, apresentamos exemplos de narrativas digitais que ilustram essa perspectiva considerando, como propõem a ISTE e a CSTA, os conceitos-chave já apresentados e os elementos constitutivos da definição operacional do pensamento computacional, entendido como processo de resolução de problemas:

> [...] formulação de problemas de uma forma que permita usar um computador e outras ferramentas para ajudar a resolvê-los; organização lógica e análise de dados; representação de dados através de abstrações como modelos e simulações; automação de soluções através do pensamento algorítmico (a série de passos ordenados); identificação, análise e implementação de soluções possíveis com o objetivo de alcançar a mais eficiente e efetiva combinação de etapas e recursos; e generalização e transfe-

rência desse processo de resolução de problemas para uma ampla variedade de problemas (VALENTE, 2016, p. 870).

No primeiro exemplo, apresentamos um *website* (**Fig. 11.1**).

A estrutura do *website* foi construída de forma a permitir ao leitor uma navegação não linear, clicando nos balões conforme seu interesse. Cada balão dá acesso a outra página digital com uma narrativa. Cada uma das seis narrativas que compõem o *site* está construída por meio de diferentes suportes (*slides*, vídeos ou mesmo textos escritos na própria página e com uso de recursos de imagem, som, etc.). Assim, as tecnologias digitais propiciam a elaboração de uma "metanarrativa", construída por outras narrativas menores e a junção de todos esses elementos permite a construção de sentidos pelo leitor. Em outras palavras, podemos afirmar que o problema (representado aqui pelo enredo da metanarrativa) foi decomposto em partes menores que permitem sua resolução. Além disso, o pensamento algorítmico também pode ser percebido na narrativa digital, já que a compreensão do todo da narrativa se dá mediante uma série de passos a serem percorridos pelo leitor. Ainda que não requeiram do leitor uma navegação ordenada, exigem do autor da narrativa a prática desse tipo de pensamento.

Para articular a complexidade de elementos que compõem a metanarrativa do *website*, foi preciso que o autor exercitasse habilidades associadas aos letramentos múltiplos (ROJO, 2013) exigidos pela cultura digital em que estamos inseridos e também lançasse mão de competências associadas a conceitos-chave estruturantes do pensamento computacional, por exemplo, coleta e análise de dados, decomposição de problemas e abstração.

Um segundo exemplo de narrativa digital, produzida em vídeo e cuja imagem inicial está apresentada na **Figura 11.2**, nos auxilia a continuar essa reflexão.

A construção dessa narrativa digital em vídeo também fornece indícios de desenvolvimento do pensamento computacional, já que a elaboração de um vídeo narrativo envolve ações de descrição, execução, reflexão e depuração (próprias dos programas computacionais), bem como "[...] identificação, análise e implementação de soluções possíveis com o objetivo de alcançar a mais eficiente e efetiva

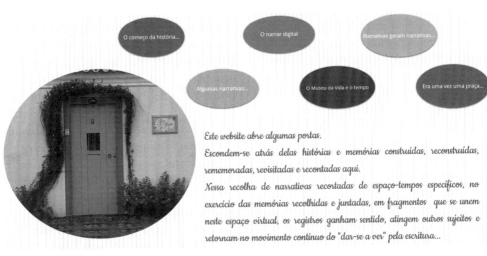

Figura 11.1 Página inicial de um *website* de narrativas digitais.
Fonte: Rodrigues (2018, documento *on-line*).

Figura 11.2 Página "Era uma vez uma praça" – *website* de narrativas digitais.
Fonte: Rodrigues (2014, documento *on-line*).

combinação de etapas e recursos [...]" (VALENTE, 2016, p. 876).

O desenvolvimento do vídeo parte de uma questão: "praça é lugar de quê?", e os recursos tecnológicos são usados ao longo da narrativa para ajudar a responder a essa pergunta inicial. Para tanto, diferentes linguagens são postas em ação: áudio de narração, cenas reais captadas e reproduzidas em partes do vídeo, fotos, entrevistas com diferentes sujeitos, etc. Mais uma vez, letramentos múltiplos são exigidos do autor para a representação dos dados; e do leitor, para a compreensão da narrativa digital. Além disso, a organização lógica e sequencial dos dados para a composição da história requer do autor dois movimentos: um analítico e outro de seleção dos dados disponíveis – o que também se associa ao pensamento computacional.

Considerando esses exemplos e as possibilidades que indicam, entendemos que, associadas ao movimento *maker*, as narrativas digitais são potencialmente profícuas ao desenvolvimento do pensamento computacional em diferentes contextos e podem trazer incrementos à cultura *maker*.

CONSIDERAÇÕES FINAIS

Encerramos este capítulo ratificando nossa proposição inicial sobre as possibilidades de articulação entre movimento *maker*, narrativas digitais e pensamento computacional. As conexões são ainda um devir, mas trazem consigo, em potência, uma ampla gama de perspectivas que merecem ser mais bem exploradas. As múltiplas semioses próprias das narrativas digitais ampliam a plasticidade, a dinamicidade e o fazer/refazer característicos da cultura *maker*. Além disso, o compartilhamento de informações e tecnologias (também próprio dessa cultura) é complexado por meio de narrativas digitais, uma vez que o narrar digital apresenta o processo *maker* de criação já (res)significado pelos sujeitos.

Essa (res)significação, quando associada a processos formativos e incentivada desde uma intencionalidade pedagógica, pode trazer inovações aos currículos e promover um processo mais horizontal e dialógico de construção de conhecimentos. Essa inovação pedagógica criada em contexto, por sua vez, pode ser materializada em atividades ligadas à cultura *maker* que associem narrativas digitais e pensamento computacional – essas questões e possibilidades solicitam novos olhares e maior aprofundamento em estudos futuros.

Nos exemplos que trouxemos para este capítulo, foi possível encontrar indícios de desenvolvimento do pensamento computacional por meio da produção de narrativas digitais a partir dos seguintes elementos: coleta e análise de dados, representação de dados, decomposição de problema, uso do pensamento algorítmico, descrição, execução, reflexões e depuração.

A percepção desses elementos reforça o potencial da narrativa digital para o desenvolvimento do pensamento computacional, sobretudo com aprendizes que sentem dificuldade para representar o pensamento por meio de estruturas lógicas descritas em operações de alguma linguagem de programação. A elaboração de narrativas digitais permite, ainda, explorar as múltiplas modalidades dos textos associadas com os modos de interação e produção de recursos tecnológicos de uso mais intuitivo, como as plataformas pré-programadas para produção de *websites*, *blogs*, *vlogs*, etc.

Todavia, para aqueles aprendizes com maior familiaridade com a lógica computacional, a produção de narrativas incita o pensamento mais intuitivo, a adaptação às circunstâncias de sua criação, propiciando aos sujeitos libertarem-se das amarras de operações predefinidas, o que lhes permite dar asas à imaginação, experienciar a aprendizagem de múltiplos letramentos e o desenvolvimento do pensamento narrativo, proposto por Bruner (1991, 1997, 2004) e também essencial à reflexão humana.

Entre os elementos que constituem o pensamento computacional, mas que não foram explorados aqui e merecem olhares futuros mais atentos, destacamos: automação, paralelização, simulação, representação de dados por meio de abstrações, generalização e transferência do processo de resolução de um problema para uma variedade de problemas.

REFERÊNCIAS

ALMEIDA, M. E. B. Narrativa digital: verbete. In: MILL, D. (Org.). *Dicionário crítico de educação e tecnologias e de educação a distância*. Campinas: Papirus, 2018.

ALMEIDA, M. E. B.; VALENTE, J. A. Integração currículo e tecnologias e a produção de narrativas digitais. *Currículo sem Fronteiras*, v. 12, n. 3, p. 57-82, 2012. Disponível em: <http://www.curriculosemfronteiras.org/vol12iss3articles/almeida-valente.htm>. Acesso em: 13 ago. 2018.

ALMEIDA, M. E. B; VALENTE, J. A. Currículo e contextos de aprendizagem: integração entre o formal e o não-formal por meio de tecnologias digitais. *Revista e-Curriculum*, v. 12, n. 2, p. 1162-1188, 2014. Disponível em: <http://www.redalyc.org/articulo.oa?id=76632206005>. Acesso em: 12 mar. 2018.

BLIKSTEIN, P.; MARTINEZ, S. L.; PANG, H. A. *Meaningful making*: projects inspirations for FAB labs and makerspaces. Torrance: Constructing Modern Knowledge Press, 2016. Disponível em: <http://fablearn.stanford.edu/fellows/sites/default/files/Blikstein_Martinez_Pang-Meaningful_Making_book.pdf>. Acesso em: 13 ago. 2018.

BRUNER, J. *Actos de significação*. Lisboa: Edições 70, 2008.

BRUNER, J. Life as narrative. *Social Research*, v. 71, n. 3, p. 691-710, 2004. Disponível em: <http://ewasteschools.pbworks.com/f/Bruner_J_LifeAsNarrative.pdf>. Acesso em: 13 ago. 2018.

BRUNER, J. The narrative construction of reality. *Critical Inquiry*, v. 18, n. 1, p. 1-21, 1991.

BRUNER, J. *Realidade mental, mundos possíveis*. Porto Alegre: Artes Médicas, 1997.

BUCKINGHAM, D. *Beyond technology*: children's learning in the age of digital culture. Cambridge: Polity Press, 2007.

CHASE, S. E. Narrative inquiry: still a field in the making. In: LINCOLN, Y. S.; DENZIN, N. K. (Ed.). *The SAGE handbook of qualitative research*. 4th ed. Los Angeles: SAGE, 2011. p. 421-434.

CLARKE, R.; ADAM, A. Digital storytelling in Australia: academic perspectives and reflections. *Arts and Humanities in Higher Education*, v. 11, n. 1-2, p. 157-176, 2012. Disponível em: <eric.ed.gov/?id=EJ955497>. Acesso em: 13 ago. 2018.

CUNHA, M. I. Conta-me agora! As narrativas como alternativas pedagógicas na pesquisa e no ensino. *Revista da Faculdade de Educação*, v. 23, n. 1/2, p. 185-195, 1997. Disponível em: <http://www.revistas.usp.br/rfe/article/view/59596/62695>. Acesso em: 13 ago. 2018.

FREIRE, P. *Pedagogia dos sonhos possíveis*. São Paulo: Paz e Terra, 2014.

GARCIA, R. L.; MOREIRA, A. F. Começando uma conversa sobre currículo. In: GARCIA, R. L.; MOREIRA, A. F. (Org.). *Currículo na contemporaneidade*: incertezas e desafios. São Paulo: Cortez, 2003. p. 7-39.

GOODSON, I. Currículo, narrativa e o futuro social. *Revista Brasileira de Educação*, v. 12, n. 35, p. 241-252, 2007. Disponível em: <http://www.scielo.br/pdf/rbedu/v12n35/a05v1235.pdf>. Acesso em: 13 ago. 2018.

GROVER, S.; COOPER, S.; PEA, R. Assessing computational learning in K-12. In: ITICSE'14 – CONFERENCE ON INNOVATION & TECHNOLOGY IN COMPUTER SCIENCE EDUCATION, 2014. *Proceedings…* Uppsala: [s.n.], 2014. p. 57-62. Disponível em: <http://dx.doi.org/10.1145/2591708.2591713>. Acesso em: 13 ago. 2018.

IANNONE, L. R.; ALMEIDA, M. E. B.; VALENTE, J. A. Pesquisa TIC Educação: da inclusão para a cultura digital. In: NÚCLEO DE INFORMAÇÃO E COORDENAÇÃO DO PONTO BR. *Pesquisa sobre o uso das tecnologias de informação e comunicação nas escolas brasileiras*: TIC educação 2015. São Paulo: Comitê Gestor da Internet no Brasil, 2016. Disponível em: <http://cetic.br/media/docs/publicacoes/2/TIC_Edu_2015_LIVRO_ELETRONICO.pdf>. Acesso em: 13 ago. 2018.

LIBÂNEO, J. C. *Pedagogia e pedagogos, para quê?* 8. ed. São Paulo: Cortez, 2005.

LOPES, A. C.; MACEDO, E. *Teorias de currículo*. São Paulo: Cortez, 2011.

PACHECO, J. A. *Escritos curriculares*. São Paulo: Cortez, 2005.

RESNICK, M. *Lifelong kindergarten*: cultivating creativity through projects, passin, peers and play. Cambridge: MIT, 2017.

RODRIGUES, A. *Histórias, ideias, memórias, narrativas...* [2018]. Disponível em: <http://profalessandra.wixsite.com/narrativas>. Acesso em: 113 ago. 2018.

RODRIGUES, A. *Narrativas digitais, autoria e currículo na formação de professores mediada pelas tecnologias*: uma narrativa-tese. 2017. 274 f. Tese (Doutorado em Educação: Currículo) – Pontifícia Universidade Católica de São Paulo, São Paulo. 2017. Disponível em: <https://tede2.pucsp.br/handle/handle/20196>. Acesso em: 26 jan. 2018.

RODRIGUES, A. *Será que praça é lugar de aprender?* 2014. Disponível em: <http://profalessandra.wixsite.com/narrativas/narrativa-contextos-2>. Acesso em: 13 ago. 2018.

ROJO, R. Gêneros discursivos do círculo Bakhtin e multiletramentos. In: ROJO, R. (Org.). *Escol@ conectada*: os multiletramentos e as TICs. São Paulo: Parábola, 2013. p. 13-36.

SAMAGAIA, R.; DELIZOICOV NETO, D. Educação científica informal no movimento "maker". In: ENCONTRO NACIONAL DE PESQUISA EM EDUCAÇÃO EM CIÊNCIAS – ENPEC, 10., 2015, Águas de Lindóia. *Anais Eletrônicos...* Águas de Lindóia: ABRAPEC, 2015. Disponível em: <http://www.abrapecnet.org.br/enpec/x-enpec/anais2015/resumos/R0211-1.PDF>. Acesso em: 13 ago. 2018.

SANTOS, B. S. *Um discurso sobre as ciências*. 7. ed. São Paulo: Cortez, 2010.

VALENTE, J. A. *A espiral da espiral de aprendizagem*: o processo de compreensão do papel das tecnologias de informação e comunicação na educação. 2005. 238 f. Tese (Professor Livre Docência) – Instituto de Artes, Universidade Estadual de Campinas, Campinas, 2005. Disponível em: <http://repositorio.unicamp.br/bitstream/REPOSIP/284458/1/Valente_JoseArmando_LD.pdf>. Acesso em: 13 ago. 2013.

VALENTE, J. A. Integração do pensamento computacional no currículo da Educação Básica: diferentes estratégias usadas e questões de formação de professores e avaliação do aluno. *Revista e-Curriculum*, v. 14, n. 3, p. 864-897, 2016. Disponível em: <https://revistas.pucsp.br/index.php/curriculum/article/viewFile/29051/20655>. Acesso em: 13 ago. 2018.

PARTE II

ESCOLAS INOVADORAS

CRIAÇÃO E IMPLEMENTAÇÃO DA ESCOLA DE EDUCAÇÃO INFANTIL KID'S HOME

Regina Pundek

O INÍCIO: HISTÓRIA E FUNDAMENTOS

A construção de uma ideia inusitada tem como base vivências, observações e conhecimentos que se tornam degraus para a singularidade de projetos originais. Valeu, como alavanca para a criação da Kid's Home, minha inconformidade com a escola de Educação Infantil de meus filhos.

Tudo teve início quando minha filha primogênita, Manoela, aos 2 anos e meio, começou a roer unhas. Eu não compreendia o porquê desse comportamento, visto que não tinha modelo familiar. Busquei ajuda na escola que meus filhos frequentavam, na época, há quase um ano e tomei conhecimento de que eles tinham ao longo do período somente 30 minutos de convivência compartilhada, na tal Hora do Recreio. A escola praticava uma metodologia que considerei excludente, pois não aceitava o que eu entendia como as vantagens de ser "família". Contaram-me que Manoela queria a toda hora estar com o irmão, Gabriel, um ano mais novo, e não na própria turma. A coordenadora da escola afirmou ser muito difícil para a professora lidar com crianças de diferentes idades, que o trabalho pedagógico das duas turmas é muito diferente, que crianças de idades distintas sofrem prejuízos quando ficam juntas na escola.

Saí da reunião inconformada, porém sem argumentos que garantissem certezas para que pudesse tomar alguma decisão. Compreendi que o comportamento da Manoela, roendo unhas, declarava o estresse vivido na escola. E estendi essa percepção para todas as crianças, por constatar que seus sentimentos não eram respeitados, nem sequer questionados.

Iniciei, então, uma pesquisa inusitada para uma engenheira. Queria saber o que é, afinal, a tal pedagogia? Por que as escolas separam as crianças em classes por idade? Existem reais vantagens para essa separação? Para quem? Por que era tão difícil para uma escola trabalhar com crianças de idades diferentes juntas no mesmo espaço?

Questionava também as tais grades curriculares, datas de corte, rotinas de horários de aula, disciplinas, regras impostas e uniformes. Que escola era essa que estavam praticando? E, se não aceitasse essa escola, o que aconteceria aos meus filhos? A lei obriga os pais a colocar seus filhos na escola? A partir de então, parei de trabalhar, tirei meus filhos da escola e iniciei um processo empírico de observação de crianças.

Então, por meio do sofrimento de cada escolha de escola para meus filhos, comecei a ver o mundo com novos olhos, olhos que não se conformam com práticas antiquadas estabelecidas em uma época que tinha outras necessidades sociais. Decidi estudar a fim de tentar entender as escolas. Contudo, o que eu vivia era um desentendimento, visto que a teoria e a prática eram antagônicas. Busquei livros de psicologia sobre a criança e a infância e sobre propostas de escolas pensantes.

Em que acreditam as professoras?
Em qual desenvolvimento acreditam?
O que as crianças precisam aprender na infância?
O que precisam aprender na educação infantil?
Por que as escolas promovem desafios tão focados somente na área intelectual?
Por que os relacionamentos, as emoções e a alma são deixados de lado?
O que se espera da integralidade de uma pessoa quando somente o motor e o cérebro são focados?

Minha primeira leitura foi sobre uma escola revolucionária chamada Summerhill, fundada por Alexander Sutherland Neill, em 1921, na Inglaterra (NEIL, 1964). Fiquei fascinada, a leitura mostrava que havia, sim, possibilidades de fazer diferente. Na sequência, conheci Freinet e sua pequena Le Bar-sur-Loup. Para ele, o entorno, as condições sociais e as políticas devem ser avaliadas, por isso protagonizou as chamadas escolas democráticas. Ao mesclar a escola e a comunidade, Freinet avança e ultrapassa modelos antigos. Encantou-se especialmente com o movimento pedagógico em defesa da fraternidade, do respeito e do crescimento de uma sociedade cooperativa e feliz (SAMPAIO, 1994). O livro seguinte foi *A paixão de conhecer o mundo*, diário de classe de Madalena Freire, em que ela mostra o respeito à infância em uma prática educativa focada no desenvolvimento integral (FREIRE, 1983). Na sequência, conheci a abordagem de Loris Malagguzzi, que ainda não era divulgada no Brasil; contudo, meu marido, cuja família é de Reggio Emília, me presenteou com o livro *I cento linguaggi dei bambini*, na época ainda não traduzido para o português, que esmiucei e digeri com a ajuda dele. A abordagem de Loris Malaguzzi e sua percepção da criança sustentavam meus questionamentos e mostravam possibilidades reais e concretas de um fazer diferente e respeitoso (EDWARDS; GANDINI; FORMAN, 1999).

Por meio dessas primeiras leituras, compreendi que havia refinado meu critério de escolha de escola. Minha escuta e meu olhar estavam apurados, e, com essas novas referências, encontrei uma escola de arte que recém se transformara em escola de Educação Infantil. Enquanto possível, até que meus filhos encerrassem o primeiro setênio de vida, silenciei minhas angústias. A escola praticava o pensamento de Freinet, que afirma que, juntas a um só tempo, as crianças podem ter uma produção individual significativa, respeitando o ritmo de trabalho de cada uma e cooperando com a produção dos colegas (SAMPAIO, 1994).

Alguns anos mais tarde, dois após o nascimento de meu terceiro filho, um convite inusitado para trabalhar como professora substituta em uma escola pública mudou a vida desta engenheira. Lecionei português e inglês para adolescentes dos anos finais do Ensino Fundamental por oito anos.

O chão da escola me fez sonhar além. Idealizei uma escola onde outras crianças, além de meus filhos, pudessem usufruir do conhecimento que eu adquirira como autodidata. E, assim, no ano 2000, na Granja Viana, em Cotia, São Paulo, inaugurei a escola de Educação Infantil Kid's Home. Encontrei uma casa antiga em um grande terreno arborizado, no mesmo bairro em que morava. Usei o pouco recurso financeiro para a pintura da casa, uma cerca de alambrado para o quintal, duas ovelhas, algumas galinhas, um casal de porquinhos-da-índia e uma caixa de areia (**Fig. 12.1**). A biblioteca foi feita com doações, e, assim, a escola começou com a cons-

Figura 12.1 A escola.

trução colaborativa de uma ideia de coletividade. Ousei aterrissar meu sonho, começando uma escola pequena e rústica, como realmente pretendia e ainda acredito que é o que as crianças precisam.

No primeiro mês, eram cinco crianças, filhos de amigos. A satisfação de matricular a criança número um reverberou nas seguintes. Logo descobri, no entanto, a dificuldade de as famílias acreditarem na importância da escola como um lugar da brincadeira e alegria, respeito e aconchego, aprendizagens emocionais, sociais e espirituais, além das formatadas pelos currículos, embora tudo isso esteja tão bem colocado na Lei de Diretrizes e Bases Nacional (LDB, nº 9.394/96). A cultura da competição e do vencedor não corresponde às práticas dessa escola.

No início, havia um único grupo, crianças e educadoras focadas nas necessidades e nos interesses de cada um e do coletivo. A escola gostava de dizer que era como uma família antiga, daquelas de muitos filhos, nas quais grandes, pequenos e pequeninos são educados juntos, favorecendo uma aprendizagem social já no seio do lar. No entanto, o grupo foi crescendo e gerou a necessidade de novas estratégias, pois, em muitos momentos, não dava para ser UM. Foi preciso repensar e reestruturar espaços e equipe. Enquanto havia somente UM grupo, parecia tudo mais fácil. Mais fácil respeitar os interesses de cada criança, mais fácil entender os tempos e vivê-los integralmente, mais fácil conhecer as particularidades das pessoas envolvidas, fossem adultos ou crianças, mais fácil oferecer escolhas a cada um, mais fácil abraçar cada dúvida, cada reflexão e cada angústia. Logo se compreendeu que a equipe precisava crescer e estabelecer um número ideal de crianças para o espaço e para a manutenção da singularidade da metodologia. Crescer exige mudanças de todos, tanto dos educadores como da parte administrativa. A alma desse corpo-escola exige intensificação e força para que a unidade pedagógico-administrativa não corrompa os indivíduos, mas reforce continuamente a necessidade de respeito e cuidado.

No decorrer de 18 anos de trabalho, a escola vem refletindo e buscando a qualificação da ação junto às crianças. Praticar mudanças é uma meta. Ampliar e diversificar sempre. A Kid's Home acredita que não pode se prender, se restringir a um pensamento. Acredita em transformação para todos, tanto crianças como adultos. A evolução do pensamento científico também está em obras e não há de chegar a um ponto final jamais. Acompanhar essa evolução é um grande desafio. As reflexões sobre a práxis apontam para essa possibilidade na medida em que se permite que a sensibilidade e o bom senso se aliem a novos conhecimentos. Parar para perceber-se, registrar e compartilhar reflexões é uma das atitudes que garantem a ampliação e a diversificação desejadas.

O tempo está passando, e a Kid's Home está construindo uma história junto à comunidade, que declara suas diferenças e que vem sendo aceita pelas famílias com mais naturalidade. A história de uma escola focada no respeito! Uma escola multietária onde o brincar é considerado essencial, uma escola bilíngue que fala português para oferecer aconchego e inglês como segunda língua, a língua dos desafios. Uma escola de onde a criança leva para casa areia nos cabelos, poeira e lama nas roupas e joelhos tantas vezes ralados (**Fig. 12.2**).

Tenho seguido por uma estrada tantas vezes árdua, tantas vezes doce. Não encontrei uma resposta única às minhas questões. São múltiplas as possibilidades de um bom fazer. Ainda me surgem novas perguntas. Sinto que verdadeiramente importante é dizer que aprendi que o amor é para lá de sentimento, é ação e luz. Aprendi a reconhecer a raça humana como seres "em obras" permanentemente. E é muito bom trabalhar para, por, por meio e com as crianças.

Encontrei o meu caminho, que se alarga, se estreita e também bifurca, tem lama, poeira, pedras e asfalto, montanhas, planícies, florestas e caatinga, terra e mar, sonhos, insônia e pesadelos. Vou construindo e sustentando meu aprendizado como educadora e minha construção pessoal como ser humano ao administrar as frustrações vividas pela divergência entre o conhecimento e a prática. E, assim, vou escrevendo uma história que é minha, mas que desejo possa contribuir para que outros encontrem seus caminhos e juntos possamos, cada um do seu jeito, fazer cada vez melhor. Penso ainda em uma comunidade de aprendizagem na qual meninas e meninos do Brasil afora possam viver de um jeito um tanto "nativo e antigo"... aprendendo com os mais velhos coisas necessárias e tantas outras somente prazerosas.

OS ESPAÇOS A CÉU ABERTO OU COBERTOS

A Kid's Home (**Fig. 12.3**) é uma escola onde o espaço fala, não há paredes, não há portas, não há classes, nem aulas. No quintal, há árvores, horta, brinquedos de madeira, um forno a lenha, ovelhas, coelhos, galinhas, jabutis, tartarugas e peixes. Ali acontece a brincadeira livre, a exploração da natureza, banhos de esguicho, tintas e melecas, capoeira, historinha, teatro e música. Ali acontece a vida da escola.

Um bom espaço é aquele que conversa diretamente com a criança. Conversa com o corpo, instiga a curiosidade e permite que ela vivencie bons desafios no decorrer do dia. Falar de tempo e espaço é falar de unidade, de conexão. A criança é o espaço e vivencia o tempo sem fazer distinção ou escalas. Todos os lugares devem permitir comunicação e liberdade às crianças. A livre exploração não está em um local idealizado, no qual as finalidades estejam milimetricamente projetadas e esperadas para que se aja dessa ou daquela forma. A livre exploração acontece em espaços onde a criança consiga interagir, transformar e comunicar-se pelo corpo, pela mente e pela alma (**Fig. 12.4**).

Os objetos de interação, como brinquedos, mesas, cadeiras e materiais, devem estar acessíveis ao olhar da criança. O espaço deve

Figura 12.2 O brincar na Kid's Home.

Figura 12.3 Espaços abertos.

Figura 12.4 Atividades ao ar livre – banho de esguicho.

comunicar àqueles que ali transformam e são transformados no dia a dia. O espaço conta histórias, une pessoas, é um meio de produção e reprodução cultural. Um bom espaço permite acessibilidade para diversos corpos e personalidades. Conversa com a introspecção, assim como também acolhe a expansividade. Os espaços devem ser atrativos para as crianças em seus diferentes focos de interesses. Precisa proporcionar respeito, autonomia, ação e desafio. Um espaço desafiador é aquele que une brincar, encantar-se e aprender como ação essencial, inseparável no universo da criança. A criança é o corpo, é a brincadeira, é o encantamento e por isso aprende. E vice-versa.

Um espaço de possibilidades é composto por diferentes materiais, brinquedos não estruturados que possibilitem o faz de conta e a reelaboração do cotidiano. Caracteriza-se também pelo diálogo diverso e aberto, ou seja, destaca-se por ser multifuncional e, assim, proporciona transformação. A mesma mesa do lanche é a que pode se transformar em um barco, um carro ou uma casinha, quando virada para cima. Ou pode servir como palco para as expressões das crianças. Tecidos, fantasias e caixas também ajudam a enriquecer e a dar asas para a imaginação e a criatividade. O colchão, as cadeiras e o cadeirão podem ser mudados de lugar e fazer parte da brincadeira. E, quando necessário, todo o mobiliário é estruturado para o momento do ateliê. Tudo novamente se transforma, as crianças buscam seus interesses e criam juntas. Todos ajudam na organização porque são partes desse espaço.

O tempo é a unidade do espaço. As crianças vivenciam como rotina a hora da chegada, a hora do lanche, a hora da história e a hora da saída. Entretanto, não significa que essa rotina deve ser exatamente semelhante todos os dias. Pelo contrário, o tempo organiza as relações e acalma a alma e o coração. O tempo acolhe, assim como o espaço. A rotina não pode servir de pedra de tropeço para a autonomia e como barreira para o encantamento das crianças. No decorrer do dia, surgem inúmeras possibilidades, como a borboleta que carrega consigo todos os olhares, a lagartixa que passeia pelo teto, o bicho que morre, o brinquedo que some, o barulho do raio e trovão que impõe o receio do que acontece lá fora. Os banhos de mangueira, a brincadeira na areia, na terra, a comidinha preparada com as flores e folhas que caem da árvore. Os tempos precisam ser pensados para acolher as possibilidades que surgem no espaço. Um comportamento desafiador, o choro de quem precisa expressar algo, o riso nervoso, as falas e não falas constantes, as constatações das conquistas, como o dente que nasce, o dente que cai, o colega que aprendeu a andar, o que já não bate mais para expressar seus incômodos. Situações e ações proporcionadas pela VIDA.

O educador infantil precisa estar em sincronia com todos esses acontecimentos e, assim, planejar ações que levem as crianças a vivenciar tempo/espaço, dando-lhes total aval para que criem, recriem e transformem esse planejamento. O papel do educador é proporcionar respeito. É resgatar a própria criança interior e, assim, colocar-se no lugar dela. É também ser corpo, alma, mente e coração. É ser inteiro, é ser humano.

BILINGUISMO – DIVERSIDADE NA COMUNICAÇÃO VERBAL

Por que uma escola inovadora, criativa e multietária tem um nome gringo?

É uma escola americana?

É uma escola de línguas?

É uma escola bilíngue de imersão?

Mas ensinam mesmo inglês?

A neurociência afirma que não há motivos para excluir uma segunda língua do dia a dia das crianças, por isso a Kid's Home tem um jeito natural e respeitoso de envolvê-las em um ambiente bilíngue.

A escola não copia iniciativas que não condizem com a cultura brasileira. Somos uma escola brasileira, valorizamos nossa cultura, nossas tradições e nossos costumes. E precisamos reconhecer a rica diversidade cultural de nosso país, que transcende quaisquer padrões, lindamente (**Fig. 12.5**).

Conhecendo as necessidades de vínculo afetivo das crianças para que se sintam bem em um espaço, para que se soltem e se envolvam em brincadeiras e atividades, sabe-se que é o professor do dia a dia, aquele que tão bem conhece cada um dos seus pequenos alunos, quem tem de falar também a segunda língua naturalmente. Sem aulas, sem horários marcados.

E, levando em consideração que toda aprendizagem demanda previamente nutrição orgânica e afetiva, a escola encontrou uma forma de acolher e estimular sem prejudicar o equilíbrio psicológico das crianças. As crianças de nosso contexto têm a nutrição orgânica assegurada; então, junto com as famílias, buscamos oferecer a nutrição afetiva. Nossa função é atentar para as etapas do desenvolvimento, visto que as crianças chegam à escola ainda bebês, focadas em si, apegadas à figura materna e com a linguagem verbal começando a surgir. Compreendemos que a língua materna funciona como acalento, e a segunda língua, como desafio, e é dessa forma que usamos as duas línguas. Durante o período de adaptação usamos somente a língua da família, para dar aconchego e pertencimento, para oferecer o conforto emocional que oportuniza o segundo rompimento do cordão umbilical.

Abraçamos, acolhemos e resolvemos conflitos em português, com o intuito de oferecer suporte para os momentos em que a afetividade é a maior necessidade. Quando a criança está nutrida emocionalmente, usamos a segunda língua, que se torna, então, a língua do brincar e da mesa, ou seja, da pintura, do desenho, de recorte e colagem, dos jogos, da argila, da massinha e de tudo mais que o grupo planejar.

Os professores se comunicam com as crianças em inglês, e elas respondem em português! Elas entendem o que é dito, porque há um vínculo afetivo e de confiança. Porém, respondem da maneira que melhor expressa o que sentem e pensam.

Além disso, a maior dificuldade em aprender um idioma é a compreensão. O método de repetir frases e palavras deixa muito a dese-

Figura 12.5 Atividade valorizando a cultura brasileira.

jar na aquisição de um novo idioma. Afinal de contas, primeiro aprendemos a ouvir a língua materna para depois reproduzi-la.

O objetivo da escola não é a aquisição de um novo idioma por si só, mas, sim, que as crianças tenham a liberdade de se expressar como quiserem, nas mais diversas linguagens. Ou seja, as habilidades socioemocionais são TODAS na língua materna. Essa metodologia respeita a forma como a criança quer se comunicar e ainda permite que futuramente possa estudar inglês com uma base de compreensão do idioma e o melhor de tudo: com uma memória afetiva dos tempos de brincar.

A VIDA NA ESCOLA, A HARMONIA DA ROTINA

A faixa etária que abraçamos exige que respeitemos o ser humano que acaba de chegar ao planeta e está em um momento de grandes descobertas, começando por si mesmo, depois o outro, o grupo e o entorno. Tudo permeado por grande dose de egocentrismo. O bebê vai descobrindo a si, depois ao outro e a possibilidade de relacionar-se e, somente então, compreende o grupo. Cabe ao educador aconchegar ansiedades e conflitos internos, provocados especialmente pela separação da família.

Antes mesmo que possamos pensar em rotina e currículo, precisamos compreender as etapas do desenvolvimento infantil em todas as áreas: motora, psicológica, cognitiva, afetiva, social e espiritual.

É ao longo dos primeiros anos que o ser humano mais aprende na vida e aprende as coisas mais importantes. Podemos dizer que conhecer, conviver, fazer e ser são, de fato, o currículo praticado na escola.

Partimos da premissa de que cada indivíduo toma a vida em tempos próprios, enquanto uns andam primeiro, outros falam, enquanto uns correm e saltam, outros mergulham no fascinante mundo do faz de conta, e por aí vai. Importante é viver a seu tempo! Somente assim se proporciona desenvolvimento integral para a incrível jornada humana.

Nossos agrupamentos são multietários, porque objetivamos oferecer para as crianças uma experiência real de vida, acolhendo toda a diversidade possível. Atualmente, temos quatro agrupamentos por período, de até 12 crianças de idades variadas, cada um deles gerido por 2 ou 3 educadoras. Esses agrupamentos passam bastante tempo juntos, no quintal, onde uma horta, árvores e animais representam um recorte da natureza. Caixas de areia, banhos de esguicho, forno e fogo de chão também fazem parte do nosso quintal. Para nós, a brincadeira e a sujeira são "disciplinas" obrigatórias na infância.

Consideramos a participação das famílias no dia a dia da escola como um dos fatores produtores de cultura. Compreender a casa de cada criança, sua origem, seus costumes e suas tradições enriquece nossa prática e nos conecta com os interesses das crianças, que são aqueles vindos da família. O eco entre a família e a escola é uma aliança pela educação (**Fig. 12.6**).

As crianças vivem três tipos de agrupamento:

1. Coletivo, em que todos os grupos se encontram no quintal para o livre brincar.

Figura 12.6 Atividade com as famílias.

2. Grupo fixo, com 12 crianças de diferentes idades e dois professores – nesses momentos, acontecem a roda de conversa, os ateliês de artes, as historinhas e a alimentação (**Fig. 12.7**).
3. Grupo de escolha, em que cada criança decide o ateliê no qual deseja trabalhar e, assim, formam-se agrupamentos por interesse.

A partir do momento em que a criança compreende a rotina da escola, ela passa a transitar pelos espaços dos diferentes grupos livremente em busca de seus interesses, sejam eles afetivos, sociais ou cognitivos. A argumentação que define o desejo das crianças é um requisito das educadoras, para que os pequenos percebam seus sentimentos e suas intenções e aprendam a verbalizá-los.

Como garantir as escolhas?
Como formar os agrupamentos multietários?

Quando a escola cresceu e precisou montar o segundo grupo, tivemos de pensar em estratégias. A primeira formação foi a mais difícil. Por dias e dias, sentamos e conversamos sobre cada criança, suas características, seus potenciais e suas necessidades. Lenta e respeitosamente montamos os grupos. Então, definimos quais professoras ficavam com quais grupos e em qual espaço. O novo semestre chegou, contamos para as crianças a grande novidade e observamos como cada uma reagia. O período de adaptação foi nos mostrando acertos e erros. Orientamos que aquelas que desejavam trocar de grupo encontrassem argumentos que dessem significado e entendimento para a decisão. E fomos vivendo cada caso, como quem vai compreendendo que a vida é assim, cheia de mudanças e possibilidades.

Garantir um processo de escolha tem sido um cuidado permanente, um desafio para cada professora da escola. No corredor de entrada, há um quadro metálico, onde as crianças colocam suas tarjas abaixo dos símbolos que representam as atividades do dia e, assim, sua decisão de escolha fica declarada visual e concretamente. É preciso estar sempre atento, oferecendo opções de escolha tanto nos momentos em que estamos reunidos em nossos espaços, momentos de grupo, como nos momentos de quintal, momentos coletivos. E, claro, além da oferta, faz-se necessário o acompanhamento individual para que os desafios sejam qualificados, e as etapas, ultrapassadas.

Avaliar a mudança e o crescimento, o deixar de ser um só grupo para quatro grupos fixos que se modificam conforme as escolhas dos indivíduos, exige cuidado e cautela. Como tudo na vida, perde-se de um lado e ganha-se de outro. Um dos ganhos dos grupos fixos é o desenrolar de trabalhos contínuos ricos em significado para as crianças que parti-

Figura 12.7 Grupos de escolha.

cipam. Com um grupo permanente, a professora consegue com mais facilidade desenrolar fios de uma meada que foi trazida à tona pelo interesse de alguns, mas que encontrou ressonância no todo. Outro ganho dos grupos fixos é a professora conhecer com mais profundidade cada uma de suas crianças, bem como as famílias. Isso assegura a qualidade de um trabalho, especialmente na área psicoemocional, que tanto faz falta na atualidade.

A RESOLUÇÃO DE CONFLITOS COMO PREMISSA DO TRABALHO

A resolução dos conflitos vividos pelas crianças é o nosso trabalho mais intenso e frequente (**Fig. 12.8**). Elas se desentendem a todo momento, especialmente na educação infantil, quando acreditam que o mundo e as pessoas giram somente ao seu redor. O educador lida com o desafio de despir-se de suas vivências e seus conceitos, ouvir todos os envolvidos e ajudá-los a chegar a um consenso que agrade a todos. Nada simples, nada fácil.

Conviver é um dos grandes desafios da nossa existência. Administrar diferentes pontos de vista, personalidades e humores é essencial para um bom relacionamento. E, na Educação Infantil, época mais egocêntrica de nossas vidas, todas as dificuldades são potencializadas.

Figura 12.8 Resolução de conflitos.

A criança dessa faixa etária geralmente está acostumada à proteção e à exclusividade do ninho e vive, pela primeira vez, o desafio de sair de casa e ampliar o convívio social. Nosso papel como educadores, especialmente na resolução de conflitos, é intermediar a conversa entre os envolvidos, mas não sem antes acalentá-los.

Para uma criança pequena, ser contrariada gera reações intensas, pois ela acredita que tudo gira em torno de suas vontades. E, muitas vezes, o outro é um obstáculo a ser ultrapassado no caminho de satisfazê-las. Assim, surgem os conflitos que, geralmente, são motivados por disputas de espaço, brinquedo ou pessoas; quando elas crescem um pouco mais, os conflitos surgem para dar entendimento às regras e aos combinados.

Esses são os momentos que consideramos mais preciosos em nossa rotina, pois são grandes oportunidades de trabalhar as questões socioemocionais. É um trabalho de formiga, que vai se fortalecendo com o passar do tempo. É como se estivéssemos construindo um prédio, colocando tijolo por tijolo. Cada conflito vivido é um pedacinho do alicerce dessa pessoa.

Costumamos dizer que não existe uma receita única nesse caminho, mas alguns passos são sempre seguidos nessa trajetória. É importante não existir julgamento da parte do adulto, pois precisamos nos manter neutros e calmos nessas situações, assim transmitimos tranquilidade, o que nem sempre é fácil. Despir-se de suas questões e vivências é o grande desafio do adulto, seu conflito para ajudar a resolver conflitos.

O primeiro momento é essencial para a continuidade do processo. É a hora de acalmar os envolvidos, abraçá-los, dar colo, aconchegar. Mostrar para as crianças que, antes de qualquer conversa, é preciso respirar, acalmar, olhar para si e para o outro. Esse movimento reestrutura a criança, que se sente querida e consegue conversar.

Nosso papel como educadoras é questionar, perguntar o que aconteceu, dar espaço para que as crianças contem suas versões, ouvir, respeitar. Validamos o sentimento dos envolvidos, estimulamos que digam aos amigos o que queriam e o que não gostaram. Dessa maneira, as crianças aos poucos reconhecem em si os sentimentos para só então serem capazes de compreender o que o outro sente. Isso é aprender empatia.

Costumamos estar presentes para dar suporte para as crianças, mas não somos nós que resolvemos o impasse. É importante que elas se sintam capazes, que, aos poucos, desenvolvam autonomia para gerir sozinhas as questões no futuro.

Claro que o desenvolvimento da linguagem é um facilitador nessa questão. A criança pequena precisa sair da tão conhecida percepção de que o choro é sua ferramenta geradora de aconchego, nutrição e bem-estar. O respeito e o amor dedicados aos seus tempos passam pelo outro com a qual ela se envolve. Vamos ajudando as crianças a construir relacionamentos que buscam o equilíbrio entre os pares, oferecendo-lhes o sentimento de pertencimento à humanidade, empatia e irmandade.

O AMBIENTE MULTIETÁRIO EM CONFRONTO COM A CULTURA DE CLASSES DEFINIDAS POR IDADE

Durante as visitas dos pais para conhecer a escola e decidir se irão ou não matricular seu filho, uma das primeiras palavras que escutam sobre a metodologia é: multietária. Sim, multietária, crianças de diversas idades, JUNTAS, aprendendo a SER e a CONVIVER (**Fig. 12.9**). Outra ideia que ouvem é: "não temos salas de aula, nem apostila, e não oferecemos uma aprendizagem 'estruturada', e, sim, significativa". Muitas perguntas surgem, a curiosidade dos pais é grande; os medos vão se manifestando e começam os questionamentos: "Mas como eles vão aprender?", "O que eles aprendem?", "Os maiores não batem nos menores?", "O que meu filho de 5 anos vai fazer

Figura 12.9 Ambiente multietário.

em uma mesma atividade com crianças de 1 ano?", "Como são essas atividades?", "Como são cuidados no quintal?" E por aí vai.

No entanto, quando começam a falar de seus filhos, a frase mais comum é: "Meu filho é especial, ele é diferente das outras crianças".

O ser humano vive um eterno paradoxo e quer a todo custo se diferenciar do outro, mas sem sair de dentro de caixinhas "inventadas" pela classe dominante e a mídia para homogeneizar a todos. Segue padrões de beleza, de classe social, de formas de agir e de SER...

Querem ser diferentes, mas lutam para se encaixar em um modelo que diz que todos devem ser iguais?

Em que outro lugar, a não ser na escola, as pessoas são divididas por idade?

Por que nossas crianças são segregadas, isoladas, divididas segundo sua evolução cronológica?

Por que a sociedade ainda aceita um sistema educacional arcaico que, obviamente, não funciona e impõe que todas as crianças aprendam da mesma forma?

Por que aceita escolas que arrancam de nossas crianças toda sua capacidade criativa e espontaneidade?

Vivemos em uma sociedade que necessita de pessoas que saibam trabalhar em equipe, sejam criativas, que consigam liderar e, ao mesmo tempo, ouvir o que o outro tem a dizer, a respeitar os mais velhos, a ouvir as crianças. Em nossa escola, respeitamos a CURIOSIDADE e a INDIVIDUALIDADE de cada um. Praticamos a ensinagem/aprendizagem significativa. A criança é curiosa, sedenta por aprender, então aproveitamos isso ao máximo.

Por que ensinar sobre a metamorfose das borboletas usando ilustrações de um livro, em alguma série do ensino básico?

Quer algo mais instigante para uma criança do que ver a lagarta comer, comer, comer e depois se transformar em uma crisálida, celebrar o nascimento da borboleta, observar enquanto ela seca suas asas ao sol até, por fim, gritar de euforia ao vê-la voar para o céu azul?

Pensem em tudo o que aprenderam as crianças com naturalidade! Além do ciclo da vida da borboleta, que nunca mais irão esquecer, aprenderam a respeitar aquela vida, a esperar (tudo isso leva em torno de 21 dias!), desenvolveram sua coordenação motora fina desenhando, pintando, esculpindo lagartas e borboletas, foram reais cientistas e levantaram hipóteses sobre que cores teriam suas asas, com base na cor da crisálida, se seria uma borboleta ou uma mariposa, que tamanho teria, etc. Isso é aprendizagem com significado. Não há uma criança que acompanhou esse processo que não saiba contar, com alegria, toda a metamorfose da borboleta. E elas não precisaram de aulas cansativas e enfadonhas sobre isso. Colocamos a criança como ser ativo na construção do próprio conhecimento, e o educador, como facilitador desse processo.

Sim, nossa escola é multietária. Aqui as crianças vivem na prática como todas as pessoas do mundo, JUNTAS E MISTURADAS. Aqui as crianças são LIVRES para ser o que desejarem e, fundamentalmente, aprendem o RESPEITO pela DIVERSIDADE. Aprendem a respeitar a forma diferente de o outro pensar, vestir, agir, falar, andar, brincar. Aprendem que sua liberdade vai até o limite da liberdade do outro. Como afirmou Prado (2006, p. 6), buscamos:

> Uma pedagogia que leve em consideração a capacidade de as crianças menores e maiores, quando juntas, construírem uma relação de referência umas para as outras, no sentido de demonstrar, disputar, sugerir, negociar, convidar, trocar e compartilhar experiências e brincadeiras. Nestes momentos, menores e maiores estabelecem relações mais solidárias e cooperativas do que quando estão separadas (somente entre as crianças de sua turma e idade).

Vygotsky, psicólogo russo pioneiro da psicologia do desenvolvimento, propôs dois níveis de desenvolvimento infantil. O primeiro, chamado de zona de desenvolvimento real, engloba todo desenvolvimento mental já alcançado e é observado nas atividades que a criança já consegue realizar sozinha. Já a zona de desenvolvimento proximal leva em consideração o que ela conseguiria realizar com ajuda de outra pessoa, seja o professor ou um colega, e que, mais adiante, conseguirá fazer sozinha. Ainda nas primeiras décadas do século XX, Vygotsky (1984) ressaltava a importância do convívio em uma mesma sala de crianças mais adiantadas com aquelas que ainda necessitavam de auxílio para dar seus primeiros passos. A zona de desenvolvimento proximal de hoje é a zona de desenvolvimento real de amanhã.

Cada criança aprende e se desenvolve no próprio ritmo, independentemente da idade. Recentemente, observei algumas situações bastante ilustrativas disso. Pela manhã, vi uma menina de 6 anos ajudando sua querida amiga de 2 anos a colocar o sapato. Era uma cena linda, de cuidado e atenção. Mais tarde, vi essa mesma menina sendo ajudada a amarrar o cadarço de seu tênis por um amigo também de 6 anos, que já sabia fazer isso. Ela passou a tarde toda treinando o que ele havia lhe ensinado. Alguns dias depois a vi, orgulhosa, ensinando outra menina, de 5 anos, a amarrar seus cadarços. Situações simples, da vida cotidiana das crianças, mas vividas com atenção e afetividade. Em nossa rotina, é comum vermos os maiores auxiliando com carinho os menores, alcançando brinquedos, pegando água, tirando seus casacos, incorporando-os em suas brincadeiras de faz de conta, etc. E também vemos os pequenos buscando os maiores, como seus melhores amigos.

Por exemplo, certo dia uma pequenina de menos de 2 anos caiu. Foi um tombão, e ela levantou-se rapidamente, chorando. O ímpeto da professora foi correr em sua direção para aconchegá-la. Entretanto, essa pequena passou por ela e foi, sem hesitar, em direção ao seu amigo "grande" que, com todo carinho, abraçou-a, limpou a terra de seu machucado e a levou para outra professora cuidar. No caminho, ainda o ouvimos dizer a ela: "Calma, vai ficar tudo bem! Vai ter que lavar com água e sabonete e vai arder um pouquinho, mas precisa e passa rápido!".

Estamos fazendo diferente. Saímos da caixinha estabelecida como "padrão", e isso não é nada fácil ante a sociedade, que ainda aceita o modelo arcaico como o único possível. O fato é que não somos e não seremos coniventes com esse modelo que desrespeita a vida, a criança e seu modo simples e lindo de pensar, viver e SER. Certamente, contamos com a parceria de famílias que nos apoiam e buscam outra forma de educação, uma educação pelo RESPEITO, pelo AMOR e pela DIVERSIDADE.

A TRANSIÇÃO DA EDUCAÇÃO INFANTIL PARA O ENSINO FUNDAMENTAL

O último ano das crianças na educação infantil é um período delicado, que requer atenção especial. É o momento em que precisam se preparar emocionalmente para deixar a escola, onde fizeram seus primeiros amigos, onde estabeleceram vínculo com professores acolhedores e onde viveram tantas descobertas, desenvolvendo-se emocional, física, social e cognitivamente. Tantas experiências importantes foram vividas na primeira infância, e o ano anterior ao ingresso da criança no ensino fundamental é o tempo de se despedir do lugar comum e olhar com coragem para uma nova situação (**Fig. 12.10**).

Se já é difícil para adultos vivenciar certas mudanças, para as crianças, essa dificuldade é potencializada. "Como serão os novos professores?", "Terei amigos na nova escola?", "Não vou ver mais meus antigos amigos?", "Na nova escola não vou poder brincar?". Tantas questões permeiam os pensamentos dos pequenos; e a escola de educação infantil, como deveria agir sobre essas questões?

Assim como outras culturas mantêm rituais de passagem das fases da vida, nossa sociedade atrelou à escolarização esses marcos do crescimento: a entrada na educação infantil, a passagem para o ensino fundamental, a mudança para o ensino médio, o ingresso na universidade e assim por diante. Logo, passar da educação infantil para o ensino fundamental é relevante não apenas para as crianças, pois na esfera individual isso significa que estão crescendo, mas sobretudo faz parte do nosso repertório antropológico.

Figura 12.10 Preparação para a transição para o ensino fundamental.

Essa passagem é marcada também por uma ampliação do entendimento das crianças sobre o mundo. Suas experiências e observações concretas passam a se estruturar para o campo subjetivo, e é necessário que haja um acompanhamento no último ano da educação infantil, para que a criança esteja preparada para os assuntos abordados no novo ciclo escolar.

Na Kid's Home, esse processo de transição é tratado com o devido respeito à criança e à família, especialmente porque a escola ainda não oferece o ensino fundamental. Aqueles cuja data de corte sugere a mudança para o ensino fundamental são desafiados e estimulados a uma experiência preparatória para o enfrentamento da mudança. Durante quatro dias por semana, uma hora por dia, as crianças frequentam um momento focado na ampliação, em vários sentidos.

Estabelecem-se, primeiramente, práticas análogas às do ensino fundamental, para que as crianças tenham a experiência da "sala de aula". Por meio de ferramentas cognitivistas, são avaliados diariamente:

- o aumento do tempo de atenção sobre determinado assunto (condição necessária para facilitar a compreensão dos assuntos sequenciais trabalhados nos primeiros anos do ensino fundamental);
- o ajuste de coordenação motora fina (habilidade útil para as atividades de mesa, facilitando também o processo motor da escrita);
- a participação nas rodas de conversa (saber o momento de falar, levantar hipóteses e fazer questionamentos, capacidades necessárias para ser um estudante reflexivo e autônomo, como pressupõem as orientações do Ministério da Educação [MEC] para a educação básica);
- a colaboração (participação ativa em trabalhos de grupos ou coletivos);
- a autonomia (independência para que a criança faça sozinha o que já consegue fa-

zer, requerendo a intervenção de um adulto apenas quando necessário, em atividades cotidianas – como amarrar os cadarços do sapato ou colocar uma cadeira na roda para sentar-se); e
- a ampliação do tempo de atividades de mesa (por conta do aumento de tempo em que as crianças permanecerão em sala de aula durante o ensino fundamental, a ampliação do tempo nas atividades de mesa é necessária para que a criança não encontre dificuldades em desenvolver seus trabalhos no novo ciclo).

Os assuntos trabalhados são diversos, ora propostos pelo docente, ora propostos pelas crianças (por meio de seus campos de interesses). A partir do tema gerador, realizam-se as conversas e as produções, estimuladas por um ambiente alfabetizador.

Esse ambiente engloba, de maneira holística, várias áreas do conhecimento, oportunizando diversas formas de aprendizagem. Usam-se recursos como a escrita e a leitura de listas, materiais de raciocínio lógico-matemático, mapas, livros "ensinadores" (enciclopédias e livros técnicos de determinados assuntos), literatura, teatro, vídeos, experiências, brincadeiras e uma gama de atividades que auxiliam a criança no processo de construção do conhecimento.

A alfabetização não se compõe, entretanto, como parte principal desse processo. O estímulo à escrita e à leitura se dá de forma sistematicamente orgânica, ou seja, por meio da intencionalidade em promover essa aprendizagem de forma natural. A Lei nº 12.801/13 postula que "[...] o Pacto Nacional pela Alfabetização na Idade Certa tem a finalidade de promover a alfabetização dos estudantes até os oito anos de idade, ao final do terceiro ano do ensino fundamental" (BRASIL, 2013, documento *on-line*). Logo, o objetivo desse trabalho não é a alfabetização, embora haja o estímulo constante para despertar o interesse pelo mundo letrado, reforçando principalmente a funcionalidade da escrita e da leitura.

Outra ferramenta usada são os passeios, organizados de acordo com os assuntos abordados nas rodas de conversa. Durante o ano todo, essas saídas da escola acontecem para ampliar o olhar da criança sobre o seu entorno, para que aprendam a andar na calçada, a atravessar a rua, a se comportar adequadamente em um museu, a conhecer e valorizar as pessoas que trabalham no comércio local. É uma forma prática de se relacionar com esse mundo, que é tão novo e encantador para as crianças, sob a perspectiva de fazer parte dessa cidade.

A partir do segundo semestre, finalmente, são feitas abordagens mais diretas sobre a mudança de escola. Há conversas com as crianças sobre crescimento e mudanças, contação de histórias sobre coragem e despedidas, cerimônia de encerramento de ciclo, conversas com crianças que já estão no ensino fundamental e outras ferramentas que possam tratar desse momento com positividade.

Suas inquietações e seus anseios são acolhidos e legitimados: crescer não é fácil! Porém, o fortalecimento emocional ajuda nessa transição, especialmente em uma escola que privilegia a individualidade dentro dos grupos. Perceber que cada um tem seu caminho a trilhar é uma das belezas da educação infantil. Assim, as crianças compreendem que algumas irão para uma nova escola sozinhas. Outras ingressarão juntas no ensino fundamental. Outras irão para a escola dos irmãos mais velhos. Cada qual com seu caminho.

Em parceria com os pais, que recebem orientações sobre esse período de transição (e sobre a escolha da nova escola – se assim o desejarem), o trabalho do ano de transição encerra-se com o objetivo de fazer as crianças ingressarem na nova escola com coragem, compreendendo que um novo ciclo se encerra para que outro comece.

DIFICULDADES E ANSEIOS

A construção colaborativa da ideia de coletividade exige permanentemente que os professores desbravem caminhos e rompam paradigmas escolares (**Fig. 12.11**). Assim que a Kid's Home abriu suas portas, ficou constatada a dificuldade de as famílias acreditarem que a escola é um lugar de brincadeiras, de aprendizagens emocionais, sociais e espirituais, além de cognitivas e motoras. Tudo isso vai muito além das exigências formatadas pelos currículos padronizados das escolas tradicionais, conteudistas.

A LDB contempla essa amplitude, mas é mal-compreendida, mal-interpretada e não acatada pela maioria das escolas. É preciso romper as barreiras socioculturais que aprisionam crianças e professores em grades curriculares, datas de corte, classes, disciplinas, aulas e vestibulares. A escola e as famílias muito têm a refletir. A ciência da educação vem se desenvolvendo amplamente, assim como a neurociência e a psicologia. Não há motivos para permanecer fiel a velhos modelos, que classificam, hierarquizam e homogeneízam o ser humano. Sistemas caducos, que já provaram sua defasagem.

A educação escolar no Brasil vive uma crise, constatada estatisticamente e também no pessimismo e na conformidade de tantos professores. Certamente há aqueles que sonham

Figura 12.11 As crianças construindo o conhecimento como seres ativos desse processo.

a mudança, a transformação, a humanização da escola, contudo sentem-se amarrados por regimentos burocráticos antiquados e não sabem como romper com o velho modelo e fazer surgir o novo qualificadamente. Temos, no Brasil, uma LDB que garante autonomia de trabalho às escolas.

O conhecimento dessa lei e de práticas inovadoras favorecerá que novos ímpetos ousem a mudança educacional que todos desejamos, e, assim, deixaremos para trás o sistema praticado há mais de um século.

Atualmente as escolas preocupam-se com os métodos de ensino, desempenhos no Exame Nacional do Ensino Médio (Enem) e número de aprovados no vestibular. Nisso se declaram lacunas que precisam de visibilidade e luz. Uma dessas lacunas é o sujeito aprendente, seus interesses, suas perguntas, suas competências, suas habilidades, seus sentimentos e seus desejos. Ouvi-lo e compreendê-lo é o passo inicial do caminho a ser percorrido pelo sujeito ensinante. Para isso, é necessária a humildade de assumir o que não se sabe e desconstruir uma velha história, esvaziar as malas para então recomeçar e reconstruir sobre novas bases, na certeza de que podemos mudar se cada um fizer a sua parte.

Outra lacuna é o momento sociopolítico ecológico no qual vivemos – ao avaliar essa questão com profundidade, vem-nos a clareza de que o profissional que as escolas desejam formar hoje não será a pessoa que o mundo vai precisar daqui a 20 ou 10 anos. Urge mudarmos!

Certamente, o reconhecimento do MEC em 2015 com o selo de "inovação e criatividade" chegou como suporte para que a Kid's Home realize um antigo anseio, o ensino fundamental.

A EQUIPE MANTÉM VIVA A CHAMA DA ORIGINALIDADE

A qualificação dos professores inicia com o processo de seleção. A busca de pessoas plenas, com desejos e receios, com erros e acertos, vivências e inexperiências. A inexperiência, em geral, assegura a curiosidade e a vontade de aprender. O processo de seleção da escola é definido coletivamente. Um candidato a educador é entrevistado e, então, convidado a fazer uma semana de vivência. A avaliação é de mão dupla, pois serve para o candidato avaliar se gosta da nossa escola, se acredita nesse trabalho, e, também, para a equipe e as crianças observarem o potencial dessa pessoa que chega. Após essa fase, caso ocorra a contratação, o treinamento se dá no dia a dia, em contato com todos os integrantes da equipe, que se esforçam para acolher e treinar o novo educador. A maioria dos professores permanece na escola por muitos anos. As relações afetivas estabelecidas são importantes tanto para as crianças como para os pais e para toda a equipe. É assim que se refinam os olhares, a escuta e a vontade de aprender mais e mais.

Ao treinamento, somam-se momentos de estudo, dinâmicas e o chão da escola, que é o grande mestre. A diversidade e a não homogeneização de profissionais enriquecem a equipe assim como vida de todos, adultos e crianças.

Ao constatar as dificuldades do treinamento e com a intenção da propagação da boa vivência, criou-se, na escola, o Centro de Formação e Transformação (Cefortrans), um tempo/espaço dentro da rotina, sempre ministrado por uma das educadoras da Kid's Home, que oferece encontros para seus professores e os de outras escolas (**Fig. 12.12**).

Ali são revistas e repensadas questões práticas e outras mais sensíveis:

- Como adormecer a criança, trocar fraldas com respeito, limpar o bumbum.
- Resolução de conflitos: as perguntas, ouvir os envolvidos, o consenso das crianças.
- A historinha e o teatro na educação infantil, dramatizar, fantasiar personagens curativos, caçar formigas e outros bichos, batucar tambores.

Figura 12.12 Educadores da Kid's Home.

- Como ajudar crianças com comportamentos desafiadores, e por aí vai.
- Ver e rever a própria infância, olhar para si e se entender como educador é também objetivo do Cefortrans.

A cada encerrar de semestre, a equipe avalia seu rendimento, o que ampliou, o que diversificou, no que resistiu, o que sofreu... o que riu. O crescimento é notório. Falar e ouvir são grandes desafios, não somente para as crianças, para os adultos também. O respeito se desenvolve conforme as pessoas se conhecem mais e mais, assim como a apreciação pelo outro que é diferente de si. Despir-se de hábitos, preconceitos e tabus e, ao ouvir os semelhantes, maravilhar-se, como as crianças ensinam de maneira tão aberta, e assim estar inteiros e presentes nos relacionamentos.

A escola, o Cefortrans, a equipe, as famílias e as crianças estão permanentemente em formação e transformação.

A gestão pedagógica da Kid's Home é democrática. As decisões são tomadas coletivamente, após discussão e reflexão conjuntas. Ao início de cada semestre, vivemos uma semana pedagógica, com a participação de toda a equipe. Nesses encontros, reavaliamos o que foi vivido e montamos estratégias para o semestre seguinte. Não se trata de um planejamento de atividades, mas de estudos, dinâmicas e conversas sobre a práxis. Há, também, reuniões pedagógicas frequentes nas quais os professores se encontram para seguir uma pauta levantada coletivamente, em que todos colocam em questão o tópico desejado, além de falarem das necessidades individuais das crianças, dos grupos e das professoras. Dessa maneira, os diferentes olhares para as situações se somam e traçam um trabalho que será seguido por todos.

O trabalho em equipe caracteriza-se pelo respeito a cada pessoa, que busca reconhecer a si própria na ação coletiva. A equipe é modelo para aquilo que pratica com as crianças. Continuamente afirmamos que cada um é do seu jeito e reconhecemos a necessidade de compreender o jeito do outro. Por isso, é preciso ainda viver democraticamente, ouvir, opinar e acatar a decisão da maioria. Nossa escola trabalha em um ritmo pedagógico tranquilo. Estamos em um tempo em que as percepções se focaram na ação de cada indivíduo educador dentro do espaço escolar, bem como na construção da cultura da comunidade. Se, por um lado, encontramos certa estabilidade junto às crianças, por outro, estamos buscando o equilíbrio dos sujeitos pedagógicos. Até mesmo entendendo que esse equilíbrio é nada menos do que a real percepção de si próprio, de sua criança interna, dos propósitos espirituais da vida, e a constante busca por aperfeiçoamento, ampliação e diversificação da prática cotidiana. Respeitando as características, as habilidades e os potenciais de cada pessoa, construímos uma equipe que cada vez mais atua como um time. E que venham mais desafios para todos nós!

RESUMO DE UM PROJETO: A CIDADE IDEAL*

Em abril de 2016, um filme de pequenos indígenas Ikpeng impactou as crianças, que logo manifestaram o desejo de enviar-lhes um

---

* O Cap. 41 deste livro apresenta esse projeto em mais detalhes.

filme/uma resposta. A realização exigiu que elas saíssem diversas vezes da escola em passeios a pé filmando o bairro. As famílias também participaram filmando situações da cidade, tais como um museu de arte (MASP), o metrô, as ciclovias, os parques, as residências e suas características.

Certos detalhes provocaram indignação nas crianças: trânsito, poluição, enchentes, calçadas quebradas, pichações, animais desabrigados e, principalmente, o lixo e os aterros sanitários. Os problemas foram estudados, e surgiu a ideia de construírem uma cidade da qual se orgulhassem e que quisessem mostrar aos indígenas. Foram oito meses de trabalho árduo e prazeroso, que transitou da reflexão ao fazer. As conversas iam sendo filmadas discretamente, e delas surgiu um segundo filme: *A ESCUTA da cidade ideal*.

A cidade cresce lenta e organicamente, cheia de vida e movimento. Diariamente, as crianças se achegam no espaço para viver a maquete e, espontaneamente, criaram também uma história: *Zumbilixos atacam a cidade ideal*.

- O filme foi enviado à tribo Ikepeng.
- A historinha virou um livro.
- O desejo de morar lá ampliou a corresponsabilidade dos professores e dos familiares em relação à cidade em que moramos.

REFERÊNCIAS

BRASIL. Lei nº 9.394, de 20 de dezembro de 1996. Estabelece as diretrizes e bases da educação nacional. *Diário Oficial da União*. Brasília, 23 dez. 1996. Disponível em: <http://www.planalto.gov.br/CCIVIL_03/Leis/L9394.htm>. Acesso em: 16 ago. 2018.

BRASIL. Lei nº 12.801, de 24 de abril de 2013. Dispõe sobre o apoio técnico e financeiro da União aos entes federados no âmbito do Pacto Nacional pela Alfabetização na Idade Certa e altera as Leis nºs 5.537, de 21 de novembro de 1968, 8.405, de 9 de janeiro de 1992, e 10.260, de 12 de julho de 2001. *Diário Oficial da União*. Brasília, 25 abr. 2013. Disponível em: < http://www2.camara.leg.br/legin/fed/lei/2013/lei-12801-24-abril-2013-775847-norma-pl.html>. Acesso em: 16 ago. 2018.

EDWARDS, C.; GANDINI, L.; FORMAN, G. *As cem linguagens da criança*: a abordagem de Reggio Emília na educação da primeira infância. Porto Alegre: Artmed, 1999. v. 1.

FREIRE, M. *A paixão de conhecer o mundo*: relatos de uma professora. São Paulo: Paz Terra, 1983.

NEILL, A. S. *Summerhill*: a radical approach to child rearing. Virginia: Hart, 1964.

PRADO, P. D. *Crianças menores e maiores:* entre diferentes idades e linguagens. 2006. Disponível em: <www.diversidadeducainfantil.org.br>. Acesso em: 7 nov. 2017.

SAMPAIO, R. M. W. *Freinet*: evolução histórica e atualidades. Porto Alegre: Scipione, 1994. (Coleção Pensamento e Ação na Sala de Aula).

VYGOTSKY, L. S. *A formação social da mente*. São Paulo: Martins Fontes, 1984.

ESCOLA COMUNITÁRIA CIRANDAS:
inovação que conversa com a vida

Mariana Benchimol | Fabíola Guadix | Luiz Guilherme Lutterbach

*É necessária toda uma aldeia
para educar uma criança.*

(Provérbio africano)

A sociedade moderna não corresponde à visão clássica de uma aldeia, com grandes famílias convivendo intensamente em espaços comuns e crianças sendo criadas em contato com os avós, os tios, os primos e outras crianças, além de seus pais. Não obstante a hiperconexão dos novos tempos, as relações sociais estão limitadas a um grupo menor que, de alguma forma, compõe uma espécie de "aldeia efetiva". A Escola Comunitária Cirandas deve ser compreendida assim, como um núcleo em torno do qual um subconjunto da sociedade se organiza, constituindo uma "aldeia efetiva", em que os elementos se congregam com diferentes funções, desejos e expectativas. O pertencimento a essa comunidade é voluntário, o que implica valores compartilhados de maneira tácita.

Explicar a Cirandas não é tarefa fácil, já que sua premissa é ser um espaço em permanente construção, com a participação efetiva de toda a comunidade escolar. A mitologia da gênese de uma sociedade é uma construção *a posteriori* e sujeita a revisões e, portanto, incompleta e em constante mutação, ainda que sua história e os discursos presentes muito revelem. Temos claro que cada ator tem uma compreensão e uma narrativa diferentes e, muitas vezes, conflitantes. O presente relato é produzido por seus dirigentes formais, com suas inevitáveis limitações.

A Cirandas nasce de um sentimento de corresponsabilização. A iniciativa busca "arregaçar as mangas" e fazer o necessário para transformar a educação. Tarefa difícil em um país onde diferentes formas de violência e segregação imperam desde a invasão e a colonização, há cerca de 500 anos. Essa nova educação surge em um contexto peculiar na cidade de Paraty, no Rio de Janeiro, localizada entre o mar e a montanha, com a presença de comunidades indígenas, caiçaras, quilombolas e gente de todo tipo, nativos ou imigrantes, brasileiros e estrangeiros.

A Cirandas experimenta novas relações de gestão comunitária e práticas pedagógicas. Para isso, é necessário que os participantes reconheçam que todos estão em constante trabalho de pesquisa e aprendizagem, não só as crianças, mas também, e talvez até mais intensamente, os adultos. Precisamos buscar formas de convívio e organização para os quais não fomos educados. Educadores e famílias são inexperientes no nosso intento e corremos grandes riscos. Mas também temos grande satisfação ao notar cada resultado positivo. É um grande sentido de gratidão por estarmos acompanhados uns pelos outros, dentro e fora da escola.

Neste capítulo, faremos um apanhado de nossas tentativas desde o nascimento da escola, passando pelos princípios norteadores pedagógicos, as influências recebidas, as soluções para a administração da comunidade e alguns dos desafios que enfrentamos. Os pontos serão expostos com seus acertos e erros, na esperança de que nossa experiência possa ser útil para outras iniciativas. Vale ressaltar que o processo da escola é vivo e está sujeito a mudanças constantes.

O NASCIMENTO DA INICIATIVA

Em 2013, um grupo de famílias ligadas à Escola Waldorf Quintal Mágico demandava por uma escola de ensino fundamental em Paraty, Rio de Janeiro, que carregasse valores mais humanos, que trouxesse a arte no processo educativo e que respeitasse uma infância livre e saudável. Essas famílias impulsionaram um grupo de educadores e, juntos, começaram a pesquisar alternativas de organização escolar. Durante cerca de um ano, esse grupo, composto por mães, pais e educadores, firmou alguns pontos que norteiam a escola até hoje: a diversidade socioeconômica na comunidade escolar; uma educação em que teoria e prática estivessem intimamente ligadas e valorizadas; o trabalho com o interesse das crianças; e, sobretudo, um ambiente permeado de alegria e amor. Essa iniciativa, para além da inspiração Waldorf, buscava mais liberdade pedagógica, estando aberta a outras práticas de educação democrática e comunitária.

Na época, além das experiências práticas de escolas transformadoras, algumas fontes teóricas serviram de base para pensar a Cirandas. As lições de Paulo Freire (1987) em *Pedagogia do oprimido* foram referência para que a Cirandas nascesse, em 2014, com o propósito de ser uma semente de transformação social. Hoje, vê-se que essa semente começa a dar frutos e gerar transformações nas pessoas, além de inovações que inspiram outros educadores pelo País, graças a um trabalho coletivo dedicado e intenso.

O primeiro ano de escola contou com cerca de 30 estudantes organizados em um único ciclo, correspondendo aos três primeiros anos do ensino fundamental. Uma escola pequena dá espaço para um amadurecimento necessário, mas ao mesmo tempo responsável, pois, apesar da pouca experiência, é possível ter qualidade de tempo para atender às inúmeras demandas de um projeto recém-aberto e com uma proposta de ter ação-reflexão-ação como base.

As crianças vindas da educação infantil ficam em uma sala de iniciação, onde têm os primeiros contatos com a alfabetização, com as ferramentas de pesquisa e projeto e com um novo ambiente escolar. Os demais estudantes ficam em salas de desenvolvimento.

Em 2015, o Ciclo I estendeu-se até o quinto ano do ensino fundamental e, em 2017, abrimos o Ciclo II, que corresponde aos anos finais do ensino fundamental. Hoje, a escola conta com 60 estudantes, entre 6 e 15 anos.

VALORES

Uma proposta que nasce de forma orgânica e com a intenção de estar sempre se repensando precisa, ao longo de seu percurso, construir alguns pilares para que as macrointenções do projeto não se percam. Assim, o amor, a confiança, o respeito e a diversidade surgem como valores norteadores do trabalho.

O amor e o respeito são condições essenciais para a ação educativa. A confiança se relaciona com a crença de que todos somos capazes de aprender, desde que respeitemos nossos ritmos, nossas potencialidades e nossas dificuldades. A diversidade permeia nossa proposta de várias formas, requerendo algumas explicações.

A diversidade de pessoas está pautada na ideia de se ter uma escola comunitária. Nessa comunidade, prezamos pelo convívio diário e intenso de pessoas com culturas e origens socioeconômicas diferentes. O projeto é inspirado na concepção crítica de Paulo Freire (1987, 2001); em especial na relação entre opressores e oprimidos. Essa relação histórica foi motivação primordial para o desenho da escola: a transformação social que desejamos lida com esse conflito. O convívio com a diferença é uma oportunidade para exercitarmos a empatia e a abertura de pensamento, por meio de um diálogo sincero e amoroso.

A diversidade de ideias é entendida pela valorização dos diferentes saberes e fazeres. A escola não é espaço apenas dos conhecimentos acadêmicos, mas também de se autoconhecer e se relacionar com o outro, de desenvolver o corpo, de experimentar a vida em sua integralidade. Certamente, os conhecimentos acadêmicos são fundamentais em uma escola, mas precisam ser acompanhados de significado, de ação no mundo, de compreensão quanto à função social: para que eu aprendo? Por que eu aprendo? Onde esse conhecimento está no mundo? São perguntas essenciais para que os saberes teóricos estejam ligados ao mundo prático, vivido pela comunidade. E, para dar conta de tamanha complexidade, precisamos de parceiros, pessoas que dominem as diversas áreas do conhecimento do mundo concreto, vivido. Trata-se de uma pluralidade de conhecimentos que permeia a escola. Um velho cacique que conta histórias, um pescador artesanal que ensina sua arte na praia, uma doutora em física que apoia a feira de ciências e assim por diante.

A diversidade de caminhos está pautada no fato de não haver um único caminho ou uma forma melhor para se construir uma escola. Há sempre um contexto. O mesmo ocorre quando lidamos com o desenvolvimento individual, reconhecemos que cada pessoa carrega sua melhor forma de ensinar e aprender.

A POLÍTICA DE BOLSAS

Buscamos uma harmonia entre percentuais de famílias que recebem bolsas integrais ou parciais, com grande, médio ou pequeno desconto, e famílias que arcam com o custo do estudante na escola. Desse modo, trazemos vários perfis socioeconômicos e não criamos uma relação entre opressores e oprimidos marcada por apenas dois blocos (com ou sem bolsas). Hoje, ninguém colabora com mais do que o custo do estudante, e toda contribuição que não chega a esse valor precisa ser completada com investimentos sociais.

Para receber uma bolsa, as famílias passam por entrevistas socioeconômicas com uma comissão que avalia os riscos sociais da criança ou do adolescente, a escolaridade dos responsáveis pelo estudante e o interesse da família em estar na escola.

A proposta de buscar aportes financeiros das famílias dos estudantes traz um caráter híbrido para a organização financeira da escola, pois enfrenta, por um lado, uma realidade de mercado e, por outro, a necessidade de captação de recursos.

Ocorre que a educação convencional é fortemente pautada em fatores econômicos, ou seja, a organização escolar dialoga diretamente com os custos da educação. Quando optamos por ter poucos estudantes por educador, oferecer atividades em período integral, alimentação e materiais de qualidade, apoiar a formação continuada dos educadores, respeitar as leis trabalhistas, entre outros aspectos, temos como resultado um custo acima da prática de mercado.

APRENDIZAGEM VIVA

Diante dos infinitos conhecimentos existentes no mundo, fazer uma seleção daquilo que faz sentido trabalhar na escola é uma tarefa de bastante responsabilidade. Trata-se de elencar, diante do infinito, aquilo que um grupo de adultos considera importante para um grupo de crianças. Esses adultos fazem escolhas com base nas próprias vivências e culturas, às vezes desconsiderando que a vida está em constante transformação, e, portanto, aquilo que hoje é importante amanhã pode ser obsoleto. Do mesmo modo, o que é mais relevante na vida de um indivíduo ou grupo pode não ter sentido para outros. Além disso, essa escolha também está pautada por uma legislação educacional.

Assim, faz sentido pensar em uma revisão dos objetivos curriculares, para que haja tempo de aprofundamento em cada assunto, tempo para que os conhecimentos da vida permeiem a escola e tempo para trabalhar as relações humanas. Ao garantir essa qualidade de tempo, podemos fazer valer os dizeres mais rotineiros de Paulo Freire, em que a educação precisa dialogar com a vida.

Segundo Morin, Ciurana e Mota (2009), vivemos em uma era planetária, em que o acesso ao conhecimento é amplo. Assim, a escola ganha uma nova função: ensinar o estudante a aprender, como posto no Relatório para a Organização das Nações Unidas para a Educação, a Ciência e a Cultura (Unesco) da Comissão Internacional sobre Educação para o Século XXI (DELORS, 2010).

É desejo da escola fomentar a consciência crítica e reconhecer que o desejo de aprender é inato, prazeroso e necessário para o desenvolvimento da autonomia e da liberdade. Segundo Delors (2010), precisamos também aprender a ser, a conviver e a fazer. Tudo isso permeia a proposta pedagógica da Cirandas de forma viva e rotineira.

De forma prática, a vida dialoga com a aprendizagem por meio de rodas de conversa mediadas por educadores; por meio de saídas de campo que aproveitam a cidade como espaço educativo, como diz Alves (2004); além de projetos e pesquisas cujos temas são escolhidos pelos estudantes.

Os projetos e a pesquisa são ferramentas para a construção da aprendizagem. Eles vêm se desenvolvendo de forma experimental ao longo dos anos. Já trabalhamos projetos e pesquisas coletivos e individuais, com a participação de mediadores externos ou não, com resultados concretos, e outros, nem tanto. Ao longo desse processo, buscamos uma forma organizada de sistematização e avaliação da aprendizagem, além do diálogo dos temas escolhidos com o currículo escolar. Esses aspectos caminham junto com o desafio de termos estudantes com diferentes níveis cognitivos e crianças com deficiência nos grupos de projetos e pesquisa.

Os resultados se mostram positivos: muitas pesquisas e muitos projetos foram concretizados; o interesse dos estudantes motiva a aprendizagem; conhecimentos não previstos pelo currículo permeiam a escola, enriquecendo-a; a comunidade como um todo se empolga. Entretanto, ainda consideramos que os projetos e as pesquisas precisam de amadurecimento e, para que este aconteça de fato, precisamos de tempo e de experimentações próprias e acompanhadas de perto, para que enfim consigamos chegar a um modo mais uniforme de realizar pesquisas e projetos. Talvez esse jeito nunca se estabeleça, pois, de fato, a aprendizagem é dinâmica. Cada tema de projeto ou pesquisa se desenvolve de forma coerente com a faixa etária dos estudantes, o assunto e os educadores envolvidos.

Freire (1983) mostra de forma didática como organizava projetos e pesquisas junto à educação infantil. Esse trabalho é de grande inspiração, pois aponta para o potencial inato de descobrir coisas a partir do interesse e da curiosidade, mesmo quando ainda não dominamos determinados conteúdos acadêmicos, como a escrita, a leitura e a matemática. Trabalhos como esse, aliados à proposta da Pedagogia Griô (PACHECO, 2006; PACHECO; CAIRES 2008), mostram que, além das formas acadêmico-científicas mais tradicionais para realizar projetos e pesquisas, há outros modos, simples e ligados às culturas de tradição oral, que ligam, de forma mais orgânica, o conhecimento acadêmico ao conhecimento empírico, tanto nas observações naturais da vida quanto no conhecimento passado entre as pessoas por meio da fala.

ORGANIZAÇÃO CURRICULAR

Uma das primeiras quebras de paradigmas que caracterizam a Cirandas está na organização curricular por ciclos no lugar de séries. Os ciclos possibilitam flexibilidade no tempo de aprendizagem individual e na organização dos estudantes no processo de aprendizagem. Cada pessoa tem o próprio ritmo de aquisição do conhecimento e mostra potencial diferente em cada área da vida. Como não há um desenvolvimento-padrão para as salas, é possível proporcionar espaços de colaboração entre os educandos com conhecimentos cognitivos diferentes ou próximos, momentos individuais ou coletivos, de acordo com a intenção pedagógica.

A clássica competição existente nas escolas seriadas, que avaliam o conhecimento por meio de provas, notas ou conceitos, é minimizada. Surge, então, espaço para a cooperação e a colaboração; para entender que cada um é de um jeito, tem suas facilidades e dificuldades, precisa de ajuda e é capaz de oferecer ajuda. Dá espaço, também, para que o conhecimento "não acadêmico", como os fazeres manuais, da terra, do corpo, da expressão física e oral, ganhe importância no ambiente escolar. Em uma proposta que tem a diversidade como um dos pilares, valorizar os diferentes saberes e fazeres é essencial. Desse modo, a organização por ciclos mostra plena coerência com a proposta social que temos.

Um currículo traz escolhas importantes, baseadas em valores e no caminho que queremos seguir com a comunidade. A Cirandas optou por um currículo que reduz os conhecimentos acadêmicos àqueles que consideramos básicos para a construção da autonomia ao longo da vida. Partimos de um estudo dos Parâmetros Curriculares Nacionais (PCNs) e das vivências ocorridas nos primeiros anos de escola para chegarmos ao documento atual. Esse documento é vivo e deve ser revisitado e alterado sempre que necessário.

Hoje, o currículo da Cirandas está dividido nos seguintes saberes: língua portuguesa; matemática; ciências humanas e biológicas; artes e cultura popular; línguas, cultura e identidade; brincar, corpo e movimento; vida prática; e relações e autoconhecimento.

Trazer para o processo de aprendizagem e para um documento formal, como é o currículo, assuntos como autoconhecimento ou relações é um desafio tremendo. Eles exigem processos profundos que vão muito além de técnicas para ensinar a ler, escrever ou fazer contas. Precisamos acessar outras áreas do conhecimento, além da pedagogia, para nos dar suporte. E precisamos, antes de qualquer coisa, nos autoconhecermos e estarmos abertos a nos modificarmos.

AVALIAÇÃO

A avaliação, tanto da instituição quanto dos estudantes, é ponto fundamental em qualquer processo de aprendizagem. Quando avaliamos, precisamos pensar na forma, na frequência e em como comunicamos os resultados obtidos, de modo que possam colaborar para a construção da aprendizagem. Quando percebemos que as dificuldades são parte do processo e que devem ser encaradas como desafios necessários ao amadurecimento, ganhamos liberdade para não tratarmos os erros como fracassos. Desse modo, "[...] a prática docente crítica, implicante do pensar certo, envolve o movimento dinâmico, dialético, entre o fazer e o pensar sobre o fazer [...]" (FREIRE, 2001, p. 42).

Avaliação dos estudantes

Na Cirandas, não precisamos de provas, notas ou conceitos para realizar uma avaliação dos estudantes, como diz Both (2012). Coerente com o princípio da ação-reflexão-ação, o aprendizado é contínuo e assim deve ser a avaliação. Dessa forma, esse processo acontece na relação de troca entre crianças e educadores e na observação profunda da construção da aprendizagem. Compartilhamos as observações sobre o desenvolvimento de cada um por meio de relatórios descritivos que têm a intenção de trazer resultados da avaliação processual. Para a produção dos relatórios, realizamos conselhos de classe, a que todos os educadores trazem relatos sobre cada criança. É um momento rico de troca de percepções sobre os estudantes. Para a construção de uma aprendizagem significativa, é necessário também que, em algum momento, todas as pessoas envolvidas no processo, crianças e adultos, se autoavaliem.

Essas formas de avaliar exigem que as relações entre os atores que compõem a comunidade sejam aprofundadas. Por isso, as famílias, na medida do possível, devem estar próximas da escola. Ao longo do ano letivo, os educadores responsáveis por escrever os relatórios de avaliação individuais têm, pelo menos, duas conversas com cada família.

Novas formas de avaliação, que não têm como referência notas ou conceitos, exigem o desenvolvimento de formas criativas de sistematização, para que possa ser feito um acompanhamento do desenvolvimento escolar ao longo do tempo. Esse é mais um desafio que a Cirandas tem: criar sistematizações que sejam boas para a equipe, para as famílias e para os estudantes.

Apesar de a visão sobre o educando ser bem completa, ainda temos dificuldades de sistematizar essas informações de forma sucinta, para serem acompanhadas ao longo dos anos. Percebemos os pontos trabalhados do currículo, mas ainda precisamos aprimorar a sistematização da aprendizagem em médio e longo prazos.

Para construirmos nosso processo de avaliação dos estudantes, partimos de algumas premissas:

- Cada um tem um ritmo de aprendizagem.
- Cada um tem um jeito melhor de aprender.
- A aprendizagem se dá por interesse.
- Avaliamos para saber em que ponto estamos e planejar os próximos passos da aprendizagem (zona de desenvolvimento proximal – VYGOTSKY, 1987).
- Um único tipo de avaliação jamais atenderá igualmente às diferentes formas de expressão da aprendizagem.

Paralelamente, acreditamos que o papel do educador seja de incentivar um aprender continuado e, portanto, fomentar a confiança e a autoestima do estudante. Assim, as correções acontecem de forma construtiva, como oportunidade de reconhecer o que ainda não foi aprendido e são, preferencialmente, feitas junto aos estudantes, para que compreendam seus desafios.

Avaliação da escola

Um projeto como a Cirandas deve ser visto como um organismo vivo, que passa por fases de amadurecimento. Como se trata de uma construção coletiva, há diversas percepções sobre a escola. Desse modo, desde a abertura do projeto, construímos, junto à comunidade, um sistema de monitoramento e avaliação.

Esse sistema partiu de um planejamento estratégico e gerou indicadores de processo e de resultado. Para cada ponto, as perguntas avaliativas indicavam um público-alvo a respondê-las e, assim, foram criados seis questionários distintos. Os resultados desses questionários foram sistematizados, gerando relatórios de monitoramento e avaliação e, posteriormente, foram compartilhados com a comunidade.

Em 2016, o volume de perguntas a serem tabuladas ficou demasiadamente extenso e, a partir de 2017, a proposta de avaliação escolar passou a ser feita de outra forma, por meio de apenas três perguntas qualitativas:

- O que celebro na Escola Comunitária Cirandas?
- O que lamento na Escola Comunitária Cirandas?
- O que sugiro na Escola Comunitária Cirandas?

Acreditamos que essas três questões trazem à tona os pontos mais importantes para cada membro, sem se estender em pontos menos relevantes. Em uma iniciativa nova como a Cirandas, várias demandas surgem, e um desafio importante é saber elencar as mais urgentes. Acreditamos que, nessa nova forma de avaliar, as prioridades apareçam naturalmente.

Em paralelo, a equipe avalia a escola usando ferramentas participativas duas vezes por ano, em momentos de planejamento. Outras devolutivas ocorrem de forma espontânea no convívio comunitário ou em conversas agendadas entre a equipe e as famílias ou com os parceiros do projeto.

MULTIRREFERENCIALIDADE TEÓRICA

A Cirandas tem como objetivo construir coletivamente uma escola, por meio de uma prática pautada na diversidade, em que os indivíduos sejam autônomos e capazes de contribuir para uma sociedade mais justa, colaborativa e amorosa. Para isso, queremos promover uma educação que incentive o gosto pelo aprender e o espírito de pesquisa; praticar uma pedagogia viva, inspirada em diversos saberes e fazeres e incentivar a participação e a colaboração da comunidade na escola.

Como principais inspirações teóricas para a construção da Escola Comunitária Cirandas, começamos com uma citação de Freitas:

> A escola eficaz, então, seria aquela que além de ensinar o conteúdo, ensina o estudante-cidadão para a autonomia e auto-organização, para a intervenção na sociedade com vistas a torná-la mais justa, no sentido da eliminação da exploração do homem pelo homem (FREITAS, 2003, p. 38).

Em conversa com o autor, mencionamos nossa principal inspiração pedagógica: Paulo Freire, que em diversas obras exprime ideias que permeiam nossa prática. Como exemplos, citamos a superação da relação entre opressores e oprimidos para se conseguir a liberdade, para "ser mais".

"A libertação autêntica, que é a humanização em processo, não é uma coisa que se deposita nos homens. Não é uma palavra a mais, oca, mitificante. É práxis, que implica a ação e reflexão dos homens sobre o mundo para transformá-lo [...]" (FREIRE, 1987, p. 77).

O autor coloca o conceito de educação bancária, o que reforça a discordância que temos em relação ao uso de apostilas que massificam a aprendizagem, pois não dialogam com os interesses, as necessidades e as formas de aprender de cada criança. Acreditamos que a criança deva ser sujeito de sua aprendizagem (FREIRE, 1987).

Percebemos, também, a relação entre temas geradores e projetos de aprendizagem; a fundamental relação dialógica entre educador e educando (ensinar aprendendo e aprender ensinando); movimentos de escuta e aprendizado em grupo, círculos de cultura e rodas de conversa.

Outro conceito perseguido pela comunidade escolar, trazido por Pacheco (2014), refere-se às comunidades de aprendizagem, pois entendemos que os conhecimentos da comunidade fazem parte dos conhecimentos pertinentes à vida escolar. Esses saberes enriquecem o currículo, trazem a realidade de vida da criança; a função social da aprendizagem; valorizam diversas formas de saber e fortalecem o aprender a ser e a conviver. Nesse ambiente, crianças lidam com muitos saberes e com pessoas que não necessariamente são "professores licenciados"; todos aprendem, educadores e educandos.

A organização democrática da escola é pautada em Pacheco (2014), Freire (2001), Freitas (2003), entre outros autores.

> Gestão escolar democrática é um caminho sem regras predefinidas. Cada escola, de acordo com a realidade local, na intenção de implementar um modelo democrático de gestão, cria seus próprios procedimentos e busca gerar processos em participação com a comunidade escolar (BENCHIMOL, 2013, p. 14).

Nesse sentido, construímos um modelo de gestão próprio, descrito na seção "Gestão".

Mais uma fonte de pesquisa importante na Cirandas é a antroposofia, fundada por Steiner (2003) no início do século XX. Nossas principais inspirações estão nos arquétipos predominantes em cada fase da vida humana, classificada por setênios (a cada sete anos); no estudo dos temperamentos; no desenvolvimento humano pautado em pensar, sentir e querer; e na valorização das artes como um dos pilares para o desenvolvimento humano. Essa filosofia também traz um olhar espiritual, de veneração aos elementos da natureza e de reconhecimento do "sobrenatural" como importantes pontos para a formação humana. Ressalta, também, a importância da ritualização das situações cotidianas.

Piaget e Vygotsky, pais do construtivismo e do sociointeracionismo, têm trabalhos muito inspiradores para nós. Desses autores, aprendemos que o educando deve ser sujeito de sua aprendizagem e que a aprendizagem vem da relação do sujeito com o objeto (Piaget), bem como decorre da relação entre sujeitos (Vygotsky). A ação dos educadores pauta-se na zona de desenvolvimento proximal: espaço entre o que a criança faz sozinha e aquilo que faz com ajuda. Além disso, o estudo realizado por Piaget sobre a capacidade intelectual esperada para cada fase da criança é de grande inspiração para nós (FOSSILE, 2010).

O francês Edgar Morin é outro pensador importante em nossa prática. Ele, em sua teoria sobre o pensamento complexo, aponta para a necessidade de relacionar qualquer assunto de forma global e local. Trata-se da capacidade de diálogo entre os conhecimentos de mundo. Isso se reflete na correlação entre os objetivos curriculares e os temas de projetos e pesquisas escolhidos pelos estudantes ou entre os acontecimentos de mundo pertinentes à escola (MORIN; CIURANA; MOTA, 2009).

O mesmo autor mostra que os conhecimentos que uma pessoa tem são aqueles do seu destino. Isso evidencia que os saberes são infinitos e que a seleção dos saberes curriculares é fruto de decisões arbitrárias. Atualmente, com maior democratização da informação por meio da internet e de outros meios de comunicação, fica evidente que não há necessidade de selecionar muitos conteúdos curriculares ou de fragmentar a aprendizagem em áreas específicas, pois entende-se que a criança precisa ter capacidade para lidar (ter criticidade) com conhecimentos (aprender a conhecer), uma vez que estão disponíveis. A fragmentação de conhecimentos leva a uma dificuldade do ser humano de se enxergar integralmente.

Por fim, outro ponto de grande inspiração vem da percepção de que "[...] é preciso aprender a navegar em um oceano de incertezas em meio a arquipélagos de certezas [...]" (MORIN; CIURANA; MOTA, 2009, p. 16). Ou seja, devemos ter um olhar para o presente e ter consciência de que o futuro de cada um é incerto.

A IMPORTÂNCIA DAS ARTES

O ensino por meio da arte é um dos pilares da Cirandas. Acreditamos que as artes possibilitam uma aprendizagem lúdica e o autoconhecimento e desenvolvem os sensos crítico e estético. A arte traz calor, humanidade, beleza e criatividade, desperta sentimentos, sensações e ideias que a racionalidade não seria capaz de alcançar.

Na Cirandas, por entendermos que o povo brasileiro é essencialmente diverso em sua origem, damos especial valor à cultura popular brasileira em suas diferentes manifestações. Ao fazermos isso, reforçamos o senso de pertencimento e de valorização da cultura local e nacional. Entre as atividades artísticas desenvolvidas na escola, temos aulas de percussão, dança, teatro, pintura, desenho, trabalhos manuais (costura, tricô, crochê, bordado, etc.), modelagem com barro, circo, musicalização (instrumentos melódicos), cinema, *skate*, futebol, capoeira, que chegam por meio das atividades curriculares ou das oficinas do horário estendido. Essas escolhas refletem os interesses e os conhecimentos disponíveis na comunidade escolar e seu entorno.

O BRINCAR

Brincar é uma característica inata e essencial de uma infância saudável e, assim, é fundamental na escola. É o espaço de experimentação da vida, de amadurecimento das relações, de interação, de integração. Chamamos de "brincar livre" o momento em que todas as crianças brincam juntas, sem propostas vindas dos adultos. O "brincar dirigido" acontece quando a brincadeira decorre da proposta de algum educador.

Para nós, o brincar livre é um momento fundamental para que as crianças aprendam a se socializar com profundidade, além de exercitarem o corpo e a mente. Na hora do brincar, recriam situações vividas ou vistas no mundo, elaboram suas fantasias de forma concreta e experimentam as relações humanas de muitas maneiras. Os conflitos entre as crianças aparecem em especial no brincar livre e são parte importante do aprender a conviver. Olhamos para eles como oportunidades de crescimento e autoconhecimento.

Desde a fundação da escola, tentamos construir um parquinho ou ter brinquedos que pudessem impulsionar as brincadeiras. No entanto, por obra do destino, isso nunca aconteceu. Sorte no percurso, pois ganhamos tempo para que o diálogo se fortalecesse e a criatividade aparecesse. O brincar das crianças acontece em um espaço livre, com terra, jardim e uma pequena quadra. Como recursos, dispomos de poucas bolas e pneus, e reservamos uma sala de aula para aqueles que desejam fazer atividades mais introspectivas, como ler ou desenhar.

Além do brincar livre, o brincar direcionado permeia muitas atividades na escola, afinal nada melhor do que aprender brincando. Brincadeiras tradicionais ou contemporâneas têm espaço, para que o lúdico ajude no desenvolvimento físico, emocional e intelectual. Jogos matemáticos e de língua portuguesa têm espaço garantido na rotina das crianças; assim como aprendem sobre meio ambiente com cantigas de roda, exercitam o corpo com jogos colaborativos, entre outros jogos.

GESTÃO

A administração da comunidade é um desafio tão grande quanto o pedagógico, pela escassez de modelos e pela natureza da formação dos participantes. É frequente a referência da Cirandas como sonho. Isso proporciona um forte engajamento, mas sonhos são comumente individuais e pouco realistas. A ideia de um sonho coletivo é uma abstração que demanda desapego, paciência e frustração do individual e onírico em prol do coletivo e concreto. Esse é um processo lento e conflituoso em uma coletividade com diferentes níveis de tolerância, participação e habilidades de interação social. Revela a distância entre o que somos e o que gostaríamos de nos tornar.

Os atritos entre as partes por vezes se expandem pela comunidade, acabando por interferir nos processos pedagógicos. Aprendemos que as dificuldades relativas à comunicação situam-se na raiz de imensa parte das tensões encontradas, tanto pela inabilidade de expressão quanto de escuta. Temos feito esforço consciente para saná-las, a partir do desenvolvimento de uma comunicação não violenta, por exemplo.

Tratar cada estudante ou família dentro de suas especificidades em lugar de soluções uniformes também é um desafio. Essa percepção supõe bom senso e julgamentos particulares. Porém, são necessários alinhamentos para que o coletivo compreenda o que é ou não aceitável no ambiente escolar. As reuniões pedagógicas semanais têm um importante papel nesse alinhamento, uma vez que os desafios são compartilhados e as trocas de ideias acontecem para seguirmos aprimorando as relações.

Os processos de tomada de decisão são um ponto central e demandam tempo. Quando trazemos esses processos para o cotidiano escolar, muitas vezes precisamos tomar decisões apressadas, atropelando os processos de amadurecimento que julgamos ideais. São tensões entre concepções horizontais e verticais, planejamento e improviso, ainda inevitáveis.

Aprendemos de experiências anteriores que o impulso de tomar decisões de forma coletiva diretamente por um grande número de pessoas não é adequado ao ritmo nem aos diferentes níveis de informação e competências necessárias. Na comunidade escolar, temos membros provisórios e permanentes; voluntários e profissionais; famílias, estudantes e educadores com diferentes responsabilidades.

A gestão de uma escola inovadora é sempre um ponto importante a ser levado em conta. Na Cirandas, desenvolvemos um modelo de gestão inspirado na sociocracia (MEIJERINK, 2001). A sociocracia propõe uma forma de tomada de decisão com base em argumentos e não no número de votos; no consentimento (quando permito que uma ideia vá para a frente, mesmo que não seja minha escolha inicial) no lugar do consenso (quando todos pensam igual) e em pessoas legitimadas que representem grupos em níveis superiores de tomadas de decisão. Esse modelo (**Fig. 13.1**) conta com um conselho gestor em nível deliberativo, um fórum escolar em nível consultivo e um somatório de iniciativas em nível executivo (equipe, voluntários, oficineiros e famílias).

O conselho gestor é formado por dois representantes da equipe (sendo um sempre o diretor, pois responde oficialmente pela escola), dois representantes das famílias e um representante do Instituto Oju Moran (IOM; ONG mantenedora). Esses representantes são escolhidos de forma sociocrática pelos representantes de seus círculos-base pelo período de dois anos. No conselho, busca-se a tomada de decisão por consentimento e argumento, não pelo número de votos. Mas o membro do instituto precisa ter poder de veto, uma vez que responde legalmente pela iniciativa.

O fórum escolar ocorre, pelo menos, a cada dois meses. Trata-se de um espaço aberto a qualquer pessoa da comunidade, em que se discutem diferentes assuntos sobre a escola.

Os estudantes também participam de momentos coletivos de tomada de decisão. Entre 2014 e 2016, havia rodas de conversa com a ferramenta do bastão da palavra (SAMS, 1993). Em 2017, avaliamos que a ferramenta não servia mais ao objetivo de ajudar a pensar sobre a escola e, então, propusemos um novo formato.

No formato atual, cada grupo de estudantes, que tem um tutor específico, corresponde a um círculo-base. Esses grupos levantam temas a serem discutidos no círculo superior,

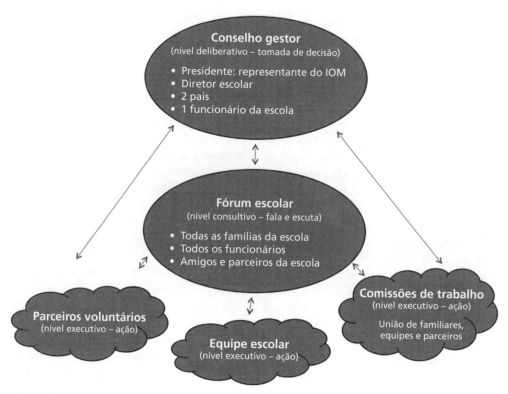

Figura 13.1 Modelo de gestão da Escola Comunitária Cirandas.

com apoio da diretora da escola como facilitadora. Cada círculo-base, além de elencar pontos, escolhe dois representantes por semana para que levem os assuntos ao círculo superior. Os representantes de cada círculo discutem, com base em argumentos (não no número de votos), todos os pontos trazidos pelos círculos-base e retornam com os encaminhamentos a seu grupo original. Com a rotatividade dos representantes, todos os estudantes têm a oportunidade de experimentar a responsabilidade da tomada de decisão e representação de grupo. Isso também reduz a responsabilidade das lideranças infantis, uma vez que representações exigem bastante maturidade. O exercício da autonomia *versus* maturidade é um ponto presente nas discussões entre a equipe, para que incentivemos o desenvolvimento da autonomia e, ao mesmo tempo, respeitemos o nível de responsabilidade/liberdade.

ESCOLA COMO ESPAÇO COMUNITÁRIO

Muitas pessoas nos questionam: o que significa ser uma escola comunitária? Há muitas respostas para essa pergunta. Poderíamos partir de questões legais, mas estas são as que menos nos interessam. Primeiramente, ser uma escola comunitária refere-se à forma de uso do espaço escolar: a escola é aberta à comunidade, ou seja, diversas ações são realizadas por pessoas que estão ou não ligadas ao "horário curricular" (das 8h às 15h20). A partir das 15h30, a escola é aberta a qualquer pessoa interessada em frequentar oficinas que acontecem à tarde e à noite, quase todos os dias, inclusive nos fins de semana. Não cobramos pelo uso do espaço, mas pedimos como contrapartida dos oficineiros que ofereçam cerca de 50% das vagas de suas atividades a pessoas bolsistas, que não tenham condições financeiras de arcar com o custo do trabalho oferecido.

Nesse mesmo horário, ocorrem as atividades do Programa de Residência Educativa. Trata-se de uma iniciativa que surgiu junto com a Cirandas: pessoas do mundo todo propõem atividades gratuitas a serem realizadas na escola em troca de hospedagem em uma suíte próxima ao local. Já recebemos vários educadores de diversas partes do Brasil e do mundo. Realizam atividades como circo, teatro, vídeo, educação ambiental, brincadeiras tradicionais, futebol e atividades artísticas e físicas diversas. É uma troca de saberes rica para toda a comunidade.

À noite, os adultos tomam conta do espaço com atividades como ioga, meditação, aulas de línguas, grupos de estudos, tambor de crioula e capoeira. Nos fins de semana, há festas, mutirões, formações para adultos, o "rolé de *skate*" (espaço aberto para a prática de *skate*), manifestações da cultura popular, como maracatu, coco, boi, etc.

Paralelamente, buscamos romper os muros da escola em nosso processo educativo, como diz Alves (2004). Temos uma autorização permanente das famílias para sair com os estudantes da escola. Algumas saídas já são rotina, como frequentar o Núcleo de Mídias e Tecnologias com os educandos do Ciclo II, para que realizem atividades ligadas à tecnologia.

Nossos estudantes saem em comboio de bicicletas ou a pé pela cidade para estudos do meio em praias, rios e cachoeiras, centro histórico, centros culturais, entre outros lugares. Há pouco tempo, voltaram de um passeio de dois dias ao Saco do Mamanguá, uma reserva ecológica e de cultura tradicional. Os olhos e os sorrisos no retorno do passeio deixam claro que a experiência será inesquecível.

Boa parte dos passeios é fruto de parcerias entre as famílias e os educadores, uma vez que não temos transporte escolar ou recursos destinados para tal fim. Quando não é possível ir a pé ou de bicicleta, contamos com redes de carona, lanches colaborativos e muitas parcerias.

Outro movimento que enriquece a vida comunitária é a feirinha organizada pelas famílias. Hoje, ela acontece duas vezes por semana, à tarde; bem como em dias de festa. A escola fortalece a economia das famílias e cada uma colabora com um percentual financeiro espontâneo para o projeto. É muito bonito ver o espaço cheio, para além da nossa "comunidade escolar" (equipe, famílias e estudantes); são pessoas da cidade que se aproximam da iniciativa.

Também envolvendo as famílias, mais recentemente foi criado, a partir da iniciativa de uma educadora e de parceiros da escola, o projeto Famílias Anfitriãs. Trata-se de uma rede de famílias ligadas à escola que recebem hóspedes em suas casas. Parte do pagamento recebido pela hospedagem é revertido ao projeto, o que fortalece a economia escolar e das famílias. Porém, o mais importante é a oportunidade de trocas entre os visitantes e as famílias diretamente ligadas ao projeto.

FORMAÇÃO CONTINUADA DE EDUCADORES

Para dar conta de uma proposta inovadora e que se propõe a ter uma multirreferencialidade teórica, é necessário um estudo continuado por parte de toda a equipe (idealmente por toda a comunidade), uma vez que encontramos inúmeros desafios, como a prática em ciclos, o autoconhecimento, a realização de pesquisas e projetos, o desenvolvimento individual da criança e a sistematização de sua aprendizagem, a inclusão de estudantes com deficiência, entre outros.

Temos algumas iniciativas para garantir isso. A primeira é um grupo de estudos semanal, aberto a qualquer interessado. Tutores, coordenadores e diretores da escola são remunerados para participar desse grupo, e as demais pessoas participam de forma voluntária. O grupo funciona com um rodízio de apresentações sobre temas práticos ou teóricos ligados à educação. A cada semana, um membro é responsável por apresentar algum assunto ao grupo.

As reuniões pedagógicas também são importantes espaços de trocas e aprendizagem entre a equipe. A cada semana, são duas horas e 30 minutos de convívio entre toda a equipe pedagógica, quando tratamos assuntos sobre os estudantes e sobre a escola como um todo.

Outra iniciativa é o Projeto Cirandas na Educação. Trata-se de um ciclo de palestras sobre educação, organizado por uma educadora e uma parceira da escola. A curadoria das palestras é feita com carinho e cuidado. Esses momentos reúnem pessoas de toda a cidade interessadas em educação. É uma rica experiência!

O IOM possui o Programa de Apoio à Formação de Educadores (PAFE), que apoia pedidos de educadores de toda a cidade para a realização de formações individuais ou coletivas, práticas ou teóricas. Ao solicitarem ajuda para formação, oferecem, como contrapartida, ações socioeducativas no município de Paraty. Assim, vemos, além de educadores se formando e melhorando a qualidade de suas atividades, ações incríveis de educação se espalhando por todo o município. Em 2017, por exemplo, a equipe realizou três formações coletivas: encontros mensais ao longo do ano para autoconhecimento, uma formação em comunicação não violenta e uma tutoria pedagógica junto à escola Projeto Âncora; além das formações individuais. Em paralelo, os educadores, apoiados pelo PAFE, reúnem-se mensalmente em uma mesa de trocas, espaço de estudos coletivos sobre educação.

CONSIDERAÇÕES FINAIS

O compromisso com a luta por um ideal impõe enormes desafios, repletos de prazer e dor. A transformação da escola é um processo coletivo, lento e, por vezes, conflituoso. É preciso assumir riscos, estar sempre atento, ter paciência para dar cada passo e aguardar os resultados. Não se trata de um processo previsível, nem surge de um planejamento individual. A necessidade de aperfeiçoamento contínuo dos participantes é ainda maior quando se busca o caminho do novo.

A escola é um instrumento de ação social. Há um grande prazer quando se assume uma postura coerente com nossos princípios, mas é importante estar preparado para estar sempre aquém do almejado. Costumamos dizer que devemos ser aquilo que queremos ver nas crianças. Isso requer muita entrega de cada membro da comunidade escolar, além de estudo continuado.

Como próximos passos, vemos o amadurecimento da proposta pedagógica, o fortalecimento comunitário e a estabilidade econômica como desafios principais. Para cada ponto, alternativas diferentes serão levantadas. Cada alternativa será avaliada de acordo com seu contexto no momento, pois acreditamos em "certos universais"; há sempre a proposta que parece ser mais adequada à situação. O processo de ação-reflexão-ação torna-se, portanto, um ciclo que recomeça a cada desafio e, assim, a Escola Comunitária Cirandas segue com sua proposta viva e inovadora.

REFERÊNCIAS

ALVES, R. *Aprendiz de mim*: um bairro que virou escola. Campinas: Papirus, 2004.

BENCHIMOL, M. *Gestão escolar democrática*: um estudo de caso na Escola Waldorf Quintal Mágico. 2013. Trabalho de Conclusão de Curso (Bacharelado em Pedagogia) – UNINTER, Paraty, 2013.

BOTH, I. J. *Avaliação planejada, aprendizagem consentida*: é ensinando que se avalia, é avaliando que se ensina. Curitiba: InterSaberes, 2012.

DELORS, J. (Org.). *Educação*: um tesouro a descobrir. Relatório para a UNESCO da Comissão Internacional da Educação para o Século XXI. Brasília: UNESCO, 2010.

FOSSILE, D. K. Construtivismo *versus* sócio-interacionismo: uma introdução às teorias cognitivas. *Revista ALPHA*, n. 11, p. 105-117, 2010. Disponível em: <http://alpha.unipam.edu.br/documents/18125/23730/construtivismo_versus_socio_interacionsimo.pdf>. Acesso em: 16 ago. 2018.

FREIRE, M. *A paixão de conhecer o mundo*: relatos de uma professora. Rio de Janeiro: Paz e Terra, 1983.

FREIRE, P. *Pedagogia da autonomia*: saberes necessários à prática educativa. 20. ed. São Paulo: Paz e Terra, 2001.

FREIRE, P. *Pedagogia do oprimido*. 17. ed. Rio de Janeiro: Paz e Terra, 1987.

FREITAS, L. C. *Ciclos, seriação e avaliação*: confronto de lógicas. São Paulo: Moderna, 2003. (Coleção Cotidiano Escolar).

MEIJERINK, H. J. Sociocracia: o desafio da participação nas decisões. *Boletim Pedagogia Social*, n. 14, 2001. Disponível em: <http://www.pedagogiasocial.com.br/home/images/stories/artigosetextos/Artigos_006.pdf>. Acesso em: 16 ago. 2018.

MORIN, E.; CIURANA, E. R.; MOTA, R. D. *Educar na era planetária*: o pensamento complexo como método de aprendizagem pelo erro e incerteza humana. São Paulo: Cortez, 2009.

PACHECO, J. *Aprender em comunidade*. São Paulo. Edições SM, 2014. Disponível em: <http://www.edicoessm.com.br/catolicas/assets/af_aprender-em-comunidade_miolo2.pdf>. Acesso em: 16 ago. 2018.

PACHECO, L. *Pedagogia Griô*: a reinvenção da roda da vida. 2. ed. Lençóis: Grãos de Luz e Griô, 2006.

PACHECO, L.; CAIRES, M. *Nação Griô*: o parto mítico da identidade do povo brasileiro. Salvador: GRASB, 2008.

SAMS, J. *As cartas do caminho sagrado*: a descoberta do ser através dos ensinamentos dos índios norte-americanos. Rio de Janeiro: Rocco, 1993.

STEINER, R. *A arte da educação*. São Paulo: Antroposófica, 2003. (Metodologia e Didática no Ensino Waldorf, v. 2).

VYGOTSKY, L. S. *Pensamento e linguagem*. São Paulo: Martins Fontes, 1987.

O INSTITUTO EDUCADORES SEM FRONTEIRAS COMO UM LABORATÓRIO PARA POLÍTICAS PÚBLICAS EDUCATIVAS E INOVAÇÃO RADICAL

Valdir Lamim-Guedes | Eliane Maria de Santana | Luciene Silva Souza

A principal atividade do Instituto Educadores sem Fronteiras (ESF) é o oferecimento de aulas em contraturno escolar, que será foco do capítulo, enquanto as demais ações de formação de professores e incentivo à cultura local serão citadas de forma sucinta, por comporem o quadro de propostas de inovações em políticas públicas educacionais. A justificativa para propormos este capítulo, mesmo não sendo uma iniciativa desenvolvida em uma escola, é o fato de que se trata de um trabalho experimental, encarado por nós como piloto para políticas públicas e ações educativas para as escolas do entorno. Assim, ressaltamos a pertinência do cenário alternativo em termos sociais e educacionais para uma região muito vulnerável, como outras tantas na Grande São Paulo, como em outros locais do Brasil.

INOVAÇÃO EDUCACIONAL

O paradigma fabril nas escolas (AMORIM, 2015), segundo o qual o processo educativo é uma produção em larga escala baseada em processos iguais em qualquer situação para gerar "produtos" idênticos conforme um controle de qualidade, ainda é realidade em nossas escolas. Nessa comparação, a questão da larga escala refere-se tanto ao número de alunos por classe quanto à homogeneização de práticas e conteúdos. Assim, a educação é encarada como algo que pode ser oferecido da mesma forma para cada pessoa, cada aluno, sem considerar particularidades, interesses, história pessoal, nem dificuldades específicas, considerando os educandos, portanto, como idênticos. Com controle de qualidade, fazemos uma analogia ao controle externo à sala de aula, seja da direção da escola, que, no caso das públicas, tem de atender a diversas instâncias superiores, como secretários e políticas públicas impostas, assim como passar por avaliações anuais, como o Índice do Desenvolvimento da Educação Básica (IDEB), que são um tipo de avaliação que traz pouco retorno para os processos educativos, mas demandam muito tempo das atividades pedagógicas.

A ruptura com esse paradigma fabril tem sido o principal objetivo das inovações educativas a partir das últimas décadas do século passado. Tais processos inovadores buscam trazer para a sala de aula (e outros espaços educativos) o diálogo, a participação, a criatividade e a diversidade ou, como preferimos tratar no ESF, um encantamento com a educação.

A inovação educacional é entendida como uma prática institucional situada, que envolve decisões, processos e a intervenção em si e que agrega três componentes: a utilização de novos materiais ou tecnologias, o uso de novas estratégias ou atividades e a alteração de crenças por parte de quem está envolvido nas ações desenvolvidas (OLIVEIRA; COURELA, 2013). Dessa forma, é um processo e não um fim em si. Algumas das inovações que estão "em alta" atualmente são: sala de aula invertida (*flipped classroom*); rotação por estações de aprendizagem; aprendizagem por pares (*peer to peer*); aprendizagem baseada em projetos (*project based learning*) e a gamificação (GEEKIE BRASIL, 2016). Podemos considerar três categorias de inovações pedagógicas (BIREAUD, 1990): 1) aquelas que criam situações que colaboram com o trabalho pessoal, isto é, que favoreçem o estudo e a compreensão pelos alunos, como a sala de aula invertida; 2) aquelas que favoreçem o trabalho em grupo, como a aprendizagem baseada em projetos e a resolução de problemas; 3) práticas de individualização, como a gamificação, que têm como "[...] base a ação de se pensar como em um jogo, utilizando as sistemáticas e mecânicas do ato de jogar em um contexto fora de jogo [...]" (BUSARELLO; ULBRICHT; FADEL, 2014, p. 15) e uso de computadores ou dispositivos móveis.

É importante notar que a aplicação de metodologias inovadoras como modismo foge, totalmente, do objetivo que se deve ter ao buscar inovar na escola. Algumas metodologias divulgadas como novidade nem sempre o são, como a pedagogia por projetos, que é uma releitura de ações desenvolvidas pelo movimento Escola Nova desde a década de 1930 (GADOTTI, 1993). Aliado a essa situação está o fato de que, muitas vezes, a inovação é assumida como "a" solução para problemas educacionais estruturais e complexos, por exemplo, usar ações de gamificação pode melhorar em muito a dinâmica de uma aula, mas uma remuneração adequada do docente, assim como boas condições de trabalho, provavelmente terão resultados superiores. Há ainda o problema de um uso que é imaginado como inovador, mas não é, como o emprego de recursos audiovisuais e informáticos, que representa bem esse problema. Estes são cada vez mais utilizados, no entanto, seu uso nem sempre é inovador, apenas reforçando o ensino tradicional, como "[...] versões modernas da fotocópia [...]" (BIREAUD, 1990, p. 11). O desafio está além da incorporação da tecnologia em sala de aula, residindo na inovação das práticas pedagógicas (MATTAR, 2013). Assim, é essencial o papel do professor como mediador e como profissional que deve selecionar qual inovação é pertinente às situações educativas que desenvolve. Assim, uma simples roda de conversa, em dada circunstância, pode fazer mais sentido do que um *game* ou um projeto.

Dessa forma, a inovação, vista como processo, não apenas pontual, deve levar em conta teorias de ensino e aprendizagem. Adotando-se uma visão teórico-prática robusta, evitam-se situações de imposição vertical de inovações que, geralmente, são conservadoras, homogeneizadoras de políticas e práticas e que promovem a repetição de propostas que não consideram a diversidade dos contextos sociais e culturais (MESSINA, 2001). Assim, a inovação, mais do que algo imposto ou alheio à realidade da comunidade escolar, deve ser algo planejado e implementado para, por e na escola.

Emerge, na sociedade do conhecimento, um paradigma educacional, denominado "sociointeracionista", em função de tempos de ciclo do conhecimento tão curtos que o aprendizado deve ser contínuo, de forma que o acesso e as oportunidades para aprender devem estar disponíveis para qualquer pessoa, em qualquer lugar e a qualquer hora. A pedagogia socioconstrutivista é decorrente do trabalho do suíço Jean Piaget (1896-1980) e tem recebido atualmente uma maior presença das contribuições do bielorrusso Lev Vygotsky (1896-1934), do norte-americano John Dewey (1859-1952) e do brasileiro Paulo Freire (1921-1997). A pesquisa experimental de Piaget fundou toda uma linha de pesquisa que trabalha com a compreensão do aspecto construtivo do conhecimento, a partir da interação com o meio. Vygotsky ressaltou o aspecto social (interacional) da construção desse conhecimento. Enquanto a contribuição freiriana advém de vários aspectos relacionados à obra desse autor brasileiro, que é o terceiro autor mais citado no mundo na área de humanas (MONTESANTI, 2016), como a concepção libertadora da educação e a relevância da historicidade do aluno como ponto inicial para qualquer trabalho pedagógico. A contribuição de John Dewey deve-se ao fato de ele considerar que a educação não se restringe ao ensino do conhecimento como algo acabado, mas que o saber e a habilidade que o estudante adquire podem ser integrados a sua vida como cidadão, pessoa, ser humano.

A pedagogia socioconstrutivista reconhece a natureza social do conhecimento e de sua criação na mente dos aprendizes individuais. Os professores não se limitam a transmitir conhecimento para ser passivamente consumido pelos alunos, em vez disso, cada aluno constrói meios pelos quais novos conhecimentos são criados e integrados com o conhecimento existente. Nesse sentido, o processo de aprendizagem "[...] pode ser considerado uma espiral em ascendência que vai da construção à reconstrução do conhecimento, da criação à recriação do novo. Ou seja, saímos de um paradigma multidisciplinar, interdisciplinar vislumbrando a transdisciplinaridade [...]" (SILVA et al., 2014, p. 62). Embora existam muitos tipos de construtivismo social, todos os modelos têm mais ou menos temas comuns, incluindo a importância de:

- novo conhecimento sendo construído sobre o fundamento do aprendizado anterior;
- o contexto moldando o desenvolvimento do conhecimento dos alunos;
- a aprendizagem como processo ativo, e não passivo;
- a linguagem e outras ferramentas sociais na construção do conhecimento;
- a metacognição e a avaliação como meios para desenvolver a capacidade dos alunos de avaliar sua própria aprendizagem;

- o ambiente de aprendizagem centrado no aluno e enfatizando a importância de múltiplas perspectivas; e
- o conhecimento precisar ser submetido a discussão social, validação e aplicação em contextos do mundo real (ANDERSON; DRON, 2012, p. 123).

Na perspectiva socioconstrutivista, o professor passa de uma posição de domínio do conhecimento, para assumir um papel de mediador. Dado esse referencial teórico, aqui apresentamos a proposta pedagógica desenvolvida no ESF, encarando-a como exemplo para a reaplicação em outras localidades, isto é, um laboratório de políticas públicas.

ÁREA DE INTERVENÇÃO

O Jardim Ângela, localizado na região sul de São Paulo, São Paulo, foi formado nos anos de 1970 de forma bastante precária devido aos fluxos migratórios advindos do Nordeste brasileiro, decorrente da intensificação industrial em São Paulo e no ABC paulista. O cenário de pobreza, periferia e tráfico de drogas fez essa região ser considerada o lugar mais violento do mundo pela Organização das Nações Unidas (ONU) em 1996, com cerca de 120 assassinatos/ano para cada 100 mil habitantes (MARIA; SIMÕES, 2010). Apesar da redução da violência, a região da subprefeitura M'Boi Mirim (Jardim Ângela e Jardim São Luís), com quase 600 mil habitantes, teve 234 homicídios registrados em 2015 (ESTADÃO, 2016), portanto, com uma estatística de 39 mortes/100 mil habitantes. Isso a coloca entre as quatro maiores taxas de homicídio da cidade, ao lado das regiões vizinhas (Parque São Antônio, Campo Limpo e Capão Redondo).

Na região do Jardim Ângela, não existe centro cultural ou espaço cultural e há apenas três casas de cultura no Jardim São Luís, enquanto o total na cidade de São Paulo são 95. Em regiões como Pinheiros e Sé, há 9 e 33 casas de cultura, respectivamente. Na mesma linha desse reduzido número de aparatos culturais, a comunidade tem a seu dispor 140 bibliotecas e acervos no município, no entanto, na região do Jardim Ângela são apenas quatro! A região da Sé, no centro de São Paulo, que é menor em termos territoriais e populacionais, conta com 11 bibliotecas.

O acesso às artes também é impossibilitado devido a sua inexistência na região do Jardim Ângela, enquanto em outros pontos da cidade, como a região de Pinheiros e na Sé, existem 116 e 41 galerias, respectivamente. Quanto aos museus, são 129 na cidade, havendo apenas um, particular, na região do Jardim Ângela. Em termos de salas de cinemas e teatros, também são inexistentes na região, enquanto no município são 639. A única exceção é a presença de Centros de Artes e Esportes Unificados (CEUs), que, dos 45 existentes no município, três estão na região do Jardim Ângela, demonstrando a ausência de estrutura para maior desenvolvimento de lazer e cultura para a população local.

Em relação à educação pública, a região do Jardim Ângela apresenta índices de qualidade críticos. Poderíamos citar aqui relatos de alunos e professores das escolas da comunidade sobre a falta de condições de infraestrutura e outras dificuldades. No entanto, diversas avaliações reforçam esse senso comum, como o IDEB.* Como o investimento em cultura gera maior aproveitamento e desenvolvimento acadêmico, é, portanto, importante refletir sobre os motivos do baixo IDEB local, que não atingiu a meta prevista, que era de 5,2.

O ESF, desde 2008, desenvolve ações educativas na região. Sua atividade principal é proporcionar educação complementar gratuita em regiões de alta vulnerabilidade sociocultural-educacional, de acordo com sua missão: "[...] apoiar crianças e adolescentes em risco social, proporcionando o desenvolvimento das potencialidades do cidadão, através da educação complementar e da democratização do conhecimento [...]" (EDUCADORES SEM FRONTEIRAS, 2013, documento *on-line*). Dessa forma, o público-alvo é composto por jovens a partir de 10 anos e adultos. As ações do ESF têm sido essenciais para os 80 educandos atendidos no projeto, sendo a maioria matriculada em escolas públicas de ensino fundamental (anos finais) e ensino médio do entorno. Com o apoio extra, diversos educandos conseguem entrar em um curso técnico ou superior, o que muitas vezes é o resultado de uma grande superação pessoal.

PROPOSTA PEDAGÓGICA

As ações desenvolvidas pelo ESF têm por base uma proposta envolvendo alguns pressupostos que serão descritos aqui. De forma geral, tem-se a adoção da perspectiva sociocultural (associando as contribuições de Vygotsky, Piaget e Paulo Freire) como orientadora da organização do trabalho pedagógico, que reconhece a natureza social do conhecimento e de sua criação na mente dos aprendizes individuais, com os educadores assumindo papel de mediação do processo pelo qual os alunos constroem novos conhecimentos integrados. Além das aulas nas dependências do ESF, encontros e expedições culturais que seguem os mesmos princípios empregados nas aulas possibilitam a construção autônoma do conhecimento do educando.

O IDEB é o indicador objetivo para a verificação do cumprimento das metas fixadas no Termo de Adesão ao Compromisso "Todos pela Educação", eixo do Plano de Desenvolvimento da Educação, do Ministério da Educação (MEC), que trata da educação básica (INEP, 2015). Os dados das escolas da região no IDEB foram: EE José Lins do Rego, EM, em 2011, nota 4,4; EE Profª. Eulalia Silva, EF, em 2009, 4,9, em 2011, 4,7, EM, em 2001, 3,6; EE Luis Magalhães de Araujo, em 2009 e 2011, 4,4,* em 2013, 4,3; EM Profª. Carolina Renno Ribeiro de Oliveira, EF, em 2007, 4,7,* em 2009,* 4,9, em 2011, 4,9. (Legenda: EE: escola estadual; EM: escola municipal; EM: ensino médio; EF: ensino fundamental [4º e 5º anos]). *Para as avaliações em que a meta foi alcançada.

TABELA 14.1 Abordagem interdisciplinar do ESF durante as aulas com a formação de áreas temáticas

Nível	Áreas temáticas	Disciplinas vinculadas
Ensino fundamental	Pensamento lógico	Ciências (matemática, geografia, história e biologia) e filosofia
	Linguagens	Linguagem científica (matemática, química, geografia, entre outras)
		Artes
		Português (redação, gramática e literatura) e inglês
Ensino médio	Ciências exatas e naturais	Biologia, química, física e matemática
	Ciências humanas	Geografia, história, sociologia, filosofia, psicologia e artes
	Linguagens	Português (redação, gramática e literatura), artes e inglês

A abordagem interdisciplinar é implementada seguindo algumas ações: ao unir na mesma aula disciplinas distintas (formando áreas temáticas, ver **Tab. 14.1**), temos uma maior integração entre os temas, reduzindo a fragmentação no ensino, incluindo maior ludicidade, uso de tecnologias da informação e comunicação (TICs), relações horizontais,* participação dos alunos** e a abordagem do contexto local, além dos encontros e das expedições culturais que proporcionam a construção autônoma do conhecimento.

O currículo adotado nas turmas do ESF não tem a intenção de substituir a escola, mas de ser complementar a ela. Assim, nas aulas, são abordados temas que, geralmente, os currículos das escolas do entorno não tratam ou que geram dúvidas nos alunos. Por isso, a interação em sala de aula é tão importante, pois, a partir dela, sabe-se quais temas ou habilidades devem ser postos em foco para auxiliar na aprendizagem dos educandos. Além desses aspectos, é realizado o planejamento semestral dos temas que serão tratados nas aulas a partir de uma linha de raciocínio, unindo saberes distintos e convergindo o que os professores tratam em suas aulas. Dessa forma, a equipe sabe o que cada professor pretende trabalhar, possibilitando que suas aulas convirjam. Ainda, são realizadas reuniões mensais com a equipe pedagógica para acompanhamento da implantação do plano semestral e reuniões semestrais com os pais ou responsáveis dos educandos.

As turmas de educandos no ESF são pequenas, compostas por 5 a 12 alunos cada, no intuito de que estes tenham uma atenção mais personalizada. As aulas ocorrem em dias úteis ou sábados, favorecendo a inserção das atividades da ONG em rotinas distintas, como alunos em idade escolar, que fazem as aulas em contraturno, e jovens ou adultos que trabalham e podem estudar aos sábados.

A participação dos pais e responsáveis é essencial às atividades do ESF, assim são realizadas diversas ações para as quais eles possam contribuir livremente, como aula inaugural semestral, saraus e feiras de cultura. Além disso, eles também são atuantes na criação de novos projetos no instituto.

Nas salas de aula, há computadores com acesso à internet (incluindo *Wi-Fi*), para que, em todas as aulas, haja projeções de *slides*, exibição de vídeos curtos (até 5 min), bem como o acesso a *sites* para exibir recursos didáticos a fim de sanar dúvidas dos educandos.

---

*O pressuposto aqui é valorizar a posição proativa do aluno e não a imposição do saber do professor, que assume um papel de mediador.

**Os alunos são divididos mais pelo desenvolvimento escolar e psicoemocional do que pela idade.

Algumas das metodologias ativas* utilizadas são os projetos, as atividades baseadas na resolução de problemas e os temas geradores. O desenvolvimento de projetos** é realizado em associação à resolução de problemas, de forma a aumentar a contextualização das ações educativas desenvolvidas. A resolução de problemas é um tipo de metodologia ativa muito usada no ensino de ciências e que permite uma organização mais complexa para ações de ensino e aprendizagem. Ela se baseia na exigência de cidadãos polivalentes, criativos e com capacidade de resolução de problemas, pois os problemas são "[...] parte integrante da vida cotidiana, [tornando-se] imperativo que os cidadãos, quando confrontados com problemas, os saibam resolver de forma eficiente e fundamentada [...]" (SILVA; LEITE; PEREIRA, 2013, p. 186). A perspectiva de ensino a partir de resolução de problemas pode ser aliada aos temas geradores. A partir de um tema gerador, irradia-se uma "[...] concepção pedagógica comprometida com a compreensão e transformação da realidade [...]", enquanto uma atividade-fim "[...] visa unicamente a resolução pontual daquele problema ambiental abordado [...]" (LAYRARGUES, 2008, p. 34). Dessa forma, um tema gerador, além da perspectiva interdisciplinar, deve também trazer uma visão ampla, considerando as causas dos problemas sociais.

Para que o professor/educador dê conta do desafio de responder ao contexto dos educandos usando a metodologia descrita, ele é o primeiro foco de atenção do ESF. São realizados *workshops* para educadores internos e externos com a finalidade de apresentar o método pedagógico desenvolvido pelo instituto ao longo de sua experiência. Nesses *workshops*, os educadores são convidados a refletir sobre o papel da educação e o seu papel na posição de agente de suma importância na vida das crianças, dos adolescentes e dos jovens dessas regiões em especial, além de analisar como se dá o processo de aprendizagem, considerando os processos biofísicos, culturais e o perfil do público que atendemos, isto é, a juventude do século XXI.

Ao longo dos 10 anos de existência, o ESF tem sido requisitado a implantar o método em diversas regiões do País, além da inclusão de seus educandos no mundo universitário, o que demonstra a possibilidade de torná-lo política pública.

ALGUMAS AÇÕES DESENVOLVIDAS

Nesta seção, serão descritas algumas ações educativas: três aulas de diferentes áreas do conhecimento realizadas pelos autores e ações de média duração, como excursões e projetos desenvolvidos em algumas aulas.

Ações educativas de curta duração

A aula sobre a árvore filogenética dos hominídeos e da vida foi ministrada em 11 de abril de 2015 (sábado), para uma turma de ensino médio composta por sete educandos com idades em torno de 16 anos. Os materiais usados foram lousa, caneta, *notebook*, projetor, caixas de som, internet (YouTube, imagens e Prezi), esqueleto didático, atlas de anatomia humana e cartaz sobre sistemas do corpo humano. O planejamento para essa aula incluía tratar das teorias de colonização da América e da origem dos humanos, para falar da árvore da

---

*"[...] baseiam-se em formas de desenvolver o processo de aprender, utilizando experiências reais ou simuladas, visando às condições de solucionar, com sucesso, desafios advindos das atividades essenciais da prática social, em diferentes contextos [...]" (BERBEL, 2011, p. 29).

**"Chamamos de 'projeto' a uma ação negociada entre os membros de uma equipe, e entre a equipe e a rede de construção de conhecimento da qual ela faz parte, ação esta que se concretiza na realização de uma obra ou na fabricação de um produto inovador. Ao mesmo tempo que esta ação transforma o meio, ela transforma também as representações e as identidades dos membros da rede, produzindo neles novas competências, através da resolução dos problemas [...]" (VENTURA, 2002, p. 39).

vida. Porém, uma motivação adicional determinou a temática. Na aula anterior, que tratou das relações de parentesco entre humanos e primatas, um aluno fez comentários racistas em relação a seu padrasto. Isso motivou uma reação da equipe de professores, que consistiu em incluir nas aulas da semana seguinte a temática da igualdade entre as pessoas e as falácias envolvendo o racismo.

A aula começou com a discussão sobre evidências que baseiam a teoria de colonização da América, isto é, a partir de migrações humanas pela Sibéria, via Estreito de Bering, durante a última glaciação. Porém, as evidências encontradas na Serra da Capivara, localizada em São Raimundo Nonato, no Piauí, pela arqueóloga Niède Guidon, colocam em dúvida essa teoria, pois os sítios desse local são mais antigos do que o esperado para a chegada de migrações vindas da América do Norte. Isso criou, nos últimos anos, uma crise de paradigma (ver ESTEVES, 2014), permitindo também uma discussão sobre o funcionamento da ciência, em uma perspectiva kuhniana, incluindo o debate sobre as resistências à contribuição de Guidon, pelo fato de ela ser mulher e latino-americana, devido à característica da ciência de ser predominantemente masculina (CHASSOT, 2013) e pela relação centro-periferia, evidenciada pelo contexto territorialmente diferenciado da produção científica e tecnológica, concentrada nos países ricos e que influencia o próprio conteúdo do conhecimento científico produzido localmente (NEVES, 2009).

O vídeo promocional sobre a série *The tree of life*,* com narração do renomado *Sir* David Attenborough, foi usado para abordar a evolução da vida. O vídeo, com menos de 3 min, foi projetado pela primeira vez sem interrupções e, a seguir, foi reexibido de forma pausada para discutir o que era mostrado nas imagens. No início do vídeo, há uma cena que representa a endossimbiose, isto é, a teoria do surgimento das mitocôndrias e dos cloroplastos via simbiose entre duas bactérias. Em certo momento do vídeo, aparecem vários animais ligados por linhas brancas representando relações de parentesco, portanto, um cladograma. A partir daí, destacou-se que integramos uma árvore da vida mais ampla do que a formada pelos primatas e outros mamíferos, relacionando o vídeo ao conteúdo do início da aula.

Como a discussão sobre a evolução humana e a árvore da vida permite que se trate do racismo, foi usado o texto *O DNA do racismo* (PENA, 2008) para abordar esse assunto, reforçando a opinião do autor de que:

> [...] parece existir uma noção generalizada de que o conceito de raças humanas e sua indesejável consequência, o racismo, são tão velhos como a humanidade. Há mesmo quem pense neles como parte essencial da "natureza humana". Isso não é verdade. Pelo contrário, as raças e o racismo são uma invenção recente na história da humanidade (PENA, 2008, documento *on-line*).

Durante a leitura (**Fig. 14.1**), um educando perguntou se os gladiadores eram escravos (ver o relato a seguir do aluno 2). Isso representa a compreensão da origem da escravidão

Figura 14.1 Educandos lendo o texto *O DNA do racismo* durante aula no ESF em 2015.
Fonte: Pena (2008, documento *on-line*).

---

*Disponível em: <https://www.youtube.com/watch?v=xi-PKfKhh6dM>.

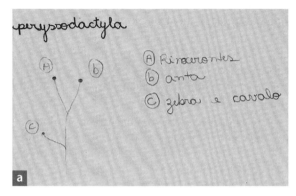 

Figura 14.2 Cladogramas confeccionados por dois educandos. (a) Representação correta das relações de parentesco; (b) versão "alternativa", com a substituição do grupo das antas pelo colega de turma.

como situação sociopolítica, não racial, demonstrando o processo reflexivo que a turma manteve durante a atividade. O passo seguinte foi discutir a condição histórico-racial da escravidão no Brasil.

Após a leitura, reservamos alguns minutos para debate e reflexão, e, em seguida, os educandos foram convidados a fazer uma produção textual sobre sua compreensão da temática da aula até ali. A seguir, destacamos dois trechos:*

[Aluno 1] Por muito tempo, a forma de pensar em que o negro é visto como inferior foi ensinada de geração em geração através da cultura. Por este fato, acredito que será difícil que não haja mais racismo em todo mundo, pelo menos não enquanto não mudarmos nossa cultura (F., 15 anos).

[Aluno 2] No começo da vida humana não existia racismo, os escravos eram prisioneiros que perdiam a guerra, um exemplo é o Império Romano que dominava outras terras e os sobreviventes transformavam em escravos, sem distinguir a cor da pele (G., 16 anos).

Na sequência da aula, apresentou-se a árvore da vida, assim como a teoria de que todos os organismos têm uma origem comum

e única (assunto que foi retomado na aula seguinte). Para entender a árvore da vida, analisamos alguns cladogramas, apresentando como são interpretados e quais teorias estão por trás deles. Foi proposto um exercício de confecção de cladograma dos perissodáctilos, ordem de mamíferos terrestres ungulados com um número ímpar de dedos nas patas, que inclui os cavalos e as zebras, os tapires (anta) e os rinocerontes. A questão era: "Como seria a representação desse grupo, sendo os rinocerontes e as antas parentes mais próximos entre si do que em relação aos cavalos e às zebras". A **Figura 14.2** ilustra as imagens feitas pelos educandos.

A **Figura 14.2b** faz referência à alcunha "anta" (assim como "burro"), que é usada para se referir a pessoas consideradas sem inteligência, apesar das evidências científicas contrárias (GAIGHER; RAMOS, 2011). Esse uso "contextualizado" reflete a adaptação do cladograma para uma brincadeira entre dois alunos durante a aula. No contexto da aula, tal situação sinaliza uma compreensão adequada para o nível educacional sobre a linguagem filogenética. Do ponto de vista social, a brincadeira não foi desrespeitosa, pois o colega representado fez o mesmo, e o tom de descontração da aula permitiu que essa e outras brincadeiras ocorressem de forma na-

---

*Foi mantida a grafia original.

tural. Essa situação reforça o componente lúdico que se busca nas ações educativas desenvolvidas na instituição. Assim, foi criado um ambiente mais interessante para esses jovens, de forma que impactasse positivamente em seu interesse em relação aos temas tratados, assim como na participação durante as atividades propostas.

Na aula de linguagens, ministrada no segundo semestre de 2010 para uma turma dos anos finais do ensino fundamental (7º e 8º anos), abordou-se a situação de que, em tempos de altas tecnologias, é comum ouvir que a educação necessita de novas ferramentas* que ofereçam métodos inovadores de ensino e aprendizagem. Mas e quando a inovação é o resgate de instrumentos comunicativos comuns, os quais as novas gerações desconhecem até por terem os próprios caído em desuso? Essa foi a proposta da aula: escrever uma carta – gênero textual muito explorado em tempos idos e substituído atualmente pelo *e-mail*. Contudo, a ideia era pensar em um instrumento que pudesse servir para comunicar e, ao mesmo tempo, aprimorar habilidades de escrita, motoras e cidadãs; sim, cidadãs! Eis o desafio!

Inicialmente, os educandos foram reunidos em grupos para pesquisar na comunidade quais serviços públicos seriam mais urgentes para a população e nos quais poderíamos intervir a partir de uma carta. Houve muita discussão até que tais pesquisas nos levaram à necessidade de melhorar a escola onde estudavam. Levantamos todos os problemas e escolhemos dois que eram emergenciais: a reforma da quadra poliesportiva e a troca de mobiliário escolar (carteiras, cadeiras, etc.). Nesse movimento de pesquisa, percebemos que estávamos buscando conhecimento por meio da cidadania: o direito de ter um espaço adequado para estudar e praticar esportes. Com as informações separadas, demos início à pesquisa do gênero textual: o que é uma carta? Para que serve? Quais tipos de carta existem? Qual tipo seria mais adequado para a proposta da aula? Outra vez, atemo-nos a entender cada momento da estrutura que nos dispomos a conhecer e, aos poucos, por meio da escrita e de reescritas constantes, chegamos à definição do formato ideal: carta comercial. Havia ainda outro desafio: quem seria o destinatário dessas cartas?

A partir daqui, passamos a pesquisar conteúdos de sociologia e história a fim de encontrar os remetentes adequados para a resolução dos problemas descritos nas missivas. Encontramos endereços da câmara de vereadores, que seria o caminho para pontuar os inconvenientes da cidade. Tivemos boas discussões a respeito; muitas dúvidas referentes aos papéis que deveriam ser desenvolvidos pelos eleitos do povo foram esclarecidas nessa aula de forma bastante lúdica, já que envolveu pesquisas na internet, visitas virtuais aos serviços prestados pelas subprefeituras, via *sites*, e por fotos do local escolhido para receber o apoio que buscávamos. A certa altura, alguém sugeriu que poderíamos enviar direto para a nova presidente eleita, a senhora Dilma Rousseff. A turma toda gostou muito da ideia, e partimos para a prática: a escrita da carta. Todos estavam muito envolvidos e cuidadosos com a linguagem – que deveria ser formal; com a ortografia – que precisava ser a mais perfeita possível; com a coesão e a coerência nas ideias apresentadas; com a estrutura física da carta, que deveria ter saudação, data, além de possuir início, meio e fim, fechamento e despedida com assinatura (esse foi, em particular, um momento mágico, já que muitos nem sequer tinham carteira de identidade, então, nunca haviam assinado documento algum).

O próximo passo foi a entrega dos envelopes em branco a serem preenchidos. Essa foi uma parte trabalhosa para os alunos, pois havia a preocupação de escrever bem e a vontade imensa de se apropriar de algo com o qual nun-

---

*Geralmente, chamadas de novas tecnologias de informação e comunicação (NTICs).

ca haviam tido contato. Devagar, fomos preenchendo, tirando as dúvidas entre destinatário e remetente: todos começamos pelo remetente com os dados individuais: aqui, a maioria não sabia o que era código de endereçamento postal, então, demos uma pausa para entender o que era, como funcionava e para que servia; foi bastante interessante, porque acabamos falando sobre geografia e urbanização. Depois, passamos para o destinatário, que foi o Planalto Central, com os dados da assessoria de imprensa da presidenta. Como exercício, todos leram o que todos escreveram para verificar se estavam de acordo com tudo o que foi planejado; tudo certo, colamos os envelopes, e, então, anunciei que enviaria as cartas pelo correio – dessa parte, eles não sabiam! A alegria foi geral, e a curiosidade também! Na semana seguinte, trouxe-lhes o protocolo de envio das singelas cartas que tinham criado. Aqueles pequenos gestos foram imensos para cada um. Afinal, eles se apropriaram de uma escrita consistente e consciente em uma reivindicação real de algo que estava fazendo falta para a escola e para eles mesmos e, mais do que isso, experimentaram o sabor de sentirem-se cidadãos de deveres e direitos, já que, naquele momento, a urgência e o cuidado caminhavam juntos, afinal, se fossem atendidos, teriam ainda maior responsabilidade sobre o alcançado.

Dois meses depois, a surpresa: cada um havia recebido em sua casa uma resposta escrita pelo assessor da presidência, apontando o teor de cada carta individual e dando um prazo para que fossem atendidas suas reivindicações. Mais um momento sem fronteiras em que o conhecimento, o aprendizado e o ensino puderam provocar mudanças significativas em meninas e meninos que sofrem todos os dias com o descaso do poder público e, consequentemente, com dificuldades imensas que, nem sempre, são culpa deles. Compreender que podem transformar faz parte da missão do ESF, e, certamente, tais lições permanecerão para a vida toda.

Ações educativas de média duração

As ações de média duração reforçam a conexão entre os temas tratados em várias aulas de componentes distintos, possibilitando a interdisciplinaridade. Tais ações são caracterizadas por durarem algumas aulas, como os estudos do meio e projetos desenvolvidos com os alunos, assim como atividades extraclasse, como visitas a áreas verdes e museus.

Os estudos do meio, trabalhos ou atividades de campo são atividades realizadas fora da escola – pode ser o entorno (comunidade) da instituição educacional, um parque, uma praça, um museu, entre outros locais –, sendo muito usados no ensino de ciências e educação ambiental, assim como para ações educativas relacionadas a outras áreas do conhecimento. "A atividade de campo pode constituir uma excelente alternativa metodológica que permite explorar múltiplas possibilidades de aprendizagem dos alunos, desde que bem planejada e elaborada [...]" (VIVEIRO; DINIZ, 2009, p. 27). Uma justificativa adicional para o desenvolvimento dessas ações no ESF é a possibilidade de apresentar aos educandos locais que talvez ainda sejam desconhecidos por eles e/ou de difícil acesso. Assim, contribuímos para que os educandos conheçam melhor a cidade.

Foi realizado, em dezembro de 2014, um estudo do meio no Parque Estadual do Jaraguá, localizado na cidade de São Paulo, como uma ação de fim de ano. O estudo do meio começou com uma explicação realizada por uma funcionária do parque sobre o que é uma unidade de conservação, a história do parque e os cuidados que os visitantes devem ter no local, tanto para a preservação das espécies nativas quanto para a própria segurança. A seguir, fizemos a trilha entre a sede do parque e o Pico do Jaraguá, que tem pouco mais de 2 km (**Fig. 14.3a**). Ao longo do caminho, foram realizadas dinâmicas envolvendo diferentes disciplinas, como matemática, geografia e biologia (gamificação) (**Fig. 14.3b**). A discussão referente às questões socioambientais foi realizada em relação à descrição da vegetação, que, por ser secundária, reflete uma degradação e posterior regeneração, ainda em curso. Outro ponto de debate foi quando alcançamos os mirantes (um no meio do caminho e dois já próximos do fim da trilha), nos quais podíamos ver a paisagem e discutir sobre assuntos como urbanização e o processo de fragmentação florestal. A combinação de diversos fatores, como a integração entre os educandos e os professores, o fato de estarmos em uma área verde e a contextualização de diversos assuntos tratados ao longo do semestre, tornou a atividade muito agradável e relevante para todos. No final da atividade, foram entregues doações colhidas por uma campanha realizada no ESF de alimentos para os índios da tribo Guarani localizada no entorno do parque.

Os museus e os centros de ciências, além de estimular a curiosidade dos visitantes, oferecem a oportunidade de suprir, ao menos em parte, algumas das carências da escola. Por esse motivo, foram realizadas visitas em 2014 e 2015 à Sabina Escola Parque do Conhecimento, localizada em Santo André, São Paulo (**Fig. 14.3c**), ao Museu Catavento – Espaço Cultural da Ciência e ao Museu da Imigração do Estado de São Paulo (**Fig. 14.3d**). Contudo, ao realizar as visitas, a intenção era ir além da escolarização dessas instituições (LOPES, 1992). Assim, as ações foram marcadas pela busca por cultura geral, mais interessante aos educandos e que contribui para sua aprendizagem. Foram realizadas atividades antes e após

Figura 14.3 Ações extraclasse. (a e b) Parque Estadual do Jaraguá; (c) Sabina Escola Parque do Conhecimento; (d) Museu da Imigração do Estado de São Paulo.
Fonte: Fotos dos autores.

as visitas, de forma que a atividade tivesse um objetivo pedagógico, apesar de também ser um momento de descontração, reforçando o aspecto lúdico que integra a proposta pedagógica desenvolvida no ESF.

Duas ações de maior duração envolvendo a temática socioambiental (LAMIM-GUEDES, 2014, 2015) demonstram a intenção de envolver os alunos em debates complexos no formato de projetos e usando atividades baseadas na resolução de problemas. Nas duas oficinas, realizadas em 2014, foram usados dispositivos móveis (celulares e *notebooks*) e computadores de mesa (*desktops*) para acessar a internet em busca de imagens e dados sobre problemas ambientais. Na sequência, os educandos produziram *slides* individualmente sobre um problema ambiental escolhido por eles e, por fim, foi realizado um debate para troca de informações. Na segunda oficina, também foram abordados os problemas ambientais, relacionando-os com tecnologias sociais (TSs)* reunidas no livro *Água e mudanças climáticas: tecnologias sociais e ação comunitária* (SILVA et al., 2012).** No caso das TSs, os educandos apresentaram-nas como alternativas populares diante dos problemas de gestão de recursos hídricos que aumentaram a vulnerabilidade da região à redução no índice pluviométrico. A relação global-local foi importante, sobretudo ao destacar a relevância da iniciativa popular mediante os problemas enfrentados pelos alunos em suas comunidades, que, por serem periféricas, têm menor participação governamental.

Vários educandos abordaram a escassez da água, devido à crise de abastecimento que ocorria durante 2014, cujas consequências impactavam diretamente a vida da comunidade, por exemplo, o racionamento de água em suas casas, e, indiretamente, a repercussão permanente nos meios de comunicação. Essas duas oficinas tiveram dois resultados sobre os quais nos debruçamos mais demoradamente: foram geradoras de um debate sobre os problemas ambientais e permitiram que os educandos exercitassem a obtenção de informações e a sua organização em *slides*. Somado a isso, podemos destacar que os educandos puderam experimentar o uso dos celulares e da internet de forma educativa. As atividades foram muito bem recebidas pelos alunos, que participaram com bastante entusiasmo, com um debate muito intenso, que contribuiu para a formação socioambiental dos participantes. Os equipamentos eletrônicos (dispositivos móveis, *desktop* e projetor de *slides*) foram usados apenas como suporte para a atividade, e, dessa forma, o papel do educador como mediador para a construção coletiva do conhecimento foi reforçado.

CONSIDERAÇÕES FINAIS

A proposta pedagógica adotada no ESF é baseada em uma abordagem interdisciplinar, implementada seguindo algumas ações fundamentais, como unir, na mesma aula, disciplinas distintas, ludicidade, uso de NTICs, relações horizontais, participação dos alunos e abordagem do contexto local.

As ações didáticas apresentadas aqui retratam a aplicabilidade da proposta pedagógica do ESF, em ações de ensino de biologia, com foco no tratamento de temas socioambientais de forma interdisciplinar e contextualizada. Tais ações dependem de uma infraestrutura mínima, como acesso à internet e computadores, e condições favoráveis, como articulação entre educadores, treinamento docente e objetivo institucional de contribuir para melhorias nas condições educacionais.

---

*Tecnologias sociais (TSs) são produtos, técnicas ou metodologias de baixo custo de implementação e com alto potencial de transformar as realidades locais, sendo soluções simples e reaplicáveis com possibilidade de minimizar problemas socioambientais (LAMIM-GUEDES, 2015).
**Nessa oficina, os alunos receberam cópias impressas do livro para conhecer as TSs e completaram suas pesquisas acessando a internet.

Aliado a isso, está a formação dos alunos para um engajamento crítico na vida da cidade, favorecido ao estudar os seus problemas socioambientais e conhecê-la melhor, por exemplo, a partir de atividades extraclasse. De forma geral, essa proposta pedagógica possibilita que os educandos atendidos se empoderem, sobretudo as meninas (LAMIM-GUEDES et al., 2014).

Este capítulo apresenta práticas que podem ser integradas à proposta pedagógica de outras instituições, sobretudo escolas que pretendam inovar em suas ações educativas. Apesar dos resultados positivos, novas experimentações são necessárias, por exemplo, uma integração mais efetiva das NTICs nas aulas. Além disso, a diversificação das metodologias é uma ação contínua e relevante para contribuir para inovações educacionais.

REFERÊNCIAS

AMORIM, A. Gestão escola e inovação educacional: a construção de novos saberes gestores para a transformação do ambiente educacional na contemporaneidade. In: REUNIÃO NACIONAL DA ANPED, 37., 2015, Florianópolis. Trabalho... Florianópolis: ANPED, 2015.

ANDERSON, T.; DRON, J. Três gerações de pedagogia de educação a distância. EaD em Foco, v. 2, n. 1, p. 119-134, 2012.

BERBEL, N. A. N. As metodologias ativas e a promoção da autonomia de estudantes. Semina: Ciências Sociais e Humanas, v. 32, n. 1, p. 25-40, 2011.

BIREAUD, A. Pédagogie et méthodes pédagogiques dans l'enseignement supérieur. Revue Francaise de Pédagogie, v. 91, p. 13-23, 1990.

BUSARELLO, R. I.; ULBRICHT, V. R.; FADEL, L. M. A gamificação e a sistemática de jogo: conceitos sobre a gamificação como recurso motivacional. In: FADEL, L. M. (Org.). Gamificação na educação. São Paulo: Pimenta Cultural, 2014. p. 11-37.

CHASSOT, A. I. A ciência é masculina? É, sim senhora!... Revista Contexto e Educação, v. 19, n. 71/72, p. 9-28, 2013.

EDUCADORES SEM FRONTEIRAS. Educadores: levamos quem gosta de ensinar até quem gosta de aprender. 2013. Disponível em: <http://www.educadoressemfronteiras.org.br/home#!educadores>. Acesso em: 18 ago. 2018.

ESTADÃO. Criminalidade bairro a bairro. [2016]. Disponível em: <http://infograficos.estadao.com.br/cidades/criminalidade-bairro-a-bairro/>. Acesso em: 16 ago. 2018.

ESTEVES, B. Os seixos da discórdia. Piauí, n. 88, p. 32-37, 2014.

GADOTTI, M. História das ideias pedagógicas. São Paulo: Ática, 1993.

GAIGHER, C.; RAMOS, E. Com muitos neurônios, as antas são animais extremamente inteligentes. Globo Repórter, 16 dez. 2011. Disponível em: <http://g1.globo.com/globo-reporter/noticia/2011/12/com-muitos-neuronios-antas-sao-animais-extremamente-inteligentes.html>. Acesso em: 18 ago. 2018

GEEKIE BRASIL. Pequeno glossário de inovação educacional. São Paulo: Geekie Brasil, 2016.

INSTITUTO NACIONAL DE ESTUDOS E PESQUISAS EDUCACIONAIS ANÍSIO TEIXEIRA (INEP). Ideb. 2015. Disponível em: <http://inep.gov.br/ideb>. Acesso em: 18 ago. 2018.

LAMIM-GUEDES, V. Dispositivos móveis e a discussão de problemas ambientais em sala de aula. Educação Ambiental em Ação, 2014. Disponível em: <http://www.revistaea.org/artigo.php?idartigo=1775>. Acesso em: 18 ago. 2018.

LAMIM-GUEDES, V. et al. Empoderamento feminino sem fronteiras. Global Education Magazine, v. 7, p. 28-31, 2014. Disponível em: <http://www.globaleducationmagazine.com/empoderamento-feminino-sem-fronteiras/>. Acesso em: 18 ago. 2018.

LAMIM-GUEDES, V. Tecnologias sociais e educação ambiental: analisando soluções para a crise hídrica recente em São Paulo. Educação Ambiental em Ação, 2015. Disponível em: <http://www.revistaea.org/pf.php?idartigo=2156>. Acesso em: 18 ago. 2018.

LAYRARGUES, P. P. A resolução de problemas ambientais locais deve ser um tema-gerador ou a atividade-fim da educação ambiental. In: REIGOTA, M. (Org.). Verde cotidiano: o meio ambiente em discussão. 3. ed. Petrópolis: DP, 2008. p. 131-148.

LOPES, M. M. A favor da desescolarização dos museus. Educação & Sociedade, n. 40, p. 443-455, 1992.

MARIA, L.; SIMÕES, C. Mobilização pela paz. Le Monde Diplomatique Brasil, ed. 37, 01 ago. 2010. Disponível em: <http://diplomatique.org.br/mobilizacao-pela-paz/>. Acesso em: 18 ago. 2018.

MATTAR, J. Web 2.0 e redes sociais na educação. São Paulo: Artesanato Educacional, 2013.

MESSINA, G. Mudança e inovação educacional: notas para reflexão. Caderno de Pesquisa, n. 114, p. 225-233, 2001.

MONTESANTI, B. Paulo Freire é o terceiro pensador mais citado em trabalhos pelo mundo. Nexo, 2016 Disponível em: <https://www.nexojornal.com.br/expresso/2016/06/04/Paulo-Freire-%C3%A9-o-terceiro-pensador-mais-citado-em-trabalhos-pelo-mundo>. Acesso em: 18 ago. 2018.

NEVES, F. M. A diferenciação centro-periferia como estratégia teórica básica para observar a produção científica. Revista de Sociologia e Política, v. 17, n. 34, p. 241-252, 2009.

OLIVEIRA, I.; COURELA, C. Mudança e inovação em educação: o compromisso dos professores. Interacções, v. 9, n. 27, p. 97-117, 2013.

PENA, S. D. O DNA do racismo. Ciência Hoje, 2008. Disponível em: <http://cienciahoje.org.br/coluna/o-dna-do-racismo/>. Acesso em: 18 ago. 2018.

SILVA, A. R. L. et al. A relevância do design instrucional do material didático para web: relato de um estudo de caso. Revista Brasileira de Aprendizagem Aberta e a Distância, v. 13, p. 145-160, 2014.

SILVA, M. N. et al. Água e mudanças climáticas: tecnologias sociais e ação comunitária. Belo Horizonte: CEDEFES, 2012.

SILVA, M.; LEITE, L.; PEREIRA, A. A resolução de problemas socio-científicos: que competências evidenciam os alunos de 7º ano? In: ENCONTRO SOBRE EDUCAÇÃO EM CIÊNCIAS ATRAVÉS DA APRENDIZAGEM BASEADA NA RESOLUÇÃO DE PROBLEMAS, Braga, 2013. Atas... Braga: [s.n.], 2013. p. 186-199.

VENTURA, P. C. S. Por uma pedagogia de projetos: uma síntese introdutória. Educação & Tecnologia, v. 7, n. 1, p. 36-41, 2002.

VIVEIRO, A. A.; DINIZ, R. E. S. As atividades de campo no ensino de ciências: reflexões a partir das perspectivas de um grupo de professores. In: NARDI, R. (Org.). Ensino de ciências e matemática I: temas sobre a formação de professores. São Paulo: Cultura Acadêmica, 2009. p. 27-42.

ESCOLA DA PREFEITURA DE GUARULHOS MANUEL BANDEIRA:
um sonho de transformação*

Solange Turgante Adamoli | Ana Paula Lucio Souto Ferreira
Camila Zentner

Ante o compromisso
Antes do compromisso,
há hesitação, a oportunidade de recuar,
uma ineficácia permanente.

Em todo ato de iniciativa (e de criação),
há uma verdade elementar
cujo desconhecimento destrói muitas ideias
e planos esplêndidos.

No momento em que nos comprometemos
de fato, a providência também age.
Ocorre toda espécie de coisas para nos ajudar,
coisas que de outro modo nunca ocorreriam.

Toda uma cadeia de eventos emana da decisão,
fazendo vir em nosso favor todo tipo de
encontros, de incidentes
e de apoio material imprevistos, que ninguém
poderia sonhar que surgiriam em seu caminho.

Começa tudo o que possa fazer,
ou que sonhas poder fazer.
A ousadia traz em si o gênio, o poder
e a magia.

(Goethe)

A escola da prefeitura de Guarulhos (EPG) Manuel Bandeira, situada na Rua Jutaí, 459, na cidade Parque Alvorada, atende a alunos de educação infantil e ensino fundamental. Essas modalidades são organizadas em três ciclos de aprendizagem, como consta nos documentos oficiais da Secretaria Municipal de Educação: educação infantil (Ciclo II, atende crianças de 4 e 5 anos); anos iniciais da educação fundamental, divididos em Ciclo I de alfabetização – que inclui 1º, 2º e 3º anos, período apropriado para alfabetização, em que os professores planejam atividades que atendam às necessidades dos alunos a fim de melhor auxiliá-los nesse processo, independentemente de sua turma de origem, beneficiando, assim, os próprios alunos – e Ciclo II dos anos finais – que inclui 4º e 5º anos, período de aprofundamento dos conhecimentos adquiridos até o momento, priorizando o aprender a aprender (um dos quatro pilares da Organização das Nações Unidas para a Educação, a Ciência e a Cultura [Unesco]).

O projeto de escola da EPG Manuel Bandeira começou a partir da determinação da Secretaria Municipal de Educação de Guarulhos para que todas as escolas da cidade elaborassem seu Projeto Político Pedagógico (PPP). O projeto teve a metodologia orientada pelo professor Celso S. Vasconcellos, então assessor da secretaria, que propôs a construção cole-

---

*As autoras agradecem a Lenilva Gomes, pela revisão e tradução, e a Amanda Moreira da Silva, pela revisão.

tiva e participativa de todos os membros que compõem o ambiente escolar e trouxe como diretrizes a reflexão por dimensões baseadas em princípios e valores que englobam aspectos relacionados às questões da formação do humano, do cotidiano escolar, das ações pedagógicas e dos relacionamentos diversos: Secretaria Municipal de Educação, outras escolas, intermodalidades de ensino, etc.

Inspirada por escolas denominadas "escolas democráticas", a gestão da escola passou a propor iniciativas que possibilitassem à EPG Manuel Bandeira transformar-se em um estabelecimento de ensino público que viabilizasse mudanças organizacionais e pedagógicas para a melhoria da qualidade social de ensino para todos como estabelecido em legislação pertinente.

Essas mudanças tinham como base o pensamento de que:

> A experiência democrática na escola, [...], é articulada mediante a imperatividade da gestão democrática participativa nas relações estabelecidas na escola, sendo a democracia o elemento mediador e imprescindível de todos os processos decisórios (APPLE; BEANE, 2001) e, ainda, a predominância do protagonismo estudantil na forma de uma organização pedagógica em centros de estudos por interesses expressos pelo educando (SINGER, 2010). Nas palavras de Singer (2010), a relação com o conhecimento é estabelecida de maneira *prazerosa*, a qual dispensa punições, disciplinas ou a hierarquização do saber, pois todas as formas de conhecimento são valorizadas, respeitadas e dispostas igualmente em seu contato. Em síntese, em tais escolas, todos pressupõem do direito de decisão sobre o destino e as responsabilidades, assim como as decisões são compartilhadas, em especial aquelas que podem alterar a posição da cada um no âmbito coletivo, cada indivíduo é, portanto, responsável não apenas por si, mas também pelos demais (PEREIRA, 2017, p. 70-71).

Nosso primeiro desejo coletivo foi aproximar os conteúdos escolares dos fazeres diários dos educandos em suas casas e em seu bairro de forma significativa, prática e prazerosa. Simultaneamente, introduzimos provocações em 2013 com a proposta de "ouvir" o que as crianças tinham a dizer, a partir do que se constituiu o "Primeiro Conselhinho" formado pelos representantes das turmas.

Para que as mudanças da escola iniciassem, consideramos, ainda, os aspectos históricos da política nacional, que, na década de 1990, quando recém-saída da ditadura militar, a educação se vê sob a influência da pedagogia crítico-social dos conteúdos que haviam sido disseminados na década anterior.

"[...] A tarefa da escola era percebida como essencialmente política, expressa pelo exercício da cidadania, manifestando o desejo de participação ativa nas diferentes esferas da vida em sociedade [...]" (BARRETO, 2006, p. 5). Essa função da escola impulsionou a busca por avanços na formação para a cidadania em decorrência da luta pela democratização da sociedade.

Nesse momento, inicia-se a disseminação dos processos de gestão democrática da escola, e o exercício da cidadania adquire uma visão planetária. Surgem temas de cuidado com o meio ambiente, lutas por direitos de crianças, idosos, negros e mulheres.

No entanto, o discurso das diferenças se apresenta de maneira ambígua nas democracias contemporâneas. Enquanto a mídia e a economia enaltecem a competitividade, a educação deve preconizar a colaboração, encarecer a necessidade da tolerância e a capacidade de conviver e aceitar o outro e suas diferenças (BARRETO, 2006).

Mediante os desafios sociais que se apresentam e compreendendo a escola como o local para o "[...] pleno desenvolvimento da pessoa, seu preparo para o exercício da cidadania e sua qualificação para o trabalho [...]" (BRASIL, 1988, art. 205, documento *on-line*), como expressa a Constituição Federal em seu artigo 205, decidimos construir propostas pedagógicas e dispositivos que concretizassem esse objetivo na formação de nossos educandos.

A partir de 2014, passamos a implementar estratégias metodológicas que atendessem a nosso anseio de tornar a aprendizagem de nossos educandos mais significativa. Assim, a equipe escolar considerou como mais adequada a organização curricular por meio da escolha de projetos de estudo que mantivessem o foco no interesse dos educandos, a partir de escolha feita por eles próprios, e estruturados em roteiros de saberes necessários a partir dos saberes explicitados no Quadro de Saberes Necessários (QSN) da Rede Municipal de Educação de Guarulhos, considerando-se a proposta de ciclos de formação.

Entendendo como escolas democráticas aquelas "[...] onde professores e alunos estão igualmente empenhados em um trabalho sério que frutifica em experiências de aprendizagem ricas e vitais para todos [...]" (APPLE; BEANE, 1997, p. 12), estamos nos referindo a uma vivência democrática em suas relações cotidianas no aqui e agora, em seus contextos escolares, pois o modo de vida democrático somente se aprende por meio da experiência.

Dessa maneira, concordamos com Apple e Beane (1997) em relação às condições necessárias para a construção de uma escola na perspectiva democrática: livre fluxo de ideias para garantir que as pessoas estejam tão bem-informadas quanto possível; crença na capacidade de criação de condições e de resolução de problemas; incentivo para o uso da reflexão e da análise para avaliar ideias, problemas e política; preocupação com os outros e com o "bem comum"; ter a democracia como um conjunto de valores idealizados que devem direcionar nossa vida e ser vivenciados; e organizar a escola para promover e aumentar o modo de vida democrático.

Dizemos que vivemos em uma democracia e, assim, a escola tem o dever de ser um espaço do qual educandos, funcionários e a comunidade local sejam membros participativos e atuantes.

Inspirados em modelos de escolas democráticas, que desenvolvem seu trabalho em consonância com a educação integral, que, por conseguinte, planeja suas ações para que os educandos se desenvolvam em sua integralidade, considerando os aspectos cognitivos, emocionais, éticos, estéticos, físicos, sociais e culturais, definimos um trabalho pautado a partir da formação em valores. Fizemos uma votação com os alunos, os funcionários, os pais e a comunidade da escola, e foram estabelecidos os seguintes valores: autonomia, respeito, responsabilidade, amizade e conhecimento, na perspectiva explicitada a seguir. A partir desses valores, definimos as ações e as atividades que contemplam o seu desenvolvimento.

1. **Autonomia** – desenvolver a autogestão na busca de uma educação emancipatória, a fim de adquirir independência e autossuficiência, para saber posicionar-se de maneira argumentativa após reflexão do contexto e das necessidades e participar das ações propostas na escola.
2. **Responsabilidade** – ter consciência de que as escolhas têm consequências (positivas ou negativas); saber entregar as tarefas, pesquisas, etc., no prazo estipulado.
3. **Respeito** – desenvolver empatia, saber colocar-se no lugar do outro e relacionar-se com qualquer indivíduo e com o espaço físico de maneira a compreender a diversidade humana e a manutenção do patrimônio público.
4. **Amizade** – saber relacionar-se com os demais de maneira cordial, mantendo atitudes de cooperação, solidariedade e compaixão.
5. **Conhecimento** – reconhecer a importância da aquisição de aprendizagem nos diversos eixos do conhecimento a fim de perceber que este lhe traz poder social.

AUTONOMIA

Foram instituídos dispositivos de participação que viabilizam discussão e reflexão sobre as decisões da escola: o "Conselhinho", que é um colegiado formado pelos representantes das turmas eleitos por seus colegas e que levam as decisões de cada turma para debate com os gestores da escola. Os assuntos principais tratados pelo "Conselhinho" incluem: organização de eventos da escola; avaliação dos processos de aprendizagem; investimento das verbas recebidas na escola; implantação de assembleias para busca de soluções de situações de conflito, como nos propõem Araújo (2004); e discussão sobre os assuntos que os alunos consideraram pertinentes.

A roda de conversa para a educação infantil é um momento no qual as crianças têm a oportunidade de expressar seus pensamentos de maneira informal, a partir de uma demanda ou um tema predefinido, enquanto a assembleia de classe, para o ensino fundamental, mantém as mesmas características das assembleias escolares visando assuntos pertinentes voltados somente aos problemas das próprias turmas. Ambas devem ser realizadas semanalmente.

> O trabalho com assembleias escolares complementa a perspectiva que acabamos de discutir de novos paradigmas em resolução de conflitos, pois permite, em sua prática, partindo do conhecimento psicológico de si mesmo e das outras pessoas sobre o que é preciso para resolver os conflitos, chegar ao conhecimento dos valores e princípios éticos que devem fundamentar o coletivo de classe. Ao mesmo tempo, evidentemente, permite a construção psicológica, social, cultural e moral do próprio sujeito, em um movimento dialético em que o coletivo transforma e constitui cada um de nós, que transformamos e ajudamos na constituição dos espaços e das relações coletivas (ARAÚJO, 2004, p. 21).

A EPG Manuel Bandeira faz uso de dispositivos que promovem o exercício da cooperação e solidariedade, tanto nas atividades cotidianas como em seu processo de ensino e aprendizagem, por meio de trabalhos em grupo, equipes de responsabilidades e encontros entre alunos para sanar dúvidas a respeito de conteúdos não aprendidos. Com isso, as relações interpessoais tendem a se tornar cada vez mais afetivas e respeitosas.

Também organizamos o trabalho pedagógico por projetos de escolha dos próprios alunos, que direcionam os estudos para o viés da pesquisa. Faz sentido para a escola que pretende trilhar espaços de investigação para a aprendizagem e o desenvolvimento dos seus educandos. O trabalho organizado por projetos propicia a qualidade e a essência do ensino, pois oportuniza que a criança aprenda a aprender, aprenda uma metodologia de ação em contraponto à aprendizagem do acúmulo de conhecimentos.

Os alunos da educação infantil, em alguns dias da semana, escolhem as atividades de que desejam participar independentemente da sua turma de referência e de sua idade. Os rodízios, como denominamos, possibilitam a interação entre as crianças de diferentes idades e o início do trabalho que busca o desenvolvimento de sua autonomia em seu processo de ensino e aprendizagem. Já os alunos dos 4º e 5º anos podem escolher em qual espaço da escola desejam realizar seus estudos em pequenos grupos ou sozinhos, também em determinados dias da semana.

Contamos com a presença de professores especialistas nas áreas de artes, educação física e inglês para o ensino fundamental. Esses professores propõem oficinas, e os educandos escolhem aquelas que mais lhes interessam.

RESPONSABILIDADE

Para que os alunos possam assumir o valor da autonomia, precisam ter desenvolvido responsabilidade sobre suas escolhas e, assim, aceitar as consequências de seus atos: participar das assembleias sempre pedindo a vez para falar de forma ordenada e manter silêncio para ouvir os colegas; cuidar dos espaços da escola por meio da implantação de equipes de responsabilidades, também de escolha dos próprios alunos para atuação; os alunos dos 4º e 5º anos devem assumir o compromisso de realizar registros em seus "diários de bordo" quando estão fazendo pesquisa em lugares de sua escolha e apresentarem para seus professores.

As equipes de responsabilidade são grupos formados por alunos que têm tarefas determinadas a cumprir. Os alunos podem escolher à qual equipe querem pertencer, e a manutenção da limpeza e a organização dos materiais e espaços são obrigatórias. Sugerimos que sejam montadas outras equipes de acordo com a necessidade da classe e que sejam mutáveis de tempos em tempos para que os alunos possam passar por diferentes papéis.

RESPEITO

São propostas rodas de conversa com temas que promovam a reflexão sobre fatos ocorridos na sociedade ou na própria escola, a fim de favorecer a compreensão e o reconhecimento da diversidade humana, além do reconhecimento da importância da manutenção dos espaços da escola, entendendo-a como patrimônio público, um bem coletivo.

Além disso, temos desenvolvido projetos de estudo que favorecem a compreensão da importância do respeito para a construção de uma sociedade mais tolerante com as diferenças, pois o Brasil é um país em que a diversidade impera em todos os aspectos sociais.

AMIZADE

As crianças são estimuladas a estabelecer relações interpessoais por meio da cooperação, da solidariedade, do cuidado, etc., além de buscarem resolver os conflitos por meio de diálogo e só se reportarem a um adulto se não conseguirem resolvê-los sozinhas, pois antes devem mediar os conflitos surgidos entre os amigos. Além disso, priorizamos o trabalho em equipe.

CONHECIMENTO

O conhecimento, maior objetivo da educação, deve ser demonstrado ao término de uma pesquisa ou na finalização de um projeto. Dessa forma, foi possível perceber, em nossos educandos, o desenvolvimento de outras capacidades: a oratória e a segurança em suas apresentações.

Os educandos devem apresentar os saberes que adquiriram nos diversos contextos e de várias maneiras: seminários, apresentações em outras turmas, teatro, exposição em painéis, avaliações, produção de textos e mostra de projetos.

Em 2017, optamos por redirecionar a organização curricular da escola com a implantação dos projetos estruturantes, que se constituem em uma categoria metodológica composta por um conjunto de projetos temáticos. Eles têm como objetivo principal congregar ações coletivas que favoreçam atividades integrativas entre turmas e entre as diferentes modalidades de ensino da escola.

A definição dessa linha de trabalho visa potencializar os processos educativos considerando as necessidades curriculares, que nem sempre são contempladas em um projeto apenas com o aspecto de escolha plenamente individual do educando. Dessa forma, propomos três projetos estruturantes, a partir dos quais os educandos vivenciam aulas inaugurais coletivas que têm como objetivos despertar a curiosidade sobre o projeto estruturante e repertoriá-los para que façam as escolhas dos projetos temáticos de cada turma a fim de garantir o caráter do protagonismo estudantil. Considerando que:

[...] para que os estudantes estejam motivados e invistam entusiasmo na tarefa, é necessário que o estabelecimento escolar, ou seja, os professores e o próprio sistema de atividades e tarefas, façam com que eles compreendam que suas necessidades são levadas em conta [...] (ORTEGA; DELREY, 2002, p. 43).

Foram estabelecidos três projetos estruturantes para o ano de 2017 que culminaram em uma apresentação dos saberes trabalhados e aprendidos para a comunidade, pois buscamos uma educação na perspectiva de educação integral, compreendendo como seu desenvolvimento o pressuposto do:

[...] fortalecimento das oportunidades de aprendizagem pela convivência social, pela ampliação do repertório cultural, pela aquisição de informações, pelo acesso e uso de tecnologias e pelo incentivo à participação na vida pública nas comunidades em que vivem (ANDREONI; SINGER; TERREIRO, 2007, p. 11).

A seguir, apresentamos os projetos que foram estabelecidos para o ano de 2017:

1. **Projeto estruturante "Esse trem de leituras".** Teve como tema central as leituras em seus diferentes aspectos e nas diversas linguagens e pressupôs a compreensão do caráter de poder social que o domínio da leitura possui. Os professores, junto com os alunos, após serem realizadas pesquisas entre diversos gêneros textuais e diferentes escritores, apontaram aquele que despertava maior interesse para eles. Além do estudo para apropriação do sistema de escrita alfabético, estratégias de leitura e conhecimento do autor escolhido, caso seja apontado um pela turma, houve também a leitura de mundo, considerando as obras de arte, os aspectos relevantes do bairro (suas potencialidades e suas problemáticas) e a possibilidade de intervenção artístico-literária nesse território educativo. Realizado de fevereiro a abril, com encerramento por meio de um sarau literário aberto ao público que ocorreu no mês de maio.

2. **Projeto estruturante "1, 2, feijão com arroz / 3, 4, nosso retrato / 5, 6, quem são vocês?".** Teve como foco principal a pesquisa, o estudo e o reconhecimento da cultura popular do bairro no qual estamos inseridos, a fim de expandi-los para o conhecimento de suas origens e as relações sociais estabelecidas a partir dela, elencando os usos e os costumes, as festividades, os alimentos, os brinquedos, as brincadeiras, os folguedos, entre outros aspectos. Os professores fizeram um mapeamento e selecionaram o aspecto de interesse dos educandos de suas turmas para que a escolha fosse feita. Foi desenvolvido de maio a julho, sendo encerrado com uma festa cultural junto à comunidade.

3. **Projeto estruturante "Viajando nos porquês da ciência".** O ponto central desse projeto foram as iniciativas em ciências e tecnologia, para que os educandos pudessem mergulhar no mundo da exploração e da pesquisa científica, na busca de soluções de problemas de relevância para si, a escola, seu bairro ou a cidade. Além disso, pretendeu-se ampliar o repertório de conhecimento científico e possíveis construções de protótipos, propostas de implantação, discussão com a comunidade e debate com o poder público. Teve seu encerramento na IV Mostra de Projetos com a participação da comunidade.

Julgamos essencial para a formação da cidadania que nossos educandos aprendam a olhar para o espaço em que vivem, a fim de que elenquem situações que mereçam ser estudadas e compreendidas e façam proposituras para possíveis soluções.

Assim, é necessária a realização de ações que favoreçam a construção do bairro-escola, visando "[...] transformar a comunidade em um ambiente de aprendizagem, ampliando os limites das salas de aula [...]" (ANDREONI; SINGER; TERREIRO, 2007, p. 4).

> Não temos apenas a responsabilidade de transmitir informações, de ensinar conteúdos disciplinares, mas de educar no sentido de promover reflexão e criticidade. Precisamos reinventar a escola a cada momento, fazer dela um espaço de relações de amor, afeto, companheirismo e solidariedade. Precisamos incentivar valores éticos – como honestidade, lealdade – em contraposição a um mundo que prioriza a acumulação de riquezas e não o bem-estar de todos os seres humanos (GUARULHOS, 2009, p. 16).

Embasados pela teoria de Célestin Freinet, que afirmava que os interesses das crianças não estavam dentro da escola, e, sim, fora dela, decidimos usar a estratégia da aula-passeio, saindo do espaço escolar para estimular nossos educandos a ampliar seu olhar a respeito do mundo e adquirir novas experiências que contribuam para seu desenvolvimento e aprendizagem, apropriando-se de seu pensamento no que se refere a "trazer a vida para dentro da escola".

Os alunos saem para visitas externas, de acordo com seus projetos de estudo, para lugares que favoreçam a ampliação da sua pesquisa acerca do tema que escolheram estudar.

Também usamos o estudo do meio, que consiste em uma metodologia de ensino, a partir da qual professores e alunos fazem uma investigação no espaço que ocupam, a fim de reconhecer as possibilidades, os problemas e as necessidades do local. Pode ser realizado no espaço escolar pelos alunos da educação infantil e no bairro pelos alunos do ensino fundamental.

A partir dessas saídas, surgiu, em 2017, o Projeto do Bairro à Escola, a fim de criar uma relação com o lugar onde a escola está inserida, percebendo-o como possibilidade educativa potencializada por meio das relações com a comunidade, compreendendo a relação existente entre os saberes aprendidos no espaço escolar e os desafios/situações-problema reais para a busca de soluções para tais desafios/situações-problema, aprofundando os conhecimentos dos alunos nas diferentes áreas de estudo.

Buscamos a construção de um currículo escolar que se articule organicamente com a vida cotidiana e com a educação comunitária, como nos propõem Andreoni, Singer e Terreiro (2007), quando nos remetem ao pensamento de John Dewey, filósofo do século XIX que, já nessa época, apresentava uma proposta educacional com a ideia de que a escola é a própria vida e não somente uma preparação para uma vida futura. Assim, vislumbramos uma pedagogia de projetos, a fim de estabelecermos relações entre o aprender e o fazer, considerando que, dessa maneira, garantimos ao educando a oportunidade de uma ação concreta para se chegar a uma resolução de um problema ou uma questão que este tenha elegido como imprescindível desvendar, ampliando seu conhecimento de forma voluntária.

Para Dewey (1959 apud ANDREONI; SINGER; TERREIRO, 2007), as potencialidades das pessoas só podiam ser alcançadas quando se viam ante situações de seu cotidiano e em contato com a sociedade, e, por isso, o autor defendia um ensino menos acadêmico e mais voltado para o dia a dia dos educandos.

Influenciado por Dewey, o brasileiro Anísio Teixeira cria a escola parque, que tinha como ideal de escola um lugar menos voltado para as letras e de iniciação intelectual e muito mais centrada no estímulo ao pensar, fazer, trabalhar, conviver e participar.

Com esses conceitos, vimos surgir uma proposta de educação comunitária, com a qual nos identificamos, que se estrutura de forma a permitir que o processo formativo esteja acima do universo unicamente cognitivo, bem como sobre os valores, as habilidades e as atitudes dos alunos.

Ainda em relação ao valor do conhecimento, temos um olhar especial também para os nossos funcionários.

Baseava a educação como formação humana, na qual o educador exerce o papel de mediador da aprendizagem e do desenvolvimento do educando, e a reflexão sobre a prática se torna elemento central. A formação passa a ser concebida como condição para a efetivação das diretrizes, alicerçada em um processo sistemático e contínuo de reflexão dos educadores, devendo possibilitar o desenvolvimento profissional e a melhoria da qualidade de sua ação (GUARULHOS, 2010, p. 23-24).

Como nos disse Freire (2018, documento *on-line*): "Ninguém caminha sem aprender a caminhar, sem aprender a fazer o caminho caminhando, refazendo e retocando o sonho pelo qual se pôs a caminhar [...]". Nessa condição de aprendiz é que consideramos a importância da formação do professor e de nossos funcionários.

Entendemos que o melhor espaço para desenvolver essa formação é a própria escola, pois é dela que partem as necessidades, é dela que partem as saídas e é nela que colocamos teoria em prática, nos espaços que, em nossa rede de ensino, denominamos de hora-atividade.

Realizamos a semana pedagógica, que teve início em 2014, visando o diálogo com profissionais da área de educação a respeito do projeto institucional da escola ou sobre as questões dos projetos pedagógicos, para contribuírem com nossas discussões.

Iniciamos as propostas de mudança no projeto de escola em 2013 e, desde então, vimos surgir variados temas de interesse indicados para os educandos. Desses, destacamos alguns que marcaram nossa trajetória por serem temas diferentes dos tradicionalmente propostos pelos educadores como sendo apropriados para a idade, possibilitando aos educandos o acesso a conteúdos além do esperado.

Projeto de estudo sobre o universo

Projeto realizado com as turmas de estágio I do período intermediário durante o segundo semestre de 2015, pelas professoras Ellen Daniela Ruiz Dias e Ellen Vivian Gonçalves de Siqueira.

Diante do desafio de promover a aprendizagem de crianças de 4 anos a partir de seus próprios interesses, as professoras solicitaram aos educandos que dissessem o que consideravam importante aprender na escola. A lista foi imensa. Eles agruparam as sugestões em quatro temas centrais: alimentação, animais, esportes e planetas. Após, as professoras passaram vídeos ilustrativos sobre esses assuntos, um por dia, e, no fim da semana, os alunos votaram no tema que mais lhes agradou (**Fig. 15.1**).

A partir daí, o desafio para as educadoras tornou-se ainda maior, pois tiveram de adequar o tema às turmas envolvidas, considerando as características da infância e suas necessidades de desenvolvimento e aprendizagem.

Além de assistir a documentários sobre o assunto, os alunos construíram foguetes para pilotar, fizeram lançamento de aeronaves em contagem regressiva, brincaram de andar no solo da Lua sem tirar os pés do chão, sobre pedaços de papelão (**Fig. 15.2**), fizeram desenhos livres dos astros e produziram um painel do universo.

Devemos salientar que o tema direcionou as atividades propostas para essa modalidade de ensino: desenho, pintura, brincadeiras, dobraduras, exploração de espaço, recorte, etc.

Figura 15.1 A eleição do tema do projeto.

Figura 15.2 Brincando de andar na Lua.

Projeto de estudo sobre grafite

A professora especialista da área de artes, Jaqueline Oliveira Nascimento, propôs para os alunos dos 4º e 5º anos uma oficina com o tema de grafite para reconhecimento da arte urbana, diferenças entre grafite, pichação e ilustração de comércio.

Os educandos estudaram artistas urbanos reconhecidos; saíram pelo bairro para o reconhecimento dos grafites em seu próprio espaço (**Fig. 15.3**); fizeram uma visita ao Beco do Batman na Vila Madalena (**Fig. 15.4**); criaram desenhos; receberam a visita de grafiteiros da região; e pintaram o muro da escola em conjunto com grafiteiros da cidade (**Fig. 15.5**). Além disso, o projeto impulsionou um mutirão em um domingo pela manhã para pintura do muro (**Fig. 15.6**).

Figura 15.4 Visita ao Beco do Batman para estudo de grafites.

Em conformidade com o projeto de escola que se pretende construir, o estudo do grafite possibilitou a aproximação com a cultura da população do bairro no qual a escola está inserida, ao mesmo tempo que transformou o muro da escola em um espaço de produção de arte coletiva e da própria comunidade.

Houve desdobramentos para outras expressões artísticas tipicamente urbanas com vivências em *hip-hop*, *le parkour* e *skate*. Além disso, vimos surgir muros de residências grafitados a convite de seus moradores.

Figura 15.3 Saída pelo bairro para estudo de grafite na rua.

Figura 15.5 Imagem de um dos grafites produzidos pelos educandos.

Figura 15.6 Mutirão de pintura do muro da escola: funcionários, pais e educandos.

A professora está concorrendo ao XVII Prêmio Arte na Escola Cidadã promovido pelo Instituto de Artes na Escola e foi classificada para a segunda etapa: a apresentação de um portfólio digital.

Projeto bebê-ovo

A professora Deise Mara Abrantes Barbosa provocou uma discussão no Dia Internacional da Mulher sobre a igualdade de gênero, e as crianças do 4º ano do período da tarde de 2016 concluíram que as tarefas de casa ficam somente a serviço de suas mães, mesmo trabalhando fora, e que essa situação não era justa.

Os próprios educandos propuseram um projeto no qual adotariam um ovo para cuidar em casa (**Fig. 15.7**) e, na escola, iriam aprender a cuidar de uma criança usando bonecas.

O desenvolvimento do projeto se deu nas seguintes etapas: sorteio das duplas (**Fig. 15.8**); recebimento do ovo e verificação do sexo do bebê (foi colocado o símbolo de feminino e masculino na parte de baixo); escolha do nome; revezamento dos cuidados entre as duplas; atividades como trocar fraldas (**Fig. 15.9**)

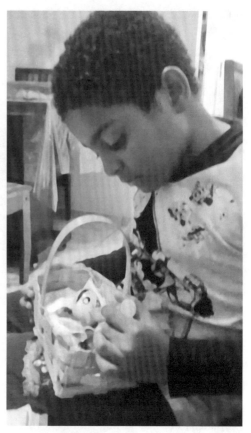

Figura 15.7 Cuidados em casa.

e colocar o bebê para arrotar (**Fig. 15.10**); e produção de um diário de acompanhamento e relatórios.

Algumas crianças derrubaram e quebraram seus ovos; houve discussão sobre como se compõe nome e sobrenome das pessoas; as meninas passaram a não deixar os meninos assumirem as atividades de maiores cuidados – quando confrontadas sobre suas ações, concluíram que são as próprias mulheres que criam homens que não assumem tarefas caseiras.

Projeto de escolha dos educandos: o universo

Como era proposta da escola, os alunos do 5º ano, sob a orientação do professor Rodrigo de Mendonça Emidio, podiam escolher seus te-

Figura 15.8 Escolha das duplas.

Figura 15.9 Trocando fraldas.

Figura 15.10 Colocando o bebê para arrotar.

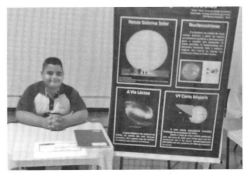

Figura 15.11 Participação na FECEG.

mas de estudo e desenvolvê-lo em grupos ou individualmente.

Um dos alunos escolheu estudar o universo com o título "Viagem às estrelas", que abordava como as estrelas produzem energia a partir de um processo chamado fusão nuclear. Com esse estudo, o educando (**Fig. 15.11**) foi o vencedor da 2ª Feira de Ciências e Engenharia (FECEG), sendo premiado com bolsa de estudo integral para a segunda etapa do ensino fundamental e médio. O projeto também explorava o sistema solar, as galáxias, a Via Láctea e a atmosfera dos planetas.

O PROCESSO DE AVALIAÇÃO

A avaliação é um importante mecanismo para os processos educativos desde que utilizada a favor da aprendizagem e não para o juízo de valor, para a classificação que induz à segregação entre bons e ruins, fracos e fortes.

Na EPG Manuel Bandeira, buscamos caminhar a partir das funções da avaliação apresentadas no vídeo *Avaliação de aprendizagem*, de Cipriano Luckesi (2017), ou seja, garantir o sucesso por parte dos aprendizes, estabelecendo parcerias no sentido de encontrar o melhor resultado; ter, na avaliação, o diagnóstico que sinaliza a aprendizagem; pesquisar a qualidade da aprendizagem, sem que esta por si só tenha o papel de resolver problemas, mas considerando como resolução a gestão dos problemas diagnosticados.

Em concordância com Luckesi (2007, p.5), que define que "Avaliar é o ato de diagnosticar uma experiência, tendo em vista reorientá-lo para produzir o melhor resultado possível; por isso, não é classificatória nem seletiva, ao contrário é diagnóstica e inclusiva", temos a avaliação como ato de investigar, de produzir conhecimento, que se assemelha à pesquisa científica, para não ficar na subjetividade, nas emoções.

Jussara Hoffmann (2011), no vídeo *Avaliação na educação infantil*, nos aponta a mesma direção quando afirma: "No que se refere às crianças, a avaliação deve permitir que elas acompanhem suas conquistas, suas dificuldades e suas possibilidades ao longo de seu processo de aprendizagem", concordamos ainda quando a autora, no mesmo vídeo, nos coloca que a avaliação é feita para "[...] acompanhar o processo de aprendizagem, é cuidar para que o aluno aprenda".

Dessa maneira, os instrumentos de avaliação da EPG Manuel Bandeira foram sendo implantados conforme se fizeram necessários para o acompanhamento do processo de aprendizagem. Assim, temos:

1. **Autoavaliação:** como um processo cognitivo que possibilita ao aluno tomar consciência de si mesmo, das suas dificuldades, das suas potencialidades, de seus avanços alcançados, buscando a melhoria na própria aprendizagem, em suas atitudes, em seus compromissos. Na EPG Manuel Bandeira, a autoavaliação é usada também para o desenvolvimento da autocrítica, a fim de saber posicionar-se diante dos diversos desafios que surgem no dia a dia. Propõe-se que tenha caráter reflexivo e que seja adaptada para as diferenças de modalidades de ensino, considerando as idades das crianças. Pode ser realizada por meio de desenhos, produções de textos argumentativos, discussões em rodas de conversa. Os critérios da avaliação devem ser determinados para que os alunos saibam os aspectos que estão sendo avaliados. Salienta-se para o cuidado de colocar a autoavaliação exclusivamente no campo atitudinal.
2. **Sondagens (ensino fundamental):** são as atividades propostas que têm como objetivo acompanhar a evolução do processo de aprendizagem em matemática, em aquisição de base alfabética e em produção de escrita e devem orientar o planejamento das atividades que promoverão os avanços na aprendizagem.
3. **Portfólio (educação infantil):** registro do trabalho que o professor vem desenvolvendo com sua turma. Constitui-se em ferramenta de acompanhamento do processo de aprendizagem que se forma por meio de fotos, produções das crianças, comentários sobre observações feitas. O portfólio propicia a memória das ações significativas, o que proporciona uma constante ação-reflexão do ato de ensinar e de aprender.
4. **Avaliações unificadas:** são provas objetivas com foco nos descritores definidos pelo Ministério de Educação (MEC) e têm por objetivo acompanhar o desenvolvimento de capacidades e competências, verificando a aprendizagem em leitura e estratégias de leitura e eixos matemáticos.
5. **Avaliação dos estudos dos projetos:** por meio de seminários; apresentações para outras turmas; mostra de projetos.
6. **Avaliações do professor da turma:** têm por objetivo o acompanhamento do processo de aprendizagem e destinam-se à verificação da apropriação dos saberes trabalhados pelos professores das turmas.

7. **Avaliação institucional:** realização de pesquisa avaliativa junto aos pais na reunião de pais do 3º bimestre com devolutiva na última reunião do ano, contendo aspectos de ensino e aprendizagem, estrutura física e atuação dos profissionais na realização de suas funções.

CONSIDERAÇÕES FINAIS

Para análise da EPG Manuel Bandeira, deve-se compreendê-la como uma escola em processo de mudança, pois está em busca da construção de uma escola na perspectiva democrática, na qual todos têm vez e voz e podem coletivamente definir os diversos aspectos que compõem a organização e a estrutura escolar, permeada por uma gestão democrática.

Assim, temos uma organização e uma estrutura administrativa que seguem as normas de funcionamento da rede pública municipal, pois se trata de uma escola pública do município de Guarulhos. As diferenças começam a fazer sentido nas relações, pois elas estão sendo constituídas em uma visão mais horizontal, e, dessa forma, as sanções estão vinculadas às decisões e às regras firmadas nas assembleias. Porém, os funcionários estão vinculados às sanções impostas pela legislação vigente.

Quanto aos aspectos de liderança, os educandos são estimulados a se candidatar às vagas de representante de turma a fim de que aprendam a guiar reuniões entre seus pares com o objetivo de coletar dados, propostas, insatisfações, necessidades; levá-los para os encontros entre os representantes das demais turmas; apresentar as opiniões e tomar decisões para o coletivo.

Percebe-se que todas as escolas, mesmo aquelas que tentam modificar sua estrutura e sua organização, quando vinculadas a uma rede de ensino, têm um núcleo rígido, o qual não há muito como alterar. O importante é compreender que algumas estruturas podem ser mudadas, quando há uma gestão democrática como base das relações existentes na escola.

A escola sendo uma instituição social importante na formação dos seres humanos que compõem a sociedade deve refletir sobre o uso do poder que exerce para a reprodução dos modelos sociais já estabelecidos ou conceber um espaço de análise crítica e busca de uma escolarização transversal que permita o rompimento com a compartimentalização dos saberes contemporâneos.

Percebemos que viver em um espaço democrático vai além da centralidade nos interesses dos alunos: envolve o reconhecimento dos contextos sociais em que estão inseridos e que são permeados por preconceitos, racismo e desigualdades sociais. Mais que esse reconhecimento, os participantes de uma escola democrática objetivam que sua atuação junto aos educandos favoreça o pensar e o agir no local em que vivem para a busca de mudanças desse e nesse contexto. Dessa forma, seus participantes estão envolvidos em comunidades de aprendizagem que se configuram pela diversidade que as compõe e pela qual são valorizadas.

Apesar das diferenças (idade, etnia, sexo, religião, opiniões, capacidades), as comunidades de aprendizagem têm um propósito comum definido pela cooperação em detrimento da competição, para que os indivíduos possam se ajudar mutuamente e melhorar as condições de vida de suas comunidades.

Algumas características devem estar presentes para que as mudanças da escola comecem: vontade, ousadia e coragem.

A reflexão sobre a necessidade de mudanças nos aspectos que constituem a escola inicia pelo incômodo da não aceitação da perpetuação das desigualdades sociais impostas pelos mandatários que definem o que é supostamente melhor para a população.

Os profissionais da educação precisam se posicionar socialmente e redefinir seu papel na formação humana.

REFERÊNCIAS

ANDREONI, B.; SINGER, H.; TERREIRO, J. *Bairro-escola passo a passo*. 2007. Disponível em: <http://www.cidadeescolaaprendiz.org.br/wp-content/uploads/2014/03/Bairro-escola_passo-a-passo.pdf>. Acesso em: 18 ago. 2018.

APPLE, M.; BEANE, J. (Org.). *Escolas democráticas*. São Paulo: Cortez, 1997.

ARAÚJO, U. F. *Assembleia escolar*: um caminho para a resolução de conflitos. São Paulo: Moderna, 2004. (Coleção Cotidiano Escolar).

BARRETO, E. S. S. *Tendências recentes do currículo na escola básica*. [S.l.]: Fundação Carlos Chagas, 2006. Disponível em: <http://www.fcc.org.br/conteudosespeciais/difusaoideias/pdf/congresso_tendencias_recentes.pdf>. Acesso em: 18 ago. 2018.

BRASIL. *Constituição da República*. 1988. Disponível em: <http://www.planalto.gov.br/ccivil_03/constituicao/constituição.htm>. Acesso em: 18 ago. 2018.

FREIRE, P. *[Educação]*. [2018]. Disponível em: <http://pensador.uol.com.br/frase/MjM3OTU5>. Acesso em: 18 ago. 2018.

GUARULHOS. *Formação permanente*. Guarulhos: Secretaria Municipal de Educação, 2010.

GUARULHOS. *Proposta curricular*: quadro de saberes necessários. Guarulhos: Secretaria Municipal de Educação, 2009.

HOFFMANN, J. Avaliação na educação infantil. *Youtube*. 2011. Disponível em: <https://www.youtube.com/watch?v=A74gphe1nT4>. Acesso em: 16 out. 2018.

LUCKESI, C.C. Avaliação da aprendizagem. *Youtube*. 2017. Disponível em: <https://www.youtube.com/watch?v=8XlxKjBqjdY >. Acesso em: 21 fev. 2016.

LUCKESI, C.C. *Avaliação da aprendizagem na escola e a questão das representações sociais*. 2007. Disponível em: <http://www.cfge.ufscar.br/file.php/460/Material_didatico/avaliacao_da_aprendizagem_na_escola_e_a_questao_das_representacoes_sociais_de_cipriano_carlos_luckesi.pdf>. Acesso em: 21 fev. 2016.

ORTEGA, R.; DELREY, R. Enfrentar o clima de conflito, projetando a convivência. In: ORTEGA, R.; DELREY, R. *Estratégias educativas para a prevenção da violência*. Brasília: Unesco, 2002. p. 37-64. Disponível em: <http://unesdoc.unesco.org/images/0012/001287/128721por.pdf>. Acesso em: 18 ago. 2018.

PEREIRA, T. C. M. *Democracia e inovação pedagógica na educação básica*: uma análise à luz da teoria crítica da sociedade. 2017. 255 f. Dissertação (Mestrado em Educação) – Pontifícia Universidade de São Paulo, São Paulo, 2017. Disponível em: <https://sapientia.pucsp.br/bitstream/handle/20010/2/Thatiane%20Coutinho%20Melguinha%20Pereira.pdf>. Acesso em: 18 ago. 2018.

MARIA PEREGRINA:
a escola do encontro

Mildren Lopes Wada Duque

16

A INSPIRAÇÃO

Alguns jovens educadores, inspirados por Paulo Freire, sonharam em construir um modelo de escola cujo ambiente educativo pudesse realmente educar para a vida. Assim, aproveitando seus talentos artísticos, começaram a ensinar crianças e adolescentes em condições de vulnerabilidade, com o objetivo de transformá-los, despertando-lhes um sentido de vida e criando oportunidades de participação cidadã na sociedade.

Foi Paulo Freire (1967) quem ensinou a esses jovens que a educação é um ato de amor, logo, um ato de coragem. E, desse modo, foram encorajados a sair da habitualidade e a propor uma educação transformadora e libertadora que levasse o cidadão a pensar e a transformar a sua realidade.

A prática pedagógica foi baseada na vida singular de cada um. Os estudantes se inseriam em um ambiente em que cada história de vida era conhecida e respeitada e, a partir disso, traçava-se uma proposta de aprendizagem, organizada pelo discente e seu tutor.

Com o passar do tempo, as famílias dos alunos começaram a solicitar que a instituição se transformasse em uma escola regular, porque seus filhos não mais se enquadravam nas estruturas da escola tradicional, e era ali que se desenvolviam e gostavam de permanecer e de estudar.

Desse contexto, surgiu a Escola Maria Peregrina, sob o escopo de trazer a vida do aluno para dentro da instituição e, consequentemente, traçar, em parceria, suas aprendizagens. Ela nasceu da prática de um projeto inicial com viés artístico e do encontro com grandes teóricos educacionais, como Paulo Freire, Rubem Alves, John Dewey e Howard Gardner.

PEDAGOGIA DE PROJETOS E INTELIGÊNCIAS MÚLTIPLAS

Baseada no pressuposto de Dewey (1967) – de que a escola deve ser a representação da vida real do aluno, trazendo para seu aprendizado tudo aquilo que envolve sua vida dentro e fora da escola –, a Escola Maria Peregrina aprofundou o trabalho por meio de projetos oriundos do interesse do aluno. É o discente quem fala o que quer pesquisar. Educadores e o currículo convencional seguem a direção do propósito do aluno, e não o contrário. Dessa forma, a vida real do aprendiz invade a escola, tornando-a parte integrante e essencial da comunidade. Nesse lócus de ensino e aprendizagem, todos (discentes, docentes, funcionários e famílias) pensam a realidade em que vivem e buscam meios para transformá-la por meio da pedagogia de projetos.

Na prática, esses jovens educadores foram confirmando a teoria de Gardner (2000) de que as pessoas não aprendem da mesma maneira, pois têm histórias, habilidades e interesses diferentes. Para a Escola Maria Peregrina, todos podem e são capazes, conforme as premissas de Gardner (2000), de atuar em pelo menos oito inteligências múltiplas. Com o objetivo de um desenvolvimento holístico e de suas verdadeiras capacidades, além de se autodescobrirem, os alunos desenvolvem em cada pesquisa inteligências múltiplas, como linguística, matemática, espacial, corporal, musical, pessoal e naturalista.

A união da pedagogia de projetos e das inteligências múltiplas trouxe um ensino e uma aprendizagem humanos, democráticos, justos e capazes de formar para a vida real. Desse modo, todas as práticas adotadas na escola têm o papel de cumprir a sua missão, que é "formar cidadãos solidários, fraternos, justos, críticos, competentes, autônomos e atuantes". Primeiramente, são os próprios alunos que se dividem em grupos de, no máximo, 12 integrantes e escolhem seus tutores. A divisão dos grupos não é baseada em séries, mas na escolha dos estudantes. Com os grupos formados, os estudantes decidem o que querem pesquisar, preenchendo a ficha de perguntas norteadoras: "O que queremos pesquisar?", "Por que queremos?" e "O que já sabemos sobre o assunto?". Essa ficha faz parte da primeira fase da pesquisa.

Ainda na primeira fase da pesquisa, os alunos elaboram o Itinerário Proposto, que é traçar o caminho da pesquisa, com base nos seus propósitos e nas inteligências múltiplas. Nessa situação de aprendizagem, os discentes têm autonomia, liberdade e responsabilidade de refletirem sobre suas aprendizagens, ou seja, o que já aprenderam, o querem e o que ainda precisam aprender. Fica à disposição dos discentes o currículo convencional para eles se autoavaliarem e traçarem suas metas, dentro dos propósitos da pesquisa escolhida por eles mesmos.

A seguir, no **Quadro 16.1**, apresentamos a ficha *Nossa Pesquisa* e o *Itinerário Proposto* do projeto *Gastronomia*, elaborado por três alunos dos anos iniciais do ensino fundamental:

QUADRO 16.1 Ficha *Nossa Pesquisa* **e o** *Itinerário Proposto* **do projeto** *Gastronomia*

Nossa pesquisa – Gastronomia

Alunos: Gabriel, Maria e Pedro
Tutora: Fernanda

1. O que queremos descobrir?
- Qual foi a primeira comida do mundo?
- Qual foi o primeiro *chef* de cozinha do mundo?
- Qual foi o primeiro restaurante do Brasil?
- Quem deu a primeira aula de gastronomia?
- Quanto tempo dura o curso de gastronomia?
- Qual é o melhor curso de gastronomia?
- Curso de gastronomia é a mesma coisa que faculdade de gastronomia?
- Qual foi o primeiro concurso de gastronomia? E o primeiro programa?
- O que significa a palavra "gastronomia"?
- O que um gastrônomo pode fazer? Em quais locais ele pode trabalhar?
- Quanto ganha um gastrônomo?
- O que é ser crítico gastronômico?
- Quantos restaurantes Paris têm? E a cidade de São Paulo?
- A gastronomia francesa é a melhor? Por quê?

(Continua)

QUADRO 16.1 Ficha *Nossa Pesquisa* e o *Itinerário Proposto* do projeto *Gastronomia*
(Continuação)

2. Por que queremos descobrir?
- "Porque eu tenho muito interesse por gastronomia." (Maria)
- "Porque tenho interesse em virar um *chef* de cozinha." (Pedro)
- "Porque quero aprender a fazer diferentes pratos." (Gabriel)

3. O que já sabemos?
- Paris ganha de São Paulo em números de restaurantes.
- Há alguns restaurantes cujos *chefs* fabricam o próprio macarrão.
- Gastronomia é lidar com comida, alimentação.

Itinerário proposto

Inteligência linguística
- Pesquise a origem e o significado da palavra **gastronomia**.
- Pesquise e leia sobre a **gastronomia brasileira e internacional**, principalmente a **francesa**.
- Pesquise a diferença entre gastrônomo e *chef* de cozinha.
- Pesquise se gastronomia é faculdade ou curso e, depois, pesquise sobre os **melhores cursos** de gastronomia.
- Em suas **pesquisas iniciais**, descubra sobre a primeira comida do mundo, o primeiro *chef* de cozinha, o primeiro restaurante do Brasil e a primeira aula de gastronomia.
- Estude sobre a **origem e o crescimento da população brasileira**. As pessoas de outros países tiveram grande influência nisso. Relacione esse fato com a gastronomia brasileira.
- Pesquise informações sobre a **profissão de gastrônomo**.
- Pesquise o que é **crítica gastronômica**.
- Pesquise sobre a **Pastoral da Criança** e a importância que ela tem na alimentação de crianças carentes.
- Pesquise diferentes **receitas** para realizarmos ao longo do projeto.
- Em cada texto lido, circule as palavras que desconhece, pesquise o seu significado no dicionário e escreva no caderno de **glossário**.
- Elabore uma **entrevista** para realizar com alguma pessoa que trabalhe em restaurante.
- Escreva uma **reportagem** explicando o que é gastronomia. Utilize corretamente os **sinais de pontuação**.
- Selecione alguns pratos da gastronomia internacional, dê **adjetivos** e **adjetivos derivados** para cada um deles.
- Nos textos lidos, selecione alguns **substantivos** e classifique-os de acordo com o **gênero, número e grau**.
- Observe, também nos textos lidos, os **artigos** e analise a concordância com os substantivos.
- Após um dos passeios que realizaremos durante o projeto, escreva um **relato pessoal** contando sobre o que mais gostou de aprender. Utilize alguns **pronomes**.
- Selecione palavras relacionadas ao tema do seu projeto que tenham as **ortografias lh/li, s/z/x, qui/gui** e estude suas regras para utilizá-las corretamente.
- Pesquise alguma **reportagem** sobre sua pesquisa e explique por que é uma reportagem.
- Faça uma **resenha** sobre a Pastoral da Criança e sua importância na alimentação de crianças carentes.
- Escreva um **artigo de opinião** sobre seu projeto.
- Elabore um **livro de receitas** para você organizar as receitas que aprender.

Inteligência lógico-matemática
- Faça uma **pesquisa em campo** para saber sobre pratos internacionais que os alunos da escola conhecem. Com os dados em mãos, construa uma **tabela** e depois um **gráfico**.
- Escolha alguns alimentos usados na gastronomia internacional e pesquise quanto cada um custa. Você irá utilizar esses valores para trabalhar as **operações básicas** e depois irá conferir o resultado usando a **calculadora**.
- Escolha um dos alimentos pesquisados e **calcule** quanto você gastaria se comprasse 12 dele.
- Pesquise sobre a quantidade de alimentos desperdiçados por ano em alguns países, inclusive no Brasil, e organize-os em uma **reta numérica**. Aprenda a ler e a escrever números de qualquer **ordem de grandeza**.
- **Arredonde** os números descobertos na pesquisa anterior.
- Organize os números pesquisados utilizando os **símbolos < e >**.
- Selecione um dos números pesquisados e faça sua **decomposição** e analise a importância do **valor posicional**.
- Pesquise o **peso** e o **volume** de alguns pacotes de alimentos e organize-os em uma tabela **(medida de massa e capacidade)**.
- Pesquise as **medidas de comprimento** da cozinha da escola e faça um desenho em escala para representá-la. Compare com as medidas de cozinhas de restaurantes internacionais.
- Pesquise a **temperatura** em que algumas comidas devem ser preparadas.
- Pesquise o **tempo** que alguns pratos demoram para serem feitos.
- Analise imagens de comidas internacionais e identifique alguns **objetos geométricos** nelas. Também tente encontrar algum **polígono**.

(Continua)

QUADRO 16.1 Ficha *Nossa Pesquisa* e o *Itinerário Proposto* do projeto *Gastronomia*
(Continuação)

Inteligência espacial
- Elabore uma **maquete** de um restaurante.
- Localize no **mapa** países famosos por sua gastronomia.
- **Localize** no mapa Paris e veja a distância entre nossa cidade e ela.
- Pesquise no mapa locais em nosso país que mais sofrem com a **falta de alimento**.
- Confeccione uma **maquete** de uma cozinha de um restaurante.

Inteligência naturalista
- Pesquise **alimentos** que são saudáveis e aqueles que devem ser evitados.
- Pesquise por que devemos nos **alimentar bem** e para que servem os alimentos que comemos.
- Pesquise como os restaurantes podem **reciclar seus lixos** e o que eles podem fazer com as **sobras** de cada dia. Será que essas sobras podem alimentar pessoas carentes?
- Pesquise sobre como a **Pastoral da Criança** consegue alimentar crianças desnutridas para que elas fiquem saudáveis.
- Pesquise e estude uma **alimentação saudável**, rica em vitaminas, que tenha custo baixo, para que possamos produzir para as pessoas carentes.

Inteligência musical
- Faça uma **paródia** com a música "Sopa" (Palavra Cantada), incentivando as pessoas a não desperdiçar alimentos e a contribuir com locais que distribuam comida para pessoas carentes.

Inteligência interpessoal
- Organize um **concurso** no qual os participantes deverão criar um modo para acabar com a fome mundial (pode ser uma máquina, um alimento, o que a pessoa desejar).
- Organize um **concurso** *Master Chef*, no qual os participantes deverão trazer algum prato pronto de casa, feito com auxílio de seus familiares.
- Organize passeios a **restaurantes** com diferentes tipos de gastronomia.
- Elabore um **seminário** para falar sobre o desperdício de comida, como podemos evitá-lo e como podemos aproveitar ainda mais os alimentos que temos.
- Organize algumas **receitas** para realizar para o seu grupo do projeto.
- Faça uma **campanha** para auxiliar a Pastoral da Criança de nossa cidade.

Inteligência intrapessoal
- Durante o projeto, **analise** sua conduta em relação à comida. Você desperdiça? Come além do necessário? Pense sobre como você pode melhorar seus hábitos alimentares em busca de uma alimentação saudável. Durante a pesquisa, faremos "rodas de conversas" para discutir sobre o assunto.

A segunda fase da pesquisa é a execução do que foi elaborado no Itinerário Proposto. Nesse momento, a escola "rompe seus muros" para se abrir à cidade. Por meio dos projetos dos alunos, todos os cidadãos tornam-se educadores, pois podem, de alguma maneira, contribuir com as pesquisas, as quais, por sua vez, levam os discentes a utilizar constantemente espaços públicos e privados do município, que se torna, também, lócus de ensino e aprendizagem (**Figs. 16.1** a **16.4**).

A terceira fase da pesquisa é o momento da culminância em que os alunos compartilham e contam o que aprenderam por meio, principalmente, de um portfólio, que tem função avaliativa. Durante todo o processo da pesquisa, os alunos são avaliados – de forma formativa e contínua – pelos educadores, pela família e

Figura 16.1 Aula prática na cozinha do Senac – Projeto Gastronomia.

Figura 16.2 Desenvolvimento da inteligência lógico-matemática em um supermercado – Projeto Macarrão.

Figura 16.4 Explorando a natureza – Projeto Mata Atlântica.

Figura 16.3 Pai construtor ajudando a desenvolver inteligências espacial e matemática – Projeto Construção Civil.

por eles mesmos. Eles e os educadores preenchem fichas avaliativas, elaborando metas a fim de analisar o que precisam para aprofundar os estudos. Percebe-se que, com essa dinâmica, os alunos desenvolvem capacidades de autoapreciação e autoadministração da cognição. É comum, no cotidiano da escola, ver alunos pedirem mais atividades ou mais tempo para estudar tal conceito. Eles próprios, com responsabilidade e honestidade, governam seu espaço e tempo para que as aprendizagens realmente aconteçam.

Os educadores exercem o papel de mediadores, facilitadores das aprendizagens; eles são orientadores educativos. Na Escola Maria Peregrina, ocorre, realmente, o "aprender a aprender", pois cada pesquisa escolhida por um aluno traz uma "surpresa de aprendizagem" para os educadores.

CIDADANIA

Para exercerem autonomia, responsabilidade, liberdade e solidariedade, os próprios alunos organizam suas vidas no espaço escolar, uma vez que elaboram seus planos mensais; são os responsáveis pela limpeza e pela organização do espaço (**Fig. 16.5 e 16.6**); avaliam uns aos outros e fazem metas comunitárias para toda a escola, por meio de assembleias quinzenais (**Fig. 16.7**).

AS FAMÍLIAS

Na Escola Maria Peregrina, as famílias não são adaptadas à proposta da escola, mas integradas. Sendo assim, são elas as primeiras matriculadas; participam da vida escolar antes mesmo de seus filhos se inserirem na instituição. Para

Figura 16.5 Alunos responsáveis pela horta orgânica da escola.

Figura 16.6 Alunos responsáveis por servir o almoço.

Figura 16.7 Alunos durante uma das assembleias organizadas e dirigidas por eles mesmos.

o ingresso das crianças, é realizada uma triagem com o objetivo de mostrar, nas entrelinhas, o que é a Escola Maria Peregrina e de analisar a família que queira construir uma comunidade mais justa, solidária e fraterna, a partir de seus lares e do espaço escolar. Assim, a escola se torna extensão dos lares e vice-versa.

Como a escola é motivada e dinamizada por projetos, o primeiro realizado é o *Projeto Família* (**Figs. 16.8** e **16.9**) nas casas dos alunos. Esse projeto tem o objetivo de tirá-los do mutismo, levando-os à procura da verdade em comum (FREIRE, 1967) e conscientizando, primeiramente, de que todo espaço, seja em seus lares ou na rua, é lócus de aprendizagem. Nesse processo, as pessoas empoderam-se das próprias capacidades, e mudanças significativas ocorrem de forma libertária e natural.

Figura 16.8 Famílias construindo espaço novo na escola.

Figura 16.9 Algumas famílias durante dinâmica do Projeto Família.

Dessa forma, a Escola Maria Peregrina é comunitária, não só por não receber dinheiro público, mas, também, por entender e vivenciar que a comunidade e toda a cidade educa, tendo como primazia desse processo de ensino e aprendizagem o próprio lar de seus alunos.

A escola possibilita que as pessoas integradas a ela comecem a discutir de forma corajosa suas problemáticas, conforme sugere Freire (1967). Muitas famílias são libertas da alienação de pensar, sentir e querer o que já determinaram a elas. Começam a perceber que são capazes de atuar segundo as próprias vontades. Muitos jovens determinados a não terminar seus estudos, por diversos motivos – desde a influência do tráfico de drogas à influência familiar, midiática e social de terminar apenas a etapa básica – começam a perceber que têm condições de ir além. É grande a demanda de famílias que chegam sem saber que, na sua cidade, há faculdades públicas e que seus filhos têm o direito de concorrer a uma vaga nelas. Estavam convencidas de que ser um "doutor" era para os filhos de seus patrões e não para os seus.

Essa escola comunitária tem exercido a missão de libertar famílias de vários tipos de alienação. Assim, não só os filhos começaram a estender seus sonhos, suas metas e seus sentidos da vida, como seus cuidadores voltaram, também, a sonhar, pensar, planejar e executar. Alguns voltaram a estudar, muitos concluindo uma universidade.

Uma das referências de modelo escolar adotado foi a Escola da Ponte, de Portugal, que, com sua originalidade e ousadia, enriqueceu a Escola Maria Peregrina, fazendo ela romper, ainda mais, os muros que a cercavam. Atualmente, a escola é uma instituição comunitária de ensino fundamental e médio que funciona em período integral.

Os idealizadores dessa escola, quando começaram a trabalhar com adolescentes e jovens, não planejaram uma escola, mas uma *cidade de Deus na cidade dos homens*. Com o passar do tempo, a escola se formalizou, pois perceberam, em suas vivências, que ela traz o mundo real da cidade, é um "recorte da sociedade". Contudo, foram além ao partilhar com a cidade uma proposta pedagógica que "derruba" todos os muros que tentam cercar os cidadãos. É frequente ver dentro da escola profissionais de todas as áreas ensinando crianças e/ou adolescentes; é comum presenciar a Escola Maria Peregrina nos mais diversos espaços públicos e privados da cidade; e é surpreendente entrar na casa de uma família matriculada e ver cartazes espalhados pelas paredes, registrando pesquisas, planejamentos e metas. A casa e a escola têm mais do que as mesmas paredes, comungam os mesmos objetivos, sentidos e sonhos.

A Escola Maria Peregrina é, portanto, espaço em que todos podem, mais do que sonhar, transformar e realizar.

REFERÊNCIAS

DEWEY, J. *Vida e educação*. 6. ed. São Paulo: Melhoramentos, 1967.
FREIRE, P. *Educação como prática da liberdade*. Rio de Janeiro: Paz e Terra, 1967.
GARDNER, H. *Inteligências múltiplas*: a teoria na prática. Porto Alegre: Artmed, 2000.

LEITURAS RECOMENDADAS

HOFFMANN, J. *Avaliação mediadora*: uma prática em construção da pré-escola à universidade. 14. ed. Porto Alegre: Mediação, 1998.
HOFFMANN, J. *Avaliação, mito & desafio*: uma perspectiva construtivista. 29. ed. Porto Alegre: Mediação, 2000.
LUCKESI, C. *Avaliação da aprendizagem escolar*. 9. ed. São Paulo: Cortez, 1999.
VILLAS BOAS, B. M. F. *Portfólio, avaliação e trabalho pedagógico*. Campinas: Papirus, 2004.

INOVAÇÃO NA REDE PÚBLICA MUNICIPAL DE MESQUITA (RJ):
o fortalecimento de uma política pública

Alexandre Vieira Rocha

A constituição de uma proposta inovadora em um município da Baixada Fluminense, região localizada em um bolsão de miséria e violência da região metropolitana do Rio de Janeiro, por si só causa surpresa. Comentários preconceituosos emanados, até mesmo por educadores, alegam que existe muita coisa melhor para se preocupar em resolver do que ficar inventando e teorizando sobre questões que já estão cristalizadas. Pois é justamente esse ponto que a implementação de uma proposta desse porte quer atacar. A inovação é fundamental para romper com o ciclo de pobreza, e, quando abordamos esse sentido inovador, referimo-nos ao aspecto mais amplo do termo, obviamente, nesse caso, dando destaque à questão educacional.

A experiência aqui relatada chama atenção pelo fato de que um município pobre da Baixada Fluminense tenha conseguido, sem suporte externo ou assessorias contratadas junto a universidades ou instituições privadas ou do terceiro setor ou congêneres, montar uma proposta teoricamente sólida e que funcionou durante todo o ano letivo de 2016, desfazendo logo em seu primeiro ano de funcionamento mitos que foram criados acerca da indispensabilidade da educação tradicional como meio de geração de conhecimento.

A proposta da escola Rubem Alves é o que se poderia chamar de proposta híbrida. Ela nasceu da junção de diferentes visões e propostas espalhadas pelo Brasil e pelo mundo. Para a construção de seu marco inicial, a Escola Comunitária Cirandas, em Paraty, Rio de Janeiro; o Projeto Âncora, em Cotia, São Paulo; e a Escola da Ponte, em Portugal, contribuíram com seu *know-how*.* Teóricos como Paulo Freire, Rubem Alves e Celestin Freinet deram o embasamento teórico para alguns pontos caros à proposta e, desse modo, uma grande "colcha de retalhos" foi sendo construída formando, entre esses retalhos, uma face que tinha os contornos da cidade de Mesquita. Foi assim que se conseguiu a construção de uma proposta que tivesse a cara de um município pobre, com pouco mais de 195 mil habitantes, com sérios problemas de criminalidade e ocupação do espaço urbano, mas com um grupo de educadores comprometidos com a educação municipal, vendo-a como um vetor para as mudanças necessárias para o crescimento da cidade.

Dessa forma, a proposta inovadora da Escola Municipal Rubem Alves surge como fortalecedora e consequência natural da política pública de educação integral, ilustrada neste capítulo, que foi construída a muitas mãos,

---

*Para saber mais sobre a Escola Comunitária Cirandas e o Projeto Âncora, ver, respectivamente, os Capítulos 13 e 9 deste livro.

durante muito tempo e conseguindo resultados que, se ainda não são os necessários, são fundamentais para a construção de uma sociedade mais justa, igualitária e democrática.

HISTÓRICO DA EDUCAÇÃO INTEGRAL EM MESQUITA (RJ)

A construção de uma proposta inovadora em uma rede pública nasce, muitas vezes, da vontade política de um governo/governante ou de movimentos isolados de educadores comprometidos com mudanças substanciais no modo de organização, planejamento, práticas ou desenvolvimento escolares. Contrariando essa lógica, o município de Mesquita, na Baixada Fluminense, região metropolitana do Rio de Janeiro, estigmatizada pela violência e por concentrar durante décadas bolsões de miséria às margens de uma das capitais mais ricas e importantes do País, desenvolveu uma proposta de inovação educacional alicerçada em uma política pública municipal que se estruturou ao longo de quase uma década. O ponto de partida para o início da estruturação da proposta de política pública de educação integral se deu em 2009 com a adesão do município ao Programa Mais Educação, estratégia indutora do governo federal, e se estendeu ao longo dos anos seguintes com avanços significativos, como a aprovação de lei municipal, em 2015, dispondo sobre as diretrizes para a educação integral, integrada e em tempo integral com gradual e progressiva ampliação da jornada escolar para os alunos do ensino fundamental da rede municipal de ensino.

> Com o decorrer dos anos, iniciou-se a organização de seminários para que fossem discutidos os caminhos da educação integral no município. Nessa perspectiva, em 2011 – após dois anos de implementação do PMEd no município – ocorre o *I Seminário de Educação Integral da Rede Municipal de Ensino de Mesquita,* com a presença de municípios como Palmas (TO) e Rio de Janeiro (RJ) (DUQUE, 2017, p. 66, grifo do autor).

Em resumo, o fortalecimento da política pública municipal de educação integral, em um crescente, com a formação continuada de importantes atores educacionais no município (coordenadores pedagógicos), abrindo caminho para um aprofundamento teórico que se mostraria fundamental para as medidas posteriores, o advento do Programa Mais Educação cobrindo quase 90% das escolas da rede pública municipal (OLIVEIRA, 2014), a implementação da primeira escola de educação integral do município, a criação do Comitê Municipal de Educação Integral e dos Comitês Locais de Educação Integral e, finalmente, a aprovação da Lei Municipal nº 881, de 31 de março de 2015, abriram caminho para que passos mais ousados fossem dados na direção de algo que ainda não havia sido experimentado e, nem sequer cogitado, pelo município: uma proposta realmente inovadora que reconstruísse os parâmetros de escola-educação-professor-aluno.

UMA PROPOSTA INOVADORA EM MESQUITA: MOTIVAÇÃO

A experiência acumulada pela equipe implementadora da educação integral da Secretaria Municipal de Educação de Mesquita no período de 2013 a 2016 levou a inúmeras reflexões sobre o quanto aquelas práticas e projetos tinham impacto direto não apenas no rendimento, mas no cotidiano e na vida social dos educandos. Propostas como as aulas-passeio como fio condutor da integração entre as disciplinas eram vivenciadas em Mesquita durante o ano de 2011 (LOMONACO; SILVA, 2013) e serviram como um dos alicerces da nossa proposta que se desenhava. A extinção do contraturno com o advento do turno único nas escolas integrais foi outra conquista, sendo colocado em prática já em 2014, na primeira escola de educação integral do município, chamada então de escola-piloto.

> Na nossa concepção de educação integral, não existe lugar para dois turnos diferentes, ainda que estes tentem dialogar entre si. Na nossa proposta, existe um turno único onde todas as áreas de conhecimento interajam, contribuindo para uma formação integral do alunado, uma vez que acreditamos que todas as diferentes dimensões devem estar inseridas no currículo (ROCHA, 2015, p. 23).

Foi nesse contexto de reflexões e construção de uma identidade para a educação municipal que nos deparamos com a necessidade de repensar não apenas a dimensão tempo-espaço na ampliação da carga horária dos alunos, mas de impregnar de sentido as práticas ali desenvolvidas por educandos e educadores.

A progressão das práticas e da maturidade dos envolvidos nesse processo, aos poucos, promoveu a experimentação de mais mudanças que quebrassem o padrão estanque da educação escolar: em 2016, as Unidades Escolares de Educação Integral (nesse momento, já eram três) adotaram os ciclos de desenvolvimento, rompendo com a seriação e a divisão em anos de escolaridade e dividindo todo o ensino fundamental em três ciclos com duração de três anos cada.

E a que se deveu essa necessidade de inovar? De fazer diferente? À constatação de que algo não estava acontecendo da maneira como deveria. Dados do Instituto Nacional de Pesquisas Educacionais Anísio Teixeira (INEP, 2015) referentes ao Índice de Desenvolvimento da Educação Básica (IDEB) mostravam que a evolução do município era lenta: 4,1 em 2011, 4,5 em 2013, 4,8 em 2015, ainda abaixo da meta estipulada para o País e para o próprio município. A reflexão, então, começou a partir para outros parâmetros: que tipo de escola estamos construindo? Para quê? Para quem?

Daí começaram a surgir as inquietações e a discussão da validade daquilo que era desenvolvido não apenas nas novas escolas integrais, mas também na rede regular como um todo. Isso porque, muito embora acreditemos na proposta das escolas integrais, por inúmeras questões (físicas, estruturais e financeiras) elas não são uma solução de curto (nem sequer médio) prazo. Observou-se então que, enquanto as práticas não fossem diferenciadas (por mais que as formações ocorressem), o doloroso rompimento com questões tão arraigadas na nossa concepção de escola não aconteceria e estaríamos apenas perpetuando uma escola que se diz inclusiva, mas que pratica a exclusão a todo momento.

Durante esse período de discussões e inquietações internas da equipe da Secretaria Municipal de Educação, tomamos conhecimento de uma proposta de escola comunitária, localizada na cidade de Paraty, região Sul do Estado do Rio de Janeiro. A proposta em muito se assemelhava à famosa Escola da Ponte, instituição portuguesa referência mundial em formato diverso de organização escolar. Após contato inicial com a escola e o agendamento de visita, uma equipe formada por três profissionais da Secretaria Municipal de Educação, na qual me incluía na condição de subsecretário municipal de educação, visitou, em outubro de 2015, a Escola Comunitária Cirandas. Foi assombroso! Talvez esse seja o termo mais apropriado para explicar o que sentimos naquela visita. Assombroso, segundo o *Dicionário Houaiss da Língua Portuguesa* (HOUAISS, 2001), remete a algo que causa espanto, impressionante. E a Escola Cirandas nos espantou. Por mais experientes que fôssemos no magistério, não acreditávamos que era possível conjugar em uma mesma proposta aprendizado, liberdade, autonomia e democracia. O que vimos começou, como uma torre de cartas, a desmoronar todas as nossas "certezas absolutas" sobre educação. Saímos totalmente perturbados da Cirandas. Como era possível?

Presenciamos com nossos próprios olhos a construção da autonomia de crianças com faixa etária flutuando entre 7 e 12 anos que conviviam harmoniosamente, na base do respeito mútuo, e com o não intervencionismo dos professores, tirando destes a centralidade do processo. Eram facilitadores, orientadores. E, como tais, apenas seguravam nas mãos dos alunos para auxiliá-los nos caminhos a serem trilhados. Caminhos esses que eram definidos pelos próprios alunos, segundo regras acordadas entre eles, seguindo o seu próprio interesse e não o que ditavam os manuais, os livros e outras prescrições de "como formar um aluno".

Em Rubem Alves, encontramos a explicação para tudo o que tínhamos sentido e vivenciado naquela oportunidade. A semelhança com sua visita à Escola da Ponte, relatada em seu livro *A escola com que sempre sonhei sem imaginar que pudesse existir*, e o seu espanto com o que vira (ALVES, 2001) nos fizeram entender que uma nova forma de organização escolar é possível.

A partir de então, o esforço interno da equipe que fez a visita era convencer os demais de que era possível fazer algo diferente e que esse diferente poderia alcançar resultados uma vez que os programas federais de repasse de recursos, tais como o Programa Dinheiro Direto na Escola (PDDE), ainda não estariam disponíveis no momento. Começamos a entender que era possível construir não apenas uma proposta de educação democrática, mas uma proposta de educação na democracia.

FUNDAMENTOS DA PROPOSTA INOVADORA

A proposta de inovação surgida em Mesquita em finais de 2015 e com implementação no ano de 2016 teve como premissa as práticas observadas *in loco* na Escola Comunitária Cirandas (Paraty/RJ) e no Projeto Âncora (Cotia/SP), inspirados livremente na proposta da Escola da Ponte (Rio das Aves/Portugal). Como se tratava de um público diferente em todos os aspectos, uma vez que a realidade social envolvida nas quatro localidades é totalmente diferente entre si, optou-se por uma hibridização, conjugando importantes detalhes observados em cada uma das propostas para a montagem de algo adaptado à realidade do município de Mesquita e seus alunos.

A compilação dessas ideias iniciais esteve a cargo da equipe responsável pela visita à Escola Cirandas (formada pelas professoras Monica Albuquerque, então coordenadora do ensino fundamental; Valesca Lins, então diretora do Departamento de Supervisão Educacional; e eu, então subsecretário municipal de educação). Conforme as ideias de implementação iam sendo desenvolvidas, a equipe interna ia crescendo, motivada, sobretudo, pelo entusiasmo verificado junto a nós, mas muito também pela curiosidade.

Não se pode deixar de ressaltar que, como coloca Alves (2001), algumas pessoas sentem o prazer em desconstruir e descreditar tais propostas. Seriam como elefantes em uma loja de cristais, deixando um rastro de destruição por onde passam. Sabíamos disso. Sabíamos que as oposições, as dúvidas e as críticas viriam de todos os lados, mas tínhamos certeza de que era não apenas possível como necessário repensar a forma de organização escolar. E por que essa modificação não poderia começar em um município pobre da Baixada Fluminense? Pessoas de alta renda e dos locais mais abastados do Brasil têm oportunidade de frequentar escolas caras que usam e abusam de métodos diferenciados e inovadores. Por que em Mesquita não? A própria ideia de exclusão já levantada anteriormente neste capítulo é reforçada com as oposições que enfrentamos, vindo, inclusive, de colegas educadores. Inovar, entretanto, é ter a força para enfrentar as resistências dos setores que querem manter o *status quo* e o modo pelo qual vão se perpetuando as situações.

A proposta apresentada para o que viria a ser a Escola Municipal Rubem Alves era alicerçada na concepção de educação na democracia. Entre os pilares que a fundamentavam estavam: a) a liberdade de escolha da trilha curricular a ser seguida por cada um de acordo com seus interesses; b) as relações horizontalizadas; c) a inexistência de salas, turmas ou anos de escolaridades; d) a resolução de conflitos e a normatização do funcionamento por meio de regras emanadas por uma assembleia de alunos.

Há de se confessar que a proposta inicial era até mesmo mais ousada, com a inexistência da figura do diretor e a gestão da casa sendo realizada pela assembleia. Note-se que citamos a palavra "casa", e não "escola". E não foi meramente um recurso estilístico. Para o funcionamento da Escola Municipal Rubem Alves, entendíamos que qualquer referência à escola da forma como ela é pensada hoje – salas de aula geometricamente separadas com corredores extensos, horários definidos, espaços bem-demarcados – tornaria mais difícil a quebra de paradigmas e a construção de uma nova realidade de organização escolar. Decidiu-se então locar um espaço totalmente diferenciado: uma casa de madeira. O espaço escolhido era uma casa de três pavimentos, com piscina e uma ampla varanda externa na parte alta do terreno que dava vista para grande parte da cidade. Qualquer pessoa que passasse em frente àquele imóvel não poderia imaginar que ali havia uma escola a não ser pela pintura da parede com seu nome. Mas, sim, era uma escola. E uma escola viva.

OS PILARES DA PROPOSTA

Como já citado, a proposta se apoiava, fundamentalmente, em quatro pilares. O primeiro deles era a liberdade de escolha da trilha curricular a ser seguida por cada um. A ideia de usar o termo "trilha curricular" era justamente para ilustrar que cada um poderia seguir o caminho que desejasse, mas, o final, em tese, era o mesmo. Isso se explica no sentido de que não víamos rigidez teórica ao dizermos que o aluno era o responsável pela construção de seu currículo, uma vez que o profissional habilitado para entender todas as nuanças e necessidades de conteúdo é o professor que, nessa proposta, assume o papel de professor-orientador. Ou seja, ele auxilia a pavimentar o caminho escolhido pelo aluno, fazendo com que, a partir dos interesses e dos temas abordados pelos alunos, sejam construídas as vinculações entre esses assuntos e os conteúdos sistematizados ao longo dos tempos, que são um direito inalienável dos alunos.

Uma das concepções básicas da Escola da Ponte diz que "todo sujeito é único e irrepetível". Foi com base nessa premissa que se fundou a ideia da construção diferenciada da trilha curricular de cada aluno, pois são indivíduos diferentes, sujeitos históricos diferentes, com diferentes gostos e diferentes expectativas de futuro, enfim, seria uma incoerência que todos tivessem de seguir o mesmo caminho, ao mesmo tempo, da mesma forma.

O segundo pilar em que se funda a proposta é, talvez, um dos mais difíceis: as relações horizontalizadas. Ao longo dos séculos, a escola sempre se fundou na figura onipotente do professor. Mais recentemente, com estudos mais modernos, uma sociedade mais livre e reflexiva, o professor foi perdendo essa primazia, o que, por incrível que pareça, deixou muitos deles chateados. E, ainda, o poder e o controle presentes nas mãos dos professores são um instrumento de segurança para eles. Ao sentir-se confrontado, o professor se utiliza de sua autoridade e de seus instrumentos de controle para ameaçar e manter a ordem. A palavra "ameaça", por mais que pareça forte demais para o contexto, encarna perfeitamente ideias que são envolvidas em questões como as provas e a disciplina.

Na proposta da Rubem Alves, as relações são totalmente horizontalizadas, com os alunos assumindo, inclusive, muitas posições de predominância em relação aos professores, por exemplo, nas assembleias, em que o voto do professor tem o mesmo peso do voto dos alunos (que são a maioria). Tudo é uma construção. Inclusive saber lidar com o fato de ser maioria. E tudo é educativo. Cada momento. Cada espaço. Cada detalhe. Isso é a ideia de educação na democracia.

O terceiro pilar da proposta é a total inexistência de salas de aulas, turmas ou anos de escolaridade. A proposta se baseia no ciclo de desenvolvimento humano, defendido por Arroyo (1999, p. 156).

> [...] ciclo não é um amontoado ou conglomerado de séries, nem uma simples receita para facilitar o fluxo escolar, acabar com a reprovação e a retenção, não é uma sequência de ritmos de aprendizagem. É mais do que isso. É uma procura, nada fácil, de organizar o trabalho, os tempos e espaços, os saberes, as experiências de socialização da maneira mais respeitosa para com as temporalidades do desenvolvimento humano. Desenvolver os educandos na especificidade de seus tempos-ciclos, da infância, da adolescência, da juventude ou da vida adulta. Pensamos em Ciclos de Formação ou de Desenvolvimento Humano.

Compartimentalizar o ensino em caixas como salas de aula, turmas ou anos, segundo a proposta, dá à educação um aspecto estanque, parado no tempo. Não se cultiva a autonomia tampouco a criatividade e a curiosidade dos alunos. A criança, por si só, é um ser curioso. A escola, de certa forma, tolhe essa criatividade, quando, na verdade, deveria estimulá-la. Com o fim da existência formal de salas de aula, dá-se aos alunos liberdade para os seus corpos, como bem coloca Arroyo (2012, p. 42) ao explicitar que "[...] quanto mais desumanas forem as formas de viver das escolas, das crianças e dos adolescentes mais dignos, mais humanos terão de ser os espaços, os tempos, os tratamentos dos seus corpos, de seu viver, conviver nas escolas [...]".

A inexistência de turmas formais é apenas uma inversão da organização que deixa de ser uma atribuição das escolas ao montá-las, aleatoriamente, ou segundo seus critérios (muitas vezes excludentes) para ser uma prerrogativa dos próprios interessados: os alunos. Eles se agrupam segundo seus interesses comuns e seus projetos de trabalho, de modo a colaborar de maneira cooperativa uns com os outros, deixando claro, mais uma vez, a essência democrática e inclusiva dessa proposta.

O quarto pilar da proposta se funda na resolução de conflitos e normas por meio da assembleia como instância de deliberação das questões envolvidas na casa/escola. O conflito, segundo a proposta, é elemento central pedagógico, pois, a partir daí, o aluno se vê na necessidade de refletir sobre si mesmo e sobre os demais, como bem conclui Araújo (2009, p. 46), "[...] torna-se, portanto, a matéria-prima para nossa constituição psíquica, cognitiva, afetiva, ideológica e social [...]".

Sem dúvida, esse é um dos pilares mais difíceis de ser executado. Temos uma cultura escolar que não é democrática. Ela é baseada na hierarquia e no poder, em que os mais "poderosos" falam, e os menos poderosos se calam. Ao trazer uma lógica democrática em que a assembleia não é apenas um instrumento decorativo ou de resolução de conflitos imediatos, mas, sim, de normatização frequente de todas as questões cotidianas e de funcionamento do próprio sistema em que estão inseridos, há de se esperar um grande e doloroso período de aclimatação, em que idas e vindas serão constantes, com avanços e retrocessos. No entanto, tendo certeza de que o caminho para a construção de uma proposta democrática inserida em um meio democrático é esse, não há como voltar atrás.

A IMPLEMENTAÇÃO DA PROPOSTA

Após ser estabelecida internamente a proposta inicial do que seria a Rubem Alves, foram definidos alguns detalhes importantes para a execução do projeto. Tendo em vista a característica da edificação onde a escola seria instalada, bem como o seu ineditismo, optou-se por limitar a 40 o número de alunos inscritos no primeiro ano de funcionamento. Além disso, a escola foi criada como uma escola de primeiro segmento (anos iniciais de escolaridade) do ensino fundamental, o que, em tese, equivaleria dizer uma escola do 1° ao 5° ano de escolaridade. Ou seja, o ciclo dos alunos naquela proposta era de cinco anos, com crianças de 6 a 10 anos de idade.

Observando-se a necessidade de que os alunos ali matriculados ficassem, pelo menos, durante três anos trabalhando nessa proposta, limitaram-se as matrículas para a nova escola a crianças de 6 a 8 anos, o que, inevitavelmente, exigiria que cursassem, no mínimo, mais três anos de escolaridade segundo a proposta.

Definidos os detalhes de funcionamento, tornou-se fundamental procurar quem poderia trabalhar com base nessa proposta. Questão fundamental, pois nem todos os profissionais da educação estariam aptos a enfrentar as grandes dificuldades a que seriam expostos. A maior delas: a necessidade de desconstruir boa parte de seus conceitos educacionais até então e estudar intensivamente sobre tudo o que dizia respeito à proposta.

Em um universo de 1.300 professores (número aproximado de profissionais da rede municipal de educação), imagina-se que não seja difícil encontrar cinco professores para fazer parte do projeto. Entretanto, não foi uma escolha fácil. Os cinco profissionais selecionados se destacavam não apenas pela qualidade de seu trabalho, mas por estarem abertos às mudanças que fatalmente teriam de empregar em suas práticas e em suas vidas. Para levar adiante a proposta, foram convidados os professores Jorge Ricardo (de educação física), Douglas Cortes (de artes), Bárbara Menezes, Roselma Pena e Louhani Santos (professoras dos anos iniciais). Esse processo seletivo, que contou diretamente com indicações, conversas e convites reservados, se deu ao longo de outubro a novembro de 2015. A partir de então, esses educadores mergulharam em um universo totalmente diferente da escola com a qual estavam acostumados. As dores e as alegrias foram muitas. A desconstrução, como previsto, é a parte mais dolorosa. Abrir mão do controle, estar no mesmo patamar que os alunos, tudo mexe com a construção de escola que temos em mente. Tudo mexe com o cotidiano, com as relações.

Definidos os profissionais, os espaços e a proposta inicial (considerando que essa seria vista e revista inúmeras vezes por quem de direito, ou seja, professores e alunos da Rubem Alves), o ano de 2016 começou com a perspectiva de germinar uma semente do que poderia ser uma nova forma de organização escolar.

É interessante e fundamental ressaltar que propostas de organização escolar diferenciadas existem Brasil afora, muitas vezes em número até superior ao que imaginamos. Entretanto, a importância da Rubem Alves no cenário educacional brasileiro está no fato de que uma proposta que rompe com o arcabouço formal de organização escolar nasce em um município pobre da Baixada Fluminense, da iniciativa de um grupo de profissionais da rede municipal de educação, sem respaldo ou orientação inicial de qualquer universidade ou órgão de pesquisa. Podemos dizer que a Rubem Alves nasce do idealismo da profissão docente. Mas, acima de tudo, como reflexo e consequência de uma política pública de educação que começa em 2009 com a formação continuada dos coordenadores pedagógicos da educação integral, plantando-se ali a semente de uma árvore que sete anos após deu frutos que, com certeza, não eram esperados.

Em março de 2016, com a presença de autoridades municipais, é inaugurada a Escola Municipal Rubem Alves. Tratava-se da quinta unidade escolar de educação integral do município, funcionando das 8h às 16h, de segunda a sexta-feira. O que vem a seguir, entretanto, é muito mais importante do que uma mera data simbólica. Os acontecimentos e as práticas desenvolvidas na Rubem Alves durante o ano de 2016 ajudam a desconstruir falas excludentes e a formar conceitos sobre a necessidade de novas formas de organização escolar.

Pedagogicamente, como já definido, a proposta é das trilhas curriculares diferenciadas, ou seja, em que cada aluno estabelece o caminho a percorrer com base em seus interesses. Essa trilha pedagógica era executada por meio de projetos individuais ou coletivos de aprendizagem. Partindo do interesse individual ou de um grupo de alunos, o professor-orientador montava, em conjunto com os alunos, um plano de estudos no qual estavam incluídas as pesquisas e todo o conteúdo que deveriam trabalhar para concluir tal atividade. O projeto, dependendo do tema e do número de alunos, duraria de 5 a 15 dias, podendo ser renovado caso os objetivos previstos ainda não tivessem sido alcançados.

A avaliação, uma das principais curiosidades dos professores, seguia uma dinâmica totalmente diferenciada em relação à escola regular. Ela ocorria a todo momento. Os professores verificavam o aprendizado dos alunos a cada ação, a cada fala, a cada atividade, a cada assessoria que os mais adiantados prestavam àqueles com mais dificuldade. Sem contar o fato de que a autoavaliação por parte dos alunos era a estratégia principal para desencadear um processo avaliativo mais elaborado. Parte-se do princípio de que não existe ninguém melhor para definir o que sabe do que a própria pessoa. Pessoa. Penso que tocamos no ponto certo neste momento. A Rubem Alves tinha a característica de ver o aluno como pessoa. Como sujeito de direitos. E de deveres. Não como tábula rasa. Não como um adulto em miniatura. Mas como um sujeito aprendente sedento, curioso, responsável e autônomo. O que nossas escolas não conseguem enxergar.

IDAS E VINDAS: AVANÇOS E RETROCESSOS

Em menos de um ano de funcionamento, a proposta derrubou alguns mitos. Segundo dados internos da Secretaria Municipal de Educação, o nível de desenvolvimento da escrita e da leitura dos alunos da Rubem Alves se mostrava superior à média das escolas municipais. Apontamentos e avaliações diagnósticas feitos pelos próprios professores demonstravam o avanço dos alunos no que diz respeito à autonomia da leitura e da escrita.

Entretanto, há de se destacar que o maior de todos os avanços e, com certeza, o maior ganho que a escola conseguiu em seu primeiro ano de funcionamento foi a construção da autonomia dos alunos. Um dos argumentos contrários à proposta é de que dispor de um grande espaço, com inúmeras possibilidades de atividades, é um convite para que os estudos sejam deixados de lado. Essa ideia se baseia, fundamentalmente, na concepção de que a criança só estuda (e aprende) mediante o controle. Trata-se de um conceito totalmente ultrapassado. O que a experiência da Rubem Alves traz é que a criança estuda (e aprende) quando se sente interessada e motivada. E isso a escola conseguiu, mesmo em meio a todas as dificuldades enfrentadas.

Um dos pontos fundamentais dessa proposta é a autonomia não apenas dos alunos, mas da escola como um todo. A Resolução do Conselho Municipal de Educação, que aprovou as normas de funcionamento da escola, dizia em seu texto que, progressivamente, a escola será dotada de autonomia pedagógica, administrativa e financeira. Pedagogicamente, a escola teve total autonomia para construir e reconstruir sua proposta, com auxílio permanente da Secretaria Municipal de Educação. A questão administrativa também teve um respaldo considerável, sobretudo pelo fato de a então responsável pelo Departamento de Supervisão Educacional ser uma das responsáveis e incentivadoras da proposta. O grande vácuo ainda era a autonomia financeira, uma vez que a escola acabara de ser criada e ainda não recebia recursos federais, sendo totalmente mantida pela municipalidade, uma vez que os programas federais de repasse de recursos, como o PDDE, não estavam disponíveis no momento.

Do ponto de vista dos profissionais, a procura por aprender mais sobre questões ligadas ao desenvolvimento humano e a outras formas de organização escolar mostrou progressos evidentes alcançados pela escola, mas que também serão levados por esses profissionais por toda a vida.

Sabemos que a educação brasileira tem problemas crônicos. Não é diferente com a educação mesquitense. Talvez esses problemas sejam até mesmo maiores. Mesquita é um município pobre, e maior parte de sua receita está vinculada às transferências constitucionais de outros entes federativos. Ainda assim, conseguiu executar uma proposta diferenciada, ressalvados os problemas enfrentados no meio do caminho.

A questão financeira, com certeza, foi uma delas. Aliada à burocracia, equipar a escola da maneira devida para o seu funcionamento de acordo com a proposta preparada tornou-se uma tarefa hercúlea. Durante o ano letivo de 2016, alunos pesquisavam em celulares e *tablets* de professores de modo a realizar suas atividades de pesquisa em seus projetos. O próprio mobiliário para a escola, que era diferenciado, só foi obtido (ainda que não totalmente) graças a doações, uma vez que um processo licitatório demoraria tempo demais para ser finalizado.

Ainda que não possam ser considerados pontos negativos, a adequação à proposta, os estudos e a necessidade de observar e interagir com outras propostas foram dificuldades apresentadas pelo grupo de profissionais, que, ainda assim, visitaram às próprias expensas a Escola Comunitária Cirandas, em Paraty.

A própria concepção democrática da escola é extremamente complexa. As assembleias, como momento institucional do falar e ouvir, são etapas dolorosas do processo de constituição democrática da pessoa. E quanto a isso, falamos de professores e alunos. Não se trata de julgar. Trata-se de um conceito mais amplo de democracia participativa que deve ser maturado e não pode ser avaliado em apenas um ano de funcionamento.

> Diferentemente de outros modelos de resolução de conflitos, as assembleias não buscam mediá-los no pressuposto de que existe o certo e o errado e que deve haver uma pessoa munida de autoridade institucional com responsabilidade para julgar e decidir sobre problemas, estabelecer recompensas e sanções ou mesmo de obrigar as partes envolvidas a chegar a um consenso. Essa concepção abre espaço, muitas vezes, para posturas arbitrárias, injustas e autoritárias, que promovem decisões a partir dos valores e crenças de uma pessoa com autoridade legitimada pela sociedade (ARAÚJO, 2008, p. 119).

O foco deste capítulo, desde o primeiro momento, não foi mostrar apenas as conquistas bonitas e positivas atingidas durante o desenvolvimento da proposta da Rubem Alves, mas, sim, detalhar todo o seu processo de implantação e implementação, incluindo aí os percalços e os retrocessos. Sim, aconteceram. E foram muitos, como já apontado. O último deles (e o mais grave) ocorreu em 2017, já na gestão que se sucedeu após as eleições municipais de 2016. A Escola Municipal Rubem Alves foi fechada sem comunicação prévia a responsáveis e professores. Partindo da premissa de que seria um projeto do governo anterior, a escola teve suas atividades suspensas sumariamente, e seus alunos foram transferidos para outras unidades regulares, ainda que sem autorização dos pais.

O fechamento da Rubem Alves chama a atenção para um dos problemas principais do ensino no Brasil: a falta de continuidade das políticas públicas. Mesmo com todo o respaldo legal, como a Resolução do Conselho Municipal de Educação, lei de criação aprovada pela Câmara de Vereadores e todo o trabalho desenvolvido pelos professores, sob a alegação de necessidade de reduzir custos, a escola foi desrespeitosamente fechada, sem que seus profissionais tenham sido ouvidos antes.

Há de se destacar que a oposição à proposta não aconteceu somente na nova gestão, mas foi também de profissionais que, inclusive, participaram da gestão responsável por sua implementação. Com base em concepções que reforçam o papel da escola centralizadora, da pedagogia dos exames e, em poucos casos, por motivações pessoais, alguns foram vozes dissonantes, contrariando o que diziam os números e as evidências. Como fruto de uma política pública de educação integral, a Rubem Alves foi um dos acontecimentos mais animadores surgidos na Baixada Fluminense nos últimos tempos, uma área tão carente em investimentos do poder público, que ainda foi o responsável pelo retrocesso nesse importante avanço.

Não há dúvida de que, em muito pouco tempo, outros gestores em municípios vizinhos ou até mesmo na própria cidade tenham consciência do impacto que a Rubem Alves trouxe para a organização do sistema escolar e a entendam não como um instrumento político, mas como um meio de promoção de educação de qualidade a partir do reconhecimento das diferenças e de uma prática democrática de educação. Embora tenham fechado a escola, a proposta é viva. Duas professoras saídas da escola estão implementando atividades diferenciadas em suas novas salas de aula regulares, transformando-as, assim, em pequenas Rubens Alves. De minha parte, após licença encerrada no mês de junho e retorno à sala de aula, construí uma Rubem Alves em minha turma de 3º ano de escolaridade. E assim se espera que dezenas, centenas de Rubens Alves surjam por toda a Baixada Fluminense para que ajudem a acabar com ciclo de escola pobre para o pobre.

CONSIDERAÇÕES FINAIS

A grande pergunta que deve ser feita e pautar toda a discussão que envolve a proposta da Rubem Alves é: para que está servindo a escola de hoje? Foi justamente por meio dessa pergunta que surgiu, em Mesquita, a ideia de uma proposta diferenciada, inovadora, que não visse a escola como mero depósito de crianças e as salas de aula apenas como locais de lobotomia em que os professores inculcam nas crianças os conteúdos obrigatórios. Alicerçada em uma política pública de educação integral iniciada em 2009, a proposta encontrou terreno fértil para surgir, sobretudo pela ampla legislação aprovada pelo município, pesando o fato de ter sido construída de maneira democrática, por meio de fóruns apropriados desenvolvidos e sistematizados com o passar dos anos.

Retornando à pergunta do parágrafo anterior, em 2015, quando da decisão da criação da escola com proposta inovadora, a resposta dada foi clara: era possível uma escola diferente. Mais importante: era preciso uma escola diferente. E essa escola, ainda que pesem as dificuldades encontradas para sua implementação, como fartamente abordado aqui, nasceu baseada em uma prática de educação na democracia. Essa mesma prática que pautou suas atividades durante todo o seu funcionamento.

É certo que a democracia é um conceito muito caro a todos, mas, ao mesmo tempo, muito difícil de executar. Até que ponto as questões coletivas se sobrepõem às individuais? É justamente esse (difícil) aprendizado que foi o cerne do trabalho educativo da escola. Ainda que intuitivamente. Todas as relações diárias eram questões pedagógicas. É justamente nessa cotidianidade que se apoia uma proposta inovadora desse porte. Poderíamos ter o que Santomé (2005) chama de currículo oculto, mas que, de fato, nessa proposta, não é tão oculto assim, mas a razão principal do funcionamento da proposta.

Em linhas gerais, a Rubem Alves deixa como herança para o sistema educacional brasileiro os passos que ensejaram a criação de uma proposta democrática *na* e *para* a democracia. Sua curta trajetória nos leva a uma reflexão sobre os diferentes e necessários modos de organização escolar, sobretudo aqueles que valorizam a autonomia, a criatividade e a curiosidade do educando, aspectos esses que eram a tônica do processo educacional da escola. Embora hoje não esteja em atividade, suas raízes permanecem intactas, uma vez que professores se apropriaram da proposta e repensaram suas práticas, fazendo inúmeras novas *Rubens Alves* surgirem em todo o município de Mesquita e na Baixada Fluminense como um todo, onde a maioria desses professores divide seu tempo em outras redes de ensino.

Embora hoje, fisicamente, não tenhamos a Rubem Alves (uma vez que a escola teve suas atividades suspensas), fica claro que é possível, sim, construir uma proposta inovadora de educação em um município pobre e com poucos recursos. Em breve, com certeza, teremos outras Rubens Alves, com a mesma formatação ou com ideias diversas, mas com o mesmo espírito de valorizar, fortalecer e garantir direitos aos educandos e à educação brasileira como um todo.

REFERÊNCIAS

ALVES, R. *A escola com que sempre sonhei sem imaginar que pudesse existir*. Campinas: Papirus, 2001.

ARAÚJO, U. F. *Autogestão na sala de aula*: as assembleias escolares. São Paulo: Summus, 2009.

ARAÚJO, U. F. Resolução de conflitos e assembleias escolares. *Cadernos de Educação*, n. 31, p. 115-131, 2008.

ARROYO, M. G. Ciclos de desenvolvimento humano e formação de educadores. *Educação & Sociedade*, v. 20, n. 68, p. 143-162, 1999.

ARROYO, M. G. O direito a tempos-espaços de um justo e digno viver. In: MOLL, J. (Org.). *Caminhos da educação integral no Brasil*: direito a outros tempos e espaços educativos. Porto Alegre: Penso, 2012. p. 33-45.

DUQUE, G. B. T. *Currículo integrado em uma proposta de educação integral em tempo integral no município de Mesquita (RJ)*: entre o escrito e o vivido. 2017. 175 f. Dissertação (Mestrado em Educação) – Centro de Ciências Humanas e Sociais, Pós-Graduação em Educação, Universidade Federal do Estado do Rio de Janeiro, Rio de Janeiro, 2017.

HOUAISS, A. *Dicionário Houaiss da Língua Portuguesa*. Rio de Janeiro: Objetiva, 2001.

INSTITUTO NACIONAL DE PESQUISAS EDUCACIONAIS ANÍSIO TEIXEIRA. *Mesquita*: Ideb 2015. Brasília: INEP, 2015. Disponível em: <https://www.qedu.org.br/cidade/2776-mesquita/ideb>. Acesso em: 20 ago. 2018.

LOMONACO, B.; SILVA, L. *Percursos da educação integral*: em busca da qualidade e da equidade. São Paulo: Fundação Itaú Social, 2013.

MESQUITA. Prefeitura Municipal. *Lei nº 881, de 31 de março de 2015*. Dispõe sobre diretrizes para educação integral, integrada e em tempo integral com gradual e progressiva ampliação da jornada escolar dos alunos do ensino fundamental da rede municipal de ensino. Mesquita: Câmara Municipal, 2015.

OLIVEIRA, L. G. *A formação continuada no âmbito do Programa Mais Educação no município de Mesquita-RJ*. 2014. 152 f. Dissertação (Mestrado em Educação) – Centro de Ciências Humanas e Sociais, Pós-Graduação em Educação, Universidade Federal do Estado do Rio de Janeiro, Rio de Janeiro, 2014.

ROCHA, A. V. *Mesquita*: a construção de uma política pública de educação integral na Baixada Fluminense. Juiz de Fora: Garcia Editorial, 2015.

SANTOMÉ, J. T. *El curriculum oculto*. Madrid: Morata, 2005.

INOVAÇÃO CURRICULAR NO ENSINO SUPERIOR BRASILEIRO:
metodologias ativas, engajamento e aprendizagem significativa no bacharelado em Moda do Senac – São Paulo

Rosana Garcia

METODOLOGIAS ATIVAS DE APRENDIZAGEM, CURRÍCULO E MEDIAÇÃO

O desenvolvimento de trabalho por projetos do Centro Universitário Senac São Paulo denomina-se projeto integrador e faz parte das metodologias ativas de aprendizagem, que ocorrem tanto nas situações reais como nas simuladas. Nesse sentido, os papéis tradicionais de estudantes e professores são reescritos em uma perspectiva bilateralmente participativa, porém centrada no estudante.

Para o aluno, o motor da aprendizagem é a superação de desafios. A resolução de problemas e a construção de novos caminhos são feitas com base nos conhecimentos e nas experiências prévias dos indivíduos. Segundo Paulo Freire (1996, p. 54): "Por que não estabelecer uma intimidade entre os saberes curriculares fundamentais aos alunos e a experiência social que eles têm como indivíduos?".

Sendo assim, o processo de formação dos alunos do ensino superior pressupõe a utilização de metodologias ativas que proponham desafios a serem superados pelos estudantes, que lhes possibilitem ocupar o lugar de sujeitos na construção de conhecimentos e que coloquem o professor como facilitador e mediador desse processo.

O espaço de prática, onde o projeto encontra na problematização um instrumental adequado para articular a ação dos diferentes atores sobre os problemas da realidade, é a aprendizagem baseada em problemas (*problem-based learning* [PBL]). Segundo Mamede (2001, p. 62):

> Mais que um método, a PBL configura-se como uma estratégia educacional e uma filosofia curricular, concebendo um processo de aprendizagem onde estudantes autodirigidos constroem ativamente seu conhecimento. Partindo de problemas e trabalhando de maneira colaborativa, os educandos aprendem de forma contextualizada, formulam seus próprios objetivos de aprendizagem e apropriam-se de um saber que adquire um significado pessoal segundo as disposições internas de cada um que aprende. O currículo na PBL, em vez da organização convencional por disciplinas, estrutura-se por ciclos de vida e por funções, e os problemas constituem o foco central e o ponto de partida do processo educacional.

Um recuo no tempo faz-se necessário para fundamentar a PBL, e não se pode deixar de citar o filósofo americano John Dewey (1859-1952), que fez a ruptura com todo um sistema de crenças e práticas em educação de sua época e criou as bases para uma visão radicalmente inovadora do processo de aprendizagem: ela passa a não ser mais passiva, é deixada para trás a ideia de que o conhecimento previamente acumulado nada significa para o que se vai aprender e é descartado o conceito de que a aprendizagem seja possível fora do contexto da experiência (Mamede, 2001).

Ainda, segundo Mamede (2001, p. 120):

> A partir de seu surgimento, nos anos 60, na Universidade McMaster, no Canadá, e das iniciativas pioneiras de instituições como a Universidade de Maastricht, na Holanda, e de Newcastle, na Austrália, a PBL estendeu-se para dezenas de outras escolas em diversos países. Inicialmente concebida para a formação médica, é uma abordagem atualmente adotada para a educação de profissionais dos mais diversos campos, sendo amplamente utilizada também para o ensino de pós-graduação e educação permanente.

O sistema educacional clássico é rejeitado e é proposto um modelo de educação centrado na experiência, que reorganiza a permanente busca de significados em um mundo instável. A aprendizagem, segundo Mamede (2001), referenciando Dewey, parte de problemas, de situações que implicam dúvida em um esforço ativo para trazer clareza e coerência. Cada experiência educativa traz elementos que são retidos e possibilitam lidar mais facilmente com condições problemáticas futuras.

Aprender a aprender, então, envolve o desenvolvimento de habilidades de busca, seleção e avaliação crítica de dados e informações disponibilizadas em livros, periódicos, bases de dados locais e remotos, além da utilização das fontes pessoais de informação, incluindo, com particular destaque, a informação advinda da própria experiência profissional.

A adoção de uma metodologia ativa consiste em configurar o currículo de maneira integrada, para que se possam articular os vários conteúdos necessários para dar conta de uma situação ou um problema, de modo a transcender a estrutura disciplinar.

O desenho do currículo, então, é uma etapa importante para o sucesso da abordagem educacional fundamentada na PBL. O Centro Universitário Senac São Paulo, tendo clareza desse processo, aborda uma estrutura curricular interativa entre os conhecimentos, as habilidades e as atitudes a serem desenvolvidos nos cursos, identificando a trajetória formativa do aluno ao longo dos períodos cursados, de modo a desenvolver as competências necessárias ao futuro profissional. Assim, a articulação entre teoria e prática e a incorporação das metodologias ativas como norteadoras das ações pedagógicas são articuladas por meio de projetos integradores.

Segundo Gimeno Sacristán (2000, p. 9), o currículo é entendido como:

> [...] algo que adquire forma e significado educativo à medida que sofre uma série de processos de transformação dentro das atividades práticas que o têm mais diretamente por objeto. As condições de desenvolvimento e realidade curricular não podem ser entendidas senão em conjunto.

O valor de todo currículo se concretiza na prática e, às vezes, "foge" da intenção integral inicial, pois a prática reflete pressupostos e valores muito diversos, e, então, o currículo adquire significado definitivo para os alunos e para os professores, que darão uma nova definição à práxis. O currículo, nessa perspectiva, é ponte entre a teoria e a ação e, por isso, é importante analisar a estrutura da prática.

Ainda, segundo Gimeno Sacristán (2000, p. 201):

> A estrutura da prática obedece a múltiplos determinantes, tem sua justificativa em parâmetros institucionais, organizativos, tradições metodológicas, possibilidades reais dos professores, dos meios e condições físicas existentes. Precisamente, quando se aborda a mudança do cur-

rículo, vemos que os mecanismos que dão coerência a um tipo de prática são resistentes, dando a impressão de que dispõem de autonomia funcional, o que não é senão o resultado de que a prática se configura por outros determinantes que não são apenas curriculares.

Sendo assim, o projeto integrador é um componente curricular obrigatório dos cursos de bacharelado, tecnologia e licenciatura que orienta o currículo em uma perspectiva cultural, política, social e escolar, historicamente configurada. O projeto articula, assim, o perfil de competências profissionais do curso às intenções formativas do período, potencializando o desenvolvimento de estratégias de conhecimento e de intervenção social como resposta aos desafios contemporâneos.

O projeto integrador objetiva a problematização sobre os cenários definidos para cada período do curso, subsidiada por estratégias de pesquisa científica e de implementação de projetos em diferentes áreas de conhecimento, possibilitando aos estudantes a responsabilidade de organizar parcialmente o próprio processo de aprendizagem. Por meio do projeto, o corpo discente é estimulado a investigar, formular propostas e elaborar documentos conclusivos, socializando os conhecimentos construídos com os demais alunos e a comunidade.

Encontra-se, em Hernández (1998, p. 89), a seguinte construção: "[...] os projetos de trabalho se apresentam não com um método ou uma pedagogia, mas sim como uma concepção da educação e da escola [...]". Para o autor, os projetos de trabalho representam uma nova postura pedagógica, coerente com uma nova maneira de compreender e vivenciar o processo educativo de modo a responder a alguns desafios da sociedade atual (HERNÁNDEZ, 1998).

Não se trata, portanto, de uma simples técnica para tornar os conteúdos mais atrativos para os alunos, mas de uma maneira de compreender o sentido da escolaridade com base no ensino para compreensão experiencial e investigativa. Com isso, a escolha dos projetos de trabalho como orientação para a organização do trabalho pedagógico implica uma postura pedagógica e a ressignificação do espaço da instituição de ensino, o que transforma a sala de aula em um ambiente dinâmico de interação, de relações pedagógicas e de construção do conhecimento. Amplia, necessariamente, a organização do conhecimento, pois implica mudança do currículo como um todo e, consequentemente, uma mudança da própria instituição.

Ora, nessa perspectiva, as escolhas práticas propriamente ditas da articulação entre currículo, saberes e aprendizagem se dão em cada realidade escolar, considerando as premissas da experiência do aluno na construção de seu conhecimento.

Assim, cabe aos estudantes estabelecer um efetivo diálogo com a realidade, explicitando suas concepções e compreensões, formulando questões e perguntas que devem contribuir para a construção das pontes entre os conhecimentos e as demais capacidades prévias e as novas capacidades requeridas para melhor compreender e atuar mediante determinada situação-problema. Cabe aos professores conhecer a realidade social, cognitiva e afetiva do aluno, apresentando propostas motivadoras e desafiantes.

Os saberes docentes e a prática pedagógica estão intrinsecamente relacionados, uma vez que, no exercício da prática docente, eles são mobilizados, construídos e reconstruídos pelo professor a partir de uma ação dinâmica, ao ensinar. Para Tardif (2002, p. 228), "[...] os professores de profissão possuem saberes específicos que são mobilizados, utilizados e produzidos por eles no âmbito de suas tarefas cotidianas [...]". É, dessa forma, que o professor, ao repensar o seu fazer pedagógico, pode vir a (re)construir novos saberes que possibilitem uma prática pedagógica baseada na autonomia e na mobilização.

Etapas da participação de alunos e professores no desenvolvimento dos projetos integradores nos cursos de bacharelado, tecnologia e licenciatura do Centro Universitário Senac São Paulo

1. **Observação do contexto social.** A instituição propõe, por meio de projeto integrador, que o aluno amplie seu olhar diante da realidade para tornar-se um cidadão autônomo, um verdadeiro agente de transformação social.
2. **Composição dos desafios.** A composição dos desafios definidos pelo projeto pedagógico de curso é discutida pelos professores. Essa composição é feita por elementos da realidade e não se esgota no âmbito do documento: ela é complementada pelas contribuições dos alunos.
3. **Incentivo a múltiplas perspectivas.** Depois de ter contato com o desafio apresentado, os alunos discutem e levantam hipóteses. O professor os estimula a desenvolver as múltiplas perspectivas da realidade.
4. **Problematização e pesquisa.** Interação com o desafio: o aluno inicia uma observação mais aprofundada da realidade e, por meio das pesquisas bibliográficas e de campo, busca respostas para o que está sendo problematizado.
5. **Construção do panorama.** A partir da produção científica dos alunos, o professor integra as diversas perspectivas, construindo uma visão panorâmica do desafio.
6. **Identificação de possibilidade de intervenção.** Aproximação entre o conhecimento construído e a realidade local. O aluno pode escolher uma comunidade e, a partir desse contato com a realidade, verificar as possibilidades de realização de uma ação global.
7. **Interação com a realidade.** Esse é o momento em que o aluno interage com a comunidade. Ao observar a realidade, ele po-de identificar quais são as possibilidades de construir soluções para problemas locais e, assim, contribuir para o desenvolvimento social.
8. **Proposta de intervenção.** Todos planejam como implementar uma proposta de intervenção: professor, aluno e, se possível, um representante da comunidade. É imprescindível, nesse momento, apontar e analisar todas as variáveis que influenciam a implantação da proposta e as alternativas a serem adotadas para garantir sua viabilidade.
9. **Projeto compartilhado com a comunidade.** Ação de socialização das propostas de intervenção para todas as comunidades envolvidas no desenvolvimento do projeto. Todo o material produzido é disponibilizado, permitindo que o projeto integrador colabore com o crescimento da comunidade.
10. **Painel de propostas e ações.** Os alunos apresentam suas propostas e ações em um painel que tem mediação dos professores. Esse momento propicia ao aluno expor seu trabalho, discutindo e compartilhando sua aprendizagem. O evento é aberto a membros da comunidade, empresários, colaboradores, alunos e professores de todas as áreas e público em geral.

Experiências reais dos alunos na construção do projeto integrador no bacharelado em *Design* de Moda – Modelagem

O curso analisado é o bacharelado em *Design* de Moda – Modelagem, da instituição, cujo currículo abrange as etapas de concepção, planejamento e produção, com ênfase na viabilização da modelagem e na construção do vestuário, desde peças feitas sob medida até a produção de coleções em larga escala industrial. Os alunos são incentivados a apresentar soluções pautadas pela inovação do *design*, conforto do usuário, viabilidade e sustentabilidade e ética do projeto. O objetivo do curso é formar profissionais com as competências necessárias para projetar, executar, comercializar e gerenciar produtos de moda inovadores e economicamente viáveis para todos os segmentos da cadeia produtiva.

Assim, a PBL configura-se como estratégia educacional e se materializa no projeto integrador, que está presente do primeiro ao último semestres do curso. O currículo é organizado a partir de quatro intenções formativas, uma para cada ano do curso, que orienta a composição e a distribuição dos componentes curriculares de maneira integrada, de modo a atender aos desafios propostos, expressos nos projetos integradores de cada semestre, ministrados pelos componentes curriculares Projeto Integrador I, II, III, IV, V e VI em conjunto com Projeto Moda I, II, III, IV, V e VI, que respectivamente orientam a concepção e a execução dos projetos, conforme descrito a seguir.

No 1º ano, a intenção formativa **experimentação e técnica** tem como desafio o tema **descoberta de formas**, que dá nome aos dois projetos integradores do ano, propõe a inovação por meio da descoberta e experimentação de novas formas e volumes para o vestuário, bem como de técnicas de modelagem e construção experimentais e criativas. Nessa etapa inicial, o objetivo é proporcionar aos alunos a construção de um repertório de referências por meio do aprendizado dos diversos métodos projetuais e construtivos, estudos conceituais e práticos sobre as formas puras, geométricas e orgânicas, ênfase na compreensão da relação entre a forma plana e a forma volume e, na sequência, da relação com o corpo humano – como forma e suporte, elegendo para tal o próprio corpo como medida e referência.

Completa o universo de referências o aprendizado da geometria, das técnicas de modelagem e costura, somado ao estudo da evolução histórica da arte, da indumentária do *design* e da ergonomia, que, junto com estudos da antropologia, promovem o conhecimento dos estilos, dos contextos históricos, dos estilos de vida e dos hábitos vestimentares, aprendizados necessários que embasam e contextualizam o desenvolvimento dos projetos integradores.

Questões relacionadas a pesquisa, tecnologia, sociedade, ética, cidadania e sustentabilidade fomentam a visão crítica sobre o mundo contemporâneo e instigam a problematização necessária para o desenvolvimento de projetos em *design* de moda. Nessa fase, o foco é o desenvolvimento de peças vestíveis conceituais, criativas e experimentais que apresentem inovação estético-formal viabilizada pelo repertório conceitual e técnico adquirido.

No 2º ano, a intenção formativa **interpretação das formas e volumes do vestuário** aprofunda, embasa e contextualiza a concepção de projetos de desenvolvimento e construção de peças de vestuário a partir da pesquisa e da análise da estrutura e das características físicas dos tecidos. O desafio se apresenta com o tema **comportamento dos têxteis**, mesmo nome dos dois projetos integradores previstos para essa etapa do curso, que contemplam as referências da cultura visual em geral e, mais especificamente, as referências visuais e conceituais do universo criativo e plural da roupa de cena. Nessa fase, soma-se à busca pela inovação estético-formal a preocupação com a adaptação ergonômica do vestuário que proporcione beleza somada a vestibilidade e funcionalidade. Com a introdução da figura do usuário, o projeto parte da pesquisa de suas características e necessidades físicas e de uso, bem como do contexto no qual se insere. A pesquisa dos têxteis estabelece a relação com o caimento da forma e volume do vestuário no corpo do usuário, bem como a adequação dos processos de modelagem e construção. Assim, soma-se à busca da inovação no *design* o aprimoramento das técnicas de modelagem plana e tridimensional que viabilizam a correta adaptação ergonômica da peça de vestuário aos diferentes biotipos de usuários. Nessa fase, os projetos desenvolvem grupos de produtos ou minicoleções para corpos dentro e fora dos padrões de medida, de diferentes faixas etárias, a partir do estudo de temas inspiracionais, desafios e segmentos de mercado diversos, pautados na pesquisa dos materiais com ênfase no têxtil, tendo em vista o desenvolvimento da peça única ou que possa ser produzida em pequena escala.

No 3º ano, a intenção formativa **análise de segmentos de produção** tem como foco o desafio **mercado e a cadeia produtiva**, que se expressa em dois projetos integradores, nos quais os alunos estudam os diversos segmentos que compõem a área de moda, conhecendo suas especificidades, o conceito de produção em série, a formação profissional pluralista, sustentável, com pleno domínio de materiais e processos, tecnologias e ferramentas que resultem em inovação. Nessa fase, os alunos continuam trabalhando colaborativamente em grupos que simulam o mundo corporativo, tendo como desafio o desenvolvimento de projetos de produtos do vestuário que atendam às demandas do mercado de grande difusão e, na sequência, o segmento *prêt-à-porter*. Para tal, os projetos são orientados para o planejamento e o controle de produção em grande escala, tendo em vista diferentes segmentos de mercado.

No 4º ano, a intenção formativa **projetos avançados** tem como desafio a **pesquisa teórica e prática** por meio do desenvolvimento dos trabalhos de conclusão de curso (TCCs), processo durante o qual a pesquisa, a experimentação e as diferentes metodologias de projetar são orientadas para a busca de soluções conceituais e técnicas em resposta às problematizações e aos desafios impostos pelos projetos de modelagem. Os projetos passam a ser conduzidos individualmente e de acordo com propostas autorais, que têm em comum as premissas normativas do TCC do curso: a busca da compreensão das necessidades humanas por meio do compromisso com o multiculturalismo, a biodiversidade, a alteridade, a inclusão e a ética; soluções inovadoras aplicadas ao *design* de produtos do vestuário, processos produtivos e serviços; qualidade da vestibilidade e conforto do usuário considerando a diversidade de biotipos; a viabilidade e a sustentabilidade no desenvolvimento de produtos; o compromisso com a ética no trabalho e o respeito ao meio ambiente.

A partir desses grandes desafios, os grupos de alunos criam seus projetos. Para exemplificar o processo de construção desse trabalho, retrata-se o projeto integrador do 2º ano do curso, cujo desafio emerge do tema **comportamento dos têxteis**. Nesse projeto, a proposta é unificar o tema conforto ao conceito de *design* de objeto, na construção de peças do vestuário que angariam praticidade e funcionalidade, ao trazer a comodidade do lar para o dia a dia. Trata-se de peças acolhedoras, para serem usadas em momentos desconfortáveis, por exemplo, esperar o ônibus, ficar muito tempo em uma fila, não conseguir assento no transporte público, por meio de composições encaixáveis e ajustáveis ao ambiente. Esse projeto é de autoria das alunas do curso de bacharelado em *Design* de Moda – Modelagem Amanda Costa, Jéssica Sugimoto e Sofia Machado, sob a orientação das professoras Astrid Façanha, na disciplina Projeto Integrador III – Comportamento dos Têxteis e Ana Paula Mendonça, na disciplina Projeto Moda III – Cultura Visual.

Segundo depoimento das alunas:

> Por meio de nossas interpretações das referências apresentadas em sala de aula, foi desenvolvida uma coleção que busca desenvolver a relação do ser humano com o ambiente por meio da roupa, sendo esta a segunda pele que nos conecta com o mundo, molda nossa forma além de transmitir e receber signos dos diversos agentes externos do dia a dia.

Entre as peças criadas, destaca-se uma saia que também pode ser usada como uma espécie de assento/banco (**Fig. 18.1**). A peça final é o produto do projeto, desenvolvido no curso, mas não é a principal etapa do trabalho, pois, quando se trabalha com a PBL, leva-se em consideração a construção do processo de aprendizagem como um todo. Então, as fases anteriores à execução do produto final são tão importantes quanto a etapa final. Entre as etapas de construção do produto, destacam-se as fases de pesquisa e problematização sobre o tema conforto, a ideia de produto representada graficamente por meio dos croquis (**Fig. 18.2**) e dos desenhos técnicos (**Fig. 18.3**); o desenvolvimento da modelagem planificada (**Fig. 18.4**) e a construção da peça-piloto (**Fig. 18.1**), a prova da peça construída no busto de costura (**Fig. 18.5**) para avaliar os resultados preliminares no que diz respeito ao *design* e à vestibilidade, a confecção do modelo no tecido final e a elaboração da ficha técnica com o descritivo do produto (**Fig. 18.6**).

Segundo depoimento de Viviane Torres Kozesinski, professora do componente curricular Projeto Integrador do curso de bacharelado em *Design* de Moda – Modelagem do Centro Universitário Senac de São Paulo:

> Nesta fase, o desenvolvimento de projetos abre possibilidades de experimentação e validação de novas ideias que atendem às necessidades humanas reais e buscam o equilíbrio entre o novo e o possível. Por que a "ideia pela ideia" pouca importância possui se não é posta em prática, se não deflagra uma ação que gerará a materialização da ideia e do produto. Neste projeto, as alunas foram ousadas ao propor uma vestimenta que, além das qualidades estéticas da cor e formas aplicadas ao design da saia, associa a função de vestir o corpo com a função de sustentar ou servir de apoio para este mesmo corpo. A construção da saia-banco resultou da aplicação das técnicas de modelagem-plana, dos conceitos ergonômicos, da pesquisa de materiais e de testes de vestibilidade em um processo investigativo inventivo que hibridizou e ressignificou as funcionalidades da saia e do banco de maneira inovadora e surpreendente. São projetos deste tipo, desenvolvidos por estudantes, que futuramente poderão vir a ser produzidos e utilizados por pessoas reais, que

Figura 18.1 Saia – peça final: acervo particular das alunas.

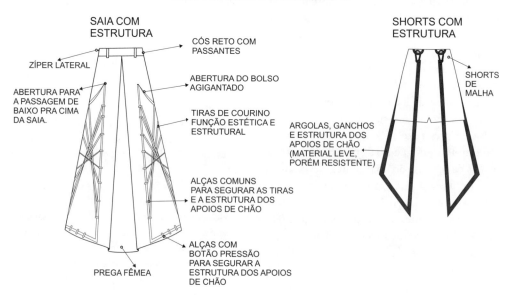

Figura 18.2 Croquis: acervo particular das alunas.

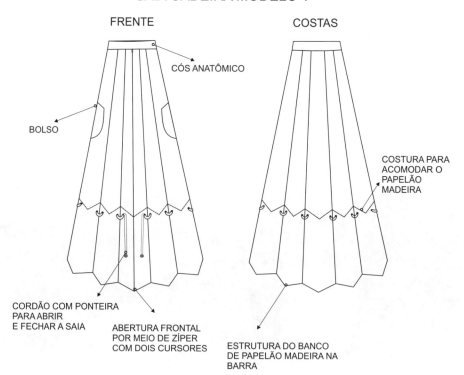

Figura 18.3 Desenho técnico: acervo pessoal das alunas.

Figura 18.4 Moldes: acervo pessoal das alunas.

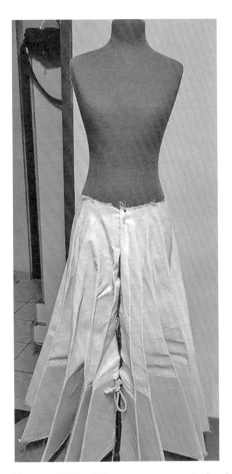 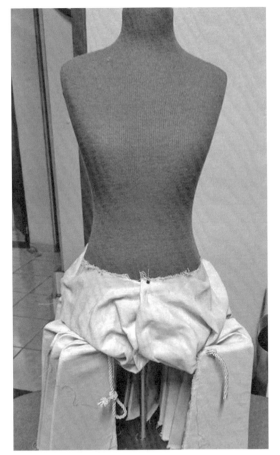

Figura 18.5 Minibusto: acervo particular das alunas.

FICHA TÉCNICA		
PRODUTO	SAIA CADEIRA MODELO 1	DATA: / /
ESTILISTA:	MODELISTA:	

FRENTE 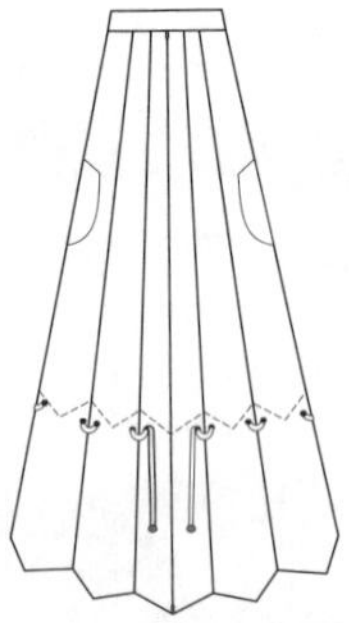	COSTAS 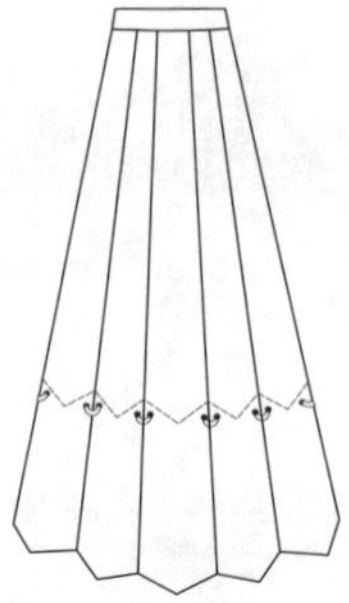

DESENVOLVIMENTO DA MODELAGEM	PROVA DA PEÇA PILOTO
SAIA GODÊ 360°COM INSERÇÃO DE RETÂNGULOS DE PAPELÃO MADEIRA NA BARRA, QUE FOI DIVIDIDA EM 12 PARTES IGUAIS. CÓS ANATÔMICO E BOLSO CHAPADO.	

DESCRIÇÃO DA PEÇA
SAIA LONGA GODÊ 360° MODULAR QUE SE TRANSFORMA EM BANCO

FLUXOGRAMA DE COSTURA
UNIR AS METADES DA SAIA GODÊ/ COSTURAR O REVEL DA BARRA/FAZER AS COSTURAS DO TRAPÉZIO INSERIR O PAPELÃO/ COSTURAR AS VERTICAIS RESTANTES/ COSTURAR O ZÍPER/ COSTURAR O CÓS/ COLOCAR O ZÍPER E OS ILHÓSES

MAQUINÁRIO UTILIZADO			
Overloque	Galoneira	Interloque	Reta ponto fixo
Classe 504	Classe 602	Classe 516	Classe 301
Quant. de linhas:	Quant. de linhas:	Quant. de linhas:	Quant. de linhas:
Quant. de agulhas:	Quant. de agulhas:	Quant. de agulhas:	Quant. de agulhas:
			Quant. de bobina:

AMOSTRAS DE TECIDOS	CREPE	PELE SINTÉTICA

Figura 18.6 Ficha técnica: acervo pessoal das alunas.

tenham a necessidade de um assento portátil e vestível. As alunas já estão pensando em patentear a peça. Eu aposto nesta ideia.

AVALIAÇÃO DO PROCESSO DE ENSINO-APRENDIZAGEM

A avaliação dos projetos integradores do Centro Universitário Senac considera as práticas de avaliação centralizadas no desenvolvimento das competências do perfil do egresso, que respeitam a autonomia, a criticidade, a criatividade, a iniciativa e a maneira singular de aprender de cada aluno.

Segundo o Projeto Pedagógico do curso de bacharelado em *Design* de Moda – Estilismo da instituição (p. 84) "[...] a avaliação deve ser considerada em uma perspectiva mais ampla, envolvendo a formação de juízos e apreciação de aspectos qualitativos, não se limitando à apreensão de conteúdos e tampouco aos resultados quantitativos obtidos pela aplicação de provas e testes". Portanto, segundo o mesmo documento, deve centrar-se no processo, com o acompanhamento do professor e a participação do aluno, "[...] e para isso precisa contar com a diversificação de instrumentos destinados à verificação da aprendizagem, orientando-os sobre ações de recuperação e promovendo a melhoria contínua" (CENTRO UNIVERSITÁRIO SENAC DE SÃO PAULO, 2016, p. 84).

Para tanto, a avaliação do processo de ensino e aprendizagem da instituição integra a avaliação diagnóstica, formativa e somativa, tendo como objetivos:

> Diagnosticar e registrar os progressos do aluno, identificando e buscando superar suas dificuldades, orientando e oferecendo oportunidades e estratégias diversificadas para superá-las; possibilitar que os alunos autoavaliem sua aprendizagem e orientar as atividades de planejamento e replanejamento dos conteúdos curriculares.

Segundo o mesmo documento: "[...] a avaliação do processo de ensino-aprendizagem envolve a análise dos conhecimentos, técnicas e tecnologias específicas, além da observação dos aspectos atitudinais, considerando, inclusive, a responsabilidade e o comprometimento do aluno com sua formação e o seu papel" (p. 85).

Nessa perspectiva, o Centro Universitário Senac de São Paulo (2016) se utiliza da avaliação formativa com a intenção de elaborar um processo de aprendizagem que atenda aos pressupostos das metodologias ativas de aprendizagem. "Neste tipo de avaliação, são valorizadas esferas importantes do processo de ensino e aprendizagem como a relação de parceria autônoma entre professor e aluno na construção de conhecimento [...]" (CENTRO UNIVERSITÁRIO SENAC DE SÃO PAULO, 2016, p. 85). Os alunos discutem o que foi produzido e apontam como ocorreu o processo de aprendizagem e quais foram os resultados atingidos.

> Considerando os princípios da aprendizagem com autonomia, o processo de avaliação da aprendizagem será contínuo e cumulativo. O professor deve adotar uma perspectiva qualitativa do processo, observando o desenvolvimento do aluno durante a realização das atividades propostas (pesquisas, relatórios de atividades, visitas técnicas, estudo de caso, diagnóstico ou prognóstico sobre situações de trabalho, seminários, simulações, procedimentos em laboratório e, ainda, o projeto integrador e suas etapas).

Sendo assim, monitorar os grupos, incentivar a análise de problemas do cotidiano e observar as evoluções durante a aprendizagem são procedimentos primordiais no dia a dia do professor. "Assim, é fundamental que ele considere na avaliação formativa os seguintes pressupostos: dinamismo, criatividade, contextualização de situações-problema, parceria, mediação e construção coletiva" (CENTRO UNIVERSITÁRIO SENAC DE SÃO PAULO, 2016, p. 85).

Portanto, os parâmetros pelos quais o aluno é avaliado devem ser definidos pelo professor no plano de ensino e explicitados no início do curso. "A observação do desempenho do aluno deve pautar-se em critérios e indicadores de desempenho, pois se considera que cada competência traz em si certo grau de experiência cognitiva, valorativa e comportamental que se pode traduzir por desempenhos" (CENTRO UNIVERSITÁRIO SENAC DE SÃO PAULO, 2016, p. 85).

Então, cada etapa deve contar com estratégias variadas de avaliação do desempenho do aluno. O professor deve promover oportunidades de aprendizagem coletiva e interdisciplinar – em especial no projeto integrador – que deve se constituir por aportes teóricos e práticos dos conteúdos.

Assim, a avaliação qualitativa e formativa deve propiciar a aprendizagem e reduzir o insucesso, assegurando mecanismos e oportunidades de recuperação e superação das dificuldades ao longo do processo de aprendizagem.

CONSIDERAÇÕES FINAIS

Conclui-se, assim, que o trabalho por projetos como estratégia metodológica pretende colocar o estudante diante de um desafio real, com um claro objetivo mobilizador, um lócus especial para exercer sua autonomia e seu pensamento crítico, levando-o a participar de um processo de busca do saber que tem sentido para ele e com o qual ele pode tomar parte também do processo de planejamento de própria aprendizagem. O trabalho por projetos permite ao estudante tomar decisões, ser flexível, reconhecer o valor do conhecimento do outro e compreender o próprio meio – pessoal e cultural.

A PBL é uma alternativa às instituições de ensino que buscam inovar seus currículos. Sendo assim, o Centro Universitário Senac São Paulo tem alinhado seus projetos pedagógicos de cursos superiores em busca de inovações, que levem em conta as abordagens educacionais centradas no estudante, favorecendo a qualidade das competências adquiridas em detrimento à quantidade de conteúdos apreendidos.

REFERÊNCIAS

CENTRO UNIVERSITÁRIO SENAC DE SÃO PAULO. *Projeto pedagógico de curso*: bacharelado em Design de Moda – Estilismo. São Paulo: Senac, 2016.

FREIRE, P. *Pedagogia da autonomia*: saberes necessários à prática educativa. São Paulo: Paz e Terra, 1996.

GIMENO SACRISTÁN, J. *O currículo*: uma reflexão sobre a prática. 3. ed. Porto Alegre: Artmed, 2000.

HERNÁNDEZ, F. *Transgressão e mudança na educação*: projetos de trabalho. Porto Alegre: Artmed, 1998.

MAMEDE, S (Org.). *Aprendizagem baseada em problemas*: anatomia de uma nova abordagem educacional. Fortaleza: Hucitec, 2001.

TARDIF, M. *Saberes docentes e formação profissional*. Petrópolis: Vozes, 2002.

LEITURAS RECOMENDADAS

BORDENAVE, J. D.; PEREIRA, A. M. *Estratégias de ensino-aprendizagem*. Rio de Janeiro: Vozes, 1998.

DELORS, J.A (Org.). *A educação para o século XXI*: questões e perspectivas. Porto Alegre: Artmed, 2005.

DELORS, J. A. *Educação*: um tesouro a descobrir. São Paulo: Cortez, 1999.

DEMO, P. *Desafios modernos da educação*. Petrópolis: Vozes, 1995.

DEMO, P. *Mitologias da avaliação*: como ignorar em vez de enfrentar problemas. Campinas: Autores Associados, 2002.

FREIRE, P. *Educação como prática de liberdade*. Rio de Janeiro: Paz e Terra, 1976.

AGROECOLOGIA E EDUCAÇÃO PROFISSIONAL DO CAMPO:
a experiência do Serta

Germano de Barros Ferreira | Valdiane Soares da Silva
Paulo José de Santana | Alexsandra Maria da Silva

19

O Serviço de Tecnologia Alternativa (Serta; **Fig. 19.1**) teve sua origem em 1989, quando o Centro de Capacitação e Acompanhamento aos Projetos Alternativos da Seca (Cecapas) finalizou suas atividades por questões internas da Igreja Católica e os técnicos em agropecuária recém-formados nessa instituição quiseram dar continuidade ao trabalho desenvolvido de difusão das tecnologias alternativas para a agricultura orgânica, buscando um movimento de valorização da agricultura, tão desvalorizada no momento devido à hiperinflação, época na qual os agricultores vendiam suas terras e gado para investir em poupança, a qual aparentava ser mais compensadora.

Ao perceber que a escola exerce um papel contrário ao esperado, pois preparava o aluno para abandonar o campo, indicando que este não era um espaço de felicidade e de conquistas, estigmatizando essa origem como castigo e fatalidade, o Serta propôs o desafio de criar uma interação entre a escola pública e a escola do campo. Para vencê-lo, criou a própria metodologia, que veio a dar conta da aplicação de princípios e do desenvolvimento de sistemas de capacitação e de conteúdos, metodologia sistematizada e concretizada no livro de Moura (2003),* intitulado *Princípios e fundamentos da proposta educacional de apoio ao desenvolvimento sustentável*.

O Programa Educacional de Apoio ao Desenvolvimento Sustentável (PEADS)** do Serta procura quebrar quatro paradigmas: filosófico, científico, econômico e político.

> Pensar, fazer Educação do Campo supõe um processo de superação ou uma libertação dos paradigmas transmitidos pela cultura dominante, em outras palavras, supõe a desconstrução de conhecimentos, de valores, de eventuais

Figura 19.1 A sede.
Fonte: Arquivo Serta.

---

*Abdalaziz de Moura Xavier de Moraes, formado em Filosofia e Teologia, sócio-fundador do Serta, sistematizou a metodologia desenvolvida pela instituição em seu livro *Princípios e fundamentos da proposta educacional de apoio ao desenvolvimento sustentável*.

**Após 20 anos desenvolvendo sua proposta metodológica, o Serta decidiu mudar o nome de "proposta" para "programa", considerando a comprovação dos resultados na educação formal e não formal.

preconceitos e a reconstrução de outros princípios, de outras maneiras de conceber o mundo, a história, as pessoas, a natureza, a educação, a escola, o país, a política, o estudo, o campo, as gerações, etc. (MOURA, 2015, p. 15).

O rompimento com o paradigma filosófico ocorre porque, por meio de sua capacitação, o programa não se guia pelo paradigma ocidental da ciência tradicional, positivista, que só se interessa pelo conhecimento cognitivo, mas, sim, pela ideia de que "[...] ciência e conhecimento são meios, instrumentos, ferramentas, para ajudar na felicidade da vida [...]" (MOURA, 2003, p. 37). O programa também busca quebrar o paradigma científico, aquela visão de que o método científico não deve se contaminar com a subjetividade e as emoções. O Serta trabalha com princípios inversos a esses, usando a ciência com o coração, com a emoção, privilegiando a pessoa e suas descobertas e autoestima. O terceiro paradigma refere-se aos recursos econômicos, buscando não se subordinar ao dinheiro, à infraestrutura e às tecnologias, tratando-os como meios, e não fins em si mesmo. Dessa forma, busca conservar o equilíbrio da natureza, sendo sua base "[...] as necessidades das pessoas e uma nova relação com a natureza [...]" (MOURA, 2003, p. 27). Por fim, o quarto paradigma refere-se ao aspecto político, alusivo à responsabilidade que o Serta tem com os propósitos assumidos, já que a aceitação e a credibilidade da instituição se fortaleceram, sendo necessário trazer esses princípios para o nível da sistematização e reflexão.

Os quatro paradigmas incorporados na metodologia desenvolvida pelo Serta, ao longo de seus trabalhos, fazem interface e têm aplicabilidade na prática cotidiana de suas ações, por meio das etapas metodológicas, fio condutor dos princípios e valores da metodologia, permitindo mensurar os impactos e os resultados dos projetos e programas da instituição.

Com os resultados do programa na formação de agricultores familiares, educadores do campo, gestores públicos, lideranças e jovens, o Serta foi autorizado pelo estado brasileiro, por meio da Portaria da Secretaria Estadual de Educação de Pernambuco (SEE) nº 1.356, de 24 de fevereiro de 2011 (PERNAMBUCO, 2011), e por meio da SEE e do Conselho Estadual de Educação, a oferecer o Curso Técnico Profissional em Agroecologia, Eixo Tecnológico Recursos Naturais. Os órgãos públicos e privados financiam o curso, porém a coordenação político-pedagógica fica sob responsabilidade da instituição.

O CURSO TÉCNICO PROFISSIONAL

A área profissional atendida é a do eixo de recursos naturais. Sua modalidade se complementa com os referenciais propostos no parecer BRASIL/Conselho Nacional de Educação e do Conselho de Educação Básica (CNE-CEB) nº 16/99 e Resolução CNE-CEB nº 04/99 de 26 de novembro de 1999.

Objetivo geral do curso

O objetivo geral do curso é formar e qualificar profissionais por meio do ensino técnico de nível médio com competências, valores, conhecimentos e habilidades necessários para o desempenho eficiente e eficaz na área de agroecologia para atuarem como técnicos em agroecologia (**Fig. 19.2**).

Figura 19.2 Atividade no Serta.
Foto: Arquivo Serta.

Funcionamento do curso

O curso funciona nos *campi* de Glória do Goitá e Ibimirim, em Pernambuco, no âmbito da Escola Técnica do Campo (**Fig. 19.3**), coordenada pelo Serta. O sistema metodológico de funcionamento da escola é a pedagogia da alternância,* dinamizando a escola, permitindo a interação entre os conhecimentos produzidos na realidade dos estudantes e os da escola. Faz a ponte entre o conhecimento científico e o empírico. A formação inclui 18 semanas integrais. Nela, os estudantes chegam no domingo e ficam até a sexta-feira após o almoço. O curso contabiliza 44 horas semanais durante 18 semanas, equivalentes a 795 horas presenciais, em regime de internato, e 405 horas no Tempo Comunidade, com as famílias e comunidades, e, ainda, mais 200 horas de estágio curricular supervisionado. Essas horas são distribuídas nas 56 semanas e correspondem às seguintes atividades:

a. Leitura
b. Escrita
c. Pesquisa
d. Desenvolvimento de tecnologias aprendidas
e. Mobilização social
f. Visita de monitoria
g. Estágio

Um roteiro para o Tempo Comunidade é entregue a cada estudante na sexta-feira, antes de seu retorno com as indicações de trabalho. Envolve uma ou mais das atividades recém-citadas, que devem corresponder em média a 24 horas durante as três semanas do Tempo Comunidade. Além desse roteiro, o estudante recebe outro roteiro a ser preenchido com o

Figura 19.3 Estudantes da Escola Técnica do Campo.
Fonte: Arquivo Serta.

registro das atividades do Tempo Comunidade que será devolvido para o Serta na semana seguinte do tempo de internato.

APROFUNDAMENTO TÉORICO

É perceptível que o Curso Técnico em Agroecologia produz resultados fundamentais para a sustentabilidade das propriedades e do meio ambiente como um todo integrado.

Para Gadotti (2003, p. 62): "Sustentabilidade não tem a ver apenas com a biologia, a economia e a ecologia. Sustentabilidade tem a ver com a relação que mantemos conosco mesmos, com os outros e com a natureza [...]".

Essas dimensões foram alcançadas na formação dos técnicos. Devido à concepção sistêmica desenvolvida no processo de ensino e aprendizagem, eles não foram objeto dos processos metodológicos conduzidos pelos professores, foram atores e sujeitos da própria construção do conhecimento.

O professor deve estabelecer uma nova relação com quem está aprendendo, passar do papel de solista ao de acompanhante, tornando-se não mais alguém que transmite conhecimentos, mas aquele que ajuda os seus alunos a encontrar, organizar e gerir o saber, guiando, mas não modelando os espíritos, e demonstrando grande firmeza quanto aos valores fundamen-

---

*Uma metodologia pertinente e apropriada, a formação integral, emancipadora e voltada ao desenvolvimento sustentável e solidário. Emergiu, evoluiu e se expandiu, constituindo-se em uma rede internacional de educação em uma referência para as experiências de educação do campo no Brasil.

tais que devem orientar toda a vida (GADOTTI, 2003, p. 51).

Outra dimensão importante identificada na pesquisa relaciona-se com o paradigma da complexidade no processo formativo. Percebeu-se que toda base teórica da prática educativa está relacionada com uma dimensão sistêmica e integrada de todos os elementos tangíveis e intangíveis, integrando o todo com as partes e as partes com o todo.

> A complexidade coloca o paradoxo do uno e do múltiplo, no tecido de acontecimentos, ações, interações, retroações, determinações, acasos, que constituem o mundo fenomênico, ao mesmo tempo ela se apresenta com os traços inquietos do emaranhado, do inextricável, da desordem, da ambiguidade da realidade (MORIN, 2011, p. 28).

A teoria da complexidade provocou nos estudantes a construção de outro paradigma de pessoa, de sociedade, de natureza e de mundo na perspectiva da busca do equilíbrio harmônico entre seres humanos e natureza, a partir de uma concepção sistêmica em rede dos elementos que compõem a vida no planeta Terra, de maneira que a rede integrada se regenera permanentemente.

> É essa a chave da definição sistêmica da vida: as redes vivas criam ou recriam a si mesmas continuadamente mediante a transformação ou a substituição dos seus componentes. Dessa maneira, sofrem mudanças estruturais contínuas ao mesmo tempo que preservam seus padrões de organização, que sempre se assemelham a teias (CAPRA, 2005, p. 27).

Essa compreensão da realidade como um todo integrado em rede possibilitou aos estudantes do Curso Técnico em Agroecologia um envolvimento com as questões locais a partir de uma visão sistêmica da realidade (**Fig. 19.4**).

Figura 19.4 Grupo de estudantes do Curso Técnico em Agroecologia.
Fonte: Arquivo Serta.

O processo formativo demonstrou a capacidade de empoderamento com a realidade local, com suas propriedades e com o desenvolvimento sustentável do campo. Os estudantes fazem o curso para se apropriar melhor das questões da sua propriedade e da comunidade do seu entorno. Estudam para cuidar do próprio negócio com respeito e preservação dos recursos humanos e naturais envolvidos na perspectiva da sustentabilidade.

> A educação deve contribuir para a autoformação da pessoa (ensinar a assumir a condição humana, ensinar a viver) e ensinar como se tornar um cidadão. Um cidadão é definido, em uma democracia, por sua solidariedade e responsabilidade em relação a sua pátria. O que supõe nele enraizamento de sua identidade nacional (MORIN, 2012, p. 65).

Para Boff (2011), o cuidado com a sociedade sustentável é fundamental para garantir o futuro da mãe terra. Atualmente, quase todas as sociedades estão enfermas, produzem má qualidade de vida para todos os seres humanos e demais seres da natureza. E não poderia ser diferente, pois estão assentadas sobre o modo de ser do trabalho entendido como dominação e exploração da natureza e da força do trabalhador. Esse tipo de desenvolvimento atende às necessidades de uma parte da humanidade, em especial os ricos e brancos, deixando os demais na carência, quando não diretamente na fome e na miséria. "Somos uma espécie que se mostrou capaz de oprimir e massacrar seus próprios irmãos e irmãs de forma mais cruel e sem piedade [...]" (BOFF, 2011, p. 137).

O Curso Técnico em Agroecologia está imbuído de uma concepção educacional interdisciplinar, articulando os conhecimentos científicos com valores humanos comprometidos com as atuais e futuras gerações do planeta (**Fig. 19.5**).

Segundo Morin (2002), a educação do futuro exige um esforço transdisciplinar que seja capaz de rejuntar ciências e humanidades e romper com a oposição entre natureza e cultura, na perspectiva da identidade terrena e planetária.

> A educação do futuro deve ter como prioridade ensinar a ética da compreensão planetária, implica entender a ética não como um conjunto de proposições abstratas, mas como uma atitude deliberada de todos os que acreditam (MORIN, 2002, p. 48).

Nesses processos de construção do conhecimento, os técnicos em agroecologia dialogam com as necessidades vitais da sociedade do conhecimento, interagem dialeticamente no contexto de suas realidades, desenvolvendo ações capazes de transformar as circunstâncias apresentadas.

Segundo Demo (2000), a sociedade do conhecimento significa "cientificização da vida". Ela indica os desafios atuais da construção do conhecimento na perspectiva da visão reconstrutivista. "Aprender de modo reconstrutivo político será tomado como uma das definições mais essenciais da vida, sinalizando sua estrutura dialética ambivalente, sempre interdisciplinar [...]" (DEMO, 2000, p. 67).

O processo educacional desenvolvido pelo Serta na formação dos técnicos em agroecologia permite o comprometimento com as pessoas e o desenvolvimento das pessoas. Dessa forma, toma como princípio o teor político na construção do conhecimento na perspectiva de potencializar a educação emancipatória para reduzir processos cada vez mais excludentes na sociedade vigente entre seres humanos e natureza.

A formação provocou nos estudantes o compromisso com as mudanças de suas propriedades e comunidades. O engajamento por parte dos estudantes faz incidência nas políticas públicas da agricultura familiar do município, da região e do Estado, com o objetivo de potencializar as ações desenvolvidas pelas organizações da sociedade civil e do poder público para organização produtiva, assistência técnica e extensão rural, segurança hídrica das propriedades, geração de renda e segurança alimentar e nutricional.

Figura 19.5 Atividades desenvolvidas no âmbito do Curso Técnico em Agroecologia.
Fonte: Arquivo Serta.

METODOLOGIA

A análise da experiência desenvolvida adotou o princípio metodológico dialético, que compreende a realidade em sua totalidade e como um processo histórico. A realidade que "[...] é, ao mesmo tempo, mutante e contraditória porque é histórica, porque é produto da atividade transformadora, criadora dos seres humanos [...]" (HOLLIDAY, 2006, p. 8).

Dessa forma, partiu da realidade concreta, ou seja, da vida cotidiana dos estudantes do Curso Técnico em Agroecologia e seus familiares. Interessava conhecer sua realidade, mensurando os resultados obtidos pelo curso na vida dos estudantes, na família e na sua propriedade (**Quadro 19.1**).

Trata-se de uma análise qualitativa que sugere um relatório descritivo do processo, sobretudo quando se refere a um estudo dessa natureza, alicerçado em ações e resultados práticos e visíveis na vida das pessoas, autoras do próprio processo de construção do conhecimento pesquisado. Existe um método de coleta de dados e informações a partir dos elementos apontados pela pesquisa realizada.

> O que muita gente busca, enquanto método, é uma "receita" que possa ser aplicada facilmente a qualquer experiência, não importando seu contexto, pensam que os assuntos de métodos referem-se simplesmente a uma lista de passos ou tarefas que se têm a seguir (HOLLIDAY, 2004, p. 5).

Objeto da análise e caracterização dos estudantes do curso

Os estudantes do curso, em sua maioria, são filhos de agricultores familiares de baixa renda, atuantes nas propriedades familiares na perspectiva de construir formas de geração de renda para garantir o sustento da família. Muitos desses estudantes ajudam os pais na lida com o roçado diariamente. São lideranças locais, atuantes nos conselhos municipais de desenvolvimento rural, sindicato dos trabalhos rurais, associação de agricultores rurais, cooperativas de agricultores, pastorais, organizações não governamentais (ONGs) e diversos outros movimentos sociais de luta pelos direitos dos agricultores familiares.

Os estudantes, direta ou indiretamente, têm afinidade com as questões relacionadas ao desenvolvimento rural e ao fortalecimento da agricultura familiar. Desenvolvem ações na agricultura com seus familiares, a partir do conhecimento empírico construído ao longo das gerações da família e das comunidades que desenvolvem esse tipo de atividade ao seu entorno. Constroem conhecimentos a partir do cotidiano e das necessidades apontadas pela realidade relacionadas com a geração de renda, o manejo de animais, o manejo do solo, técnicas de produção, etc.

> Estamos falando, então, de experiências vitais, carregadas de uma enorme riqueza acumulada de elementos que, em cada caso, representam processos inéditos e irrepetíveis. É por isso que é tão apaixonante a tarefa de compreendê-las, extrair seus ensinamentos e comunicá-las (HOLLIDAY, 2004, p. 6).

Holliday (2004, p. 15) acrescenta:

> Estamos diante, também, de experiências da realidade que são suscetíveis de ser entendidas e, portanto, sistematizadas de maneira dialética, que podem ser lidas ou compreendidas como uma unidade rica e contraditória, cheia de elementos constitutivos que estão presentes num movimento próprio e constante.

Os estudantes, antes de iniciar as ações de qualificação profissional, têm uma vasta experiência de conhecimento empírico nas diversas áreas de atuação do curso. O cotidiano dos estudantes é valorizado pelo curso técnico, per-

QUADRO 19.1 Resultados da análise qualitativa dos estudantes do curso

Relação consigo	Relação com a família e a comunidade	Relação com o trabalho e a propriedade
Tornei-me mais crítico.	Aprendi a dialogar com a minha família e a comunidade sobre a prática de queimadas.	Passei a valorizar a produção e a acreditar no meu trabalho e no da minha família.
Tornei-me mais engajado com a preservação do meio ambiente.	Ganhei mais destaque e respeito, passaram a acreditar na minha capacidade de liderança e confiança.	Compreendi a propriedade como um todo integrado.
Aprendi a definir meus objetivos e ter mais segurança para alcançá-los.	Consegui apoio para melhorar a qualidade de vida e mais amor da família.	Passei a ter independência financeira.
Conheci pessoas diferentes.	Fortaleci minha relação com meus familiares e aprendi a encontrar maneiras diferentes de resolver as dificuldades.	Aprendi a manejar a produção na agricultura familiar.
Aprendi a me comunicar e me expressar melhor.	Muitas famílias não sabiam cuidar de sua propriedade. Depois do Curso Técnico em Agroecologia, descobriram várias tecnologias apropriadas à realidade do semiárido.	Aprendi a socializar conhecimentos com as demais famílias do meu entorno.
Aprendi a identificar meus valores.	Melhorou a renda familiar.	Melhorou a produção familiar e meu envolvimento nas atividades da propriedade.
Aumentou minha autoestima.	Gerou segurança alimentar da família.	Passei a diminuir o desperdício de água, adubação, etc.
Aprendi a ter iniciativas para resolver os problemas.	Envolvimento de todos da família nas atividades da propriedade.	Acesso às políticas públicas de inclusão produtiva para agricultura familiar.
Aumentou meu interesse de sempre buscar mais informações.	Passei a participar das discussões de interesse da comunidade.	Aprendi a garantir a segurança alimentar, hídrica, energética e de nutrientes em minha propriedade.
Compreendi os elementos da realidade local.	Envolvimento com o sindicato e a associação dos trabalhadores rurais.	Articulei formas alternativas de comercialização dos produtos da agricultura familiar.
Passei a valorizar minha comunidade.	Desenvolvi tecnologias nas propriedades de minha comunidade.	Melhorei a produção e a geração de renda com venda de produtos agroecológicos.
Sou mais humilde e solidário com as pessoas.	Passei a valorizar a comunidade em que nasci e cresci.	Passei a incentivar a criação de uma agroindústria para beneficiar nossos produtos.

mitindo uma interação entre os conhecimentos empíricos e científicos, provocando ações nas pessoas envolvidas nos processos formativos para uma intervenção comprometida com o desenvolvimento local sustentável das propriedades e comunidades em que estão inseridos.

O cotidiano tem uma dimensão mobilizadora, criativa e educativa, como uma tarefa para todos nós, homens e mulheres, que têm o compromisso histórico de reinventar o cotidiano e protagonizar reflexões e práticas voltadas à promoção do desenvolvimento sustentável (HOLLIDAY, 2004, p. 34).

CONSIDERAÇÕES FINAIS

A formação desenvolvida pelo Serta no âmbito do curso técnico profissional tornou-se um referencial para o Estado de Pernambuco e demais estados da região Nordeste, devido a sua capacidade de formar profissionais comprometidos com o desenvolvimento sustentável do campo (**Fig. 19.6**). Sua ação se fortalece por meio de um conjunto de parceiros locais, municipais, regionais, estadual e federal. Entre eles, merecem destaque os governos, os movimentos e as organizações sociais do campo.

O curso se consolida por ter uma metodologia alicerçada na pedagogia da autonomia, articulando teoria e prática, a serviço do cotidiano das famílias agricultoras. Aplica conteúdos relacionados às políticas públicas de promoção e fortalecimento da produção familiar, com uma concepção multidimensional da agricultura familiar e do meio rural, conduzidos pelos princípios norteadores da educação do campo, por meio da pedagogia da alternância, fazendo a ponte entre tempo, escola e comunidade.

Essas dimensões têm sustentação no PEADS, o qual faz a diferença na formação profissional. Mesmo que a instituição incorpore outras metodologias, ter um programa metodológico próprio faz diferença, comparando com outros processos formativos desenvolvidos por outras organizações do mesmo campo de atuação. O PEADS consegue integrar as dimensões da educação formal e não formal, permitindo uma interação entre os conhecimentos científicos e empíricos da realidade, promovendo ensino, pesquisa e extensão.

REFERÊNCIAS

BOFF, L. *Saber cuidar*: ética do humano - compaixão pela terra. Rio de Janeiro: Vozes, 2011.

BRASIL. Ministério da Educação. Conselho Nacional de Educação. Câmara de Educação Básica. *Parecer CNE nº 16/99 – CEB, aprovado em 5.10.99*. Diretrizes curriculares nacionais para a educação profissional de nível técnico. Disponível em: <http://www.educacao.pr.gov.br/arquivos/File/pareceres/parecer161999.pdf>. Acesso em: 19 ago. 2018.

BRASIL. Ministério da Educação. *Resolução CNE/CEB nº 04/99*. Institui as diretrizes curriculares nacionais para a educação profissional de nível técnico. Disponível em: <http://portal.mec.gov.br/setec/arquivos/pdf/RCNE_CEB04_99.pdf>. Acesso em: 19 ago. 2018.

CAPRA, F. *As conexões ocultas*: ciência para uma vida sustentável. São Paulo: Cultrix, 2005.

DEMO, P. *Educação & conhecimento*: relações necessária, insuficiente e controversa. Rio de Janeiro: Vozes, 2000.

GADOTTI, M. *Boniteza de um sonho*: ensinar e aprender com sentido. Novo Hamburgo: Feevale, 2003.

HOLLIDAY, O. J. *O que é sistematizar experiências e para que serve?* Brasília: Ministério do Meio Ambiente, 2004.

HOLLIDAY, O. J. *Para sistematizar experiências*. Brasília: Ministério do Meio Ambiente, 2006.

MORIN, E. *A cabeça bem-feita*: repensar a reforma, reformar o pensamento. Rio de Janeiro: Bertrand, 2012.

MORIN, E. *Introdução ao pensamento complexo*. Porto Alegre: Sulina, 2011.

MORIN, E. *Os setes saberes necessários à educação do futuro*. São Paulo: Cortez, 2002.

MOURA, A. *Princípios e fundamentos da proposta educacional de apoio ao desenvolvimento sustentável – Peads*. Ibimirim: Serviço De Tecnologia Alterna, 2003.

MOURA, A. *Uma filosofia da educação do campo que faz a diferença para o campo*. Recife: Via Design Publicações, 2015. Edição comemorativa dos 25 do Serta - Serviço de Tecnologia Alternativa.

PERNAMBUCO. Portaria SEE nº 1356, 24 fev. 2011. *Diário Oficial do Estado*, Recife, 25 fev.2011.

Figura 19.6 Turma do Curso Técnico em Agroecologia.
Fonte: Arquivo Serta.

LEITURAS RECOMENDADAS

CAPRA, F. *A teia da vida*: uma nova compressão científica dos sistemas vivos. São Paulo: Cultrix, 1995.

CAPRA, F. *Alfabetização ecológica*: a educação das crianças para um mundo sustentável. São Paulo: Cultrix, 2006.

CENTROS FAMILIARES DE FORMAÇÃO POR ALTERNÂNCIA. Educação do campo. *Revista de Formação por Alternância*, v. 6, n. 11, 2011.

FERREIRA, G. B. *Qualificação técnico-profissional em agroecologia*: uma análise da experiência do Serviço de Tecnologia Alternativa – Serta. 2015. 113 f. Dissertação (Mestrado em Gestão do Desenvolvimento Local Sustentável) – Faculdade de Ciências da Administração de Pernambuco, Universidade de Pernambuco, Recife, 2015.

MOURA, A. *De que somos capazes*: uma experiência do protagonismo juvenil na Bacia do Goitá-PE. Glória do Goitá: [s.n.], 2005.

SANTANA, P. *Avaliação do impacto e do retorno econômico em projetos sociais*: a experiência da formação técnico-profissional em agroecologia ministrada pelo Serviço de Tecnologia Alternativa (Serta) no Estado de Pernambuco. 2015. Dissertação (Mestrado em Gestão do Desenvolvimento Local Sustentável) – Faculdade de Ciências da Administração de Pernambuco, Universidade de Pernambuco, Recife, 2015.

SERVIÇO DE TECNOLOGIA ALTERNATIVA. c2018. Disponível em: <www.serta.org.br>. Acesso em: 19 ago. 2018.

INOVAÇÃO RADICAL NO ENSINO MÉDIO:
o Colégio Sesi Paraná e a metodologia das oficinas de aprendizagem

Ana Paula Costa de Oliveira | Elaine Cristina de Andrade
Lilian Corrêa Luitz | Raquel de O. e S. do Nascimento | Rosilei Ferrarini

Cheguem até a borda, ele disse.
Eles responderam: Temos medo.
Cheguem até a borda, ele repetiu.
Eles chegaram.
Ele os empurrou... e eles voaram.

Guillaume Apollinaire

A inovação, na sociedade atual, é considerada em muitos setores a principal fonte para a solução de problemas. Nos últimos anos, as discussões sobre inovação voltaram-se para a educação, destacando-se a necessidade de estimular nos alunos as habilidades deste século, como trabalho em equipe, resolução de problemas, criatividade, relacionamento interpessoal, entre outras.

Há muitos conceitos de inovação, porém Fullan (2003), que está mais próximo da teoria sistêmica, a apresenta como um campo aberto, com diferentes formas e significados, relacionados com o cenário no qual se encontra e seus atores. Ressalta-se, dessa forma, que a inovação não é um fim em si, mas um processo de transformação dos sistemas educacionais (FULLAN, 2003).

A inovação de uma organização reflete diretamente em pessoas, processos e aprendizado. É a implementação de um novo método ou modelo organizacional para os negócios da empresa (CARVALHO; REIS; CAVALCANTE, 2011). Além disso, pode-se caracterizá-la quanto ao grau de novidade. Nisso se enquadram os conceitos de inovação incremental – fazer o que fazemos, porém, melhor – e de inovação radical – que é o fazer diferente, iniciando tudo novo, assumindo todos os riscos e conquistando novos clientes (TIDD; BESSANT, 2015; ANDRADE, 2017). Esses dois conceitos permeiam a prática pedagógica e a metodologia do Colégio Sesi Paraná.

A globalização transformou a prática empresarial contemporânea, e a educação como negócio e estratégia de ensino precisa acompanhar essa transformação com um ambiente em desenvolvimento que tenha impacto sobre a cultura das pessoas. Isso exige uma mudança que desafia educadores a reavaliar metas e resultados (HERMENS; CLARKE, 2009). Nesse contexto, é necessária uma escola que prepare pessoas para a sociedade do conhecimento (ANDRADE, 2017).

A informação literária e científica relacionada à inovação está distribuída em diferentes áreas do conhecimento, como cultura, criatividade, gestão, pesquisa e desenvolvimento, entre outros, que adotam focos e metodologias muito distintos. Por essa razão, faz-se necessário informar que a inovação que se aborda neste capítulo adquire o sentido de relacionar uma proposta de intervenção no contexto educacional que contribui para a ruptura dos antigos modelos há tanto tempo dominantes na educação (ANDRADE, 2017).

No Brasil, a relação do Estado com as políticas de incentivo à inovação tecnológica diz que o fortalecimento do sistema nacional de inovação tem como locomotiva o sistema educacional e reforça que inovar só é possível por meio da colaboração de atores como governo, empresas e instituições de ensino e pesquisa. Trata-se de um arranjo que deve ser desenhado pelos próprios brasileiros, não havendo imitação, mas inovação doméstica, pois não se trata de um produto que possamos importar (SALERNO; KUBOTA, 2008).

Portanto, é necessário fazer um trabalho com criatividade, desafios, proposição de solução de problemas e trazer a "[...] integração como algo novo a ser criado, considerando um novo todo, para promover o avanço cognitivo, como um entendimento interdisciplinar que o desafio torna possível [...]" (MOREIRA; STRAUHS, 2013, p. 5). Essa tem sido a busca do Colégio Sesi ao preparar indivíduos para uma sociedade mais justa e mais humana, pronta para mudanças.

A inovação é a razão de ser e de existir do Colégio Sesi, o que se concretiza em sua proposta e prática pedagógica. Criado para ofertar ensino médio, ao implementar um modelo de educação inovadora, desafiadora e disruptiva, estimula a inovação e o empreendedorismo, o protagonismo juvenil, a autonomia e a responsabilidade dos atores educacionais em um novo fazer educacional, que inclui projetos interdisciplinares. Por tudo isso, o Colégio Sesi Paraná construiu seu próprio caminho e modelo.

A proposição deste capítulo é relatar a experiência de implantação e de implementação do ensino médio do Colégio Sesi Paraná com sua proposta pedagógica inovadora, que adota a metodologia das oficinas de aprendizagem.

O COLÉGIO SESI

O Colégio Sesi é um serviço educacional ofertado pela Federação das Indústrias do Estado do Paraná (Fiep) por meio do Serviço Social da Indústria (Sesi). Com atuação nacional, o Sesi tem uma estrutura composta por um departamento nacional e 27 departamentos regionais, cuja capilaridade se faz presente em todos os Estados brasileiros e cumpre a missão de promover a qualidade de vida do trabalhador e estimular a gestão socialmente responsável nas corporações industriais e a elevação da qualidade da educação básica como um dos fatores-chave para a competitividade e o desenvolvimento sustentável do Brasil (SERVICO SOCIAL DA INDÚSTRIA, 2011a, 2011b).

Ao longo de sua história de atendimento educacional, o Sesi Paraná voltou-se à educação infantil, aos filhos dos trabalhadores da indústria e também aos próprios trabalhadores, por meio da educação de jovens e adultos (EJA), iniciando a prestação desses serviços a partir do ano de 1965. De 1998 em diante, com um novo direcionamento estratégico, a entidade passou a priorizar a EJA, uma vez que a educação infantil passou a fazer parte das políticas públicas da educação básica (SERVICO SOCIAL DA INDÚSTRIA, 2011a, 2011b).

Por meio da elaboração de mapas estratégicos, a entidade tem como prática a reflexão sobre os destinos de sua atuação diante das políticas do País e do posicionamento do setor industrial. No início dos anos 2000, o plano da entidade – mapa estratégico 2007 a 2015 – manifestou que a educação é uma das vertentes fundamentais para o crescimento da economia, seja pelo efeito direto sobre a melhoria da produtividade – formação de trabalhadores mais eficientes, capital humano –, seja pelo aumento da capacidade do País de absorção e geração de novas tecnologias. Formar capital humano significa não apenas preparar as pessoas nas respectivas profissões, mas também investir na formação de hábitos e atitudes positivas em relação ao trabalho, à vida comunitária e ao regime democrático, pois a qualidade dos recursos humanos é determinante para a consolidação de uma nação. Isso só é possível por meio de um processo de escolarização básica de qualidade e da oferta e do fortalecimento da educação profissional, especialmente a de nível técnico (CONFEDERAÇÃO NACIONAL DA INDÚSTRIA, 2007).

Foi nesse contexto, a partir do ano de 2005, que o Sesi Paraná implantou o ensino médio pela primeira vez em sua história, como experiência-piloto em duas de suas unidades: uma na cidade de Curitiba e outra na cidade de São José dos Pinhais. A proposta aliou a educação básica com a educação profissional, de forma concomitante, o que veio a influenciar posteriormente as políticas públicas. Este capítulo refere-se somente às experiências realizadas na educação básica.

Em 2017, com 13 anos de funcionamento, o Colégio Sesi era a maior rede de colégios de ensino médio particular do Paraná, oferecendo seus serviços em 53 unidades, sendo cinco delas internacionais, com ensino bilíngue, atendendo cerca de 12 mil alunos (**Figs. 20.1** e **20.2**). Atualmente, o Sesi, como provedor de soluções inovadoras na área de educação para as crescentes demandas do setor industrial, assim como nas demais áreas de atuação, vem intensificado suas ações em processos educacionais inovadores, desenvolvendo competências que contribuem, na atualidade e para o futuro, com o crescimento sustentável do País. A proposta envolve pre-

Figura 20.1 Mapa do Brasil, Paraná.
Fonte: Wikipedia (2018, documento *on-line*).

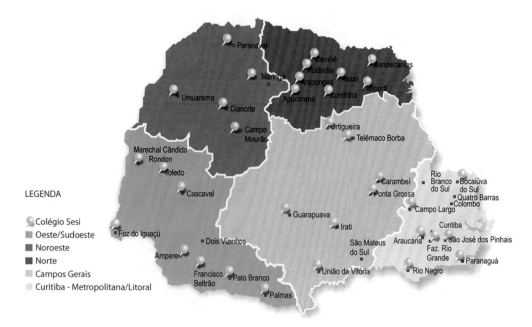

Figura 20.2 Colégios Sesi no Paraná.
Fonte: Material elaborado pela equipe de gestão e planejamento do Serviço Social da Indústria.

parar o educando para inserir-se em sociedades cada vez mais complexas, que exigem do trabalhador competências para inovar e transformar – desafio que perpassa a educação – e, sobretudo, estimular e desenvolver talentos para as áreas de ciências, matemática e engenharias, maiores carências no setor produtivo nacional, que impactam diretamente sobre a qualidade e a inovação requeridas no setor industrial.

Ao considerar as lacunas na formação de capital humano, o Sesi atende a diversos segmentos da educação em âmbito nacional. A educação do Sesi situa-se como ação estratégica da Fiep e da Confederação Nacional da Indústria (CNI), atendendo às necessidades e às demandas para a preparação e a qualificação para o futuro. Contribui também com novas e modernas práticas pedagógicas na formação do jovem sob o imperativo da educação para o mundo do trabalho, que se entende como aquela que realiza no presente, de forma consciente, ações que criam um futuro sustentável.

As oficinas de aprendizagem como projeto e oferta curricular

O ensino médio no Sesi já nasceu com uma proposta pedagógica e curricular inovadora. A metodologia usada é a das oficinas de aprendizagem, criada e aplicada por Márcia C. Rigon, em 1992, na cidade de Montenegro, Rio Grande do Sul (RIGON, 2007). Similar aos projetos de trabalho, propostos por Hernández, Sancho e Carbonell (1998), as oficinas de aprendizagem dão importância não só à aquisição de estratégias cognitivas de ordem superior, mas também ao papel do estudante como principal autor da própria aprendizagem, enfrentando o planejamento e a solução de problemas reais (SERVIÇO SOCIAL DA INDÚSTRIA, 2016).

O termo "oficina de aprendizagem" foi definido por sua criadora, Rigon (2007, p. 2, 11), como:

[...] um lugar onde se opera transformação notável [...] por seu aspecto de fabricar, implicar o fazer. O fazer é sempre lúdico, é desafiador, é um exercício – físico e mental. Por seu aspecto de "laboratório", acreditamos ser experimento, testagem, manipulação, o que por sua vez implica conhecimento, pesquisa, busca, análise, hipótese, tese. [...] é, portanto, um lugar de fabricação (de conhecimento), de reparação (velhos conceitos), com muito serviço, braçal e mental, com vistas à solução de um problema. E este problema tem prazo para ser resolvido e tem atribuições para cada um – ofício. E neste fazer, nesta troca, nesta interação, surgirá a aprendizagem, e então, aprender será uma grande aventura.

A implantação dessa proposta requereu formar as equipes de gestão e de docentes para a compreensão e a atuação no novo modelo paradigmático. Ao longo de seis anos, capacitavam-se as equipes em 40 horas de imersão, todo início de ano letivo, com média de 120 participantes a cada ano, implantando a proposta em novas unidades em todo o Estado. A formação dos professores acontecia seguindo os princípios das oficinas de aprendizagem, de modo que os professores percebessem, pela vivência, como se concebia e se realizava o processo de ensino e aprendizagem a ser desenvolvido. Nos anos seguintes, com abertura de novas unidades escolares, o processo formativo foi descentralizado e foi criada uma rede de formação, com agentes formadores locais, entre diretores, pedagogos e professores de escolas já com certa experiência. O fato de as escolas terem sido criadas e implantadas em um novo paradigma foi facilitador para a aceitação e a vivência dos novos modelos propostos, ao contrário de necessitar alterar padrões já cristalizados, que requerem mais tempo para as mudanças ocorrerem.

A metodologia das oficinas de aprendizagem é específica da Rede Sesi do Paraná e foi sendo adaptada à natureza e às características da instituição ao longo dos anos, a partir das ideias originais de Rigon (2007). As inovações nas quais a metodologia está assentada referem-se a aprender por desafios, a interdisciplinaridade e a transdisciplinaridade, currículo por segmentos temáticos, ensino por pesquisa e resolução de problemas, classes interseriadas, o trabalho em equipe e o desenvolvimento de competências relacionais. Fundamentados no paradigma da complexidade e na concepção sistêmica de educação por meio das contribuições de Morin (2006) e Moraes (1997, 2004), os pilares da metodologia embasam-se também nas Diretrizes Curriculares Nacionais (BRASIL, 2013) e no próprio trabalho dos professores, que, em um processo de ação *versus* reflexão *versus* ação, promovem a atualização da concepção teórica (SERVICO SOCIAL DA INDÚSTRIA, 2008).

As oficinas de aprendizagem, como projetos de ensino e aprendizagem, são elaboradas pelos professores, em suas unidades, devendo considerar os problemas atuais e as temáticas emergentes da vida em sociedade apresentadas nos segmentos curriculares, e elaborar situações-problema plausíveis, desafiantes, que tenham sentido na vida pessoal, social e cidadã, abordando os conflitos e os interesses dos adolescentes e dos jovens, mas também o futuro, as novas perspectivas, o que está por vir. Assim, na metodologia das oficinas de aprendizagem, tudo começa com um desafio ou uma situação-problema contextualizados em um tema, partindo-se de um enfoque relacional que vincule ideias-chave e encaminhamentos metodológicos de diferentes disciplinas. Com base na visão sistêmica, os conhecimentos são entendidos como redes de relações. Por isso, criou-se uma representação gráfica denominada teia de conteúdo (ou objetos de conhecimento; **Figs. 20.3** e **20.4**), na qual se expressa o trabalho interdisciplinar rumo à transdisciplinaridade (NOGUEIRA, 2011). Objetos de conhecimento entre uma disciplina e outras articulam-se e complementam-se, unidos pelos ideais-chave do desafio da oficina, que também são elaborados pelos professores. Os educandos são levados a elaborar diferentes respostas e/ou soluções para esses problemas, usando os conteúdos escolares como ferramentas para compreender e intervir na realidade. A finalidade a ser atingida é comum a todas as áreas do conhecimento.

A quebra da linearidade tradicional do currículo, pela complementaridade com as demais disciplinas e convergência temática à situação-problema, implica o ir e vir constante em sala de aula para que os objetos de conhecimento sejam trabalhados na profundidade e complexidade necessárias, tanto para responder ao desafio da oficina quanto para atender ao estabelecido oficialmente pelo currículo e permitir que os educandos construam uma visão sistêmica da vida, de seus fenômenos e problemas.

Além do desafio e da teia de conteúdo, o projeto de uma oficina de aprendizagem contém os objetivos gerais a serem alcançados (em comum para os docentes), a indicação de leitura de um livro de cultura geral e a análise de um filme – elementos que auxiliem os alunos a vislumbrar o desafio de estudo em diferentes perspectivas. Também são previstas aulas de campo, palestras com especialistas e profissionais e outras atividades interdisciplinares, além do modelo e da forma de finalização da oficina em que as equipes de alunos apresentam as respostas e as soluções para o desafio da oficina. A par de toda essa dimensão do planejamento coletivo e interdisciplinar dos professores, eles também elaboram seus planos de trabalho específicos, os quais desenvolvem nas aulas com horários demarcados. A demarcação do tempo com aulas disciplinares ainda é um desafio a ser superado, avançando para modelos de horários em que professores atuem conjuntamente, sem onerar em demasia os custos com recursos humanos.

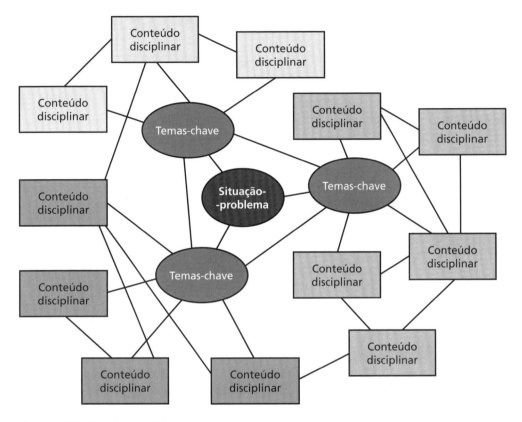

Figura 20.3 Teia de conteúdos.
Fonte: Serviço Social da Indústria (2011c, p. 21).

Inicialmente aberto e em ação,* o currículo ao longo do tempo de implementação da metodologia foi transformado em um currículo temático. A experiência possibilitou que temas como meio ambiente, saúde, comunicação, economia, cultura, trabalho, cidadania, política e tecnologia fossem geradores das situações-problema das oficinas ao longo dos anos. Denominado de segmentos curriculares, o currículo organiza as disciplinas com suas competências, suas habilidades e seus objetos de conhecimento em torno de nove temas e diferentes subtemas preestabelecidos, antecipando as possibilidades interdisciplinares e garantindo que os conhecimentos básicos necessários ao ensino médio sejam contemplados. Os temas do segmento curricular transversalizam as disciplinas e áreas. As oficinas de aprendizagem elaboradas e ofertadas são alinhadas com os segmentos temáticos. Embora os conteúdos disciplinares sejam predefinidos, os professores constroem o significado e as ideias-chave em torno dos desafios que elaboram para a oficina – teia de conteúdo. Um segmento curricular pode comportar a elaboração de diferentes oficinas de aprendizagem, variando o foco da problemática a ser abordada (SERVIÇO SOCIAL DA INDÚSTRIA, 2016).

---

*Currículo aberto e em ação resultava em um currículo em que as disciplinas e seus componentes (competências, habilidades e objetos de conhecimento) eram apresentados como listas, sem separação por ano e períodos do curso. O professor selecionava o conteúdo disciplinar que entendia como necessário para gerar respostas e soluções aos desafios da oficina em elaboração. Diferentes oficinas de aprendizagem deveriam contemplar diferentes conteúdos. Os colégios tinham total autonomia no processo de elaboração das oficinas de aprendizagem e na seleção de conteúdos.

262 Campos & Blikstein (Orgs.)

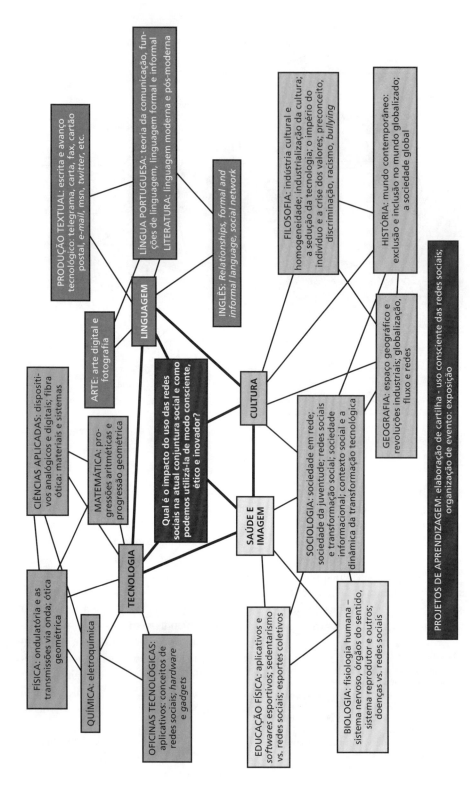

Figura 20.4 Teia de conteúdos da oficina de aprendizagem – comunicação e redes sociais.

Fonte: Serviço Social da Indústria (2016, p. 45).

Nesse sentido, os segmentos curriculares temáticos atendem aos seguintes princípios: abordagem por competências, habilidades e objetos de conhecimento na contextualização do ensino, princípio de referência da prática na elaboração da oferta curricular e o princípio da flexibilidade e adoção de itinerários formativos próprios, os quais requerem a gestão curricular. A gestão curricular compreende a tomada de decisão sobre quais segmentos curriculares ofertar com quantas vagas, em quais períodos, além de quantas e quais oficinas de aprendizagem elaborar. Dessa forma, cada Colégio Sesi constrói sua trajetória e identidade curricular (SERVIÇO SOCIAL DA INDÚSTRIA, 2016).

O aluno é autônomo e escolhe a oficina de aprendizagem que irá cursar. A cada trimestre, tudo deve ser diferente: a oficina a ser cursada, a sala de aula, os colegas. Dessa forma, as salas de aula do Colégio Sesi são interseriadas, ou seja, formadas por grupos de alunos de séries distintas, pois o currículo temático permite também ao aluno escolher sua trajetória, independentemente do ano de matrícula no curso. Isso significa que alunos de 1º, 2º ou 3º anos do ensino médio podem estar na mesma sala de aula e na mesma equipe, estudando determinada oficina de aprendizagem, uma vez que não haviam cursado aquele segmento curricular (SERVIÇO SOCIAL DA INDÚSTRIA, 2016).

A matriz curricular com o número de aulas por disciplinas e áreas é igual para todos os anos que compõem o curso, favorecendo, assim, a interseriação no sentido de que, independentemente do ano, todos os alunos cursam a mesma carga horária nas disciplinas constantes da matriz curricular. Isso é inovador perante as escolas brasileiras que dispõem de diferentes cargas horárias, conforme os anos do curso, para uma mesma disciplina. Por exemplo, biologia com nenhuma aula na no 1º ano, duas aulas no 2º ano e três aulas no 3º ano do ensino médio. Uma tradição que não tem explicação plausível identificada.

No entanto, a interseriação foi um dos aspectos de maior resistência entre professores, gestores e, até mesmo, familiares dos alunos. O foco da resistência estava apoiado no modelo cartesiano de currículo escolar – separação por disciplinas, por anos, por períodos, por número de aulas para certas disciplinas em determinados anos. A lógica sistêmica foi sendo incorporada aos poucos, sendo retomada e estudada constantemente. O ano de 2008 foi o marco para que todos os colégios já implantados praticassem o que ficou conhecido como interseriação. As questões que permearam as reflexões foram sobre como se aprende, o que se aprende, limites e possibilidades de aprendizagem conforme a faixa etária, o básico para o aluno aprender a aprender, a necessidade ou não de pré-requisitos, o próprio sentido do aprender, entre outras. A premissa adotada foi que, para aprender a aprender os conteúdos do ensino médio, o aluno deve saber ler e interpretar em nível intermediário, bem como dominar números e operações em nível básico. Destaca-se que a Lei de Diretrizes e Bases da Educação Nacional (LDB, Lei nº 9.394/96) preconiza, nos artigos 23 e 24, a possibilidade de se trabalhar com grupos não seriados:

> Art. 23. A educação básica poderá organizar-se em séries anuais, períodos semestrais, ciclos, alternância regular de períodos de estudos, grupos não seriados, com base na idade, na competência e em outros critérios, ou por forma diversa de organização, sempre que o interesse do processo de aprendizagem assim o recomendar.
> Art. 24. A educação básica, nos níveis fundamental e médio, será organizada de acordo com as seguintes regras comuns:
> I – [...]
> IV - *poderão organizar-se classes, ou turmas, com alunos de séries distintas*, com níveis equivalentes de adiantamento na matéria, para o ensino de línguas estrangeiras, artes *ou outros componentes curriculares;* [...] (BRASIL, 1996, art. 23 e 24, grifo nosso).

As oficinas de aprendizagem como prática pedagógica

Outro aspecto inovador e um dos pilares da proposta do Colégio Sesi é o trabalho em equipe. O trabalho em equipe é entendido de forma diferente do trabalho em grupo. Grupos são pessoas reunidas para um mesmo trabalho, mas cada qual com seus objetivos e suas metas, enquanto a equipe é compreendida como pessoas trabalhando juntas para atingir uma meta comum, a qual seria difícil ou impossível de ser alcançada por pessoas trabalhando sozinhas. Na equipe, as pessoas cooperam entre si, respeitam-se e aproveitam as habilidades individuais de cada um para o trabalho em equipe (RIGON, 2010).

Como já mencionado, no Colégio Sesi, os professores atuam de forma interdisciplinar. Por isso, têm horas de trabalho coletivo semanal, em reuniões para elaboração das oficinas de aprendizagem, análise do andamento das oficinas, preparação e elaboração de materiais e avaliações em conjunto, análise de resultados e estudos formativos, além da reflexão sobre a prática. O perfil docente para atuar diante de tantas inovações se constrói ao longo do tempo, na própria prática coletiva, nas formações em contexto de trabalho e nos cursos de aprofundamento ofertados pela mantenedora.

Os alunos estudam em equipes nas salas de aula. O único critério para a formação das equipes é que se variem os colegas com quem os integrantes já estudaram para estimular o desenvolvimento das competências relacionais. O trabalho em equipe, como uma prática cotidiana nas salas de aula, possibilita o desenvolvimento das habilidades essenciais para a educação do século XXI, constantes nos pilares da Organização das Nações Unidas para a Educação, a Ciência e a Cultura (Unesco), o aprender a ser e a conviver (DELORS et al., 2003). Os alunos aprendem a planejar e a realizar em equipe, negociar, chegar a consensos, partilhar responsabilidades, aprender com o outro, ser flexíveis e tolerantes, resolver conflitos, auto-organizar-se e responsabilizar-se por seu aprendizado e o de sua equipe, autoconhecer-se e conhecer os outros. A vivência de todo esse processo possibilitou que fosse elaborada uma metodologia própria de ensino e aprendizagem acerca da dimensão relacional da aprendizagem, em que dispositivos didáticos auxiliam professores e equipes a se relacionar melhor em diferentes aspectos e momentos do trabalho em equipe (FERRARINI, 2017).

O trabalho nessa dimensão da aprendizagem rendeu ao Colégio Sesi o prêmio internacional Hermès de l'Innovation 2011, na categoria "Melhoria da relação entre os homens". A premiação se deu em 19 de abril de 2011, em Paris, concedida pelo Instituto Europeu de Inovação e Estratégias Criativas, da França, que reconhece empresas ou organizações que integram o desenvolvimento de produtos e serviços com a satisfação dos indivíduos e da sociedade.

Os pilares da metodologia do Colégio Sesi podem ser interpretados como na engrenagem da **Figura 20.5**.

Para fazer um colégio inovador, são necessários pessoas e processos inovadores e uma abertura constante da gestão. A metodologia das oficinas de aprendizagem exigiu repensar

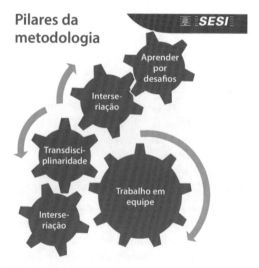

Figura 20.5 Pilares da metodologia.

as concepções de professor, planejamento, currículo, aluno, classe, material didático, sala de aula e de avaliação. Nesse sentido, na **Tabela 20.1**, são apresentadas as características da prática pedagógica do Colégio Sesi em comparação aos modelos convencionais.

Para que a aprendizagem em sala de aula flua, transitando entre momentos individuais e em equipe – este a maior parte do tempo, além de momentos de socialização no coletivo –, aplicam-se sequências didáticas e contratos didáticos.

TABELA 20.1 Comparativo entre escolas tradicionais e o Colégio Sesi Paraná

	Escolas convencionais	Colégio Sesi Paraná
Sala de aula	Mobiliários individuais. Alunos em fileira. Aluno cursa o ano na mesma sala o ano todo. Aluno senta no mesmo lugar o ano todo.	Mobiliários em equipe – mesas redondas ou conjuntos pentagonais. Equipes de 5 alunos. Alunos de anos diferentes juntos. Alunos mudam de sala e de equipe a cada trimestre.
Currículo	Enfoque disciplinar.	Nove segmentos curriculares temáticos, com enfoque transversal e interdisciplinar. Possibilitam a elaboração da teia de conteúdo da oficina de aprendizagem.
Conteúdo/objetos de conhecimento	Organizado por anos e períodos – bimestres ou trimestres – predeterminados, geralmente de acordo com a ordem do material didático.	Organizado em segmentos curriculares temáticos. Colégio e alunos definem as trajetórias formativas – segmentos curriculares e oficinas de aprendizagem pelas escolhas que realizam.
Material didático	Livro ou apostila por anos e disciplinas. Alguns organizados por bimestre.	Lista de sugestões de livros por disciplina, de preferência volume único para o ensino médio. Cada aluno adquire seu livro, mas a equipe de alunos deve ter ao menos três referências diferentes para estudo e pesquisas. O desafio do professor é estimular a análise crítica a partir da comparação entre os diferentes autores. Utilização de ambientes virtuais de aprendizagem.
Aprender	Pela transmissão do conhecimento. Geralmente pela memorização e repetição, com ou sem recursos didáticos.	Por meio da resolução de problemas e pesquisa (POZO, 1998; DEMO, 1996). Pela experimentação e elaboração em equipe e individual. Socialização de descobertas e estudos realizados. Elaboração de soluções (RIGON, 2010; SERVIÇO SOCIAL DA INDÚSTRIA, 2016).
Papel do professor	Transmitir o conhecimento aos alunos. Figura central no processo como aquele que domina o saber e ensina.	Organizador das situações de aprendizagem desafiantes. Mediador e facilitador da aprendizagem individual e das equipes de alunos.
Papel do aluno	Receptor do conhecimento. Disciplinado e atento ao professor.	Produtor do próprio conhecimento em relação com os demais colegas da equipe e com o professor. Ativo no processo, autônomo e corresponsável por seu processo de aprendizagem, bem como pelo de seus colegas de equipe.
Avaliação	Centrada nos aspectos cognitivos, expressa em notas. Geralmente provas e recuperação ao final do processo.	Centrada em aspectos cognitivos, mas também relacionais, expressas em notas decorrentes de critérios avaliativos. Diversidade de instrumentos avaliativos e recuperação em processo e no final do período.

Em uma sequência didática organizada como um guia de aprendizagem, as equipes de trabalho vão ganhando autonomia no processo de construção do conhecimento. Os professores planejam esse guia ou rota de aprendizagem enfocando as atividades de pesquisa que os alunos realizarão, em cada disciplina, a partir do desafio central/tema a ser respondido, das problematizações e do levantamento de conhecimentos prévios. Para cada disciplina da oficina, há diversas sequências didáticas, que são constantemente negociadas e renegociadas com os educandos durante a oficina.

A cada aula, o professor deve realizar e negociar com os educandos um contrato didático, ou seja, o que será trabalhado, como será trabalhado, o que as equipes ou os educandos devem fazer, como devem fazer, em quanto tempo e com quais materiais, de modo que compreendam o trabalho a ser realizado. Cada equipe de alunos deve ter em sua mesa de trabalho ao menos três referências bibliográficas diferentes sobre o assunto em estudo, embora pesquisas *on-line*, aulas de laboratório, aulas de campo, palestras com especialistas e profissionais e estudo em portais e plataformas virtuais constituam-se também em materiais de estudo. Os alunos têm armários individualizados para guardar seus livros e materiais de estudo.

Os estudos realizados pelas equipes são compartilhados no coletivo, em forma de socialização das respostas, para a verificação de novas possibilidades e correção do que não está certo ou do que está incompleto, bem como momentos mais formais, com júris simulados, mesas-redondas, seminários, apresentações elaboradas com apoio de tecnologias, entre outras formas.

A aprendizagem é complementada em casa, com momentos de estudo, em que as tarefas vão além e superam os tradicionais exercícios de fixação. Em casa, os alunos são levados a realizar pesquisas preliminares sobre um objeto de estudo que foi problematizado e será trabalhado na aula seguinte para socializar e compartilhar com os colegas da equipe; pesquisas complementares ou de aprofundamento decorrentes dos estudos já realizados em sala; e atividades conclusivas de elaboração pessoal sobre estudos realizados, as quais inclusive podem ter efeito avaliativo. Portanto, a sala de aula invertida já existia no Colégio Sesi desde 2005, embora o modelo pedagógico não seja o tradicional em que se aplica esse conceito.

Em toda essa dinâmica, entende-se o papel do professor como gestor da sala de aula, uma vez que, dependendo dos diferentes momentos, tem a atribuição de estimulador, direcionador e organizador das situações de aprendizagem; também interventor na construção do conhecimento, sintetizador do conhecimento e reorganizador das situações de aprendizagem para novos contextos (SERVIÇO SOCIAL DA INDÚSTRIA, 2016).

Os papéis de alunos e professores foram totalmente modificados em relação aos modelos disseminados e cristalizados nas práticas escolares convencionais. Pode-se afirmar que não é uma tarefa fácil, mas possível e totalmente prazerosa, como disse a mentora Rigon (2010), contudo exige significado e presença ativa e constante de professores e alunos.

Conforme já apontado, as oficinas de aprendizagem exploram a aprendizagem por desafios a partir de problemas reais, em uma relação de inter e transdisciplinaridade, e requerem que, ao final do período de estudos, ocorra um fechamento do trabalho. Nesse fechamento, os educandos devem explicitar a situação-problema e elaborar as possíveis respostas, conclusões ou soluções a partir do ponto de vista de cada disciplina que colaborou para a visão do todo, do objeto de estudo em si. As respostas/soluções elaboradas podem e devem ser diferentes, proporcionando uma visão ampla e multifacetada de um mesmo problema.

Esse fechamento, também denominado de "finalização ou celebração", pode ser realizado de diferentes formas: de cunho mais técnico--científico (experimentos, protótipos, esquemas de soluções, maquetes, mostras e exposições, documentários, projetos a serem apresentados em órgãos oficiais ou bancas avaliadoras, projetos a serem desenvolvidos na escola, entorno e comunidade); de cunho técnico-orientativo (materiais de estudos, com conclusões e conscientização para produção de fôlderes, cartilhas, cartazes, campanhas, minipalestras, ações em escolas do entorno e na comunidade, mesas-redondas, debates, júris simulados, entre outros) e mesmo de cunho técnico-artístico (produção de filmes, teatro, músicas, danças, instalações, mostras e exposições, entre outras produções).

A relação com a comunidade durante e ao término das oficinas é fundamental, pois a escola atua como um agente de reflexão para diagnósticos e transformações de realidades preestabelecidas diante dos problemas estudados. Nesse contexto, a finalização da oficina se torna momento ímpar de socializar os conhecimentos construídos, as conclusões elaboradas, as constatações e as possíveis soluções apresentadas, sobretudo quando podem de fato auxiliar a comunidade local. As finalizações são momentos riquíssimos de socialização dos conhecimentos construídos e evidenciam, sem dúvida, o prazer em ter aprendido e também proporcionado inúmeras ideias e projetos levados adiante em concursos e feiras de inovação.

Ambientes de aprendizagem

Os ambientes do colégio são concebidos para atender à metodologia e a seus fundamentos filosóficos e pedagógicos. Destacou-se, na **Tabela 20.1**, a composição das salas de aula que possibilitam o estudo em equipes pelos alunos. Essa é a primeira mudança percebida por todos – a física. No início da implantação da metodologia, alunos que chegavam para conhecer o colégio questionavam se realmente poderiam estudar com outros colegas. A dificuldade na implantação dessa nova perspectiva de estudo se deu em relação à aquisição de mobiliário, pois esse mercado baseia-se nos modelos convencionais, para estudo individual. Nos primeiros anos de implantação, adquiriam-se mesas redondas de escritório, opção que se verificou como não sustentável pela necessidade de conserto ou trocas constantes, uma vez que não suportavam o uso contínuo. Adquiriu-se, na sequência, conjuntos plásticos sextavados que resultaram em problemas de ergonomia para os estudantes. Por fim, desde 2010, os Colégios Sesi usam um mobiliário desenvolvido especialmente para a instituição (**Figs. 20.6** e **20.7**), cujo modelo é disponibilizado aos fornecedores para produção customizada e sob demanda.

Nos últimos anos, foram divulgadas notícias de escolas inovadoras com leiautes diferenciados que atendem a uma proposta di-

Figura 20.6 Modelo pentagonal adotado a partir de 2010.
Fonte: Serviço Social da Indústria (2011a).

Figura 20.7 Modelo hexagonal adotado a partir de 2017.
Fonte: Arquivos fotográficos do Serviço Social da Indústria.

Pela composição em bloco, reproduz-se e cresce na exata medida da necessidade, como um corpo vivo. A concepção por módulos construídos e obtidos entre os eixos que compõem a nova tipologia sempre permite agregações, ampliações e continuidade na construção futura e no crescimento da demanda escolar específica (**Figs. 20.8 a 20.13**).

ferenciada, rompendo o modelo arquitetônico tradicional. Em 2010, cinco anos após a implantação das primeiras unidades do Colégio Sesi, projetou-se um modelo arquitetônico que expressasse a filosofia e a metodologia institucional. A principal característica do projeto é a flexibilidade, porque se adapta a qualquer situação de terreno e se desenvolve em todas as situações de demanda, escopo e física do local.

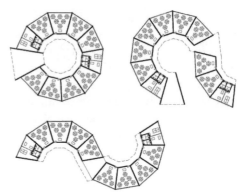

Figura 20.10 Expansão.
Fonte: Serviço Social da Indústria (2011a, p. 49).

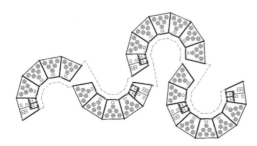

Figura 20.8 Disposição/organização modular.
Fonte: Serviço Social da Indústria (2011a, p. 48).

Figura 20.11 Visão de uma planta baixa integrada ao ambiente.
Fonte: Serviço Social da Indústria (2011a, p. 51).

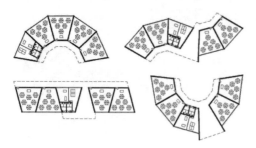

Figura 20.9 Estrutura multiplicável.
Fonte: Serviço Social da Indústria (2011a, p. 49).

Figura 20.12 Visão de implantação do projeto arquitetônico.
Fonte: Serviço Social da Indústria (2011, p. 52).

Figura 20.13 Fachada do Colégio Sesi de Rio Negro.
Fonte: Luciano Ribeiro dos Santos (2018).

A construção de uma unidade do Colégio Sesi no modelo arquitetônico próprio é sempre uma decisão estratégica político-institucional mediante as necessidades apresentadas. Nesse sentido, temos Colégios Sesi funcionando em construções próprias no modelo arquitetônico descrito tanto quanto em espaços compartilhados das unidades Sesi ou em espaços de terceiros, sob a forma de parcerias.

Os espaços educacionais do Sesi são inovadores tanto em relação ao espaço físico quanto em relação ao uso de espaço virtual, empregando as tecnologias digitais na educação. Embora o uso das tecnologias digitais seja um elemento do dia a dia dos alunos, no Brasil ainda não é disseminado de forma ampla para fins de aprendizagem formal na educação básica.

Todas essas propostas se alinham ao que estabelece a LDB quanto às finalidades do ensino médio: preparação básica para o trabalho e a cidadania do educando, seu aprimoramento como pessoa e a compreensão dos fundamentos científico-tecnológicos dos processos produtivos, relacionando teoria e prática. Isso só foi possível por meio da ampliação da carga horária para além do mínimo estabelecido pela LDB com as disciplinas da parte diversificada, mas sem aumentar a carga horária em sala de aula física (BRASIL, 1996).

Em 2017, o Colégio Sesi passou a ofertar as disciplinas de língua portuguesa I, produção de textos, espanhol, projetos de aprendizagem e ciências aplicadas em ambientes virtuais de aprendizagem (AVAs). Essa inovação trouxe retornos positivos com relação à aprendizagem, a avaliações internas e também externas, como o Exame Nacional do Ensino Médio (Enem) e vestibulares. A proposta envolve tanto a oferta de disciplinas totalmente via AVAs quanto da disciplina híbrida (ciências aplicadas), na qual o aluno realiza 50% da carga horária em sala de aula física e 50% nos AVAs. Esta última possibilita a prática da sala de aula invertida (STAKER; HORN, 2012; CHRISTENSEN; HORN; JOHNSON, 2012), mas isso não ocorre exclusivamente com essa disciplina. A sala de aula invertida é praticada também por meio do uso das plataformas digitais disponibilizadas para os alunos do Colégio Sesi, a saber: Portal Sesi Educação, Geekie, Mangahigh, Khan Academy, Gatópolis, entre outras.

Uma das principais vantagens do uso das plataformas digitais na educação é a possibilidade de personalizar atividades de aprendizagem para os alunos. Algumas plataformas citadas, como é o caso da Geekie, utilizam *big data*, ou seja, selecionam dados sobre o aprendizado dos alunos que as acessam para identificar dificuldades e propor novas atividades para estudo. Com isso, os alunos podem dispor de um plano de estudos personalizado, construído a partir de dados sobre suas dificuldades e alinhado a suas necessidades individuais de aprendizagem.

Avaliação da aprendizagem

No Colégio Sesi, a avaliação abrange o desempenho individual, a produção do conhecimento em equipe, bem como o trabalho com as competências cognitivas e relacionais – o aprender a ser e a conviver – e a matriz de referência das competências e das habilidades individuais e de equipe referenciadas em relatório da Unesco e estudos do Porvir (FERRARINI, 2017).

Parte-se do princípio de que aprender significa descobrir a razão das coisas, a conexão entre fatores aparentemente desconexos. Por isso, é um processo no qual o aluno vai se aproximando, aprofundando seu conhecimento aos poucos, como em uma espiral ascendente. Entende-se que o papel do professor nesse processo é estar junto, acompanhar, dialogar, compreender que aprender é um percurso e que cada aluno tem ritmos e formas diferentes de fazê-lo. Para isso, é essencial conhecer o aluno e compreender seu percurso de construção do conhecimento.

Avaliar é, nessa concepção, levar o aluno a refletir, a perceber em que aspectos ainda precisa avançar, quais as compreensões parciais que ainda precisa aprofundar e quais os saberes que já foram assimilados, promovendo que seja sujeito da própria aprendizagem e, portanto, muito mais ativo nesse processo.

A avaliação é constante, embora estejam previstos momentos específicos para análise formal da aprendizagem cognitiva. Os Colégios Sesi adotam os seguintes procedimentos avaliativos:

- **Observação e intervenção formativa.** A observação consiste no acompanhamento e no monitoramento das variáveis que interferem no processo de aprendizado, seja ele em equipe ou individual. É a postura constante de cuidado do professor em relação à premissa de que todos aprendem continuamente. Para tanto, o docente estimula os conflitos sociocognitivos lançando questões para a equipe pensar a partir do acompanhamento que realiza das elaborações em processo, analisando:
  - o que dizem saber;
  - o que ainda não sabem; e
  - o que precisam que o professor os ajude a esclarecer ou entender melhor e, até mesmo, equívocos conceituais que dificultam a realização da tarefa pela equipe e que precisam ser corrigidos diretamente pelo professor.

Ao atuar, o professor promove o avanço das aprendizagens durante o processo.

- **Avaliação formal.** Consiste na parada para fazer o "balanço" do que foi aprendido, envolvendo o uso de instrumentos avaliativos. Estes são aplicados conforme cronograma elaborado em conjunto por docentes, pedagogo e direção do colégio e informado aos educandos.
- **Autoavaliação.** Consiste em os próprios educandos e equipes identificarem se atenderam ou não às expectativas e, até mesmo, emitirem sua nota, sob orientação do professor. Isso ocorre após a aplicação de cada instrumento avaliativo, a partir dos critérios estabelecidos, previamente comunicados e entendidos. A autoavaliação permite que os educandos tomem consciência e reflitam sobre seu processo de aprendizado e como ele é demonstrado, o que os leva ao campo da metacognição. Com essa reflexão de forma contínua, espera-se que adquiram o hábito de considerar os critérios avaliativos antes mesmo de realizar a avaliação, o que os levará ao êxito (SERVIÇO SOCIAL DA INDÚSTRIA, 2016).

Defendemos que, no Colégio Sesi, o objetivo da avaliação é favorecer que os alunos aprendam mais e melhor. Para isso, não basta avaliar o rendimento do estudante, é preciso tomá-lo como referência para analisar todo o processo de ensino e aprendizagem, desde a formulação dos objetivos, a escolha de habilidades, competências, objetos do conhecimento, metodologias e materiais, a ação do professor e os próprios instrumentos de avaliação.

Sistemas de gestão acadêmica

Para ter e disponibilizar as informações do cotidiano de uma proposta pedagógica inovadora, foi preciso desenvolver um sistema de gestão pedagógica próprio. No mercado de sistemas educacionais voltados à educação, também se reproduz o modelo das escolas convencionais: alunos matriculados em anos e turmas, tal qual a disposição nas salas de aula. Na dinâmica do Colégio Sesi, foi necessário customizar uma solução. Denomina-se Portal Oficinas o sistema que rege desde a elaboração das oficinas de aprendizagem pelos professores, sua disponibilização para os alunos, sua inscrição, ensalamento e registro das equipes por oficinas de aprendizagem, bem como os registros de processo, tais como frequência, aulas e resultados das avaliações. Esse portal foi concebido por uma equipe de profissionais atuantes da própria rede de colégios, a partir dos processos vivenciados, os quais, nos primeiros anos da implantação, eram manuais ou por meio de planilhas eletrônicas.

Hoje, o Portal de Oficinas possibilita o registro do conteúdo das oficinas de aprendizagem que, registradas em um banco, são consultadas pelos demais colégios de forma a possibilitar o compartilhamento e a inteligência coletiva na elaboração e oferta de oficinas. As oficinas do banco podem ser reeditadas, atualizadas ou simplesmente usadas da forma apresentada. O portal (**Figs. 20.14**) possibilita aos alunos e familiares conhecerem todas as oficinas de aprendizagem ofertadas por seu colégio, para o período, de forma a realizar sua escolha de modo consciente e transparente. Antes desse portal, as oficinas eram expostas em murais físicos no Colégio, e os alunos faziam filas para registro manual de suas escolhas, em diferentes salas de aula para cada oficina ofertada.

Além desse sistema de gestão acadêmica, mantém-se ainda um sistema de gestão escolar, em que os alunos são matriculados por ano/

Figura 20.14 Página do Portal Oficinas com destaque para o menu de funcionalidades, à esquerda, e outras oficinas de aprendizagem ofertadas.
Fonte: Serviço Social da Indústria (2016).

série, que possibilita ao Colégio prestar contas aos órgãos governamentais sobre a execução das metas físicas e os resultados acadêmicos, bem como emitir toda a documentação da vida escolar legal do aluno.

Continuidade da inovação

Em 2017, a metodologia das oficinas de aprendizagem expandiu-se e foi adequada às características do ensino fundamental (Colégio Sesi de Londrina) e da educação infantil (ofertada em nove unidades no Estado). Assim como para o ensino médio, foram criados segmentos temáticos para a oferta de oficinas, trabalhando-se com formatos alternativos de interseriação, adequados às idades dos alunos. Para isso, os professores da rede foram chamados a participar dessa criação, trazendo a realidade da sala de aula e do dia a dia dos alunos.

Além disso, como no Colégio Sesi inovar é movimento constante, quando da escrita deste capítulo já estavam programados, estudos para a elaboração de propostas em que professores atuem juntos na mesma sala de aula, com abordagem por áreas do conhecimento ou mesmo áreas transversais, por exemplo. Todos esses elementos trazem dinamicidade à prática pedagógica do colégio, que tem colhido seus frutos de educação inovadora por meio das conquistas de seus alunos egressos. Muitos ingressam em universidades federais e seguem carreiras diversas, nas quais têm demonstrado o diferencial de terem sido alunos de um colégio ousado e inovador, que forma cidadãos críticos, empreendedores, capazes de expor seus pontos de vista, apresentar suas ideias, trabalhar em equipes e aprender continuamente, demonstrando habilidades e competências indispensáveis para a sociedade do conhecimento e da informação no presente e no futuro.

REFERÊNCIAS

ANDRADE, E. C. *Proposta de um método de sensibilização de empresários para o tema inovação*. 2017. 127 f. Dissertação (Mestrado em Tecnologia e Sociedade) – Programa de Pós-Graduação em Tecnologia e Sociedade, Universidade Tecnológica Federal do Paraná, Curitiba, 2017.

BRASIL. *Lei nº 9.394, de 20 de dezembro de 1996*. Estabelece as diretrizes e bases da educação nacional. 1996. Disponível em: <http://www.planalto.gov.br/CCIVIL_03/Leis/L9394.htm>. Acesso em: 23 ago. 2018.

BRASIL. Ministério da Educação. Secretaria de Educação Básica. Secretaria de Educação Continuada, Alfabetização, Diversidade e Inclusão. Secretaria de Educação Profissional e Tecnológica. Conselho Nacional da Educação. Câmara Nacional de Educação Básica. *Diretrizes curriculares nacionais gerais da educação básica*. Brasil: MEC, 2013.

CARVALHO, H. G.; REIS, D. R.; CAVALCANTE, M. B. *Gestão da inovação*. Curitiba: Aymará, 2011.

CHRISTENSEN, C. M.; HORN, M. B.; JOHNSON, C. W. *Inovação na sala de aula*: como a inovação de ruptura muda a forma de aprender. Porto Alegre: Bookman, 2012.

CONFEDERAÇÃO NACIONAL DA INDÚSTRIA. *Educação para a nova indústria*: uma ação para o desenvolvimento sustentável do Brasil. Brasília: CNI, 2007.

DELORS, J. et al. *Educação*: um tesouro a descobrir: relatório para a Unesco da Comissão Internacional sobre Educação para o século XXI. Brasília: Unesco, 2003.

DEMO, P. *Educar pela pesquisa*. Campinas: Autores Associados, 1996.

FERRARINI, R. Dimensão relacional da aprendizagem: proposições na perspectiva do paradigma da complexidade. In: CONGRESSO INTERNACIONAL DE EDUCAÇÃO, 23., 2017, Curitiba. *Anais...* Curitiba: Pontifícia Universidade Católica do Paraná, 2017. p. 13355-13369.

FULLAN, M. *El Cambio educativo*: guía de planeación para maestros. Cidade do Mexico: Trilhas, 2003.

HERMENS, A.; CLARKE, E. Integrating blended teaching and learning to enhance graduate atributes. *Education + Training*, v. 51, n. 5/6, p. 476-490, 2009.

HERNÁNDEZ; SANCHO, J. A.; CARBONELL, J. As conclusões como síntese do que aprendemos. In: HERNÁNDEZ, F. et al. *Aprendendo com as inovações nas escolas*. Porto Alegre: Artmed, 1998. cap. 6.

MORAES, M. C. *O paradigma educacional emergente*. Campinas: Papyrus, 1997.

MORAES, M. C. *Pensamento eco-sistêmico*: educação, aprendizagem e cidadania no século XXI. Petrópolis: Vozes, 2004.

MOREIRA, H.; STRAUHS, F. R. O ensino interdisciplinar: perspectivas práticas na Pós-Graduação. In: SIMPÓSIO INTERNACIONAL SOBRE INTERDISCIPLINARIDADE, NO ENSINO, NA PESQUISA E NA EXTENSÃO, 2013, Florianópolis. *Anais...* Florianópolis: UFSC, 2013.

MORIN, E. *Os sete saberes necessários à educação do futuro*. 11. ed. São Paulo: Cortez, 2006.

NOGUEIRA, N. R. *Pedagogia dos projetos*. São Paulo: Érica, 2001.

POZO, J. I. (Org.). *A solução de problemas*: aprender a resolver, resolver para aprender. Porto Alegre: Artmed, 1998.

RIGON, M. *Definindo oficinas de aprendizagem*. Curitiba: Sesi, 2007. Material impresso do Programa de Capacitação para profissionais do Colégio Sesi Internacional.

RIGON, M. *Prazer em aprender*: o novo jeito da escola. Curitiba: Kairós, 2010.

SALERNO, M. S.; KUBOTA, L. C. Estado e inovação. In: NEGRI, J. A.; KUBOTA, L. C. (Org.). *Políticas de incentivo à inovação tecnológica no Brasil*. Brasília: IPEA, 2008. p. 13-66. Disponível em: <http://repositorio.ipea.gov.br/bitstream/11058/3237/1/Pol%­C3%ADticas%20de%20incentivo%20%C3%A0%20inova%­C3%A7%C3%A3o%20tecnol%C3%B3gica%20no%20Brasil.pdf>. Acesso em: 05 set. 2018.

SERVIÇO SOCIAL DA INDÚSTRIA. *Colégio SESI ensino médio*: infraestrutura e negócio. Curitiba: SESI, 2011a.

SERVIÇO SOCIAL DA INDÚSTRIA. *Colégio SESI ensino médio*: procedimentos pedagógicos. Curitiba: SESI, 2011c.

SERVIÇO SOCIAL DA INDÚSTRIA. *Colégio SESI ensino médio*: projeto e identidade. Curitiba: SESI, 2011b.

SERVICO SOCIAL DA INDÚSTRIA. *Diálogos com a prática*: construções teóricas: coletânea I. Curitiba: Departamento Regional do Estado do Paraná, 2008.

SERVIÇO SOCIAL DA INDÚSTRIA. *Proposta pedagógica Colégio Sesi*. Curitiba: Departamento Regional do Paraná, Gerencia de Operações Inovadoras do Colégio Sesi, 2016.

STAKER, H.; HORN, M. B. *Classifying. K-12 blended learning*. [S.l.]: Innosight Institute, 2012. Disponível em: <http://eric.ed.gov/?id=ED535180>. Acesso em: 05 set. 2018.

TIDD, J.; BESSANT, J. *Gestão da inovação*. 5. ed. Porto Alegre: Bookman, 2015.

WIKIPEDIA. *Paraná (state)*. 2018. Disponível em: <https://en.wikipedia.org/wiki/Paran%C3%A1_(state)>. Acesso em: 23 ago. 2018.

LEITURAS RECOMENDADAS

AMABILE, T. M. Como não matar a criatividade. *HSM Management*, n. 12, p. 110-116, 1999.

BRASIL. Ministério da Educação. Conselho Nacional de Educação. Câmara de Educação Básica. Parecer CNE/CEB nº 01, de 02 de fevereiro de 2016. Define Diretrizes Operacionais Nacionais para o credenciamento institucional e a oferta de cursos e programas de Ensino Médio, de Educação Profissional Técnica de Nível Médio e de Educação de Jovens e Adultos, nas etapas do Ensino Fundamental e do Ensino Médio, na modalidade Educação a Distância, em regime de colaboração entre os sistemas de ensino. *Diário Oficial da União*, seção 1, p. 6-7, 03 fev. 2016.

FERRARINI, R. A produção de conhecimento científico na formação continuada de professores: um relato de experiência. In: CONGRESSO INTERNACIONAL DE EDUCAÇÃO, 4., 2008, Curitiba. *Anais...* Curitiba: Pontifícia Universidade Católica do Paraná, 2008. p. 950-962.

LOPES, M. *Escola movida a desafios prepara alunos para atuar no cenário global*. . 2017. Disponível em: <http://porvir.org/escola-movida-desafios-prepara-alunos-para-atuar-cenario­-global/?utm_campaign=shareaholic&utm_medium=facebook&utm_source=socialnetwork>. Acesso e: 23 ago. 2018.

O AVESSO DA LÓGICA:
a proposta pedagógica da Escola Tia Ciata

Monica de Castro

O segredo da Verdade é o seguinte: não existem fatos, só existem histórias.

João Ubaldo Ribeiro

O Rio de Janeiro, a Cidade Maravilhosa, é conhecido por sua beleza natural, suas praias, o samba, a cerveja gelada e os pivetes. Todos que residem nessa cidade ou que a visitaram têm histórias para contar – passeios, noites agitadas ou alguma situação em que alguém passou maus momentos com os meninos e as meninas que perambulam pelas ruas.

Este capítulo tem por objetivo apresentar a experiência pedagógica da Escola Tia Ciata, que reunia características singulares, tanto com relação a sua clientela quanto à metodologia adotada. A escola teve como meta atender a meninos e meninas recusados por outras escolas da rede oficial de ensino por terem ultrapassado a idade fixada como limite para a alfabetização ou por terem mantido um comportamento classificado como inadequado aos padrões dessas instituições. Os alunos eram meninos e meninas que carregavam o estigma da marginalidade, nomeados pela sociedade como "pivetes", "meninos de rua", "menores", "favelados", etc. Essa foi a única escola pública regular no Brasil a atender esse grupo específico.

O CONTEXTO DE CRIAÇÃO DA ESCOLA TIA CIATA E SEUS ALUNOS

A Escola Tia Ciata nasceu da necessidade de compreender e vencer o fracasso escolar desses meninos e meninas que viviam pelas ruas do Rio de Janeiro nos anos de 1980. Inicialmente, conduzo o leitor ao cenário em que as ideias foram geradas e à formação do grupo de coordenação da escola, suas visões e divergências, que acabaram por exigir uma opção quanto à metodologia a seguir.

A intenção deste relato é contextualizar o processo pelo qual se produziu uma proposta de ação pedagógica realizada ao longo de cinco anos e que deu origem à Escola de Educação Juvenil Tia Ciata. Uma escola criada por um grupo de educadores cujo objetivo era inicialmente escolarizar adolescentes analfabetos carentes. A meta básica era trabalhar a escolaridade de classe de alfabetização (C.A.) até o 5º ano, agrupando os alunos de acordo com seu nível de aprendizagem. Além da escolarização, oferecia atividades alternativas com o objetivo de responder às características singulares de sua clientela.

O começo da história não traz grandes novidades: um grupo de educadores, preocupados com o resultado de seu trabalho, discute como realizar um outro tipo de escola, uma que cumpra sua função social de alfabetizar. A iniciativa partia do Programa Especial de Educação, do então governo do Estado do Rio de Janeiro, em 1983, e o alvo eram os adolescentes analfabetos de 16 a 20 anos. O espaço reservado foi a Passarela do Samba, recém-inaugurada, projetada por Oscar Niemeyer (**Fig. 21.1**). O espaço foi concebido para abrigar escolas da rede pública de ensino, durante os meses em que não havia desfile de carnaval.

Antes de começarmos o trabalho, tínhamos uma visão dos jovens analfabetos muito diferente da que constatamos depois pelo convívio com eles, a visão de alguém que trabalhava durante o dia e que, por isso, precisava de uma escola noturna. Nossa imagem desses meninos e meninas denunciava o imaginário de quem desconhece a realidade em que vai atuar: subemprego, famílias diferentes da convencional, trabalho iniciado desde pequeno, tudo isso causando uma vida a que nós atribuíamos a palavra "carente".

Nossa clientela, no entanto, começou a se formar, à primeira vista, de maneira muito heterogênea, e surgiu um tipo de menino que nós não conhecíamos. Um menino que se "virava" parte do dia ou da noite e que, efetivamente, tinha uma ligação de sobrevivência, não com o "lar", mas com as ruas. Esses meninos, aos quais a sociedade se refere como "pivetes", "menores", "meninos de rua", "favelados" ou até predicados mais claros, como "marginais", passaram a ser a clientela básica de nossa escola. Chegaram mostrando-nos o imediato de suas vidas, em que o problema de sobrevivência está colocado no hoje, no agora, pois no amanhã, como diziam, "Eu não sei se estou vivo". Constatamos que esses meninos eram negados pela escola não a partir de 16 anos, mas a partir de 12 anos. Aos 12 anos já eram considerados pela escola e, às vezes, pela própria família ou mesmo pela sociedade como um todo, como aqueles que "não têm mais jeito". Percebemos também que havia, por parte deles, uma grande procura por uma escola diurna. E foi para esses meninos que a proposta passou a se dirigir (**Fig. 21.2**).

Alfabetizar jovens com tais características trouxe-nos novas questões. Percebíamos que esses meninos já haviam negado a "disciplina", o "silêncio", o "conteúdo" da escola dita tradicional. A escola, por sua vez, de uma for-

Figura 21.1 Alunos do turno da noite com coordenadoras no sambódromo.

Figura 21.2 Dia de Conselho de Classe.

ma ou de outra, já os havia recusado. Logo, a escola pretendida teria de partir dessa realidade, e isso implicaria partir do mundo deles. Esse mundo não era um mundo conhecido; ao contrário, perceberíamos que a cultura formadora desses meninos não se resumia a um conjunto de manifestações diferenciadas socialmente, consideradas até "folclóricas", mas seria um dado fundamental de compreensão da forma como eles aprendiam.

Isso não foi feito sem problemas. Uma metodologia nova esbarrou na formação dos professores e mesmo no confronto de valores entre a equipe coordenadora, os professores, os alunos e os funcionários. Por isso, passou também a ser objetivo nosso a formação dos professores em serviço. No entanto, por entendermos ser essa uma opção política e pessoal, tal formação trazia um complicador: ela precisava contar com a adesão do professorado.

Conforme discutíamos na equipe os pressupostos básicos do que seria uma nova proposta, percebíamos a complexidade de forças com que convivíamos. De um lado, um discurso, por parte do governo, de prioridade para populações carentes, para "meninos e meninas de rua" e, de outro, toda a dificuldade em obter apoio oficial. Insistíamos com as autoridades competentes em fazer dessa escola uma instituição da rede oficial, pois éramos apenas um projeto experimental, e recebíamos indiferença que acabava por se traduzir em recusa. Além disso, estávamos formando uma equipe de professores que, a cada reunião, insistia conosco na necessidade de estabelecer limites, disciplina e ordem para esses meninos. Tais procedimentos significavam exigir deles horários rígidos, que não falassem palavrões, que ficassem sentados por três horas em suas carteiras, que não brigassem, que "respeitassem" os professores e funcionários, que sofressem suspensões e até expulsões. O discurso dos professores não diferia muito do que ouvíamos dos órgãos oficiais a respeito da higiene, da limpeza da escola, das depredações, enfim todos queriam e nos cobravam que esses alunos fossem ou virassem "bons" meninos.

Para o professor, e mesmo para os representantes dos órgãos oficiais, existiria uma forma certa de falar, de pensar, de agir, uma verdade única, cientificamente comprovada – uma verdade da natureza própria do homem. O professor era aquele que sabe essa verdade, fala essa verdade de forma verdadeira, e, se o aluno não a aprendesse, se a verdade a ele não se revelasse, as razões seriam físicas, biológicas (o menino não comeu direito), psicológicas (o menino não tem um lar constituído) ou morais (o menino não presta mesmo), mas sempre cientificamente comprovadas.

A escola, como instituição da sociedade, aparato ideológico do Estado, ou seja lá como for, tem como uma de suas funções legitimar as diferenças sociais, já que classifica os indivíduos de acordo com a escolaridade atingida (como se a escola fosse para todos e a mesma para todos). Dessa forma, é ela quem justifica a existência desses meninos (os que não deram certo, incapazes, burros), pois, dentro da hierarquia, eles são os que nada aprendem (presente contínuo e eterno), são o último degrau.

A contradição ficava nítida: queríamos uma escola para alfabetizar meninos e meninas considerados inalfabetizáveis, que não "querem nada", que não se esforçam, não se comportam, não aceitam os ensinamentos; queríamos alfabetizar jovens que a escola já havia classificado como os que não podem ser alfabetizados. Partimos do princípio de que eram apenas diferentes, mas que nada os impedia de aprender. Em outras palavras, queríamos uma escola que não classificasse, que negasse essa classificação considerando os indivíduos com suas *diferenças*.

Se a relação entre a escola e o aluno fosse unidirecional, não haveria contradição. Porém, o aluno dava a sua réplica. Trabalhávamos com meninos que já haviam tido uma experiência com a escola, com o mundo e já haviam dito não a ela. Por mais que se houvesse tentado instalar a disciplina convencional em nossa escola, ela só aconteceu no discurso. O menino tem sua vida na rua, onde o seu falar tem sentido, o seu agir tem sentido e o seu pensar também. Seu retorno à escola mostrava que nele sobrevivia uma expectativa. Porém, a sua maneira de ser "irreverente", a sua "rebeldia", não correspondia à expectativa da escola em relação a ele. Diante desse conflito, muitos evadiram. A evasão dos alunos, no entanto, seria inadmissível, mesmo não atingindo os níveis absurdos tolerados pela escola tradicional, pois a razão de ser dessa nova escola seria o retorno desses meninos a ela.

Em dado momento, era possível ver com muita clareza a coexistência de vários grupos a desenvolver várias escolas, vários projetos de escola nova. Talvez seja desnecessário acusar o fato de que a escola nunca dirigiu sua ação fundamentalmente ao aluno. Misturavam-se os interesses corporativos de professores, funcionários e demais educadores, os anseios da comunidade local, da família e de instituições que trazem para si a responsabilidade por essas crianças. O resultado dessa mistura de visões é que norteava efetivamente a prática, o dia a dia da sala de aula.

Olhando para trás, cada grupo realizou conquistas, mas, sem dúvida, aquele que conseguiu mais aliados foi o dos alunos. Talvez por isso a Escola Tia Ciata tenha, ao longo de todo esse tempo, mantido uma cara tão diferente das outras escolas. Uma frase ouvida de um colaborador no corredor da escola, em um dia qualquer, alertou-nos para esse fato: "[...] vocês não tiraram os meninos da rua, vocês trouxeram a rua para dentro da escola [...]" (LEITE, 1991, p. 56) e mais: "[...] os alunos foram preenchendo todos os espaços que lhes colocaram possíveis e tomaram na marra aqueles que lhes eram imprescindíveis [...]" (ibid.). Sem dúvida, havia pressupostos na proposta elaborada, mas a escola, longe de ter sido grande ideia de educadores iluminados ou de professores sacerdotes, foi, em grande parte, conquista desses jovens "invencíveis" (LEITE, 2010).

A PROPOSTA PEDAGÓGICA DA ESCOLA TIA CIATA

Joãozinho tem um conhecimento que dentro da sua responsabilidade é de grande veracidade.
Zé Diniz – Morro Santa Marta

Apesar de a presença dos meninos e das meninas na escola ter instalado um ambiente aparentemente caótico, a equipe conseguiu pôr em prática as bases de uma proposta original, ou seja, funcionamos como uma escola asseriada, da qual não se expulsavam alunos e na qual os planejamentos eram discutidos coletivamente. Esses alunos por vezes sumiam, sua frequência era muito irregular, daí a necessidade de asseriação. Conseguiu-se administrar a asseriação de modo que o aluno sempre se desenvolvesse. Para esse fim, foram produzidas fichas de avaliação, nas quais, a partir de algumas habilidades listadas, o aluno era acompanhado individualmente em sua trajetória. Se faltava durante meses, o que era muito comum, quando voltava, era avaliado e colocado em um grupo de escolaridade semelhante. A escola impôs como fato novo, na rede oficial, a existência da asseriação, posteriormente aprovada pelo Conselho Estadual de Educação do Estado do Rio de Janeiro (1987). A Escola Tia Ciata não tinha séries em progressão, os alunos eram, quando necessário, reagrupados de modo que cada um ficasse com um grupo que lhe oferecesse desafios que ele acompanhasse e que se desenvolvesse. Os grupos variavam entre 8 e 15 alunos, não mais que isso (**Fig. 21.3**).

A orientação necessária à utilização dessas fichas foi inicialmente insuficiente, mesmo porque os fatos acontecidos nas salas de aula nem sempre possibilitavam tais acompanhamentos. O resultado inicial era um material muito desigual. O mesmo tendia a acontecer com as discussões sobre os planejamentos. Embora, no discurso, todos estivessem trabalhan-

Figura 21.3 Salas de aula no sambódromo.

do uma proposta de currículo interdisciplinar, calcada na história de vida dos alunos, a prática revelava ações às vezes bem diferentes. No entanto, com o passar do tempo, chegamos a alguns princípios norteadores, que geraram resultados inquestionáveis.

A escola tornou-se, concretamente, por sua existência, por seu crescimento, pelo trabalho de todas essas pessoas e por um êxito significativo de seus alunos, uma denúncia viva do fracasso da maioria das escolas públicas no País. E, diante das conquistas, havia em todos que lá trabalhavam uma certa dose de orgulho e satisfação. Fins de 1987 e início de 1988, conquistamos autonomia de voo para as nossas realizações, pelo Decreto nº 7.553 de 12 de abril de 1988, publicado no Diário Oficial do Município do Rio de Janeiro, de 13 de abril de 1988, que transformava a Escola Municipal Tia Ciata em "Escola de Educação Juvenil Tia Ciata", que diferenciava oficialmente o trabalho da Escola Tia Ciata das demais escolas da rede. O decreto traz em seus artigos a metodologia e a organização administrativa da Escola Tia Ciata diferenciadas do regime comum da rede oficial, a fim de se preservarem seus objetivos primordiais, menção ao fato de a direção da escola ser exercida em regime de colegiado e a matrícula ocorrer em qualquer época do ano letivo, não sendo pré-requisito a apresentação de documentos (MOTA, 2014). Já havia se tornado consenso que a proposta pedagógica, até então pouco regular, fosse executada por todos.

Conviver com a passarela do samba, nos quatro primeiros anos de implantação da experiência, trazia o inconveniente, durante os meses de janeiro, fevereiro e março, de termos de trabalhar entre montagens e desmontagens do carnaval e da escola. Isso acarretava a ausência dos alunos e constantes mudanças, nas quais todo o mobiliário da escola era transportado e armazenado, cada ano em um lugar, sempre resolvido de última hora. Eram meses em que o trabalho pedagógico perdia a continuidade e, geralmente, resumia-se a reuniões da coordenação para planejamento de atualização do trabalho dos professores, que ocorria quase sempre nas duas últimas semanas do trabalho de desmonte. A necessidade de um prédio próprio e de uma proposta clara ficou evidente.

Então, mostrou-se fundamental compreender o significado da proposta pedagógica, que ficasse claro para todos o significado da tal "interdisciplinaridade" e o que seria a pesquisa da história de vida dos alunos. Inicialmente, trabalhávamos "integrando" as disciplinas. Sentávamos e planejávamos como iríamos juntar a matemática com a geografia ou o português com a história. No entanto, essa prática pouco resultava. Ficou claro que não se tratava apenas de integração horizontal ou vertical de conteúdos preestabelecidos, e, sim, do próprio conteúdo a ser trabalhado nas aulas. Apresentaram-se como pontos fundamentais a serem explicitados: o que significava "partir da história de vida dos alunos"? Qual o conteúdo a ser desenvolvido, como seria o currículo (já que se assumia a existência de dois conteúdos, aquele trazido pelo aluno e outro, considerado universal, o de todas as outras escolas, portanto, programável, em direção ao qual a aprendizagem deveria se dirigir)? Qual o significado do que se apontava como "interdisciplinaridade" dos conteúdos?

As bases da prática inicialmente registrada na escola encontravam-se na concepção de "interdisciplinaridade" referindo-se à didática, ela se constituía em um esforço por integrar conteúdos do mesmo currículo de todas as escolas, no sentido de um melhor aproveitamento técnico do planejamento curricular. O objetivo era obter uma maior eficácia no que se refere ao tempo de aquisição do conhecimento (uma vez que os alunos eram defasados) e à sua qualidade. Acreditava-se que, pré-correlacionando-se os conteúdos apresentados, o aluno teria uma maior oportunidade de assimilá-los.

Tendo como referência esse conceito de interdisciplinaridade, a pesquisa da história de vida dos alunos não tinha relação direta com o conteúdo desenvolvido na aprendizagem. A justificativa de sua importância viria do fato de se acreditar ser necessário conhecer o aluno para que a relação professor-aluno se estabelecesse em bases mais próximas. O professor, detendo um maior conhecimento de sua clientela, compreendendo seu aluno e suas dificuldades, poderia propor de forma mais acessível o conteúdo programático. Enfim, a pesquisa da história de vida dos alunos teria também uma justificativa técnica – ela informaria apenas o "como da condução do processo de ensino e aprendizagem".

Outro *slogan* da educação no momento, o desenvolvimento da consciência crítica, seria, para essa concepção de prática, um resultado "natural" de quem adquiriu os conteúdos da escola de uma forma verdadeira, sem ilusões, sendo o conhecimento, acima de tudo, os fatos e sua relação entre si. Educar para a cidadania seria torná-los conscientes. Não se havia definido o que era essa consciência, mas acreditava-se que eles não a tinham. Seriam alienados das conquistas humanas, tendo uma visão restrita do mundo.

Coerente com tais pressupostos, essa prática previa a necessidade de um método de alfabetização eficiente, com base científica forte e que levasse em consideração a dificuldade que o aluno já denunciava após tantos anos em que não conseguira se alfabetizar. Havia dúvida, no entanto, se o método mais adequado seria o global ou o psicolinguístico. Concordava-se, todavia, que haveria etapas pelas quais ele teria de passar, todas baseadas em uma suposta dificuldade de percepção do aluno, embora se admitisse que, em alguns casos, algumas delas poderiam ser puladas. Muitas horas foram gastas discutindo-se se era ou não possível iniciar a alfabetização com palavras que apresentassem fonemas mais "difíceis", isto é, o que se deveria sacrificar: a significação e o contexto em que tal palavra surgira ou o grau de dificuldade que seus fonemas apresentavam? No início, optou-se por sacrificar o significado e o contexto.

Uma segunda concepção de "interdisciplinaridade", desenvolvida ao longo de quatro anos de prática, referia-se ao próprio processo pelo qual o adolescente analfabeto adquirira os conhecimentos que já tinha. Nessa visão, reconhecia-se que esse adolescente tinha conhecimentos. Ele não os adquiria de forma fragmentada como as escolas incutem em seus alunos, esses conhecimentos foram produzidos dentro de toda uma diversidade, própria às situações da vida cotidiana. Entendia-se aqui que a própria construção da forma do pensar, isto é, dos raciocínios, das formas de avaliar, relacionar, enfim, do pensamento desse aluno, era interdisciplinar. Assumindo-se a interdisciplinaridade com esse sentido e entendendo que esse adolescente tem um conhecimento que lhe permite relacionar-se com o grupo social a que pertence, a pesquisa de sua história de vida revestia-se de outro significado, e o conteúdo curricular a ser desenvolvido teria de ser posto em questão. Do contrário, estaríamos negando esse conhecimento, zerando-o, ou seja, calando sua voz, pois essa não teria nada a dizer. E, assim, sua história nem sequer teria sentido.

Partindo-se do princípio de que o adolescente conhece e que conhece de outra forma, a pesquisa de sua história de vida consistiria em aprender seu conhecimento e a forma como se estrutura. O conteúdo a ser proposto deveria, portanto, resultar do desenvolvimento do conteúdo que ele produziu e produz em sua vida e em sua relação com o mundo. A produção desse conhecimento não poderia se dar fora da escala de valores que a originou.

Um conteúdo "universal", aqui, deveria ser entendido como um valor produzido por um grupo social, outro grupo semiótico, do qual fazem parte os professores. A história de vida, portanto, seria ponto de partida, não só para a definição desse conteúdo, como também para sua produção.

Não se estava assumindo um relativismo no qual não haveria parâmetros para avaliar os rumos que tal proposta acarretaria. Ao contrário, acreditava-se que a apropriação desse "conteúdo universal" por esse aluno fazia parte do desenvolvimento do próprio conteúdo e mesmo do próprio desejo. No entanto, apontava-se que a possibilidade de sua realização tivesse como prerrogativa uma relação dialógica entre o conhecimento do professor e o do aluno. Sem que essa relação se estabelecesse, o aluno o recusaria, visto que teria em jogo a recusa do próprio saber, da própria identidade. Como decorrência, trabalhar a partir da cultura do aluno era desenvolvê-la, era desenvolver um conhecimento que existia e para o qual não haveria fronteiras, e, nesse processo, obrigatoriamente, todos haveriam de aprender.

Práticas como a não correção dos textos produzidos pelos alunos, dos cálculos feitos por eles, por exemplo, passaram a ser a regra. O modo de conduzir as tarefas sempre partia da avaliação do que o aluno fazia e como ele fazia. O importante, na alfabetização, era o aluno mostrar que se comunicava por escrito, que dava o troco certo. Em geografia e história, que reconhecesse em um mapa onde morava, como aquela comunidade nasceu, o que ela tinha de mais importante, do que viviam, como se divertiam, etc. Os conteúdos da escola regular eram trabalhados a partir desses, em um processo quase inverso ao da escola regular. Sabendo bem do local onde se mora, a curiosidade leva a querer saber para além dali, o que era feito com a participação ativa dos alunos, por vezes o globo terrestre era reivindicado pelos próprios grupos.

A consciência crítica não era um resultado "natural" do desenvolvimento da cognição, mas pressupunha, muito além das técnicas ou de conteúdos, vivências múltiplas em que o exercício da autonomia se mostrou fundamental. Isto é, não se "aprenderia" a ter consciência crítica, muito menos preferencialmente na escola, pois ela seria um exercício produzido de forma contínua nas relações do indivíduo em todas as instâncias político-sociais. Talvez por cumprir o papel de embotar e automatizar os indivíduos, a escola agora tinha incorporado em seu discurso esse papel e o assumia com tanta onipotência. Porém, ela devia, sim, encorajar posturas que privilegiassem o exercício de atitudes autônomas nos seus alunos sem as quais eles não tomariam para si seu processo de aprendizagem.

O exercício da cidadania devia ser objeto de discussão de todos na escola, pois percebemos que ninguém ainda o havia exercido plenamente. A classificação "alienado" era atribuída descuidadamente ao aluno pela primeira visão aqui exposta, constituía uma simplificação grotesca e tão discriminadora quanto outros predicados que compunham o discurso da escola tradicional que os havia expulsado. Falar em alienação nesse contexto deveria, necessariamente, levar em conta a origem de cada indivíduo, bem como a conjuntura mais geral. Com a inauguração do prédio novo (**Fig. 21.4**), em agosto de 1988, alguns problemas foram resolvidos, fundamentalmente os de infraestrutura material, e novos puderam aparecer. Até aquele momento, não havíamos oferecido à equipe de professores instrumentos necessários para que a pesquisa da história de vida dos alunos se desse em nível de sala de aula. Não tínhamos a pretensão de achar que isso bastaria, uma vez que o próprio sentido da pesquisa não estava claro sequer para a equipe de coordenação como um todo. Como estratégia para enfrentar o problema, elegemos o espaço da sala de leitura como o lugar privilegiado para que a discussão ocorresse, não só com os professores, mas também com a própria coordenação. A sala de leitura seria um laboratório de pesquisa onde todos na escola teriam contato com a prática dessa discussão e com os instrumentos necessários para que ela acontecesse.

Até aquele momento, a pesquisa da história de vida dos alunos tinha sido realizada por alguns coordenadores e havia sido pequena a possibilidade de avaliar seus resultados, uma vez que havia poucos registros das atividades ocorridas com esse objetivo. Queríamos que os registros não fossem ocasionais e que as atividades se interligassem, além de serem continuidade do trabalho desenvolvido pelo professor em sala de aula.

A sala de leitura acolheria não só a pesquisa da história de vida dos alunos, em um primeiro momento, como também a formação dos professores e da própria coordenação.

Fazíamos também discussões sobre as "regras" da escola (**Fig. 21.5**). Estas eram discutidas com todos os alunos e tínhamos de cuidar

Figura 21.4 Inauguração do prédio da Escola Tia Ciata na Praça 11.

Figura 21.5 Reuniões com os alunos.

para não serem regras rígidas, pois os alunos sempre sugeriam regras muito rígidas.

A coordenação elaborou, para esse fim, "fichas de registro" para as atividades desenvolvidas na sala de leitura, que, além do objetivo em si de registrar a pesquisa, tinha como finalidade ser roteiro para as observações e os planejamentos. Foi também elaborada uma "ficha de perfil" da turma, visando sua caracterização, o que foi feito a partir de material coletado em cinco anos de trabalho direto com os alunos, portanto, os dados da ficha de perfil já estavam disponíveis.

Na sala de leitura, as histórias dos alunos eram gravadas e transcritas, e algumas vezes viraram livros, que eram usados em sala de aula. Outros textos eram mesclados a esses. O mesmo acontecia com as situações em que se explorava a matemática, sempre a partir de problemas que eles traziam. Algoritmos só eram trabalhados em um segundo momento, como uma forma diferente de fazer o mesmo e assim também era feito com os demais conteúdos.

Foi criado um grupo de professores que se ocupavam da educação para o trabalho. Esse grupo discutia com os alunos problemas que traziam das atividades que realizavam para seu sustento. Esse grupo também alimentava os conteúdos a serem trabalhados em sala de aula. Além disso, criaram frentes de trabalho para os que completavam 18 anos e que já tinham alcançado os conteúdos regulares da escola tradicional. Esses fizeram jus ao diploma que atestava terem completado a escolaridade dos anos iniciais da escola, o equivalente ao 4º ano à época, e, para isso, fazíamos festas para o recebimento desses diplomas. Os alunos adoravam, era um momento em que se consideravam vencedores, capazes, enfim, seguros para enfrentar a vida fora dos muros da escola.

Ainda em 1988, realizamos uma pesquisa de campo visando verificar a visão de todos sobre a experiência que viviam, e a todos os que participaram foi feita, entre outras, a seguinte pergunta: "Para que você acha que serviu ou servirá essa pesquisa?". Os depoimentos dados são denunciadores.

Os meninos disseram-nos da importância do trabalho para eles:

[...] porque assim vai ter um jeito... não só da senhora, não só da senhora ter conhecimento, certo? Mas como todos também... eu acho... vai ter conhecimento, certo? E saber estudar mais um bocado o que se passa na cabeça do menor... que seja de rua ou que não seja de rua... (ANSELMO).

Ou ainda:

[...] foi que assim... assim nós fica sabendo alguma coisa a mais... que a gente não sabia, poder aprender coisa que a gente... com isso aprendi. Assim... muitas coisas... todo mundo falando junto, cada um... cada um falando um pouco... dá pra... pra saber o que os outros fala, dá pra juntar tudo (ALEX SANDER).

Nos depoimentos dos professores, vale a pena chamar a atenção para o fato de que o lugar de onde eles falavam era outro.

[...] eu acho que ela veio a constatar realmente o que está acontecendo, entendeu? As dificuldades, a questão deles levarem o que se passa na vida deles pra dentro da sala de aula... toda essa questão... eu acho uma coisa... que a gente de repente já sabia, entendeu? E até a questão da pesquisa pra eles também... eles... eu acho que não têm tanto interesse... eles não sabem a importância, entendeu? Então acho que até o lance, por exemplo, do gravador... de ser gravado... coisa assim, eu acho que é uma coisa excitante pra eles... depois eles poderem ouvir o que eles falaram... tudo isso eu acho que é mais excitante do que a própria pesquisa, porque eu acho que eles não têm ainda senso crítico... não sabem ainda o que que é... qual a finalidade nem nada (PROFESSORA J.).

A baixa expectativa quanto ao desenvolvimento do aluno ainda aparece, porém, mesmo assim, a prática é feita de modo diferenciado, com outras explicações do professor.

[...] ficava assim... um momento bom pra eles... pra eles como aula extra... que eles não entendem muito uma pesquisa... um livro... ficava algo gostoso, um momento legal deles participarem... de querer estarem lá... eles sentiam prazer em estar... eu acho que isso aí é a base da pedagogia talvez assim... da escola, de trabalhar em cima do que eles falam... do que eles dizem... tanto é que quando a gente vai fazer algum texto com a turma ou quando a gente junta as turmas, parte é deles... e até pra mim é meio difícil esse trabalho ali, porque às vezes fala peixe e eu não vou começar pelo x... mas é pelo x mesmo... não tem outro jeito... eu preferia que fosse safado como saiu da polícia civil... que é muito mais fácil... mas se é pelo x... vamos lá. No início me assustava, hoje não me assusta mais (PROFESSORA S.)

A ideia de que o aluno não tem senso crítico, de que não percebe o processo de aprendizagem, parece quase um consenso entre professores de modo geral (CASTRO, 1997). A ideia de prazer parecia opor-se à de aprender. Além disso, a maioria das professoras atribui ao trabalho de pesquisa um retorno individual, embora reconheça que a elaboração tenha sido coletiva. Outra visão comum às suas falas é que o produto apurado na pesquisa de resultados já era conhecido por elas, pois já conheciam as histórias de seus alunos.

Os alunos, contudo, em quase todos os depoimentos, entenderam a pesquisa de resultados como parte de seu próprio processo de aprendizagem. Denunciaram, também, em suas falas, a importância do "poder falar sua fala" e que as trocas entre eles geravam conhecimento. Disseram também do seu medo de falar, aquele falar que tem de ser "correto", dentro dos padrões da língua e dos valores exigidos pelo professor, mostrando que as falas, as deles e as do professor, eram diferentes. Acusaram a importância de serem ouvidos e reconhecidos como pessoas que têm "futuro", pois não são "perdidos", eles aprendem e sabem dizer como aprendem.

Em junho de 1989, quando se encerrou o trabalho de coleta de dados, a coordenação da escola foi trocada e, em seguida, também o trabalho que era feito. Aos poucos, a clientela também mudou, meninos e meninas de rua não mais frequentavam a escola. Até o prédio foi derrubado, e outro, construído em seu lugar (**Fig. 21.6** e **21.7**). A escola abandonou a proposta pedagógica diferenciada que era praticada.

Figura 21.7 Prédio novo da escola.

OS RESULTADOS DOS CINCO ANOS DE EXISTÊNCIA DA ESCOLA

Morrer? Minha mãe me faz outra vez.
MARCIO DA SILVA, ex-aluno da Escola Tia Ciata

Além da proposta da escola, apresentamos os resultados de uma investigação feita para levantar indicadores de possíveis diferenças na forma e no conteúdo do pensar de dois grupos: professores e alunos. Buscou-se a lógica que interage ou é compartilhada na relação do professor com seus alunos, sujeitos pertencentes a duas comunidades semióticas diferentes. Além disso, foram apuradas as referências com as quais os grupos se identificavam.

Figura 21.6 Prédio da Escola Tia Ciata na Praça 11.

A escola funcionou de 1984 até 1989, e teve seus procedimentos discutidos pela equipe interdisciplinar de coordenação, que contava com oito membros, até o final da experiência. O grupo pesquisado constitui-se de 69 alunos, concentrados na faixa etária de 12 a 18 anos e seus sete respectivos professores.

Meninos de rua, meninos pela rua, meninos na rua.

Houve um momento do debate institucional travado sobre esses meninos no qual educadores procuraram caracterizar, ou seria mais verdadeiro dizer reclassificar, os meninos de nossas cidades segundo critérios circunstanciais de sua sobrevivência: se dormiam na rua ou não, se estavam na rua há mais ou menos determinado tempo, se mantinham certos tipos de laços familiares e com que frequência, etc. Sem querer relegar a um vazio tal discussão, apontamos as armadilhas criadas por nosso interesse de explicar e atuar sobre a realidade. Frequentemente, temos a tendência de tomar por parâmetro referências que nos são familiares, que para nós são significativas, quando existem situações em que nem sequer fazem sentido. Na realidade, nós, educadores, temos a síndrome do falar sem antes escutar, e é isso o que, até certo ponto, esperam de nós.

Na discussão mencionada, esses parâmetros diziam muito mais sobre nós do que sobre o grupo ao qual se dirigiam. Escutando um pouco as conversas desses meninos, poderíamos, sem exagero, afirmar que falamos de forma muito diferente da deles e que, entre eles, os "da rua", os "na rua", os "pela rua", os "fora da rua", a facilidade de entendimento estava na mesma medida de nossa dificuldade em entendê-los.

A Escola Tia Ciata recebia meninos, adolescentes analfabetos, e tínhamos uma experiência distinta das demais instituições, que não eram escola, que também trabalhavam com eles. Elas estavam voltadas para a situação da rua: algumas trabalhavam com infratores, outras com menores em situações de abandono, outras com meninos com famílias na rua, etc. O que era comum entre elas? Todas iam à rua em busca de um tipo definido, *a priori*, de menino. A escola, ao contrário, recebia-os como meninos analfabetos. A explicitação do "tipo" de menino chegou-nos após os meninos. Qual de nós havia vivenciado a rua como lugar de comer, vestir, banhar-se, amar, dormir, falar? Mas aquele grupo de meninos, aparentemente tão diferenciáveis por nossos parâmetros, tinha essa vivência em comum. Dormir na rua pode ser um momento de degradação para uns, mas, para outros, pode ser um momento de prazer.

Como mencionado, a situação de diálogo ocorreu entre sujeitos constituídos em dois grupos semióticos distintos: o dos professores e o dos alunos. A possibilidade de situarmos os sujeitos dessa pesquisa nesses dois grandes grupos foi avaliada por meio dos seguintes instrumentos:

Fichas de perfil das turmas

Essas fichas revelam dados objetivos dos 69 alunos em relação a idade, moradia, procedência, família, escolaridade e trabalho. Esses dados foram recolhidos entre as fichas de anamnese da escola e checados com os professores e com os próprios alunos. A proporção de alunos e professores na pesquisa foi a mesma que a existente na escola: 1 para 10. As fichas de perfil nos deram indicadores significativos de diferenciação dos dois grupos.

Dos 69 alunos observados, 89% estavam na faixa etária de 12 a 18 anos, os outros 11% estavam beirando essa faixa. Declararam-se analfabetos 81% deles, e os demais, embora lessem pequenos textos e executassem com primor cópias que lhes eram pedidas, ainda não faziam uso da escrita em seu dia a dia. Quanto a sua procedência, 75% deles nasceram e se criaram na zona urbana do Rio de Janeiro, sendo que 20% se declararam meninos de rua do centro da cidade, e 67%, moradores dos morros da região (Centro e Tijuca). Caracterizá-los adolescentes analfabetos está de acordo com esses dados. Foi significativa a informação de que apenas 35% tenham se declarado trabalhando, quando constatamos que todos eram, efetivamente, responsáveis pela própria sobrevivência.

Falas dos sujeitos

Foram selecionados textos orais, tanto dos professores como dos alunos, em que cada um se refere ao outro grupo ou ao próprio. E foram buscadas as referências que cada grupo tinha de si e do outro.

As sete professoras que participaram da pesquisa eram da rede municipal e, portanto, tinham pelo menos o ensino médio completo, uma tinha ensino superior completo e outras quatro o estavam cursando. Todas encontravam-se situadas em uma faixa etária acima de 25 anos, portanto eram todas adultas. Quanto a sua procedência, poderíamos indicá-las por negação à observação nos alunos: NENHUMA declarou-se de rua, NENHUMA declarou morar ou ter morado em morros: distribuem-se entre bairros próximos ao centro onde moram as camadas médias da nossa sociedade: Tijuca, Méier, Santa Tereza e Bairro de Fátima.

Esses dados apenas comprovam o que se observa na maioria de nossas escolas públicas: professores e alunos procedem de diferentes camadas sociais. O que aqui aparece como dado novo é o fato de que os alunos procediam de uma região delimitada do Rio de Janeiro, região esta que tem a história marcada pelo crescimento de nossa cidade: Centro, Cidade Nova, Catumbi, Santo Cristo e imediações.

Essa região, desde o início do século, consagrou-se berço de nossa cultura popular, onde ocorreram os movimentos mais significativos de resistência à tentativa de expulsão da população "negra" da cidade, que ali se instalou quando a região era ainda periférica. A cidade cresceu a seu redor, e intensa foi a repressão de suas manifestações culturais desde o início do século passado. A casa da Tia Ciata, localizada nos arredores de onde hoje é a escola, na Praça 11, é cantada em verso e prosa, um canto cheio da malandragem que conseguiu sobrepujar os ataques que a sociedade "branca" lhes infligia. Origem do samba, das rodas de partido alto, das escolas de samba, em que a religiosidade mantinha suas tradições, a casa da velha baiana destaca outros personagens à história oficial. Os alunos, em sua maioria, eram "descendentes" de Tia Ciata, herdeiros de sua cultura (MOURA, 1983).

A bagunça, a irreverência e a rebeldia, tão acentuadas em todas as falas dos professores, seriam o resultado da realidade que eles vivem. Professores não os culpavam por serem analfabetos, mas essa marca já era registrada na própria maneira de ser. Liberdade, por exemplo, apareceu com valor negativo na fala dos professores.

Fome. Cansaço do trabalho. Noites maldormidas. A falta da família. Rebeldia. Imagens como essas foram evocadas para se referir aos alunos que, apesar de toda essa vivência, realidade de vida, mostraram uma vontade enorme de aprender o que, segundo a visão de algumas professoras, era **a saída**.

> Porque eles têm a dificuldade do que é imposto. Eles recusam o imposto, porque eles não... como é que eles vão aceitar uma metodologia... tá... de uma escola tradicional que não faz parte do meio deles, né? Eles rejeitam essa sociedade que os rejeita, né? (PROFESSORA A. P.).

Importou-nos ter aproximado as referências que cada um dos grupos usa em sua relação com o outro. O lugar de onde cada grupo fala também foi identificado pelos próprios sujeitos da pesquisa.

As professoras, alfabetizadas, trabalhadoras, vão definir-se por seu esforço, por sua seriedade e se referem ao magistério como uma obrigação ou uma missão, conforme já atestado ser senso comum entre professores dos anos iniciais do ensino fundamental pela literatura da área (ALVES-MAZZOTTI, 2003).

> [...] o professor vem apenas aqui cumprir sua obrigação, porque quem sempre guentou a escola foi os professores... ou ruim ou bom... você vê que os professores fazem tudo pra... não sei... conduzir os alunos. Cê vê que eles às vezes bota eles em sala de aula... tem que ter criatividade... se eu achasse que fosse caso perdido, eu não estaria aqui. Quando eu vim pra qui, eu tive um objetivo na minha vida... sempre trabalhei com coisa difícil. Eu sempre gosto de enfrentar troço difícil (PROFESSORA L.).

> [...] ele conseguiu um número de pontos que nunca tinha conseguido... ele fica feliz, e eu mais ainda (PROFESSORA A. P.).

> [...] a gente está conseguindo fazer alguma coisa (PROFESSORA S.).

As perguntas foram feitas sobre o aluno e o processo de ensino e aprendizagem estabelecido entre cada professor e sua turma. As professoras se identificaram quase que por oposição aos alunos (**Tab. 21.1**).

A professora A. P., a última das sete professoras a chegar à escola, resume toda a complexidade que permeava sua prática. São dois mundos diferentes que não se misturam. Mas a escola é o espaço em que esses dois mundos têm de conviver.

> [...] ela contribui no sentido de juntar o mundo que eles vivem, porque pra eles é um mundo à parte... com o mundo que as outras pessoas vivem... Ela (a escola) junta isso tudo... a escola... eles têm uma vida... nós e outras pessoas temos outra vida... Eu acho que a escola junta isso e ajuda não a assumir essa outra vida, que seria a nossa, mas a conviver com ela... que isso é importante pra ele sobreviver, tá? Além de essa escola... ela recebe os alunos com todos os seus problemas... todos os seus traumas... Eu acho que até alivia um pouco essa barra deles... não sei (PROFESSORA A. P.).

Relacionamos os problemas levantados pelos professores, sua visão de si mesmos e dos alunos com o processo de escolarização na Escola Tia Ciata com os levantados pelos alunos e também as referências de si e dos professores.

> Eu acho... quem é violento são os próprios... são os alunos mesmo... A gente é aluno mesmo... acho que a gente mesmo que somos violento aqui dentro... as professoras não... Acho que a gente que é aluno mesmo que é violento aqui dentro... quer dizer... eu não mato, não faço isso, mas outras coisas eu faço também... todo mundo faz... ninguém não é santo... ninguém é santo também (ADRIANO).

Os alunos reconheciam sua forma de ser e reclamavam seu compromisso com a escola:

> [...] vocês são adultos. A gente somos tudo menor. Vocês acham que menor são assim... mais

TABELA 21.1 Referências dadas pelas professoras

Referências próprias	Referências relativas ao aluno
Esforço	Rebeldia, irresponsabilidade
Trabalhadores	Carentes, inaptos, bagunceiros
Lógicos	Insanos, imediatistas
Êxito	Dificuldade
Alfabetizados	Analfabetos

bagunceiro, mais pivetado, entendeu? Mais esperto. Aí eles acham que o menor não tem compromisso, só os adultos (JORGE ANTONIO).

Esboçaram regras de sua forma de viver.

[...] mas o que eu falei pra ele... que ele não devia roubar, porque roubar não é futuro. Pra ele dessa vez roubar um banco... não roubar pobre... só rico. Porque se eu fosse polícia, eu ia rançar dos ricos pra dar pro pobre... sério... se eu fosse rico, seu eu fosse policial, eu ia pegar, ia prender só filho de rico... filho de pobre não. Filho de pobre não merece ser preso, por que só preto vai pra cadeia? O branco também tem que ir... ele é filho de papai e mamãe, mas também tem que ir pra delegacia, porque agrada os polícia com *money*... dinheiro... não pode. Tem que pegar uma cela e pá... dá um piau... (FÁBIO).

Negar a positividade que os alunos acenavam com sua realidade de vida, sua cultura, era negar-lhes a dignidade que reclamam e da qual não abrem mão, pois quem quer ser corrigido por ter nascido João? Quem quer aprender, vivendo no Brasil, a viver no Japão?

Embora os dois grupos se relacionem a partir da caracterização feita pelos professores, os alunos acrescentam outras referências (**Tab. 21.2**).

As referências "alfabetizado *versus* analfabeto" foram iguais nos dois grupos.

Enumeramos a seguir algumas conclusões da pesquisa:

1. O desejo do professor apareceu tensionado pela fala e réplica do aluno. O reconhecimento do saber do aluno, embora praticamente sancionado, encontrou-se perturbado e relativizado. A maioria dos professores da Escola Tia Ciata envolveu com paixão o seu ambiente de trabalho, de tal forma que acabou por criar para si mesmo expectativas mal dimensionadas de respostas ao fracasso de alguns de seus alunos.
2. O aluno, por sua vez, confere ao conhecimento do professor não um valor universal, mas um valor particular. Ele identifica esse conhecimento com o modo de vida de outro grupo, do qual ele não faz parte, mas que seria um caminho para um tipo de ascensão social. Aponta outro conhecimento: "o conhecimento da vida". Seus heróis, personagens de seu mundo, têm para ele um conhecimento de maior valor. Em suas histórias, são pessoas que conseguem o respeito de sua comunidade e da sociedade como um todo. Para ele, o professor não tem esse conhecimento, tem um outro, que lhe é necessário. O conhecimento do professor foi reconhecido como aquele a ser desenvolvido em classe.
3. Embora os discursos apontassem a evidência dos juízos e o uso da lógica como suficientes para a aquisição de conhecimento, não foi esse o recurso usado na maioria das vezes. Apareceram, com mais frequência, a interrogação e o imperativo, que não são passíveis de juízo de valor. As afirmativas

TABELA 21.2 Referências dadas pelos alunos

Referências próprias	Referências relativas ao professor
Esperteza, prazer (rebeldia, irresponsabilidade)	Vida fácil (esforço)
Risco, revolta (carentes, inaptos, bagunceiros)	Poder (trabalhadores)
Conhecimento de sua vida (insanos, imediatistas)	Desconhecimento da vida do morro e da rua (lógicos)
Parar com a violência, a bagunça (êxito)	Negação da mudança da maneira de ser (dificuldade)
Analfabeto	Alfabetizado

declarativas, além de não serem evidentes às vezes para os próprios professores, não foram ligadas pela necessidade. O que poderia se aproximar do raciocínio dedutivo foram deduções contingentes, isto é, deduções que dependem fundamentalmente do conteúdo que expressam. Uma vez que os grupos em questão mostraram profundas diferenças quanto ao conjunto de temas dos diálogos, poucas possibilidades tiveram essas deduções de serem compartilhadas. Isso sugere que as relações mantidas nas salas de aula da Escola Tia Ciata se baseavam em um modelo de lógica muito distinto daquele que é defendido pelo magistério. A persuasão do aluno dependia mais da retórica dos discursos do que de uma interação lógico-formal entre ele e o professor. Pode-se pensar que se trata de outro uso da racionalidade, de outra lógica. Ou, ainda, podemos imaginar – como uma roupa, que é uma, mas que tem dois lados, o de dentro e o de fora – a lógica e seu avesso, com um lado, que é visto, e um lado, que é experimentado. Se aceitamos como hipótese a presença da razão no diálogo entre professor e aluno, precisamos falar da lógica de cada um e de uma possível alteridade entre elas. É necessário pensar na possibilidade de uma dialogia na relação entre professor e aluno como prerrogativa do ensinar e do aprender.

As conclusões decorrentes do estudo apresentado limitam-se ao contexto investigado. No entanto, podem servir como subsídio para outras iniciativas semelhantes.

CONSIDERAÇÕES FINAIS

– Gostaríamos que os senhores tivessem consciência de que menino de rua não é marginal. Ele é marginalizado. Não queremos ser violentados, espancados, viver sem proteção ou atendimento médico. Espero que o projeto não fique no papel.
EDVALDO – 15ª extraído da matéria – "MENINOS: DEPUTADOS 'GANHAM' A CÂMARA" – O Globo de 29/10/89

Em uma sociedade estratificada como a nossa, meninos e meninas de rua, de favela, carentes analfabetos, ocupam o mais baixo degrau da escala social. Seus valores não têm valor. Sua visão de mundo nada vê. Sua fala, portanto, nada terá para dizer. Sua forma de falar é a marca de sua individualidade construída em sua relação com o mundo, a sua identificação com o grupo do qual faz parte. Professores e alunos falaram do mesmo assunto, mas cada um a partir de seu ponto de vista.

A situação das escolas, para além da Escola Tia Ciata, mostra um desperdício de esforços que, não levando em conta o contexto em que efetivamente a relação de ensino e aprendizagem ocorre, isto é, o diálogo entre professores e alunos, termina por se orientar para uma única direção: produção de técnicas cada vez mais sofisticadas e produção de respostas desejáveis. A diferença entre a Escola Tia Ciata e outras não é tão grande, ousaríamos dizer que são os mesmos meninos e as mesmas meninas, talvez em fases diferentes da vida.

Alguns caminhos, algumas ideias devem ser revistas, mas nunca abandonadas: o conhecimento acumulado por essa experiência foi fundamental. Concordamos com Soares (1989, p. 12), quando afirma:

> Então não acho que o problema é o aluno que não aprende, mas a escola que não ensina. A escola fica preocupada em treinar os alunos numa técnica, e o professor usa a gramática apenas para definir, conceituar e reconhecer estruturas linguísticas. Aí está o erro. A gramática serve para desvendar a estrutura da frase e do texto. É um instrumento didático para levar o aluno a compreender que as estruturas

linguísticas correspondem à estrutura do pensamento. O problema não está no aluno e nem sequer na gramática, mas na metodologia do professor, na escola.

Os cinco anos de construção da proposta da escola trouxeram dados novos que, sem dúvida, enriquecerão o debate sobre a educação em nosso país. Em encontro com os alunos 25 anos depois (**Fig. 21.8**), deparamo-nos com pais e mães de família falando de suas conquistas e de como a escola direcionou suas vidas (CASTRO, 1997; ESCOLA TIA CIATA, 2015; MOTA, 2014; MADALEN; CASTRO, 2016).

Pretendíamos criar um funcionamento para a escola que favorecesse a permanência dos alunos, uma vez que o grupo era refratário a ela. O primeiro obstáculo a aparecer foi justamente esse funcionamento e custamos a perceber que ele teria de se basear na convivência de dois mundos diferentes, de expectativas diferentes. Momentos em que professores e alunos se tocavam conflituosamente, na maioria das vezes, geravam uma vontade comum de retorno, de se agarrar às certezas de um funcionamento conhecido. Isso vem acontecendo em quase todas as nossas escolas da rede pública.

Educação não pode ser uma discussão sobre o bem e o mal ou sobre o bom e o ruim, pois isso já está determinado em outros motivos. A proposta metodológica criada não esclareceu os seus riscos. A quebra dessa caminhada pelo poder público terminou por evitar sua concretização e hoje, talvez, ela não passe de uma boa ideia.

REFERÊNCIAS

ALVES-MAZZOTTI, Alda Judith. Educação e exclusão social: das relações entre práticas e representações sociais. In: CAMPOS, P. H. F.; LOUREIRO, M. C. S. (Orgs.). *Representações sociais e práticas educativas*. Goiânia: Ed. da UCG, 2003.

CASTRO, M. R. *Retóricas da rua*: educador, criança e diálogos. Rio de Janeiro: EDUSU/CESPI: Amais, 1997.

CONSELHO ESTADUAL DE EDUCAÇÃO DO ESTADO DO RIO DE JANEIRO. Decreto nº 7553 de 12 de abril de 1988, publicado no Diário Oficial do Município do Rio, de 13 de abril de 1988.

ESCOLA TIA CIATA: uma aventura pedagógica. 2015. Disponível em: <www.escolatiaciata.com>. Acesso em: 03 ago. 2018.

LEITE, L. C. *A magia dos invencíveis*: os meninos de rua na Escola Tia Ciata. Petrópolis: Vozes, 1991.

LEITE, L. C. *Meninos de rua*: a infância excluída no Brasil. 5. ed. São Paulo: Atual, 2010.

MADALEN, R. G.; CASTRO, M. R. Representações sociais da pedagogia diferenciada da escola Tia Ciata. *EDUCA*: Revista Multidisciplinar em Educação, v. 3, n. 5, p. 63-85, 2016.

MOTA, A. P. S. *Representações sociais da pedagogia diferenciada da Escola Tia Ciata por ex-alunos*. 2014. 154 f. Dissertação (Mestrado em Educação) – Universidade Estácio de Sá, Rio de Janeiro, 2014.

MOURA, R. *Tia Ciata e a pequena África no Rio de Janeiro*. Rio de Janeiro: Funarte, 1983.

SOARES, M. Língua brasileira: fala errado ou errado é querer que fale como os gramáticos? *Sala de Aula*, n. 15, 1989.

Figura 21.8 Alunos e professoras-coordenadoras do projeto 25 anos depois.

ESSA VIDA CHAMADA ESCOLA NOSSA SENHORA DO CARMO:
o olhar para dentro e para fora nos caminhos de uma outra educação

Leila R. Sarmento Coelho

Este capítulo tem como objetivo apresentar a história da Escola Nossa Senhora do Carmo (ENSC), relatando sua origem, seus desafios ao se constituir como projeto social, suas estruturas (física, pedagógica e relacionais), sua gente, os elementos que a constituem como educação participativa, as pilastras que norteiam toda sua ação educativa, sua proposta pedagógica e sua metodologia de ensino.

DA IDEALIZAÇÃO À CRIAÇÃO

Tudo começou em 1999, quando a cidade de Bananeiras, na Paraíba, recebeu, vindo do Rio de Janeiro, um mosteiro de monjas contemplativas, o Carmelo Sagrado Coração de Jesus e Madre Teresa.

Bananeiras, cidade interiorana, situada a 140 km da capital do Estado, tem uma população em torno de 22 mil habitantes, em sua maioria residente na zona rural, tendo como meio de subsistência predominante o cultivo da terra.

A priora do Carmelo, identificando que os moradores do entorno do mosteiro, situado na zona rural, eram lavradores, em sua maioria analfabetos, idealizou uma escola para fazer se concretizar o chamado de Deus em suas orações. A partir desse pensamento, reuniu o grupo Amigos do Carmelo, relatou seu desejo e solicitou colaboração para a edificação de uma escola que ensinasse essas pessoas a ler, ressaltando, no entanto, a importância de ir muito além, dando-lhes, sobretudo, o saber da dignidade humana, presente nos ensinamentos do Evangelho.

Realizou-se, então, um levantamento da realidade do entorno do Carmelo e, com a parceria dos Irmãos Maristas e da Fundação Banco do Brasil, deu-se início ao funcionamento da escola, com um corpo diretivo e docente constituído por um grupo de leigos, subsidiado pelo mosteiro, uma vez que as irmãs não podiam assumir as funções em decorrência do estilo de vida contemplativo, de clausura. Tomando-se como suporte teórico a pedagogia freiriana, que inspirou os principais programas de alfabetização de jovens e adultos e constituiu um novo paradigma pedagógico para a educação popular, deu-se início a esse projeto, em 16 de julho de 2005, na sala da casa de um dos lavradores.

Tomando-se conhecimento da realidade dos campesinos pela convivência, emergia a vontade de desenvolver uma educação que promovesse a consciência de sujeito de sua história, das transformações de si e do meio, de uma educação humanizada e humanizadora, liberta e libertadora, integrada e integradora.

Essa proposta de educação popular, centrada nos ideais freirianos, também remetia à teologia da enxada, expressão mais nordestina da teologia da libertação, empregada pelo padre José Comblin como expressão da "Igreja na Base". Surgia, então, a necessidade de trabalhar o educando em suas múltiplas dimensões: intelectiva, humanista, psicológica e espiritual.

A escola, que surgia como um projeto social, tinha de se tornar inclusiva a fim de atender a seus objetivos. Como alunos, havia lavradores e filhos de lavradores em diferentes faixas etárias, jovens e adultos, alguns com deficiências físicas e mentais.

Com o aproveitamento das carteiras substituídas de colégios da rede pública, tiveram início as aulas na sala da casa de um educando lavrador, a princípio nas tardes de sábado e, posteriormente, todos os dias no período da noite. Com isso, a escola cresceu, ampliando seus horizontes com a inserção de novos alunos, que chegavam querendo aumentar seus conhecimentos e motivados pelos ideais, de modo que a sala do lavrador onde eram ministradas as aulas tornou-se pequena. As aulas passaram, então, a ocorrer em uma puxada da casa, construída em regime de mutirão, a fim de ajustá-la à nova realidade, uma vez que os alunos não cabiam mais na sala antiga. No entanto, devido ao frio que faz à noite nessa região, a região do Brejo na Paraíba, com clima ameno e temperatura sempre mais baixa durante a noite, as aulas tiveram de voltar a ocorrer dentro da casa.

A priora do Carmelo, tomando conhecimento de tal situação, tratou de resolver o problema contatando novamente os Irmãos Maristas, que, sensibilizados pelo projeto, resolveram colaborar mais uma vez, enviando verba para a compra de um terreno e a construção de duas salas de aula.

Diante da demanda e da vontade de desenvolver um projeto que realmente edificasse o homem em sua totalidade, mandou-se fazer um projeto de uma escola que se consolidaria no meio deles, a fim de atender a suas necessidades e às de seus filhos. Buscando compatibilizar a necessidade atual com a perspectiva de crescimento futuro e levando em conta os recursos existentes, idealizou-se uma construção modulada. No primeiro momento, foram construídos duas salas de aula, uma cantina e um banheiro.

A ENSC é uma instituição nascida da interação entre a vida contemplativa e a população local. O binômio Carmelo/povo promovia a esperança de uma prática transformadora na realidade do homem do campo bananeirense.

O chão de barro

Com a consolidação das atividades, abriu-se a perspectiva de realização de novas ações, a partir da carência identificada, para ampliar o trabalho desenvolvido até então a fim de atender às crianças, aos filhos dos lavradores, aos adolescentes, enfim, para assistir a família como um todo. Residiam na região aproximadamente 540 famílias, que eram consideradas público-alvo da escola.

Mais uma vez, a priora, com sua visão de oferecer uma educação transformadora, buscou concretizar esse desafio. Frei Betto, amigo seu, sendo colocado a par de todo esse ideal, a tranquilizou, dizendo que ela conseguiria a verba necessária para a ampliação da escola junto ao Ministério de Educação (MEC), na Secretaria de Educação Continuada, Alfabetização, Diversidade e Inclusão (Secadi), e fez a mediação entre o Carmelo e o MEC. No contato, foi solicitada a elaboração de um projeto com todas as necessidades para a edificação da escola.

Concebeu-se um projeto com mais salas de aula, cozinha, refeitório, telecentro, almoxarifado, sala de professor, cisterna, parque infantil e salas de apoio pedagógico, bem como todo o mobiliário e os equipamentos necessários ao funcionamento da escola.

A empolgação era tamanha que o ano letivo de 2007 teve início com a primeira parte do projeto em construção, as paredes levantadas, mas sem reboco, chão batido e com a decisão, em conjunto, de começar também com as crianças. Assim foi feito, e a escola passou a funcionar pela manhã com a educação infantil e os anos iniciais do ensino fundamental, com 79 crianças matriculadas, distribuídas nos respectivos anos escolares. Em uma sala, foram colocadas as crianças da educação infantil e, na outra, as demais do ensino fundamental. À noite, com uma lâmpada presa a um cabo de vassoura, eram atendidos os pais dos alunos.

Em outubro de 2007, por fim, foi finalizada a construção da escola, toda equipada e mobiliada para o pleno funcionamento (**Fig. 22.1**). Foi um ano difícil. Tudo era novo, constituindo-se como um grande desafio toda essa construção: física, estrutural e pedagógica.

Mãos na massa

Quando tudo parecia ir se acomodando, novos desafios foram surgindo: as crianças do 5º ano entregaram todas as avaliações do último bimestre sem respostas. A professora, sem entender o que estava havendo, questionou-as, obtendo como resposta o desejo delas de repetir o ano para permanecerem na escola. Desejo reforçado pelos pais na última avaliação sobre o trabalho desenvolvido durante o ano letivo e o atendimento de suas expectativas. Na oportunidade, enfatizaram a importância da permanência dos filhos na escola, salientando que seria um retrocesso terem de retornar para as escolas anteriores.

Esses fatos serviram para que se pensasse sobre a continuidade da proposta pedagógica embrionária desenvolvida, a fim de que

Figura 22.1 Estudantes da Escola Nossa Senhora do Carmo.

fossem analisadas as possibilidades de atendimento da necessidade de alunos e pais sem, contudo, perder-se o senso de responsabilidade que abrigaria a implantação dos anos finais do ensino fundamental, com todas as consequências, inclusive financeiras, advindas dessa decisão. Com o apoio de novos parceiros e a escola ampliada, teve início o ano letivo de 2008. A escola contava, então, com um universo de 149 educandos, com todos os alunos do 5º ano cursando agora o 6º ano do ensino fundamental, implantado de forma gradativa.

Com o crescimento da escola, aumentavam também as dificuldades de sua manutenção, levando à promoção de campanhas na busca da adoção de um aluno ou de um educador, inclusive repensando-se a continuidade ou o fechamento do fundamental II devido à falta de recursos financeiros.

No entanto, a escola começou a se tornar referência no município e nas regiões circunvizinhas em função da educação promovida com base na concepção multidimensional do ser humano e na busca da construção de uma escola de educação popular, pautada pela construção coletiva (docentes, discentes e comunidade) de todas as ações pedagógicas, em que o "aluno é gente, o professor é gente, o diretor é gente, o pai é gente, cada funcionário é gente". Com todo esse trabalho desenvolvido, a procura por vagas aumentou, simbolizando a sede do povo de dar aos filhos uma educação que ensinasse muito mais do que ler e escrever.

Luta pela sobrevivência

Como projeto social, a vida da escola é movida por doações, uma vez que ela é totalmente gratuita, nenhum aluno paga para estudar nela. Assim, é muito importante que todos entendam a sua configuração desde o princípio, pois a escola, que surgiu na comunidade e para a comunidade, exige o comprometimento e o envolvimento de todos para que siga funcionando.

Diante dessa realidade, desde o início os pais e a comunidade são incentivados a uma participação voluntária mais ativa no cotidiano escolar, enfatizando-se a importância da sua presença para que os resultados desejados no ensino, bem como as metas construídas coletivamente, sejam alcançados e a escola funcione.

Foi proposta, em uma das assembleias gerais, a criação do "Dia da Partilha": no início de cada mês, sempre se escolhe um dia para que todos contribuam com algum gênero alimentício para a merenda escolar ou material de limpeza para a manutenção da escola. Aquilo que precisa ser complementado é obtido por meio de campanhas e parcerias. Desde o início, a escola conta com a ajuda de alguns parceiros, pessoas físicas, amigas do Carmelo, que fazem doações, e, com o passar dos anos, instituíram-se convênios com o município, o Estado e algumas empresas. Também são realizados campanhas, brechós, pedágios, rifas, etc.

SEUS ESPAÇOS E CONFIGURAÇÕES

Localizada na zona rural, cercada por muros baixos para impedir a circulação de animais em seus espaços, a escola se apresenta como uma grande casa acolhedora. Ao abrir seu portão de entrada, há um pequeno jardim, dividido por uma alameda até chegar ao próximo portão, que dá entrada para os espaços internos. Nesse jardim, dividindo a passagem em dois lados, há pequenos bancos, onde os alunos costumam sentar na chegada, na saída e nos horários de intervalo, para bate-papos e momentos de descontração. Ao adentrar no segundo portão, os alunos encontram os espaços de aprendizagem, a secretaria, outros espaços de apoio pedagógico e um grande pátio.

Junto ao pátio, seguindo um corredor central, ligando o pátio ao restante da escola, novamente há outro jardim, dividido ao meio pela rampa que dá acesso à sala da biblioteca, ao refeitório e à cozinha. Por fim, fechando todo o espaço escolar, há um portão que leva ao parquinho e ao minicampo, onde as crianças brincam nos intervalos, onde acontecem os campeonatos, os jogos e as brincadeiras.

Com sua frente para o poente, possibilita a contemplação do pôr do sol, sempre nos finais da tarde, como uma despedida suave e um desejo de se reencontrar no dia seguinte.

SEUS IDEAIS E EIXOS NORTEADORES

Buscando-se desenvolver uma educação voltada para a inteireza humana, foram tomados três eixos como pilastras que alicerçariam o trabalho educativo: acadêmico, biopsicossocial e espiritual.

O eixo acadêmico

Como se constituía uma escola formal, ao ser registrada no Conselho Estadual de Educação ela passou a ter em seu currículo uma base nacional comum. Essa base integrou-se ao diagnóstico desenvolvido no início de cada ano letivo, a partir de visitas às comunidades do entorno, para se construir um currículo contextualizado, que fizesse sentido aos educandos, promovesse a motivação no processo de ensino e aprendizagem e favorecesse a diminuição das distorções entre idade e ano escolar, a evasão escolar, bem como o analfabetismo no ensino fundamental.

É atribuída à escola, no projeto da educação do campo, a tarefa de construir um ideário que oriente a vida das pessoas, ampliando sua visão de mundo, questionando os fatos e os acontecimentos, argumentando seus pensamentos e expondo com consciência seus ideais.

Segundo Caldart (2004, p. 41), para que a escola alcance essa tarefa, é necessário:

Que a escolha dos conteúdos de estudo e a seleção de aprendizados a serem trabalhados em cada momento não seja aleatória, mas feita dentro de uma estratégia mais ampla de formação humana. E que se busque coerência entre teoria e prática; entre o que se estuda e o ambiente cultural da escola. Um bom critério então para a escolha dos conteúdos pode ser este: analisar em que medida se relacionam ou se constituem como ferramentas para a construção de uma visão de mundo, um ideário de vida. Também se eles permitem aos educandos aprender como pensar sobre o que faz, o que estuda e o que pensa.

O currículo é, então, construído com a participação de todos e toma como ponto de partida a realidade local, buscando-se, na teoria, o aprofundamento, ampliando-o. Assim, os conhecimentos adquiridos possibilitam ressignificar as realidades dos alunos e fortalecer a cultura local.

O eixo biopsicossocial

Pensar em uma educação do campo significa pensar o campo em toda a sua complexidade e dinâmica. Significa garantir uma educação que proporcione ao homem/à mulher do campo condições de sobreviver no capitalismo, sem, no entanto, perder sua essência campesina nem os valores que os constituem, tampouco sua dignidade, o respeito, sua condição de sujeito de deveres e direitos iguais a todos.

A escola é um dos primeiros lugares em que a criança mantém um contato mais sistemático com outras crianças, desde cedo aprendendo a relacionar-se, a viver em grupo, a saber dar e receber, a estabelecer limites e construir regras de convivência (**Fig. 22.2**). A escola, como centro socializador, pode ser compreendida como "[...] tempo e espaço de vivência de relações sociais, que vão formando determinado jeito de ser humano [...]" (CALDART, 2004, p. 39). Compreender o lugar da escola na educação do campo significa compreender

Figura 22.2 A escola como local de aprendizagem e convivência entre as crianças.

o tipo de ser humano que ela necessita ajudar a formar, bem como contribuir com a formação de novos sujeitos sociais que vêm se constituindo no campo hoje, a fim de fortalecer seus ideais e suas lutas por políticas públicas que gerem melhoria da qualidade de vida dos sujeitos do/no campo.

Também se busca ver a escola como um espaço para reduzir as discriminações entre a cidade e o campo, uma vez que trabalha essa dicotomização campo/cidade como espaços distintos, mas sem relação de supremacia nem de inferioridade, mas de caracterizações específicas e interdependência. Além disso, procura-se acentuar o trabalho educativo no fortalecimento da autoestima, na promoção do bem-estar e da motivação para a eliminação da discriminação e do sentimento de inferioridade, fruto do processo de uma sociedade de dominação e exclusão.

Assim, como superação dos recalques originários da ordem do inconsciente, a escola busca inserir em suas práticas educativas a afetividade como força neutralizadora desses nós existenciais e capaz de promover um equilíbrio entre o interior e o exterior, propiciando uma educação que:

> [...] possa dar possibilidades à estruturação do conhecimento como elo com o meio e que seja, ao mesmo tempo, equilibradora das emoções; uma educação que leve mais a sublimar que a coagir, mais a transformar em função de um sentir do que em aceitar em função de um conformar-se. Muitas vezes pergunto-me: "Será que este meu paciente não poderia ter passado por outro tipo de educação, capaz de defendê-lo das dores, das causas pelas quais ele vem desesperadamente em busca de uma terapia? Até quando seremos obrigados a aceitar a repressão e o recalque para que o homem possa sublimar e evoluir?" (SALTINE, 2008, p. 14).

Para Wallon (1968, p. 51), a "[...] afetividade e a inteligência constituem um par inseparável na evolução psíquica, pois ambas têm funções bem definidas e, quando integradas, permitem à criança atingir níveis de evolução cada vez mais elevados [...]".

Chabot e Chabot (2005, p. 30) enfatizam que o ser humano é fundamentalmente afetivo, movido por emoções que impactam diretamente na aprendizagem. Para os autores, "[...] o verdadeiro aprendizado se dá não quando compreendemos, mas quando sentimos [...]". Eles desenvolvem quatro categorias de competências emocionais úteis ao sucesso escolar: comunicação, motivação, autonomia e gestão de si.

Daí a importância de centrarem-se os esforços dentro da escola para uma educação que leve em consideração o fator emocional e a afetividade como forças neutralizadoras das emoções que podem afetar negativamente a aprendizagem.

O eixo espiritual

Do nascer ao morrer, estamos sempre em processo de aprendizagem. Aprendizagem que provoca mudanças em nosso ser. Como seres inacabados, estamos sempre na busca do "ser mais". Na busca dessa completude, estamos sempre em transformação física, psíquica, social e cultural, ou seja, estamos sempre em processo de mudança, sejam essas mudanças externas, como cor do cabelo, sejam elas internas, como mudar o jeito de pensar. São as mudanças interiores que promovem as verdadeiras transformações, capazes de dar um novo sentido à vida ou de abrir novos horizontes, bem como de possibilitar um mergulho em maior profundidade, rumo ao próprio coração, ao seu interior e ao mistério de todas as coisas.

Segundo Boff (2006, p. 14), hoje, na singularidade de nosso tempo, a "[...] espiritualidade vem sendo descoberta como dimensão profunda do ser humano, como o momento necessário para o desabrochar pleno da individualização e como espaço da paz, no meio dos conflitos e desolações sociais e existenciais [...]". O autor completa seu pensamento salientando que a espiritualidade é aquilo que produz mudança dentro de nós.

Em uma nova escola, que buscava ser uma escola nova, sentiu-se a necessidade de incentivar o sentimento de pertencimento, para que ela se fizesse nova em seus aspectos físicos e pedagógicos. Esse sentimento de pertencimento, cuidado e zelo passa necessariamente pelos valores do respeito e da solidariedade e, sobretudo, por uma relação de amorosidade.

Nessa perspectiva, a dimensão espiritual é capaz de promover e fortalecer os valores humanos, que, por sua vez, são capazes de provocar as mudanças interiores e, por conseguinte, impulsionar a transformação e a construção de outra escola possível, outro mundo possível.

Assim, espiritualidade tem a ver com experiência, não com doutrina, não com dogmas, nem com ritos. Para Boff (2006, p. 43), "[...] a espiritualidade vive da gratuidade e da disponibilidade, vive da capacidade de enternecimento e de compaixão, vive da honradez em face da realidade e da escuta da mensagem que vem permanentemente desta realidade [...]".

Somos parte integrante desse todo chamado universo, em uma vivência íntima com tudo o que nos circunda. E a evolução, ou involução, de nossa espécie está diretamente ligada à maneira como convivemos em harmonia, com a capacidade de diálogo nas relações intra, inter e transrelacionais. Está, sobretudo, relacionada à capacidade de se emocionar, de sair de si, de olhar em todas as direções, de responsabilidade, respeito e cuidado como atitudes fundamentais. Enfim, está relacionada à capacidade de amar. Amar ao próximo como nos amamos. De perceber que eu estou no outro e o outro está em mim, assim como partes integradas e integradoras desse imenso universo. De que há, em tudo, "[...] da cordilheira dos Andes à ameba e do átomo de hidrogênio ao amor, uma profunda, indissolúvel e maravilhosa ligação [...]" (TEILHARD DE CHARDIN apud BETTO, 2011, p. 27).

Nesse sentido, a espiritualidade dentro da escola é um fundamento importante, como alimento de um sentido profundo de valores pelos quais vale a pena determinar tempo, gastar energias e promover inclusão no fazer educativo, como uma "[...] educação da subjetividade, da interioridade, de nos reeducarmos para a comunhão conosco mesmos, com a natureza, com o próximo e com Deus. Isso é o que mais buscamos e, no entanto, é o que menos se trabalha do ponto de vista institucional [...]" (BETTO, 2009, p. 44).

A MULTIRREFERENCIALIDADE COMO FUNDAMENTAÇÃO DA PRÁTICA PEDAGÓGICA

Várias experiências foram realizadas na tentativa de romper com essa estrutura massificadora e criar uma escola humanista, uma escola aberta, dialógica, para todas as idades. Experiências que saíram de lugares diferentes, em tempos diferentes, que servem de suporte teórico, como a Escola da Ponte, em Vila Rica, na cidade do Porto, em Portugal; Summerhill, na Inglaterra, uma escola no campo com crianças livres; as experiências de Anton Makarenko, na Rússia; Helena Antipoff, em Minas Gerais; Montessori, na Itália; Paulo Freire, com sua proposta de educação popular; Freinet, na França, e tantos outros.

Estudando a Escola da Ponte, viu-se que todos os seus membros são agentes do processo, configurando uma comunidade democrática e autorregulada: democrática, no sentido de que o processo de construção e decisão era coletivo, e autorregulada, porque todas as normas e regras eram decorridas das necessidades inerentes ao pensar coletivo, cuja meta era a construção de um ambiente amigável e solidário de aprendizagem. Isso fez as práticas da escola serem repensadas, adotando-se uma gestão democrática, em que todos são concebidos como sujeitos na construção do conhecimento.

Com a pedagogia revolucionária de Makarenko, aprendeu-se que a escola deixa de ter a sala de aula como centro. Todo o trabalho pedagógico, conduzido no bojo da instrução e do trabalho, é desenvolvido tomando como base e suporte metodológico a coletividade.* Para ele, a vida prática seria o critério de trabalho da pedagogia, ou seja, nela o indivíduo é visto como um ser social, sendo sua personalidade fruto da interação social no processo de autogestão.

A educação, de acordo com Freire (2009), deve ser fundamentada em um método "ativo, dialogal, crítico e criticizador": ativo, porque é constituído por sujeitos em constante processo de interação, de reciprocidade, de trocas; dialogal, porque se estabelece em uma relação horizontal de um sujeito para outro sujeito, em uma ação intercomunicante ligada por uma matriz, a realidade histórica; e crítico e criticizador, uma vez que, ao refletirem sobre si mesmos, sobre a realidade, os homens se reconhecem como sujeitos, agentes e pacientes de suas ações, das transformações, do estar e ser no/do mundo, do seu poder criador e recriador. Após as leituras de Paulo Freire, muita coisa mudou dentro da escola, dentro de todos que dela participavam.

Com Summerhill, aprendeu-se que todas as regras escolares são determinadas por toda a comunidade escolar em assembleia geral. Nelas, todos têm o mesmo direito de se pronunciar e expor sua causa/queixa para que possa ser resolvida por meio do voto, ou seja, da solução encontrada como consenso pela maioria. Na assembleia, também são votadas as normas de funcionamento da escola e a escolha dos responsáveis pela ordem nos variados espaços (salas, dormitórios, oficinas, assembleia, etc.). Para O'Neill (1980), toda essa liberdade de ser leva as crianças a um comportamento de partilha, interação e unidade. Conduz ainda à autodeterminação e à autoconfiança.

Para Antipoff (2002), caberia à escola o papel de contribuir para a formação de atitudes democráticas na busca da equidade entre campo e cidade. Democracia vivida e não falada, exigindo atitudes e hábitos, cujos critérios básicos a serem praticados seriam o da lealdade e o da cooperação. Para Antipoff (2002, p.277), caberia aos educadores o papel social, "[...] o de edificar formas produtivas e mais equitativas de vida coletiva [...]". Para tanto, ele elenca alguns princípios básicos, como: a inserção ativa no grupo e a crença ilimitada no progresso da humanidade, a fim de cultivar em todo indivíduo a consciência de liberdade; a confiança no ser humano, que, por mais humil-

---

*A coletividade em Makarenko não é simplesmente um conjunto, um grupo de indivíduos em interação. "A coletividade é um complexo de indivíduos que têm um objetivo determinado, pois estão organizados e possuem organismos coletivos. São conscientes, devem discutir esse projeto e se responsabilizar por ele, passo a passo [...]" (LEUDEMANN, 2002, p. 150-151).

de que seja, tem seu valor e potencial; investir no espírito de cooperação, franca e organizada, de todos; e acreditar na educação como um elemento promotor do progresso social, econômico, político e espiritual da sociedade.

Estudando Montessori (2003), viu-se que uma proposta educativa deveria ser fundamentada sob dois aspectos: a didática própria, na qual a aprendizagem é conquistada por meio de materiais concretos; e um rico suporte ético-pedagógico, no qual se propõe a formação de um novo homem e, consequentemente, de uma nova sociedade. Uma educação centrada na formação da pessoa como um todo, tendo a preparação do ambiente como um fator fundamental.

Freinet (1996), com sua "Escola do Povo", trazia a riqueza das aulas-passeio e o jornal de classe, um projeto de escola popular, moderna e democrática. Com ele, aprendeu-se a enxergar que o espaço de aprendizagem vai além da sala de aula, que todo o universo do educando, a comunidade na qual está inserido, seu contexto familiar e social deve ser potencializado na relação ensino-aprendizagem. Abriram-se também os horizontes da escola para outras práticas educativas, como a criação do comitê de jornal, constituído pelos educandos, que mensalmente desenvolvem o jornal de notícias da ENSC.

Diante da pluralidade e da heterogeneidade de práticas, sujeitos e espaços que constituem o universo escolar, percebeu-se que nenhuma teoria sozinha responde à diversidade das configurações apresentadas em seu cotidiano, daí a necessidade de se buscar a conjugação de uma série de abordagens e correntes teóricas multirreferenciais para subsidiar suas demandas. Sendo assim, além das experiências mencionadas, outros autores contribuem para o embasamento da prática docente na ENSC: Mônica Molina, Gadotti, Carlos Brandão, Marcos Arruda, Miguel Arroyo, Rubem Alves, José Pacheco, Frei Betto, Leonardo Boff, D. Pedro Casaldáliga, Piaget, Vygotsky, Wallon, Steiner, Chabot, Saltine, Maturana e Varela.

AS PRÁTICAS EDUCATIVAS QUE EDIFICAM A ESCOLA

A educação na ENSC se concretiza por uma pedagogia humanizada e humanizadora, integrada e integradora, liberta e libertadora, ativa, dialógica, crítica e criticizadora, praxiológica e participativa:

1. **Humanizada e humanizadora**, a partir da humanização de suas relações internas, para que todos os fatos, acontecimentos e relações na escola sejam tecidos pelo profundo respeito à pessoa de si, para depois dar ao outro, para que haja uma coerência entre aquilo que se prega e aquilo que se vive.
2. **Integrada e integradora**, que suas disposições internas configurem integralidade, como parte de um todo harmônico e alinhado, mantendo uma unidade. Onde quem ensina aprende e quem aprende ensina, em uma construção coletiva do conhecimento, por meio do saber partilhado.
3. **Liberta e libertadora**, para que, antes de propor uma educação libertadora, viva os preceitos de liberdade em seus espaços, como pessoas libertas. Que todos tenham vez e voz, como agentes e não pacientes do processo educativo. Que sejam capazes de exercer sua autonomia na construção do conhecimento.
4. **Ativa, dialógica, crítica e criticizadora**: ativa, porque é constituída por sujeitos em constante processo de interação, de reciprocidade, de trocas; dialógica, porque se estabelece em uma relação horizontal de um sujeito para outro sujeito, em uma ação intercomunicante ligada por uma matriz, a realidade histórica e, por isso, crítica e criticizadora, uma vez que, ao refletir sobre si mesmos, sobre a realidade, os educandos se reconhecem como sujeitos, agentes e pacientes de suas ações,

das transformações, do estar e ser no/do mundo, do seu poder criador e recriador.
5. **Praxiológica**, na busca de entender o próprio universo escolar; conhecer a própria realidade, mergulhar nela a fim de entendê-la, debruçar-se sobre os conflitos, suas situações-problema, seu fazer pedagógico, encontrar soluções, planejar, executar, avaliar, integrar, alinhar. Exercer um olhar dialético em seus movimentos para encontrar sua essência, sua razão de ser, solucionar seus conflitos, para ser integrada e integradora, liberta e libertadora. Transformar-se para ser transformadora.
6. **Participativa**, por meio de uma gestão democrática, com a formação de conselhos e colegiado estudantil e de instrumentos de avaliação coletiva.

VIVÊNCIAS/ATITUDES QUE PERMEIAM O CHÃO DA ESCOLA

Para Chalitta (2001, p. 58), a educação não pode ser mero instrumento do conhecimento para fins de competitividade. Ela não pode ser reducionista em nenhum aspecto: "[...] deve ser ampla, na direção e na formação de seres humanos completos, críticos e participativos, na direção da construção da cidadania [...]". "Entenderemos de educação ao entendermos o homem concreto, suas necessidades básicas e suas privações [...]" (GADOTTI, 2004, p. 89). Assim, "[...] a educação deve ser tão ampla quanta a vida [...]" (GADOTTI, 2004, p. 42).

A capacidade de aprender a aprender, a busca de uma visão ampla de mundo, o saber pensar e a satisfação de realização no trabalho e na vida são desafios reais para a escola do século XXI. A escola do presente deve formar seres humanos com capacidade de entender e intervir no mundo em que vivem, promovendo o desenvolvimento social, calcado no princípio da equidade, do respeito e da solidariedade. A escola preocupa-se em formar as pessoas para a paz e a felicidade, em vez de se preocupar apenas em formá-las para a competitividade, para o mercado de trabalho.

Ao eximir-se de sua função social, a escola reforça esse modelo de sociedade que tem cultuado valores que degradam as pessoas e a própria humanidade, como a prática do individualismo, do consumismo e do egoísmo, da segregação e exclusão social. Uma prática desvencilhada de um valor social, desarticulada, autoritária, desumanizadora. De acordo com Gadotti (2004, p. 137), "[...] a produção capitalista, dado seu caráter implícito de exploração da mais-valia do trabalhador, não pode realizar esse ideal do homem universal totalmente desenvolvido [...]".

A escola elabora um outro paradigma, que favoreça a promoção humana, que inclua o povo como sujeito da construção de novas alternativas, que tem como pilares a solidariedade, a justiça social, a diminuição das desigualdades e a construção de uma nova cultura, que ajuda a repensar o nosso jeito de ser país e de ser cidadão.

Várias são as vivências que permeiam o chão da escola, na busca recíproca de sentido e saberes que contribuem para uma nova maneira de ser, viver, interagir e conviver: gratuidade, respeito, solidariedade, afetividade, autoconhecimento, responsabilidade e autonomia.

A METODOLOGIA QUE SISTEMATIZA O TRABALHO EDUCATIVO

Imbuída dessa sede de ser mais e oferecer melhor uma educação que atenda aos anseios de seus sujeitos, dentro da perspectiva apontada por Brandão (2005) de que a vida é dinâmica e mutável, a ENSC tem sido incansável na busca pelo novo, pela transformação, para ter o rosto de seu povo.

Considerando esse ideal, a escola, em 2014, voltou seu olhar para as lacunas até então verificadas e decidiu que precisava mudar, ainda mais, sua estrutura pedagógica, na tentativa de colocar o aluno como sujeito da própria aprendizagem. Para tanto, realizou uma vivência em uma escola que tinha ideais de educação como a prática da autonomia e da liberdade, na Cidade de Cotia, São Paulo (Projeto Âncora; ver Cap. 9), assessorada por José Pacheco (educador e fundador da Escola da Ponte, em Portugal).

Assim, no ano letivo de 2015, depois de seus 10 anos de existência, alçou um voo novo.

Por meio da vivência do processo de ação-reflexão-ação de seu fazer educativo, em um conhecimento adquirido pela práxis, no diálogo tecido nas mais variadas formas (leituras coletivas, participação em eventos, trocas de experiências, discussões colegiadas), a ENSC entendeu que precisava mudar para acompanhar a evolução do educando.

Nas avaliações de seu fazer educativo, inquietava ver que a escola, por mais esforços que fossem feitos, tinha no rendimento escolar o reflexo de suas salas de aula cheias de carteiras, com seus alunos a olhar o tempo inteiro para um professor à sua frente, impondo saberes, com uma avaliação de aprendizagem mais excludente do que formativa. Ou continuava-se fechando os olhos para essa realidade ou enfrentava-se o desafio de fazer diferente, encarar o medo do novo e buscar uma nova metodologia, a fim de atender aos anseios do educando de hoje.

Assim, a escola decidiu iniciar o ano letivo de 2015 sem a seriação, trabalhando com os educandos integrados, na interação com suas diferentes faixas etárias, sem salas de aulas, nem planos de aulas construídos previamente pelo professor, tampouco ensino centralizado na lousa. As salas se transformaram em espaços coletivos de aprendizagem, bem como todos os demais espaços da escola, utilizados pelos educandos de acordo com sua disponibilidade e necessidade (**Fig. 22.3**). Os professores se transformaram em tutores, especialistas e mediadores de projetos. O aluno é desafiado a elaborar seus roteiros de aprendizagem junto com seu tutor, a construir seu plano do dia e executá-lo, com toda a construção do conhecimento ocorrendo a partir da pedagogia de projetos.

A pedagogia de projetos é uma forma de aprendizagem que permite ao aluno experimentar, pesquisar e ser autônomo no processo de construção do conhecimento. Trata-se de um olhar interdisciplinar, ou mesmo transdisciplinar, em torno de um tema específico, permitindo ao aluno ser sujeito ativo na construção do conhecimento, trocar saberes e promover ações que favoreçam a transformação do meio e de si (**Fig. 22.4**).

O roteiro de aprendizagem é uma forma de organizar uma sequência de estudos, a partir de uma curiosidade, um planejamento do que se vai estudar, de forma transdisciplinar, em

Figura 22.3 Espaços coletivos de aprendizagem.

Figura 22.4 Os alunos como protagonistas de sua aprendizagem.

um período predeterminado de 15 dias, com o objetivo de buscar a autonomia na construção do conhecimento.

Ao chegar à escola, o primeiro passo é a construção do plano do dia, ferramenta que organiza e determina as atividades diárias na execução do roteiro (estudo, pesquisas, oficinas, momento com especialista), bem como as práticas educativas (comitês, colegiado), instrumentos (parabenizo, critico e proponho) e ações de melhoramento (sexta da leitura e da matemática, sarau cultural e culminâncias dos projetos).

Ao finalizar o dia, tutorando e tutor se encontram para uma roda de avaliação, instrumento que possibilita a socialização dos conhecimentos adquiridos entre os educandos, bem como permite avaliar a profundidade ou a superficialidade da aprendizagem do dia e a execução do roteiro pelo tutor, bem como o direcionamento e o cumprimento de atividades extraescolares.

Ao término de estudo de um roteiro, faz-se a tutoria, instrumento avaliativo do registro de verificação da aprendizagem do roteiro estudado, realizada por meio de um diálogo entre tutor e tutorando, que também possibilita analisar a autonomia do educando na execução dos planos diários.

Passam a integrar a proposta as oficinas pedagógicas, que buscam desenvolver as inteligências múltiplas, abranger o máximo de habilidades a fim de que cada criança possa se identificar com aquilo que gosta de aprender. São momentos de aprendizagem que unem teoria e prática, promovendo a interação entre os educandos dos diferentes espaços e entre educandos e oficineiros, bem como momentos lúdicos de descontração. Essas oficinas são definidas em assembleia geral, no início do ano letivo.

Outra prática muito importante na escola é o relaxamento. Todos são conduzidos diariamente a viver um momento de relaxamento, como instrumento de equilíbrio, reflexão e autoconhecimento.

ORGANIZAÇÃO DO AMBIENTE EDUCATIVO

Para fins didáticos, os educandos se encontram organizados em nucleações, por níveis de aquisição de autonomia:

- **Nucleação I** – aqui começa a inserção da criança no espaço escolar; é a fase de assimilação e acomodação nesse novo contexto social em sua vida; fazem parte dessa nucleação crianças de 4 e 5 anos.
- **Nucleação II** – é a fase de alfabetização e letramento da criança na escola. Aqui, as crianças que estão na aquisição dessas competências se integram e estudam juntas. São crianças de 6 a 8 anos de idade.
- **Nucleação III** – é a fase de desenvolvimento e aprofundamento.

INSTRUMENTOS DE GESTÃO DA ORGANIZAÇÃO

Nesse trabalho, não há como ser diferente, a gestão é compartida. É necessário que as vozes se façam presentes em todo seu processo educativo.

Conselho escolar

Com representação de docentes, discentes, funcionários, pais, comunidade e gestão, o conselho escolar se reúne uma vez por mês. Nele é discutido todo o andamento da escola, seus fatos e acontecimentos e as decisões são tomadas.

Conselho de classe

O conselho de classe é constituído pelos professores e pelo corpo diretivo, que se reúne mensalmente. É competência do conselho de classe avaliar o processo de ensino e aprendizagem desenvolvido pela escola e a proposição de ações para sua melhoria, bem como analisar a prática docente no que se refere à metodologia, aos conteúdos programáticos e à totalidade das atividades pedagógicas realizadas.

Comitês estudantis

Os comitês estudantis foram criados com o objetivo de estimular os alunos a assumir uma função no processo pedagógico, com atividades que promovessem a integração entre eles, bem como entre eles e a escola, propiciando autonomia, gerando posicionamento crítico e melhorando a autoestima. É um trabalho educativo feito para agregar ao cotidiano escolar a promoção do desenvolvimento cognitivo, psicossocial e humanístico. No início do ano letivo, em assembleia geral, os alunos elencam quais comitês gostariam de criar e, por afinidade, escolhem um para participar. Em seguida, já em seus respectivos comitês, constroem um plano de ação a ser desenvolvido naquele ano letivo.

O colegiado estudantil

O colegiado estudantil é constituído por um representante de cada comitê, escolhido pelo grupo. Os representantes se reúnem em assembleia com os demais educandos, docentes e gestores, a fim de acompanhar o processo de aprendizagem, discutir os fatos e os acontecimentos na escola, promover o respeito e a responsabilidade de todos para com a estrutura física – espaço, mobiliário e equipamentos –, a partir de um instrumento usado por toda a escola: "Eu parabenizo, eu critico e eu proponho".

As assembleias gerais

Todos se reúnem em assembleias gerais (docentes, discentes, pais e gestores) sempre que surge a necessidade de avaliar a relação de ensino e aprendizagem, tomar decisões e construir acordos, metas e estratégias.

Os planejamentos pedagógicos

A cada fechamento de trimestre, são realizados pelos docentes e os gestores a avaliação do período encerrado e o planejamento do trimestre seguinte, momento em que são avaliados o rendimento escolar e as estratégias de aprendizagem e são estabelecidas novas metas.

Formação continuada

Uma vez por mês, docentes e gestão se reúnem a fim de buscar suporte teórico que oriente e prática, a fim de gerar reflexão-ação-reflexão.

O SISTEMA AVALIATIVO

A prática docente centrada na prova como instrumento avaliativo sempre gerou incômodo. No entanto, a cultura impregnada do tempo em que se foi educado exerce uma força muito grande. E, embora adotando outros instrumentos avaliativos, como as atividades didáticas, os trabalhos grupais e produções textuais, a prova escrita sempre exerce um poder maior no processo final da avaliação da aprendizagem, o que se configurava muito mais como foco na aprovação ou na reprovação do educando do que na aquisição de conhecimentos.

De acordo com Luckesi (1998), a avaliação empregada por meio desse modelo é tida como exame e, portanto, classificatória, independentemente do processo de ensino e aprendizagem, configurando-se, dessa maneira, como coercitiva. Isso passou a incomodar. Conforme a escola foi se apropriando de referenciais teóricos, seu sistema avaliativo foi se transformando, com um olhar mais direcionado para a aquisição das competências exigidas pelos parâmetros e menos para o conteúdo programático. Verificando o que o educando aprendeu, se os objetivos propostos foram atingidos e se a prática docente foi conduzida de forma adequada, percebeu-se que o processo avaliativo não envolve apenas o educando, mas todo o processo pedagógico, o contexto e as relações interpessoais e intrapessoais.

Começamos a ver que a prática avaliativa deve centrar-se no diagnóstico, e não na classificação, cuja função consiste em analisar o desempenho do aluno por meio de notas obtidas, geralmente registradas com números, retirando da prática avaliativa tudo o que é construtivo.

A desconstrução dessa prática avaliativa "classificatória" não é um processo fácil. O modo de avaliar nesse novo olhar para o todo que envolve o processo de ensino e aprendizagem gera insegurança no início, uma vez que não se está acostumado a avaliar pela subjetividade. É mais fácil pela objetividade e quantitativamente, o que parece dar mais segurança. Então, essa desconstrução não se constitui em um processo fácil para o educador, para o educando e para os pais.

A avaliação, na ENSC, passou a ter a função de fornecer informações sobre o processo pedagógico, permitindo definir as interferências e as mudanças necessárias ao projeto educativo. Passou-se a compreender, então, a avaliação como um processo/instrumento de acompanhamento, mediação, diálogo e intervenção mútua entre o ensino e a aprendizagem, constituindo-se como: diagnóstica, no levantamento de informações e dados necessários à contextualização do processo pedagógico; processual, ocorrida no dia a dia, levando em consideração as modificações e as superações entre o ensino e a aprendizagem; participativa, ao envolver a comunidade, os educadores e os educandos; cumulativa, ao considerar o aspecto progressivo na produção do conhecimento; e emancipatória, ao avaliar a prática educativa, os acertos e os erros, as condições oferecidas para o processo educativo e para a formação humana.

Nessa perspectiva, passou-se a adotar um conjunto de medidas e metas de aprendizagem que culminou em uma matriz pedagógica fundamentada nos parâmetros curriculares, que avalia todo o percurso do educando, suas atividades, suas pesquisas, suas tutorias, sua interação, sua ação, sua sociabilidade e sua autoavaliação. Um relatório de aprendizagem integrado que se constitui em um portfólio.

RECONHECIMENTOS

Em 2015, a ENSC obteve o 1º lugar no Prêmio Gestão Nota 10, do Instituto Alpargatas, por sua proposta metodológica.

Em 2016, trabalhando com 221 educandos, foi certificada pelo MEC como Referência em Inovação e Criatividade em Educação Básica do Brasil, sendo uma das 178 experiências certificadas e uma entre as quatro da Paraíba.*

Em 2017, outro fato importante ocorreu para a escola: o ingresso na Rede das Escolas Transformadoras, iniciativa da Ashoka e Instituto Alana. Tornando-se a primeira escola da Paraíba nessa rede.

Ainda em 2017, a ENSC recebeu o Prêmio Unifuturo de Educação Troféu Augusto Cury, no Congresso Internacional de Educação promovido pela Intereducation, na categoria Projeto Inovador em Educação, sendo a única escola a receber o prêmio.

Também em 2017, obteve novamente o 1º lugar no Prêmio Gestão Nota 10, do Instituto Alpargatas, pelo trabalho desenvolvido nas comunidades atendidas pela escola à luz dos objetivos de desenvolvimento sustentável (ODS).

CONSIDERAÇÕES FINAIS

No hoje dessa vida chamada ENSC, olha-se para trás e vê-se um grande salto qualitativo no fazer educativo, profundas mudanças foram realizadas em sua prática pedagógica. O sonho de fazer uma escola nova se tornou realidade. Com ele, desafios são impostos cotidianamente, a começar pela mudança interior dos próprios educadores. Entre os primeiros desafios dessa nova proposta metodológica, estava romper os muros interiores, viver intensamente e com uma determinação tudo o que essa mudança exigiria: quebra de paradigmas, a partir da desconstrução da prática da "educação bancária"; conscientização da necessidade de um aprofundamento na formação continuada para atender as contínuas e crescentes demandas apontadas nos projetos de pesquisa em uma ação transdisciplinar; e busca por uma estrutura compatível com a nova proposta educativa, a partir de um sentimento de que o modelo de salas de aula dificulta o desenvolvimento das atividades pedagógicas. Isso levou a uma mobilização de toda a comunidade escolar (educadores, educandos, pais e demais funcionários), em assembleias gerais, na formatação de uma escola dos sonhos, pensada desde sua estrutura física, perpassando pela revisão da metodologia, vivências, valores e perfis, buscando-se uma identidade própria dessa vida chamada ENSC.

REFERÊNCIAS

ANTIPOFF, H. Como pode a escola contribuir para a formação de atitudes democráticas - 1944. In: CAMPOS, R. H. F. (Org.). *Helena Antipoff*: textos escolhidos. São Paulo: Casa do Psicólogo, 2002. p. 221-226.

BETTO, F. Crise da modernidade e espiritualidade. In: VERÍSSIMO, L. F. et al. *O desafio ético*. Rio de Janeiro: Garamond, 2009.

BETTO, F. *Sinfonia universal*: a cosmovisão de Teilhard de Chardin. Petrópolis: Vozes, 2011.

BOFF, L. *Espiritualidade*: um caminho de transformação. Rio de Janeiro: Sextante, 2006.

---

*G1 Paraíba. Escola com ensino inovador chama a atenção na cidade de Bananeiras. 2017. Disponível em: <http://www.g1.globo.com/pb/paraiba/bom-dia-pb/videos/t/edicoes/v/escola-com-ensino-inovador-chama-a-atencao-na-cidade-de-bananeiras/5861234/>. Acesso em: 27 ago. 2018.
G1 Paraíba. Escola com 30 voluntários atende 233 filhos de agricultores em Bananeiras. 2017. Disponível em: <http://g1.globo.com/pb/paraiba/noticia/escola-com-30-voluntarios-atende-233-filhos-de-agricultores-em-bananeiras.ghtml?utm_source=whatsapp&utm_medium=sharebar-smart&utm_campaign=sharebar>. Acesso em: 27 ago. 2018.

BRANDÃO, C. R. *Aprender o amor: sobre um afeto que se aprende a viver*. Campinas: Papirus, 2005.

CALDART, R. S. *Pedagogia do movimento sem terra*: escola é mais do que escola. 3. ed. São Paulo: Expressão Popular, 2004.

CHABOT, D.; CHABOT, M. *Pedagogia emocional*: sentir para aprender. São Paulo: Sá Editora, 2005.

CHALITTA, G. *Pedagogia do afeto*. São Paulo: Gente, 2001.

FREINET, C. *Para uma escola do povo*: guia prático para a organização material, técnica e pedagógica da escola popular. São Paulo: Martins Fontes, 1996.

FREIRE, P. *Educação como prática da liberdade*. Rio de Janeiro: Paz e Terra, 2009.

GADOTTI, M. *Pedagogia da práxis*. 4. ed. São Paulo: Cortez, 2004.

LEUDEMANN, C. S. *Anton Makarenko vida e obra*: a pedagogia na revolução. São Paulo: Expressão Popular, 2002.

LUCKESI, C. *Avaliação da aprendizagem escolar*. 7. ed. São Paulo: Cortez, 1998.

MONTESSORI, M. *Para educar o potencial humano*. 2. ed. Campinas: Papirus, 2003.

O'NEIL, A. S. *Liberdade sem medo*: Summerhill: radical transformação na teoria e na prática da educação. 19. ed. São Paulo: Ibrasa, 1980.

SALTINE, C. J. P. *Afetividade e inteligência*. 5. ed. Rio de Janeiro: Wak, 2008.

WALLON, H. *A evolução psicológica da criança*. Lisboa: Edições 70, 1968.

LEITURAS RECOMENDADAS

ALVES, R. *A escola com que sempre sonhei sem imaginar que pudesse existir*. 8. ed. Campinas: Papirus, 2001.

ALVES, R. *Estórias para quem gosta de ensinar*. São Paulo: Artes Poética, 1995.

ANGOTTI, M. Espaços de liberdade no método Montessori. In: MARIA Montessori: o indivíduo em liberdade. Rio de Janeiro: Ediouro, 2005. (Coleção Memória da Pedagogia).

ANTIPOFF, H. A fazenda do Rosário como experiência social e pedagógica no meio rural -1952. In: CAMPOS, R. H. F. (Org.). *Helena Antipoff*: textos escolhidos. São Paulo: Casa do Psicólogo, 2002. p. 277-278.

ARDOINO, J. *A formação do educador e a perspectiva multirreferencial*. São Carlos: UFSCAR, 1998. Minicurso ministrado na Universidade Federal de São Carlos, Departamento de Educação, Programa de Pós-Graduação em Educação, de 15 a 16 de outubro. Mimeo.

ARROYO, M. G. Educação básica para os povos do campo? Educação Básica de Nível Médio nas áreas de Reforma Agrária. Textos de Estudo. *Boletim da Educação*, n. 11, 2006.

ARRUDA, M. *Educação para uma economia do amor*: educação da práxis e economia solidária. Aparecida: Ideias & Letras, 2009.

ARRUDA, M. *Humanizar o infra-humano*: a formação do ser humano integral: homo evolutivo, práxis e economia solidária. Petrópolis: Vozes, 2003.

BELLO, J. L. P. Renuncia à tirania. In: MARIA Montessori: o indivíduo em liberdade. Rio de Janeiro: Ediouro, 2005. (Coleção Memória da Pedagogia).

BETTO, F. Crise da modernidade e espiritualidade. In: ROITMAN, A. (Org.). *O desafio ético*. Rio de Janeiro: Garamond, 2000.

BETTO, F. *O que a vida me ensinou*. São Paulo: Saraiva, 2013.

BOFF, L.; BETTO, F. *Mística e espiritualidade*. Rio de Janeiro: Rocco, 1994.

BRANDÃO, C. R. *A educação popular na escola cidadã*. Petrópolis: Vozes, 2002.

BRANDÃO, C. R. *O que é educação popular*. São Paulo: Brasiliense, 2006. (Coleção Primeiros Passos).

BRANDÃO, C. R. *O trabalho de saber*: cultura camponesa e escola rural. São Paulo: FTD, 1990.

CALDART, R. S. Elementos para construção do projeto político pedagógico da educação do campo. In: MOLINA, M. C. (Org.). *Contribuições para a construção de um projeto de educação do campo*. Brasília: [s.n.], 2004. (Por uma Educação do Campo, n. 5).

CAMPOS, R. H. F. (Org.). *Helena Antipoff*: textos escolhidos. São Paulo: Casa do Psicólogo, 2002.

CECCON, C.; OLIVEIRA, M. D.; OLIVEIRA, R. D. *A vida na escola e a escola da vida*. 15. ed. Petrópolis: Vozes, 1986.

CENTRO DE DOCUMENTAÇÃO E PESQUISA HELENA ANTIPOFF. *Educação rural*. Belo Horizonte: Imprensa Oficial, 1992. (Coletânea das obras escritas de Helena Antipoff, v. 4).

FREIRE, P. *Cartas à Guiné-Bissau*. Rio de Janeiro: Paz e Terra, 1980.

FREIRE, P. *Educação e mudança*. 18. ed. Rio de Janeiro: Paz e Terra, 1991.

FREIRE, P. *Pedagogia da autonomia*: saberes necessários à prática educativa. 29. ed. Rio de Janeiro: Paz e Terra, 1996.

FREIRE, P. *Pedagogia do oprimido*. 43. ed. Rio de Janeiro: Paz e Terra, 2005.

LIMA, E. O exercício da autonomia: um dos elementos fundamentais do método montessoriano. In: MARIA Montessori: o indivíduo em liberdade. Rio de Janeiro: Ediouro, 2005. (Coleção Memória da Pedagogia).

LUCKESI, Cipriano. *Avaliação da aprendizagem escolar*. 7. ed. São Paulo: Cortez, 1998.

LÜDKE, M. A trama da avaliação escolar. *Pátio Revista Pedagógica*, v. 9, n. 34, 2005.

MATURANA, H. *Emoções e linguagem na educação e na política*. Belo Horizonte: UFMG, 2002.

MOLINA, M. C. (Org.). *Educação do campo e pesquisa*: questões para reflexão. Brasília, NEAD, 2006.

MOLINA, M. C.; FREITAS, H. C. A. Avanços e desafios na construção da educação do campo. *Em Aberto*, v. 24, n. 85, p. 17-31, 2011.

MOLINA, M. C.; JESUS, S. M. S. A. (Org.). *Contribuições para a construção de um projeto de educação do campo*. Brasília: [s.n.], 2004. (Por uma Educação do Campo, n. 5).

PATTO, M. H. *A produção do fracasso escolar*. São Paulo: T. A. Queiroz, 1991.

PIAGET, J. *Psicologia e pedagogia*. Rio de Janeiro: Forense Universitária, 2006.

REVISTA VIVER MENTE & CÉREBRO. São Paulo: Ediouro, 2005. (Coleção Memória da Pedagogia: Maria Montessori: o indivíduo em liberdade, v. 3).

STEINER, C.; PERRY, P. *Educação emocional*: um programa personalizado para desenvolver sua inteligência emocional. Rio de Janeiro: Objetiva, 2001.

STOCKER, M.; HEGEMAN, E. *O valor das emoções*. São Paulo: Palas Athena, 2002.

VYGOTSKY, L. S. *Pensamento e linguagem*. São Paulo: Martins Fontes, 1993

WISH SCHOOL:
educação holística

Andressa Lutiano | Beatriz Fosco Giorgi | Marina Gadioli

Já passou da hora de questionarmos quem será a sociedade em 20 anos, lembrando que essa construção se dá na educação. Será mesmo que o objetivo final é se preparar para o vestibular? Será que haverá sequer as mesmas demandas de hoje em cinco anos no mundo profissional? Em 10 anos, tudo poderá ser obsoleto. Que tal se a vida escolar fosse voltada para formar bons cidadãos, com ética, conduta moral e olhar fraterno? Ou então profissionais com saúde emocional, criatividade, iniciativa, resiliência e com sede de conhecimento? E se na hora de ensinar, a escola olhasse para o indivíduo e suas aptidões, seus dons? E se o aprendizado fosse um processo, envolvido linearmente com o ensinar, e não confinado em uma lousa e quatro paredes? Pra mim, tudo isso já soa um tanto óbvio, mas lamento que talvez vejamos mais uma ou duas gerações se desencontrando na escola. Por isso fico muito feliz em ver que já há sementes germinando essas ideias e torço para que seja tendência!

#bethechange #wishschool
Depoimento da mãe da Maria
e da Olívia – Rita Tobal

Fundada em 2008, com apenas uma aluna, a Wish nasceu em um sobrado adaptado no bairro do Tatuapé, Zona Leste de São Paulo, atendendo a crianças de 1 a 5 anos. Desde o início, trabalhávamos com a ideia de projeto, mas um projeto que já vinha formatado pela equipe pedagógica antes mesmo de o ano começar. Se o projeto da turma de 5 anos era dinossauro, todas as turmas de 5 anos estudariam dinossauros, independentemente das crianças que compunham esse grupo, suas preferências ou seus interesses. No entanto, muitas inquietações nos acompanhavam.

A educação que propúnhamos parecia já não fazer sentido para o mundo que víamos nascer. Dificuldades técnicas já não eram a principal reclamação de empregadores e muito menos o obstáculo mais difícil para quem buscava uma vida e um trabalho de mais significado. Saberes fragmentados, corpos controlados, relações hierárquicas, burocráticas e autoritárias. A escola que conhecíamos parecia estar baseada em um mundo que estava ficando para trás. Trabalhar só com a mente dos alunos já não parecia suficiente. Era preciso mais.

Outubro de 2012. Surge a oportunidade de participar de uma jornada chamada Education Revolution. Em meio a essas inquietações, essa jornada nos proporcionou estudar instituições reconhecidas por serem inovadoras.* Voltamos para a Wish com uma certeza:

---

*Team Academy Mondragon; Kaos Pilots; Schumacher College.

era preciso mudar. Mas como? Muitas, muitas perguntas. Seguimos... Iniciamos uma trajetória de muito estudo, pesquisas, visitas e conversas.* Mergulhamos fundo e nos entrelaçamos com Robinson e Aronica (2016), Pacheco (2014), Alves (2001), Gray (2015) e muitos outros. Com eles "ao nosso lado", enchemo-nos de coragem para desbravar os caminhos da criatividade e da inovação. Ousamos colocar em prática tudo o que havíamos visto, aprendido e intuído e apostamos em um *design* totalmente novo para a educação.

Já em 2013, abrimos a escola para as famílias – a comunidade poderia participar da vida na escola qualquer dia, qualquer hora. Saímos das quatro paredes da sala de aula, deixamos os muros da escola para explorar o entorno, conhecer a vizinhança, a cidade. Abrimos os olhos para novas oportunidades e olhamos os fatos já conhecidos com novos olhos! Passamos a valorizar mais a autonomia e a propor projetos multietários. Observamos os benefícios colhidos dessa forma de organização. Integramos as disciplinas escolares. Vimos como tudo estava conectado!

Estudamos muito e, a partir de todas essas práticas, reunimo-nos para pensar em uma forma que representasse o que vínhamos propondo. Foi daí que nasceu a educação holística.

A EDUCAÇÃO HOLÍSTICA

O que uma pessoa precisa para se desenvolver plenamente, na melhor das suas possibilidades? Uma pessoa não é só o conhecimento que tem. Ela é as relações que estabelece entre esse conhecimento e o mundo; ela é as pessoas que estão a sua volta – o impacto que causa nelas e o quanto é transformada por elas; ela é sentimentos, sensações, emoções. Ela é complexa e completa.

A abordagem holística (*holon* = inteiro, integral) acredita que todos os aspectos da experiência humana devem ser considerados, não só o intelecto racional (como na educação tradicional), mas também os aspectos físicos, emocionais, sociais, culturais, criativos, intuitivos e espirituais da natureza de cada ser humano.

Acreditamos que os valores e as práticas dominantes da nossa sociedade – a preponderância da competitividade sobre a cooperação, do consumo sobre o uso sustentável dos recursos, da burocracia sobre uma interação autenticamente humana – têm sido destrutivos para a saúde do ecossistema e também para o bom desenvolvimento humano.

As escolas, com seu interesse por obediência, disciplina e produtividade, vêm colaborando para a manutenção desses valores e práticas que adoecem a sociedade. A educação holística acredita em uma escola que facilita o aprendizado significativo e promove o desenvolvimento global de todos os envolvidos, tornando-os conscientes do importante lugar que ocupam como agentes transformadores dessa sociedade. Desejamos que cada criança, jovem e adulto seja reconhecido como único e valioso e entendemos que somente as pessoas que vivem de maneira plena e significativa podem ser verdadeiramente produtivas.

Educar na abordagem holística significa aceitar as diferenças e fomentar em cada indivíduo um sentido de tolerância, respeito e consideração pela diversidade humana, compreendendo que cada ser humano é inerentemente criativo e tem necessidades e habilidades físicas, emocionais, sociais, intelectuais e espirituais únicas.

Olhando para a **Figura 23.1**, vemos que há cinco eixos que compõem a educação holística desenvolvida na Wish: espírito, mente, corpo, outros e mundo. Vejamos o que cada um deles compreende.

---

*Entre os autores estudados estavam Sir Ken Robinson, Loris Malaguzzi, Pacheco, Alves, Viviane Mosé, Tomaz Tadeu da Silva, Peter Gray, Singer (2014), Edgar Morin e Paulo Freire. Entre os documentários: *A educação proibida*; *Quando sinto que já sei*; *Destino educação inovadora* (Canal Futura). Entre os livros estava *Volta ao mundo em 13 escolas* (GRAVATÁ et al., 2013).

Figura 23.1 Mapa da educação holística.

Espírito

São 8h30min da manhã, o grupo que se autointitula "Dragão" está do lado de fora da escola fazendo uma roda de saudação ao sol. Na sequência, são realizadas posturas de ioga e uma respiração guiada para promover relaxamento e fazer o dia começar com mais qualidade (**Fig. 23.2**).

Ao falarmos em espírito na Wish, pensamos imediatamente no autoconhecimento. É esse saber de si mesmo, de sua essência, que vai permitir que a criança se coloque no mundo com confiança, que atue de maneira crítica, que se mostre plena em sua potência, em sua contribuição única para o planeta.

Estivemos tão atarefados avaliando o mensurável que negamos aqueles aspectos do desenvolvimento humano que são incomensuravelmente mais importantes. Em escolas de sucesso e inovadoras em todo o mundo, as provas e as notas padronizadas foram substituídas por avaliações pessoais, que levam as crianças a conduzir-se internamente, tomando consciência do próprio processo de aprendizagem. O resultado natural dessa prática é o desenvolvimento do autoconhecimento, da

Figura 23.2 O eixo mente.

autodisciplina e do autêntico entusiasmo pelo aprendizado.

Sem o conhecimento de si mesmo, todo o conhecimento restante é superficial e sem propósito. E para promover o "conhece-te a ti mesmo" nas crianças, os educadores precisam vivenciar esse processo em suas vidas. Nosso formato de formação de professores inclui o cultivo do próprio interior dos professores e seu despertar criativo.

A experiência e o desenvolvimento espiritual manifestam uma profunda conexão consigo mesmo e com os demais, um sentido de significado e propósito na vida diária, uma experiência de globalidade e interdependência da vida, um alívio para a atividade frenética, para a pressão e a superestimulação da vida contemporânea e um profundo respeito com os mistérios da vida.

Mente

Ao passar pelo corredor, vemos a turma "Velozes" concentrada, buscando em vários mapas disponíveis os países sobre os quais estão estudando.

Os conhecimentos "canônicos", reconhecidamente escolares, não perdem seu lugar, mas a forma como são abordados muda de forma radical. Memorização de dados, repetição de propostas sem sentido, respostas automáticas e prontas já não têm mais lugar na maneira como encaramos a mente na educação holística.

Não há mais desculpas para impor tarefas de aprendizado, métodos e materiais em massa quando sabemos que qualquer grupo de alunos precisa aprender de diferentes formas, com diferentes estratégias e atividades. As experiências educativas devem nutrir de maneira natural e saudável o crescimento por meio de experiência, e não apresentar um "currículo" limitado, fragmentado e pré-digerido como caminho único para o conhecimento e a sabedoria.

Um dos objetivos da educação holística é abrir as mentes, e isso acontece por meio de estudos interdisciplinares, experiências que estimulam a compreensão, a reflexão, o pensamento crítico e a resposta criativa. Navegar em um mar de incertezas, abrir espaço para a não previsibilidade e não linearidade e fomentar a criação são atributos essenciais para a mente que deseja operar na complexidade do mundo em que vivemos.

Corpo

Um grupo de alunos se enfileira em cima do muro. O que estão fazendo? A cena incomum retrata uma parte importante do projeto do grupo "Raios". Ao estudar o grafite, os alunos de 5º e 6º anos começaram a olhar para a cidade e descobrir outras formas de intervenção e ocupação urbana, entre elas o *parkour*. Animados com a ideia, conseguiram uma oficina para a prática do *parkour* na escola.

InCORPOrar um conhecimento. Perceber na pele, no movimento, os aprendizados que estão ocorrendo, ter as sensações ligadas à aproximação dos diversos saberes. Por anos, o corpo ficou afastado da educação. Como diz Robinson (2015, documento *on-line*):

> Conforme as crianças crescem, vamos educando-as, cada vez mais, do peito para cima, até que focamos somente na cabeça e levemente para um lado [...]; professores normalmente moram em suas cabeças. [...] Eles olham para seus corpos como um "meio" de transportar suas cabeças, uma maneira de levar suas cabeças às reuniões.

Na Wish, o corpo é um dos eixos que compõem os projetos e é tão importante quanto qualquer outro. Ele está presente nas aulas de educação física, nas vivências artísticas, no dia a dia que permite ir, vir, explorar, sentar, deitar, correr. O corpo é vivenciado, para além do movimento, como lugar de sustentação, como base para que o restante da vida permaneça em equilíbrio (**Fig. 23.3**).

Figura 23.3 O eixo corpo.

Como podemos *ser* por inteiro, sem nos apropriarmos de nosso corpo? Como podemos *ser* em toda nossa potência, sem termos uma identidade corporal? E o que isso significa? Significa cuidar, alimentar e prover seu corpo com aquilo que ele necessita. Desenvolver sua inteligência e seus recursos corporais em toda a sua complexidade. Só assim, ele pode florescer, cheio de vitalidade, personalidade e identidade. Essa identidade acontece quando a nossa criatividade e aquilo que somos se manifestam em nosso corpo de forma potente.

Outros

E pelos corredores da escola... alguém ainda precisa de ajuda com seus sapatos. Não tem problema. Dalbert diz para Arthur: "Arthur, eu vou fazer neste pé, e você faz igual no outro".

Ao se conscientizarem que são parte de uma comunidade global ampla; ao entenderem que suas ações, formas de pensar e de tomar decisões impactam suas vidas e as vidas dos demais em uma escala inimaginável, as crianças começam a desenvolver um senso de corresponsabilidade e interdependência que as ajudará a agir de maneira mais crítica, responsável e empática, promovendo, assim, um mundo de bem-estar, solidariedade e justiça.

Elas aprendem que "ter voz" significa não apenas ser responsável pelas próprias ações e escolhas, mas também ter o dever de falar por aqueles que não podem falar por si próprios. As crianças entendem que "com grandes poderes vêm grandes responsabilidades" e começam a se perceber com um papel essencial na maneira como a vida, esse organismo vivo e complexo, se desenrola.

Mundo

Acreditamos que cada um de nós, percebendo ou não, é um cidadão global. A experiência humana é muito mais ampla do que os valores ou as formas de pensamento de qualquer cultura. Na comunidade global emergente, estamos sendo colocados em contato com diversas culturas e visões de mundo como nunca antes na história. Pensamos que esse é o momento em que a educação deve favorecer-se da enorme diversidade de experiência humana e dos potenciais ainda não considerados dos seres humanos.

A educação para o mundo está baseada em uma visão ecológica, que enfatiza a conectividade e a interdependência da natureza e da vida humana e sua cultura. Essa educação facilita a tomada de consciência do papel de cada indivíduo no ecossistema complexo que inclui o ser humano e os outros seres da Terra e do Universo.

Assim, é necessário que haja oportunidades significativas para a escolha real em todos os estágios do processo de aprendizado. A educação genuína somente pode ocorrer em um clima de liberdade. A liberdade de pesquisa, expressão e crescimento pessoal é plenamente exigida. Na Wish, as crianças podem realizar escolhas autênticas sobre sua aprendizagem. Elas têm voz significativa na determinação do currículo e dos procedimentos disciplinares, de acordo com sua habilidade para assumir tal responsabilidade.

Com essa liberdade, um mundo de possibilidades se abre, e o currículo prescrito deixa de ser o caminho único rumo ao conhecimento.

Estudar sobre o grafite e as pichações, aprender a fazer uma animação, construir um barco e até mesmo pesquisar sobre os unicórnios. As possibilidades são infinitas. As perguntas vão até onde a curiosidade das crianças deixar.

O ESPAÇO

Na escola tradicional, espaços fixos promovem a segregação, o controle e a ordem. Carteiras enfileiradas e objetos "infantilizados" indicam uma certa visão que se tem sobre a criança. Nós achamos que as crianças podem mais.

O espaço que acolhe nossas experiências cotidianas foi pensado para refletir os ideais de nosso projeto pedagógico (**Fig. 23.4**). Ele é uma metáfora para nossa premissa de que cada criança tem o próprio percurso de aprendizagem. A exploração é personalizada e reflete as escolhas de cada pessoa que habita esse espaço. Cada um que anda pela escola constrói um caminho único, de acordo com seus interesses e suas necessidades. Portanto, toda a concepção do espaço foi pensada na lógica de que é ele que deve se adaptar às pessoas e não as pessoas que devem se adaptar a ele.

Nosso espaço foi pensado para ser um promotor de liberdade, oportunidades e encontros. Não há corredores. As salas de aulas têm transparências, para que haja contínuo contato do interior com o exterior, ou são móveis, adequando-se a diferentes propostas e objetivos (**Fig. 23.5**). Muitos espaços são de uso comum, e as diferentes atividades e tutorias podem ocorrer nos mais diversos ambientes. A integração com a natureza, a amplitude da visão e uma planta mais orgânica favorecem as múltiplas linguagens, a curiosidade e a criatividade. A liberdade que as crianças têm de ir

Figura 23.4 Os diversos caminhos possíveis no tangível da estrutura física comunicam a diversidade de percursos também promovida e facilitada no intangível da trajetória de cada criança.

Figura 23.5 Espaços da Wish.

e vir e de explorar todo o espaço promove a autonomia e o imprevisto.

O TEMPO

Assim como transgredimos os limites do espaço conhecido como escolar, encaramos o tempo sob uma nova perspectiva. Vivenciamos uma rotina que entende que o tempo cronológico tem seu lugar, mas que existe o outro tempo – Kairós, o tempo do desfrute, da qualidade, da experiência –, que também deve ser considerado. Na **Tabela 23.1**, é possível visualizar esse tempo Wish.

A CHEGADA

Quando as crianças chegam à escola, elas têm tempo livre para interagir e brincar. Os pais são convidados a compartilhar esses momentos com elas. Adultos e crianças aproveitam as experiências que ali vivenciam para se aproximar e se conectar. É um tempo de desfrute que favorece o vínculo.

TABELA 23.1 Tempo Wish

Escola tradicional	Wish School
Aulas de 50 minutos	Somente as refeições têm horário fixo
Seriação	Turmas multietárias
Ritmo de aprendizagem igual para todos	Cada aluno avança no seu ritmo
Grade horária, instrumento de controle	Sem grade horária fixa, agenda individual definida por cada criança
Conteúdos encadeados	Projetos sem tempo predeterminado
Relógios e sinetas	Sem "anunciadores" de tempo
Conteúdo a ser cumprido em um ano	Currículo pode ser cumprido de maneira flexível (ciclos maiores)
Extensa carga horária, sem tempo para o ócio	Tempo para o ócio, a brincadeira, a meditação e a investigação livre
Define como e por qual período o aluno vai se relacionar com as outras pessoas e com os objetos de aprendizagem	Tempo para brincar e se relacionar – tanto com as pessoas como com os objetos de interesse

AS RODAS

As crianças se organizam em roda pela manhã para planejar o seu dia (**Fig. 23.6**). Nesse momento, também são tomadas decisões que impactam a convivência e a rotina do grupo.

Ao participar das rodas, as crianças atuam como cidadãs de direito. Mais do que falar sobre democracia, cidadania e direitos, as crianças praticam democracia, cidadania e direitos; elas vivenciam essas experiências no dia a dia, com assuntos que as afetam e as interessam: "O que podemos comer no lanche?", "Como evitar 'trombadas' no *playground*?", "Qual será o tema do nosso próximo projeto?", "Quais são as regras para uso de eletrônicos na sala?". Participando das decisões, as crianças entendem que têm voz e que merecem e devem ser ouvidas e respeitadas!

PLANO DE APRENDIZAGEM PESSOAL

Entendendo que cada criança percorre a própria trilha, pois tem diferentes estilos de aprendizagem, potências e habilidades, proporcionamos tempo e espaço para que essas potências possam desabrochar. Na roda da manhã, as crianças constroem, junto com seus professores, seus planos de aprendizagem pessoal (PAPs). Nesse plano, elas organizam todo o trabalho a ser realizado naquele dia, além de quando, onde e com quem irão trabalhar para tal realização.

E quem define o que será feito?

Os professores podem solicitar espaços na agenda e as crianças também. Juntos, eles vão completando o PAP com tudo que for importante.

Como são organizados os dias?

Algumas atividades têm horários fixos: lanche, almoço, aulas com especialistas. As demais podem variar entre:

- *Whole group:* momentos em que o trabalho acontece com o grupo todo junto.
- *Small group:* momentos em que o trabalho acontece em subgrupos. Os grupos menores são organizados por competência, interesse, participação em projeto, trabalho/tarefa em comum, etc.
- *Individual work:* momentos em que a professora solicita que a criança fique sozinha com ela para uma intervenção específica, seja de caráter cognitivo, comportamental ou qualquer outro.

A ideia é que, ao final do dia, as crianças retomem seus PAPs e reflitam sobre o que aconteceu: se cumpriram o que se comprometeram a fazer, se tiveram dificuldades, se houve algo que se destacou na semana, o que foi mais fácil, etc.

O objetivo dos PAPs é garantir a flexibilidade das propostas, o equilíbrio entre as duas línguas (português e inglês) e a diversidade entre propostas direcionadas, investigação pessoal e trabalho com projetos.

EXPERIÊNCIAS DIVERSIFICADAS (AGRUPAMENTOS E LINGUAGENS)

Diariamente as crianças vivenciam experiências enriquecedoras e variadas. Para cada pro-

Figura 23.6 A roda.

posta, são compostos diferentes agrupamentos, e diferentes critérios são usados na escolha desses agrupamentos dependendo do objetivo: o nível de desenvolvimento em determinada área, o interesse, a competência para certas tarefas, a idade e até o grau de autonomia.

Entendemos que, quanto mais linguagens forem apresentadas e disponibilizadas às crianças, mais ferramentas elas terão para enxergar o mundo de maneiras diferentes. Queremos que elas entendam que um ponto de vista nada mais é do que a vista a partir de um ponto e que há muitas formas de interpretar uma mesma coisa. Sendo assim, possibilitamos que se expressem por meio das mais diversas linguagens, como dança, música, matemática, pintura, escultura, vídeos, drama, etc.

BRINCADEIRAS LIVRES (INICIADAS PELAS CRIANÇAS)

Ao iniciar a brincadeira, as crianças demonstram tudo aquilo que as interessa no momento. Elas ficam livres para expressar o que as deixa curiosas, o que as angustia e o que as surpreende. Esses preciosos momentos nos permitem observar como compreendem o mundo. A brincadeira livre, não estruturada, permite às crianças descobrirem os próprios interesses e entrar em contato com sua criatividade (**Fig. 23.7**). "O direito da criança à felicidade deveria ser a prioridade, entendendo que o futuro é por demais incerto para justificar um entristecimento da infância" (SINGER, 2014, p. 68).

Um importante indicador de qualidade do trabalho realizado na Wish é a vontade das

Figura 23.7 Brincadeiras livres.

crianças de voltarem à escola no dia seguinte. Dewey (1997) declarou que educação não é preparação para a vida, mas é a própria vida. Sendo assim, entendemos que o dia a dia importa e impacta muito nossas escolhas e ações. Em nome de uma suposta preparação para o futuro, as crianças vêm sendo privadas de vida. O brincar, que é, comprovadamente, tão importante para o desenvolvimento e o amadurecimento das crianças e de suas habilidades para a vida adulta, é deixado de lado em favor de um dia inteiro de atividades desinteressantes, sem significado e 100% direcionadas por um adulto.

FREE INVESTIGATION

O *Free Investigation* é um momento que a criança coloca em sua agenda para pesquisar e se aprofundar em algum tema que tenha provocado interesse. Esses temas podem ser os mais variados, de Revolução Francesa a Pokémon GO, tudo vale. É a curiosidade que move o conhecimento e é assim que as ferramentas de pesquisa são aprimoradas e a paixão pelo saber permanece. A criança pode se aventurar em pesquisas, leituras, conversas com adultos, com outras crianças, com especialistas, pode elaborar hipóteses, desenvolver protótipos, preparar apresentações, entre outras ações; as possibilidades são intermináveis. Uma vez aguçada a curiosidade e escolhido um tema pela criança, a professora a orienta quanto ao levantamento das perguntas, aos possíveis caminhos a seguir, às ferramentas de pesquisa, etc. (**Fig. 23.8**).

PROJETOS NA WISH

Na Wish, a singularidade do indivíduo é levada a sério. Entendemos que cada criança tem uma maneira de aprender, e, por isso, todo o desenvolvimento do conhecimento é permeado por projetos (**Fig. 23.9**).

Provocações e perguntas

Para aguçar a curiosidade e o interesse das crianças.

Com base na observação das crianças – sobre o que falam, do que brincam, o que mais chama sua atenção –, são pensadas *perguntas* que façam aprofundar o olhar das crianças, que suscitem ainda mais perguntas e que provoquem o estranhamento de elementos que são familiares.

Enxergamos os espaços que compõem a nossa escola como possibilitadores de aprendizagem. Por meio da ação e do contato frequente com os mais diversos tipos de materiais, estruturados e não estruturados, oferecemos *provocações*: situações de exploração, pesquisa, curiosidade, organização, escolhas e autonomia. Ativamos processos construtivos. Entendemos esses espaços ambientados como "provocadores de conhecimento".

Enriquecimento

Repertório de professores, alunos, da equipe Wish e dos pais. Foco nos eixos do mapa Wish.

Uma vez definido o tema, é hora de ampliá-lo e aprofundá-lo. A busca agora é por materiais, ideias, propostas culturais, saídas pedagógicas, entre outras coisas que se relacionem com o projeto. Nessa hora, é de grande ajuda o repertório de profissionais envolvidos, especialistas de área e mestres e comunidade escolar (outros profissionais, famílias dos alunos, pessoas e empresas do bairro).

Sem um tempo de duração definido, o projeto dura o quanto o interesse das crianças permitir. Para isso, os tutores devem estar sempre buscando como trazer mais informações sobre o que está sendo pesquisado. É nessa etapa que o projeto toma corpo e é desenvolvido, buscando atingir o seu propósito.

Figura 23.8 Rodrigo, Thomas e Pedro decidiram que queriam construir um barco. Thomas e Rodrigo optaram por barcos à vela, e Pedro por uma balsa. As crianças usaram tocos de madeira, cola quente, palitos de madeira e tecido na construção. Porém, ao testar os barcos na água pela primeira vez, perceberam que ela derretia a cola e, então, o barco todo se desmontava. A solução foi, em vez de somente colar as partes, também amarrá-las com barbante. E foi isso que fizeram. Para que o barco flutuasse, os meninos colocaram garrafas PET em suas bases e, para equilibrar os lados do barco, eles foram fazendo experimentações com diferentes quantidades de água nas garrafas. Os meninos apresentaram os barcos aos colegas, explicaram todo o processo de produção, os materiais usados e as dificuldades encontradas. Os barcos de todos ficaram incríveis, e cada um deu um nome para sua embarcação.

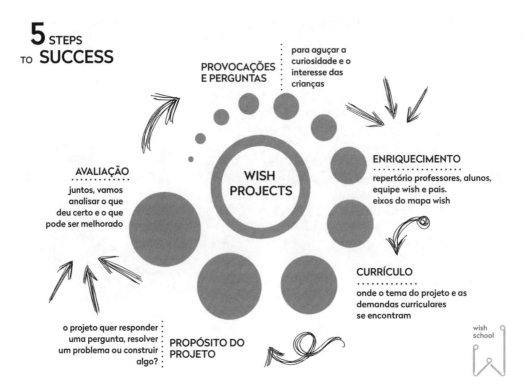

Figura 23.9 Os projetos na Wish.

Currículo

Onde o tema do projeto e as demandas curriculares se encontram.

Além dos conhecimentos básicos – definidos pelos parâmetros e referenciais nacionais – a que chamamos de currículo objetivo, temos também o olhar para o interesse de cada grupo e de cada criança, formando o que chamamos de currículo subjetivo. Com o currículo subjetivo, a criança pode traçar as próprias metas e se aprofundar em um tema até onde sua curiosidade permitir.

No currículo tradicional instrucionista, o foco é dar conta de todo o conteúdo que deve ser abordado, independentemente das crianças que ali estão, sem considerar a forma dessa abordagem, ou a influência que esses conteúdos terão na formação do indivíduo ou, ainda, se serão necessários e úteis na vida pessoal e profissional da pessoa. Ao olhar cada criança como ser único, invertemos essa prioridade. Um conteúdo só faz sentido se for relacionado com aquela criança, aquele contexto, aquela necessidade, aquela comunidade.

Propósito do projeto

O projeto pode ser de três tipos:

1. Para responder a perguntas (projeto de pesquisa)
   Perguntas são feitas sobre o tema em questão e todo o trabalho de pesquisa será no sentido de responder a essas perguntas. O projeto estará concluído quando o grupo entender que suas perguntas foram respondidas.
2. Para solucionar um problema
   Uma demanda real surge. Um problema da comunidade ou mesmo de dentro da escola. Por exemplo, os alunos enxergam

a necessidade de acabar com o problema do lixo na cidade ou de melhorar a qualidade do lanche na escola. Junto com os tutores, os alunos irão elencar que conhecimentos e habilidades são necessários para levar a ideia adiante e encontrar uma solução para o problema.
3. Para criar um produto
As crianças querem compor uma música ou desenvolver um aparelho que avise quando alguém chegar à porta da escola. Não importa o nível de complexidade. Importam as competências e os conhecimentos necessários para a criação/invenção do produto – de um banco para o *playground* a um aplicativo.

Avaliação

Juntos vamos analisar o que deu certo e o que poderia ser melhorado.

A avaliação acontece durante todo o projeto. É um processo contínuo de observar, analisar e interpretar evidências para poder refletir e agir sobre o que deu certo, o que não deu, o que poderia ser diferente e quais são os próximos passos. Entendemos a avaliação como encaminhamento, correção de rota, e não como constatação.

POR QUE PROJETOS?

Todo conhecimento verdadeiramente significativo tem de ser construído pela própria pessoa a partir da experiência. Nesse sentido, a aprendizagem deve ser um processo em que os indivíduos constroem os próprios significados. Se entendemos que cada ser é único, é indispensável pensarmos em um currículo individualizado, de modo que todas as crianças tenham acesso aos conhecimentos acumulados pela humanidade, mas que possam acessá-los de maneira diferente, de acordo com o interesse de cada uma. Na era do conhecimento, já não faz mais sentido cobrar que as crianças memorizem informações. No momento em que vivemos, o que importa é que eles aprendam como encontrar essas informações, como selecioná-las e, o mais importante, como usá-las de maneira inteligente, criativa e inovadora (**Fig. 23.10**).

Figura 23.10 Um projeto começou com uma pergunta: Por que tudo que é bom faz mal e tudo que faz mal é bom? Por que a *pizza* é deliciosa, e a salada não? Por que não posso comer pastel todos os dias, mas preciso dos vegetais? A curiosidade e a discussão poderiam se transformar em um projeto. As crianças começaram a falar sobre suas preferências e hábitos alimentares. Falavam dos lanches, do macarrão, dos doces e discutiam sobre o sabor das frutas – consumidas por muitas no grupo – e dos vegetais – pouco aceitos por elas. Após registrarem seus hábitos alimentares e lerem algumas notícias sobre a alimentação dos brasileiros, a primeira pergunta persistiu. Então, assistiram a um vídeo chamado *Muito além do peso*, de Jamie Oliver, e ficaram surpresas com as descobertas. Descobrir a função dos nutrientes se tornou uma curiosidade fundamental para o projeto. Durante a pesquisa, depararam-se com outra pergunta: "Como o corpo processa os nutrientes?". Em grupos, as crianças elaboraram suas hipóteses sobre o processamento dos nutrientes. Primeiramente, usando papel como suporte e, depois, construindo modelos para tais hipóteses.

O que buscamos é uma escola onde os alunos efetivamente se apropriam dos elementos fundamentais da cultura [...] de tal forma que não perdem a alegria ao fazê-lo; pelo contrário, não só conservam a alegria que normalmente têm em relação à vida, como a ampliam pelo acesso aos elementos da cultura e pela tomada de consciência das suas potencialidades para deles se apropriar, dar sentido às coisas e à própria existência e ainda criar, inovar, fazer coisas novas com estes arte-e-mentefatos culturais (VASCONCELLOS, 2009, p 200).

AVALIAÇÃO

Partindo da concepção da criança como protagonista de seu processo de aprendizagem, não poderíamos deixá-las de fora quando o assunto é avaliação.

Portfólio

Os professores olham para cada criança e avaliam como elas estão se desenvolvendo ao longo do projeto. Eles constroem, junto com cada aluno, um portfólio individual, cujo objetivo é evidenciar os processos de aprendizagem da criança para os professores, a própria criança e as famílias. As crianças são protagonistas nesse processo e constroem o portfólio com o que entendem ser mais relevante.

Autoavaliação

As crianças também têm a oportunidade de olhar para as próprias questões, sejam elas de caráter cognitivo (conteúdos), emocional ou atitudinal (competências/*soft skills*), e refletir sobre elas. Ao se autoavaliarem, as crianças têm a chance de se conhecer melhor, de perceber como aprendem, onde têm mais dificuldades, onde podem ajudar os outros e onde precisam de ajuda, tornando-se, assim, corresponsáveis pelo seu desenvolvimento.

RELAÇÕES

As relações são parte essencial do que nos faz seres humanos. Somente vivemos porque nos relacionamos e aprendemos por meio dessas relações. Quanto mais ricas e diversas forem as relações que temos, melhor aprenderemos, melhor viveremos.

Em nossas vidas, não nos relacionamos apenas com pessoas que têm exatamente a nossa idade. Por que deveria ser assim na escola?

Na Wish, as crianças têm a liberdade e a oportunidade de conviver e, portanto, aprender, com todos que as rodeiam. Misturamos as idades das turmas, pois acreditamos que o mais velho aprende com o mais novo e vice-versa.

Além disso, uma organização mais horizontal faz não só os adultos da escola, mas também as crianças participarem de processos de tomada de decisão. As crianças participam de rodas para discutir temas e tomar decisões e têm liberdade para solicitar reuniões com seus professores, a coordenação ou a direção. Definem também, junto com seus professores, os caminhos a seguir para dar conta de seus projetos e pesquisas, não havendo um roteiro ou uma sequência previamente definidos.

Experiências multietárias

As pesquisas mais recentes nos mostram que aprendemos muito mais na diversidade. Pensando nisso, realizamos propostas em que crianças de diferentes idades podem interagir e trocar experiências. Com essas propostas, já pudemos observar, na prática, os benefícios que as pesquisas têm comprovado: as crianças ganham autoestima (ensinam seus colegas, dividem experiências que já tiveram), aprendem estratégias com colegas que estão mais próximos (é sempre diferente ouvir do colega o que a professora poderia dizer), enfrentam desafios diversos ao se relacionarem com crianças mais velhas e mais novas... Enfim, aprendem que o mundo é feito de diferenças e que, se soubermos respeitá-las, só temos a ganhar com elas!

Todos somos educadores

Acreditamos que todas as pessoas são potenciais educadores. Todos temos diferentes habilidades e, portanto, algo a ensinar, mesmo que informalmente. Na Wish, encorajamos todos a ensinar: professores, equipe de apoio, familiares e vizinhos. Quando estamos trabalhando em um projeto, convidamos especialistas para falar sobre o tema ou promover experiências com as crianças. Quando queremos ampliar nossas referências, convidamos as famílias para partilhar seus saberes conosco. Quando uma criança pode ajudar outro grupo, fazemos questão de garantir esse encontro. Quando alguém precisa de ajuda, há sempre alguém disponível para ajudar.

Para nós, é importante também que sejamos bons modelos para as crianças, pois entendemos que o que elas veem, elas fazem. Sendo assim, se formos respeitosos, prestativos, otimistas, pouco a pouco as crianças irão incorporar as características que identificarem em nós.

Responsabilidade e autonomia

Todos na escola têm responsabilidades específicas. As crianças arrumam as mesas para as refeições, servem os colegas e limpam o espaço quando terminam (**Fig. 23.11**). Elas organizam os materiais e os espaços que utilizam. Espaços e materiais de uso comum são de responsabilidade compartilhada entre todos (crianças e adultos). Como indivíduos que coabitam um espaço, todos aprendem a lidar com as consequências de suas ações.

"Uma criança aprenderá o que é certo e o que é errado em bom tempo – desde que não seja pressionada. Aprender é um processo de aquisição dos valores do meio" (NEILL, 1984, p. 90).

Figura 23.11 Todos têm responsabilidades específicas.

Na Wish, acreditamos nas potencialidades das crianças. Sendo assim, damos a elas as possibilidades de tentar, errar, arriscar, de colocar sua opinião, seu ponto de vista, validamos suas hipóteses, suas colocações, valorizamos o que trazem e tudo aquilo que são! Entendemos que assim elas serão capazes de se fazer ouvir e se respeitar, de entender e conviver com as diferenças, de pesar prós e contras e de compreender que toda escolha implica uma consequência.

Enxergamos a criança como ser pleno, produtor de cultura. Ser completo e complexo que tem o direito de ser ouvido, respeitado e tratado como alguém com necessidades, desejos e anseios característicos agora, no presente.

EDUCADORES

O conhecimento não pode ser transmitido de uma pessoa a outra. Para ser significativo, ele deve ser desejado, buscado e cocriado. Na era do conhecimento, memorizar conteúdos já não ajuda a compreender o mundo em sua complexidade.

Nesse contexto de mudança, trabalhamos dia após dia para transformar nossa prática. Não preparamos projetos **para** as crianças, mas construímos projetos **com** as crianças. Na Wish, os educadores deixaram de "dar aula" e passaram a organizar rotas de aprendizagem em que as crianças são reconhecidas, valorizadas e orientadas em suas capacidades de escolher, analisar, criticar, comparar, sintetizar, comunicar, produzir, aplicar e partilhar conhecimentos. Acreditamos que todos os envolvidos no processo – educadores e educandos – são competentes, produtores de cultura, interessados e capazes; a eles é garantida a possibilidade de testar, errar, tentar de novo. Valorizamos a autonomia e o aprender a aprender (**Fig. 23.12**).

Acreditamos que a teoria não antecede a prática, mas também entendemos que não há prática sem teoria que a fundamente. Por isso, defendemos a possibilidade de uma multirreferencialidade teórica que nos permita olhar para nossa prática, enxergar as reais necessidades de nossos educandos e encontrar a ferramenta/o dispositivo que vai ajudá-los a desenvolver seu potencial máximo.

Formação

Acreditamos fortemente na aprendizagem para a vida inteira. Não importa o que tenhamos realizado, nunca paramos de aprender. Nossos professores e nossa equipe de apoio estão em constante desenvolvimento. Fazemos encontros semanais em que nos debruçamos sobre questões que nos angustiam relacionadas ao nosso dia a dia com as crianças e seus processos de aprendizagem.

Todos os aspectos que trabalhamos com as crianças são também considerados na formação dos educadores. Aplicamos o mapa holístico em todas as nossas propostas de formação para a equipe (**Fig. 23.13**).

Plano de possibilidades

Por entendermos que a prática pedagógica é viva e dinâmica, não pensamos em um planejamento semanal engessado e imutável, mas projetamos um plano de possibilidades para a semana visando nortear as propostas, as provocações, as intervenções e as observações que realizaremos. O ideal é que o plano de possibilidades contemple o que foi planejado, em que tempo será realizado, que espaço será usado,

Figura 23.12 Projeto do YouTube. Aprendendo proporção com escalas de mapas.

Figura 23.13 Professor Wish.

que agrupamentos serão organizados e quais materiais/recursos serão necessários.

↻ 1. PLANEJAMENTO
2. EXECUÇÃO
3. REFLEXÃO SOBRE A PRÁTICA

↻ 1. PLANEJAMENTO
2. EXECUÇÃO
3. REFLEXÃO SOBRE A PRÁTICA

↻ 1. PLANEJAMENTO
2. EXECUÇÃO
3. REFLEXÃO SOBRE A PRÁTICA

1.......   2.......   3.......

[...] o planejamento é definido como um método de trabalho, no qual os educadores apresentam objetivos educacionais gerais, mas não formulam os objetivos específicos [...] para cada projeto ou cada atividade de antemão. Em vez disso, formulam hipóteses sobre o que poderia ocorrer, com base em seu conhecimento das crianças e das experiências anteriores. Juntamente com essas hipóteses, formulam objetivos flexíveis e adaptados às necessidades e aos interesses das crianças, os quais incluem aqueles expressados por elas a qualquer momento durante o projeto, bem como aqueles que os professores inferem e trazem à baila à medida que o trabalho avança (PROJECT ZERO; REGGIO CHILDREN, 2014, p. 113).

APRENDIZADOS

Houve um grande estudo recente sobre pensamento divergente, que é a habilidade de ver várias respostas possíveis para uma questão. Entre crianças de 3 a 5 anos, 98% foram consideradas gênios do pensamento divergente. Entre 5 e 8 anos, o número caiu para 32%. De 13 a 15 anos, 10%. Isto mostra duas coisas: um, nós todos temos essa capacidade; dois, em geral ela se deteriora. Entre outros motivos, porque as crianças passam dez anos na escola ouvindo que existe uma só resposta certa (ROBINSON, 2012, documento *on-line*).

Ousamos mudar as perguntas e vivenciar a incerteza das respostas. Mas, como diz Rogers (2009), uma ideia nova é sempre muito frágil. Dizer que foi fácil mudar e romper todos esses paradigmas seria uma grande mentira. Mudar já não é fácil, ainda mais uma mudança que mexe profundamente com as crenças e as certezas de todos nós. Somente em meados de 2015 para cá, as pessoas começaram a compreender de fato o que propomos e acreditar nesse caminho. As famílias que se aproximaram nos relatam mudanças profundas nas crianças e até na própria família por conta do formato que optamos por oferecer.

Essa escolha nos trouxe enormes aprendizados. Entendemos que não é possível agradar a todos e que temos de nos concentrar no nosso propósito. Buscamos o suporte de educadores, projetos e famílias que escolheram seguir um caminho diferente.

Descobrimos, ainda, que é preciso atravessar os muros da educação também na formação da equipe. *Walk the talk*. Não podíamos apenas falar e não viver tudo o que propúnhamos.

Criamos um mapa que norteia todo o nosso dia a dia, que mostra tudo o que movimentamos com as nossas escolhas: corpo, mente, espírito, outros e mundo. Um tradutor do que significa a educação holística. É preciso que todos, crianças, equipe e pais, estejam conectados com esses cinco pontos.

Em 2017, inauguramos os anos finais do ensino fundamental. Mais uma etapa a ser desbravada, novos desafios e objetivos a serem conquistados. Então, seguimos persistindo na mudança.

REFERÊNCIAS

ALVES, R. A escola com que sempre sonhei sem imaginar que pudesse existir. 5. ed. Campinas: Papirus, 2001.

DEWEY, J. Experience and education. Washington: Free, 1997.

GRAVATÁ, A. et al. Volta ao mundo em 13 escolas. São Paulo: Fundação Telefônica, 2013.

GRAY, P. Free to learn: why unleashing the instinct to play will make our children happier, more self-reliant, and better students for life. New York: Basic Books, 2015.

NEILL, A. S. Liberdade sem medo. São Paulo: Ibrasa, 1984.

PACHECO, J. Escola da Ponte: formação e transformação da educação. 6. ed. Rio de Janeiro: Vozes, 2014.

PROJECT ZERO; REGGIO CHILDREN. *Tornando visível a aprendizagem*: crianças que aprendem individualmente e em grupo. São Paulo: Phorte, 2014. (Coleção Reggio Emilia).

ROBINSON, K. Bring on the Learning Revolution – TED Talks. Youtube. 2015. Disponível em: <https://www.youtube.com/watch?v=kFMZrEABdw4>. Acesso em: 28 ago. 2018.

ROBINSON, K. Mudando paradigmas. Youtube. 2012. Disponível em: <https://www.youtube.com/watch?v=TPr7PL5WZPU>. Acesso em: 29 ago. 2018.

ROGERS, C. Reflexões pessoais sobre ensinar e aprender. In: ROGERS, C. Tornar- se pessoa. São Paulo: Martins Fontes, 2009. cap. XI.

SINGER, H. República de crianças: sobre experiências escolares de resistência. Campinas: Mercado das Letras, 2014.

VASCONCELLOS, C. S. Currículo: a atividade humana como princípio educativo. São Paulo: Libertad, 2009.

LEITURA RECOMENDADA

ROBINSON, K.; ARONICA, L. *Creative schools*: the grassroots revolution that's transforming education. New York: Penguin Books, 2016.

PARTE III

EXPERIÊNCIAS INOVADORAS DE DOCENTES

A REALIZAÇÃO AUDIOVISUAL COMO METODOLOGIA PEDAGÓGICA TRANSVERSAL:
experiências com o Programa Ensino Médio Inovador (ProEMI)

Carla Priscila Antunes dos Santos

A relação cinema e educação vem sendo pesquisada há algumas décadas no Brasil e no mundo. Podemos citar, por exemplo, as pesquisas em educomunicação, lideradas pela Universidade de São Paulo (USP),* e as experiências voltadas para a relação cinema-educação na Universidade Federal do Rio de Janeiro (UFRJ).** Entretanto, vamos considerar a experiência da Universidade Federal Fluminense (UFF),*** por meio do Inventar com a Diferença, o projeto mais aproximado do que será apresentado neste trabalho.

Tal proximidade se dá pelo fato de os interesses de esses projetos serem voltados à ação criativa por meio da realização audiovisual com fins pedagógicos, indo, portanto, além da exibição de produções audiovisuais no ambiente escolar. Por isso, optamos, em nossas pesquisas, pelo termo "realização audiovisual", que se refere ao "fazer" audiovisual, isto é, à construção de filmes em contextos educacionais.

---

*Podemos considerar as pesquisas e as ações relacionadas ao conceito de educomunicação, lideradas por Ismar Soares, na Escola de Comunicação e Artes da USP, pioneiras no Brasil no que diz respeito à protagonização da produção audiovisual por estudantes em processos pedagógicos, mas seu objeto de estudo é a relação ampla entre comunicação e educação e, portanto, envolve um espectro bem mais extenso que o universo de nossa pesquisa.

**A UFRJ também tem extensa trajetória de estudos e projetos relacionados à dupla cinema-educação. Por meio da Escola de Cinema do Colégio de Aplicação (Cap), defende a criação de escolas de cinema em escolas públicas, a partir sobretudo dos conceitos de Alain Bergala (FRESQUET, 2013). Nesse caso, trata-se de usar espaços educacionais para ensinar acerca do universo cinematográfico, além de visar a chamada educação do olhar por meio do cinema, o que afasta, pelo caráter metalinguístico, esse projeto do nosso.

***A UFF vem realizando, desde 2008, pesquisas relacionadas à realização audiovisual nas escolas como instrumento pedagógico. Tais pesquisas geraram diversas experiências, destacando-se, pelo teor de diálogo com nosso trabalho, o projeto "Inventar com a Diferença: cinema e direitos humanos", realizado em caráter experimental em cidades de todas as regiões do País pelo Departamento de Cinema da UFF. O projeto foi pioneiro no que tange à construção de políticas públicas que envolvam a realização audiovisual na escola. Sua edição-piloto foi executada em parceria com a Secretaria de Direitos Humanos da Presidência da República em 2014 e gerou centenas de experiências bem-sucedidas no País. Em 2016, o projeto foi realizado pela segunda vez.

O PROJETO E SEUS OBJETIVOS

Os objetivos gerais do projeto foram proporcionar processos de produção e troca de saberes por meio do fazer audiovisual no Colégio Amapaense, escola de ensino médio da rede pública de Macapá, provocar e estimular nos estudantes o desbravamento tanto geográfico quanto simbólico do território no qual a escola se insere, das relações interpessoais que os cercam, sobretudo de si mesmos, e, por fim, experimentar vivências de metodologias ativas e inovadoras em um ambiente escolar tradicional.

O Programa Ensino Médio Inovador

No ano de 2009, foi instituído pelo Ministério da Educação (MEC) o ProEMI, o qual compôs o Plano de Desenvolvimento da Educação (PDE), como estratégia do governo federal para estimular a reformulação dos currículos do ensino médio. O programa pretendia aproximar as escolas públicas da educação integral, por meio da realização das chamadas atividades integradoras (AIs), as quais eram ministradas por educadores das próprias escolas. De maneira geral, o ProEMI defendia a estada dos estudantes por mais tempo nas escolas e adotava a interdisciplinaridade e a busca por inovações metodológicas.

Apesar de serem chamadas popularmente de "projetos" ou "oficinas" em algumas instituições de ensino, as AIs funcionavam burocraticamente como qualquer componente curricular, havendo, portanto, a obrigatoriedade de gerar notas e cadernetas tanto quanto matemática e história, por exemplo. O que as diferenciava eram suas metodologias, pautadas na educação integral, o que requeria, em sua realização, o uso de temas e metodologias transversais, levando em conta questões que relacionassem os mais diversos componentes curriculares a temas concernentes à vida dos jovens, como mercado de trabalho e direitos humanos. O documento orientador para elaboração de redesenho curricular do ProEMI 2016/2017 explica que as AIs deveriam:

> [...] contemplar os seguintes aspectos: as dimensões do trabalho, da ciência, da tecnologia e da cultura como eixos integradores entre os conhecimentos de distintas naturezas; o trabalho como princípio educativo; a pesquisa como princípio pedagógico; os direitos humanos como princípio norteador; e a sustentabilidade socioambiental como meta universal. [...] os conhecimentos e a produção dos mesmos deverão dialogar com a vida dos estudantes, na diversidade de contextos que compõem a realidade, e os conteúdos dos componentes curriculares/disciplinas devem articular-se entre si [...] (BRASIL, 2017).

A atividade integradora cinema e audiovisual: ruas, debates e microrrevoluções

Vimos, nesse cenário, um estímulo para colocar em prática o projeto de nossa autoria "Educação, audiovisual e conhecimento: para ensinar produzindo audiovisual na escola", gerado pelo trabalho final de graduação apresentado à Licenciatura em Artes Visuais da Universidade Federal do Amapá. Apresentamos, então, esse projeto como proposta de AI na escola estadual de ensino médio em que lecionávamos, o Colégio Amapaense, situado na cidade de Macapá, no Amapá.

De junho de 2013 a dezembro de 2015, realizamos a AI cinema e audiovisual. Ao todo, trabalhamos com 15 turmas que tinham em média 25 estudantes cada. As turmas participantes variaram entre todos os anos do ensino médio, tendo predominado turmas de 2ª série. No decorrer de sua realização, na AI, foram gerados 10 filmes, cinco finalizados e cinco não finalizados. Ao contrário do que pode parecer, nosso objetivo com essa AI não era a produção em si dos filmes; por isso, a não conclusão dos vídeos de metade das turmas não representa um não alcance de nossas preten-

Figura 24.1 Aula da AI cinema e audiovisual dentro da escola, porém fora da sala de aula, em 2015.

sões, uma vez que mais nos interessavam os processos desencadeados durante a realização das atividades, as vivências e as aprendizagens extramuros e as experimentações pedagógicas imbricadas no fazer audiovisual dos estudantes (**Figs. 24.1** e **24.2**).

Figura 24.2 Filmagens explorando a área interna do terreno da escola.

A AI cinema e audiovisual, assim como as demais, dispunha de duas horas/aulas semanais, o equivalente a uma hora e 40 minutos. O plano de ensino que subsidiou os trabalhos durante os três anos letivos já citados apresentou como cerne os seguinte tópicos bimestrais (ver **Quadro 24.1**).

ALGUNS RESULTADOS OBSERVADOS

No decorrer das realizações das AIs entre 2013 e 2015, alguns pontos das metodologias desenvolvidas se mostraram essenciais para que importantes resultados fossem observados ao longo do processo. Tais pontos e seus consequentes resultados são elencados e analisados a seguir.

Os diálogos sobre temas subjetivos

Foi possível observar, nos momentos de diálogo a partir de temas que envolviam a vida e as subjetividades dos estudantes, uma conexão direta destes com as atividades propostas. Quando eram abordadas temáticas sobre as quais os alunos tinham um sistema preexistente de pensamento, a partir de experiências próprias ou próximas, os debates fluíram de forma natural, e o interesse se mostrava inevitável.

QUADRO 24.1 Tópicos bimestrais tratados na AI cinema e audiovisual

1º bimestre

Temas/conceitos
- Audiovisual, cinema e nós
- Brinquedos ópticos/fenômeno óptico da persistência da retina
- O exercício do olhar e a desconstrução do cotidiano
- Noções de realização audiovisual/funções e etapas
- Linguagem cinematográfica/ficção e não ficção

Metodologias
- Exibição do 1º episódio da série *No estranho planeta dos seres audiovisuais*
- Debate e produção de texto: audiovisual em nossas vidas
- Exibição do filme *A invenção de Hugo Cabret*
- Produção de fotos de ambientes cotidianos sob novos pontos de vista
- Construção de um taumatópio*

Habilidades e competências pretendidas
- Conhecer e debater o conceito de audiovisual e sua presença no cotidiano
- Conhecer e reconhecer elementos importantes da história do cinema
- Conhecer e debater o conceito de audiovisual e sua presença no cotidiano
- Conhecer e reconhecer elementos importantes da história do cinema
- Refletir sobre a importância do olhar
- Exercitar o olhar
- Conhecer e experienciar os processos de produção audiovisual

2º bimestre

Tema/conceitos
- O que quero falar para o mundo? O que me chama atenção na vida?
- "Todo mundo" tem história, qual a minha?
- O que a minha casa/escola/bairro/cidade tem de interessante?
- Explorando possibilidades de argumentos**

Metodologia
- Conversas sobre subjetividades, autoconhecimento, identidades culturais e diversidade
- Exibição de curtas-metragens relacionados aos temas
- Produção e socialização de textos a partir dos temas
- Saída para exploração de possibilidades de locações/cenários

Habilidades e competências
- Perceber, experienciar e valorizar o território e sua identidade cultural
- Perceber, experienciar e valorizar a diversidade e o respeito às diferenças
- Experienciar processos de autoconhecimento e identidades
- Compreender a importância da idiossincrasia de cada pessoa ou grupo
- Expressar subjetividades, identidades e representatividades individuais
- Compreender e experienciar a importância dos sentimentos de empatia e alteridade

3º bimestre

Temas/conceitos
- Escolha do argumento
- Desenvolvimento coletivo do roteiro
- Divisão da equipe
- Ensaios e dicas de filmagens
- Filmagens

Metodologias
- Produção individual de argumentos/apresentação
- Escolha da história do filme
- Produção coletiva do roteiro
- Produção e filmagens no terreno da escola ou em logradouros públicos próximos a esta

(Continua)

> **QUADRO 24.1 Tópicos bimestrais tratados na AI cinema e audiovisual** (*Continuação*)
>
> Habilidades e competências
> - Conhecer, interagir com e valorizar os olhares e histórias dos demais estudantes
> - Reconhecer e valorizar as diferenças e afinidades
> - Experienciar a realização audiovisual
> - Valorizar o trabalho em equipe
> - Experienciar a cidade a partir de um viés criativo
>
> **4º bimestre**
>
> Conceitos
> - Filmagens
> - Finalização do vídeo
> - Exibição
>
> Metodologias
> - Realização e finalização do filme
> - Exibição e celebração
>
> Habilidades e competências
> - Reconhecer e valorizar as diferenças e afinidades
> - Experienciar a realização audiovisual
> - Valorizar o trabalho em equipe
> - Experienciar a cidade a partir de um viés criativo
> - Interagir e fortalecer as relações interpessoais
> - Avaliar o processo e celebrar os aprendizados e vivências
>
> *Brinquedo óptico simples de confeccionar que demonstra o fenômeno da persistência da retina. O taumatópio foi um dos muitos experimentos que antecederam e influenciaram a criação dos filmes pelos irmãos Lumiére.
> **Texto base para um roteiro cinematográfico, trata-se da síntese da história a ser contada por meio do filme, que deve conter início, meio e fim.

Constatamos quão constante é a necessidade dos estudantes em escoar suas falas, opiniões, histórias e dúvidas sobre os temas levantados. O que nos mostrou a importância de se exercitar o processo de escutar o outro e saber lidar com opiniões divergentes crescendo com o debate na escola.

A escrita individual e a socialização/escolha dos argumentos

Os momentos de criação dos argumentos para os filmes se mostraram verdadeiras catarses pessoais em todas as vezes que aconteceram, dada a grande e sempre presente demanda dos estudantes por compartilhar depoimentos e histórias pessoais por meio das ideias dos roteiros que sugeriam (**Figs. 24.3** e **24.4**). Observamos o quanto esse momento despertava novas percepções e novas relações de afeto em nosso grupo de aprendizes (incluímo-nos aqui). Afinal, conhecer a vida do outro estimula a empatia e o respeito, o que é imprescindível para as lidas interpessoais do dia a dia de qualquer ser humano.

As experiências das aulas fora das salas e/ou fora da escola

Nesses momentos, incluímos tanto as saídas da sala de aula para ensaios e gravações em outros lugares ainda dentro da escola quanto as pequenas expedições no derredor do colégio, em ruas, monumentos históricos, calçadas, praças, etc. Levar grupos de 15 a 25 alunos, com idades entre 15 e 19 anos, para andar pela cidade com apenas uma pessoa "responsável" era visto com curiosidade e um certo espanto por outros profissionais, o que era fácil notar pelos olhares de assombro nos acompanhando ao ultrapassarmos o portão da escola rumo ao

```
CENA 05- PRAÇA/RUA/ESCOLA- DIA [CLOSE E PLANO DETALHE]
Várias situações em que as pessoas estão valorizando a presença de
quem amam.
Reunião de amigos conversando na praça. LANCHONETE
Casal namorando. PRAÇA
Mãos dadas. PRAÇA
Pessoal lanchando. PRAÇA
Amigos passeando. PRAÇA
Comprimentos. PRAÇA
Abraços. PRAÇA
Sorrisos. PRAÇA
Conversas. PRAÇA

                    OFF: NARRADORA
Fico pensando que o ensinamento mais dolorido seja esse, quando a vida
nos tira a oportunidade de fazermos alguma coisa. O inferno talvez
seja isso, a impossibilidade de mudar uma situação. Quando as pessoas
morrem, não há mais o que dizer, pois pessoas mortas não podem
perdoar, mortos não podem sorrir, mortos não podem amar, tampouco
ouvir de nós que os amamos.
```

Figura 24.3 *Print* de parte do roteiro do filme *Cada minuto importa*, de 2014.

Figura 24.4 Andressa Dias, aluna que criou o argumento para o curta-metragem *Cada minuto importa*, baseado no que viveu ao perder sua mãe. A estudante, além de criar o argumento, protagonizou o filme interpretando a própria história.

[…] seguem, pouco a pouco, fugindo de tudo que as coloque em atrito com nossa cultura, que as jogue na aspereza da pele dos dias ou nas brechas lúdicas da cidade, e assim perdem o que há de mais pulsante e educativo na realidade. Quanto mais fogem do perigo, mais o alimentam. Quanto mais se iludem ao achar desconhecido que aqueles dias nos apresentariam (**Fig. 24.5, 24.6 e 24.7**).

Além das reações visíveis, recebemos muitos comentários de condenação que, em sua maioria, envolviam o medo de "acontecer algo" (de ruim) com algum estudante, mesmo com a devida autorização dos responsáveis. Falas mais que esperáveis, afinal, atualmente é comum se evitar a todo custo as ruas pelo tão alarmado perigo que apresentam. Assim, as pessoas

Figura 24.5 Dia de gravação na Praça da Bandeira, em frente à escola, em 2015.

Figura 24.6 Gravação no Museu Fortaleza de São José de Macapá, um dos cartões-postais da cidade, em 2014. Detalhe: o jovem no meio da foto, que era o diretor do filme, mas atuou nessa cena, nunca havia entrado na Fortaleza de São José, mesmo sendo macapaense! Ida e volta a pé da escola.

Figura 24.7 Gravação, em 2014, no Trapiche Eliezer Levy, local que faz parte da orla da cidade, em frente ao Rio Amazonas. Vários alunos nunca haviam estado lá, mesmo esse sendo um local público, aberto e com entrada franca.

> que escaparam, mais se sufocam. [...] a resolução mais madura é destruir o perigo na raiz, ocupando sua casa (sua cidade) – e ocupando-a criativamente (GRAVATÁ et al., 2015, p. 34).

Vale ressaltar que a ocupação dos territórios como espaços de aprendizagem gera uma disciplina que não é a mesma imposta pela escola, pois, nesse, ela se "impõe" naturalmente no estudante pela cautela gerada ao conhecer melhor o espaço em que está circulando e aprendendo e, por que não, ensinando também. Entender como funciona as dinâmicas das ruas, das calçadas e dos espaços públicos faz surgir uma disciplina criada não de forma autoritária e repressora, pelo contrário, de forma libertária, por meio da relação com a rua se entende melhor as regras e a lógica da cidade.

Quando se fala em quebra de barreira em relação a territórios, fala-se em uma abertura também com relação às culturas, às individualidades, às subjetividades, às idiossincrasias contidas no território, ou seja, a escola torna-se um ponto a mais na rede de diversidades que compõem os espaços de um bairro, uma cidade. Nesse contexto, estabelece-se um olhar diferenciado sobre o território de entorno da escola a partir da minimização entre as barreiras tanto físicas quanto conceituais e ideológicas que antes separavam esses espaços.

> A cidade como espaço público, comum a todxs, desempenha um papel fundamental na promoção da experiência com o diferente, tão fundamental para o desenvolvimento da empatia. O respeito ao outro, diferente de mim, só poderá nascer da experiência com o outro. Nenhuma teorização é capaz de substituir a convivência (COSTA, 2016, p. 37).

CONSIDERAÇÕES FINAIS

A experiência com a AI cinema e audiovisual e as atividades desenvolvidas visando sempre a expressão das subjetividades dos estudantes proporcionaram tanto inúmeras possibilidades de ocupação coletiva e criativa da cidade quanto experiências com vieses totalmente diferenciados da relação professor-aluno tradicional. Foi fundamental estarmos, nós, os professores, presentes nos diálogos, considerando-nos igualmente em aprendizagem tanto quanto todos os jovens e, da mesma forma, não hesitarmos em expor questionamentos pessoais. É necessário ignorar o pedestal criado socialmente para o professor no processo histórico da educação formal e enxergá-lo como mediador, com a função de provocar, intermediar e estimular a produção de conhecimento e reflexões, assim como os processos individuais de aprendizagem.

Assumir a postura de provocar diálogos que instigam questionamentos, e não o contrário, fez o "planejamento" assumir formas mais maleáveis, uma vez que eram valorizados a curiosidade e o debate oriundos dos estudantes. Esse movimento mútuo de construção e trocas de saberes valoriza tanto as singularidades dos próprios educadores quanto as dos estudantes, gerando processos únicos e personalizados de aprendizagem que têm também o devir e o diálogo como fonte de produção de saberes.

Cada atividade realizada com as turmas confirmou a urgência da presença de processos práticos de aprendizagem na escola, pois aprender é um processo individual que parte de relações, experiências geradas por interações entre a pessoa e o mundo e/ou outras pessoas. Ensinar, no formato historicamente cristalizado, passa pela tangente desse processo, uma vez que não implica aprender de forma automática, mas viver sim, pois aprendemos naturalmente o tempo inteiro durante toda a vida. Carl Rogers, em 1961, afirmou em uma reunião com docentes de Harvard, entre outras coisas, que:

> [...] o único aprendizado que influencia significativamente o comportamento é o aprendizado autodescoberto, autoapropriado [...] e) Um conhecimento autodescoberto, essa verdade que foi pessoalmente apropriada e assimilada na experiência, não pode ser comunicado diretamente a outra pessoa. Assim que um indivíduo tenta comunicar essa experiência diretamente, muitas vezes com um entusiasmo absolutamente natural, começa a ensinar, e os resultados disso não têm consequências [...] j) Sinto que é extremamente compensador aprender em grupo, nas relações com outra pessoa, como na terapia, ou por mim mesmo (ROGERS, 1961, p. 318).

Um filme tem a capacidade de abordar inúmeros temas simultaneamente. Essa transversalidade pode aparecer, por exemplo, na interação entre conteúdos obrigatórios de vários componentes curriculares determinados pelo Plano Nacional de Educação e em temáticas universais como direitos humanos e identidades culturais, bem como no exercício de habilidades socioemocionais, como a empatia, o trabalho em equipe e a valorização da diversidade.

No processo de produção audiovisual, todas as funções são fundamentais, ou seja, esse é um trabalho coletivo que requer habilidades específicas em áreas diferentes. Assim, podemos afirmar que a realização audiovisual estimula tanto o trabalho em equipe quanto o exercício da valorização da diversidade. Sendo assim, torna-se necessário que sejam desenvolvidos métodos para que se conheçam as afinidades e curiosidades individuais dos estudantes para a montagem das equipes de produção.

Acreditamos que a valorização das diferenças individuais em âmbito educacional influencia na valorização das diferenças em um âmbito maior, no cerne das relações dos estudantes com o restante da sociedade.

Por fim, concluímos que a realização audiovisual como instrumento pedagógico pode ser eficiente em diversos aspectos na busca por uma educação transformadora, pois foi possível, por meio dessas vivências, valorizar os saberes e as subjetividades dos sujeitos e proporcionar experiências transversais e criativas, estimulando a alteridade, o protagonismo social e o respeito à diversidade (**Figs. 24.8 e 24.9**).

Figura 24.8 Interpretação do texto *OFF* da narradora, enquanto o responsável pelo som direto faz o devido registro. Normalmente, nessas funções, ficam os alunos mais introvertidos.

Figura 24.9 Caminhada da escola até o local de gravação. Em cada saída da escola, levávamos conosco o entusiasmo do desbravamento.

REFERÊNCIAS

BRASIL. *Programa ensino médio inovador: Documento orientador para elaboração de propostas de redesenho curricular.* Brasília: Ministério da Educação, 2017. Disponível em: <http://portal.mec.gov.br/docman/fevereiro-2017-pdf/58611-doc-orientador-elaboracao-de-propostas-de-redesenho-curricular-prc-pdf/file> Acesso em: 18 ago. 2018.

COSTA, N. Educação e empatia: caminhos para a transformação social. In: A IMPORTÂNCIA da empatia na educação. São Paulo: Instituto Alana, 2016. p. 34-37. Disponível em: <http://escolastransformadoras.com.br/wp-content/uploads/2016/11/PUBLICACAO_EMPATIA_v6_dupla.pdf>. Acesso em: 18 ago. 2018.

FRESQUET, A. *Cinema e educação* – Reflexões e experiências com professores e estudantes de educação básica, dentro e "fora" da escola. Rio de Janeiro: Autêntica, 2013.

GRAVATÁ, A. et al. *Movimento entusiasmo em virada educação.* São Paulo: SM Edições, 2015. Disponível em: <http://viradaeducacao.me/arquivos/livreto_virada_educacao_movimento_entusiasmo.pdf>. Acesso em: 18 ago. 2018.

ROGERS, C. Reflexões pessoais sobre ensinar e aprender. In: ROGERS, C. *Tornar-se pessoa.* São Paulo: Martins Fontes, 1961.

LEITURAS RECOMENDADAS

ANTUNES, C. P. *Educação, audiovisual e conhecimento*: para ensinar produzindo audiovisual na escola. Macapá: No prelo.

BRASIL. Ministério da Educação. *Ensino médio inovador.* 2016. Disponível em: <http://portal.mec.gov.br/ensino-medio-inovador/apresentacao>. Acesso em: 18 ago. 2018.

BRASIL. Ministério da Educação. *Programa ensino médio inovador*: documento orientador. 2009. Disponível em: <http://portal.mec.gov.br/dmdocuments/documento_orientador.pdf>. Acesso em: 18 ago. 2018.

MORAES, M. C. *Pensamento ecossistêmico*: educação, aprendizagem e cidadania no século XXI. Petrópolis: Vozes, 2004.

MOSCOVICI, S. Representações *sociais investigações em psicologia social.* Petrópolis: Vozes, 1994.

CONECTANDO FAB LABS E ESCOLAS PÚBLICAS NA CIDADE DE SÃO PAULO

Simone Kubric Lederman | Paola Salmona Ricci
Rita Junqueira de Camargo

25

O Instituto Catalisador realizou, no município de São Paulo, ao longo do segundo semestre de 2016, o projeto Aprendizagem Criativa Mão na Massa por uma Cidade Educadora, com o apoio financeiro obtido por meio de uma Chamada Pública de Projetos do Instituto MRV.*

Partimos do entendimento de que a aprendizagem criativa acontece quando uma transformação pessoal é promovida por meio do engajamento direto na realização de projetos particulares ou coletivos, genuinamente relevantes para os envolvidos. Em seus trabalhos, Mitchel Resnick, pesquisador do Massachusetts Institute of Technology Media Lab (MIT Media Lab), em Cambridge, Estados Unidos, define que uma experiência capaz de suscitar aprendizagem criativa é composta pelos seguintes pilares: *projects, peers, passion and play* (livremente traduzidos como projetos, parcerias, paixão e pensar brincando ou, ainda, postura do brincar) (RESNICK, 2014).

Partimos também do conceito de cidade educadora** (INTERNATIONAL ASSOCIATION OF EDUCATION CITIES, 2018),*** entendendo que o uso de espaços para além dos muros da escola contribui para que o aprendizado aconteça de forma contextualizada e com mais significado. A Prefeitura de São Paulo inaugurou, em 2015, 12 Fab Labs Livres em diferentes regiões. Os Fab Labs são espaços onde pessoas podem transformar ideias e projetos em realidade, por meio do acesso à informação e aos meios de produção digitais. Os Fab Labs Livres de São Paulo fazem parte de uma rede global de mais de 150 laboratórios. A rede nasceu no MIT e hoje conecta pessoas, comunidades e negócios, catalisando colaboração, soluções de problemas e muita criação.

Vislumbrando os Fab Labs como espaços em que podem acontecer práticas voltadas para aprendizagem criativa, dispusemo-nos a conectar tais equipamentos com as escolas públicas, revelando seu potencial para contribuir tanto para inovação no currículo quanto para transformações nas comunidades de seu entorno.

Tendo como principal critério a proximidade entre Fab Labs e escolas, definimos com a Secretaria Municipal de Educação (SME) instituições que poderiam ter interesse em parti-

---

*INSTITUTO MRV. *Projeto Vencedores 2016*. 2016. Disponível em: <http://www.institutomrv.com.br/pt/projetos-vencedores/nacionais/2016>. Acesso em: 3 out. 2018.

**PROGRAMA CIDADES EDUCADORAS. Conceito de Cidade Educadora. c2018. Disponível em: <http://cidadeseducadoras.org.br/conceito/>. Acesso em: 3 out. 2018.

***ASOCIACIÓN INTERNACIONAL DE CIUDADES EDUCADORAS. c2018. Disponível em: <http://www.edcities.org/>. Acesso em: 3 out. 2018.

cipar do projeto. A proximidade foi adotada como critério, pois queríamos que as escolas pudessem continuar a parceria com os Fab Labs após a realização do trabalho mediado por nós. O Fab Lab e a Escola Municipal de Ensino Fundamental (EMEF) do Centro de Educação Unificada (CEU) do Parque Anhanguera, o Fab Lab Cidade Tiradentes e a EMEF Elias Shammas e o Fab Lab e a Escola Municipal de Educação Infantil (EMEI) da Chácara Jockey concordaram com a experiência!

Essa seleção permitiu também que trabalhássemos com diferentes faixas etárias, incluindo professores e alunos da educação infantil e do ensino fundamental, com os quais desenvolvemos atividades pertinentes ao perfil de cada turma. A articulação com a SME e com as Diretorias Regionais de Ensino (DREs) foi imprescindível para que o projeto acontecesse de forma consistente. Em cada escola envolvida, fizemos reuniões com a equipe gestora para apresentar o projeto e conversar sobre a parceira, pensando na particularidade de cada contexto.

Realizamos, em cada escola, oficinas de sensibilização dos educadores quanto aos princípios e às práticas da aprendizagem criativa e aos potenciais educativos dos Fab Labs, por meio de propostas mão na massa (**Fig. 25.1**). Dessa primeira interação já surgiram interesses específicos e ideias sobre como os educadores poderiam levar a aprendizagem criativa para dentro de suas salas.

Na etapa seguinte, planejamos, junto com a equipe técnica dos Fab Labs, atividades que seriam realizadas com os alunos, contando com a participação dos professores. Para cada grupo, organizamos atividades específicas de construção de jogos e brinquedos, unindo cultura tradicional e novas tecnologias digitais e dando espaço para muitas descobertas e para expressão pessoal. Usamos diferentes estratégias

Figura 25.1 Oficinas de sensibilização com os educadores.

pedagógicas, incluindo momentos de criação livre e exploração de materiais, atividades passo a passo e desafios.

O trabalho com cada turma era sempre iniciado por uma leitura que possibilitava um "aquecimento da imaginação". Em todos os encontros, organizamos o espaço dos Fab Labs em diferentes estações: impressão 3D, marcenaria e corte a *laser*, construção com circuitos elétricos e criação livre. Preocupamo-nos em inserir, nos laboratórios de fabricação digital, elementos da cultura mão na massa "desplugada" ou *low-tech*, disponibilizando papelão, fita adesiva, madeira, tecido e outros materiais que, embora já familiares para professores e alunos, não costumam ser usados em atividades escolares a partir do ensino fundamental.

A seguir, compartilhamos alguns dos aspectos mais significativos do trabalho que se desdobrou em cada espaço.

FAB LAB E EMEF DO CEU PARQUE ANHANGUERA

Logo na primeira oficina de sensibilização na EMEF do CEU Parque Anhanguera, uma professora do 2º ano nos contou sobre a pesquisa que estava realizando com seus alunos a respeito da cultura africana, durante a qual tiveram a oportunidade de entrar em contato com um jogo chamado mancala. Os alunos já haviam construído tabuleiros com caixas de ovos, mas, ao saber das possibilidades de criação no Fab Lab, essa professora entusiasmou-se em construir tabuleiros com materiais mais duráveis e esteticamente mais interessantes.

Esse é um exemplo que reflete o caráter do nosso trabalho: escutar os educadores, pensar projetos em parceria, realizar articulações com outros equipamentos e, finalmente, colocar a mão na massa com alunos e professores. Nesse caso, fizemos juntos os tabuleiros de mancala, tanto na impressora 3D quanto com marcenaria, mostrando as diferenças dessas duas técnicas no processo e nas características do produto final. O resultado foi um aprendizado mútuo, em que os técnicos do Fab Lab que tanto se empenharam na confecção dos tabuleiros junto com as crianças encantaram-se aprendendo com elas as regras do jogo.

Outro brinquedo emblemático construído no Fab Lab do CEU Parque Anhanguera junto com os técnicos, professores e alunos foi o pião. Na estação da impressão 3D, professores e alunos entenderam como partir de um desenho no papel e chegar à impressão de um objeto tridimensional, imprimindo diferentes formatos para as pontas dos piões. Na marcenaria, com a serra copo, cortaram as bases do pião. Depois customizaram com os materiais *low-tech* disponíveis. Recriamos um brinquedo tradicional usando um *mix* de tecnologias, o que engajou demais os alunos, os professores e os técnicos do Fab Lab. Esse tipo de proposta, ao mesmo tempo simples e potente, demonstrou o quanto é possível aprender a partir de um brinquedo tão corriqueiro, mas que pode abrir caminho para questões de matemática e física, divertindo e intrigando a todos!

Construímos ainda circuitos elétricos no papel, *kits* de eletrônica com reutilização de componentes, escorregador de bolinhas de gude, entre outros jogos e brinquedos, tudo sempre permeado por muita criação livre e exploração de diferentes materiais.

Na reunião que fizemos com o grupo de educadores quase um mês depois de termos finalizado as oficinas junto aos alunos, o depoimento do professor de educação física mostrou um pouco do impacto de nosso trabalho. Ele levou uma turma para um curso de modelagem 3D no Fab Lab para construir o troféu de um torneio da escola. Seu testemunho de que, no Fab Lab, aprendeu algo novo junto com os alunos foi muito importante para que outros educadores acreditassem que poderiam propor projetos em parceria com o Fab Lab mesmo sem dominar a tecnologia em questão.

Os técnicos do Fab Lab relataram que, após nossas ações, aumentou o número de professores que procuram o espaço para desenvolver projetos. Um professor de matemática começou a construir, no Fab Lab, peças para finalmente montar um laboratório de matemática, um sonho que já tinha, mas no qual a escola não podia investir. Outro, que trabalhava com geometria por meio da construção de maquetes, optou por estabelecer uma parceria com os técnicos do Fab Lab para usar os equipamentos e o espaço disponível, potencializando seus projetos. Uma professora contou que, para um trabalho de teatro sobre a escravidão no Brasil, construiu uma réplica de um navio negreiro na própria sala de aula. Ela ressaltou que seu trabalho passou a envolver muita atividade mão na massa, o que só vislumbrou após nossa sensibilização.

Outro aspecto significativo foi que os técnicos do Fab Lab passaram a valorizar os materiais *low-tech* nos processos de invenções e construções e comemoraram quando receberam de seus coordenadores um *kit* de canetas hidrográficas, tintas, massa de modelar, palitos de sorvete, fitas adesivas, entre outros materiais.

FAB LAB E EMEI CHÁCARA JOCKEY

Ao optar por trabalhar com uma EMEI localizada no mesmo parque que o Fab Lab da Chácara Jockey, sabíamos que os alunos, por causa da faixa etária, teriam menos autonomia para usar equipamentos de fabricação digital, mas consideramos que a equipe pedagógica poderia descobrir o potencial do espaço para a construção de artefatos que pudessem incrementar os projetos já desenvolvidos em sala de aula, contando com certa participação das crianças.

Logo no primeiro encontro com a coordenação da escola, foi manifestado o desejo de equipar a brinquedoteca da instituição.

A escola tinha um espaço novo, só que vazio, destinado ao faz de conta e a jogos livres. As professoras estavam aguardando a chegada de uma verba para comprar fogão, pia, geladeira, berços para bonecas, carros, caminhões, pistas, jogos de montar, além de caixas e prateleiras, a fim de organizar o ambiente para uso pelas crianças. Propusemos que alguns desses itens fossem construídos no Fab Lab pelas próprias professoras, junto com as crianças, com o nosso apoio e a *expertise* dos técnicos de lá.

Apesar do entusiasmo da coordenadora, inicialmente as professoras apresentaram resistência, porque já haviam construído brinquedões com caixas de papelão, os quais tiveram pouca durabilidade. Elas tinham também uma preocupação com a estética dos brinquedos. Pudemos mostrar para elas, por meio de um banco de dados de projetos na internet e também em uma visita ao Fab Lab, o tipo de produção que é viável quando se usa impressora 3D e cortadora a *laser*. A partir de então, ficaram empolgadas com a ideia de fabricar os itens que gostariam de ter.

A participação das crianças no processo foi mais circunscrita, mas muito significativa. Apesar de não terem podido inventar e modelar os brinquedos, elas puderam ver a máquina cortando o MDF com o *laser*. Seus olhinhos brilharam! Ajudaram a montar as peças, pintaram e enfeitaram algumas partes, apropriando-se dos brinquedos e dos jogos que seriam de todos na escola (**Fig. 25.2**). Muitos disseram que queriam voltar ao Fab Lab com os pais para inventar muitas coisas incríveis!

FAB LAB CIDADE TIRADENTES E EMEF ELIAS SHAMMAS

O Fab Lab da Cidade Tiradentes foi o primeiro a ser inaugurado na rede pública de São Paulo e fica dentro de um centro cultural que se destaca na paisagem do bairro, a 400 metros de distância da EMEF Elias Shammas. Mes-

Figura 25.2 Construção de brinquedos no Fab Lab da Chácara Jockey.

mo assim, a maioria dos professores e dos alunos não conhecia o laboratório. No caso dessa escola, localizada em uma região com sérias questões de segurança, a caminhada coletiva ao Fab Lab foi extremamente significativa.

Também lá nos preocupamos em oferecer atividades organizadas em estações para que todos pudessem ter contato com a impressora 3D e com a cortadora a *laser* (os ícones da fabricação digital), com circuitos elétricos simples e, também, que pudessem vivenciar a criação livre a partir de materiais convencionais. Realizamos a oficina de piões, dessa vez usando a cortadora a *laser* para fabricar as bases. Fizemos também uma estação com conectores impressos na 3D, demonstrando a modelagem e a impressão e, depois, convidando alunos e professores a criar uma maquete do que seria uma cidade "conectada" (enfatizando que as conexões poderiam ser estabelecidas por artefatos, mas também pelas atitudes que circulam na comunidade). Para essa escola especificamente, chamamos também um parceiro biólogo que ensinou alguns dos alunos a montar um microscópio acessível a partir de peças em MDF cortadas a *laser* e uma *webcam* simples e barata. Até então, essa escola não dispunha de microscópio para investigações e pesquisas científicas.

Além do encantamento e do engajamento dos educandos ao longo das oficinas, recolhemos ideias e desejos que foram despertados nos educadores. Professores de geografia e de matemática ficaram entusiasmados com a possibilidade de construírem mapas com topografia na fresadora do Fab Lab. Algumas professoras pensaram em desenvolver materiais com relevo para usar com alunos que têm deficiência visual.

Outra conquista valiosa está relacionada ao fato de os professores terem testemunhado o envolvimento de alunos considerados "de inclusão". Destacamos o caso de um menino que enfrenta muitas dificuldades para aprender e que costuma ficar bastante agitado nas aulas, conforme nos contaram os educadores. Ele ficou no Fab Lab absolutamente concentrado e entretido na estação de criação livre, tanto que não interrompeu seu trabalho para experimentar atividades propostas nas demais estações. O que ele pôde vivenciar foi um momento genuíno de atenção plena, imerso na invenção de algo significativo para si, revelando alguns de seus interesses, seus conhecimentos e suas habilidades.

REFLEXÕES

Ao realizar esse projeto, colocamos em prática um compromisso inaugural do Instituto Catalisador: "contagiar um número significativo de educandos e educadores que, através de experiências de aprendizagem criativa, podem tornar-se sujeitos autores de seus próprios percursos e agentes de transformação individual e social".

Enxergamos os Fab Labs como espaços inovadores, não apenas pelas máquinas que possuem, mas sobretudo pelas características do ambiente, em que a aprendizagem é instigada a acontecer movida pelo interesse genuíno em projetos que partem de necessidades e desejos. Os Fab Labs são movidos pela filosofia do "faça você mesmo", concepção que enfatiza a autonomia de cada um em seu processo de aprendizagem, instigando o empoderamento de todos. Exemplos como a construção do tabuleiro do jogo de mancala feito em parceria pelos técnicos do Fab Lab com a professora e os alunos da EMEF do CEU Parque Anhanguera demonstram o significado de poder construir com as próprias mãos algo que, de outra forma, seria inacessível. Os troféus feitos pelo professor de educação física da mesma escola são outro exemplo valioso. Os brinquedos que construímos coletivamente para a EMEI da Chácara Jockey também. Acreditamos que foi possível plantar uma semente em cada uma dessas instituições, ao proporcionar vivências das quais tanto professores quanto alunos participaram desenvolvendo artefatos relacionados a algo importante para si e para seus colegas. Puderam experimentar a sensação de não ter de saber tudo para conseguir fazer algo novo, desmistificando receios quanto às tecnologias digitais ou mesmo convencionais.

A rede de Fab Labs mundial também é movida pelo lema do compartilhamento de projetos e descobertas, ou seja, todo conhecimento produzido nesses espaços fica à disposição de uma comunidade ampla que aprende e ensina de forma contemporânea, *on-line* e em tempo real, conforme afinidades e buscas, que são tanto pessoais quanto coletivas. O exemplo do microscópio que fizemos no Fab Lab da Cidade Tiradentes com os professores e os alunos da EMEF Elias Shammas ilustra o potencial dessa forma inovadora de aprender e ensinar, ensinar e aprender. O projeto original desse microscópio foi desenvolvido na Holanda, compartilhado *on-line*, reformulado por uma dupla de professores-pesquisadores brasileiros e levado por um deles a nosso convite para uma escola que nunca teve um microscópio antes! Nosso propósito, para além de possibilitar que a escola tivesse ao menos um microscópio, era demonstrar que existe conhecimento disponível na rede que pode ser usado por professores e alunos para criar aquilo que for pertinente para seus estudos localmente. No processo de busca de informações na rede e na reconfiguração de projetos, aprendizagens diferenciadas são promovidas.

Outro aspecto revolucionário é a diversidade que acontece de fato no cotidiano dos Fab Labs: faixa etária, gênero, condição socioeconômica e formação acadêmica não são barreiras para a interação entre indivíduos que, no contexto escolar tão segmentado e sistematizado, jamais conviveriam nem teriam a oportunidade de trocar saberes. Testemunhamos isso enquanto estávamos nos Fab Labs com os grupos. Acabamos contando com o auxílio e a contribuição de pessoas diversas que frequentam tais espaços impulsionadas por suas paixões e muito disponíveis para compartilhar habilidades e conhecimentos. Para os professores, isso é um ganho imenso! A maioria deles percebe atualmente um isolamento no exercício da docência que os faz se sentirem sobrecarregados com a responsabilidade de "ensinar tudo a todos"! Vivenciar a possibilidade de contar com a *expertise* de tantos outros é algo incrível. Essa experiência nos Fab Labs demonstra que o educador não precisa ser o porta-voz de todo o acervo de conhecimentos acumulados pela humanidade, pode, no entanto, vir a ser o mediador entre o aluno e as fontes desses saberes, ser um curador de projetos, um articulador de parcerias, dentro e fora dos muros da escola.

Ao longo de todo esse projeto, muitos dos professores ressaltaram que ficaram impressionados com o envolvimento dos alunos, já que, em sala de aula, quando estão sentados em carteiras enfileiradas, custam muito a ficar em silêncio e prestar atenção às aulas. Nas oficinas que aconteceram nos Fab Labs, eles não só se divertiram como fizeram perguntas pertinentes, trabalharam em pequenos grupos exercitando a riqueza da parceria e saíram orgulhosos e satisfeitos com seus produtos coletivos, que não levariam para casa, mas que seriam de todos os membros da comunidade escolar. Interessaram-se por saber como poderiam entrar nos cursos oferecidos e ir mais vezes.

Os educadores passaram a enxergar os Fab Labs Livres, um equipamento público da cidade de São Paulo, como uma extensão da escola. Passaram a perceber o potencial educativo do território urbano e a vislumbrar as parcerias que poderiam estabelecer a partir daquele momento. Acreditamos também que provocamos discussões e vivências que levaram à percepção de que as atividades mão na massa são práticas pedagógicas ao mesmo tempo inclusivas e instigantes para todos.

REFERÊNCIAS

ASOCIACIÓN INTERNACIONAL DE CIUDADES EDUCADORAS. c2018. Disponível em: <http://www.edcities.org/>. Acesso em: 3 out. 2018.

INSTITUTO MRV. *Projeto Vencedores 2016*. 2016. Disponível em: <http://www.institutomrv.com.br/pt/projetos-vencedores/nacionais/2016>. Acesso em: 3 out. 2018.

INTERNATIONAL ASSOCIATION OF EDUCATING CITIES. *Ciudades membros*. 2018. Disponível em: <http://w10.bcn.es/APPS/eduportal/pubPaisosAc.do>. Acesso em: 26 ago. 2018.

PROGRAMA CIDADES EDUCADORAS. *Conceito de Cidade Educadora*. c2018. Disponível em: <http://cidadeseducadoras.org.br/conceito/>. Acesso em: 3 out. 2018.

RESNICK, M. *Give P's a chance*: projects, peers, passion, play. 2014. Disponível em: <http://web.media.mit.edu/~mres/papers/constructionism-2014.pdf>. Acesso em: 26 ago. 2018.

DESCOBERTAS DE NOVOS CAMINHOS

Francisco Carvalho de Melo Neto

PROJETOS DE APRENDIZAGEM

A educação no que diz respeito à adoção de projetos para o desenvolvimento da aprendizagem galgou grandes conquistas, como a instituição de novas visões para a escola, o ensino e a aprendizagem, o aluno e o professor.

Os projetos de aprendizagem aproximam as questões vivenciadas pela comunidade escolar de seus conteúdos curriculares e são uma forma dinâmica para desenvolver a consciência crítica dos alunos. Também se configuram em uma dinâmica plausível da ação de desenvolvimento da prática educativa, sendo que esta se faz mediante alguns fatores preponderantes, pois, como diz Hernández (1998, p. 61), "A função do projeto é favorecer a criação de estratégias de organização dos conhecimentos escolares que facilitem aos alunos a construção de seus conhecimentos de formas mais dinâmicas [...]".

Os trabalhos com projetos começaram a ser incentivados pela rede estadual de ensino do Estado de Alagoas, por meio do Convênio 62/2002, firmado e financiado pelo governo federal com o projeto Alvorada III. Os recursos financeiros foram enviados diretamente para as escolas de ensino médio, o que possibilitou o desenvolvimento das mais diversas abordagem e temáticas curriculares. Esse financiamento oportunizou que, nos anos 2003 e 2004, 75% das coordenadorias regionais de ensino trabalhassem com projetos de aprendizagem em suas escolas de ensino médio (ABREU; DAMASCENO, 2007).

Nesse período, exerci a função docente no ensino médio da Escola Estadual Professor Mileno Ferreira da Silva, localizada na cidade de Santana do Ipanema. Nessa escola, os professores tinham curso superior e entraram no serviço público por meio de concurso público. Os projetos e a forma de ver o mundo por meio do desenvolvimento da educação eram gratificantes, e as turmas de alunos desenvolviam um bom nível de conhecimento e conseguiam aprender o que era proposto, o que motivava os professores.

Nos anos seguintes, aos poucos, os professores foram saindo da escola e voltando para suas cidades ou escolas de origem. Nesse período, a escola desenvolveu um projeto no qual os professores e duas turmas de alunos visitaram a nascente do Rio Ipanema. A riqueza de conhecimentos do percurso trazia uma historicidade impressionante. O trabalho foi registrado em *DVD*, com o objetivo de usar os conhecimentos adquiridos na viagem e na pesquisa com outras turmas da escola.

O projeto foi inscrito no fórum promovido pela Secretaria Executiva de Educação do

Estado. Fomos convidados a assistir às apresentações das experiências curriculares de ensino médio dos projetos selecionados. Isso nos deu ideias de como fazer e desenvolver projetos nas mais diversas áreas curriculares e, principalmente, sobre metodologias necessárias para o desenvolvimento de trabalhos cujas idealização e execução são responsabilidades do aluno, e o professor assume o papel de orientador.

Na 6ª Coordenadoria Regional de Ensino, da qual nossa escola faz parte, o projeto selecionado tinha como abordagem a inseminação artificial do gado – o tema estava em evidência – e foi desenvolvido por alunos com a orientação de uma professora monitora.

Os projetos apresentados mostraram novas formas de ver o mundo. Se esses projetos tivessem uma continuidade e fossem desenvolvidos em outras escolas, a educação funcionaria como deveria, contribuindo com a construção do conhecimento. Essas experiências foram trazidas para a Escola Ana Maria Teodósio quando participamos da implantação do ensino médio.

PROJETOS DE APRENDIZAGEM SOCIAL

Diferentemente do projeto citado, o financiamento e a seleção dos projetos chegariam às escolas por meio da Secretaria Executiva de Educação e estariam subordinados a uma comissão estadual, concorrendo com todas as escolas estaduais inscritas. Apenas as escolas com projetos selecionados receberiam o financiamento.

Essa era a nova proposta, os recursos seriam originários do projeto do governo federal, denominado Protagonismo Juvenil, cujo valor era de R$ 6 mil e teria como finalidade a execução de projetos pelos alunos do ensino médio com a orientação dos professores. Era a chance de mostrar e fazer um projeto com a cara da comunidade e seus problemas, adotando uma abordagem investigativa e social. O Projeto Muito Gelo e Dois Dedos d'Água (**Fig.** 26.1) veio atender à necessidade de tratar do maior problema da comunidade quanduense: a escassez de água potável. O nome do projeto trouxe outro significado: muito gelo político e pouca água para beber. Partiu-se do nome como metáfora para mostrar o descaso que sofria o povoado pelos gestores e órgão públicos.

Na administração municipal anterior, tinha sido iniciado um encanamento para a chegada de água potável no povoado, mas, por razões políticas, burocráticas e problemas com prestações de contas, o trabalho não foi concluído e os recursos financeiros foram bloqueados.

O nome do projeto remetia ao congelamento das necessidades das pessoas, que pagavam um preço alto pela falta de água nas torneiras, que viria então do Rio São Francisco, aproveitando as redes adutoras que abasteciam a cidade de Poço das Trincheiras e região. A causa da falta de água seria a politicagem ou, pior, o desvio das verbas ou, ainda, simplesmente a incompetência da empresa de abastecimento, que só funcionava quando era pressionada em âmbito político.

A referida comunidade havia sido beneficiada com um projeto de canalização de água potável. O projeto foi financiado pelo Ministério da Saúde, por meio da Fundação Nacional da Saúde (Convênio SIAFI nº 489309; nº origi-

Figura 26.1 *Slogan* do projeto Muito Gelo e Dois Dedos d'Água.

Figura 26.2 Moradores coletando água imprópria para consumo humano.

nal: EP 980/03). No sistema de abastecimento instalado para atender ao povoado e às comunidades vizinhas, foram investidos cerca de R$ 400 mil, em aproximadamente 12 mil metros de extensão de encanamento - recursos públicos que estão enterrados sem servir à finalidade para a qual foram propostos: o abastecimento de água para o consumo humano no povoado e na região. Existia uma demanda real de 210 metros cúbicos de água por dia, sendo, desse total, 21 metros cúbicos (21 mil litros/dia) para o consumo humano de beber, cozinhar e demais necessidades. Ou seja, havia uma demanda de 630 mil litros/mês para beber e cozinhar, se considerarmos 15 litros/dia/pessoa.

O projeto foi fundamentado nas dificuldades apresentadas, pois, no povoado Quandu, com cerca de 1,5 mil habitantes, há posto de saúde, escolas da rede pública municipal e estadual, matadouro e mercado de carne, igrejas, centros comunitários, ponto de recepção e refrigeração de leite, pontos comerciais e mais de 300 residências familiares. Não há coleta de lixo nem qualquer outro tipo de saneamento básico, exceto as fossas sépticas nos quintais das casas.

A oferta de água pelo poder público sempre foi feita por meio de carros-pipa e, na maioria das vezes, em quantidade insuficiente e por meio de um sistema que já deveria ter sido banido, pois representa o domínio e o uso da água para fins eleitoreiros, historicamente criticados, alimentando a chamada indústria das secas, a dependência da população local e a negação do direito de liberdade e cidadania.*

A água consumida é comprada em carros-pipa. Para uso geral, utiliza-se a água do Rio Ipanema, que atualmente tem suas margens usadas como depósito de lixo, com animais mortos e restos do matadouro, causando a poluição da água e do meio ambiente e colocando em risco a saúde e a vida dos moradores da região (**Figs. 26.2 e 26.3**). A Escola Estadual Professora Ana Maria Teodósio realizou uma série de debates para tratar da questão, porém, com o projeto, essa contribuição se estendeu às demais escolas e à sociedade em

---

*A Lei nº 9.433, de 8 de janeiro de 1997, institui a Política Nacional de Recursos Hídricos, cria o Sistema Nacional de Gerenciamento de Recursos Hídricos, regulamenta o Inciso XIX do art. 21 da Constituição Federal e altera o art. 1º da Lei nº 8.001, de 13 de março de 1990, que modificou a Lei nº 7.990, de 28 de dezembro de 1989: "TÍTULO I - DA POLÍTICA NACIONAL DE RECURSOS HÍDRICOS; CAPÍTULO I - DOS FUNDAMENTOS. Art. 1º A Política Nacional de Recursos Hídricos baseia-se nos seguintes fundamentos: I - a água é um bem de domínio público; II - a água é um recurso natural limitado, dotado de valor econômico; III - em situações de escassez, o uso prioritário dos recursos hídricos é o consumo humano e a dessedentação de animais; IV - a gestão dos recursos hídricos deve sempre proporcionar o uso múltiplo das águas; V - a bacia hidrográfica é a unidade territorial para implementação da Política Nacional de Recursos Hídricos e atuação do Sistema Nacional de Gerenciamento de Recursos Hídricos; VI - a gestão dos recursos hídricos deve ser descentralizada e contar com a participação do Poder Público, dos usuários e das comunidades." (BRASIL, 1997, documento *on-line*).

Figura 26.3 Resíduos de animal e lixo nas margens do Rio Ipanema.

geral. Afinal, cuidar do ambiente em que vivemos é dever de todo cidadão.

Na escola, os alunos consomem água da chuva, pois há um pequeno reservatório de captação. Para limpeza em geral, a água do Rio Ipanema é bombeada até outro reservatório. Quando há escassez de chuvas, a escola interrompe suas atividades, já que não dispõe de recursos para a compra de água potável.

O projeto Muito Gelo e Dois Dedos d'Água teve como objetivo principal oportunizar a prática da cidadania na comunidade acadêmica. Ele foi desenvolvido apenas com alunos do ensino médio. Os discentes atuaram em equipes com orientações das respectivas áreas de conhecimento: biologia, química, matemática, sociologia, filosofia, arte, língua portuguesa, história e geografia, obedecendo a várias etapas.

Na primeira semana, realizamos um concurso de cartazes tendo em vista a criação da logomarca do referido projeto. Três equipes se inscreveram, entre as quais foi escolhida a logomarca criada por uma aluna da 2ª série "A". Em seguida, foram abertas as inscrições para as equipes de trabalho, sendo determinado um professor orientador para cada equipe. As equipes foram as seguintes:

- Equipe de divulgação
- Equipes de pesquisa de campo
- Equipes de pesquisa bibliográfica
- Equipes de coleta de assinaturas
- Equipes de entrevistas
- Equipes de paródias
- Equipes de teatro

A primeira equipe a ser definida foi a de divulgação, que ficou responsável por divulgar os objetivos do projeto nos diversos setores, entre eles: rádios (local e regional); Câmara Municipal de Vereadores, Prefeitura Municipal, escolas, comunidade quanduense e o Ministério Público. Além dessas atividades, a referida equipe preparou cartazes de divulgação, convites para os seminários, entrega de abaixo-assinado à Companhia de Saneamento de Alagoas (Casal) e ao representante do Ministério Público. Os alunos auxiliaram nas apresentações dos seminários e prepararam as perguntas da mesa-redonda do segundo seminário.

As equipes de pesquisa de campo realizaram as seguintes atividades:

- Pesquisa na central de abastecimento de água em Pão de Açúcar (**Fig. 26.4**) e Olho d'Água das Flores, com o objetivo de observar e relatar todo o processo de captação e distribuição da água para a região.
- Pesquisa na central de distribuição em Poço das Trincheiras com a finalidade de observar e relatar o processo de distribuição de água na cidade. Além disso, observação da rede de canalização desde a cidade até o povoado que se pretende abastecer,

Figura 26.4 Alunos na cidade de Pão de Açúcar na estação de capitação de água da Casal.

percorrendo todos os sítios que serão beneficiados pela rede.
- Elaboração de relatórios para apresentar no primeiro seminário.

As equipes de pesquisa bibliográfica realizaram as seguintes atividades:

- Pesquisa *in loco* nas fontes de água que abastecem a comunidade a fim de detectar problemas relacionados a doenças por veiculação hídrica.
- Coleta de dados no centro de saúde, em relação às principais doenças que afetam a população local.
- Pesquisas bibliográficas em diversas fontes visando caracterizar as causas das doenças por veiculação hídrica.
- Visitas domiciliares para observar os reservatórios de água e seus cuidados.
- Pesquisa de opinião e coleta de depoimentos de membros da comunidade.
- Elaboração de relatórios para apresentação no primeiro seminário.

As equipes de coleta de assinaturas percorreram o povoado Quandu, as comunidades circunvizinhas e a cidade de Poço das Trincheiras, coletando assinaturas para o abaixo-assinado, que depois foi entregue à Casal e ao representante do Ministério Público, com a finalidade de reivindicar soluções para a conclusão da rede de abastecimento do povoado Quandu.

Após essas atividades, realizamos o primeiro seminário no pátio da Escola Professora Ana Maria Teodósio. O seminário teve como público a comunidade escolar, pelo motivo de ser uma atividade científica de cunho pedagógico e de conhecimento da realidade. Nesse evento, as equipes de pesquisa de campo e de pesquisa bibliográfica apresentaram os resultados de seus trabalhos.

As equipes de paródias prepararam músicas relacionadas aos temas para apresentar no segundo seminário. As equipes de teatro montaram peças teatrais enfatizando a temática do projeto para apresentação no segundo seminário.

Antes do segundo seminário, todas as equipes participaram de um ato público, uma caminhada cívica pelas ruas da cidade de Santana do Ipanema, com exposição de faixas, tendo como objetivo reivindicar soluções da Casal em relação à ligação da rede de abastecimento d'água do Quandu.

Ao percorrer as ruas da cidade, os alunos pararam em frente ao escritório regional da companhia de saneamento de Alagoas, onde houve relato do objetivo do projeto, entrega de abaixo-assinado ao gerente regional e pronunciamento dele em relação ao movimento. Na oportunidade, o gerente da companhia comunicou que a gerência geral encaminharia uma equipe técnica para averiguar a situação da obra e elaborar um relatório técnico a respeito.

Vale salientar que, momentos antes do ato público, a equipe de divulgação acompanhou o representante do Ministério Público, doutor Rogério Paranhos, que entregou um documento no qual solicitava o posicionamento da Casal a respeito da conclusão da rede de abastecimento de água.

No dia do segundo seminário, foi realizada uma passeata pelas ruas do povoado Quandu, a fim de motivar a comunidade para participar do referido evento. O segundo seminário foi realizado na quadra municipal do povoado Quandu, foi aberto ao público em geral e contou com a participação de convidados e autoridades que estavam diretamente ligados à questão da obra.

Estiveram presentes o deputado federal Givaldo Carimbão (que destinou o recurso da obra por meio de emenda parlamentar), o ex-prefeito Gildo Rodrigues (que iniciou a obra em sua gestão), o engenheiro civil Arthur Lopes (responsável pelo projeto técnico), o vice-prefeito Valmiro Gomes (representando a gestão, responsável pela finalização da obra), além de vereadores, lideranças da comunidade, comunidade em geral e comunidade acadêmica.

O referido evento foi iniciado com a apresentação do resumo das ações desenvolvidas pelas equipes de trabalho durante o projeto. Em seguida, foi realizada uma palestra com Mardônio Rocha, representante da Articulação do Semiárido (ASA), que falou sobre a escassez de água na comunidade, e sobre os programas e projetos executados pela ONG para captação e armazenamento de água no semiárido alagoano, além de fazer uma exposição a respeito do projeto de canalização da água do povoado, financiado pela Fundação Nacional de Saúde (Funasa), apresentando também os valores dos recursos repassados (segundo ele, houve superfaturamento na referida obra).

Logo após, deu-se início à mesa-redonda, ocasião em que os alunos fizeram perguntas direcionadas aos envolvidos na obra, com o intuito de esclarecer diversas questões sobre a não conclusão do projeto. Diante das perguntas, houve um debate acalorado, entretanto, não se respondeu ao que a comunidade tanto ansiava, pois nenhuma autoridade presente se responsabilizou pela não conclusão da obra.

Diante da insatisfação da comunidade acadêmica, pela falta de informações claras, as equipes de paródia e teatro manifestaram seus anseios e críticas por meio da música e da arte. As paródias refletiram acerca do "gelo político" que a comunidade vive, pois não há uma resposta nem iniciativas políticas para sanar a dificuldade vivida pela população do povoado.

Letras das paródias:

Será
Será só enrolação
Vamos usar esses canos aí
Pois não quero nem saber
Não é com promessas falsas que vão me convencer
Não estou sozinho
Você pode até duvidar
Será que vão trazer
Será que tudo isso é em vão
Será que vamos ter
Lutaremos onde formos
Ficaremos alertados...

Água pra beber
Enterraram os canos na areia
Onde era pra ter água só tem teia
Vejam só, eles são os únicos que não dão valor
a um povo honesto e trabalhador
Então vamos lutar pelo que a gente quer...
Cadê quem nos prometeu água e ninguém ver
É pra cego ouvir
É pra cego ver...

Muito gelo
Atenção camarada
Nossos governantes fazem muito gelo para dois dedos d'água
E nós queremos fazer um apelo:
Que desenvolvam o trabalho e derretam o gelo
Abram as mãos governantes e botem fé
Precisamos desse líquido
Essa vida de tantas mentiras
e falsas promessas
Leva a gente a ficar tonto
Chega de conversa
Busquem a verba pra água chegar
pois o Rio São Francisco é perto...

Dois dedos de água
Nossas crianças estão chorando
Nossos jovens estão gritando
Queremos água pura pra beber
Há muito tempo prometem
Quando passam eles agradecem
E não querem saber de mim nem de você
A Casal vem nos dizer que não tem culpa
Quem será o culpado
Nosso povo quer a resposta
E esses homens ficam calados
Não queremos mais promessas juradas
Resolvam essa parada...

Fonte: Letras das paródias produzidas pelos alunos envolvidos no projeto.

Foram realizados teatro, palestras, apresentações e outras paródias, que permitiram que parte do que os alunos haviam descoberto fosse mostrada naquela noite. Tudo foi pensado e executado para que aquelas pessoas não se vissem mais como coitadas, mas como indivíduos com dignidade e orgulho em sua comunidade, para que nunca mais ficassem esperando uma esmola ou um favor. Dessa forma, tornavam-se cidadãos capazes de escolher e conhecer seus caminhos. E a verdade apareceria mesmo que coberta pelo manto da impunidade.

Aquele projeto, mesmo não trazendo água pelos canos, era motivo de orgulho, mostrava que sabíamos do que éramos feitos e que cada real desviado ou mal-aplicado resultava em um crime contra a dignidade humana.

O discurso feito pelo deputado federal Givaldo Carimbão, que foi convidado por ser o responsável pela emenda parlamentar estadual que destinou recursos ao projeto de canalização de água potável no povoado, enfatizou que era a primeira vez que fora convidado por uma comunidade para discutir seus problemas e não para pedir favores para suprir suas necessidades.

Nas apresentações, foi mostrado que o Rio Ipanema estava assoreado e extremamente poluído. A população desde sempre colocava dejetos no rio, que se acumulavam, esperando as cheias que traziam mais lixo e os levavam para o Rio São Francisco. Evidenciou-se também que as cheias estavam ficando cada vez mais raras e que a quantidade de poluentes era cada vez maior, devido ao aumento da população, que antes produzia lixo degradável e passou a produzir lixo que não se degradaria na natureza devido ao modo de vida consumista. Dessa forma, a água ficava cada vez mais salobra e suja.

A esses fatores, soma-se o desmatamento das margens. O preço que se pagava estava refletido em diarreias, verminoses, hepatites, tuberculoses e outras doenças características de países pobres e subdesenvolvidos que condiziam com aquela realidade. Agora sabíamos o que causava esse conjunto de problemas e conhecíamos bem a realidade. Estávamos prontos para combatê-la? Como ir além da informação que havíamos passado por meio do projeto desenvolvido?

É difícil reconhecer o problema e não ter como efetivamente resolvê-lo. Só se criam soluções quando se tem alternativa: "Não jogue lixo no rio!", "Não consuma água poluída!". No entanto, se não dissermos o quê e como fazer, de nada adiantará o discurso.

A escola, por sua vez, desempenhou o seu papel social. Em vez de promover um projeto meramente didático, atuou com um projeto de intervenção social, que eleva sua função social. Além disso, promoveu o exercício da cidadania dos seus envolvidos, alunos, professores, direção, funcionários, pais e comunidade.

O projeto Muito Gelo e Dois Dedos d'Água foi desenvolvido no segundo semestre do ano de 2007. Todas as etapas foram executadas com êxito. Os objetivos ganharam conotação além do esperado. Os alunos superaram as expectativas *a priori*, pois uma onda de motivação invadiu o âmbito escolar.

A aprendizagem passou a ser significativa, já que estávamos tratando de um problema comum a todos. As pesquisas, tanto bibliográficas quanto de campo, foram bem-sucedidas. O resultado das pesquisas foi apresentado em relatórios às respectivas áreas do conhecimento. Além disso, os alunos tiveram acesso à sala de computação, antes desativada por falta de professores. Usar todos os recursos tecnológicos disponíveis foi algo nunca visto antes pela comunidade escolar.

A avaliação do desempenho se deu de forma contínua, uma vez que o conhecimento foi constituído no dia a dia, por meio da interação, da participação, dos relatórios e da apresentação. Durante a execução, foram analisados e refletidos os impactos de cada ação, levando-se em consideração os aspectos positivos e negativos do processo. O "erro" identificado serviu como ponto de partida para a busca da superação, além de contribuir para a formação de uma consciência crítica diante das ações.

A equipe escolar acompanhou o desenvolvimento das ações e a participação dos alunos, auxiliando-os e orientando-os em cada etapa. Os docentes trabalharam com suas respectivas equipes. Isso facilitou o processo, pois cada um desempenhou seu papel diante dos desafios do projeto. O desempenho dos professores foi motivador para o sucesso do resultado alcançado.

A equipe escolar (direção, coordenação, conselho escolar) cumpriu com todas as exigências apresentadas durante todo o trabalho pedagógico-administrativo. Todos atuaram com espírito de luta. A comunidade participou ativamente dos trabalhos realizados com os alunos (abaixo-assinado, entrevistas, visitas aos lares e depoimentos), nas manifestações populares e no segundo seminário. Todas as etapas foram fotografadas pelos discentes, e os seminários e o grande arrastão na cidade de Santana do Ipanema foram filmados.

Na conclusão, os responsáveis pelo problema foram apresentados à comunidade escolar e extraescolar: a administração anterior e a atual, que desviaram os recursos da obra. Antes das discussões promovidas pela escola, a população quanduense acreditava que a Casal era responsável pelo problema, pois as lideranças políticas argumentavam que não havia meios para bombeamento da água até o povoado. Diante disso, o Ministério Público pediu um parecer da Casal e, em 15 dias, ficou constatado que a obra está inconclusa. Portanto, se o projeto ganhar um novo capítulo, continuaria com a mobilização social e entraria com ação no Ministério Público para punir os verdadeiros responsáveis e concluir a obra.

Os alunos poderiam aprofundar seus conhecimentos com relação aos argumentos e aos fatos que aconteceram há algum tempo na região. Isso gerou muita empolgação e trabalho. Todos estavam motivados, e minha racionalidade (na condição de professor cidadão) dizia que percorreríamos novos caminhos e, por isso, tínhamos uma responsabilidade ainda maior, pois procurávamos mudar aquela realidade.

Quais foram as consequências na vida escolar dos alunos relacionados com o projeto desenvolvido?

PROJETO DE APRENDIZAGEM COM PARCERIAS EMPRESARIAIS

Uma letra, uma frase ou mesmo uma simples palavra podem significar muito ou muitas coisas. Isso depende do que queremos ouvir, ver ou falar: a beleza está nos olhos de quem vê, na verdade de quem fala e nos sentimentos de quem ouve. O que se viu foram pessoas que passavam dificuldades, sabiam aproveitar os momentos de alegria: as cheias do rio, o prato cheio de comida, o prazer de saber; cada momento é único e tem de ser aproveitado. A parceria empresarial é incentivada pelo Estado, baseada em políticas e ideias que chegaram como proposta nas escolas do ensino médio em Alagoas, na primeira década do século XXI. A principal dificuldade dessas escolas seria fazer parceria com empresas dispostas a trabalhar e financiar seus projetos.

Na Escola Estadual Professora Ana Maria Teodósio, a oportunidade para trabalhar com esse tipo de parceria surgiu com a inscrição, no ano de 2008, no concurso da revista *Carta na Escola*, em que o projeto selecionado seria colocado em prática em 2009. Uma rara oportunidade, da qual teoricamente qualquer escola com interesse poderia participar, que seria nada mais do que uma loteria de sonhos, a qual não atenderia à necessidade da maioria dos inscritos, mesmo que seus projetos se adequassem a suas propostas.

A realização do Prêmio "Minha Comunidade Sustentável" é uma iniciativa da revista *Carta na Escola* em parceria com a organização não governamental Ação Educativa. Seu objetivo é estimular e apoiar a criação e execução de projetos escolares inovadores que busquem soluções de sustentabilidade da vida no planeta, incluindo-se aí as dimensões social, ambiental e econômica. Poderão concorrer ao Prêmio Minha Comunidade Sustentável escolas públicas e privadas do Ensino Fundamental, Médio e Educação de Jovens e Adultos (EJA). As propostas criadas por grupos de alunos e professores das escolas participantes deverão ser acompanhadas de orçamento e cronograma de execução. Os prêmios variam de R$ 5 mil a R$ 30 mil para cada projeto. A escolha dos melhores projetos será feita por um júri de especialistas nas diversas vertentes da sustentabilidade (ambiental, social e econômica) e o processo, da inscrição à premiação, será acompanhado pela Ação Educativa. Os ganhadores terão seis meses para implementar o projeto aprovado sob a supervisão da Ação Educativa. É importante lembrar que o projeto deve ser realizado por uma escola que pode estabelecer parceria com organizações não governamentais (ONGs), associações de bairro ou instituição que ofereçam apoio técnico (CARTA NA ESCOLA, 2008, documento *on-line*).

A ideia para a construção do projeto Dias Melhores surgiu em uma conversa com o engenheiro agrônomo que residia no povoado, que comentou sobre as práticas erradas do manejo do solo e do tratamento do gado. A coordenadora pedagógica colocaria essas ideias em forma de projeto. Ele foi revisto e refeito várias vezes, antes de atingir sua configuração final. Cada nova reformulação ficava melhor e transformava em letras os antigos objetivos. Coisas simples que poderiam trazer para aquela comunidade uma melhoria das suas práticas e possibilitar uma maior resistência nas suas terras: transformação de práticas na pecuária, como o correto preparo de silos e melhor aproveitamento da palma forrageira, oferecimento de alternativas para queimadas e o correto preparo de plantio, como também a reflexão sobre a importância das matas e do correto manejo do gado.

O projeto Dias Melhores não poderia ter outro nome, uma vez que esse era um desejo, um desafio, que a escola colocaria em prática por meio de seus alunos, intervindo na vida de suas famílias e buscando condições de melhor aproveitamento de seu trabalho. Seria o outro lado da moeda, e teríamos de fazer aquilo no que acreditávamos com o sangue da terra e o hálito da alma. Porém, não existe o desenvolvimento de projeto de aprendizagem com essas características sem investimento de recurso financeiro significativo. Somente a vontade e o esforço da comunidade escolar não dariam suporte àquilo que se pretendia desenvolver como política pública do Estado e com seus recursos previstos para todas as escolas que estivessem interessadas em desenvolver suas propostas.

CONSIDERAÇÕES FINAIS

O processo educacional deve contemplar um tipo de ensino e aprendizagem que ultrapasse a mera reprodução de saberes "cristalizados" e desemboque em um processo de produção e de apropriação de conhecimento, possibilitando, assim, que o discente se torne um cidadão crítico e exerça sua cidadania, refletindo sobre as questões sociais e buscando alternativas de superação da realidade.

Tal processo necessita de diretrizes que orientem suas ações, proporcionando uma reflexão constante de suas posturas pedagógicas. É esse movimento de reflexão e ação que dá identidade a uma instituição educativa. Na Escola Estadual Professora Ana Maria Teodósio esse processo fica em destaque com o projeto Muito Gelo e Dois Dedos d'Água, no qual os discentes iniciaram um processo investigativo em busca dos problemas de sua comunidade a fim de reivindicar uma solução.

A escola citada proporcionou tempo e espaço para que os sujeitos do processo educativo compartilhassem experiências e buscassem alternativas pedagógicas para a superação dos obstáculos pessoais e sociais. Portanto, a centralidade da escola pode ser compreendida em uma perspectiva de escola cidadã, sendo tomada como inspiração (ADORNO, 1995) e prática da emancipação do sujeito, objetivando o desenvolvimento geral dos alunos nas áreas cognitiva, social e afetiva.

REFERÊNCIAS

ABREU, N. G.; DAMASCENO, A. M. (Orgs.). *Experiência curriculares de ensino médio*. Maceió: SEEE, 2007. 232 p.

ADORNO, T. W. *Educação e emancipação*. Rio de Janeiro: Paz e Terra, 1995.

BRASIL. Lei nº 9.433, de 8 de janeiro de 1997. Institui a Política Nacional de Recursos Hídricos, cria o Sistema Nacional de Gerenciamento de Recursos Hídricos, regulamenta o inciso XIX do art. 21 da Constituição Federal, e altera o art. 1º da Lei nº 8.001, de 13 de março de 1990, que modificou a Lei nº 7.990, de 28 de dezembro de 1989. *Diário Oficial da União*, Brasília, 9 jan.1997. Disponível em: <http://www.planalto.gov.br/ccivil_03/LEIS/L9433.htm>. Acesso em: 26 ago. 2018.

CARTA NA ESCOLA. *Prêmio minha comunidade sustentável*. São Paulo: Basset, 2008. Disponível em: <http://www.acaoeducativa.org.br/premio/regulamento.html>. Acesso em: 27 ago. 2018.

HERNÁNDEZ, F. *Transgressão e mudança na educação*: os projetos de trabalho. Porto Alegre: Artmed, 1998.

LEITURAS RECOMENDADAS

BRANDÃO, Z. et al. *A crise dos paradigmas e a educação*. São Paulo: Cortez, 1997.

FERNANDES, B. M.; MARQUES, M. I., ; SUZUKI, J. C. *Geografia agrária*: teoria e poder. São Paulo: Expressão Popular, 2007.

GADOTTI, M.; FREIRE, P.; GUIMARÃES, S. *Pedagogia*: dialogo e conflito. São Paulo: Cortez, 2000.

GIL, A. C. *Métodos e técnica de pesquisa social*. 5. ed. São Paulo: Atlas,1999.

HERNANDEZ, F. *Transgressão e mudanças na educação*: os projetos de trabalho. Porto Alegre: Artmed, 1998.

MARINHO, E. R. *Um olhar sobre a educação rural brasileira*. Brasília: Universa, 2008.

MOREIRA, A. F.; SILVA, T. T. *Currículo, cultura e sociedade*. 7. ed. São Paulo: Cortez, 2002.

PURYEAR, J. M. Educação na América Latina: problemas e desafios. *Investigación Cualitativa*, v. 3, n. 1, 2018. Disponível em: <http:// www.oei.es/reformaseducativas/educacion_AL_problemas_desfios_puryear_portugues.pdf>. Acesso em: 04 maio 2018.

ROMANELLI, O. D. *História da educação no Brasil*. 20. ed. Petrópolis: Vozes, 1998.

UNESCO. *Ensino médio no século XXI*: desafios, tendências e prioridades. Brasília: Unesco, 2003.

WERLE, F. O. *Educação rural em perspectiva internacional*: instituições, práticas e formação de professores. Ijuí: Unijuí, 2007.

YIN, R. k. *Estudo de caso*: planejamento e métodos. 2. ed. Porto Alegre: Bookman, 2001.

DIÁRIOS DE APRENDIZAGEM:
possibilidades de avaliação na educação superior tecnológica

Carla Pineda Lechugo

27

A metodologia que será explicitada neste capítulo pode ser enquadrada como radicalmente inovadora, uma vez que, na Faculdade de Tecnologia José Crespo Gonzáles (FATEC Sorocaba), essa prática nunca havia sido aplicada – e creio que, na maioria das instituições de nível superior, seja raro encontrá-la. O trabalho que os alunos fizeram dentro dos componentes curriculares gestão de equipes, *marketing* e inovação e empreendedorismo do Curso Superior de Tecnologia em Logística foi inédito e trouxe contribuições significativas para eles e para mim, como professora. A FATEC Sorocaba pertence ao Centro Paula Souza (CEETEPS), que é uma autarquia do Governo do Estado de São Paulo vinculada à Secretaria de Desenvolvimento Econômico, Ciência, Tecnologia e Inovação. Atualmente, cerca de 80 mil alunos estão matriculados em 72 cursos de graduação tecnológica de diversas áreas, como construção civil, mecânica, informática, tecnologia da informação, turismo, entre outras. Além da graduação, são oferecidos cursos de pós-graduação, atualização tecnológica e extensão.

Sou professora do ensino superior há 20 anos e, na FATEC, há oito anos. Esse tempo me serviu para uma constatação: as avaliações não contribuem para medir o que alunos e professores aprenderam. Sempre reconheci como falho o sistema de avaliação adotado por mim e pela faculdade, pois as tais "provas" não provavam a efetiva aprendizagem dos alunos e, sendo assim, não contribuíam com a melhoria do processo de ensino e aprendizagem. Foi quando decidi desconstruir o modelo de avaliação praticado por mim e pela faculdade e propor aos alunos que escrevessem o próprio conteúdo apreendido em aula substituindo a habitual avaliação no final do curso. Essa proposta os levaria a sair de seus costumeiros papéis passivos em aula para tornarem-se ativos e coautores da própria aprendizagem.

Inicialmente, chamei essa experiência de livro, depois manual e, recentemente, amadureci a proposta e compreendi que se tratava mais de um "diário de aprendizagem" (**Fig. 27.1**).

A palavra "diário" sugere que os alunos escrevam diariamente o que aprendem em aula. Já a palavra "aprendizagem" enfatiza que registrem o que de fato aprenderam, no lugar do que penso ter ensinado. Essa prática está alicerçada na premissa de que os alunos devem ser ativos no processo de construção do conhecimento e que devem aprender à luz de suas experiências, suas crenças e seus valores. Por isso, os "diários de aprendizagem" não ficam iguais: cada aluno elabora o próprio diário imprimindo sua personalidade, sua linguagem e seu interesse.

Figura 27.1 Exemplos de diários confeccionados pelos alunos.

As aulas, que chamamos de encontros, são norteadas por temas predefinidos com os alunos. Após exposição, discussão, leitura e prática em sala, eles são orientados a escrever suas aprendizagens em casa. Cada diário deve conter uma "dose" de teoria, somada às vivências propostas em aula mais as experiências vividas por cada aluno em seu cotidiano.

É importante ressaltar que os bons resultados dessa prática dependem de o professor estar convencido de que se trata de uma metodologia adequada e positiva e que, depois, dedique um tempo para explicar a metodologia aos alunos. Além disso, ouvi-los sobre o que pensam a respeito da proposta é fundamental. Caso o professor não se mostre seguro e motivado com relação aos resultados e ganhos, os alunos tendem a não se comprometer com a atividade.

Em minha experiência, a maioria dos alunos se mostrou interessada em aplicar a metodologia proposta, mas outros preferiram uma prova tradicional ao final do semestre. Após o consenso da sala, acordamos que o sistema de avaliação seria feito por meio dos diários. Nesse momento, distribuí para a sala alguns exemplares feitos no semestre anterior para que os alunos tivessem uma ideia do que estava sendo proposto. A prática de mostrar alguns modelos e a adoção de um sumário (**Fig. 27.2**) como "espinha dorsal" do diário foram incrementadas recentemente, pois notei que, dessa forma, os alunos se organizam melhor e se inspiram com base no que já foi construído.

Ao final do semestre, conforme entregavam os diários, era nítida a satisfação dos alunos com o resultado. Muitos disseram que aprenderam mais dessa forma, e outros alegaram ter exercitado habilidades que há muito não praticavam, como a escrita e a criatividade.

Inovações Radicais na Educação Brasileira 355

Figura 27.2 Exemplo de sumário dos diários.

Como não há um padrão definido, os diários apresentaram formas muito variadas (**Fig. 27.3**), o que me permitiu verificar que os alunos gostam de criar os próprios modelos. Muitos diários

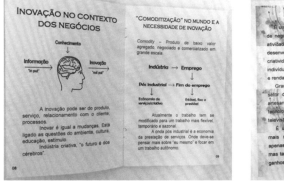

Figura 27.3 Exemplos de modelos de diários confeccionados pelos alunos.

se tornaram livros, contos, poesias, e cada aluno imprimiu ao texto sua personalidade.

A única regra era seguir o sumário estabelecido por mim no primeiro dia de aula, que serviu de guia para o planejamento dos encontros e para avaliar as etapas do processo de ensino e aprendizagem.

No meio do semestre, os alunos entregam o diário escrito parcialmente, o que possibilita fazer os devidos ajustes quanto à forma e à condução do trabalho. Notei que eles têm dificuldade para escrever. Inicialmente, os conteúdos eram como "blocos de cimento" jogados na folha e separados sem contextualização e conexão devidas. Foi preciso explicar como devem escrever, citar autores, referenciar experiências e, principalmente, posicionar-se diante do conhecimento apreendido (**Fig. 27.4**).

Ao final, notei que os alunos estavam mais confiantes e se dispuseram a escrever sem medo e buscando essa interação necessária.

Essa prática de propor diários de aprendizagem completou quatro anos no último semestre de 2016. Outros professores da instituição que viram os resultados do trabalho elogiaram e se manifestaram interessados em aprender e aplicar o modelo. No entanto, apesar da primeira manifestação de interesse, percebi que recuaram, pois sentiram-se inseguros para mudar o processo. O comportamento receoso do professor reforça a necessidade urgente de investir em formação continuada docente, principalmente da educação superior tecnológica, que ainda reflete uma educação de transferência bancária (FREIRE, 1987), em que impera a objetividade e os formatos prontos.

Desconstruir uma prática que se exercita há anos e propor novas práticas são ações que requerem que a instituição ampare o professor para que ele dê os primeiros passos rumo à inovação. Educá-los para serem também aprendizes e pesquisadores de novos modelos de ensino e aprendizagem é dever das instituições de ensino. É importante frisar que o CEETEPS tem, em sua história e missão, uma vocação orientada para a inovação, mas pouca inovação se tem notado quando o assunto é prática pedagógica. Isso possivelmente acontece pelo fato de a maioria dos professores não ser formada em cursos de licenciatura.

Ao colocar os alunos como coautores, o professor deixa de ser o único que ensina e que controla os resultados da aprendizagem. Nesse processo, o papel de ambos se modifica, e, para tanto, é preciso que todos estejam motivados e seguros para reformular seus papéis.

Sem dúvida, mudar o sistema é uma atitude corajosa de professores e alunos, pois as variáveis nesse modelo de avaliação podem não ser as esperadas. Os alunos podem não querer escrever, podem buscar textos prontos na internet ou entregar resultados abaixo da expectativa do

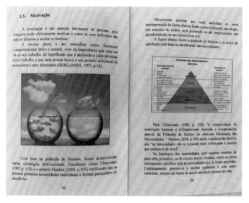

Figura 27.4 Exemplos de conteúdo dos diários.

professor. No entanto, o que esses anos me mostraram é que eles chegaram a resultados muito superiores de aprendizagem, tiveram de imprimir o aprendizado a partir de suas releituras da teoria e de mundo. Os resultados de todos esses semestres foram superiores ao que eu inicialmente esperava. Também notei que muitos alunos buscaram outras fontes para construir seus diários, o que resultou em um trabalho de pesquisa com outros autores, além dos mencionados em aula e na bibliografia.

Os diários entregues pelos alunos são a prova concreta de que anseiam por uma educação mais autônoma (FREIRE, 1996), que permita que saiam da "caixa" imposta pelas aulas prontas (**Fig. 27.5**).

Também notei que os diários, quando entregues no final do semestre, representavam um "pedaço" do aluno, algo como confidencial, único e particular. Muitos, ao entregarem o resultado pronto, esperavam a minha reação, o meu retorno, e revelavam uma relação afetiva com a "obra" pronta (WALLON, 1975). Ao mencionar a palavra "afetiva", quero dizer que, além do *afeto* que muitos alunos demonstraram ter com seus diários, eles também foram *afetados* pela metodologia, ou seja, não ficaram "inertes" diante do conhecimento (LECHUGO, 2016).

Esse talvez tenha sido um dos poucos momentos da vida escolar do aluno em que ele

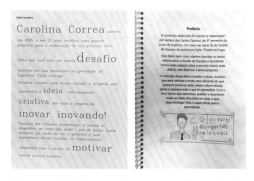

Figura 27.5 Exemplos de manifestação de aprovação dos alunos com relação à avaliação.

tenha sido desafiado a construir algo próprio e manifestar suas aptidões e seus interesses. Entre as manifestações artísticas e criativas nos diários, posso dizer que tivemos colagens, desenhos, uso de recursos diversos, como caixas de sapato, maquetes, etc. Além disso, notei que aqueles que gostam de música trouxeram, para exemplificar o que aprenderam, referências de orquestras, bandas, instrumentos musicais. Os que gostam de jogos, usaram metáforas de jogo para explicar os conteúdos, e assim por diante (**Fig. 27.6**).

Sendo assim, acredito que mais do que conteúdos distantes e descontextualizados, os diários representaram uma aproximação das teorias e práticas com as diversas realidades dos alunos, e isso sugere maior fixação daquilo que aprenderam (DALE, 1946).

Figura 27.6 Exemplos de referências pessoais e significativas dos alunos.

A experiência com os diários de aprendizagem tem dado às aulas e ao processo de avaliação maior significado e interação. Muitos alunos disseram sentir prazer ao desenvolver o diário, o que me motiva a repetir, melhorar o modelo e compartilhar essa proposta com outros professores. E eu, como professora, posso dizer que tenho sentido muito prazer ao ler o que os alunos escrevem, porque, nesse momento, me conecto com eles, os conheço melhor e percebo que desperto neles e em mim talentos que estavam silenciados pelas metodologias anteriores.

Espero que os professores que lerem este relato se encorajem a experimentar essas novas sensações e novos aprendizados. Vale a pena o desafio!

REFERÊNCIAS

DALE, E. *Audiovisual methods in teaching*. New York: Dryden, 1946.

FREIRE, P. *Pedagogia da autonomia*: saberes necessários à prática educativa. 36. ed. São Paulo: Paz e Terra, 1996. (Coleção Saberes).

FREIRE, P. *Pedagogia do oprimido*. 17. ed. São Paulo: Paz e Terra, 1987.

LECHUGO, C. P. *A educação tecnológica: sua história, seus professores e a percepção dos alunos sobre as práticas pedagógicas*. 2016. 249 f. Tese (Doutorado em Educação) – Programa de Pós-Graduação em Educação, Universidade de Sorocaba, Sorocaba, 2016.

WALLON, H. *Psicologia da educação e da infância*. Lisboa: Editorial Estampa, 1975.

ENSINO DA LITERATURA E LEITURA CRÍTICA:
um projeto da sala de aula ao teatro em uma escola de Pernambuco

Adelmo Teotônio da Silva

A literatura, como toda arte, é o espaço de criação, recriação e liberdade de pensar, capaz de conduzir o indivíduo a refletir sobre seu papel na sociedade. A literatura, ao representar o mundo e a vida por meio das palavras, ao estabelecer pontes e esclarecer vínculos e relações com a realidade, constitui-se como peça-chave do reconhecimento dos valores, para aqueles com quem convive, contribuindo para a aprendizagem e a formação do indivíduo e suscitando sua reflexão e criatividade, bem como seu prazer e imaginário.

Nesse sentido, enunciamos a **questão de partida** deste relato de experiência: como aprofundar um ensino da literatura centrado nos valores e no pensamento crítico, por meio de um projeto didático-pedagógico da sala de aula ao teatro, desenvolvido com alunos do ensino fundamental e do ensino médio, em uma escola de Pernambuco?

Em busca de um eixo norteador para a questão de partida, delineamos um **objetivo geral**: analisar o impacto de um ensino da literatura centrado nos valores e no pensamento crítico, por meio de um projeto didático-pedagógico da sala de aula ao teatro, na qualidade das aprendizagens e nas percepções de alunos do ensino fundamental e ensino médio, de uma escola privada de Pernambuco.

Trata-se de um estudo qualitativo, que analisa a realidade educativa em contexto, interligando a literatura brasileira ao teatro e focando o desenvolvimento do pensamento crítico dos alunos em relação aos valores e à reflexão individual e em grupo, com a concretização de um trabalho de projeto, desenvolvido no Seminário Literário do ensino fundamental e ensino médio, no período letivo de 2014 a 2015.

Os sujeitos participantes foram 78 alunos do ensino fundamental e 35 do ensino médio. A análise, com foco no componente curricular de literatura, implicou o estabelecimento de categorias, com base no recorte e no agrupamento de unidades de significação (BARDIN, 2009; MINAYO, 2007), em torno dos textos dos alunos, incluídos no portfólio coletivo final.

METODOLOGIA

Em primeiro lugar, trata-se de uma **abordagem qualitativa**, pois interessa observar, registar e analisar práticas educativas, considerando as especificidades da problemática, do contexto e dos participantes no estudo (CHIZZOTTI, 2006; COUTINHO, 2008). Segundo Richardson et al. (1999, p. 91), "[...] a pesquisa qualitativa pode ser caracterizada como a tentativa de uma compreensão detalhada dos significados e características situacionais [...]". Por isso, a análise de conteúdo, a partir do recorte semântico do discurso escrito dos participantes, será levada a efeito por meio da definição de categorias e subcategorias.

Em segundo lugar, do conjunto de possibilidades de concretização investigativa qualitativa foi selecionado o **estudo de caso**. Essa opção resulta do foco desse tipo de estudo em um contexto específico, com fronteiras bem definidas, visando a análise tanto dos processos quanto das percepções dos participantes. Por isso, possibilita uma análise aprofundada de pormenor, de um ou múltiplos casos interligados. Além disso, o investigador é parte integrante do estudo, sendo considerada a subjetividade de sua visão quanto ao processo investigativo e aos resultados obtidos. Se necessário, o investigador pode reformular objetivos, estratégias e procedimentos no decorrer da pesquisa, mediante a complexidade da realidade particular em análise (RICHARDSON et al., 1999).

Como instrumentos de coleta de dados, foram selecionados os portfólios dos alunos participantes no projeto, reunidos em um portfólio final, como instrumento de registro e de auto e heteroavaliação. Ao mesmo tempo, possibilitou o registro reflexivo e crítico do trabalho de projeto da sala de aula ao teatro, efetuado pelos alunos, a autoavaliação e a heteroavaliação formativas entre pares, bem como o aperfeiçoamento da competência de escrita de textos diversificados, que cruzam vários gêneros textuais, desde peças de teatro a letras de canções e textos reflexivos e comentários.

Dessa forma, o portfólio transcende o aspecto instrumental, por originar "[...] uma postura, uma práxis, uma dinâmica de superação e transformação, que se efetiva em um movimento tríplice: crítica da construção do conhecimento novo; nova síntese do plano de conhecimento; ação em relação à nova síntese estabelecida [...]" (SOARES, 2012, p. 5). Ao possibilitar essas funcionalidades de reflexão e ação, passa a ser uma metodologia de avaliação, capaz de estimular a intervenção educativa e a construção personalizada do conhecimento, em sua natureza dinâmica, estratégica e contextual.

CONTEXTUALIZAÇÃO DO RELATO

A escola na qual foi realizado o estudo localiza-se no município de Santa Cruz do Capibaribe, situado na mesorregião do Agreste de Pernambuco, a cerca de 190 quilômetros da capital, Recife, com a terceira maior população do Estado (INSTITUTO BRASILEIRO DE GEOGRAFIA E ESTATÍSTICA, c2017). Nos últimos anos, essa região tem evidenciado um forte desenvolvimento socioeconômico no ramo têxtil, bem como no comércio e na circulação de bens e mercadorias, devido a sua posição geográfica.

Para além do contexto geral da escola, é igualmente importante contextualizar o projeto Seminário Literário, com origem em 2001, formatado no componente curricular de literatura e categorizado como projeto especial, no projeto político-pedagógico da escola. Em 2014 e 2015, o projeto "Literatura: da sala de aula ao palco do teatro" envolveu duas turmas, de anos finais do ensino fundamental e do ensino médio, de acordo com a planificação de etapas (**Tab. 28.1**).

RESULTADOS

Análise das percepções dos alunos nos textos dos portfólios

Os portfólios I e II reúnem, respectivamente, textos individuais e de grupo dos sujeitos participantes do projeto. Eles seguem uma estrutura similar, que contempla, com pequenas alterações: capa e folha de rosto; agradecimentos; introdução; resumo; objetivos gerais e es-

TABELA 28.1 Etapas do projeto no ano letivo de 2014 a 2015

Etapas	Atividades
1ª Planejamento do Seminário Literário	Planejamento didático-pedagógico semestral (com atualização no 3º bimestre do ano letivo) do Seminário Literário, no componente curricular de literatura, em trabalho colaborativo entre pares).
2ª Fase inicial do projeto em sala de aula	Seleção das turmas participantes. Apresentação da proposta temática do projeto às turmas. Definição da temática geral do projeto, dos objetivos e dos critérios relativos aos portfólios, em conjunto com os alunos. Seleção de alunos-representantes/turma e núcleos temáticos/projeto.
3ª Escrita de roteiros de texto teatral	Leitura de obras literárias. Definição de subtemas das turmas (critério de periodização literária). Formação de grupos de estudo/turma. Discussão em sala de aula das propostas de roteiros de texto teatral dos grupos. Seleção e reestruturação dos roteiros.
4ª Ensaios dos grupos	Seleção de elementos musicais e cenográficos. Agendamento de reuniões e ensaios. Ensaios semanais monitorados em sala de aula. Ensaios de coreografia (núcleo de representação musical), com apoio/supervisão de profissionais convidados/familiares. Ensaio final (prévio à atuação pública) no teatro municipal. Registro de reuniões e ensaios – portfólios.
5ª Representações dos grupos no teatro municipal	Divulgação da data da representação na comunidade escolar e local por meio de mídia impressa e redes sociais. Representação de cada grupo no Teatro Municipal de Santa Cruz do Capibaribe/PE. Registro audiovisual do projeto para incorporação nos portfólios.
6ª Avaliação do projeto	Avaliação final dos alunos do Seminário Literário, tendo por base o trabalho realizado e os registros nos portfólios. Entrega dos portfólios.

pecíficos do projeto de cada grupo; justificativa; registros da pesquisa efetuada; texto teatral a representar (com falas das personagens e indicações cenográficas); seleção dos atores; conclusões (conclusão geral do grupo e conclusões individuais de cada aluno participante); anexos (incluindo letras de canções); e leiaute (com desenhos dos fatos e adereços).

Quanto aos temas selecionados:

- Ensino fundamental (47 alunos): "Da magia ao real: o despertar da paixão"
- Ensino médio (35 alunos) e ensino fundamental (31 alunos): "Literatura: cidadania e progresso"

Para este capítulo, consideramos a categoria: "vantagens da participação no projeto 'Literatura: da sala de aula ao palco do teatro'", cujas subcategorias são: aprendizagem para os valores; mais criatividade dos alunos; mais autonomia dos alunos; e concretização do projeto como aprendizagem para a vida. As subcategorias foram selecionadas após a leitura e o recorte semântico dos textos dos alunos, contidos nos portfólios. Para preservar o anonimato dos participantes, os alunos são identificados com A (aluno), seguido de um número, do nível de ensino – EF (ensino fundamental) e EM (ensino médio) – e da idade.

Por sua vez, esses pontos elencados nos remetem à subcategoria "aprendizagem para os valores", tal como evidenciam as apreciações individuais dos alunos, constantes nos portfólios dos grupos:

A8, EF, 16 anos: "No seminário de literatura, você aprende muitas coisas, aprende valores e conhecimento que devem ser levados para o longo da vida, aprender a conviver em grupo, aceitar a opinião do outro e a acreditar que você pode ser melhor do que você pensa."

A18, EF, 15 anos: "Para mim, trabalhar em equipe é uma oportunidade de se aprender com os outros, saber escutar, dividir conhecimentos e compartilhar ideias."

A58, EM, 17 anos: "Eu aprendi bastante com meus dois personagens e com todo o conjunto do seminário. Irei levar todas essas lições que aprendi por toda minha vida acadêmica e pessoal. Eu aprendi a trabalhar mais em conjunto, aprendi também a como me expressar melhor e a como devemos entrar de cabeça em tudo que queremos fazer, se quisermos fazer bem-feito, entre várias outras coisas."

A69, EM, 17 anos: "O projeto de seminário tem temas e assuntos bem atuais e polêmicos. Nos (*sic*) traz ensinamentos, como aprender a ouvir, respeitar e valorizar os outros. [...] O seminário fez-me envolver ainda mais com minha turma, me fez conhecer ainda mais cada um dos meus colegas, e me deu a honra de participar de um projeto que acompanhava apenas como plateia há anos."

Nessa troca de saberes, "aprender a conviver em grupo, aceitar a opinião do outro" (A8), além de "saber escutar, dividir conhecimentos e compartilhar ideias" (A18), levar o aluno a se "expressar melhor" (A58) e "respeitar e valorizar os outros" (A69) são testemunhos de valores humanistas, éticos e individuais que o projeto "Literatura: da sala de aula ao palco do teatro" foi capaz de gerar, em um percurso comum de aprendizagem.

Em concordância com as percepções da maioria dos discentes, manifestadas ao longo desta análise, os alunos reforçam, nos excertos citados, que o ensino de literatura, como fonte de amadurecimento, favorece uma visão reflexiva da vida e uma educação para os valores, realçando a importância das relações interpessoais.

Confrontando as opiniões de alunos de diferentes níveis de ensino, é possível constatar uma simbiose entre respeito, solidariedade, generosidade, cooperação, disciplina, responsabilidade e determinação, a qual representa o amadurecimento de uma relação de humanização e diálogo dos sujeitos, em perceber a literatura como caminho de convivência solidária. Tal como previamente referenciado, na revisão da literatura, devido a seu caráter formativo, o estudo da obra literária leva o aluno a tornar-se o sujeito central da aprendizagem. Como menciona um especialista, "[...] é possível afirmar que o objetivo da formação literária é, em primeiro lugar, o de contribuir para a formação da pessoa, uma formação que aparece ligada indissoluvelmente à construção da sociabilidade [...]" (COLOMER, 2007, p. 31).

Quanto a esse papel de formação, de constituição do aluno-cidadão, vale ressaltar outros aspectos favoráveis do projeto, a partir das subcategorias: "mais criatividade dos alunos" e "mais autonomia dos alunos".

No que diz respeito à subcategoria "[...] mais criatividade dos alunos", destaca-se o fato de que, muito além da leitura literária e de sua imersão no projeto, o aluno possa operar sobre a linguagem como "uma atividade construtiva, histórica, social que supõe a interação [...]" (FRANCHI, 1995, p. 267). Essa capacidade é reconhecida pelos discentes em seus comentários:

A28, EF, 14 anos: "O seminário não é apenas uma apresentação, mas uma amostra de todos os nossos conhecimentos adquiridos na disciplina de literatura no decorrer do ano. Ele nos faz mostrar ao público o quanto é maravilhoso estar em contato com os livros e com a história, mostrando isso de uma forma artística."

A67, EM, 17 anos: "[...] e inovamos cantando uma música só com voz e sem instrumentos [...]."

Nesse exercício, a forma de se relacionar com a literatura e, por conseguinte, com o projeto, por si só, constitui uma experiência criativa, peculiar, de materialização do texto literário. Seja "em contato com os livros e com a história, [...] de uma forma artística" (A28), seja na inovação pelo viés musical (A67), há uma ampliação de experiências sensoriais, estéticas, uma imersão em diferentes linguagens, gêneros e formas expressivas.

No que concerne à subcategoria "mais autonomia dos alunos", os discentes confirmam que o projeto propicia a liberdade de expressão e a autonomia, para além de fortalecer a autoestima e a confiança em suas capacidades. Nos excertos transcritos, é evidente a confiança progressiva dos alunos em suas capacidades:

> **A17, EF, 11 anos:** "O personagem que eu representei no início parecia ser difícil, mas, com a continuidade dos ensaios, tornou-se divertido, pois o bobo da corte passava alegria, humor à história. Desempenhar esse papel foi muito legal, me fez perder a timidez, me deixou com mais desenvoltura para futuramente em novos trabalhos fazer melhor."
>
> **A26, EF, 14 anos:** "O seminário não é só um trabalho de escola, é muito mais que isso: você aprende a lidar com pessoas que, talvez, você achava que não iria conseguir lidar, você descobre que pode ser melhor do que pensa e descobre também o talento que cada uma (sic) dos seus amigos tem, você aprende a ter pulso para lidar com certas situações."
>
> **A57, EM, 17 anos:** "E não poderia deixar de falar [...] desse projeto maravilhoso que é o Seminário de Literatura. Nele descobri talentos que não se têm numa sala de aula, ele faz o indivíduo acreditar em si mesmo, deixando-o confiante de que tudo é realizado quando você quer e luta pelos seus objetivos."

Ao favorecer o protagonismo, o projeto revela participantes capazes de gerir o próprio aprendizado, com independência moral e intelectual. E, nessa habilidade de conviver com diferentes circunstâncias, as opiniões dos alunos exprimem seu engajamento na tomada de decisão e na melhoria de suas aprendizagens, não apenas quanto à literatura, mas igualmente ao enquadramento das relações interpessoais. Como é descrito nas opiniões individuais registradas nos portfólios, "esse papel [...] me deixou com mais desenvoltura para futuramente em novos trabalhos fazer melhor" (A17) e "descobri talentos que não se têm em uma sala de aula, ele faz o indivíduo acreditar em si mesmo" (A57).

Como estratégia que dá voz aos alunos, essa experiência educativa alicerça-se na metodologia de projetos, por criar situações de aprendizagem reais e diversificadas. Em relação ao trabalho com projetos, "o seminário não é só um trabalho de escola, é muito mais que isso" (A26), o que torna concordante a voz dos alunos participantes com as características defendidas por Abrantes (1995, p. 62), quando referencia, como analisado na revisão da literatura, que:

> [...] o envolvimento dos alunos é uma característica-chave [...] num projeto, a responsabilidade e autonomia dos alunos são essenciais; [...] o problema a resolver é relevante e tem um caráter real para os alunos. Não se trata de mera reprodução de conteúdos prontos.

Assim sendo, é justificável o entusiasmo e o empenho quanto ao ensino e à aprendizagem de uma literatura que surge como instrumento de libertação, possibilitando a reformulação de conceitos e a autonomia do pensamento. Assim, a subcategoria "concretização do projeto como aprendizagem para a vida" emerge como uma demonstração do papel significativo do ensino literário:

> **A25, EF, 14 anos:** "Para tanto, vale salientar que foi realmente encantador, uma experiência excepcional, agradável, divertida, a qual será levada em nossa memória durante toda a nossa trajetória de vida, tanto no âmbito escolar quanto na vida pessoal, momento este de grandiosidade. [...] levaremos sempre em nossa memória:

lições de moral, trabalhos em equipes, apresentações, lembranças divertidas, fotos, entre outras recordações, para nossos futuros filhos, netos e os demais descendentes."
A56, EM, 16 anos: "[...] tivemos uma experiência ímpar com esse acontecimento, desde o que aprendemos didaticamente às experiências. Foram marcos que, certamente, ajudarão na formação de cada um de nós."

Nas opiniões dos alunos recém-descritas, a literatura fala de experiências de vida e, por intermédio do projeto Seminário Literário, torna-se mediadora da aprendizagem, a partir do acesso aos textos literários e suas vivências teatrais. Os ensinamentos instauram relações dos sujeitos entre si, com a cultura, a língua e com seu passado, presente e futuro: "durante toda a nossa trajetória de vida tanto no âmbito escolar quanto na vida pessoal", "lições de moral" (A25), "desde o que aprendemos didaticamente às experiências", a "marcos que, certamente, ajudarão na formação de cada um" (A56). Cumpre-se, dessa forma, a relação entre a literatura e as vivências dos alunos, em uma perspectiva de desenvolvimento dos valores e do pensamento crítico (ALMEIDA, 2006).

CONSIDERAÇÕES FINAIS

O entusiasmo manifestado pelos discentes é revelador de sua percepção da literatura como fonte de conhecimento e expressividade humana. Assim, os alunos sublinham uma mobilização social e artístico-cultural na instituição escolar e no município-sede do projeto.

Desse modo, os discentes apreenderam que uma representação teatral, como arte da palavra e como toda arte, recria a realidade, exprimindo "[...] valores, sentimentos, relações interpessoais, cognição e significações, visto que envolve subjetividade, já que somos seres de linguagem [...]" (BUENO, 2002, p. 2). Cumpriu-se, então, a finalidade de abrir caminhos para a interrogação e o exame crítico, por parte dos alunos participantes em um projeto da sala de aula ao teatro.

Em linhas gerais, ao potenciar o pensamento reflexivo, o portfólio funciona como um instrumento de registro e aperfeiçoamento do ensino e da aprendizagem como ferramenta de avaliação formativa e de autoavaliação. Além de promover a reflexão crítica e levar o aluno a posicionar-se diante de seu aprendizado, particulariza-se por possibilitar uma reflexão coletiva, por exemplo, com o trabalho desenvolvido em grupo. Dessa forma, funciona como impulsionador do trabalho conjunto entre alunos e entre professor e aluno, proporcionando o registro e a reflexão dos passos percorridos durante determinando ciclo.

REFERÊNCIAS

ABRANTES, P. Trabalho de projeto e aprendizagem da matemática. In: ABRANTES, P. *Avaliação e educação matemática*. Rio de Janeiro: MEM/USU – GEPEM, 1995. (Reflexões em Educação Matemática, 1).

ALMEIDA, L. R. de. Wallon e a educação. In: MARRONEY, A. A.; ALMEIDA, L. R. de (Org.). Henri Wallon – *Psicologia e educação*. 6. ed. São Paulo: Loyola, 2006, p. 71-87.

BARDIN, L. *Análise de conteúdo*. Lisboa: Edições 70, 2009.

BUENO, R. P. P. *A arte na diferença*: um estudo da relação da arte/conhecimento do deficiente mental. 2002. Tese (Doutorado em Educação) –Universidade Metodista de Piracicaba, Piracicaba, 2002.

CHIZZOTTI, A. *Pesquisa em ciências humanas e sociais*. 8. ed. São Paulo: Cortez, 2006.

COLOMER, T. *Andar entre os livros*: a leitura literária na escola. São Paulo: Global, 2007.

COUTINHO, A. *Notas de teoria literária*. Petrópolis: Vozes, 2008.

FRANCHI, E. P. *Pedagogia da alfabetização*: da oralidade à escrita. 4. ed. São Paulo: Cortez, 1995.

INSTITUTO BRASILEIRO DE GEOGRAFOA E ESTATÍSTICA. *Santa Cruz do Capibaribe*. c2017. Disponível em: <https://cidades.ibge.gov.br/brasil/pe/santa-cruz-do-capibaribe/panorama>. Acesso em: 26 ago. 2018.

MINAYO, M. C. S. O *desafio do conhecimento*: pesquisa qualitativa em saúde. São Paulo: Hucitec, 2007.

RICHARDSON, R. J. et al. *Pesquisa social*: métodos e técnicas. 3. ed. São Paulo: Atlas, 1999.

SOARES, S. L. Avaliação Formativa, Portfólio e a Autoavaliação. In: ENDIPE – ENCONTRO NACIONAL DE DIDÁTICA E PRÁTICAS DE ENSINO, 16., 2012, Campinas. Anais... Campinas: UNICAMP, 2012.

PAPOS, VIELAS E QUEBRADAS:
jovens no Cieja Campo Limpo

Diego Elias Santana Duarte | Eda Luiz | Karen Nery Carreiro
Marcos Ribeiro das Neves

O trabalho relatado neste capítulo foi desenvolvido no segundo semestre de 2016 no Centro Integrado de Ensino de Jovens e Adultos (Cieja) Campo Limpo, localizado na Zona Sul de São Paulo, no bairro Capão Redondo, eleito um dos bairros mais violentos da cidade e que aglutina dados de segregação social e espacial.

O Cieja Campo Limpo atende atualmente cerca de 1,4 mil alunos com um número crescente de jovens. O centro funciona em seis períodos e tem uma organização diferenciada em relação ao currículo, aos espaços e aos procedimentos metodológicos (FARIA, 2014; SINGER, 2014).

O projeto com os jovens foi pensado para atender a esse público crescente na educação de jovens e adultos (EJA). É importante destacar que o grupo selecionado para trabalho foi composto majoritariamente por jovens entre 16 e 19 anos, alguns deles na condição de liberdade assistida (LA) e, em sua maioria, expulsos da escola por indisciplina e/ou por outros processos de exclusão vividos no cotidiano escolar.

O trabalho foi pensado por alguns motivos, entre eles o estranhamento que alguns jovens experienciaram ao ter contato no interior da escola com colegas de outro bairro, a ponto de resolver suas "rivalidades" de forma violenta.

O choque geracional causado pelo constante crescimento do número de jovens na EJA, muitas vezes demonstrado nas relações diárias, como o volume do celular, a velocidade da realização das tarefas ou o trato para com os professores, acirra as relações entre esses dois públicos, sendo, inclusive, motivo de discussões em sala de aula.

A partir dos conflitos explicitados, a escola optou por definir uma turma e elencar professores que pudessem proporcionar um processo de escuta e atividades diferenciadas com eles. Após definir a turma, construímos o plano do projeto que norteou o trabalho. O tema escolhido foi territórios. Para a escolha do tema, levamos em consideração os problemas que emergiram e a importância de eles entenderem com mais profundidade as culturas presentes no local em que vivem, suas histórias e lutas nos diferentes espaços. Para nós, o trabalho precisava ser antes de tudo um momento de politização dos estudantes.

No momento coletivo de pensar o projeto, convidamos parceiros do bairro para contribuir com o trabalho resultando na colaboração do projeto TV DOC Capão (REPÓRTER BRASIL, 2016). Nessa parceria, o André Doc* trabalhou com oficinas de audiovisual, grafite e história de vida das pessoas da região.

---
*Fundador e responsável pela TV DOC Capão.

Na primeira fase, o projeto teve duração de um mês. Na segunda fase, quatro meses. Para a segunda fase, foram destinados quatro professores de áreas* diferentes, com o objetivo de sensibilização em relação às questões dos jovens, com autonomia para propor intervenções de tempo, espaço e planejamento diferenciado para o grupo. Como método de avaliação, usamos o registro escrito e fotográfico, por entendermos que esse método ajuda no repensar diário do projeto.

Com o tema território direcionando o trabalho, elencamos subtemas para contemplar e diversificar sua abrangência com os educandos. Esses subtemas foram o corpo como território, morte, vida e convivência, moradia, periferia, o jovem no território, *skate* como prática corporal marginalizada, geopolítica do território, grafite, pichação e *stancil*.

O plano de ensino do projeto foi feito em forma de mapa conceitual trans e interdisciplinar, em que as áreas se conectam ao tema e aos subtemas, e os objetivos atravessam todos os planos de ensino das diferentes áreas do conhecimento. As aulas foram pensadas em temas culturais.

DESENVOLVIMENTO DO PROJETO TERRITÓRIOS

A partir da discussão da frase "território é poder", foram levantados termos que os alunos acreditavam estar relacionados à palavra "território". Surgiram: dinheiro, espaço, terra, poder (ricos e população), jogos, respeito, confronto, negociação (relações, política/tráfico, Unidades de Polícia Pacificadora [UPPs]), pessoas e manipulação.

A professora Lilian e o professor Diego discutiram com os alunos a relação dessas palavras no contexto e sinalizaram a diferenciação de território e lugar. Eles apresentaram "lugar" como um termo relacionado aos sentimentos, à infância, à família, a coisas boas, e "território" como seu espaço e necessidade de defesa.

Na sequência, discutiram a frase do dia: "O único território comum a todos os lugares urbanos pelos quais se circula é o próprio corpo". No momento da explicação, um aluno, Cauê, discordou da frase, todavia não soube explicar o porquê. Como fechamento, foi concluído que entre todos os territórios em que transitamos existe um em comum: o corpo.

Foi registrado o tema do projeto, "Territórios", na lousa, sendo explicado que havíamos abordado a questão do corpo como território, retomando-se alguns conhecimentos que foram trabalhados pelas professoras Lilian e Karen.

Na semana seguinte, foi apresentado o professor Denis e anunciada a chegada da área de ciências do pensamento (CP). O caminho proposto para esse trabalho foi estimular a percepção de algumas características fundamentais de nossa existência, como a interdependência, a impermanência e o sofrimento.

Para tal, usamos a linguagem gráfica, a cinematográfica, aproveitando-nos do fato de que os alunos estavam participando de uma oficina semanal de trabalho com cinema com André. Iniciamos o encontro projetando três imagens (**Fig. 29.1**).

Encaminhamos a discussão para os alunos perceberem que essas representações não tentam reproduzir o mundo exatamente como ele é, mas transmitir certas impressões, emoções ou ideias sobre ele. Abordamos, então, a

---

*"[...] em vez de se ter disciplinas tradicionais, como matemática e artes, o Cieja criou quatro áreas do conhecimento, que englobam as diversas disciplinas tradicionais e incluem outras consideradas fundamentais para a EJA e para o fortalecimento da autonomia do estudante. São elas: linguagens e códigos (LC), envolvendo as disciplinas de língua portuguesa e inglês; ciências humanas (CH), que envolve as disciplinas de geografia e história; ensaios lógicos e artísticos (ELA), que envolve as disciplinas de matemática e artes; e ciências do pensamento (CP), que envolve as disciplinas de ciências e filosofia [...]. Segundo a diretora da escola, o objetivo desse modelo de currículo é integrar as disciplinas, auxiliando o aprendizado do estudante, tornando-o mais eficiente, uma vez que ele pode utilizar o conhecimento de uma disciplina também nas outras áreas de conhecimento" (CENTRO DE REFERÊNCIAS EM EDUCAÇÃO INTEGRAL, 2013, documento *on-line*).

Figura 29.1 Obras dos artistas Monet, Van Gogh e Picasso projetadas na oficina semanal.

linguagem cinematográfica. Iniciamos com a projeção de uma imagem do clássico filme *Cidadão Kane* (1941), de Orson Welles.

A partir dela, sempre questionando os alunos para obter leituras das imagens (prática comum em todos os encontros), conversamos sobre alguns elementos fundamentais do cinema, como os limites do quadro e a profundidade de campo.

Observando as imagens, discutimos sobre outro elemento central da linguagem cinematográfica, o ângulo de câmera: dependendo da posição em que ela estiver em relação aos objetos filmados, diferentes significados podem surgir. A partir desses elementos básicos da linguagem cinematográfica, prosseguimos com a projeção de duas imagens do filme *O processo*, também de Orson Welles (1962).

Após algumas falas nesse sentido, finalizamos o encontro com um questionamento: o que poderíamos fazer para ir no sentido contrário dessas características marcantes do território urbano da metrópole?

Explicamos sobre os efeitos das imagens utilizando trechos de filmes e lançamos perguntas aos estudantes para observarem como são montados os filmes e como pode ser o efeito das imagens no cinema. Também explicamos que as imagens têm o poder de influenciar e produzir visões de mundo e relações assimétricas de poder.

Depois entrevistamos dona Esmeralda (moradora do bairro), que, por livre iniciativa, resolveu cuidar de uma praça, vizinha da escola, nos últimos 35 anos. No dia, os alunos fizeram algumas perguntas a ela sobre como foi plantar todas aquelas árvores, como é requerer ajuda da prefeitura, como se cuida das plantas e até sobre as motivações pessoais para dedicar-se com tanto afinco e por tanto tempo. Durante a visita, conheceram a história do bairro e como a moradora lutou por algumas conquistas, como a colocação do asfalto e a organização da praça. Foram momentos importantes de troca de conhecimentos com uma pessoa do bairro.

No mesmo dia, prosseguimos para a rotatória próxima ao Cieja Campo Limpo.* A intenção era apenas apresentá-la e fazer algumas comparações sobre como nos sentimos na praça. Alguns estudantes manifestaram o desejo em participar da melhoria do local, trazendo materiais para cuidar do espaço.

Na sequência, iniciamos o encontro com a exibição de um trecho do documentário *Como funciona o universo* (2013). Comparamos o tempo de existência da Terra com o tempo de vida das pessoas e como, em pouquíssimo tempo, o ser humano vem devastando a natureza.

O encontro prosseguiu para a ideia de interdependência. Foi desenhado no quadro, então, um pão e, com setas, o que veio antes – farinha e pés de trigo. Nessa aula, foi explicado o ciclo dos alimentos e o caminho que os nutrientes conti-

---

*Nessa rotatória, o Cieja Campo Limpo desenvolve com os alunos atividades de plantio em pneus.

dos nas fezes fazem até voltar ao solo e nutrir novos pés de trigo. Cada etapa foi desenhada para melhorar o entendimento da aula (**Fig. 29.2**).

Na aula seguinte, iniciamos com a projeção do filme de animação *Man*, que mostra o impacto da humanidade sobre o Planeta e sobre os animais (**Fig. 29.3**).

Ao serem questionados sobre as impressões que o filme gerou, os alunos citaram palavras como "violência" e "ganância". Discutimos um pouco sobre o significado desta última.

Seguimos com a projeção de algumas imagens para o debate, visando realizar uma discussão prévia para o tema discriminação e escravidão dos animais. A ideia era realizar uma conversa sobre preconceitos como machismo e homofobia. Diante de certos posicionamentos, problematizamos a violência que as pessoas negras sofrem na sociedade e o que leva a isso. Depois, prosseguimos com a discussão central do encontro, os animais. Iniciamos com uma comparação de imagens: animais livres ou escravos?

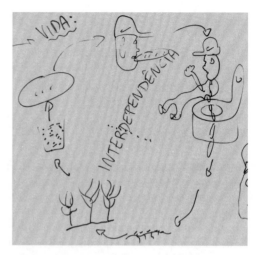

Figura 29.2 O caminho dos nutrientes.

Figura 29.3 Cenas do filme de animação *Man*, de Stevie Cutts.
Fonte: Cutts (2013, documento *on-line*).

Após algumas discussões, o tema escolhido foi "boa morte", ou seja, a noção filosófica de que uma boa vida nos prepara para podermos morrer com a consciência mais tranquila. Para tanto, um cenário foi montado perto do Cieja, na praça do bairro. No dia, os alunos foram recebidos pelo professor Marcos, que os encaminhou para o local.

Após uma pequena introdução dando "boas-vindas ao cemitério", pedimos que os alunos ouvissem alguns comandos e refletissem sobre eles (**Fig. 29.4**). Trata-se de ensinamentos de Buda para a contemplação dos cadáveres em decomposição.

A mediação foi feita justamente no sentido de que, apesar de não querermos pensar a respeito, a morte existe e está aí. Após bastante conversa, a conclusão trabalhada foi de que devemos fazer o melhor que pudermos agora, neste momento, sem deixar para depois.

Retomamos, a todo momento, o tema do projeto e frisamos a necessidade de saber que estão pesquisando sobre territórios (**Fig. 29.5**). Pensando na contribuição da área de educação física, escolhemos tematizar o *skate*.

Para iniciar a tematização, exibimos um vídeo sobre o conflito entre esqueitistas e a Guarda Municipal de São Paulo. O caso aconteceu no centro da cidade, na Praça Roosevelt. Em

Figura 29.5 Alunos do projeto na praça abordando questões existenciais.

seguida, assistimos ao vídeo *Ação da GCM na Praça Roosevelt* (2013). Houve diversos questionamentos, como: "Por que será que existe preconceito contra os esqueitistas?", "Por que pensam que os esqueitistas são vagabundos só porque andam de *skate*?". Depois de discutir sobre a ação policial, fizemos uma leitura do objeto *skate*. Aos poucos, fomos destrinchando suas partes: *shape*, *truck* (base, trave), as rodinhas e o que significam os números grafados nelas.

Para não marcar certo corpo ideal de esqueitistas (homens), assistimos a um vídeo da esqueitista profissional Letícia Bufoni e outro do esqueitista Og de Souza (que tem deficiência física) e ainda conversamos sobre as diferentes modalidades, *downhill*, *street*, *vertical* e *speed*. Para finalizar a aula, fomos para a quadra andar de *skate*.

Como continuidade da aula, os alunos realizaram uma vivência com o professor orientando o posicionamento do corpo, o funcionamento do *skate*. Nessa aula, aqueles que conheciam a prática ensinavam os demais. Problematizamos as diferenças entre esses grupos e suas relações políticas com o território.

Discutimos o vídeo *Gangster Skater VS. Punk Skater* (2007) e, durante a aula, fomos pontuando as diferenças entre ser esqueitistas *punk* e *gangster*. Essa atividade foi pensada para ampliar a leitura sobre o grupo cultural que pratica essa modalidade. Retomamos algumas manobras e gestos que surgiram durante a au-

Figura 29.4 Mensagem entregue aos alunos.

la prática, como remar, *ollie, fakie, switch stance,* manual. Como alguns estudantes trouxeram o *skate*, depois fomos para a quadra andar. No final, discutimos o conceito de resistência e como as práticas corporais estão ancoradas socialmente com as diferentes culturas e seu processo de reconhecimento no território.

As contribuições da área de artes foram de responsabilidade da professora Karen. Ela iniciou a aula com o poema *Novos dias* (2016) de Sérgio Vaz. Em seguida, fez uma série de questionamentos para incentivar a reflexão: "Por que aprendemos arte?", "O que é arte?", "Como a arte faz parte da sua vida?", "Conseguem identificar?", "Por que temos necessidade de fazer rabiscos?" e "O que é linguagem?". Quando foram projetadas figuras rupestres, os alunos as decodificaram, e a professora ressaltou que, na arte, não existe certo ou errado, cada um faz sua leitura. Arte é liberdade. Algumas obras são mais simples de decodificar, outras são mais abstratas, subjetivas.

Na sequência, os alunos assistiram ao vídeo *Arte urbana: gritando valores, expondo verdades* (SOARES, 2016). Ao final, relataram ter gostado dos seguintes temas abordados no filme: grafite, rima, instrumentos e artesanato. A professora perguntou, ainda, se já haviam aprendido que tipos de arte existem. Eles disseram que não. Então, ela apresentou os tipos de arte, exemplificando-os, sempre por meio de perguntas: artes visuais (desenho, escultura, pintura, grafite, pichação), música, teatro e dança.

Os alunos iniciaram a aula lendo a frase: "Desenhar é driblar a realidade, viver no mundo cheio de esperança", de Carlos Silva, artista que faz desenhos realistas a lápis. Perguntamos se sabiam o que era *stencil* e como se fazia. Apresentamos um breve histórico e, em seguida, passamos o vídeo *Como fazer o seu stencil* (DIY, 2017). Partimos para a vivência, e eles fizeram *stencil* na escola.

Para ampliar, passamos, ainda, os vídeos *Grafite no Brasil* (TV CÂMARA, 2013) e *Bem cultural: a arte do grafite* (REDE MINAS, 2012). A cada vídeo, fazíamos o resgate dos pontos abordados pelos alunos, chamando a atenção para as divisões do *hip-hop*, o grafite dentro do movimento e sua importância como resistência e visibilidade da periferia.

A professora Flavia iniciou sua intervenção com a turma. Seu trabalho foi pensado no sentido de discutir conteúdos específicos da área de matemática. Ela, então, passou um trecho do filme *Titanic* (1997) e, na sequência, apresentou uma reportagem sobre o tema que passara na televisão. Durante os vídeos, ela lançou outras questões e foi explicando o caso. Depois, entrou nos conteúdos da área de matemática e narrou que as coordenadas no dia do acidente foram passadas de forma nebulosa, frisando a necessidade de pensar sobre isso. Afirmou que, se elas fossem passadas corretamente, talvez muitas vidas tivessem sido salvas. Continuou problematizando: "Como se localiza um ponto no oceano?", "O que é um GPS?" e "A localização vem de onde?". Mostrou e explicou no mapa as linhas longitudinais e latitudinais e, com a imagem do mapa, foi explanando a respeito da importância de cada uma para a localização. Em seguida, realizou um levantamento prévio sobre conhecimentos de medidas de área, e os alunos fizeram um metro quadrado com papel, usando trena e barbante. Com o molde, foi solicitado que medissem a área de diferentes espaços da escola.

Depois, iniciaram a experiência com outra área. A aula foi realizada na sala de ciências humanas, unificando o grupo de jovens ao agrupamento da área. O tema proposto pelas professoras foi "marcas no território", o qual começou a ser explorado por meio de um vídeo que retratava a simbologia e o papel histórico da tatuagem. Após a exibição, os alunos falaram a respeito das impressões que tiveram, e as professoras propuseram uma atividade para contextualização: os alunos deveriam registrar uma palavra, uma frase ou um desenho, uma marca de sua vida, uma marca do Cieja e uma marca da periferia. Com registros feitos, retornaram à sala de aula e ouviram o início da história *A pedra que arde* (GALEANO; HORNA, 1989). Em determinado ponto da narrativa, a professora interrompeu a leitura e pediu para que cada aluno criasse um desfecho para ela.

Para encerrar, os alunos receberam um mapa e tiveram de demarcar o percurso mais próximo do Cieja ao Parque Santo Dias, local onde foi realizado o encontro seguinte. No outro dia, fizeram a saída pedagógica. Diante da experiência, percebemos que os participantes do projeto tiveram outro posicionamento perante os colegas da escola.

A turma caminhou para a área de linguagens e códigos, e os professores Cirlene e Antonio apresentaram o gênero dissertativo e, depois, conduziram uma discussão sobre o título do texto a ser lido.

CONSIDERAÇÕES FINAIS

Durante o projeto, os alunos discutiram, entrevistaram, debateram, assistiram a vídeos, fizeram buscas em diferentes fontes, cantaram, dançaram, participaram de oficinas de grafite, transitaram em diferentes locais do território, apresentaram trabalhos na escola e participaram de grupos nas outras áreas de conhecimento.

A partir dessas experiências, vislumbramos que o crescente número de jovens na EJA representa necessariamente uma nova readequação curricular, metodológica e estrutural como um todo, em que noções de tempo e espaço e, até mesmo, o contato geracional sejam problematizados e postos em xeque para a melhoria do ensino.

Esse projeto foi essencial, pois, mesmo o Cieja Campo Limpo sendo inovador e à "frente" de nosso tempo, tivemos de nos atentar a esse novo público da EJA, principalmente por suas trajetórias marcadas pela violência escolar e pelo não entendimento de suas reais necessidades.

O canal de diálogo e a docência quádrupla, polvilhada por outras práticas e contribuições ao longo do projeto, demonstraram que temos que nos despir de preconceitos, debater e montar estratégias conjuntas para um novo horizonte de atendimento e novas realidades cotidianas.

REFERÊNCIAS

AÇÃO DA GCM NA PRAÇA ROOSEVELT CONTRA SKATISTAS NO DIA 04/01/13. *Youtube*. 2013. Disponível em: <https://www.youtube.com/watch?v=ePZ1bGUdXtE>. Acesso em: 27 out. 2018.

CENTRO DE REFERÊNCIAS EM EDUCAÇÃO INTEGRAL. *Cieja Campo Limpo reformulou o currículo para fortalecer a autonomia dos estudantes*. 2013. Disponível em: <http://educacaointegral.org.br/experiencias/cieja-campo-limpo-reformulou--o-curriculo-para-fortalecer-a-autonomia-dos-estudantes/>. Acesso em: 26 ago. 2018.

CIDADÃO KANE. Direção e produção: Orson Welles. [S.l.]: Mercury Productions, 1941. (119 min), son., p&b.

COMO FUNCIONA O PLANETA TERRA. *Youtube*. 2013. Disponível em: <https://www.youtube.com/watch?v=agrJHUe-9aHA&index=2&list=PLqYP2MLmKCTIQqIzpwsIIVzpvTeUaaq0r>. Acesso em: 27 set. 2018.

CUTTS, S. Man. *Youtube*. 2013. Disponível em: <https://www.youtube.com/watch?v=5XqfNmML_V4>. Acesso em: 27 ago. 2018.

DIY: Como Fazer seu Próprio Stencil? Super Fácil. *Youtube*. 2017. Disponível em: <https://www.youtube.com/watch?v=-9GWPUVFCYuw>. Acesso em: 27 ago. 2018.

FARIA, V. E. P. *A trajetória do projeto CIEJA entre as políticas públicas de EJA na cidade de São Paulo*. 2014. 157 f. Dissertação (Mestrado em Educação) –Universidade de São Paulo, São Paulo, 2014.

GALEANO, E.; HORNA, L. *A pedra arde*: sobre uma idéia de arkadi gaidar. São Paulo: Loyola, 1989.

GANGSTER SKATER VS. Punk Skater. *Youtube*. 2007. Disponível em: <https://www.youtube.com/watch?v=-8ged_Er_FY>. Acesso em: 27 out. 2018.

O PROCESSO (Le Proces). Direção: Orson Welles. Paris: Paris Europa Productions, 1962. (118 min), son., p&b.

REDE MINAS. Bem cultural - Série Hip Hop - A arte do grafite. *Youtube*. 2012. Disponível em: <https://www.youtube.com/watch?v=i3_wj2R8H50>. Acesso em: 30 out. 2018.

REPÓRTER BRASIL. *Jovens do Capão Redondo se juntaram para montar a tv Doc Capão*. 2016. Disponível em: <http://tvbrasil.ebc.com.br/reporterbrasil/bloco/jovens-do-capao-redondo-se-juntaram-para-montar-a-tv-doc-capao>. Acesso em: 27 ago. 2018.

SINGER, H. CIEJA Campo Limpo: escola transformadora de estruturas e trajetórias. *Revista Urbânia*, n. 5, 2014.

SOARES, G. Documentário - Arte urbana: gritando valores, expondo verdades. *Youtube*. 2016. Disponível em: < https://www.youtube.com/watch?v=jGhAe6xLzYg>. Acesso em: 27 set. 2018.

TITANIC. Direção e produção: James Cameron. Los Angeles: Paramount Pictures, 20th Century Fox, Lightstorm Entertainment, 1997. 1 DVD (195 min), color.

TV CÂMARA. Brasilidade - Grafite no Brasil. *Youtube*. 2013. Disponível em: <https://www.youtube.com/watch?v=us4wPwplzpE&t=18s>. Acesso em: 25 set. 2018.

VAZ, S. *Novos dias*. 2016. Disponível em: <https://www.geledes.org.br/novos-dias-sergio-vaz/>. Acesso em: 27 set. 2018.

FILME-EDUCAÇÃO:
uma experiência em escolas de Campinas/SP

Pâmela de Bortoli Machado

Diante de uma televisão cada vez mais tomada por banalidades e leituras superficiais do País e do mundo, o cinema configura-se como alternativa enriquecedora de experiências e ampliadora dos horizontes culturais daqueles que têm a chance de assisti-lo. Nesse sentido, consideramos importante a tomada por novos vieses de práticas educativas, bem como ter noções sobre as diferentes formas de exploração do cinema. Assim, a base formada pelo conjunto cinema e sala de aula traduz-se na satisfação de que, por meio dessa interação, existe a possibilidade de ressignificações e amplitude de novos conhecimentos. Para tanto, aplicamos os conceitos de *film literacy* como embasamento teórico para a construção de uma oficina que se propõe a interagir com as linguagens de cinema e educação.

FILME-EDUCAÇÃO

Se fôssemos traduzir literalmente o termo *film literacy*, teríamos "literacia fílmica", podendo ser confundido com um possível letramento. Portanto, partimos da ideia de estabelecer o filme como construtor de conhecimentos impulsionados pelo lúdico e norteador da compreensão da linguagem audiovisual, uma vez que a teoria defende a ideia de "leitura" e "escrita" fílmica. A leitura que mencionamos está no ato de "ler" um filme indo além de sua contemplação visual, destinando-se a um nível de compreensão consciente, criativo e curioso. Já na parte da "escrita", trata-se de colocar em prática aquilo que foi assimilado e "lido", a partir de uma produção criativa do próprio aluno, em uma imersão de conhecimento que não se dá em uma atividade isolada, ou seja, propicia o estímulo de outras habilidades e conceitos.

Entendemos assim que o aluno, ao assimilar a "leitura" da linguagem audiovisual, passa a ser criador do próprio modo de "escrever" e, nessa postura, assume a experimentação, que se manifesta por meio de suas escolhas estéticas, sobre sua maneira de ver o mundo que o cerca e o próprio mundo, comprovando que "[...] o que torna a aprendizagem humana não é a assimilação direta da realidade, mas o contato e a troca com outras consciências e sensibilidades [...]" (CARRANO, 2005, p. 156).

Assim, com a compreensão inicial do que chamamos de filme-educação, a seguir mencionaremos como seus princípios foram utilizados e mesclados com dispositivos que permeiam a interação fílmica e a aprendizagem criativa em um processo de educar com e sobre o cinema. Esses princípios foram a base para a construção de uma metodologia aplicada em uma oficina com educadores nas escolas da rede municipal de Campinas/SP.

MATERIAIS E MÉTODOS

A oficina de *film literacy* foi aplicada no Centro de Educação Infantil (CEI) Regente Feijó e no CEI Cha Il Sun, na cidade de Campinas, em São Paulo, durante o segundo semestre de 2016. Ela foi uma proposta da prefeitura municipal em parceria com a Faculdade de Educação da Universidade de Campinas (Unicamp) e do Grupo Olho, grupo de pesquisa em cinema e educação da Unicamp.

Partimos, inicialmente, da ideia de que não haveria um discurso de quem sabe para quem não sabe. A intencionalidade na produção era justamente a ausência de uma hierarquia de saberes, uma vez que o empoderamento viria a partir do sensível e de suas infinitas possibilidades. Assim, a metodologia aplicada foi pensada para que não houvesse escolarização do filme, ou seja, não haveria uma fala inicial do que deveria ser visto na imagem. Entretanto, frisamos que a linguagem audiovisual sempre esteve presente, de modo que o dispositivo a faria ser efetivada, e não o contrário: "[...] porque se existe a regra, existe a exceção. Existe a cultura, que é de regra, e existe a exceção, que é a arte [...]" (BERGALA, 2008, p. 30). Com essas palavras de Bergala (2008), explicita-se a ideia de que, embora houvesse um norteamento por parte de estabelecer uma temática vinculada à linguagem audiovisual, não houve a ideia de que os filmes produzidos deveriam copiar, reproduzir ou seguir as mesmas regras estabelecidas pela imagética. A riqueza aqui se encontra na diversidade de significados partidos do mesmo filme, diversos olhares e construções de diversos mundos a partir de um dispositivo, que é definido "[...] por sua condição de novidade e criatividade [...]" (DELEUZE, 1999, p. 159), por sua capacidade de transformar-se e de romper os próprios limites.

Tal dispositivo foi estabelecido a partir de fragmentos de curtas brasileiros, aliando-se aos preceitos de Bergala (2012) com a valorização da produção nacional. Para tal, foi feito uso de curtas publicados no YouTube, que, embora sejam de cunho independente e de baixa produção, foram selecionados devido a sua dinamização no uso das novas tecnologias, bem como pelo fato de não ultrapassarem 10 minutos. A ideia foi a possibilidade de o curta ser visto inteiramente em sala de aula, e daí a ênfase em sua curta duração, para que o aluno visse o trecho que viesse a lhe "despertar" o olhar e o sensível e, em uma segunda leitura do filme, com o curta inteiro apresentado, ocorresse uma ressignificação do primeiro olhar com o próprio filme e a experiência individual.

A ideia de apresentarmos fragmentos de filmes não vem com o propósito de desenvolver o "espírito crítico", mas de despertar o olhar para aquilo que chamamos de sensível, particular de cada ser e que se manifesta a partir de sua experiência individual. E, com base nesses dois pilares, de dispositivo e curta-metragem brasileiro, vinculamos os conceitos e dizeres do *film literacy*.

Dessa forma, a experiência a partir do dispositivo gerado pelo fragmento se configura como a própria criação de ir ao encontro daquilo que não se conhece. E nessa manifestação artística se dá a produção de imagens, "escritas" únicas, que nada mais são do que a exaltação de diferentes formas de ver o fragmento.

Assim, a metodologia foi estabelecida da seguinte forma:

Aula 1: como o filme se constitui

- Proposta: noções básicas de uma narrativa (tomada, plano e cena).
- Atividade com filmes: ver os primeiros 15 segundos do curta-metragem *Suspiros e café*,* de Gabriel Dib e Diogo Sinhoroto.

---

*Disponível em: <http://www.youtube.com/watch?v=-o6_slhra-U>.

- Discussão: contar os planos junto com os alunos e, caso um plano seja significativo, criar uma edição de intervalo para que se possa nomear o que esse plano apresenta e pensar o que cada sequência tem substancialmente em seu "mundo".
- Atividade prática: em grupo ou individual, fazer um filme de um minuto no máximo, com planos de cinco segundos, resultando em um total de 12 planos, remetendo a um cenário – um dispositivo que atualiza a *mise-en-scène* moderna.
- Releitura: após a discussão, rever o filme inteiro (8:00), com a ideia de observar como os diferentes planos se encaixam na montagem e geram a sequência no filme.

Aula 2: trilha sonora

- Proposta: evidenciar como os sons influenciam na criação de humor, atmosfera e sentido no filme.
- Atividade com filmes: ver o trecho do curta-metragem *A galinha ou eu*,* de Denízia Moresqui (entre 4:20 e 4:42). Aqui haverá uma edição por parte do oficineiro, que colocará outros tipos de trilhas musicais para o mesmo trecho de confronto, fazendo variar a cena com diferentes trilhas sonoras, atualizando a permeabilidade da *mise-en-scène* moderna.
- Discussão: questionar como a música gerou diferentes significados para a mesma imagem – "Que mundos são atualizados com cada trilha sonora?".
- Atividade prática: em grupo ou individual, realizar uma filmagem e fazer uso de diferentes sons para a mesma filmagem (esses sons poderão ser disponibilizados como um banco de sons a fim de evitar pós-produção) ou fazer uma cena sem qualquer tipo de som. Cinema mudo. Assim, usaremos inicialmente o mesmo dispositivo da oficina 1, mas em um segundo momento acrescentaremos a variação da trilha sonora.
- Releitura: após a atividade, ver o filme inteiro (10:00) e perceber como a música contribuiu para o contexto e o gênero do curta.

Aula 3: cinematografia – usando a câmera de diferentes formas

- Proposta: evidenciar os diferentes tipos de tomadas e os efeitos na narrativa fílmica.
- Atividade com filmes: ver o trecho (de 0:25 a 1:24) do curta-metragem *Solidão*,** de Wallace Siqueira.
- Discussão: refletir sobre como a câmera atuou sobre a matéria – personagens – e o lugar.
- Atividade prática: realizar um *close-up* e uma tomada longa dentro de um mesmo espaço, escolher um personagem ou uma paisagem para a realização de um *zoom* e distanciamento; escolher uma personagem ou uma paisagem para uso de diferentes ângulos da câmera: frente, lado, trás, por baixo, etc.
- Dispositivo: fazer a câmera atuar de diversas formas na decomposição de um compor, sem movimento de câmera.
- Releitura: após a atividade, ver o curta inteiro (5:20), observando como o uso dessas diferentes tomadas influenciou na temática do filme.

Aula 4: cinematografia – a luz

- Proposta: refletir um pouco sobre a luz do filme e como ela influencia na atmosfera que se deseja transmitir ao espectador.

---

*Disponível em: <http://www.youtube.com/watch?v=YG-6Qmh9jRA0>.

**Disponível em: <http://www.youtube.com/watch?v=O-Op0QFAnTS4>.

- Atividade com filmes: ver os primeiros três minutos do curta-metragem *Contágio*,* de Rafael Nani.
- Discussão: questionar sobre o que está sendo visto e como o olho da câmera distancia o olhar à fabricação de um olho, que, nesse caso, está sendo agenciado por uma fonte de luz. Aqui, a imagem é formada devido ao dispositivo luminoso que obriga a câmera a ver com cone.
- Atividade prática: em grupo ou individualmente, realizar diferentes filmagens com tipos de iluminação.
- Releitura: ver o curta-metragem inteiro (7:54), observando como a escolha de luminosidade influenciou a atmosfera e o clima do filme.

Figura 30.1 Exemplo de plano da aula 1 feito pelas professoras.

DESCRIÇÃO DA EXPERIÊNCIA

Aula 1: como o filme se constitui
Vimos o trecho realizando a contagem de planos, sem minha participação como oficineira. Depois, mencionei a relação de plano com corte, e vimos novamente o trecho com essa nova informação.

Após, as professoras fizeram a atividade com os 12 planos (**Fig. 30.1**). Questionei quantas vezes foi apertado o botão *rec* ou *stop/pause*. Foi observado que, em alguns grupos, o número passou de 12, então foi mencionado o conceito de tomada. Também foi perguntado em quais lugares as tomadas ocorreram para conceituar uma possibilidade de cena. Após essa atividade, vimos 4 dos 5 vídeos feitos pelos grupos, observando em quantas cenas apareciam. Vimos o filme inteiro e observamos como uma só cena pode ser constituída de inúmeros planos e que o mesmo ambiente pode ser explorado de diferentes formas.

Foi interessante observar que, a partir da atividade prática, foi possível levantar conceitos que, durante um breve diálogo no início da aula, pareciam complicados de serem assimilados. As professoras mostraram-se abertas ao fator de "não haver regras", mesmo conceitualizando plano, cena e tomada. O importante, nesse primeiro momento, foi mostrar que, com um celular e uma simples atividade, elas seriam capazes de conhecer um pouco da linguagem audiovisual e ter seu embasamento teórico a partir de seus feitos.

Aula 2: trilha sonora
Vimos os trechos editados, questionando em que eles se diferenciavam. Além disso, foi perguntado qual dos trechos sonoros fazia realmente parte do filme. Após eu ter respondido que nenhum dos trechos era de fato do filme, elas perceberam que a música poderia mudar todo o contexto de uma mesma imagem e que não há um "som correto" para determinada imagem.

Assim, foram disponibilizados para a confecção do vídeo dois áudios prontos e um terceiro que elas deveriam compor usando instrumentos de percussão. Foram formados três grupos, com a confecção de três vídeos cada

---

*Disponível em: <http://www.youtube.com/watch?v=__H1RIAERcA>.

um. Assim, percebeu-se que o mesmo som poderia ter diversos contextos, ou seja, cada grupo criou uma imagem diferente usando o mesmo som. Diferentemente do que foi proposto no início com o uso de diferentes sons para a mesma cena, as professoras perceberam que, para uma mesma imagem, podem-se criar vários sons e, para o mesmo som, várias imagens.

Aula 3: cinematografia – usando a câmera de diferentes formas

Vimos o trecho do filme, e as professoras apontaram o que havia de diferença nas posições da câmera. Logo após, foi sugerido que todos os grupos realizassem a filmagem no mesmo espaço e, como a temática proposta foi a profissão de professor, o local escolhido foi a sala de aula. Percebeu-se uma tendência à narratividade, embora alguns planos tenham sido remetidos à subjetividade também. Após a filmagem, houve discussão do que havia sido feito. As professoras concordaram que as decorrentes cenas de "bagunça" foram um ponto em comum nos grupos formados, as quais elas afirmaram ser elemento típico no cotidiano escolar (**Fig. 30.2**).

Na sequência, vimos o filme inteiro com discussão das cenas. As discussões versavam sobre como o vazio era incorporado na temática solidão e como as diferentes posições da câmera contribuíram para nortear a temática do filme.

Aula 4: cinematografia – a luz

As professoras compuseram um cenário com pouca luz a partir do espaço disponível. Assim, assistindo a alguns minutos iniciais do filme, elas já perceberam que a luz era reduzida em relação aos filmes vistos anteriormente. Logo, foi proposta a criação de um contexto com luz e outro sem luz, havendo correlação entre ambos. Logo após a produção, vimos os três filmes e suas maneiras diferentes de trabalhar com a luz (**Fig. 30.3**).

O grupo 1 usou um contexto para demonstrar como a ausência de luz cria uma interpretação completamente diferente da cena com luz, embora fazendo uso da mesma contextualização de cena, personagem e música. O grupo 2 criou um contexto aparentemente sombrio que se revelou cômico ao final do filme. A ideia era gerar diferentes interpretações para algo que só seria definido no final. Por fim, o grupo 3 relacionou a ideia da escuridão à ignorância de conhecimento, colocando elementos percussivos que dialogam com os elementos imagéticos. Da mesma forma, fizeram o oposto, ao relacionar a luz a sabedoria e cultura.

Observamos, com isso, que o filme pouco influenciou a temática dos grupos. Mesmo com o elemento comum da ausência de luz, os grupos foram capazes de criar concepções completamente distintas, o que levou à observação de riqueza de possibilidades a partir de um mesmo dispositivo.

Figura 30.2 Cena de um dos filmes confeccionados na aula 3.

Figura 30.3 Uma das cenas do filme criado pelo grupo 1 na aula 4.

RESULTADOS

A experiência se difere ao favorecer a construção de imaginários, a manifestar aquilo que se compreendeu com a "leitura" do filme e a como o ser, em sua essência, realiza a própria "escrita". O aluno assimila a linguagem a partir da experiência, sem que um seja anulado a outro.

Pelas palavras da orientadora pedagógica do CEI Regente Feijó, Marta de Almeida Oliveira: "[...] alguns filmes foram o registro de uma atividade, o que chamo de documentação pedagógica. Já outros tinham uma estética cinematográfica: provocaram sensações, nos levaram para um lugar além da escola ou apresentavam a escola de uma forma mais poética [...]".*

Com a oficina finalizada ao longo do segundo semestre de 2016, destacamos alguns acontecimentos:
- Participação de 18 professoras, envolvendo as duas escolas.
- Produção de 52 filmes, sendo 26 filmes inscritos na II Mostra Kino de Campinas.
- Criação de um canal no YouTube com as produções das professoras.**

CONSIDERAÇÕES FINAIS

A partir da oficina e do envolvimento das professoras, as escolas viram a necessidade da criação de um cineclube com a exibição tanto de filmes criados pelas professoras durante as aulas da oficina quanto dos produzidos fora da oficina e com a participação dos alunos. Além disso, com a criação de um cineclube, há uma intencionalidade de exibição de filmes fora do chamado "cinema comercial", de maneira que isso ative o processo criativo dos alunos da educação infantil.

Com isso, percebemos que há a possibilidade de construir e aplicar uma metodologia a partir dos conceitos do *film literacy* junto com o viés da experimentação, em que o dispositivo se alia a conceitos da linguagem cinematográfica. Há uma complementação e uma interação entre ambos, de modo que há assimilação da linguagem a partir da própria vivência proporcionada pelo dispositivo. Logo, as regras do dispositivo têm por base a linguagem cinematográfica, uma vez que a experiência individual e o estímulo do sensível efetivam a compreensão da linguagem, e não o contrário.

Portanto, concluímos que, com os pilares de dispositivo, fragmento de curta-metragem brasileiro, *film literacy* e experiência, houve a possibilidade de gerar outras formas de cinema a partir da escola, potencializando o cinema como relação e expandindo-o em seu significado. Vislumbramos um cinema construído pela escola, inventado pelas professoras e por seus alunos, dando origem a um cineclube a partir das próprias produções. A escola se tornou outra coisa, reinventou o cinema a partir dela mesma, criou novos mundos, imagens e olhares. Isso porque a imagem não ilustrou aquilo que corresponde, possibilitando a abertura de sentidos que não se findam em si, não representou algo por não pretender definir algo e não se fechou naquilo que se contempla. A escola foi uma possibilidade para o que chamamos de "cinema".

REFERÊNCIAS

BERGALA, A. *A hipótese-cinema*: pequeno tratado de transmissão do cinema dentro e fora da escola. Rio de Janeiro: Booklink, 2008.

BERGALA, A. Entrevista com Alain Bergala Revista Nova Escola, ed. 255, 2012. Disponível em: <http://acervo.novaescola.org.br/fundamental-1/entrevista-alain-bergala-cinema-franca-filmes-704656.shtml>. Acesso em: 26 ago. 2018.

CARRANO, P. Identidades juvenis e escola. In: SECRETARIA DE EDUCAÇÃO CONTINUADA, ALFABETIZAÇÃO E DIVERSIDADE; ORGANIZAÇÃO DAS NAÇÕES UNIDAS PARA A EDUCAÇÃO, A CIÊNCIA E A CULTURA. *Construção coletiva*: contribuições à educação de jovens e adultos. Brasília: MEC/UNESCO, 2005. p. 153-163.

DELEUZE, G. Que és un dispositivo? In: BALIBAR, E. et al. *Michel Foucault*: filósofo. Barcelona: Gedisa, 1999. p. 155-163.

---

*Entrevista concedida via *e-mail*.
**Disponível em: <https://www.youtube.com/channel/UCrSABemrU4n_HGEH4fDvK3A>.

IMPLEMENTAÇÃO DE UM ESPAÇO DE CRIAÇÃO NO CONTEXTO DO INSTITUTO SIDARTA*

Michael Hafran Filardi | Cassia Fernandez

> *A alegria não chega apenas no encontro do achado, mas faz parte do processo da busca. E ensinar e aprender não pode dar-se fora da procura, fora da boniteza e da alegria.*
>
> Paulo Freire

No Instituto Sidarta, acreditamos que é papel da escola manter vivo nos alunos o aprendizado pela prática, a descoberta, a inquietação, a curiosidade e o encantamento pelo processo de produção de conhecimentos. Inseridos nesse contexto e inspirados pelo nosso princípio de que *teorias não substituem experiências de vida*, concebemos o Galpão, nosso espaço criativo em constante construção, como local para promover explorações, provocações, liberdade de criação, invenções de novas possibilidades e a curiosidade genuína. Nesse contexto, estimula-se o desenvolvimento de projetos autorais dos alunos, que podem se desdobrar em pesquisas mais aprofundadas direcionadas pela metodologia científica, e oferece-se espaço para que eles possam se envolver em processos criativos por meio de atividades mão na massa.

Pesquisadores como Jean Piaget, Lev Vygotsky, John Dewey, Seymour Papert e Paulo Freire já defendiam a fundamental importância do aluno protagonista na produção de seu próprio conhecimento, construindo saberes a partir de experimentações práticas e colaborativas com seus pares e professores mediadores. Apesar de processos de educação por meio de atividades mão na massa estarem presentes em contextos educacionais há muitas décadas, o recente movimento *maker* tem trazido crescente atenção para essa forma de aprendizado que se dá em momentos de construção e exploração de materiais.

Estamos inseridos em uma cultura pautada pelo consumo e imediatismo, que pouco reflete a respeito da origem das coisas, de seu funcionamento e de sua função. Nesse contexto, buscamos oferecer a nossos alunos oportunidades de questionamento e aprofundamento a respeito da compreensão sobre os objetos e problemas que nos cercam, para que possam enxergar-se como potenciais criadores de soluções para desafios do mundo real.

No Instituto Sidarta, duas aulas semanais (totalizando 100 minutos) de "explorações, investigações e iniciação científica" ocorrem no Galpão desde 2015, na grade curricular dos anos finais do ensino fundamental e, a partir de 2016, ampliando para as turmas de 2º a 9º ano. Nesse tempo-espaço, os alunos são esti-

---

*Os autores agradecem a colaboração dos professores Marisa Falco Garcia e Carlos Cabana.

mulados a refletir sobre seu entorno e identificar situações-problema para que possam testar, errar e validar suas hipóteses, tornando-se mais críticos e criativos na busca por soluções. Passam, ao longo do ano, por momentos de exploração de diferentes ferramentas e materiais, por exemplo, eletroeletrônica, marcenaria, costura, programação e robótica. Paralelamente, têm a oportunidade de prototipar os próprios projetos, por meio do conhecimento e da aplicação do método científico.

Além das aulas curriculares, os alunos podem participar de oficinas que ocorrem regularmente no contraturno, nas quais são apresentadas atividades direcionadas para solucionar problemas simples que envolvem processos de construção e criação. Essas atividades são desenhadas de forma a promover um ambiente convidativo e são uma oportunidade para o desenvolvimento de conhecimentos básicos de construção, medição, lógica, gerenciamento de projeto e teste de hipóteses. Alternamos atividades propostas por professores com sugestões vindas dos próprios alunos visando ampliar o repertório de ações realizadas. Notamos que houve engajamento de alunos que não têm a disciplina em sua grade, como os do ensino médio. Ou seja, constatou-se que a oferta de atividades desafiadoras e que promovam o "aprender fazendo" atrai os jovens de forma autônoma e autorregulada.

Por fim, orientados por essas práticas educacionais, os alunos dispõem da Feira do Conhecimento, um evento anual do Instituto Sidarta em que são compartilhados processos, explorações, dúvidas e incertezas; tudo o que os motivou e os engajou ao longo do ano.

No evento de 2016, os alunos compartilharam seus erros e acertos em projetos de pesquisa – individuais ou em grupo – e facilitaram oficinas desenvolvidas com inspiração no programa Learn to Teach, Teach to Learn, do South End Technology Center, em Boston,* e em atividades oferecidas pelo Tinkering Studio, do museu Exploratorium de São Francisco.**

Descrevemos aqui experiências desenvolvidas ao longo do ano que culminaram em oficinas facilitadas por alunos em nossa Feira do Conhecimento no ano de 2016, a fim de apresentar exemplos de atividades que ocorreram no Galpão e reflexões sobre o processo.

DESCRIÇÃO DAS OFICINAS FACILITADAS POR ALUNOS NA FEIRA DO CONHECIMENTO

Oficina de programação com Scratch

Ao longo do ano, a turma do 3º ano utilizou a linguagem de programação Scratch para criar jogos e animações relacionados aos temas estudados em outras disciplinas, aprofundando conteúdos de ciências, matemática e história vistos em sala de aula e documentando viagens de estudo do meio. Nessa estação, foi apresentada a evolução dos trabalhos desenvolvidos ao longo do ano e proposta uma oficina na qual os alunos compartilharam alguns conceitos básicos de linguagem de programação, ensinando a ferramenta aos visitantes a partir de reflexões sobre os próprios aprendizados (**Fig. 31.1**).

Oficina de criação de autômatos

Mediada por alunos do 4º ano do ensino fundamental, a oficina de criação de autômatos partiu da ideia de unir autômatos – brinquedos mecânicos que se movem com engrenagens sem a necessidade de energia elétrica – e temas relacionados à sustentabilidade. Nela,

---

*Disponível em: <http://www.docs.learn2teach.net/>.

**Local de exploração e experimentação "hands on" e do aprender fazendo, dentro do museu Exploratorium, em São Francisco/CA. Disponível em: <http://tinkering.exploratorium.edu/>.

Figura 31.1 Alunos trocando experiências do Scratch com outras crianças.

Figura 31.2 Oficina de protótipos.

os alunos apresentaram os projetos que criaram para falar sobre lixo, desperdício e sustentabilidade. Usando materiais reciclados e reutilizáveis, os estudantes criaram mecanismos e personagens para transmitir ideias relacionadas à conscientização em relação ao desperdício.

Temas como destino do lixo, a poluição dos oceanos e suas consequências para o planeta Terra, inspirados pelos Objetivos do Desenvolvimento Sustentável da Organização das Nações Unidas/Organização das Nações Unidas para a Educação, a Ciência e a Cultura (ONU/UNESCO; NAÇÕES UNIDAS, 2018), foram usados como base para a exploração do funcionamento de engrenagens e para a criação de autômatos simples para representar tais situações. Além de exporem seus projetos, os alunos facilitaram oficinas para que os visitantes tivessem a oportunidade de criar os próprios autômatos com materiais similares aos utilizados em sala de aula. O ponto alto foi a motivação e o orgulho dos alunos ao compartilharem as próprias produções, inspirando os visitantes (**Fig. 31.2**).

O "reprotótipo" foi etapa fundamental para o processo: alguns percalços fizeram os alunos se readaptarem, por exemplo, o não funcionamento do autômato em estágios iniciais – que trouxe ao grupo a necessidade de lidar com a frustração – ou a alteração do material utilizado – em sua maioria papelão.

Oficinas de exploração de circuitos elétricos

Utilizando placas de madeira, pregos, conectores e alguns componentes elétricos como lâmpadas, diodos emissores de luz (LEDs), botões e potenciômetros, um grupo de alunas do 7º ano do ensino fundamental desenvolveu uma oficina na qual os visitantes da feira tiveram a oportunidade de compreender alguns princípios básicos sobre o funcionamento de circuitos e de relacioná-los a elementos presentes em nosso dia a dia.

Os participantes da oficina colocaram a mão na massa para testar ideias sobre como acender uma lâmpada usando os objetos que tinham à disposição. Em seguida, aprenderam a soldar os próprios circuitos, entendendo como funciona por dentro o *kit* utilizado pelos alunos em suas aulas de robótica ao longo do ano.

As oficinas foram propostas, idealizadas e conduzidas pelas alunas também com estudantes de 4º e 5º anos da Escola Municipal Edith dos Santos Silva, Cotia/SP, em etapa anterior à apresentação da atividade na Feira do Conhecimento. Esse momento teve como premissa a questão: "Como acender uma lâmpada tendo apenas um fio e uma pilha?" e foi muito interessante por permitir aos alunos vivenciar a experiência de tentativa e erro no processo de descoberta. As alunas monitoras se deram conta de que, apesar de planejarem detalhadamente uma oficina, algumas situações fujiram do controle e as obrigaram a improvisar, e os alunos mais novos puderam tentar, frustrar-se, tentar novamente, debater nos pequenos grupos suas hipóteses e celebrar quando alguma hipótese ou tentativa funcionava.

Oficina Parede "Rube Goldberg - Marble Machine"

A ideia de uma máquina de Rube Goldberg é realizar uma ação simples da forma mais complicada possível. Esse tipo de engenhoca foi imaginada pelo cartunista Rube Goldberg em meados do século XX. O cartunista criava desenhos com situações cômicas, nas quais mecanismos extremamente complexos de reação em cadeia acabavam por fazer algo simples como acender uma lâmpada ou virar a página de um jornal. Quem já viu a abertura da série *Castelo Rá-Tim-Bum* tem um exemplo claro em sua cabeça do funcionamento de uma dessas invenções.

Alunos do 7º ano do ensino fundamental construíram ao longo das aulas curriculares uma máquina, integrando materiais simples como parafusos, pregadores de roupa, conduítes, garrafas, bolas de gude e *kits* de robótica, para acender um conjunto de luzes ao final. Durante o processo de construção, engajaram-se na exploração de materiais e de ideias criativas e trabalharam colaborativamente, com muita persistência, para atingir seu objetivo final. Foi extremamente gratificante ver o quanto todos os alunos se envolveram no processo, independentemente de gênero ou *status* (estigmas compartilhados pelo grupo). Todos se dedicaram mais horas do que o necessário com afinco e desejo genuíno em fazer acontecer (**Fig. 31.3**).

Oficina de robiscos

É possível que resíduos recicláveis, um motor elétrico, um par de canetas e um pouco de imaginação juntem-se em uma máquina de dese-

Figura 31.3 Montagem contínua e interativa na Feira do Conhecimento.

nhar? Nessa oficina, alunos do 5º e 6º ano do ensino fundamental propuseram a criação de "máquinas" como o robisco – aparatos motorizados que se movem a partir de contrações irregulares, deixando rabiscos por onde passam.

O interessante dessa oficina foi o teste de resiliência dos alunos tutores, que tiveram de lidar com um número de visitantes maior do que o previsto, improvisando com os materiais disponíveis e encarando uma heterogeneidade do público que os tirou da zona de conforto e os fez refletir sobre novas formas de montar os robiscos com os participantes da feira.

Projeto Marcenaria com oficina de exploração com madeiras

Quanto uma mente se abre ao ter contato com materiais e ferramentas pouco usuais no seu dia a dia? Esse foi o desafio proposto aos alunos do 8º ano do ensino fundamental para que conhecessem técnicas, materiais e instrumentos necessários para desenvolver atividades com madeira. Esse projeto foi mais longo e duradouro do que as demais oficinas, pois abrangeu três fases principais:

1. Exploração inicial e projeto Chinelão – descrito a seguir.

2. Aplicação relevante na melhoria das bancadas de trabalho do Galpão.
3. Oficina com a comunidade no dia da Feira do Conhecimento.

A origem dessa sequência de atividades – que logo resultou na melhoria das bancadas e inspirou a oficina da feira – foi curiosa e coerente com a proposta de educação *maker*, ou seja, mais aberta e flexível, atenta às demandas do entorno, garantindo um protagonismo real dos alunos no papel de produtores e resultando em um maior engajamento na atividade. A partir de uma conversa com a professora do 1º ano da educação infantil (alunos de 3 anos), surgiu a ideia de aproveitar as aulas do 8º ano para produzir brinquedos para as crianças do G3. A professora Isabel comentou a respeito da possibilidade de oferecer a seus alunos brinquedos e recursos lúdico-educativos de baixo custo a partir de materiais de fácil aquisição. Partindo de um conhecimento inicial da turma de noções básicas de marcenaria e sobre algumas ferramentas necessárias, utilizamos esse desafio para que aplicassem seus conhecimentos criando brinquedos para alunos mais novos.

Para isso, a professora Isabel contextualizou o objetivo da atividade com a turma do 8º ano (o que, por si só, já foi uma experiência interessante – a entrada de uma professora de outro segmento na rotina da turma). Após a contextualização e a sensibilização inicial, os alunos optaram por montar o "Chinelão", uma estrutura de madeira similar a um esqui que permite caminhadas coletivas. Na sequência, partimos para a etapa de formação dos grupos e *briefing* da atividade. Para essa etapa, foi testada a aplicação da metodologia denominada "ensino para equidade", da professora Rachel Lotan (Universidade de Stanford), tradução brasileira de "*complex instruction*", que propõe que o nível de engajamento e aprendizado dos alunos aumenta quando trabalham em grupo de maneira planejada, estratégica e intencional. Pesquisas mostram que, quanto maior a proporção de alunos discutindo ideias e trabalhando juntos, maiores os ganhos no aprendizado de todos. Assim, quando as atividades são envolventes, elas permitem a elaboração de hipóteses, a coleta de informações e a argumentação a respeito do processo, proporcionando a todos os alunos a oportunidade de apropriar-se de conhecimentos e de linguagens específicas das áreas trabalhadas (COHEN; LOTAN, 2017).

Para garantir equidade no acesso ao aprendizado, técnicas de reconhecimento e tratamento de *status* (estigmas compartilhados pelo grupo) devem ser aplicadas. Considerando que, quanto maior a participação, maior o aprendizado, deve-se ampliar a percepção dos alunos a respeito do que consideram ser "esperto" ou "inteligente" e convencê-los de que todo e cada aluno têm alguma contribuição importante para aportar em uma tarefa desafiadora que requeira múltiplas habilidades.

Todos os integrantes do grupo tinham a mesma tarefa coletiva – planejar e produzir "chinelões" –, porém precisariam se organizar para cumprir funções complementares que, em conjunto, colaborariam para o êxito coletivo.

Após a delegação de funções (e consequentemente de autoridade), houve a explicação e as orientações para o projeto. Os alunos deveriam cumprir os seguintes requisitos e critérios de avaliação:

- Garantir a felicidade dos alunos do G3 ao receber e interagir com os "chinelões".
- Criar um projeto criativo e seguro.
- Usar materiais reaproveitados, de baixo custo e fácil aquisição.

A partir das orientações, os alunos discutiram nos grupos e registraram suas ideias iniciais, hipóteses e rascunhos do protótipo. Em seguida, listaram os potenciais materiais para a execução e a procedência desses recursos – todos reaproveitados do próprio colégio. Após pesquisas iniciais, os três grupos optaram pela montagem com madeira, devido às experiências prévias que garantiram familiaridade e à disponibilidade no Galpão desse tipo de recurso reaproveitado.

Com o decorrer das aulas previstas, os alunos puderam experimentar e aprofundar o uso de ferramentas como pistola de cola quente, serrote, serra de arco, martelo, lima, grosa e lixa (**Fig. 31.4**). Após o rascunho inicial dos protótipos, a turma do 8° ano visitou os alunos do G3 no intuito de criar vínculos, sensibilizar-se pela demanda e tirar medidas dos pés das crianças para adequação dos projetos. Esse contato foi muito positivo, pois elevou a autoestima dos alunos, dando-lhes confiança e relevância para continuidade do projeto.

Ao final do semestre, os alunos verificaram os erros e acertos dos protótipos em um teste com as crianças do G3, momento considerado crucial para todo o processo (**Fig. 31.5**). Após a experiência com as crianças, puderam reajustar as expectativas e os projetos em relação ao *design*, à segurança e à funcionalidade. Em seguida, os grupos finalizaram os projetos a partir do aprendizado com as tentativas e os erros do primeiro semestre para realizar a entrega e a celebração junto aos alunos do G3.

Além dos depoimentos, houve um relatório individual do processo, que considerou de forma autoavaliativa as seguintes questões:

Figura 31.5 Testes com as crianças de 3 anos.

1. A partir da vivência do trabalho em grupo, cite quais foram suas maiores habilidades (contribuições para o grupo) e suas dificuldades.
2. Cite três evidências de que o trabalho em equipe foi importante para a produção.
3. Relate, em poucas palavras, a sensação de produzir algo com aplicação social (relevância).
4. Quais habilidades **científicas e cognitivas** você considera necessárias para um bom desenvolvimento dessa atividade? Descreva ao menos uma evidência que justifique as suas escolhas.
5. Quais habilidades **sociais e interpessoais** você considera necessárias para um bom desenvolvimento dessa atividade? Descreva ao menos uma evidência que justifique as suas escolhas.

Figura 31.4 Montagem do protótipo do "Chinelão".

Inspirados pela experiência do "Chinelão", os alunos da turma propuseram uma melhoria na funcionalidade das mesas de trabalho do Galpão. Esse fato nos evidenciou o êxito da proposta anterior, uma vez que se pôde notar a transposição de conhecimentos recém-adquiridos em marcenaria para outra aplicação real e significativa.

Assim, com o auxílio de um marceneiro especialista, os alunos projetaram, construíram e montaram gavetas, estantes e biombos que transformariam as mesas do Galpão em bancadas de trabalho mais funcionais para serem usadas durante as aulas, otimizando projetos de outros alunos.

CONSIDERAÇÕES FINAIS

De forma geral, o mais valioso das atividades foi o foco na autonomia desenvolvida pelos alunos e na mudança da postura adotada pelos professores. Essas duas óbvias, porém estruturantes, alterações da dinâmica da sala de aula promovem um novo paradigma que coloca o erro em seu devido lugar pedagógico – como parte fundamental do processo de aprendizagem.

Historicamente, as escolas têm tentado suprimir a importância do erro, porém observamos que atividades planejadas e intencionais para explorações, provocações, levantamento de hipóteses, trabalho colaborativo em grupos com delegação de autoridade, tentativas dos alunos, registro e discussão dos resultados trazem de volta ao ambiente escolar o princípio primeiro da educação: ser um processo contínuo ao longo da vida que possibilite aos indivíduos alcançar a plenitude de suas potencialidades.

Considerando os resultados das atividades desenvolvidas e as reações dos estudantes ao processo, consideramos que o trabalho em grupo pautado em produções mão na massa significativas trouxe um desequilíbrio em relações de *status* preconcebidos, por exemplo, a de que meninos gostam de eletrônica ou de martelar e que meninas gostam de pintar ou costurar. Foi possível notar o engajamento e o prazer de todos ao realizar as tarefas necessárias e o desejo de colaboração em prol dos objetivos comuns. Assim, houve um ganho em seu senso de comunidade, pertencimento e agência, ao perceberem-se capazes de produzir objetos significativos e de transmitir seus conhecimentos aos demais.

Percebemos que alguns combinados devem ser mais bem estabelecidos, principalmente no que diz respeito à instrumentalização, pois ainda que tenha havido momentos de apresentação e introdução ao uso de determinadas ferramentas, por questões de segurança e otimização de seus usos, esse tema deve ser reforçado sempre antes das atividades. Seria interessante criar um "minicurso" de credenciamento para o uso de algumas ferramentas de maior risco, que habilite os alunos e inclusive converta os mais interessados em "monitores" de seu uso pelos demais.

Talvez o principal resultado, até o momento, tenha sido ver quão real é a expressão da equidade em atividades desse tipo, uma vez que se derrubam tabus, papéis sociais e diferenças de gêneros, e como a aplicação de práticas relacionadas à ideia de "faça você mesmo" eleva o *status* dos alunos e lhes dá um significado genuíno para os momentos na escola, rompendo com o papel clássico de passivos receptores de conteúdos.

Uma inquietação que surgiu em análises durante o processo diz respeito a como possíveis novos papéis e *status* podem ser gerados e consolidados. Como gerenciar esse ambiente exploratório, atentando o olhar para as relações que se estabelecem, analisando as dinâmicas interpessoais decorrentes de atividades mãos na massa, no intuito de evitar que novos *status* de dominância e estigmas se concretizem? Nosso desafio é acompanhar de perto a consolidação da autonomia desses alunos, com processos de documentação regulares e personalizados, registrando seus depoimentos e situações de grupos. Um portfólio de desenvolvimento de projetos que contemple também o processo socioemocional seria um caminho interessante para compreender o panorama e conseguir realizar intervenções cada vez mais precisas, reflexivas e orientadoras para cada aluno nesse sentido.

Por fim, pretendemos seguir a partir do que funcionou, testando estratégias, nos questionando, vivendo erros e acertos em prol da busca dos formatos mais bem adaptados ao nosso contexto e à realidade de nossos alunos. Além disso, acreditamos que haverá um ganho no processo, pois, além de nossos alunos regulares, receberemos, no contraturno, estudantes da rede pública de comunidades do entorno da instituição para vivenciarem as mesmas oportunidades dos alunos do Instituto Sidarta.

REFERÊNCIAS

COHEN, E. G.; LOTAN, R. A. *Planejando o trabalho em grupo*: estratégias para salas de aula heterogêneas. 3. ed. Porto Alegre: Penso, 2017.

NAÇÕES UNIDAS. *Objetivos de desenvolvimento sustentável*. 2018. Disponível em: <https://nacoesunidas.org/pos2015/agenda2030/>. Acesso em: 27 ago. 2018.

LEITURA RECOMENDADA

MARTINEZ, S. L.; STAGER, G. *Invent to Learn*: making, tinkering, and engineering in the classroom. Torrance: Constructing Modern Knowledge, 2013.

RELATO DA EXPERIÊNCIA COM O JORNAL *JOCA*

Nádia Moya

Este relato pretende inspirar e encorajar coordenadores e professores de escolas públicas de ensino fundamental a buscar recursos inovadores que de fato possibilitem a formação de alunos protagonistas das próprias aprendizagens e o alcance dos objetivos de aprendizagem determinados pelas secretarias de educação municipais e estaduais do Brasil. Assim ocorreu em nossa escola, que obteve o 1º lugar no Índice de Desenvolvimento da Educação do Estado de São Paulo (IDESP)* de 2015 e teve sua pontuação aumentada em 2016, graças à utilização de um jornal para jovens e crianças como principal material de trabalho em sala de aula.

A Escola Estadual Henrique Dumont Villares, de ensino fundamental (1º ao 5º ano), tem 798 alunos e está localizada no bairro Jaguaré, em São Paulo/SP. Em nossa organização pedagógica tradicional, a utilização de um material "não convencional" no lugar do livro didático não se deu de maneira planejada, mas resultou de um processo de apropriação concomitante e surpreendentemente rápido por parte dos professores e alunos.

No início de 2014, fui nomeada coordenadora pedagógica da escola e, ainda em fase de adaptação ao cargo, depois de 26 anos como professora alfabetizadora, fui incumbida, entre outras tarefas, de adequar o trabalho de leitura de gêneros textuais de imprensa exigido pela Secretaria de Educação do Estado (SEE), a saber: no 1º ano (legenda), no 4º ano (notícia) e no 5º ano (notícia, reportagem e carta do leitor). Como o público-alvo de jornais não são as crianças, os alunos não demonstravam interesse pela leitura de notícias e reportagens, porque os textos eram de difícil entendimento e a maioria dos fatos noticiados era pouco adequada a sua faixa etária. Por isso, as atividades propostas eram realizadas de maneira superficial: mostrávamos o que é um jornal, seu formato e sua organização, mas poucas matérias eram lidas para os alunos.

Propus aos professores que analisassem exemplares do jornal *Joca*, que a ONG Parceiros da Educação havia doado à escola e que trazia escrito na capa "O único jornal para jovens e crianças". Porém, a análise não chegou a ser realizada, pois a equipe docente avaliou não ser possível a inclusão de mais um material de trabalho na sala de aula, já que tínhamos ferramentas de uso obrigatório: os cadernos de português, do programa Ler e Escrever; os de

---

*O IDESP é um indicador de qualidade dos anos iniciais (1º ao 5º ano) e finais (6º ao 9º ano) do ensino fundamental e do ensino médio.

matemática, do programa Educação Matemática nos Anos Iniciais (EMAI), produzidos pela SEE; e os livros didáticos de todas as disciplinas enviados pelo Ministério da Educação (MEC).

Preocupada em viabilizar o trabalho, tornando-o instigante e atrativo para alunos e professores, decidi, algumas semanas depois, examinar eu mesma os exemplares do jornal *Joca*, que haviam sido deixados intactos, empilhados, em uma das salas. Pude observar que estava diante de um jornal "de verdade", ou seja, organizado nos mesmos moldes do jornal para adultos, com seções e boxes de notícias, reportagens e outros gêneros de imprensa com os mesmos assuntos veiculados pelos demais jornais, tamanho e linguagem adequados à faixa etária, imagens coloridas e com formato tabloide, muito mais fácil para os alunos manusearem. Além disso, trazia outras seções com temas específicos para jovens e crianças. Fiquei impressionada com as possibilidades de trabalho que o material indicava e o levei para a análise dos professores, já com algumas ideias de atividades que poderiam realizar. A equipe se mostrou bastante interessada e, então, decidimos fazer uma tentativa de uso do *Joca* na escola.

APROXIMAÇÃO: ENCANTAMENTO E LEITURA COMPETENTE

Começamos, assim, a utilizar o jornal *Joca* no 5º ano (alunos de 10 a 11 anos), para leitura e criação de uma carta do leitor por classe. Depois de produzidas as primeiras cartas, decidimos enviá-las para a redação do jornal, que publicou uma delas.

A publicação da carta do leitor foi o estímulo para que o jornal fosse lido em todas as classes de todos os anos da escola. Foi uma surpresa observar o interesse dos alunos do 1º ao 5º ano, desde o primeiro contato com o *Joca*. Estimulados, os professores de todos os anos deram sequência ao trabalho.

Já que continuávamos enviando as cartas do leitor para publicação no *Joca*, algum tempo depois recebemos a visita de profissionais da Magia de Ler, editora responsável pela produção do jornal, interessados em conhecer como o estávamos utilizando na sala de aula. Surpresos com o trabalho intenso realizado com o uso de apenas duas edições antigas, ofereceram doar à escola 30 exemplares por edição, que é quinzenal. A partir daí, organizamos um rodízio dos exemplares recebidos entre as classes, para que todos pudessem ler a fim de continuarmos o trabalho.

Em poucos meses, observamos que o conhecimento dos alunos sobre a estrutura e a organização do portador de textos era outro. Já sabiam que um jornal tem cadernos e seções, conheciam-nas pelo nome, compreendiam do que se tratava cada uma e, por meio da leitura dos títulos e da observação das imagens, já conseguiam antecipar o assunto da notícia. Até hoje, quando a nova edição do *Joca* chega, parecem "devorar" o jornal: conversam sobre as notícias e discutem espontaneamente, sobretudo porque compreendem o que leem, além de ficarem a par das notícias do Brasil e do mundo, que são de seu interesse também. De fato, observamos uma mudança significativa no envolvimento dos alunos: tornaram-se mais interessados pela leitura, sabendo expor o fato e com vocabulário muito mais rico. Hoje, os professores elaboram atividades de leitura, de escrita e de oralidade a partir das matérias e seções do *Joca*, à luz dos objetivos de aprendizagem e das habilidades a serem desenvolvidas pelos alunos estabelecidos pela Matriz de Avaliação Processual da SEE. São propostos, em todos os anos, momentos de exposição oral, de comentários, de discussão e de debate.

A partir de um trabalho intenso de leitura, as atividades de escrita são assim distribuídas: no 1º ano, criação oral e coletiva do texto *Você sabia que...*, inspirado na seção de mesmo nome do *Joca*; no 2º ano, produção oral de notícia, com a professora como escriba, e também reescrita de notícias em duplas; no 3º ano, criação escrita e oral de títulos, legendas e de notícias coletivamente e em duplas; no 4º ano, produção escrita individual de notícias e reportagem; e no 5º ano, criação de notícias, de reportagens e de cartas do leitor individualmente (**Figs. 32.1 e 32.2**).

Em 2017, a Magia de Ler passou a doar 200 exemplares por edição quinzenal, e essa vem sendo uma oportunidade única de aprimorarmos nosso trabalho pedagógico.

APROPRIAÇÃO: ENVOLVIMENTO E COMPROMISSO

Mas por que chamar essa experiência de inovadora?

Além de o jornal *Joca* ser, no Brasil, um produto inédito e único, e sua utilização nas escolas, uma ferramenta de trabalho também completamente nova, houve duas grandes mudanças na escola decorrentes de seu uso na sala de aula: a primeira relativa ao envolvimento dos alunos com questões sociais e questões que dizem respeito à comunidade escolar; e a segunda em relação ao compromisso dos professores com o próprio trabalho.

Antes de tudo, o principal material usado nas aulas passou a ser o *Joca*, o que levou a equipe docente a se mobilizar para a criação de atividades em substituição às dos livros didáticos em todas as disciplinas. Isso necessariamente resultou em mais estudo e, por conseguinte, na qualificação do grupo de professores da escola.

Em relação aos alunos, ter o jornal na sala de aula mudou sua rotina, pois eles usavam apenas os livros didáticos e os cadernos de português e de matemática da SEE. O *Joca*, além de trazer muitas imagens coloridas, tem linguagem adequada à faixa etária e traz matérias

Figura 32.1 Atividades com os alunos.

Figura 32.2 Atividades com os alunos.

do interesse das crianças (**Anexo 32.1**). Seguem dois exemplos de assuntos que se revelaram extremamente mobilizadores.

Quando foi publicada a reportagem *Sete crianças que abalaram o mundo* (**Anexo 32.2**), uma aluna chamada Anne, que não gostava de seu nome, pois a maioria de suas colegas na escola chama-se Ana, ficou muito impactada. A mãe lhe havia dito que escolheu esse nome por causa de Anne Frank, mas não havia contado a ela quem foi essa personagem e o que viveu. Quando a aluna conheceu a história de Anne Frank pelo *Joca*, passou a gostar do próprio nome e se orgulhar dele. Fez até um relato oral sobre a importância da leitura para novas descobertas, que apresentou para todos os colegas do 5º ano. Sua professora aproveitou a oportunidade e leu o livro *O diário de Anne Frank* (FRANK, 1995) para toda a classe. Em seguida, leu para os alunos *O diário de Zlata* (FILIPOVIC, 1994), também sobre uma menina que viveu na guerra. A discussão decorrente desse novo conteúdo foi muito enriquecedora.

Outra situação foi a da leitura feita no 4º ano (8 e 9 anos) da notícia *A batalha de um leitor do Joca*, sobre um garoto que doou sua medula (**Anexo 32.3**). Naquele mesmo dia, em casa, alguns alunos viram o menino no noticiário da TV e, no dia seguinte, chegaram à escola comentando o fato e com mais informações sobre o que é medula, como se faz a doação do órgão, etc. Foi muito rica a troca entre eles e os demais colegas.

O interesse pelo *Joca* e a mobilização decorrente de sua leitura e uso durante as aulas resultaram também em duas ações que surpreenderam a todos. A primeira deu-se a partir da campanha do governo no mês de prevenção ao câncer de mama, o Outubro Rosa. Todos os anos, muitos alunos assistem na TV o anúncio do Outubro Rosa, e, em outubro de 2015, foi publicada uma matéria no *Joca* sobre esse tema, que foi lida e discutida nas classes.

Naquela semana, a aluna Mariana, então com 7 anos, foi ao *shopping* com sua mãe, onde viu um quiosque montado para divulgação da ação de doação de cabelos para a produção de perucas a serem usadas por mulheres em tratamento do câncer de mama. A menina imediatamente perguntou à mãe se poderia deixar seu cabelo crescer o bastante para doá-lo. A mãe autorizou e contou sobre o fato à coordenação da escola. Entramos em contato com a equipe de jornalismo do *Joca*, que fez do ocorrido tema de uma reportagem na edição seguinte com o título *Doação de cabelo* (**Anexo 32.4**). Também compartilhamos a ação da aluna no Facebook da escola e tivemos 2.300 visualizações. Quando a reportagem sobre a atitude da aluna Mariana foi publicada na edição do *Joca*, mais cinco meninas pediram às mães para cortar seus cabelos e os trouxeram para a escola para doar. Telefonamos para o Hospital do Câncer, que recolheu as doações. Esse é um dos exemplos vivos de como o acesso à leitura e à informação dá à criança a possibilidade de sentir-se e ser atuante no mundo, de mudar a própria história.

A segunda ação resultante do trabalho e envolvimento com o *Joca* veio a partir da reportagem *Menina monta biblioteca em casa* (**Anexo 32.5**), sobre uma menina de 11 anos que, para disseminar o interesse pela leitura, montou uma biblioteca comunitária dentro de sua casa. Depois de ler a reportagem, algumas alunas do 3º ano tiveram a ideia de também incentivar a leitura, mas de outra forma. Procuraram a coordenação da escola e propuseram-se a permanecer o dia todo na escola. No período oposto ao de suas aulas, auxiliariam os alunos em processo de alfabetização a aprender a ler e os estimulariam a se interessar pela leitura, lendo histórias para eles e os ajudando em suas tarefas na sala de aula. A escola autorizou, e o grupo, que no início era formado por três alunas, hoje conta com sete meninas que ficam na escola duas vezes por semana no contraturno, durante duas horas, nas aulas do 1º ano. Outras alunas já nos procuraram para participar, e, neste ano, criaremos um sistema de rodízio.

COMPARTILHAMENTO: APROXIMAÇÃO ENTRE PAIS E FILHOS

São visíveis as mudanças no relacionamento das crianças com seus pais, também em decorrência da chegada do *Joca*. Alguns alunos que levam o jornal para casa relatam que os pais o leem com eles. Muitas vezes, os próprios pais pedem emprestadas para a escola edições do *Joca* a fim de ler com os filhos. Nossa comunidade é carente, a maioria dos pais tem diploma apenas de ensino fundamental e, consequentemente, pouco acesso à leitura e à informação. O *Joca*, além de também despertar o interesse deles, está aproximando-os de seus filhos. Agora, quando os pais vêm à escola em busca de material para ler, temos o que oferecer. Com isso, sua relação conosco está mudando, estão mais próximos.

Para que isso não se perca, além de apresentar o que temos feito nas reuniões de pais, iniciamos um trabalho com o 4º e o 5º anos, que já está sendo realizado no 3º ano e irá para os 2º e 1º anos também. Como não recebemos um exemplar para cada aluno, aqueles que mais leem o *Joca* recebem o prêmio: levar um exemplar para casa. Todos os meses são escolhidas as crianças que durante o mês leram mais o *Joca* e também os livros, comentando e indicando leituras a seus colegas. São um, dois ou três de cada turma. Em regra, os não escolhidos começam a se dedicar mais para poder ganhar um exemplar do jornal no mês seguinte. E o número de alunos escolhidos vai crescendo de um mês para o outro, até todos receberem seu exemplar.

PRODUTO FINAL: *O MIRANTE* – JORNAL FEITO PELOS ALUNOS

Para que os alunos possam apresentar os conhecimentos adquiridos, surgiu a ideia de elaborarmos um jornal semestral, com contribuições de todas as classes da escola. Foram produzidas duas edições até agora (**Anexo 32.6**). Nosso objetivo é que, na próxima, o jornal seja feito integralmente pelos alunos, pois nas primeiras a distribuição do trabalho foi realizada pelos professores e pela coordenação. Os próprios alunos irão escolher dois repórteres mirins de cada classe por mês, que irão registrar a pauta das matérias que os alunos produzirão para o *Mirante*, este é o nome de nosso jornal. Iremos privilegiar a produção escrita a partir do trabalho de repórter, e os alunos deverão aprender mais a fundo como pesquisar, fazendo ainda mais leituras.

DESEMPENHO DOS ALUNOS: 1º LUGAR NO ESTADO DE SÃO PAULO

A mudança que se deu com a substituição do material-base para o trabalho na sala de aula foi basicamente temática. Do estudo de temas distantes da sua realidade, os alunos passaram a ler e discutir sobre o que está acontecendo hoje, além de refletir sobre assuntos de seu interesse, o que os leva a querer interagir e participar, a querer se tornar cidadãos atuantes e transformadores.

O *Joca* é usado para o trabalho nas disciplinas de português (leitura, oralidade e escrita), matemática (atividades fazendo uso de tabelas, gráficos e notações numéricas), ciências e geografia (p. ex., quando se trata de animais e meio ambiente). O uso do jornal é quase diário. No 1º e 2º anos, há o trabalho de aproximação ao texto jornalístico, uma vez por semana; no 3º ano inicia-se o trabalho de apropriação, duas vezes por semana; nos 4º e 5º anos, a utilização do jornal é diária. Como o *Joca on-line* é publicado antes do exemplar impresso, é possível para os professores fazerem seu planejamento e elaborarem as atividades com antecedência. É digno de nota o fato de que não sentem mais necessidade do livro di-

TABELA 32.1 Metas e resultados do IDESP

	2009	2010	2011	2012	2013	2014	2015	2016
IDESP observado	4,74	4,89	5,25	5,75	4,98	5,72	7,71	7,00
Meta IDESP		4,85	5,00	5,35	5,81	4,98	5,80	7,72

Fonte: São Paulo (2017, documento *on-line*).

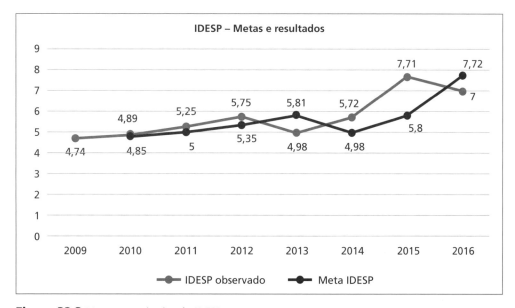

Figura 32.3 Metas e resultados do IDESP.
Fonte: São Paulo (2017, documento *on-line*).

dático, pois escolhem temas para trabalhar com base no jornal.

Dizemos que foi incluída uma disciplina "não tradicional" em nossa grade curricular e, como resultado, os alunos vêm apresentando um avanço significativo na linguagem, em seu vocabulário, em seu raciocínio e, sobretudo, em seu conhecimento de mundo e possibilidade de estabelecer relações e expressar-se oralmente. É nítido como aprendem muito mais quando têm contato com assuntos que lhes interessam.

Prova disso é a evolução que a escola teve no IDESP (**Tab. 32.1** e **Fig. 32.3**). Em 2009, nossa pontuação foi 4,74. O trabalho de leitura e escrita centrado no jornal e as muitas avaliações processuais alteraram o perfil da escola. O salto maior de pontuação, para 7,71 em 2015, ocorreu depois da vinda do *Joca*. Obtivemos pontuação semelhante no Índice de Desenvolvimento da Educação Básica (IDEB) (**Tab. 32.2** e **Fig. 32.4**).* Em 2009, tínhamos 4,6 de pontuação no IDEB e, no IDESP, 4,79. Com o salto para 7,71 no IDESP, ficamos com 7,7 no IDEB (2015). São resultados de provas diferentes: a do IDEB é nacional – conhecida como Prova Brasil – e a outra, do IDESP, é es-

---

*O IDEB é uma das primeiras iniciativas brasileiras para medir a qualidade do aprendizado nacionalmente e estabelecer metas para a melhoria do ensino. Foi criado em 2007, pelo Instituto Nacional de Estudos e Pesquisas Educacionais Anísio Teixeira (Inep).

TABELA 32.2 Metas e resultados do IDEB

	2007	2009	2011	2013	2015	2017
IDEB observado	4,6	5,6	5,9	6,3	7,7	
Meta IDEB		4,8	5,2	5,4	5,7	5,9

Fonte: Portal QEdu (2018, documento *on-line*).

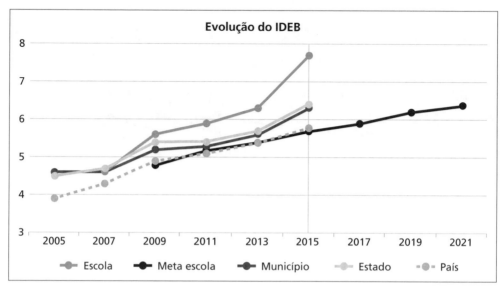

Figura 32.4 Evolução do IDEB.
Fonte: Portal QEdu (2018, documento *on-line*).

tadual – o Sistema de Avaliação do Rendimento Escolar do Estado de São Paulo (Saresp). As competências exigidas são mais difíceis no Saresp, mas vemos que as notas são parecidas em nossa escola. Assim, ficamos em 1º lugar entre as escolas do Estado de São Paulo. Em nosso Estado, está um quarto do alunado das escolas públicas do Brasil, ou seja, estamos em 1º lugar entre 25% das escolas do País.

Na **Tabela 32.1** e na **Figura 32.3**, vemos que, em 2016, apesar da pequena retração, a escola obteve uma nota significativamente acima da nota do Estado (5,40).*

Em 2017, fomos procurados por coordenadores de oito escolas da região interessados em um curso de formação para o trabalho com o jornal *Joca* na sala de aula.

O QUE OS PROFESSORES APRENDERAM COM ESSA EXPERIÊNCIA

O interesse da equipe docente em se aperfeiçoar profissionalmente aumentou muito. Hoje, há uma busca em produzir e trazer o que é instigante, o que desperta o interesse e a curiosidade dos alunos. Isso se deve às mudanças operadas nas crianças. Os assuntos sobre os quais conversam mudaram muito. An-

---

*Os resultados podem ser acessados no portal <http://idesp.edunet.sp.gov.br/>.

tes o tema principal era a violência e o entretenimento de massa. Agora falam sobre outras coisas, menos sobre isso.

Atualmente, é muito difícil competir com celulares, computadores e jogos e, quando vemos uma criança na hora do lanche com o jornal na mão e as atitudes dos alunos se transformando, é muito gratificante para todos os educadores, já que o interesse maior de nossa profissão é que os alunos aprendam (**Anexo 32.7**).

REFERÊNCIAS

FILIPOVIC, Z. *O diário de zlata*: a vida de uma menina na guerra. São Paulo: Cia das Letras, 1994.

FRANK, A. *O diário de Anne Frank*. Rio de Janeiro: Record, 1995.

INSTITUTO NACIONAL DE ESTUDOS E PESQUISAS EDUCACIONAIS ANÍSIO TEIXEIRA. (INEP). *Ideb*. 2015. Disponível em: <http://inep.gov.br/ideb>. Acesso em: 28 ago. 2018

PORTAL QEDU. *Henrique Dumont Villares*. 2018. Disponível em: <http://www.qedu.org.br/escola/187356-henrique-dumont-villares/ideb>. Acesso em: 27 ago. 2018.

SÃO PAULO. (Estado). *IDESP - Metas e Resultados*. 2017. Disponível em: <http://idesp.edunet.sp.gov.br/arquivos2017/004042.pdf >Acesso em: 28 ago. 2018.

ANEXO 32.1
A IMPORTÂNCIA DA LEITURA DE JORNAL E SUA DEFICIÊNCIA APONTADA PELO PROGRAMA INTERNACIONAL DE AVALIAÇÃO DE ESTUDANTES (PISA) 2016

UOL educação

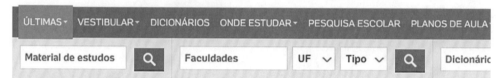

Maioria dos alunos brasileiros não sabe fazer conta nem entende o que lê 💬221

Bruna Souza Cruz e Ana Carla Bermúdez
Do UOL, em São Paulo 06/12/2016 | 08h00 > Atualizada 06/12/2016 | 10h50

Metade dos alunos brasileiros continuam com dificuldades de interpretação

Os dados do Pisa 2015 também apontam que 51% dos estudantes não possuem o patamar que a OCDE estabelece como necessário para que se possa exercer plenamente sua cidadania, considerando sua capacidade de leitura. Eles não ultrapassaram o nível 2 dentro da escala de avaliação.

Com isso, é possível afirmar que os jovens brasileiros têm dificuldades em lidar com textos e documentos oficiais, como notas públicas e notícias. Além disso, têm problemas para interpretar informações e integrar contextos.

A pontuação do Brasil foi de **407**, enquanto os países da OCDE tiveram uma média de 493. A média brasileira foi a mesma de três anos atrás, na última edição do Pisa.

Fonte: CRUZ, B. S.; BERMÚDEZ, A. C. Maioria dos alunos brasileiros não sabe fazer conta nem entende o que lê. *UOL Educação*, 06 dez. 2016. Disponível em: <https://educacao.uol.com.br/noticias/2016/12/06/maioria-dos-alunos--brasileiros-nao-sabe-fazer-conta-nem-entende-o-que-le.htm?cmpid=fb-uol>. Acesso em: 27 ago. 2018.

Inovações Radicais na Educação Brasileira 395

ANEXO 32.2
SETE CRIANÇAS QUE ABALARAM O MUNDO

Fonte: Sete crianças que abalaram o mundo. *Joca*, ed. 50, p. 9, 04 nov. 2014.

ANEXO 32.3
A BATALHA DE UM LEITOR DO JOCA

REPÓRTER MIRIM

A BATALHA DE UM LEITOR DO JOCA

Tancrède é um garoto muito especial de 11 anos que mora em São Paulo. Diagnosticado com leucemia mieloide aguda, Tancrède tem uma única chance: encontrar um doador compatível de medula óssea. Uma enorme campanha nas redes sociais para achar a medula compatível foi lançada.

Neste tempo de espera e de tratamento, longe da escola, você sente saudades dos amigos? Eles podem te ver?
Sinto muitas saudades de todos os meus amigos. Alguns podem me ver, sim, mas só de vez em quando, e se não estiverem doentes, para eu não me resfriar... Eu também posso falar com eles pelo Skype.

O que você mais gosta de fazer e como é seu dia a dia?
Jogar Minecraft e fazer vídeos no YouTube. Eu criei um canal no YouTube chamado _wolfbr_5000. Convido todos vocês a se inscrever no canal.

Seus pais, David e Luc, são exemplos de força. Fale um pouco deles e sobre como eles te apoiam.
Eles me apoiam tentando divulgar a doação de medula e me fazendo imaginar que eu estou "matando" os blastos no Minecraft. Eles me levam ao hospital.

Como descobriu que tinha essa doença, o que você sentia?
Eu fiquei bem assustado no começo, mas depois me acostumei que eu estou doente, e que vou me curar, graças a um transplante. Eu descobri no hospital, quando estava bem resfriado. Acharam que eu tinha pneumonia, mas depois fizeram mais exames de sangue e encontraram anemia. Em seguida, acharam a mielodisplasia, que é uma doença na medula óssea, que não fabrica sangue normalmente. Depois apareceram os blastos, que representam a leucemia.

Você conseguiu mobilizar tantas pessoas... Muitos fizeram o teste de compatibilidade. Parece até que conseguiu um doador para outra criança. Como se sente?
Eu me sinto feliz por essa criança ter sido curada e por ela poder ir à escola de novo. Mobilizar tanta gente é importante para as outras pessoas saberem o que é mielodisplasia. As doações podem salvar vidas.

Tancrède seu irmão e seus pais

Que mensagem você quer mandar para os leitores do Joca? Como as crianças que leem esta entrevista podem ajudar?
Quem estiver lendo o Joca, por favor, digam aos seus pais para doar medula óssea. Essa medula pode salvar vidas. Eu estou recebendo transfusões de sangue por enquanto. Também é importante que os adultos doem sangue.

E depois do transplante, o que você pretende fazer?
Ir para a escola, ir à piscina com meus pais, jogar futebol no parque e em casa, passear nos lugares, correr, ir ao cinema e ler o jornal Joca.

Para saber mais:
www.lucmichaelbouveret.com/tancrede/www.tancrede.org/
www.ameo.org.br

A equipe da Magia de Ler já se cadastrou.

O que é medula óssea?
É um tecido gelatinoso encontrado no interior dos ossos que contém as células que fabricam as células sanguíneas. Em pessoas com câncer no sangue, como o Tancrède, a medula óssea não produz o sangue com os componentes corretos. A chance de encontrar um doador de medula compatível com um paciente é de uma em 100 mil.

Como é a doação?
Se a pessoa for compatível, há duas maneiras de coletar medula óssea:
1. pelo osso da bacia: é simples, usa anestesia e demora menos de uma hora. Uma agulha coleta a medula na região da nádega. 2. pela veia: o doador toma um remédio por cinco dias para aumentar a produção de células-mãe. No sexto dia, as veias estão cheias de células-mãe. O sangue é filtrado por uma máquina que retira células-mãe e devolve as células do sangue para as veias. Dura de quatro a seis horas.
Para doar, é preciso ter entre 18 e 54 anos e estar bem de saúde.

Onde doar
Ameo - 11 3333-4424
www.ameo.org.br

JOCA EM AVENTURAS

Fonte: A batalha de um leitor do *Joca*. *Joca*, ed. 60, p. 12, 12 jun. 2015.

ANEXO 32.4
DOAÇÃO DE CABELO

DOAÇÃO DE CABELO

As alunas da E.E. Henrique Dumont Villares (SP) Maria Eduarda M. e Mariana M. cortaram os cabelos e doaram as mechas para a ONG Cabelegria e para o Hospital do Câncer, que fazem perucas para as pessoas que ficam carecas em consequência do tratamento contra o câncer.

Como surgiu a ideia de doar o cabelo?
"Eu estava na escola do meu primo, a E. E. Deputado Augusto do Amaral, em que tinha uma atividade sobre o Outubro Rosa, uma campanha para alertar sobre câncer de mama. Quando vi, perguntei para minha mãe se podia cortar o cabelo para doar para o Hospital do Câncer. Ela deixou, e eu cortei o cabelo lá mesmo. O cabelo cresce e a esperança também." Maria Eduarda M., 10 anos, doou 10 centímetros

Por que você resolveu doar o cabelo?
"Queria ajudar os amigos. As crianças que estão com câncer têm que se sentir bonitas. Eu me senti feliz depois de doar o cabelo. Eu contei para todo mundo: minha avó, meus amigos, meu primo e minhas tias." Mariana M., 7 anos, doou 30 centímetros

Fonte: Doação de cabelo. *Joca*, ed. 86, p. 6, 31 out. 2016.

ANEXO 32.5
MENINA MONTA BIBLIOTECA EM CASA

MENINA MONTA BIBLIOTECA EM CASA

→ Aos 11 anos, a estudante Alexssandra Borges Alves, de Monte Aprazível (SP), já leu mais de 300 livros. Para incentivar a leitura entre os amigos, ela criou uma biblioteca comunitária dentro de casa. A maior parte dos livros foi doada para a biblioteca. Os livros são divididos por temas e idade e podem ser retirados gratuitamente. É Alexssandra quem organiza a retirada e a devolução. Se alguém não devolver no dia certo, ela vai de bicicleta até a casa da pessoa para saber o motivo do atraso.

Alexssandra cria biblioteca comunitária

Fonte: Menina monta biblioteca em casa. *Joca*, ed. 80, p. 9, 02 ago. 2016.

Inovações Radicais na Educação Brasileira 399

ANEXO 32.6
ESTUDANTES CRIAM JORNAL PARA DIVULGAR AS PRINCIPAIS ATIVIDADES DA ESCOLA

Estudantes criam jornal para divulgar as principais atividades da escola

"O nosso jornal é para as crianças", afirma Julia Silva Martins

O dia 31 de agosto foi uma data muito especial para os alunos do Ensino Fundamental, da E.E. Henrique Dumont Villares. Com a escola toda decorada, alunos, professores e gestores realizaram uma grande festa para o lançamento do jornal Mirante, publicação feita pelos próprios estudantes com o auxílio dos educadores e que traz informações sobre a história da escola, atividades e projetos realizados, datas de provas, entre outras coisas do cotidiano da unidade de ensino da capital paulista.

Fonte: SÃO PAULO. Secretaria da Educação do Estado de São Paulo. *Estudantes criam jornal para divulgar as principais atividades da escola*. 2018. Disponível em: <http://www.educacao.sp.gov.br/noticias/alunos-se-unem-e--criam-jornal-que-traz-as-principais-atividades-da-escola/>. Acesso em: 27 ago. 2018.

ANEXO 32.7
DEPOIMENTOS DE PROFESSORAS DA E. E. HENRIQUE DUMONT VILLARES SOBRE O QUE APRENDERAM COM A EXPERIÊNCIA

DEPOIMENTOS DE PROFESSORAS DA E. E. HENRIQUE DUMONT VILLARES

"O que eu aprendi com a experiência, e como a minha experiência pode gerar lições para outros educadores que estejam tentando fazer atividades semelhantes?"

Professora Valdirene Mariano Corrêa – 4º ano

Aprendi que, em um jornal direcionado para jovens e crianças, a leitura se torna mais prazerosa e a aprendizagem mais significativa.

Os conteúdos atualizados que sempre são abordados no jornal propiciam uma grande interação dos alunos com a realidade, em que eles trocam informações contando uns aos outros o que mais lhes interessou.

Quando direcionadas, as atividades desenvolvidas são diversificadas, e isso também desperta a atenção e desafia os alunos. Nas aulas propostas trabalhamos:

- Leitura compartilhada e livre
- Estudo de texto específico, com interpretação oral e escrita
- Ortografia, com o foco nos conteúdos da grade curricular do ano/série
- Gramática, com o foco nos conteúdos da grade curricular do ano/série (substantivo, adjetivo, verbo, etc.)
- Gêneros textuais
- Organização estrutural do jornal (capa, manchete, título, notícia, reportagem, entrevista, carta do leitor, artigo, crônica, legenda, seções e suas peculiaridades)
- Produção de texto, com apoio dos textos e seções do *Joca*, como artigo de opinião utilizando a seção Canal Aberto
- Matemática – números e seus significados no contexto do texto jornalístico
- Pesquisa
- Leitura de imagens, legendas e gráficos relacionando à notícia

Enfim, o jornal *Joca* abre um leque infinito de possibilidades e de formas de exploração, cabendo ao professor desenvolver e adequar as suas turmas, sempre em busca de uma aprendizagem mais significativa.

Com essa experiência, venho aprendendo e me aprimorando constantemente. Busco trocar experiências com a minha equipe de trabalho, e todas compartilhamos cada vez mais nossas ideias.

Professora Aretha Pereira Lima Taglieri – 4º ano

O trabalho com o *Joca* trouxe um leque de possibilidades. Tem sido um estímulo para refletirmos sobre quais intervenções atingem os alunos significativamente, ao mesmo tempo em que dá acesso a assuntos que as crianças, até quando adultas, não teriam em seu cotidiano. Isso constitui uma bagagem que, em minha opinião, funcionará como um gancho para, mais tarde, no decorrer do seu desenvolvimento, os alunos estabeleçam conexões na construção e complexificação de seus conhecimentos.

Sobre indicações a outros educadores, na medida em que eles aceitarem essa tarefa como um estímulo será possível a troca de experiências, ideias e angústias. Ao trabalhar com o jornal, nem tudo são flores, há empecilhos e dificuldades que, ao serem socializados, confortam e trazem clareza sobre os desafios.

Talvez seja essa a lição a compartilhar: quanto mais os professores dividem suas práticas, multiplicam possibilidades, e quem mais ganha com isso são as crianças.

Professora Rosemeire Martins – 5º ano

Ter a possiblidade de trazer para os alunos contextos diversos, a meu ver, contribui para formarmos cidadãos reflexivos e atuantes. O jornal *Joca* é muito instigador, sempre traz informações sobre tudo o que está acontecendo, além de retomar assuntos interessantes que já ocorreram. O trabalho com o *Joca* tem se mostrado muito produtivo, pois desperta a curiosidade dos alunos, estimulando-os a comentar e discutir as notícias, desenvolvendo sua possibilidade de argumentação e ampliando do seu vocabulário. Muitas vezes, as crianças estabelecem relações entre as informações lidas e sua realidade: "Isso que está no *Joca* eu vi em tal lugar".

Percebemos os alunos apaixonados pelo jornal, e suas famílias aderem ao trabalho que estamos desenvolvendo. Os pais dizem que também gostam de ler o jornal porque tem uma linguagem acessível. Nós temos sempre etapas a seguir, um currículo para cumprir. O governo do Estado adota o "Ler e Escrever", um livro obrigatório que traz uma série de abordagens de conteúdos que precisam ser trabalhados. O *Joca* é complementar a isso. Quando você entra em contato com fontes diversas (pesquisas na internet, leitura de jornais, trabalho com o *Joca*), isso faz com que a criança conheça diferentes opiniões, com que passe a ver o mundo de maneira diferente. Não existe uma verdade única, existem diversos pontos de vista.

Acredito que o trabalho com o *Joca* tem também uma função social: auxiliar os alunos a se tornarem cidadãos mais críticos e conscientes. Lendo o *Joca* sistematicamente, os alunos são estimulados a pensar de uma forma global, universal. Quando discutimos uma matéria que fala sobre uma situação de guerra, por exemplo, estão ali valores e virtudes. É possível trabalhar diversas áreas com um único tema.

RELATO DE EXPERIÊNCIA DE LEITURA DO LIVRO *FIEL*, DE JESSÉ ANDARILHO

Romario Pires de Novaes | Zoralia Aparecida dos Santos Ferreira

A descoberta do prazer pela leitura é algo surpreendente, pois, por meio dela, podemos inventar e reinventar nosso mundo, criando personagens, elaborando histórias e compartilhando nossas experiências de leitura. E, nessa perspectiva, buscamos traçar as metas que seriam abordadas pelas turmas do 8º e 9º anos do ensino fundamental do Colégio Premium, em Ubatã/BA.

Sendo assim, mediante nossas pesquisas em revistas sobre obras literárias, encontramos na revista *Nova Escola* uma proposta bem pertinente para se discutir as questões geográficas do Rio de Janeiro com base nos livros *Fiel* (ANDARILHO, 2014) e *O cortiço* (AZEVEDO, 2016). Logo após essa descoberta, propusemos uma reunião para decidirmos como realizaríamos nosso trabalho com esses livros. Por fim, após diálogos entre nós, decidimos trabalhar somente com a obra literária *Fiel*.

Dessa forma, propomos para as duas turmas que fizessem a leitura do livro *Fiel* para reconhecimento da obra literária. No entanto, antes desse primeiro contato com a obra, propusemos um "aulão" em que trouxemos uma análise crítica da obra, mostrando para eles o quanto uma obra literária está inter-relacionada com a realidade e o quanto questões condizentes com nossa realidade podem ser discutidas com base no livro.

Como nos afirma Orlandi (1987, p. 180), "[...] na leitura, o leitor interage com o autor do texto [...]", ou seja, em toda e qualquer leitura, o leitor estará em constante interação com o autor e a obra, que é sua criação. Sendo assim, o papel do leitor é interpretar a criação feita pelo autor e se comportar perante ela de maneira que possa criar um outro olhar sobre a obra, o que lhe possibilitará novas interpretações sobre a pretensão de leitura imposta pelo autor.

Com isso, sempre mediávamos a leitura dos alunos para que percebessem principalmente os pontos políticos e sociais presentes na obra. Na primeira proposta pedagógica, focamos a produção textual dos alunos sobre a obra lida, mas, logo em seguida, percebendo sua euforia e identificação com a obra, sugerimos a realização de um seminário em que eles discutiriam os tipos de políticas (partidária, igualitária e social) e as questões sociais (tráfico, milícias, sociedade, abuso sexual, pobreza), latentes na obra em estudo.

Para tanto, durante as discussões sobre a obra feitas em sala de aula, os alunos sugeriram que o seminário tomasse uma proporção maior, com a presença do escritor Jessé Andarilho. Entramos, então, em contato com o escritor, e este prontamente se dispôs a estar presente no I Seminário Literário Premium. Assim,

Figura 33.1 Representação da favela criada pelos alunos.

realizamos, no dia 14 de julho de 2016, o seminário intitulado "*Fiel*: uma discussão social e política" (**Figs. 33.1 a 33.3**). Como estamos a cada dia diante de um cenário sociopolítico diferente, nada melhor do que discutir essas questões por meio das obras literárias. Dessa forma, pretendemos propor a nossos alunos uma experiência única por meio da leitura, a qual ficará registrada na memória por toda a sua existência.

Para uma melhor compreensão do que expomos neste capítulo, faz-se necessário descrever um pouco do relato de experiência dos alunos quanto ao trabalho com a obra.

Nesse seminário, em que relatamos sobre uma discussão política e social e falamos sobre o autor do livro *Fiel*, tive a experiência de aprender muitas coisas importantes (Murilo Rigaud, 8º ano).

Eu aprendi com o livro que cada um tem seus problemas e suas dificuldades e que podemos ter um recomeço e aprender com os nossos erros (Maria Júlia, 8º ano).

A minha experiência em relação ao livro foi de grande emoção e curiosidade, pois o livro também nos deixa o incentivo à leitura e à criatividade. *Fiel* nos mostra que problemas sociais encontrados tanto nas favelas quanto nas grandes cidades devem ser combatidos a todo custo (Guilherme Falcão, 8º ano).

Gostei muito desse livro, pois é baseado em fatos reais, e os assuntos citados que vivenciamos no nosso dia a dia estão presentes não só nas favelas, mas em todos os lugares (Ingrid Ribeiro, 8º ano).

Aprendi muitas coisas sobre a vida baseada no livro e que quando queremos alguma coisa basta correr atrás e querer, pois tudo é possível (Jordan Lopes, 8º ano).

Figura 33.2 Professora Zoralia Aparecida, Jessé Andarilho e professor Romario Novaes.

Figura 33.3 Seminário "*Fiel*: uma discussão social e política".

Ao ler o livro, me deparei com uma história fascinante que me aprisionou ao livro e me fez ficar até as altas madrugadas o lendo. A cada capítulo que passava, mais fascinado e atraído eu ficava. *Fiel* foi capaz de ocupar meus pensamentos (Andremax Ribeiro, 9º ano).

Minha experiência com o livro foi que pude aprender sobre o tráfico, como é a favela. Além disso, o livro fala sobre política e questões sociais (Wirna Carmo, 9º ano).

Aprendi o quanto a leitura é importante em nossas vidas, e conseguimos alcançar um nível muito alto. Com tudo isso, despertei um interesse maior pela leitura e ainda mais pelos próximos livros (Carolina Moreira, 9º ano).

O livro *Fiel* aborda a história de um menino que, aos 14 anos, liderou o tráfico na favela de Antares. Não imaginava que por trás desse livro estariam presentes as questões sociais e políticas do Brasil e, principalmente, do Rio de Janeiro (Letícia Tannus, 9º ano).

A leitura do livro foi inspiradora. Com o livro, compreendi ainda mais como é a vida na favela. Percebi que as situações que acontecem no livro não estão fora da nossa realidade. Já estou ansiosa para ler o próximo livro do Jessé Andarilho (Lara Reis, 9º ano).

O livro *Fiel* é inspirador, pois me propôs conhecer um pouco mais sobre a favela e pude perceber o quanto o livro traz uma discussão totalmente voltada a nossa realidade (Salomão Rhem, 9º ano).

Através da leitura do livro *Fiel*, pude perceber como a inserção de um adolescente no mundo da criminalidade pode alterar a vida do indivíduo e de pessoas próximas. O livro, por não conter um final "sólido", nos propõe uma releitura para que possamos "criar nosso próprio final" (Guilherme Lourenço, 9° ano).

REFERÊNCIAS

ANDARILHO, J. *Fiel*. Rio de Janeiro: Objetiva, 2014.

AZEVEDO, A. *O cortiço*. São Paulo: Penguin Companhia, 2016.

ORLANDI, E. P. Nem escritor, nem sujeito: autor. *Leitura*: teoria e prática, n. 9, p. 13-7, 1987.

MAKER SPACE E OS ALUNOS EMPREENDEDORES DA SUSTENTABILIDADE

34

Rodrigo Lemonica | Luiza Regina Branco Fernandes

Diante da grave crise hídrica que o Estado de São Paulo enfrentou e que se intensificou durante o primeiro trimestre de 2015, os alunos do 8º e 9º anos da Escola Lourenço Castanho elaboraram dois projetos sustentáveis com o objetivo de buscar soluções para o problema. Inseridos no tema das novas tecnologias aplicadas à sustentabilidade, os projetos foram idealizados no *Maker Space* (laboratório de criação) da escola, tendo por enfoque a díade sustentabilidade e tecnologia, tópicos que contribuíram para uma melhor compreensão dos impactos causados ao meio ambiente. Além disso, fizeram uma proposta de ações e intervenções inteligentes para sua preservação. As propostas apresentadas foram: captação das águas pluviais por meio da montagem e instalação de uma cisterna no pátio da escola (**Figs. 34.1 a 34.3**) e um plano de implantação de placas fotovoltaicas nos telhados da escola, usando a captação de luz solar para a geração/produção de energia elétrica (**Figs. 34.4 e 34.5**).

A EDUCAÇÃO AMBIENTAL E A TECNOLOGIA

Atualmente, a crise ambiental é um dos grandes desafios globais da humanidade. Mais que resoluções técnicas, a problemática requer soluções educacionais que se configurem em mudanças de hábitos, valores e atitudes. É importante salientar que, no Brasil e em muitos outros países, as implicações sociais e econômicas têm grande peso, pois as questões primárias de sobrevivência devem ser resolvidas. Ao mesmo tempo, sabe-se que a tecno-

Figura 34.1 Construção da cisterna.

Figura 34.2 Detalhes da cisterna.

Figura 34.3 Implantação da cisterna.

Figura 34.4 Planta da arquitetura.

logia avança, trazendo, de um lado, respostas a vários problemas da humanidade, mas, de outro, criando "efeitos colaterais", entre eles a contaminação do ar, do solo e da água, os períodos de enchentes e secas distintos e calamitosos, a diminuição da fertilidade do solo e o uso de mais defensivos, e as doenças decorrentes do modo de vida contemporâneo. Esses efeitos são apenas uma pequena mostra dos impactos produzidos pelo uso da ciência e da tecnologia sem controle.

Figura 34.5 Construção da maquete.

Hoje em dia, é possível testemunhar o surgimento de inúmeros movimentos em benefício do meio ambiente. Em diferentes países, programas ambientais têm sido adotados com o objetivo de frear a degradação e auxiliar a descoberta de novas alternativas para processos de produção e consumo menos impactantes. Diante desse panorama, a educação ambiental visa sensibilizar e conscientizar as pessoas sobre a realidade ambiental e apresentar o papel e a responsabilidade da sociedade sobre o que ocorre no meio ambiente. Desse modo, observa-se um crescimento no número de profissionais que tratam da temática, incorporando a educação ambiental em diversas áreas, como saúde, direitos sociais e setor industrial.

Ao enfrentar a crise hídrica e suas consequências durante o ano de 2015, os alunos propuseram uma alternativa criativa que atendesse ao espaço escolar por eles ocupado. As discussões e as reflexões que tiveram com o intuito de apresentar uma proposta sustentável permitiram que chegassem às tecnologias adequadas para a resolução do problema, como a construção da cisterna e o projeto-piloto para a implantação das placas fotovoltaicas nos telhados da escola com a construção de maquetes físicas e virtuais. Essas ações propiciaram uma oportunidade singular acerca da conscientização e da reflexão do tema não só aos alunos engajados nos projetos, mas também à comunidade escolar.

A capacidade de agir diante do problema elaborando uma resolução inovadora e o chamado à responsabilidade social dos projetos proporcionaram aos alunos o desenvolvimento das habilidades empreendedoras, posto que empreender tem por significado a produção de novas ideias por meio da congruência entre criatividade e imaginação.

Cabe destacar que, ao concluírem os projetos, os alunos deixaram a seus colegas e à escola uma obra socioambiental de valor inestimável. O desenvolvimento dessas habilidades possibilita um olhar amplo de intervenção na comunidade com perspectivas do envolvimento de outros jovens e instituições no projeto. Não é mais possível à sociedade contemporânea ignorar as significativas pressões no âmbito ambiental que enfrenta sem que diferentes medidas sejam tomadas. A proposta valorizou nos alunos a descoberta, o imaginar, o pensar sobre o pensar (metacognição), o compartilhar, o aprender com os colegas, o errar, o corrigir, o aprimorar, o recriar e a resiliência diante da dificuldade.

O laboratório de criação da Escola Lourenço Castanho é um espaço centrado no fazer, em que é possível formular conceitos baseados nas experiências e despertar o desejo dos alunos por mais investigação. Tem por objetivo aproximá-los de algo que provoque um interesse genuíno, de modo que essa dinâmica possa mobilizá-los à descoberta e à invenção. Exatamente da maneira transcorrida ao longo da elaboração dos projetos, nenhum aluno ficou indiferente ao problema, todos foram instigados literalmente a colocar a mão na massa e a buscar uma solução possível dentro do microcosmo da escola.

OS ARTESÃOS E OS *MAKERS* TÊM ALGO EM COMUM? DE HOMERO AO MOVIMENTO *MAKER*

A história dos artesãos é muito antiga. Homero, em seus poemas, glorifica Hefesto, o deus dos artesãos, aquele que ensinou gloriosos ofícios aos homens e que foi responsável pelas forjas, armaduras, artesanato, tecnologia, metais, metalurgia, fogo e vulcões. Da Grécia Antiga, corremos no tempo às oficinas artesanais medievais organizadas em comunidades de cooperação, nos ateliês de mestres como Stradivari, na luta dos artesãos contra as máquinas produzidas no século XVIII até os nossos dias, com a invenção das oficinas *on-line*, como o Linux, que resulta em um trabalho coletivo e cooperativo.

Pode ser pura coincidência, mas o movimento *maker*, os Fab Labs e outras propostas contemporâneas têm algo em sua ideação que se assemelha às oficinas artesanais medievais. Pessoas comuns podem construir, consertar, modificar, criar e fabricar os mais diversos tipos de objetos e projetos com as próprias mãos, em um trabalho que envolve colaboração e trocas de saberes.

Hoje, essa realidade está sendo inserida no contexto escolar, tendo em vista que propicia aos alunos o aprendizado por meio da prática e promove outras habilidades que vão além das ministradas em sala de aula, preparando-os para os desafios constantes do século XXI.

O laboratório de criação da Escola Lourenço Castanho nasceu com o objetivo de fomentar o movimento *maker*, sobretudo entre os alunos dos anos finais do ensino fundamental, e oferecer a eles um espaço onde possam compartilhar ideias e conhecimentos sobre as mais diversas áreas.

O referencial teórico baseado nos trabalhos de Resnick (2013, 2017a, 2017b), Resnick e Rosenbaum (2013), Blinkstein (2013), Blikstein e Krannich (2013) e Blinkstein et al. (2017) e as metodologias STEM* e aprendizagem baseada em projetos, adotadas para orientar a condução dos projetos, contribuíram positivamente para o encaminhamento do trabalho. Durante a execução, foram usados o Google Drive e o Google Slides, empregados para a elaboração de um diário de bordo (registro), no qual cada etapa do trabalho foi registrada pelos alunos. Fotos, textos e vídeos foram incluídos, bem como respostas às questões-problema levantadas durante a realização dos projetos.

Por que STEM e aprendizagem baseada em projetos?

Para Blinkstein (2013), criar é igual a aprender e, de acordo com seus estudos, há fortes indícios de que a prática antes da teoria tem um efeito muito melhor e benéfico no aprendizado. Mecanismos de aprendizagem, como a experiência, a investigação e a resolução de problemas, podem melhorar o desempenho dos alunos, evidenciando a importância do aprendizado por projetos, a oportunidade de aprender com a mão na massa e a exploração de problemas.

Para Resnick (2017), a tecnologia é qualquer utensílio criado depois que nascemos. O giz de cera é tecnologia, pois, anos atrás, ele era visto como algo totalmente novo; entretanto, hoje, é considerado um material banal. Quando pensamos sobre todas as tecnologias, devemos

---

*Designa as seguintes áreas do conhecimento: ciências, tecnologia, engenharia e matemática (do inglês science, technology, engineering, mathematics).

empregar o mesmo raciocínio: "como elas podem ser usadas de forma relevante por crianças de determinada faixa etária?". Conforme seus estudos, não se trata exatamente do que utilizar, mas, sim, de como utilizar. Para Resnick (2017b), o aprender não é uma simples transferência de informações. Aprender é um processo ativo no qual as pessoas constroem novos entendimentos do mundo a sua volta, por meio de exploração, experiências, discussões e reflexões ativas. Em suma, as pessoas não têm ideias, elas criam as ideias, fomentando a relevância do uso do STEM, tendo em vista que essas assimilações são produzidas de modo interdisciplinar.

O objetivo do STEM (RESNICK; ROSENBAUM, 2013) é o foco na aplicação prática do aprendizado. Ao investir nesse tipo de formação, permitimos que o aluno desenvolva sua capacidade de pesquisar, projetar e inventar soluções. O intuito principal da aprendizagem baseada em problemas é a faculdade de desenvolver capacidades, entre elas o pensamento crítico, a capacidade de recolha e tratamento de informação, a criatividade, a colaboração, o trabalho em equipe, o empreendedorismo, a liderança e a capacidade de comunicação. Empregar estratégias pedagógicas, como a aprendizagem baseada em problemas, usando problematizações como método educacional, leva o aluno a participar ativamente do processo de ensino e aprendizagem. Se pretendemos preparar melhor as futuras gerações para que tenham as habilidades necessárias para sobreviver no século XXI, é fundamental realizarmos uma reflexão sobre os moldes pedagógicos atuais.

A importância de Edith Ackermann nos projetos

Alguns conceitos baseados no ensaio *Experiences of artifacts*, de Ackermann (2007), foram de grande valia para o desenvolvimento de nosso trabalho junto aos alunos.

O conhecimento é derivado da experiência, ativamente construída e reconstruída pelos sujeitos na interação com seus mundos, ou seja, a partir da subjetividade de cada indivíduo e do meio que o rodeia, único para cada um, é que ocorre o processo de construção e reconstrução do conhecimento. Não se trata apenas de dar continuidade ao mundo constituído, mas de modificá-lo para que o novo possa acontecer.

Quanto mais o aluno afasta-se de si e distingue criticamente o que está sendo construído, amplia a possibilidade da concretização do novo e sua reconstrução. Por exemplo, ao visualizar uma cadeira, pode observar criticamente seus aspectos positivos e negativos, caso seja dura ou reta, de modo que poderá refletir e imaginar possíveis reconstruções para a ela, usando inovações de forma iterativa para torná-la mais confortável.

No espaço *maker*, exige-se um equilíbrio entre assimilação e acomodação. É necessário que o professor tenha cuidado ao estimular o aluno por meio da conversa, para que possa abstrair a construção desejada. Portanto, a conversa é mais importante do que um desejo de um aluno inteligente, pois é por meio dela que o professor consegue desacomodar os lugares-comuns aos quais estamos condicionados, despertando a imaginação do aluno.

Muitas vezes, o conhecimento prévio não é suficiente para o aluno fazer a alteração necessária no artefato, sendo fundamental a busca por novos conhecimentos e novas experiências. É importante descobrir-se insuficiente de si para ser possível alterar o meio que o rodeia. Dessa forma, o aluno se aprende como sujeito capaz de alterar o mundo, ou seja, de dar novos sentido a ele.

Projeto Cata-chuva

Incorporado ao currículo escolar com duração de um ano, o projeto integrou os componentes da STEM. Os alunos do 8º ano se reuniam quinzenalmente com seus professores, que os auxiliavam, quando necessário, nas pesquisas, na elaboração dos produtos e no entendimento entre o processo *maker* e as diversas causas e consequências da interferência do homem na natureza.

Intitulado pelos alunos de Cata-chuva, o projeto incitou-os a trabalhar em pesquisas envolvendo o tema "águas pluviais", orientados pelas seguintes questões: "Por que a água está tão escassa?" e "Quais são os problemas resultantes desse inconveniente?".

Para entender melhor o processo da chuva, os alunos passaram pelas seguintes fases:

1. **Fase preparatória:** os alunos produziram um bioma similar ao da Mata Atlântica com a criação de um terrário; compreenderam as medidas das águas pluviais entendendo melhor como a meteorologia funciona, decifrando e interpretando dados com a construção de um pluviômetro e alguns gráficos de grandezas autoral por meio de um acompanhamento realizado semanalmente; também construíram um filtro caseiro para que pudessem reconhecer a importância da água potável ante a grave crise hídrica e a necessidade de seu uso consciente.
2. **Proposta para a solução do problema:** para solucionar o problema, os alunos decidiram pela construção de uma cisterna funcional instalada e implementada na escola para captação da água da chuva.
3. **Fase final:** um olhar sobre o meio ambiente. Todo o projeto (a concepção, a construção, a instalação, a adequação e a implementação) foi realizado pelos alunos a partir da problemática: "Qual é a importância da captação da água pluvial e, acima de tudo, qual é a importância do projeto Cata-chuva?".

Projeto Cata-sol

Trata-se de um projeto com duração de um ano, para incentivar a geração de energia proveniente do sol, focado no sistema fotovoltaico. A proposta foi elaborada pelos alunos do 9º ano à direção e aos gestores dos anos finais do ensino fundamental, motivados pela falta de luz proveniente de alterações climáticas e pelo alto custo da energia elétrica disponibilizada pelas concessionárias públicas.

As etapas do projeto foram:

1. **Fase preparatória:** identificação do problema a partir de relatos pessoais e artigos de jornais; pesquisa investigativa; construção de circuitos abertos e fechados; energia renovável e não renovável; construção de brinquedos movidos a energia renovável; conclusões iniciais.
2. **Proposta para a solução do problema:** pesquisa investigativa e justificativas para a escolha do sistema fotovoltaico.
3. **Fase final:**
   a. Um olhar sobre o meio ambiente – textos produzidos pelos alunos, combinando detecção dos problemas e soluções sustentáveis para eles.
   b. Economia/cálculo dos custos – é possível na escola? Seguindo os seguintes passos, os alunos realizaram os cálculos e verificaram a possibilidade de implantação de energia solar na escola. **Primeiro passo:** medir os três prédios usando: trena manual, trena eletrônica e aplicativo *Easy Measure* para iPad. **Segundo passo:** escolha da escala (1:50) para conversão das medidas dos prédios para as maquetes. **Terceiro passo:** cálculo e conversão das medidas para a maquete e elaboração das plantas de cada prédio com o uso do programa *SketchUp*. **Quarto passo:** cálculo da área do telhado. **Quinto passo:** pesquisa dos tipos de placas fotovoltaicas, com informações como peso, tamanho, preço e custo de implementação. **Sexto passo:** proposta de implementação, justificativas e conclusão.

c. *Design* – construção de uma maquete virtual 3D com o programa *SketchUp*.
d. Engenharia – maquete física, trabalho de construção realizado com madeira "balsa", corte das janelas e portas usando uma cortadora a *laser* e instalação das placas fotovoltaicas nos telhados das maquetes e dos LEDs no interior das maquetes.
e. Apresentação do documento final contendo proposta à escola e conclusão dos alunos sobre a viabilidade da implementação do sistema.

CONSIDERAÇÕES FINAIS

Diante da grave crise hídrica vivida pela população de São Paulo, os alunos propuseram e fabricaram duas soluções para minimizar o problema na comunidade escolar. A primeira foi a construção de uma cisterna, e a segunda foi a fabricação de uma maquete com a proposta de uso do sistema fotovoltaico para a produção de energia elétrica na instituição. O problema ambiental, com dimensões globais, é um dos temas mais graves de que essa nova geração já tomou conhecimento e que terá de enfrentar futuramente. Por meio da realização dos projetos, demos um pequeno passo com os alunos e abrimos juntos a caixa para o mundo. Buscamos por meio dessa aprendizagem inovadora, desse novo olhar, solucionar um problema real ao combinarmos construção e espaço *maker* com a discussão sobre o tema da sustentabilidade. De acordo com nossos alunos, a soma de forças pode resultar em um mundo melhor para todos os seres vivos do planeta.

Os *Maker Spaces* se consolidaram como espaços contemporâneos, em que o pensamento criativo é mobilizado pelas diferentes propostas e problemas locais, e o emprego de diversas tecnologias somadas à colaboração visa soluções criativas. O projeto despertou nos alunos a responsabilidade de empreender, a necessidade de expor suas ideias e compartilhá-las com outras escolas da comunidade local ou regiões com problemática semelhante, promovendo, assim, a equidade da aprendizagem adquirida.

Como resultados, os alunos construíram uma série de produtos e refletiram sobre o problema da mudança climática e o impacto sobre o meio ambiente. Além da criação, adequação e instalação da cisterna, puderam vivenciar uma forma alternativa de economizar água, tão escassa no momento em que finalizaram o projeto. A cisterna, composta por seis bombonas de 200 litros interligadas entre si, conforme projeto original dos alunos, permite o reaproveitamento total de 1.200 litros a cada chuva forte, agindo diretamente no foco do problema: a escassez e o racionamento de água.

Os alunos do 9º ano ficaram muito orgulhosos com a finalização do trabalho e com os resultados obtidos. Não imaginavam que a implantação tivesse um custo tão alto e, por isso, decidiram que deveria ser feita por etapas. Teríamos uma combinação de energia elétrica produzida na escola, com complementação de energia elétrica proveniente das concessionárias públicas. Estas seriam substituídas de forma gradativa até que a produção de energia elétrica na instituição fosse totalmente autônoma.

Para eles, a escola poderia servir de modelo a outras instituições de ensino. Optando pelo sistema fotovoltaico de geração de energia, os frutos colhidos seriam a redução do uso de energia elétrica das concessionárias públicas, a diminuição dos gastos com a conta de luz e a opção pela preservação do meio ambiente ao diminuir o uso de energia proveniente de hidrelétricas e outras fontes não renováveis, como as termelétricas a carvão, muito usadas no Brasil.

Foram muitos os nossos aprendizados durante a elaboração e execução do projeto, ao unir prática e teoria intervindo no espaço físico da escola. Para tal, foi preciso estudar e estar atentos a inúmeros temas a fim de mediar as aulas (desde mecânica hidráulica, climatologia a engenharia elétrica); observar os aspectos pedagógicos e psicológicos do *hands on* e *heads in*; mediar individualmente o aluno e o grupo no processo de criação e superação dos bloqueios, ajudando-os, também, a entender o mundo de hoje; sugerir ferramentas tecnológicas adequadas a cada situação; incentivar os alunos a aprender uns com os outros e a ter uma postura de empatia diante da crítica para aperfeiçoar o projeto; dar voz aos alunos e estimular ideias criativas; expandir o projeto nas comunidades vizinhas.

Como o projeto pode ser replicado em outras escolas e por que o aconselhamos a outros professores? Trabalhar com esse tipo de projeto é uma forma de engajar o aluno na solução de problemas reais e possibilitar uma atitude inovadora para o benefício de uma comunidade (neste caso, a escola), sem perder a visão global do problema.

REFERÊNCIAS

ACKERMANN, E. K. Experiences of artifacts: people's appropriations / objects' 'affordances'. In: LAROCHELLE, M. (Ed.). *Keyworks in radical constructivism*. Rotterdam: Sense, 2007. p. 249-259. Disponível em: <https://web.media.mit.edu/~edith/publications/2007.explo.ofarti.pdf>. Acesso em: 28 ago. 2018.

BLIKSTEIN, P. Digital fabrication and 'making' in education: the democratization of invention. In: WALTER-HERRMANN, J.; BÜCHING, C. (Ed.). *FabLabs*: of machines, makers and inventors. Bielefeld: Transcript, 2013. p. 1-21.

BLIKSTEIN, P. et al. An assessment instrument of technological literacies in makerspaces and FabLabs. *Journal of Engineering Education*, v. 106, n. 1, p. 149-175, 2017.

BLIKSTEIN, P.; KRANNICH, D. The makers' movement and FabLabs in education: experiences, technologies, and research. In: international conference on interaction design and children, 12., New York. Proceedings... New York: ACM, 2013. p. 613-616. ACM.

RESNICK, M. *Lifelong kindergarten*: cultivating creativity through projects, passions, peers, and play. Cambridge: MIT, 2017a.

RESNICK, M. *Lifelong kindergarten*: cultures of creativity. [S.l.]: LEGO Foundation, 2013.

RESNICK, M. *Ten tips for creating a fertile environment for kids' creativity and growth*. 2017b. Disponível em: <https://www.kqed.org/mindshift/51943/leading-with-learning-on-the-first-day-of-school-to-build-class-culture>. Acesso em: 04 set. 2018.

RESNICK, M.; ROSENBAUM, E. Designing for tinkerability. In: HONEY, M.; KANTER, D. (Ed.). *Design, make, play*: growing the next generation of STEM innovators. New York: Routledge, 2013. p. 163-181.

LEITURAS RECOMENDADAS

RESNICK, M. A message to all makers: afterword in start making! In: MARTIN, D.; PANJWANI, A. *Start making!* A guide to engaging young people in maker activities. San Francisco: Maker Media, 2016. p. 181-183.

RESNICK, M. Give P's a chance: Projects, Peers, Passion, Play. 2014. Disponível em: <http://web.media.mit.edu/~mres/papers/constructionism-2014.pdf>. Acesso em: 04 set. 2018.

O TRABALHO POR PROJETOS E AS MODIFICAÇÕES NO PAPEL DO PROFESSOR DO ENSINO TÉCNICO PROFISSIONAL

Mariana Peramezza Del Fiol

O PROJETO

Desde a elaboração e a implementação da proposta pedagógica, em 2005, a IEFT tem buscado o fortalecimento da metodologia proposta para a sala de aula: a metodologia por projetos. No documento, encontra-se a explicitação da metodologia. No âmbito desta proposta, a metodologia de educação profissional é baseada em projetos, estudos do meio e atividades de solução de problemas, a partir da pesquisa, da busca das informações, da ação criativa e transformadora (SENAC SÃO PAULO, 2005, p.13).

A aprendizagem baseada em projetos foi implementada no curso técnico de fotografia da unidade Lapa Scipião com o objetivo de buscar inspirações para a melhoria do desenvolvimento do curso e promover a autonomia dos alunos e a reflexão sobre a relação entre a arte e a técnica de fotografar. A busca por referências externas foi motivada pelo fato de que, no âmbito do curso, os projetos propostos muitas vezes não estabeleciam correlações com as competências a serem desenvolvidas em cada módulo.

Antes, eram propostos projetos isolados e individuais, relacionados às competências de cada professor. Não que isso fosse improdutivo, mas não promovia o trabalho conjunto e uma visão mais coerente dos alunos sobre os temas desenvolvidos durante o curso.

Na proposta pedagógica do IEFT São Paulo de 2005, consta um capítulo sobre a metodologia a ser adotada pelos professores:

> A IEFT SP propõe-se a práticas pedagógicas inovadoras, que estimulam o aluno a construir o conhecimento e a desenvolver competências. Metodologias que são mais participativas, estruturadas na prática, baseadas em situações reais de trabalho, através de estudos de caso, pesquisas, solução de problemas, projetos e outras estratégias, especialmente algumas apoiadas em recursos da tecnologia educacional. Procura-se fortalecer a autonomia dos alunos na aprendizagem, desenvolvendo a capacidade crítica, a criatividade e a iniciativa (SENAC SÃO PAULO, 2005, p. 13).

O curso técnico de fotografia, inserido nesse contexto institucional, procura trazer, em suas práticas metodológicas, o trabalho por projetos, tendo abraçado a proposta do projeto PonteS como caminho inovador de formação em serviço para professores e equipe pedagógica.

O objetivo do projeto é promover e mediar conversas educacionais, inspiradas por referenciais de metodologias ativas de aprendizagem significativa a fim de concretizar a proposta pedagógica do IEFT SP no cotidiano das unidades educacionais.

As premissas do projeto são:

a. O projeto PonteS não é uma metodologia, é um movimento que promove a reflexão sobre práticas educacionais voltadas para a concretização da proposta pedagógica.
b. Os projetos serão propostos pelos alunos, orientados pelos docentes, de modo a promover a experimentação sobre algo real, e alinhados às necessidades pedagógicas da formação.
c. Valoraremos a criatividade e a investigação no ambiente educacional.
d. As decisões serão compartilhadas entre área técnica, docentes, alunos, gerentes, área administrativa e demais áreas envolvidas na ação.
e. Haverá compartilhamento de informações e cultivo de um ambiente de incentivo ao projeto PonteS em todas as instâncias da unidade.
f. Haverá planejamento coletivo de trabalho.
g. Trabalharemos, em sala de aula, com autoavaliação e avaliação individual e em grupo.

Faz parte do plano do curso técnico de fotografia da unidade LS trabalhar competências que visam o desenvolvimento de linguagem fotográfica por meio do estudo da luz, do ângulo, da perspectiva, da composição, dos planos, da textura, do foco e do movimento. Esses conhecimentos são elementos técnicos essenciais desenvolvidos no decorrer do curso para formar o fotógrafo.

Nesse sentido, os aspectos diferenciados durante o curso são atividades desenvolvidas que combinam reflexão por meio da contextualização e pesquisa, observação e apreciação. Essas atividades são interpretações de fotos de diversos artistas, obras artísticas, visitações em exposições e produção, que embasam e enriquecem o desenvolvimento de projetos fotográficos criados pelos alunos, fortalecendo a criatividade.

O que muda, conforme o desenvolvimento das aulas, é a contextualização da fotografia. Nesse sentido, Cartier-Bresson (2012) define a fotografia como "sensibilidade, intuição... senso de geometria", ou seja, a junção do cérebro, do olhar e do coração.

O trabalho por projetos no curso vem contribuindo para a mudança da prática pedagógica dos professores, uma vez que, para construir algo com os alunos, é preciso ouvi-los, entendê-los e direcioná-los para o tema que querem pesquisar. Mesmo não sendo um campo comum para eles, a plena consciência sobre as teorias da educação e sobre a formação em serviço possibilita refletir a prática na ação junto com os seus pares.

Na fotografia, os projetos desenvolvidos pelos alunos, seguindo as próprias escolhas, permitiram uma maior aproximação dos professores, promovendo um diálogo abrangente entre alunos e professores, alunos e alunos, professores e professores. Fortaleceram, no grupo de docentes, o plano coletivo de trabalho, a tutoria e o estudo das referências em relação à própria área. O que cada um entende sobre fotografia.

Schön (1992) atribui, sobretudo na aprendizagem profissional, o aprender fazendo como característica do que chama *praticum* reflexivo, ou seja, os alunos praticando na presença de um tutor que os envolve em um diálogo de palavras e desempenhos. Tudo isso tem lugar em um *praticum*,

> [...] que é um mundo virtual que representa o mundo da prática. Um mundo virtual é qualquer cenário que representa um mundo real – um mundo da prática – e que nos permite fazer experiências, cometer erros, tomar consciência de nossos erros, e tentar de novo, de outra maneira (SCHÖN, 1992, p. 89).

Desvelando o olhar na formação de educadores do curso técnico de fotografia

Retomando o objetivo deste capítulo, a construção do conhecimento didático-pedagógico dos professores do curso técnico de fotografia no exercício da profissão docente, podemos verificar a partir dos dados coletados: fontes do conhecimento do professor, conhecimento pela experiência em sala de aula, processo cognitivo durante o planejamento da aula, conhecimento do aluno, método de ensino, currículo, conhecimento da disciplina e conhecimento experiencial.

Assim, segundo Tardif (2012, p. 23), "[...] a articulação e o equilíbrio entre os conhecimentos produzidos pelas universidades a respeito do ensino e os saberes desenvolvidos pelos professores em suas práticas cotidianas [...]" expressam o equilíbrio que se tem na aprendizagem da docência, o que foi observado na fala de professores em pesquisa realizada para a tese de mestrado: "Professores do curso técnico de fotografia e a formação pedagógica na perspectiva do olhar do fotógrafo" (FIOL, 2015).

Dessa forma, o trabalho por projetos vem contribuindo para o desenvolvimento não só dos alunos, mas também de seus professores, e é nesse contexto que destacamos **seis grandes eixos** na identificação e construção dos saberes dos professores do curso técnico de fotografia, que são evidenciados por suas falas: 1) retroalimentação; 2) aprender consigo; 3) o fotógrafo construindo o professor e/ou o professor sendo construído na lente do fotógrafo; 4) cultura organizacional e proposta pedagógica da instituição; 5) professor reflexivo; e 6) processo criativo.

Retroalimentação
(aprender com o outro)

O processo de "retroalimentação" (TARDIF, 2012) leva os professores a não rejeitar seus outros saberes, ocorrendo uma incorporação de novos conhecimentos a sua prática que se traduz em seu discurso.

O professor adquire esse novo conhecimento filtrando o que lhe servirá e descartando conceitos que não fazem mais sentido a sua realidade. Esse processo de retroalimentação permite que avaliem e revejam seus saberes, retraduzindo-os em um novo processo de validação e conhecimento a partir de sua prática. Isso fica evidenciado nas respostas dos professores, por meio da formação em serviço, participando de projeto específico e não pasteurizado:

> [...] **temos uma liberdade** grande na forma de ensinar, apesar de seguirmos algumas **diretrizes** com relação à forma de como a gente vai passar para os alunos o conhecimento. **Ao participar do projeto PonteS, faço uma associação da forma como utilizava antes e a forma que está sendo utilizada agora**. Então, está tendo um equilíbrio.*
>
> Hoje, a oportunidade que eu tenho de participar **de um novo processo de aprendizagem, de uma nova maneira**, que é a circunstância do projeto PonteS, está me deixando fascinado, porque você começa a **rever coisas, rever conceitos**, começa a **repensar a maneira de dar aula**, como funciona o mecanismo da sala de aula.

> [...] vim para esta instituição e tive a chance de **participar do piloto da PonteS**. Foi aí que eu acho que me **tornei um professor mais "humano"**, porque as abordagens não mudaram muito. Eu acho que **eu sempre tive uma didática muito boa em sala de aula**, mas o que me atrapalhava muito, não a mim, mas aos alunos, era justamente eu não ter aproximação com eles.

Percebe-se que o conhecimento do aluno, para quem se ensina, fica evidente nos relatos. Algumas vezes, torna-se preocupante entre os professores o diagnóstico, o perfil dos alunos, o porquê de virem buscar esse conhecimento, que é uma questão no processo dos saberes dos professores de fotografia.

Nesse sentido, Shulman (1986), em sua categorização, relata como é o "conhecimento dos alunos" – o que eles já sabem, quais são suas motivações, o que é mais importan-

---
*Os grifos nas falas dos professores entrevistados são da autora do capítulo.

te para eles. Essa situação aparece claramente nas seguintes falas: "[...] você vai estar lidando com pessoas de **diversas formações**, conhecimentos, cultura". "As pessoas que vêm fazer o curso não são pessoas que fazem parte de um processo, eles gostam de fotografia, então, conversar com quem se gosta é fascinante, **é o que motiva**".

Diante desse contexto, o docente precisa investir na aproximação com o aluno, pois "não adianta só ter **didática** e ter o **conteúdo muito bem sedimentado**; se você não se **permite uma aproximação maior com os alunos**, o processo todo é ineficiente", como observado em uma das falas dos professores.

Parte do próprio incentivo de outro professor, de outro educador, de referências que vamos tendo em nossa carreira profissional, Garcia (2010, documento *on-line*) nos revela que a identidade docente se constrói de maneira "[...] pouco reflexiva por meio do que poderíamos chamar de aprendizagem informal".

Os educadores vão percebendo e recebendo modelos e construindo sua identidade a partir do que traz significado ou não para a própria atuação como educador. "Na realidade, comecei como professor **por incentivo de um outro professor**. Eu acompanhava os professores no bacharelado e eu ia vendo como era **o jeito de cada um lidar com assuntos pertinentes**".

O aprender com o outro – tanto com o educador como com o aprendiz – faz parte da revelação do fotógrafo como educador. O diálogo com o aluno, que deposita no fotógrafo-educador a confiança de que irá transformá-lo em fotógrafo por meio do processo de aprendizagem que se dá com a preparação da aula e o uso de recursos que são fotográficos, mas passam a ser didáticos, uma vez que a motivação de seu uso é o aprender, revela o educador-fotógrafo-educador.

O contato com o seu igual, o educador, que passa pelas mesmas angústias e os mesmos sucessos, é uma formação no cotidiano que o leva a aprender consigo.

Aprender consigo (reflexão na identidade)

O processo de construção dos saberes docentes no curso técnico de fotografia evidencia-se, dessa forma, no exercício da profissão, e não somente no acúmulo de cursos realizados. Segundo Nóvoa (2014, p. 13, grifos nosso),

> [...] a formação não se constrói por acumulação (de cursos, de conhecimentos ou de técnicas), mas sim através de um trabalho de **reflexividade crítica sobre as práticas e de (re)construção permanente de uma identidade pessoal**. Por isso é tão importante investir a pessoa e dar um estatuto ao saber da experiência.

Essa mesma reflexividade crítica de que nos fala Nóvoa (2014) é constatada na fala de um professor:

> [...] Eu posso **montar a aula da história da fotografia** e falar assim "poxa, como eu posso falar de nomes, datas, acontecimentos **de uma maneira divertida, não maçante**". Eu me lembro de **procurar** muitos **documentários da BBC e pegar trechos, vídeos, fotos**. Parece uma coisa boba, mas **qual brincadeira que eu posso fazer na hora**, com esse **vídeo**; **qual piadinha que eu posso fazer** para depois na hora a pessoa dar risada e **já acordar e eu já pego no ritmo de novo**.

Assim como a (re)construção mencionada pelo mesmo pesquisado:

> Fui pesquisando por fora, lendo algumas coisas e nesse meio período de curiosidade abriu uma vaga no estúdio de uma universidade; a **melhor maneira de aprender acho que é vivenciar no dia a dia**. Eu me inscrevi, consegui passar e não parei mais.

O fotógrafo construindo o professor e/ou o professor sendo construído na lente do fotógrafo

Outro ponto abordado neste capítulo está na questão que Shulman (1986) nos coloca sobre o conhecimento específico, o conhecimento do educador sobre a matéria que vai lecionar: conhecimento da técnica, teoria, história da fotografia. Como o próprio autor evidencia, para lecionar não basta saber só a matéria que se vai ensinar. O conhecimento complementa-se pela personalidade do professor, que é fundamental em seu processo de docência, "seu saber experiencial personalizado". Percebe-se, nos relatos, o conhecimento específico da atuação do profissional que entra na sala de aula.

Por isso, segundo Tardif (2012, p. 110), não conseguimos separar "[...] o que um professor sabe e diz daquilo que ele faz. O saber é experienciado por ser experimentado no trabalho [...]". Isso é identificado na fala dos professores: "Você tem que lidar com questões mais específicas na hora de lecionar do que você se basear em qualquer coisa" e "[...] Primeiro, preciso me abastecer de um **montão de teorias e práticas**. Segundo, é **como comunicar isso, como passar isso, como abordar isso**. Terceiro é a **devolução de novo, eu já sei um monte de coisas, mas tem um monte de coisas para aprender na sala de aula com os alunos**".

Inquietações que também transparecem na abordagem do tema para esse outro professor:

No começo, foi muito difícil a comunicação com as pessoas, de que **forma transmitir o meu conhecimento** para uma pessoa que não sabia nem ligar a câmera. Aos poucos, eu fui vendo que era muito diferente que um simples papo, **exigia milhões de outras coisas, paciência, conhecimento, técnico**. Então a grande dificuldade foi essa, como **transmitir o meu conhecimento** para uma pessoa que não sabia nada e eu não tinha **nenhuma formação pedagógica**.

Verifica-se a preocupação dos professores na formação pedagógica, evidenciando uma clareza sobre a importância do estudo da pedagogia no processo de seu desenvolvimento. No entanto, também se destaca que as teorias estudadas não conseguem ser articuladas com a prática; por isso, aparece nas falas a dificuldade em "transmitir", "comunicar" e "passar informação".

Alguns professores afirmam que não conseguem entender sua prática, pois não são pedagogos. Sua ação prática é realizada como fotógrafos em um esforço grande de se revelar educadores na sala de aula.

[...] Nós professores dos cursos técnicos de fotografia não temos uma formação mesmo; **eu não sou pedagoga**, então **eu não sei a base, a estrutura** daquilo que eu estou fazendo. **Entendo muito de fotografia e gosto de passar essas informações.**

Tardif (2012, p. 122) define que "[...] se a pedagogia é a tecnologia do trabalho docente, a natureza e a função dessa tecnologia são inseparáveis das outras dimensões da atividade profissional dos professores [...]". "[...] **O conhecimento teórico, o conhecimento técnico,** está presente, mas o **diferencial** é trazer esse lado do **mercado de trabalho como fotógrafo**..."

Cultura organizacional e proposta pedagógica da instituição

Tomando como base que as culturas organizacionais são representadas por valores, missão e visão da instituição, complementados pela maneira como os próprios colaboradores respondem, o que a instituição coloca como princípios se torna um fator importante no processo de construção dos saberes docentes.

Conforme Day (2001, p. 25), a "[...] aprendizagem profissional cultural vai influenciar na qualidade de aprendizagem, valores, preferências, práticas de ensino do professor e que sofre influências externas: da administração central, entidades e meio de comunicação [...]".

Na IEFT, os professores têm a oportunidade de fazer parte do Programa de Desenvolvimento Educacional (PDE), oferecido pela própria instituição, e entendem como um processo de formação ajuda em seu desenvolvimento. Constata-se nas falas dos professores que essa formação se dá muitas vezes quando esse professor já está atuando em sala de aula. O que se percebe é que, para alguns, é ruim e, para outros, se torna um complemento em sua aprendizagem. "[...] Os PDEs são **uma das formas de a gente desenvolver** esse processo", "[...] Acho que o **PDE ajuda muito**, ele te dá uma **boa bagagem**, **complementa**, então você acaba **vendo que aquilo que você está fazendo é reconhecido ali**". Da mesma forma, "[...] O PDE me coloca **dentro da instituição**. Você tem uma **maneira individual de tocar seu barco**. Quando você entra é que **percebe como é todo processo pedagógico**. Você se enquadra, se sente dentro do barco".

A formação proporcionada pela instituição se mostra positiva no sentido de pertencimento, já que o educador passa a entender a dinâmica da escola pesquisada.

Professor reflexivo

Shulman (1986), em suas categorizações, nos remete ao conhecimento pedagógico do conteúdo, que é construído constantemente pelo professor, a forma como ele vai pensar diferentes maneiras de ensinar os conteúdos aos alunos.

A aprendizagem da docência se revela nesse ponto, pois é a junção de outros saberes que vai formando o saber docente, o conhecimento pedagógico geral, conhecimento do aluno, que pode ser observado nas falas dos professores. "[...] E eu falei, bom, **preciso ter uma faculdade**, **preciso estudar**, preciso ver **como eu vou fazer** porque **só ir arriscando** sem um conhecimento, **sem uma estrutura pedagógica**, vai ser complicado." Essa preocupação também é expressa por outro professor:

> Eu **estudo** bastante, eu **preparo** minha aula, eu vou atrás das **informações** que eu preciso para **poder transmitir da melhor maneira possível**. Eu adoro **colocar a coisa de uma maneira** e, na hora que alguém pergunta, **eu respondo de uma outra maneira** e depois **tento de outra forma**; então, é uma **fonte inesgotável**. Eu sempre tento **responder** de outra maneira; se achar que aquela **não foi compreendida**, vou tentar usar **outra resposta** de uma **outra maneira para tentar passar o conhecimento**.

As diferentes maneiras de ensinar o mesmo conteúdo ficam evidentes pelo relato dos professores, o que podemos denominar como o "ato do processo do raciocínio pedagógico", o qual Shulman (1986) descreve como sendo as ideias que são transformadas de alguma forma para serem ensinadas, possibilitando a compreensão dos outros.

Tardif (2012, p. 120) sintetiza que um dos objetivos do professor "[...] é criar condições que possibilitem a aprendizagem de conhecimentos dos alunos, em um contexto de interação com eles, a gestão da matéria torna-se um verdadeiro desafio pedagógico [...]".

Quando o professor cria estratégias que ajudam a transformar a matéria junto com o tempo, o plano de curso, o currículo, o projeto pedagógico, a motivação dos alunos, o conhecimento do aluno e as estruturas da instituição, Shulman (1986) categoriza como sendo o "conhecimento pedagógico do conteúdo", que é aquele construído continuamente pelo professor e inclui de fato a compreensão do que significa ensinar.

Ensinar o olhar fotográfico requer dos professores um processo de reflexão sobre sua ação educativa, evidenciando sua criatividade no processo de "reflexão na experiência". Para Bandeira (1998, p. 8), "[...] o professor reflexivo baseia-se em pensamento consciente da prática; isto caracteriza o ser humano como criativo, capaz de construir ou reconstruir sua prática, atuando de forma inteligente e flexível, situada e reativa, passa pela valorização da experiência e da reflexão na experiência".

Processo criativo

Os saberes docentes dos professores do curso técnico de fotografia se estabelecem no desenvolvimento do olhar do fotógrafo e em seu processo criativo. Nos relatos dos professores, podemos destacar a busca por referência como ato de seu processo de sociocognição* e a composição da fotografia – composição que significa união das partes, criar artisticamente.**

O curso técnico de fotografia é desenvolvido em módulos, e, como já mencionado, suas atividades combinam reflexão a partir da contextualização, pesquisa, observação e apreciação por meio da interpretação de fotos de diversos artistas, obras artísticas, visitações em exposições e produção via desenvolvimento de projetos fotográficos criados pelos alunos, fortalecendo a criatividade.

Essa ideia está identificada nas falas dos professores:

> [...] a **criatividade do fotógrafo**, pelo menos pra mim, **vem de diversos lugares**; eu acho mais legal a criatividade do fotógrafo do que a do professor a princípio. O fotógrafo ele lida com imagem, então, basicamente qualquer imagem que você vê pode ser uma **boa referência**, uma boa fonte para você beber e poder criar.

> [...] ele deve **ampliar seu conhecimento para outras áreas de arte**. Frequentar exposições mesmo que não seja fotografia. Exposições de artes plásticas, arte contemporânea, de tudo que está relacionado aos meios de comunicação, teatro, cinema, explorar muito isso e ler bastante.

> [...] é a **busca pela perfeição**. [...] eu viajo muito na ideia e começo a pensar na **imagem e ela vai se formando na minha cabeça**. Enquanto ela vai progredindo, eu vou acompanhando na câmera. Eu olho e falo assim: "Puxa perfeito, era isso, mas eu vou clicar de novo".

> [...] são sempre **as referências**; estudando fotografia a gente sabe que o Bresson, o fotógrafo mestre de todo mundo, fala que existe **um mundo que está fora de nós, um mundo que está dentro de nós é a junção desses dois mundos que a gente precisa trabalhar** e que a gente quer comunicar então, quando a gente faz uma fotografia é um mundo que está dentro de nós e um mundo que está fora de nós. **A referência é alguma coisa que você viu ali de alguma maneira vai influenciar na sua fotografia.**

Eu costumo dizer ao aluno: **a melhor luz** da fotografia é aquela que começa **a se formar ainda dentro de sua mente**. E há muitos alunos que me perguntam: "Qual a sua melhor fotografia?". E, eu, invariavelmente respondo: "Aquela que vou fazer amanhã!".

A fotografia é uma ferramenta que vai dar vazão para o que eles são hoje. E hoje eles são resultado de tudo que eles leram, de tudo que eles ouviram, de tudo que assistiram, de tudo que eles conversaram, e eu sempre digo a eles que essa **busca por referência tem que ser constante**.

A base do conhecimento do ensino retrata a ação educativa como a espiral. O saber é construído e relacionado durante o processo de ensinar e aprender. O ato de ensinar, segundo Mizukami (2004, documento *on-line*), "[...] é concebido pela perspectiva do professor através da compreensão, transformação, instrução, avaliação, reflexão e nova compreensão [...]".

Percebe-se que a reelaboração dessa prática faz o professor levar em consideração o que

---

*Tardif (2012) define que o saber dos professores é profundamente social e é, ao mesmo tempo, o saber dos atores individuais que o têm e o incorporam em sua prática profissional para a ela adaptá-lo e transformá-lo. Para evitar equívocos, lembremos que "social" não quer dizer "supraindividual": quer dizer relação e interação, entre mim e os outros repercutindo em mim, relação com os outros em relação a mim, e também relação de mim para comigo mesmo quando essa relação é a presença do outro em mim mesmo. Portanto, o saber dos professores não é o "foro íntimo" povoado de representações mentais, mas um saber ligado a uma situação de trabalho com outros (alunos, colegas, pais, etc.), um saber ancorado em uma tarefa complexa (ensinar), situado em um espaço de trabalho (a sala de aula, a escola), enraizado em uma instituição e em uma sociedade.

"Etimologia -lat. *compositiōnis*, do rad. de *compositum*, supn. de *componĕre* 'pôr junto, reunir, compor'; ver *-por*; f. hist. 1257 *composizō*, 1261 *conposizū*, 1391 *compuziçom*, 1331 *comppossições*, sXV *composição* **1 ato ou efeito de constituir um todo; **2** modo pelo qual os elementos constituintes do todo se dispõem e integram; organização; **3** p. met. a coisa composta; **4** álg. operação entre duas funções em que a segunda é aplicada sobre o valor da primeira; **5** art. plást. conjunto dos diversos elementos estruturados numa obra de arte" (HOUAISS, 2018, documento *on-line*).

os alunos trazem de suas formações, suas histórias, seus valores, impulsionando-o a adotar práticas de "reflexão na ação".

Tardif (2012) destaca que aquilo que chamamos de "saber dos professores", ou de "saber-ensinar na ação", pressupõe um conjunto de saberes, competências diferenciadas, uma "pluralidade de saberes". Para ensinar, o professor deve ser capaz:

> [...] de assimilar uma tradição pedagógica que se manifesta através de hábitos, rotinas e truques do ofício; deve possuir uma competência cultural oriunda da cultura comum e dos saberes cotidianos que partilha com seus alunos; deve ser capaz de defender um ponto de vista; deve ser capaz de se expressar com uma certa autenticidade; deve ser capaz de gerir uma sala de aula de maneira estratégica a fim de garantir objetivos de aprendizagem, conservando sempre a possibilidade de negociar seu papel; deve ser capaz de identificar comportamentos e de modificá-los até um certo ponto (TARDIF, 2012, p. 178).

Em seu processo criativo, no desenvolvimento da criatividade dos alunos, o professor deve estar atento à "[...] importância das características do pensamento criativo, conhecendo a maneira pela qual as capacidades criativas se desenvolvem, de forma que possam identificar os comportamentos e estimular os alunos em direção às suas possibilidades máximas [...]" (NAKAMO, 2009, p. 46).

Observa-se, em uma das entrevistas, o relato de uma aula da qual o professor tinha gostado muito:

> Eu me diverti muito nesse dia. O curso nesta instituição não tem prova, e eu cheguei num belo dia no curso técnico e falei: comecei a distribuir uma folha pra cada um e falei hoje é prova. Como assim, esse curso não tem prova?! Foi muito engraçado porque me deu a louca de fazer isso. Eu montei a prova da seguinte maneira. Todo mundo vai fazer três perguntas e cada um vai anotar no papel. As três perguntas que vocês vão fazer são que você sabe, não sabe e outra que você acha que deveria saber. Eu dividi a turma sorteando, e uma terceira parte foi que eles elegeram. Que terceira parte é essa? Em quem você votaria como sendo o cara que mais entende de fotografia (seriam os universitários).
> Eles elegeram. Cada turma vai fazer pergunta, e eu vou sortear um para fazer a pergunta desse lado e do lado de cá, só não poderia repetir e vou fazer sempre sorteio. Então, primeiro, as respostas que surgiram daqui se o grupo não tivesse satisfeito os universitários que teriam que interagir. Foi tão divertido, eles queriam fazer a pergunta, só que quem escolhia a pergunta eram os universitários, não eram os grupos. Então levanta fulano, fica de pé e você vai falar sobre três perguntas. Este grupo escolhia a pergunta que iria fazer só que tinha a coisa do interesse. Essa pergunta está muito fácil e a gente sabe responder. Essa pergunta que ele fez nem a gente sabe responder. Então o que será que vai acontecer se a gente jogar para lá. Então virou uma jogada de interesses em saber por que se eu não souber responder essa pergunta eles vão tentar responder. Se eles não conseguirem quem vai responder somos nós. Então o que nós vamos dizer? A gente sabe responder ou não sabe, mas a gente está curioso para saber. Então a resposta final era minha sobre a pergunta que cada um fez. Então virou um debate gostoso, uma **interação** entre eles, e eu entrava só como **mediador** e isso me deu um retorno muito interessante sobre **até onde eles tinham aprendido**. Então, surgiram dúvidas que eu guardei comigo, eu falei puxa não esperava que ele tivesse dúvida sobre esse aspecto, por outro lado, teve coisas que eu imaginava que fossem complicadas e eles resolveram bem.

A prática recém-descrita pelo professor pressupõe ações de reflexão, construção, interação e mediação. O respondente percebeu-se como educador na troca com o outro, possibilitando o olhar para o aluno não só no desenvolvimento técnico, mas o olhar como humano.

A identificação da forma e dos comportamentos dos alunos os estimulou na direção de suas possibilidades para a construção do conhecimento. Nesse ponto, o professor ultrapassou as habilidades cognitivas e promoveu a construção dos fatores sociais, culturais e históricos, desenvolvendo e estimulando o processo criativo de seus alunos, pelo jogo de interesses que os próprios alunos foram expressando para a busca das respostas dos questionamentos entre eles.

A prática descrita nos revela a consciência do professor pela dinâmica de sua aula, interesse pelo aluno, por sua aprendizagem, características que levam à percepção da prática docente no desenvolvimento da criatividade de seus alunos.

Nakamo (2009) aponta que professores criativos:

> (1) encorajam os estudantes a aprenderem de forma autônoma e independente do professor, (2) estimulam um modelo de ensino cooperativo em que alunos e professores se sentem responsáveis, (3) motivam os estudantes a terem muitas ideias, estimulando o uso de atividades que permitam ao aluno pensar de forma divergente sobre os problemas, (4) promovem a autoavaliação dos estudantes e estabelecem junto a estes as metas a serem alcançadas, (5) estão abertos às sugestões dos alunos, (6) oferecem aos estudantes oportunidades de trabalharem com uma grande variedade de materiais e sob diferentes condições em ambientes que muitas vezes vão além da sala de aula, (7) desenvolvem um clima de tolerância na sala de aula através de abertura e espaço para elaboração de questões, respostas e sugestões inesperadas.

Nesse sentido, para estimular a criatividade em um espaço educacional, conforme Martinez (2002 apud NAKAMO, 2009), deve-se trabalhar em pelo menos três direções: no desenvolvimento da criatividade dos alunos, da criatividade dos educadores e da criatividade como organização.

CONSIDERAÇÕES FINAIS

Os professores do curso técnico de fotografia constroem seus saberes por sua ação, pelo saber experiencial, por meio de trocas entre seus pares – alunos e professores –, do conhecimento específico, curricular e da cultura organizacional.

A identificação dos saberes dentro de sua ação prática evidencia-se nesse ponto por retroalimentação, processo de identidade dos professores, experiência de observar o outro buscando referências para o próprio processo de construção do ensinar, (re)construção de sua prática por meio do saber da experiência, reflexão na experiência, conhecimento específico de sua matéria, preocupação com a formação pedagógica, conhecimento dos alunos, conhecimento pedagógico do conteúdo, ato do processo de raciocínio pedagógico, contexto da interação (mediação) e processo de sociocognição.

A participação dos professores em projetos vem favorecendo o desenvolvimento desses saberes docentes, provocando a reflexão sobre sua prática. Os professores sentem-se seguros e acolhidos no contexto de trabalho, e as propostas não são genéricas, mas refletidas pelo grupo que conhece o curso, os alunos e o mercado.

A construção do plano coletivo de trabalho docente mostra-se um grande esforço dos professores, na troca que estabelecem com seus pares para melhorar sua prática. Há uma preocupação em reconhecer o aluno e respeitar seus conhecimentos prévios.

Nesse esforço de entender as motivações dos alunos, os educadores constroem e alimentam seus saberes, pelo fato de criarem estratégias que favorecem o desenvolvimento das competências dos alunos do curso técnico de fotografia.

As discussões pedagógicas e a construção de projetos devem ser um processo coletivo voltado para a realidade do lócus do trabalho, ou seja, da criação e experimentação na prática. Durante esse processo, os professores se questionam, se avaliam, aprendem com o outro, trazem problemas dos alunos. O professor atua de forma mais eficaz, com outro olhar e novo valor do aprender e ensinar com criatividade com seus alunos.

Fica assim evidenciado o quanto é importante a participação dos professores em projetos e o quanto esses projetos estão ajudando os educadores a compreender e sentir a necessidade de trabalhar a partir desse paradigma.

REFERÊNCIAS

BANDEIRA, H. M. M. *Formação de professores e prática reflexiva*. 1998. Disponível em: <https://docplayer.com.br/421325-Formacao-de-professores-e-pratica-reflexiva.html>. Acesso em: 28 ago. 2018.

DAY, C. *Desenvolvimento profissional de professores*: os desafios da aprendizagem permanente. Porto: Porto, 2001.

CARTIER-BRESSON, H. *Instante 4*. 2012. Disponível em: <http://ulbra-to.br/encena/2012/08/14/HenriCartier-Bresson-e-sua-obsessao-pelo-instante-decisivo>. Acesso: 15 mar. 2018.

FIOL, M. P. *Professores do curso de fotografia e a formação pedagógica na perspectiva do olhar do fotógrafo*. 2015. Dissertação (Mestrado em Educação, Arte e História da Cultura)-Universidade Presbiteriana Mackenzie, São Paulo, 2015.

GARCIA, C. M. O professor iniciante, a prática pedagógica e o sentido da experiência. *Revista Brasileira de Pesquisa sobre Formação Docente* v. 2, n. 3. p. 11-49, 2010. Disponível em: <https://idus.us.es/xmlui/bitstream/handle/11441/31834/O%20professor%20iniciante,%20a%20pr%E1tica%20pedag%F3gica%20e%20o%20sentido%20da%20experi%EAncia%20(1).pdf?sequence=1>. Acesso em: 28 ago. 2018.

HOUAISS, A. *Dicionário Houaiss*. [2018]. Disponível em: <http://houaiss.uol.com.br/busca?palavra=composi%-25C3%25A7%25C3%25A3o>. Acesso em: 28 ago. 2018.

MIZUKAMI, M. G. N. Aprendizagem na docência: algumas contribuições de L.S. Shulman. *Educação*, v. 29, n. 2, p. 33-49, 2004. Disponível em: <http://coralx.ufsm.br/revce/revce/2004/02/a3.htm>. Acesso em: 5 out. 2018

NAKAMO, T. C. Investigando a criatividade junto a professores: pesquisas brasileiras. *Revista Semestral da Associação Brasileira de Psicologia Escolar e Educacional*, v. 13, n. 1, p. 45-53, 2009. Disponível em: <http://www.scielo.br/.php?script=sci_arttext&pid=S1413-85572009000100006>. Acesso em : 15 maio 2018.

NÓVOA, A. *Formação de professores e profissão docente*. [2014]. Disponível em: <http://repositorio.ul.pt/bitstream/10451/4758/1/FPPD_A_Novoa.pdf>. Acesso em: 28 ago. 2018.

SANTOS, R. N. *O professor como profissional reflexivo*: o legado de Donald Schön no Brasil. São Paulo: Robinson Nelson dos Santos, 2008.

SCHÖN, D. Formar professores como profissionais reflexivos. In: NÓVOA, A. (Org.). *Os professores e sua formação*. Lisboa: Dom Quixote, 1992.

SENAC SÃO PAULO. *Proposta pedagógica*. 2005. Disponível em: <http://www.sp.senac.br/pdf/29550.pdf>. Acesso em: 28 ago. 2018.

SHULMAN, L. S. Those who understand: knowledge growth in teaching. *Educational Researcher*, v. 15, n. 2, p. 4-14, 1986.

TARDIF, M. *Saberes docentes e formação profissional*. 17. ed. Petrópolis: Vozes, 2012.

LEITURA RECOMENDADA

MARCELO, C. Empezar con buen pie: inserción a la enseñanza para professores principiantes. *Revista Docência*, v. 12, n. 33, 2007.

36

O DESAFIO DE TRABALHAR COM AS TECNOLOGIAS DA INFORMAÇÃO E DA COMUNICAÇÃO NAS ESCOLAS DE EDUCAÇÃO BÁSICA DA REDE PÚBLICA DE SÃO PAULO:
uma experiência, diferentes relatos

Maria Lucia M. Carvalho Vasconcelos | Valéria Bussola Martins

Os resultados das avaliações da educação brasileira, sejam eles nacionais ou internacionais, têm demonstrado o quanto ainda precisamos melhorar nosso ensino, nossas estratégias.

Apenas para corroborar essa afirmação, vejamos, na **Tabela 36.1**, os resultados extraídos das provas de língua portuguesa e matemática aplicadas pelo Sistema de Avaliação da Educação Básica (SAEB), em 2016.

TABELA 36.1 Resultados das provas de língua portuguesa* e de matemática** no SAEB de 2016

Ano/série	Nota média adequada	Nota média atingida
3º ano do ensino fundamental I	Português: de 175 a 225	172,3
	Matemática: de 200 a 250	201,8
9º ano do ensino fundamental II	Português: de 275 a 325	237,4
	Matemática: de 300 a 350	251,0
3º ano do ensino médio	Português: de 300 a 375	273,0
	Matemática: de 350 a 400	278,1

*Disponível em: <http://saresp.vunesp.com.br/2016/resultados.html>. Acesso em: 28 ago. 2018.
**Disponível em: <http://saresp.vunesp.com.br/2016/resultadosgeralmat.html>. Acesso em: 28 ago. 2018.

Os alunos de todas as etapas da educação básica, com exceção feita ao componente curricular matemática dos anos iniciais do ensino fundamental, não atingiram a nota desejada e desejável, não se mostrando, portanto, proficientes nos estudos por eles realizados em períodos que variam de 6 a 17 anos de escolaridade.

Já os resultados do Programa Internacional de Avaliação de Alunos (PISA),* índice internacional de qualidade da educação, segundo a Organização para a Cooperação e Desenvolvimento Econômico (OCDE), do ano de 2015, mostram o Brasil na 63ª posição em um *ranking* de 70 países em ciências; na 59ª posição em leitura e na 66ª posição em matemática, o que dispensa qualquer comentário adicional ao resultado.

Diante desse quadro, muitas são as reflexões hoje em dia oferecidas, questionando o fazer pedagógico de nossas escolas e demonstrando a urgente necessidade de se alterar os procedimentos didático-metodológicos de nossas escolas e de seus professores. A crítica pela crítica, no entanto, não se justifica e nada acrescenta.

Criticar sem se envolver é fácil e torna-se, com frequência, um hábito pernicioso, próprio

---

*Disponível em: <http://www.oecd.org/education/pisa-2015-results-volume-i-9789264266490-en.htm>. Acesso em: 28 ago. 2018.

daqueles que, indiferentes, se acomodam, uma vez que a acomodação "[...] é procedimento passivo e não refletido de alguém que perdeu a capacidade de escolha e, por isso, ajusta-se ao que lhe é imposto; não cria, não recria, nem decide [...]" (VASCONCELOS; BRITO, 2006, p. 36).

O que a escola – e cada educador que nela milita – precisa alcançar é a esperança coletiva de que é possível (e preciso) mudar. É imprescindível ter esperança na mudança, mas não estamos falando daquela esperança tola que simplesmente aguarda, na imobilidade, que o outro vá agir no sentido de alcançar os objetivos que talvez nem sejam dele. Falamos da esperança "[...] que está na própria essência da imperfeição dos homens, levando-os a uma eterna busca [...]" (FREIRE, 1987, p. 82) e que os tira da espera inerte, movendo-os à ação, em busca daquilo que realmente almejam e esperam.

Sem tirar um milímetro sequer da responsabilidade do poder público, aquele que, constitucionalmente, responde pela educação em nosso país, colocaremos o foco deste capítulo na escola e em seus agentes principais: alunos e professores, que juntos podem (e devem) buscar, em suas esferas de atuação, inovar na direção de um processo de ensino e aprendizagem mais produtivo, eficiente e eficaz.

Partindo do princípio de que "[...] a educação tem caráter permanente [...] e de que estamos todos [sempre] nos educando [...]" (FREIRE, 1983, p. 28), o que se espera é que o professor também esteja sempre disposto a aprender, a buscar novas alternativas para seu fazer pedagógico, a inovar no processo de ensino e aprendizagem, reconhecendo que o aluno é seu objetivo e seu parceiro.

A escola brasileira, não importando aqui o nível de ensino a respeito do qual falemos, distancia-se, cada vez mais, do seu aluno real, de seus interesses e necessidades. Essa escola mantém-se conservadora, calcada em um currículo composto por disciplinas estanques, apresentadas de modo desinteressante e desvinculado do mundo real.

Ao trazermos para este capítulo a escola pública como espaço das experiências a serem aqui relatadas, algumas preocupações – fatores dificultadores – devem ser elencadas: as condições físicas (prédios e equipamentos nem sempre suficientes e adequados) e as condições funcionais (carreira docente pouco valorizada e formação – inicial e continuada – bastante desigual entre os docentes).

Acrescentamos, ainda, a resistência à mudança, característica da sociedade brasileira, que insiste em permanecer nas ações diuturnas de nossas escolas, mesmo quando, comprovadamente, não estão funcionando. Somos uma sociedade que usa o sistema educacional para manter o *status quo*, preservando privilégios, "domesticando" seus cidadãos, retardando as mudanças necessárias que nos auxiliariam a afastar a alienação e o descompromisso. Por isso,

> [...] a consciência reflexiva deve ser estimulada: conseguir que o educando reflita sobre sua própria realidade. Quando o homem compreende sua realidade, pode levantar hipóteses sobre o desafio dessa realidade e procurar soluções. Assim, pode transformá-la e, com seu trabalho, pode criar um mundo próprio: seu eu e suas circunstâncias (FREIRE, 1983, p. 30).

Para que isso venha a ocorrer, é preciso, no entanto, que determinados conhecimentos e suas decorrentes habilidades não sejam subtraídos dos alunos e dos professores que atuam na escola de educação básica. Vivemos hoje

> [...] num mundo onde a comunicação – entre as pessoas e/ou instituições – está favorecida pelo uso altamente disseminado [...] não apenas de computadores, mas dos chamados *smartphones*: as pessoas se informam, opinam, criticam os mais variados temas e assuntos, desde o público ao privado, do relevante ao insignificante (VASCONCELOS, 2016, p. 87).

A escola, apesar de toda essa realidade, insiste em ficar alheia e distante, atrelando-se, ainda hoje, a metodologias tradicionais que em nada colaboram para o aprendizado daqueles que a frequentam.

A escola parece desconhecer que, em 2015, no Brasil, 23,4 milhões de crianças e adolescentes, entre 9 e 17 anos, usam a internet (CETIC, 2017). Fechar os olhos para essa realidade e seguir ignorando tal fato é o que resulta em desinteresse por parte dos alunos pelas tarefas propostas pela educação formal.

Guimarães (2016) surpreende-se com o fato de que muitos docentes – ainda que usuários assíduos de diversas tecnologias, como *tablets*, computadores, internet, tocadores de áudio digital, *pen drives*, *global positioning system* (GPS), telefones celulares e outros mais – resistam à mudança e ao uso da tecnologia como recurso didático-pedagógico sob a alegação de que suas práticas docentes sempre deram bons resultados, não precisando, portanto, recorrer às tecnologias.

Foi a partir de reflexões como essas, apresentadas até agora neste capítulo, que a experiência que vamos relatar ocorreu.

APROXIMAÇÃO ENTRE TEORIA E PRÁTICA: UMA OPORTUNIDADE

Este capítulo busca narrar a experiência vivida por um grupo de alunos do curso de licenciatura em Letras, que, em função de seus estágios curriculares, interagiram com professores e alunos de uma escola da rede pública estadual de ensino, localizada na cidade de São Paulo.

De acordo com a Secretaria Estadual de Educação de São Paulo, a rede pública estadual paulista tem hoje 3,7 milhões de alunos matriculados na educação básica, distribuídos em 5,4 mil escolas.* Em sala de aula, há professores e servidores que atuam em funções administrativas ou técnicas nas unidades escolares e nos órgãos centrais da educação. Em um universo de tal envergadura e diversidade, cada unidade de ensino com seu respectivo corpo docente constitui-se em um ambiente de particularidades, resultado da união de esforços de cada grupo específico.

A interação universidade/educação básica, fonte da experiência aqui relatada, teve como lastro o Programa Institucional de Bolsa de Iniciação à Docência (Pibid), instituído pela Coordenadoria de Aperfeiçoamento de Pessoal de Ensino Superior (Capes),** com o objetivo de aperfeiçoar e valorizar a formação de professores para a educação básica. Esse projeto envolve professores e alunos de ambos os níveis de ensino, além de somar a efetiva participação dos gestores das duas instituições (universidade e escola).

Iniciativa bastante positiva, o programa busca aproximar docentes formadores e discentes em formação com a realidade da escola pública, palco da atuação futura desses jovens estudantes. Busca, ainda, trazer essa realidade para as discussões da academia, tornando essas discussões mais responsavelmente ligadas aos problemas e às possíveis soluções do processo educativo.

Segundo o *site* do Pibid, o programa,

> [...] desenvolvido pelo Ministério da Educação, [...] tem por finalidade apoiar a iniciação à docência de estudantes de licenciatura nas universidades brasileiras com o fortalecimento da sua formação para o trabalho nas escolas públicas. O Programa oferece bolsas, distribuídas nas diversas áreas dos cursos de licenciatura oferecidos pela Universidade, para estudantes e professores desses cursos e também para professores das escolas participantes do Programa (UNIVERSIDADE FEDERAL DE UBERLÂNDIA, 2018, documento *on-line*).

Iniciativa bastante positiva no sentido de possibilitar ao docente em formação a opor-

---

*Dados em: <http://www.saopaulo.sp.gov.br/acoes-governo/educacao/>. Acesso em: 28 ago. 2018.

**Órgão do Ministério da Educação (MEC), responsável pela formulação das políticas de pós-graduação.

tunidade de viver situações reais de prática de ensino, o Pibid respira possibilidades de inovação no ambiente da educação básica e força o ensino superior a rever-se.

Como formador de futuros docentes para a escola de educação básica, muitas vezes, o ensino nos cursos de licenciatura vê-se descolado da realidade da educação escolar, delegando, equivocadamente, às questões da prática um papel secundário.

Ainda que não se possa prescindir das teorias, há a necessidade de se conhecer e refletir sobre a prática docente, que deve ser conscientemente construída. Afinal, "[...] é pensando criticamente a prática de hoje ou de ontem que se pode melhorar a próxima prática. O próprio discurso teórico, necessário à reflexão crítica, tem de ser de tal modo concreto que quase se confunda com a prática [...]" (FREIRE, 2005, p. 39).

Conscientes da intencionalidade do ato educativo e com base nos ensinamentos de Paulo Freire, direção, professores e alunos de uma universidade da capital paulista engajaram-se no Pibid e, a partir da realidade dos discentes e docentes do ensino médio, organizaram projetos que respondessem às necessidades e aos interesses desses educandos e que os envolvessem em seus processos de aprendizagem, em diferentes situações, privilegiando o uso de tecnologias de informação e comunicação (TICs).

Nesse contexto, a aprendizagem ganha uma nova significação. Peña e Allegretti (2012, p. 101) explicam que:

> Os dispositivos midiáticos existentes na sociedade híbrida nos permitem imergir nos ambientes virtuais, ampliando as condições do sujeito para criar, vivenciar, acessar informações diversificadas, aumentando significativamente a potencialidade de e para aprender. [...] Na sociedade híbrida, a aprendizagem é uma ação contínua que se dá na relação individual e coletiva, na qual o avanço de uma interfere na outra e vice-versa, sem uma hierarquia estabelecida [...].

Se a mobilidade dos dispositivos midiáticos digitais invadiu o cotidiano de parte da população e se a aprendizagem foi ressignificada, fica evidente que o ambiente escolar, agora considerado uma escola híbrida,* não pode ignorar tal realidade:

> Às instituições educacionais, cabe preparar seus alunos para essa nova forma de aprendizado; ensinando-os a acessar, buscar, selecionar e criar participando desse novo ambiente e sabendo lidar com as inúmeras possibilidades oferecidas. No entanto, parece que tais instituições ainda não se atentaram ao fato de que o ensino é também uma relação de comunicação e que, obviamente, é necessário maior comprometimento com as novas formas de comunicação proporcionadas pelas TICs (PEÑA; ALLEGRETTI, 2012, p. 102).

Portanto, negar o uso das TICs ao aluno da rede pública de ensino é ato de pura discriminação. Além disso, há os profissionais que se negam a usar o computador e a internet em sala de aula, alegando achar inadmissível que a máquina e o ambiente virtual substituam o papel do professor. Entretanto, de acordo com as ideias de Lévy (1998, p. 29), a inserção da linguagem dos computadores na vida cotidiana dos alunos e, consequentemente, no universo escolar é inevitável:

> As crianças aprenderão a ler e escrever com máquinas editoras de texto. Saberão servir-se dos computadores como ferramentas para produzir sons e imagens. Gerirão seus recursos audiovisuais com o computador, pilotarão robôs, consultarão familiarmente os bancos de dados. Todas as evoluções que se estão esboçando na área educacional estão em congruência com as modificações das atividades cognitivas observadas em outras áreas. O uso

---

*Peña e Allegretti (2012, p. 103) definem a escola híbrida como "[...] aquela que se encontra em um espaço físico determinado e se expande, a partir do momento que o mundo virtual passa a fazer parte integrante do ambiente de ensino e aprendizagem escolar [...]".

dos computadores no ensino prepara para uma nova cultura informatizada.

Outros docentes chegam, até mesmo, a dizer que não entendem como um computador pode ser mais interessante e atrair mais a atenção dos educandos do que o próprio professor. Setzer (2005, p. 114) explica que se o computador

> [...] atrai mais a atenção dos estudantes do que um professor, isso pode significar que este não tem uma ideia adequada do que vem a ser uma criança ou um jovem, ou está atrelado a um currículo, método e ambiente que contradizem as qualidades de seus alunos. Provavelmente suas aulas são demasiadamente abstratas, dirigidas para o intelecto dos alunos, e não para os seres completos deles. Assim, os alunos não conseguem identificar-se com o conteúdo sendo transmitido, sentindo-se oprimidos e achando que as aulas são monótonas.

Ao se fazer uma reflexão coerente, percebe-se que nem os professores serão substituídos por computadores nem os computadores são, ou serão, mais atraentes do que os bons educadores. Demo (2006, p. 86) torna essas afirmações muito evidentes ao dizer que:

> Quem aprende é o ser humano, não a máquina. Quem é interativo é o ser humano, não o *software*. [...] Pode ser que esta maneira de colocar ignore potencialidades vertiginosas das máquinas, que até o momento não alcanço observar. Vejo as máquinas como ferramentas extremamente úteis, mas não percebo nelas o traço humano de inteligência. O computador ultrapassa o poder da mente humana em várias dimensões, como processar e armazenar informação, calcular, sem falar na velocidade crescente de seu funcionamento, mas tudo isso não consegue, pelo menos ainda, sequer simular o que uma máquina hermenêutica, interpretativa, semântica, complexa e não linear faz, como é o cérebro humano.

O foco dessa questão, de fato, centra-se na dinâmica da aula preparada pelo docente e em sua postura durante as atividades realizadas ao longo do ano letivo. Partindo de uma fórmula equivocada, alguns professores levam seus discentes aos laboratórios de informática e deixam-nos livremente navegando na internet. Durante esse tipo de aula, por exemplo, não é difícil ouvir alunos questionando o que devem fazer, qual *site* devem investigar:

> Apesar da falta de resultados positivos, os professores encaram o computador como a ferramenta que finalmente pode levar os alunos a estudar. Nesses casos, o computador é visto como um adoçante artificial, transformando aquilo que é hoje o remédio amargo da aprendizagem escolar em algo palatável para crianças que cresceram nas calorias vazias da TV. [...] Usar o computador como adoçante educacional é uma desonestidade pedagógica, introduzindo um aditivo prejudicial na dieta educacional, que muitas vezes se acaba tornando um vício (SETZER, 2005, p. 113).

Docentes malformados, pouco informados e sem nenhum entusiasmo usam ferramentas tecnológicas sem propósito evidente. Moran (2000, p. 22) expõe que

> [...] há uma expectativa de que as novas tecnologias nos trarão soluções rápidas para o ensino. Sem dúvida, as tecnologias nos permitem ampliar o conceito de aula, de espaço e tempo, de comunicação audiovisual, e estabelecer pontes novas entre o presencial e o virtual, entre o estar juntos e o estarmos conectados a distância. Mas se ensinar dependesse só de tecnologias, já teríamos achado as melhores soluções há muito tempo. Elas são importantes, mas não resolvem as questões de fundo. Ensinar e aprender são os desafios maiores que enfrentamos em todas as épocas e particularmente agora em que estamos pressionados pela transição do modelo de gestão industrial para o da informação e do conhecimento.

O computador não é um recurso milagroso. Ele não é a solução para todos os atuais problemas da educação que ainda se mostra profundamente tradicional e, até certo ponto, cansativa e maçante. Sem objetivos claros para a sua utilização, ele acaba atuando como outras ferramentas que parecem só maquiar o contexto educacional para que as escolas se promovam como modernas:

> Apelar para o computador em busca de socorro porque ele pode processar abstrações de maneira suave e atrativa, mostrando uma paciência infinita, obedecendo cegamente aos comandos que se lhe dão, e não dar notas baixas é simplesmente uma questão de achar uma forma mais sedutora de ensinar da maneira errada tradicional (MORAN, 2000, p. 114).

Se a aula é extremamente monótona e desgastante, o computador e a internet – ou qualquer outra ferramenta, se bem utilizada – serão, sim, mais motivadores. Assim sendo, para que a máquina seja empregada da melhor forma possível em sala de aula, faz-se necessário, antes de mais nada, que o docente se prepare, organize-se e justifique o seu uso ao longo de qualquer atividade (MARTINS, 2014).

Nesse contexto, também é indispensável que as tecnologias realmente estejam à disposição do corpo docente das escolas públicas e privadas:

> Resta sempre outro desafio também preocupante, que é o acesso aos meios eletrônicos, em particular em localidades distantes e menos desenvolvidas. As secretarias de educação municipais e estaduais precisariam ocupar-se disso, no sentido de garantir tal acesso minimamente, como regra sob a perspectiva coletiva (lugar ou lugares coletivos de acesso). Uma "casa do professor" onde ele possa trabalhar com a Internet, entre outras atividades reconstrutivas, poderia ser ideia apropriada. [...] Seria fundamental retirar o contra-argumento do professor de que não tem chance, não tem livro, não tem Internet (DEMO, 2006, p. 122).

É importante lembrar que a sociedade moderna se torna altamente centrada e dependente de máquinas que estão presentes em muitas atividades humanas rotineiras. Setzer (2005, p. 88) afirma que,

> De fato, não se encontra um automóvel ou uma máquina de lavar roupa dentro de um escritório, de um dormitório ou entre as máquinas de uma fábrica. No entanto, pode-se muito bem encontrar computadores nesses locais. Devido a esse uso universal, cada vez mais crescente, é necessário ensinar tanto o que eles são como a usá-los em aplicações de utilidade geral, mostrar como podem ser bem e mal empregados.

Seria de grande proveito se a maioria dos alunos adquirisse, ao longo do ensino fundamental e ensino médio, conhecimentos básicos sobre a estrutura e o funcionamento das máquinas, bem como formasse um posicionamento reflexivo sobre seus benefícios e malefícios.

Os discentes chegariam, então, à conclusão de que o computador deveria representar um instrumento de trabalho usado a favor do ser humano. Talvez esse espírito crítico em relação aos computadores e à internet impediria que tantos jovens permanecessem ligados à máquina e ao ambiente virtual durante a tarde toda, por exemplo. Ou, então, mostraria também o perigo de a internet ser usada como um livro aberto sobre a vida e o dia a dia de cada um.

A fim de que os educandos realmente atingissem uma postura crítica em relação ao computador e à internet, o professor deveria criar dinâmicas, inseridas no cotidiano escolar, que se fizessem úteis para o seu desenvolvimento. A grande questão que se coloca consiste em determinar de que maneira os computadores e o ambiente virtual devem ser empregados. Se os discentes gostam tanto da linguagem do computador e apreciam tanto a máquina e a internet, o educador pode trazê-los para as aulas como uma ferramenta motivadora ao longo de atividades previamente planejadas.

Freire (2009, p. 87), há anos, tendo em vista as características da educação do Brasil, já não duvidava "[...] do enorme potencial de estímulos e desafios à curiosidade que a tecnologia põe a serviço das crianças e dos adolescentes [...]".

Não se trata, assim, de um aprendizado individual que se concentra, única e exclusivamente, na livre navegação em *sites* e na coleta de informações na internet. Embora as máquinas propiciem um ambiente de aprendizado mais livre, no qual o ritmo individual de aprendizado é mais respeitado, o papel do professor como mediador, como guia, continua sendo fundamental.

O educador deve criar roteiros de trabalhos, contendo combinados, cronogramas, explicações e diretrizes para a plena concretização de uma proposta. Além disso, os critérios de avaliação do que for produzido também devem ser previamente criados e expostos aos educandos.

Só a partir de uma sólida e bem-organizada proposta é que trabalhos com os computadores e com a internet em sala de aula podem atingir êxito.

O emprego desses recursos é um direito e uma necessidade do aluno, que precisa inserir-se em uma sociedade cada vez mais tecnológica. É com a certeza de que "[...] uma das coisas mais lastimáveis para um ser humano é ele não pertencer a seu tempo [...]" (FREIRE; GUIMARÃES, 2001, p. 31) que devemos, todos, buscar alterar nossas práticas docentes a partir dos reais interesses de nosso alunado.

A experiência pibidiana:*
diferentes visões e diversos relatos

Ministrar uma aula, sem sombra de dúvida, pode ser uma excelente oportunidade para o graduando que faz licenciatura em Letras vivenciar verdadeiramente sua prática docente.

Entretanto, quando isso é feito sem nenhuma preparação prévia, de material, de conteúdo e de prática didático-metodológica, o licenciando sente-se desconfortável e inseguro, e, com frequência, a aula ministrada não ocorre de forma tranquila e adequada.

Nesse contexto, o Pibid surge como um excelente caminho para os licenciandos dos cursos de Letras no Brasil, representando uma alternativa muito significativa ao longo do processo de formação inicial.

O programa, patrocinado pela Capes – uma coordenação do Ministério da Educação (MEC) que desempenha importante papel nos processos de avaliação da pós-graduação em todos os Estados da federação brasileira e que atua, ainda, na formação de professores da educação básica, introduzindo-os no universo escolar, qualificando-os para o mercado de trabalho –, concede bolsas mensais a alunos dos cursos de licenciatura, a coordenadores do projeto que trabalham nas escolas de educação básica e aos líderes do projeto das instituições de ensino superior que participam do programa.

Trata-se de um trabalho conjunto que é iniciado por meio de parcerias entre instituições de ensino superior e escolas públicas brasileiras de educação básica. Os graduandos, por sua vez, são orientados e supervisionados por um professor da instituição de ensino superior para o desenvolvimento de atividades didático-metodológicas na escola escolhida.

Dessa forma, os licenciandos deixam de apenas observar as aulas, como rotineiramente ocorre durante o estágio curricular supervisionado – obrigatoriedade legal que institui que todos os alunos dos cursos de formação de professores têm de cumprir horas de estágio para a obtenção do diploma de licenciatura –, para assumirem a posição docente, mas com um dado novo muito importante: a orientação de um professor universitário durante a montagem dos planos de aula e das atividades e com a supervisão de um professor da educação básica durante a aplicação real das propostas di-

---

*Pertencente ao Pibid.

dático-metodológicas. É, portanto, uma possibilidade real de junção entre teoria e prática.

Ademais, como o licenciando frequentemente auxilia e muito no dia a dia pedagógico do professor que ministra aulas para as turmas da educação básica, ele pode ser mais bem recebido do que no estágio curricular supervisionado, situação em que, muitas vezes, é visto como intruso ou fiscal.

Os benefícios, portanto, são inúmeros tanto para os futuros professores quanto para os docentes que passam a ter auxiliares semanais em suas aulas, sem esquecer que ganha também o aluno da educação básica, que passa a ser auxiliado por um maior número de profissionais da educação.

A experiência descrita neste capítulo iniciou no primeiro semestre do ano de 2014. Licenciandos do curso de Letras de uma tradicional instituição de ensino da capital de São Paulo participaram do programa e foram orientados e supervisionados por um professor da instituição de ensino superior para que desenvolvessem atividades didático-metodológicas de língua portuguesa na escola de educação básica escolhida.

Inicialmente, no mês de fevereiro de 2014, por meio de entrevistas realizadas no âmbito universitário, 20 alunos foram selecionados para participar do programa.

Posteriormente, ocorreram diversas reuniões semanais de preparação e orientação, também na universidade, para que os licenciandos se preparassem para a pesquisa, criação, elaboração e aplicação de propostas didático-metodológicas nos anos finais do ensino fundamental e no ensino médio, que envolveram trabalhos com leitura, produção e interpretação de textos a serem desenvolvidos com, aproximadamente, 35 alunos por sala.

Durante as reuniões semanais, os licenciandos apresentavam ao professor orientador da universidade formadora o plano de aula que seria aplicado na escola e elaboravam também as atividades que seriam usadas durante as aulas.

Buscando aproximar-se da realidade tecnológica e midiática dos educandos – cujas idades variavam de 11 a 17 anos –, desde o início da proposta objetivou-se que as atividades pedagógicas estivessem pautadas nas TICs. Em função disso, no primeiro dia em que o professor da universidade responsável pelo projeto compareceu à escola de educação básica, foi solicitado ao diretor da instituição que os graduandos pudessem usar os equipamentos do laboratório de informática do colégio.

Lamentavelmente, foi informado que o laboratório poderia ser usado, mas que os graduandos teriam de aguardar alguns dias para que as senhas de acesso às máquinas fossem liberadas pela Secretaria de Educação Estadual. Na prática, todavia, as senhas só foram enviadas à escola quatro semanas após o início das aulas. Camila Concato, participante do Pibid, relata que:

> Nas escolas de educação básica da rede pública há desafios a se cumprir em relação a uma nova era de inserção de tecnologias [...]. É um campo em que se necessita do mínimo para se atingir o aceitável, porém, muitas vezes, não se conta nem com esse mínimo quando se adentra a realidade cotidiana das escolas públicas (dados de entrevista*).

Com as senhas disponibilizadas, os graduandos solicitaram conhecer o laboratório de informática do colégio. Como em grande parte das escolas públicas da capital paulista, os licenciandos perceberam que o colégio dispunha de máquinas e internet, mas tanto os equipamentos quanto a rede não eram ágeis. Contudo, tal realidade não fez os futuros professores desistirem de usar as TICs.

Com o ambiente conhecido, os graduandos partiram, então, para a elaboração de propostas que pudessem usar as TICs a seu favor.

---

*As autoras deste artigo entrevistaram graduandos participantes do Pibid a fim de obter dados para a elaboração desta pesquisa.

Agnes Cruz, aluna do curso de Letras que foi professora pibidiana durante dois anos, explica que

> Com o uso das TICs em sala de aula, nossas aulas se tornaram mais dinâmicas para os estudantes adolescentes. Eles vivem em um mundo cada vez mais tecnológico e virtual, e a escola não deve se apresentar de uma forma tão diferente dessa realidade deles. A agilidade e a possibilidade de manipulação dos conteúdos virtuais trabalharam a nosso favor. Além disso, com as TICs, economiza-se tempo, ilustram-se ideias com maior facilidade e os educandos têm a sensação de proximidade com o real e de interatividade constante (dados de entrevista).

Dessa forma, os licenciandos perceberam que o computador poderia representar uma ferramenta auxiliadora para os alunos da educação básica. Ao analisar como os computadores auxiliaram no Pibid, Emanuela Rodrigues, graduanda que participou do programa e que trabalha hoje em uma escola bilíngue, também explica que:

> O computador exerce um fascínio sobre os alunos. Era, inclusive, frequente ouvir dos estudantes da escola que eles prefeririam produzir textos no computador do que no caderno. Assim a máquina ajudava no processo de escrita, e os resultados eram mais concretos e satisfatórios tanto para mim quanto para os alunos (dados de entrevista).

Além disso, os pibidianos passaram algumas aulas ensinando aos estudantes do colégio todos os recursos do Word, ferramenta editora de textos do pacote Office da empresa Microsoft. Bianca Coelho, pibidiana que ficou responsável por essa instrumentalização, assim destaca os benefícios da ferramenta Word:

> É frequente ouvir que as gerações de hoje sabem mexer no computador e usam a internet como ninguém. Porém, quando entramos no laboratório e perguntamos aos alunos se eles sabiam redigir e formatar textos no Word, poucos sabiam e os que sabiam conheciam pouquíssimos recursos do editor de textos. Eu mesma só fui utilizar adequadamente os recursos do Word quando entrei na faculdade. Mas eu já redigia trabalhos no Word até mesmo no ensino fundamental II. Então, refleti sobre a minha experiência e preparei minhas aulas pensando em como elas poderiam ser úteis para a vida futura dos alunos. Foi a partir dessa ideia, por exemplo, que montei as aulas em que os alunos do ensino médio produziram comigo os seus currículos e cartas de apresentação (dados de entrevista).

Nickolas de Andrade, um dos graduandos participantes do projeto e, atualmente, professor de língua portuguesa em uma escola privada, ressaltou ao término do projeto que, durante as aulas de produção de texto, que ocorreram no laboratório de informática, os pibidianos levaram os alunos da educação básica a compreender o processo de autocorreção em função do corretor ortográfico encontrado na plataforma.

> O computador, sem fazer qualquer tipo de ironia sobre os erros de acentuação ou ortografia, por exemplo, avisava os alunos do colégio de que algo estava errado, indicando o problema gramatical na própria tela. Esse recurso tecnológico dava maior autonomia aos estudantes tanto do ensino fundamental II quanto do ensino médio, pois eles próprios se corrigiam e não tinham tanta vergonha de escrever algo errado, porque só eles visualizavam o erro e poderiam corrigi-lo. Isso mostra que o computador foi nosso aliado. Alguns alunos passaram a produzir textos até mais longos devido a essa mudança e explicavam que agora não tinham mais medo de escrever e de errar (dados de entrevista).

Nesse sentido, o computador foi um grande aliado nesse processo de aproximação entre o potencial do educando e a autocorreção.

Outro benefício destacado por uma das pibidianas, Palloma dos Santos, envolveu o fato de os futuros professores mostrarem aos alunos da educação básica os passos para se usar a internet como uma forma de pesquisa de modo satisfatório:

> No início do projeto, percebemos que os estudantes do colégio, quando tinham que fazer alguma pesquisa, simplesmente digitavam o tema de pesquisa no Google e copiavam e colavam as informações do primeiro *link* indicado pelo *site* de busca. Em função disso, decidimos mostrar aos alunos que nem sempre o primeiro *link* indicado é o melhor, que muitos *sites* apresentam vários erros de digitação ou referentes à norma-padrão da língua portuguesa e que também havia ainda *sites* com informações incorretas ou falsas. Assim, os discentes entenderam que as pesquisas na internet tinham que ocorrer de modo responsável e cuidadoso. Por fim, gostaria de ressaltar que, por meio dessas aulas em que realizamos pesquisas com os alunos, foi possível explicar para eles o que seria o plágio e que sempre devemos informar a fonte de nossas pesquisas (dados de entrevista).

Por fim, é interessante destacar, ainda, que dois pibidianos, Tatiane Caruso e Lucas Romaryo, auxiliados por uma docente universitária, também puderam fazer uso educacional de uma das redes sociais mais populares no mundo: o Facebook.

É fácil compreender que muitos alunos se sintam desmotivados pelo fato de seus textos, muitas vezes, serem lidos por apenas uma pessoa: o professor de língua portuguesa. O educador pode solicitar que haja troca de textos entre os colegas, mas, levando-se em consideração a quantidade média de alunos por turma na educação básica brasileira, tal prática torna-se difícil. De forma geral, então, o material produzido pelo aluno fica restrito ao docente. Se um grupo maior de indivíduos pudesse entrar em contato com os textos produzidos na escola, os alunos se sentiriam mais motivados a escrever.

Partindo dessa realidade, surgiu a ideia de usar o Facebook como ferramenta para que os textos produzidos pelos estudantes gerassem troca de informações entre os usuários da rede social em questão. De acordo com a pibidiana Tatiane, a proposta criou

> um mecanismo coletivo para publicar textos produzidos na aula de produção de textos em língua portuguesa para propiciar discussões, para permitir desabafos e questionamentos e para dividir boas notícias. Em função disso, nós, depois de estudarmos a fundo o gênero textual notícia a partir dos portais *on-line* dos grandes jornais nacionais, como *Folha de S. Paulo* e *Estadão*, levamos os alunos a refletir sobre quais notícias inéditas eles gostariam de publicar. O resultado foi muito satisfatório. Os educandos do colégio ganharam voz ao criar notícias com a temática daquilo que eles mais gostariam que fosse verdade no mundo real e se sentiram orgulhosos ao terem suas notícias publicadas no Facebook. Além disso, os usuários do Facebook (amigos, pais de alunos, outros funcionários da escola e assim por diante) diziam que logo que entravam no Facebook queriam encontrar as notícias redigidas pelos alunos, porque muitas delas representavam esperança no futuro do País e do mundo (dados de entrevista).

Os alunos da educação básica passaram, assim, a ser protagonistas da própria formação, indivíduos autônomos que publicavam suas ideias, muitas vezes, inspiradoras. O Facebook transformou, dessa forma, o universo do processo de ensino e aprendizagem:

> Os suportes das TICs estruturam uma nova ecologia cognitiva nas sociedades da atualidade. Chamo a atenção para o fato de que se instauraram nessa nova configuração de cultura aprendizagens permanentes e personalizadas de navegação em que a orientação dos estudantes e professores passa a ser dirigida para um espaço do saber flutuante e destotalizado. As aprendizagens cooperativas e a inteligência coletiva no centro de comunidades virtuais favorecem uma desregulamentação parcial dos modos de reco-

nhecimento dos saberes hierarquizados, promovendo um gerenciamento dinâmico das competências em tempo real. Nesse sentido, esses processos sociais atualizam a nova relação com o saber (SETTON, 2010, p. 104).

Os textos deixaram de ser feitos só para a atribuição de uma nota e ganharam um caráter público. Os relatos tornaram-se coletivos. O Facebook passou a representar um diário coletivo de notícias, angústias e desejos. Todos os colegas, amigos e familiares liam o que alunos escreviam e comentavam.

Houve, assim, a criação de um ciberespaço, de um "[...] hipertexto mundial interativo, em que cada um pode adicionar, retirar e modificar partes dessa estrutura telemática, como um texto vivo, um organismo auto-organizante [...]" (LEMOS, 2002, p. 131), e de um

> [...] ambiente de circulação de discussões pluralistas, reforçando competências diferenciadas e aproveitando o caldo de conhecimento que é gerado dos laços comunitários, podendo potencializar a troca de competências, gerando a coletivização dos saberes (LEMOS, 2002, p. 145).

CONSIDERAÇÕES FINAIS

O Pibid surge como uma possibilidade mais significativa para o futuro professor, pois possibilita que o graduando tenha uma vivência real de sala de aula, bem diferente da experiência que o estágio curricular supervisionado obrigatório dos cursos de licenciatura proporciona, situação em que, frequentemente, além de se sentirem intrusos nas salas de aula dos professores observados – já que a maioria dos docentes da educação básica não se preocupa com o estagiário e deixa claro que a sua presença não é bem-vinda –, os graduandos passam entre 400 e 700 horas observando práticas que transformam o ambiente escolar em algo maçante, cansativo e desestimulante, que, cada vez mais, se afasta da realidade prática e midiática da qual fazem parte os jovens dos anos finais do ensino fundamental e ensino médio.

Por meio da experiência do Pibid, os alunos que participaram do projeto deixaram de ser observadores para tornarem-se professores de turmas com atividades previamente pensadas e preparadas e puderam reconhecer os benefícios que as TICs, quando bem utilizadas, trazem para o ambiente educacional.

As TICs podem articular a afetividade, a diversão, a pesquisa e os processos de apropriação do conhecimento. O principal objetivo da proposta aqui descrita é discutir com os futuros professores a necessidade diária de repensar as metodologias de ensino de língua pautadas nas TICs em busca de práticas mais significativas, motivadoras e eficazes em um mundo em que os computadores e o ambiente virtual, importantes instrumentos no processo de ensino e aprendizagem, estão constantemente presentes.

Ao longo do curso de Letras, muitas vezes, os universitários entram em contato com inúmeros referenciais teóricos, mas nem sempre são levados a refletir como todos esses conteúdos serão usados nas salas de aula da educação básica quando já estiverem formados.

O Pibid uniu, assim, universidade e escola de educação básica, teoria e prática pedagógica, valorizou o processo criativo, permitiu a utilização de computadores e do universo digital, a interdisciplinaridade e propiciou diálogo e reflexão sobre práticas metodológicas mais eficientes. Assim, o projeto pôde ajudar os futuros professores a construírem os próprios materiais pedagógicos e as próprias práticas docentes, habilidade fundamental no dia a dia docente. Ademais, demonstrou que, mesmo com equipamentos não tão modernos e rápidos, é possível criar propostas que envolvam as TICs e transformem o processo de ensino e aprendizagem em um caminho mais agradável e atraente para os alunos.

As práticas pedagógicas vivenciadas por esses professores em formação mostraram-se inovadoras conforme o projeto Pibid avançava, provocando uma mudança de atitude em todos os atores nessa cena envolvidos. O olhar de respeito mútuo que se estabeleceu entre os docentes da escola de ensino superior privada e os da escola de educação básica pública foi outro aspecto positivo a ser aqui ressaltado, pois, entre educadores, sempre há muito mais afinidades do que diferenças.

O ensino não se faz apenas por meio dos instrumentos tecnológicos, mas, hoje, é inegável que eles sejam ferramentas de extrema relevância no processo de ensino e aprendizagem de jovens que habitam um mundo que se torna, diariamente, mais informatizado, interativo, midiatizado e virtual.

Diante de todas essas possibilidades, vê-se que a tecnologia, quando bem utilizada, potencializa o caráter coletivo da aprendizagem, e pode-se afirmar que o docente, consciente e envolvido com sua função, continua tendo um papel essencial no processo de ensino e aprendizagem.

REFERÊNCIAS

CETIC. *Cresce o percentual de crianças e adolescentes que procuraram informações sobre marcas ou produtos na Internet.* 2017. Disponível em: <https://cetic.br/noticia/cresce-o-percentual-de-criancas-e-adolescentes-que-procuraram-informacoes-sobre-marcas-ou-produtos-na-internet/>. Acesso em: 28 ago. 2018.

DEMO, P. *Formação permanente e tecnologias educacionais.* Petrópolis: Vozes, 2006.

FREIRE, P. *A importância do ato de ler*: em três artigos que se completam. 50. ed. São Paulo: Cortez, 2009.

FREIRE, P. *Educação e mudança.* 7. ed. Rio de Janeiro: Paz e Terra, 1983.

FREIRE, P. *Pedagogia da autonomia*: saberes necessários à prática educativa. 31. ed. São Paulo: Paz e Terra, 2005.

FREIRE, P. *Pedagogia do oprimido.* 17. ed. Rio de Janeiro: Paz e Terra, 1987.

FREIRE, P.; GUIMARÃES, S. *Educar com a mídia*: novos diálogos sobre educação. São Paulo: Paz e Terra, 2001.

GUIMARÃES, A. H. T. Educar com a mídia no século XXI. In: VASCONCELOS, M. L. M. C.; BRITO, R. H. P. (Org.). *Paulo Freire em tempo presente.* São Paulo: Terracota, 2016.

LEMOS, A. *Cibercultura, tecnologia e vida social na cultura contemporânea.* Porto Alegre: Sulina, 2002.

LÉVY, P. *A máquina universo*: criação, cognição e cultura informática. Porto Alegre: Artmed, 1998.

MARTINS, V. B. *O despertar para a leitura por meio de mídias digitais*: uma reflexão sobre a prática pedagógica na área de língua portuguesa. Saarbrucken: Novas Edições Acadêmicas, 2014.

MORAN, J. M. *Novas tecnologias e mediação pedagógica.* Campinas: Papirus, 2000.

PEÑA, M. D. J.; ALLEGRETTI, S. M. M. Escola híbrida: aprendizes imersivos. *Revista Contemporaneidade Educação e Tecnologia*, v. 1, n. 2, p. 97-107, 2012. Disponível em: <http://revistacontemporaneidadeeducacaoetecnologia02.files.wordpress.com/2012/05/edutechi_puc20121.pdf>. Acesso em: 28 ago. 2018.

SETTON, M. G. *Mídia e educação.* São Paulo: Contexto, 2010.

SETZER, V. W. *Meios eletrônicos e educação*: uma visão alternativa. 3. ed. São Paulo: Escrituras, 2005.

UNIVERSIDADE FEDERAL DE UBERLÂNDIA. Pró-Reitoria de Graduação. *PIBID*: Programa Institucional de Bolsa de Iniciação à Docência. [2018]. Disponível em: <http://www.prograd.ufu.br/servicos/pibid>. Acesso em: 28 ago. 20186

VASCONCELOS, M. L. M. C. Educação escolar e redes sociais em diálogo: vislumbrando possibilidades. In: NÚCLEO DE INFORMAÇÃO E COORDENAÇÃO DO PONTO BR (Ed.). *Pesquisa sobre o uso das tecnologias de informação e comunicação nas escolas brasileiras*: TIC educação 2015. São Paulo: Comitê Gestor da Internet no Brasil, 2016. p. 85-91.

VASCONCELOS, M. L. M. C.; BRITO, R. H. P. *Conceitos de educação em Paulo Freire*: glossário. 6. ed. Petrópolis: Vozes, 2006.

COMEÇANDO OS EXPERIMENTOS:
um relato do uso de QR Codes em sala de aula de língua inglesa

Marco Aurélio Cosmo Machado

Durante minhas experiências como docente dos anos iniciais do ensino fundamental, a cada ano que se passou, cresci como pessoa e profissional, sempre aprendendo sobre o ofício do professor e tentando aplicar o que desenvolvi na graduação de Letras na sala de aula. Entretanto, os desafios foram e continuam sendo perceptíveis no processo de ensino e aprendizagem. Como lido com crianças de até 10 anos, a dinâmica das aulas precisa ser bastante movimentada, com vistas a prender a atenção de meus alunos e fazê-los querer aprender. Nos primeiros anos como docente, fui desafiado a propor momentos de muita interação entre os aprendizes e, com o passar do tempo, fui percebendo a importância de pô-los no centro dos objetivos educacionais. No ano de 2016, com a intenção de aprimorar ainda mais minha prática pedagógica, iniciei uma pós-graduação em tecnologias na aprendizagem.

O contato com novas experiências educativas proporcionadas pela pós-graduação, junto com meu interesse específico em tecnologias digitais, fez-me decidir mudar um pouco o rumo da disciplina de língua inglesa, a qual leciono em uma escola particular, objetivando ampliar minhas ações pedagógicas e potencializar a aprendizagem de meus alunos. Essa decisão se pautou no que nos trazem Bacich, Tanzi Neto e Trevisani (2015) ao dizerem que as tecnologias na educação devem servir como instrumentos que possibilitam inovação, e não como meras reprodutoras de práticas tradicionais como comumente são utilizadas no âmbito escolar. Assim, considerando esse paradigma emergente na educação e as transformações nos objetivos sociais da instituição escolar, optei por iniciar um experimento usando tecnologias móveis e Quick Response Codes (QR Codes, códigos de resposta rápida), em um projeto de literatura que ocorre anualmente na escola em que leciono, inserindo um novo letramento nas aulas de inglês, o *letramento móvel* (DUDENEY; HOCKLY; PEGRUM, 2016).

Em relação ao projeto de literatura, cada turma abordou um compositor brasileiro. O 4º ano do ensino fundamental ficou incumbido de apresentar a composição *Mundo melhor*, de Pixinguinha, de forma interdisciplinar, ou seja, o tema foi abordado em diversas disciplinas, incluindo língua inglesa.

Os objetivos, em relação à língua inglesa, foram: aprender as utilidades de um QR Code e como gerá-lo por meio de *sites* específicos; utilizar QR Codes para motivar os alunos na construção de um texto coletivo em inglês, considerando a temática da composição *Mundo melhor*; e expandir o vocabulário de língua inglesa por meio da tradução com uso de dicionários bilíngues e aplicativos de tradução.

Inicialmente, introduzi o conceito de QR Codes para a turma do 4º ano, explicando o que são códigos de respostas rápidas e como podem nos direcionar a qualquer recurso virtual. Mostrei, então, como usar os QR Codes por meio do *smartphone* e do aplicativo QR Code Scanner, que analisou um código QR em sala. Vale salientar que existem diversos aplicativos para a leitura de códigos disponíveis gratuitamente nas lojas virtuais de qualquer sistema operacional de aparelhos celulares.

Cada aluno pôde utilizar o celular para realizar o escaneamento de outros códigos na sala. Esses códigos tinham mensagens de incentivo como "Congratulations, you made it!", "Perfect, you can do it" e "QR Codes are awesome!". Todo o conteúdo dos códigos foi criado por mim no *site*.* Lá, o professor se cadastra e cria QR Codes utilizando imagens, textos ou *links*.

Em seguida, foi explicado que construiríamos um texto coletivo relacionado ao compositor escolhido para cada turma. Esse texto se deu pela análise de uma imagem e uma composição do autor para que os alunos pudessem identificar os elementos que constituem aquela música. Assim, após essa análise, os alunos foram divididos em blocos de cores diferentes, podendo fazer uso de um *smartphone* com o aplicativo QR Code Scanner já instalado. Foram espalhados vários códigos pela escola, contendo informações diversas. Por exemplo, em alguns códigos, havia fragmentos de imagens que representavam a composição *Mundo melhor*; em outros códigos, os alunos poderiam encontrar trechos da composição ou dicas de onde encontrar outro código. Como se tratava da disciplina de língua inglesa, as instruções estavam em inglês.

Os alunos tiveram um tempo determinado para utilizar os espaços da escola em busca dos QR Codes que estavam espalhados.

---

*Disponível no *site* <https://www.the-qrcode-generator.com/>.

O objetivo foi encontrar todos os fragmentos do seu bloco. Foi importante, entretanto, ressaltar que, se o QR Code encontrado não pertencesse a seu grupo, visto que cada código estava colorido de acordo com os grupos criados, os alunos poderiam cooperar com os demais grupos a fim de que todos atingissem o objetivo, promovendo a cooperação em detrimento da competição.

Uma vez encontrados todos os fragmentos, os alunos se reuniram na sala de aula a fim de organizar o texto ou montar a imagem com seus fragmentos. Para tanto, o texto e as imagens já estavam impressos de acordo com o material que estava nos QR Codes para que os alunos pudessem manuseá-los.

Após concluir o texto e a montagem da imagem, iniciamos uma reflexão sobre eles. Cada aluno deu sua contribuição em relação ao achado, utilizando um dicionário bilíngue para descrever brevemente suas impressões. Um glossário foi disponibilizado para os alunos, contendo possíveis vocábulos sobre o tema; o professor e o próprio *smartphone* também estavam disponíveis para traduzir. Os alunos puderam usar o Google Tradutor ou demais aplicativos de tradução pelo *smartphone*.

Por fim, construímos o texto coletivo anotando as impressões dos alunos no quadro branco, e eles ilustraram seu "Mundo melhor". Assim, elaboramos o texto em inglês, o qual foi transcrito por cada aluno em uma folha de papel especial que foi digitalizada, junto com a ilustração, e depositada no Google Drive da escola, como documento aberto – acessível a qualquer pessoa que tenha o *link* de acesso. A digitalização das produções dos alunos foi feita por meio do aplicativo Office Lens, da Microsoft. A criação dos códigos utilizou os *links* disponíveis no Google Drive para compartilhamento dos arquivos depositados nele, ou seja, cada aluno copiou o *link* gerado de seu arquivo e colou no gerador de códigos, criando um QR Code que direcionasse exatamente ao documento aberto do aluno. Dessa forma, cada texto e ilustração tiveram um QR Code personalizado que foi impresso e disponibilizado na contracapa dos livros da produção final do projeto de literatura, para que os alunos, junto com seus pais, pudessem acessá-los utilizando um *smartphone* de qualquer lugar.

Durante esse processo, pude perceber duas questões essenciais na aplicação de tecnologias na aprendizagem. A primeira foi a dificuldade que encontrei em alguns momentos do projeto. Para usar os aparelhos celulares com o intuito de realizar traduções *on-line* ou usar o aplicativo QR Code Scanner, é necessário que haja uma conexão boa com a internet. Infelizmente, passamos por vários momentos em que o sinal de internet *wi-fi* não funcionava nos aparelhos dos alunos e, portanto, tivemos de utilizar dados móveis desses aparelhos para poder concluir as atividades. Além disso, alguns computadores da escola se encontravam indisponíveis para o uso, o que dificultou a criação dos QR Codes dos alunos.

A segunda questão concerne à motivação visível dos aprendizes em solucionar as atividades propostas e construir o texto em inglês. Quando introduzi o projeto e apresentei os recursos que iríamos utilizar, todos os alunos ficaram muito empolgados e se comprometeram em alcançar os objetivos propostos. Devo ressaltar esse compromisso, pois, até então, meus alunos nunca tinham demonstrado tanto engajamento em relação às atividades.

No tocante às dificuldades, como iniciante nessas novas práticas, não atentei aos possíveis percalços no uso das tecnologias. Mas, como parte do ofício docente, sempre conseguimos superar os problemas utilizando outros meios e reorganizando o tempo dedicado a determinados momentos. Já em relação ao engajamento dos alunos, a dimensão foi tal que, mesmo após a conclusão do projeto, eles continuavam falando sobre os QR Codes e até traziam códigos com os quais acompanhavam produtos diversos, como brinquedos e *videogames*.

Como ressalvam Dudeney, Hockly e Pegrum (2016), as tecnologias de informação e comunicação (TICs) não garantem que a aprendizagem dos alunos seja potencializada, pois o docente deve focar mais a ação pedagógica do que as próprias TICs. Para tanto, é necessário que essas tecnologias sejam minuciosamente analisadas pelo professor antes de seu uso no âmbito escolar. Dito isso, é imprescindível que, ao planejar, o docente considere os objetivos pedagógicos e como as TICs podem promover inovação nesse processo. Em minha experiência, vi grandes possibilidades pedagógicas no uso de aparelhos móveis e QR Codes, possibilidades essas que dificilmente seriam executáveis sem as tecnologias digitais.

O importante mesmo é começar, porque só por meio de uma prática fundamentada em teorias e outras práticas de sucesso é que nós, professores, poderemos inovar, trazendo elementos novos à rotina de nossos estudantes com vistas a aumentar o potencial comunicativo deles.

REFERÊNCIAS

BACICH, L.; TANZI NETO, A.; TREVISANI, F. M. (Org.). *Ensino híbrido*: personalização e tecnologia na educação. Porto Alegre: Penso, 2015.

DUDENEY, G.; HOCKLY, N.; PEGRUM, M. *Letramentos digitais*. São Paulo: Parábola, 2016. (Linguagens e Tecnologia, v. 5).

REPRESENTAÇÃO GRÁFICA PARA PROJETO DE ENGENHARIA*

Sérgio Leal Ferreira | Eduardo Toledo Santos

As disciplinas de comunicação gráfica para engenharia da Escola Politécnica da Universidade de São Paulo (USP) têm sofrido constantes reformulações ao longo dos anos. As principais diretrizes dessas mudanças estão relacionadas à atualização tecnológica e à inclusão de conteúdos, habilidades e atitudes apropriadas à formação do engenheiro, em especial no que se refere à precisão e à eficiência de sua comunicação durante o processo de projeto com vistas a sua correta fabricação e ao melhor desempenho do conjunto projetado.

O computador se inseriu de tal forma na vida profissional que é praticamente impossível realizar projetos de engenharia sem seu apoio. Os programas de auxílio à representação do projeto ultrapassaram atualmente os limites da mera produção de documentação, sendo ferramentas poderosas que auxiliam desde a verificação de incompatibilidades geométricas até a simulação de funcionamento, incluindo resistência dos materiais, preparação de rotinas de fabricação e, até mesmo, o próprio controle da fabricação. Além disso, o trabalho do engenheiro tornou-se cada vez mais uma tarefa em equipe, muitas vezes multidisciplinares e geograficamente espalhadas.

Em vista de tudo isso e por ocasião de uma reestruturação curricular na Escola Politécnica da USP, os professores das disciplinas de comunicação gráfica para engenharia empreenderam, a partir do ano de 2014, modificações um pouco maiores na abordagem dada e nas ferramentas didáticas usadas. A aplicação do conceito de aprendizagem baseada em projetos (*project based learning* [PBL]) norteou as mudanças. Isso significou que os alunos foram postos diante de um problema cuja solução implica a execução de um projeto desde a concepção até a fabricação e a operação. Ao longo desse processo, os alunos são expostos à necessidade de adquirir conteúdos (geometria plana e descritiva, técnicas de representação, modelagem tridimensional, programação de simulação, etc.), habilidades (trabalho em equipe, colaboração, liderança, comunicação, planejamento, autonomia – aprender a aprender –, criatividade, empreendedorismo, etc.) e atitudes (proatividade, responsabilidade, iniciativa, controle do tempo, tolerância diante da diversidade, etc.) que os auxiliem no desenvolvimento e na entrega dos elementos produzidos em etapas intermediárias.

---

*Além dos autores deste capítulo, participaram ativamente dos trabalhos apresentados aqui os seguintes professores: Brenda Chaves Coelho Leite, Cheng Liang Yee, Elsa Vásquez Alvarez, Fabiano Rogerio Corrêa, Fernando Akira Kurokawa, João Roberto Diego Petreche e Luiz Reynaldo de Azevedo Cardoso.

Uma diferença fundamental nessa abordagem é que o aluno está constantemente envolvido no processo de solução de problemas e o aprendizado ocorre de forma concomitante, ou seja, não se trata apenas de uma preparação prévia e uma aplicação posterior com vistas à avaliação, mas a própria natureza dos problemas que surgem ativa o interesse do aluno por determinada necessidade de aprendizado, o que o impele a buscar o conteúdo, a habilidade ou a atitude requeridos. O tema do projeto, escolhido criteriosamente e com um regulamento bem detalhado, e o material de apoio adequado e disponibilizado de modo ágil e por meio de diversas mídias, em um canal sempre aberto e dinâmico de esclarecimento de dúvidas, são fundamentais para que os alunos possam desenvolver as atividades. O compartilhamento de arquivos, a utilização de repositórios remotos e o sistema de apoio à educação a distância também se mostraram parte importante dos recursos empregados.

Unidos à PBL, são adotados também os conceitos de sala de aula invertida (*flipped classroom*) e *readiness assessment* (RA), em conjunto com ferramentas computacionais de modelagem de geometria e simulação, fabricação por corte a *laser*, impressão 3D e apresentação diante de profissionais da indústria.

A disciplina envolve nove professores, um número de monitores que varia conforme as bolsas obtidas (atualmente em torno de 10), 870 alunos ingressantes em engenharia (todos os cursos) e mais um número variável de veteranos (que não obtiveram resultado mínimo, que não puderam completar a disciplina ou que vieram de transferência externa).

O total de alunos chega, portanto, a pouco mais de 900. Esses alunos são distribuídos em 20 turmas, sendo 19 em São Paulo e uma em Santos. Ressalta-se que a maioria deles não tem qualquer formação anterior na área de comunicação gráfica, ou seja, não estão habituados a trabalhar com desenhos e muito menos com manipulação de elementos tridimensionais. Precisam adquirir conhecimentos relacionados a visualização espacial, ferramentas de auxílio à comunicação gráfica, normas de desenho e geometria plana e tridimensional, para a resolução de problemas de projeto.

Como a disponibilidade de recursos tecnológicos nessa disciplina é fundamental, essas mudanças só foram viabilizadas graças ao apoio da diretoria da Escola Politécnica da USP, da Pró-reitoria de Graduação e do Fundo Patrimonial Amigos da Poli.

As aulas expositivas são reduzidas ao mínimo, sendo praticado o conceito de sala de aula invertida. Dessa forma, apresenta-se o curso na primeira reunião com os alunos. Nesse momento, ainda se usa o termo "aula" como uma referência ao que os alunos estão acostumados e ao que fazem as demais disciplinas. No entanto, salienta-se sempre que o momento de reunião dos professores e alunos no laboratório não é para eles terem uma aula "tradicional", em que os professores apresentam um tema e os alunos acompanham a exposição e depois procuram fixar os conceitos e treinar eventuais procedimentos apresentados. Isso não elimina que, em alguns momentos, haja breve exposição pelo professor se ele julgar necessário, mas essa não é a regra.

Em sala, trabalha-se no projeto, seguindo as etapas previstas no cronograma, e conta-se com o auxílio do professor e dos monitores. Os monitores se encarregam do acompanhamento e da orientação sobre o *software*, como detalhes mais específicos e relacionados ao projeto, e todo o restante fica a cargo dos professores. Os monitores só podem ajudar no horário depois das aulas deles, e, por isso, o esquema é que os professores acompanham o primeiro horário (8h20 às 11h para as turmas da manhã e 14h às 16h40 para as turmas da tarde) e os monitores acompanham o período seguinte (11h10 às 12h25 para as turmas da manhã ou 16h50 às 18h05 para as turmas da tarde). No início, cada turma tinha somente um horário de monitoria na semana. Em 2017, foi criado um horário livre, em que alunos de qualquer turma podem usar os laboratórios contando com a orientação dos monitores.

Entregas parciais são fundamentais para que o ritmo e o foco em determinado tema sejam mantidos (**Fig. 38.1**). Os alunos não precisam entregar trabalhos acabados em todas as aulas, mas é tarefa do professor deixar claro até onde eles devem avançar para que o trabalho não se acumule prejudicando seu andamento. Entregas parciais são propostas, mas as avaliações são feitas em blocos de entregas parciais.

Para isso, é muito importante o planejamento e a preparação antecipada do curso. Algumas decisões são tomadas ao longo do

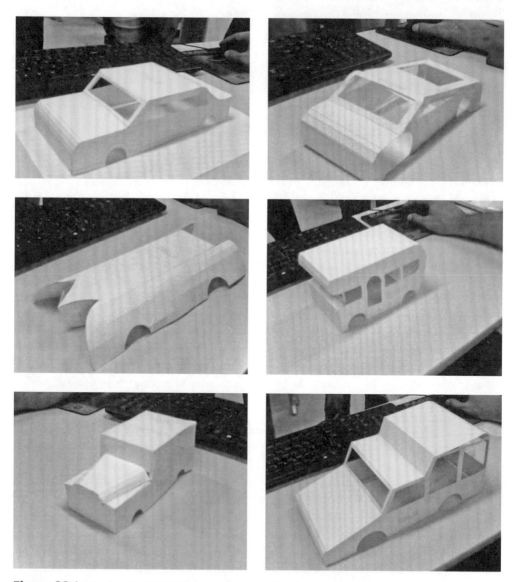

Figura 38.1 Primeiras tentativas de carenagem: os alunos ainda não têm muito conhecimento, mas já são capazes de desenvolver protótipos a partir dos seus esboços.

semestre, até porque os professores também estão enfrentando um desafio novo e, de certa forma, também aprendendo por meio da PBL. Estão aprendendo a ensinar ou a viabilizar o aprendizado por meio de um projeto (a implementação da PBL para alunos ingressantes de engenharia de todos os cursos/todas as habilitações).

Nesse sentido, reuniões semanais dos professores são necessárias e extremamente produtivas. Servem especialmente para verificar o ritmo dos alunos e o material disponível para as próximas etapas, além de avaliar a viabilidade das exigências iniciais e a compatibilidade dos recursos. Também se aproveita para ajustar os critérios de avaliação.

O esquema geral do curso é apresentado aos alunos na primeira aula. É muito importante que estejam a par do que vai acontecer, já que, desde o início, é necessária uma atitude proativa, e a preparação para cada aula é fundamental.

As RAs ajudam a manter uma maior motivação por consultar o material de preparação para as tarefas a serem desenvolvidas em sala. Na prática, foram elaboradas cinco questões de múltipla escolha a serem respondidas em cinco minutos no início de um bloco de aulas, no qual se começa a trabalhar pelo menos um novo conceito. As questões são muito diretas e baseadas no material disponibilizado via Moodle. O próprio Moodle ajuda a elaborar a estrutura do questionário, de modo que as questões são escolhidas e misturadas no momento da resolução. Controla-se o tempo com precisão, o aluno tem retorno instantâneo de seu aproveitamento, e tudo fica guardado para posterior consulta e cálculo do desempenho geral no Moodle. A prática dos últimos oferecimentos da disciplina indicou que somente a RA é insuficiente para estimular uma preparação intensa e necessária. Em próximos oferecimentos, estão previstas, além da RA, tarefas de preparação a serem apresentadas ou mesmo desenvolvidas no início da aula.

O material disponibilizado tem diversas origens, mas é separado em material a ser utilizado em casa (fora do laboratório) e material a ser utilizado em sala (no laboratório). Também há uma divisão entre o material mínimo e o material complementar. Essa última divisão é perigosa, pois pode dar ao aluno a impressão de que mínimo é o mesmo que suficiente. Os professores têm procurado alternativas para evitar essa confusão.

As avaliações se fazem pelos entregáveis. No início de 2016, elaborou-se um esquema que aproveitou a experiência dos anos anteriores, simplificando o cálculo da nota e procurando dar ao aluno o retorno mais rápido e mais claro de seu rendimento. Entende-se que isso é necessário para que ele perceba sua evolução e corrija eventuais deficiências o mais rápido possível, evitando acúmulos.

Os elementos de avaliação são individuais e em grupo, por entregáveis de projeto, por resultados na preparação (RA), por consideração do trabalho em equipe. A **Tabela 38.1** mostra a divisão desses conceitos (**Figs. 38.2 e 38.3**).

O aluno habituado ao esquema de provas pode pensar que é suficiente dar-se bem nos primeiros trabalhos e depois se acomodar. Esse pensamento vai contra a natureza da disciplina, que valoriza o trabalho constante. Por esse motivo, a soma das notas leva a que o aluno só tenha chance de passar (média maior do que cinco) quando apresenta rendimento excepcional nas três (das cinco) primeiras entregas e nas seis (das sete) primeiras RAs. Desse modo, o aluno tem de se mostrar apto a fazer o mais importante do curso com praticamente 100% de aproveitamento. Naturalmente, alguém com esse desempenho não se acomodará no restante do curso, até mesmo porque o que lhe falta é, praticamente, consequência natural do que já fez.

Procura-se evitar que o trabalho em grupo seja um motivo de diluição de responsabilidade e de volume de trabalho individual, embora se estimule o trabalho em grupo co-

TABELA 38.1 Distribuição das aulas e entregáveis

RA	Responsável	Data	Aula	Tema	Observações	Em sala	Entregável	Pesos entregáveis
	C	22/2	A1	Desenho geométrico	Tangentes, paralelas, mediatriz, bissetriz. Restrições geométricas (*constraints*). Exercícios.	Esboço das faces das peças da manivela - não é necessário ter precisão. Identificar *constraints*.		
1	T	29/2	A2	Vistas ortográficas	Exemplos de vistas ortográficas. Exercícios.	Desenho de vistas ortográficas do conjunto em papel milimetrado a mão livre 1:2.		
2	T	7/3	A3	Perspectiva isométrica	Exemplos de perspectivas. Exercícios.	Desenho da perspectiva isométrica do conjunto da manivela em papel isométrico 1:2.	Esboços, vistas (3) e perspectiva isométrica (1) do conjunto (INDIVIDUAL).	10%
3	S	14/3	A4	Modelagem 3D	Detalhes sobre complexidade, superfícies topográficas, superfícies em geral. Modelo 3D preparado para o desenvolvimento de superfícies (com faces planas e cilíndricas).	Esboço e modelagem da carenagem.		
	E	4/4	A5	Desenvolvimento de superfícies e prototipagem	Mostrar o corte da máquina, tutorial do desenvolvimento, exemplos de desenvolvimento de superfícies, explicar restrições das superfícies duplamente curvas.	*Unwrap* e exportação do arquivo em PDF.	Arquivo 2D com o desenvolvimento – corte no papel (INDIVIDUAL).	10%

(*Continua*)

TABELA 38.1 Distribuição das aulas e entregáveis (Continuação)

RA	Responsável	Data	Aula	Tema	Observações	Em sala	Entregável	Pesos entregáveis
4	J	11/4	A6	Assembly personagens	Aluno já vem com a ideia do personagem. Trabalho do grupo começa, embora seja dividido por personagens. É necessário que os alunos conheçam as restrições para fabricação – dimensões e detalhes das máquinas. A carenagem deve ser corrigida e pode ser adaptada aos personagens, mas deve conter a ideia original.	Modelagem dos personagens e mecanismo. Utilizar desde o início a assembly.		
		25/4	A7	Assembly personagens	Fornecer o chassi (paramétrico) para adaptarem. *Drafting* para gerar o corte e procedimento para salvar a STL – cuidados na fabricação.	Modelagem do chassi e carenagem. STL para a impressão de peça do personagem. IMPRESSÃO DOS MELHORES.		
5	B	2/5	A8	Assembly personagens		Montagem dos personagens.		
6	F	16/5	A9	Simulação personagens		Simulação dos personagens.	*Link* com a simulação dos personagens – video.	
		30/5	A10	Assembly global		União dos elementos em um conjunto. Preparação do arquivo de corte dos personagens, chassi e eventual adaptação da carenagem, gerando novo arquivo. Arquivo 2D para corte.	Desenhos para fabricação (GRUPO – 10%). Assembly global (INDIVIDUAL – 10% e GRUPO – 10%).	30%

(Continua)

TABELA 38.1 Distribuição das aulas e entregáveis *(Continuação)*

RA	Responsável	Data	Aula	Tema	Observações	Em sala	Entregável	Pesos entregáveis
		6/6	A11	Simulação global		Simulação do conjunto. Preparar um vídeo e fazer *upload*.		
7	B	13/6	A12	Desenho de execução	Normas de desenho, folha, legenda, etc. Noções de cotagem.	Desenhos de detalhe, conjunto e montagem. Plotagem em PDF.	PDF dos desenhos de execução (GRUPO – 10%). PPT incluindo esboços, imagens de modelos dos personagens e do conjunto, simulação global, etc. (GRUPO – 10%).	20%
	Todos	27/6	Sub	Competição	Apenas os grupos que entregaram corretamente.		Carrinho montado (GRUPO).	10%
		02/7	Fim	Fim das aulas			RAs	10%
							Trabalho em equipe	10%
							Soma	100%

Figura 38.2 Sequência de projeto e execução – inspiração para a carenagem, levantamento das medidas, geração do modelo 3D, planificação do modelo 3D para o corte a *laser*, inspiração para o personagem e respectiva modelagem 3D para a impressão 3D.

mo forma de aprendizado de uma série de habilidades e atitudes necessárias ao profissional de engenharia. Na prática, isso se faz atribuindo um peso relativamente grande ao trabalho individual na média do curso (40%).

Os recursos utilizados pela disciplina são (**Fig. 38.4**):

- Duas salas de aula com 48 vagas em São Paulo e uma sala de aula em Santos. Um computador por aluno.

Figura 38.3 Sequência de projeto e execução – personagem individual, chassi com personagens do grupo, carenagem incorporada, fabricação das peças e da carenagem, montagem e acabamento.

- Três máquinas de corte, sendo que somente uma foi usada até agora. As outras foram doadas recentemente pelo Fundo Patrimonial Amigos da Poli e aguardam espaço para serem instaladas.

- Três impressoras 3D foram obtidas com ajuda do Fundo Patrimonial Amigos da Poli e têm sido testadas para uso mais intensivo. No entanto, já se percebe que o volume de projetos é muito grande e, dada a velocidade de trabalho dessas máqui-

Figura 38.4 Equipamentos.

nas, o seu uso será limitado a algumas peças por grupo.

Detectou-se que uma das melhores maneiras de preparar o material para os alunos acontece quando os professores experimentem a execução do projeto. Por isso, executam-se as tarefas solicitadas para os alunos antes de serem cobradas. Dessa maneira, é possível detectar deficiências no material e ter uma noção mais realística do tempo necessário.

A escolha do tema do projeto se faz por meio de *brainstorming* entre os professores, no qual se busca: facilidade ou dificuldade de execução, abrangência do tema tornando possível explorar o máximo de recursos disponíveis e tocando o máximo de assuntos desejáveis para a formação do engenheiro, objetividade na avaliação, motivação, etc. Outra diretriz é que o tema deve ser um problema aberto, sem uma solução única, de modo que haja uma quantidade grande de alternativas.

Ter o professor muito presente, disponível fora de sala inclusive, é uma parte importante da metodologia. No entanto, nem sempre isso é possível, e uma forma de minimizar essa dificuldade é usar a comunicação assíncrona por meio de uma ferramenta adequada. Nesse caso, são utilizados os fóruns do Moodle.

Uma meta da disciplina é que os alunos transitem entre os ambientes virtuais e reais, ou seja, que façam os projetos com o auxílio de programas de representação tridimensionais e realizem, ao mesmo tempo, simulações de movimento que permitam descobrir incompatibilidades de suas soluções, tenham de fabricar e construir o objeto de seu projeto e testá-lo no mundo real, verificando o quanto ainda se precisa percorrer para dar resposta aos condicionantes ambientais (**Fig. 38.5**). O aluno percebe assim que a abstração implementada nos programas de representação faz o projetista ter de compensar com um conhecimento mais amplo e uma maior experiência. Experiência também de trabalhar em grupo, de comunicar ideias, opiniões, contribuições de forma verbal e gráfica. Valoriza-se muito a interação humana, e a presença em sala de aula é fundamental.

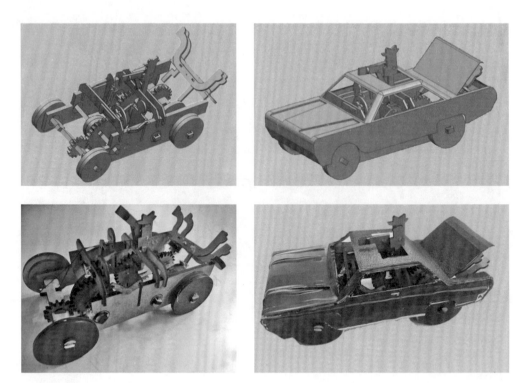

Figura 38.5 Comparação entre projeto/modelo e fabricação/montagem – virtual *versus* real.

A disciplina é bastante distinta da maioria das outras na escola e é dirigida aos alunos ingressantes. Entende-se que o método nem sempre se aplica a outras áreas do conhecimento, mas seria muito interessante que algumas outras disciplinas seguissem um esquema semelhante em outros momentos do curso, de modo que o aluno pudesse desenvolver uma formação mais integrada.

A presença de profissionais do mercado para avaliar a fase final é um estímulo para aqueles que fazem os melhores trabalhos e um bom momento de integração e verificação do projeto de aprendizado em relação à realidade da aplicação profissional (**Fig. 38.6**).

A disciplina vai continuar evoluindo e adaptando-se às novas realidades. O grande número de alunos, o pouco tempo disponível e os recursos físicos e humanos limitados são os obstáculos mais frequentes, mas são enfrentados sempre com criatividade e bastante trabalho. O apoio da universidade e de empresas tem sido fundamental para o sucesso da disciplina. Os maiores desafios estão relacionados à melhoria do material disponível, ao acesso aos equipamentos e outros recursos, à maior harmonia entre o que os alunos conseguem e o que é exigido pelo projeto e à maior quantidade de assuntos abarcados pelo projeto, proporcionando o aprendizado de mais aspectos da representação e comunicação gráfica. Conscientes disso, os professores da disciplina se empenham sistematicamente em encontrar respostas concretas a esses problemas e a cada ano apresentam novas soluções.

Inovações Radicais na Educação Brasileira **449**

Figura 38.6 Comunicação e avaliação do projeto – documentação e apresentação a profissionais de empresas parceiras.

RISCOS SOCIAIS:
uma reflexão sobre questões de gênero, sexualidade e direitos humanos na escola

Vanessa Mariano de Castro

CONTEXTUALIZAÇÃO

O projeto surgiu da necessidade de se falar sobre as questões de gênero, sexualidade e direitos humanos em sala de aula, a fim de trocar e adquirir informações sobre o assunto. Engana-se quem acha que adolescentes aparentemente sem problemas não observam, vivenciam ou questionam problemáticas afeitas à temática, como prostituição, *bullying*, homofobia, estupro, gravidez na adolescência, aborto e abuso de menor. Por isso, torna-se imprescindível o debate junto à juventude e o envolvimento das famílias para esclarecimento e construção de uma sociedade mais justa, equânime, inclusiva e solidária.

Essa noção foi a matriz para o desenvolvimento do projeto Riscos Sociais, que teve como espaço de contextualização inicial as aulas de geografia nas turmas do 6º ao 9º ano, pela professora Vanessa Mariano, em parceria com a rede interna e externa da escola e buscando o fomento ao debate sobre o enfrentamento à violência, às exclusões e às desigualdades a partir do reconhecimento da diferença, da promoção de reflexão crítica e da superação de desigualdades oriundas de posicionamentos discriminatórios homofóbicos, racistas, machistas e sexistas.

A experiência foi considerada inovadora pela rede interna e externa da escola, dada a atualidade do tema e a carência de aprofundamento e chamamento ao debate tanto por parte da escola quanto da comunidade. O projeto de intervenção trabalhado teve como espaço de atuação a Escola Municipal José Bonifácio de Sousa, gerida pelo Distrito de Regional III da Prefeitura Municipal de Fortaleza, Ceará, que atende às comunidades do bairro Planalto do Pici e adjacências.

Atualmente a escola atende alunos do 6º ao 9º ano, na faixa etária de 11 a 15 anos, sendo 11 crianças especiais, totalizando 691 alunos no ensino regular, oriundos de famílias com perfis socioeconômicos e socioculturais de comunidades carentes de baixa renda.

Observando os relatos de profissionais que trabalham e trabalharam na escola e fazendo o exercício da autocrítica, revendo os princípios que orientam a promoção dos direitos e a proteção de crianças e adolescentes, cabe defrontar o determinismo da estigmatização e da criminalização de nossa juventude, que perpassa o discurso dos atores envolvidos, para, por meio de uma prática pedagógica renovada, combater a cultura classista, racista, sexista e homofóbica, ou seja, a categorização das pessoas de acordo com a cor da pele, a classe social, o gênero ou a sexualidade.

Fugindo da visão de que o papel da escola seja regenerador, disciplinador e de aculturação, o que restringe o destino da juventude pobre ao crime, às drogas e à marginalidade, busca-se uma ação pedagógica que resgate o reconhecimento e o respeito ao indivíduo, partindo de sua cultura e experiência para analisar a realidade macrossocial e as influências a que o educando está submetido, promovendo um espaço de autonomia, crítica social e empoderamento.

Refletindo sobre os relatos dos estudantes, mesmo ciente como educadora há cinco anos trabalhando na escola, pude perceber, no contexto de fragilidade social deles, a permanência de sequelas sociais como tráfico, violência, delinquência e exploração sexual, vistas com naturalidade por eles.

Sendo a escola um espaço de diálogo, de descobertas e de convivência, infelizmente ainda persiste a tendência à normatização e à homogeneização, por isso torna-se desafiadora a prática do respeito à diferença, pois, mesmo com o reconhecimento da pluralidade cultural pelos Parâmetros Curriculares Nacionais (PCNs), de 1997, persiste a intolerância e o acirramento de atitudes discriminatórias. Portanto, o debate sobre as questões de gênero, sexualidade e direitos humanos não pode se limitar à formalização excessiva para não incorrer no esvaziamento da reflexão dado o potencial transformador do tema.

O envolvimento e a ação dos educadores foram primordiais nessa empreitada, pois a eles couberam observar o modo como a diversidade está retratada e discutir o contexto, partindo da afetividade construída, típica e primária, por meio da predisposição ao diálogo. De forma grosseira, podemos fazer um paralelo com a conceituação de lugar, já que o educando tem essa relação de vínculo, de afetividade, ao espaço físico de sua origem, mas não se sente aceito pela comunidade, o que se expressa de modo mais contundente nas relações de poder que emergem no território, o que foi pioneiramente estudado por Friedrich Ratzel (1844-1904) e mais tarde analisado por Milton Santos (2005). A esse processo identitário, que emerge dessa relação do indivíduo diante do espaço físico, cabe ressaltar as externalidades e, portanto, as territorialidades que se evidenciam na existência de suas múltiplas expressões.

Durante a sondagem junto aos alunos, foram selecionados, em debates realizados pelos docentes, os temas mais citados e relevantes sobre a questão riscos sociais, entre eles se destacaram gravidez na adolescência, *bullying*, homofobia, estupro, abuso de menor, prostituição e suicídio. Para melhor esclarecimento sobre esses temas, cabe uma breve introdução ao conhecimento em direitos humanos, para posteriormente focarmos a problemática vivenciada nas relações interpessoais sobre gênero e sexualidade.

DIREITOS HUMANOS

Sobre a defesa e garantia dos direitos, cito as ponderações de Beauvoir (2008), em *Segundo sexo*, ao afirmar que os direitos não são permanentes e que, portanto, temos de ser vigilantes durante toda nossa vida, pois basta uma crise política, econômica ou religiosa para que eles sejam questionados. É fato que a discriminação e a intolerância, instaladas na manifestação do preconceito atingindo todas as áreas e pessoas, sejam as vitimadas ou as executoras da discriminação, foram e ainda são objeto de lutas e mobilizações sociais em busca da plena democracia.

Na educação, ou seja, no espaço da escola, o papel do educador está nas mediações e na sensibilização dos alunos quanto ao respeito às diferenças, transformando informação em conhecimento. Como formadores de opinião, é notória e relevante nossa contribuição à cidadania de nossos alunos. Nesse mérito, ratifico o posicionamento de Karnal (2012), ao defender a impossibilidade da neutralidade docente. Somos cidadãos à medida que nos formamos biológica e socialmente, fazendo valer nossos direitos.

Constitucionalmente, o Brasil assegura direitos e garantias fundamentais a seus cidadãos, tais como direito à diferença e ao respeito à diversidade. Nesse contexto, ressalto a Constituição Federal de 1988, artigo 5º, no qual estão reconhecidos direitos básicos como a igualdade, a liberdade, a proteção do lar e da intimidade, o livre exercício de trabalho, a propriedade, a proibição à pena de morte e à tortura, a gratuidade do registro civil de nascimento, etc. Infelizmente, por meio das redes sociais, podemos diariamente verificar situações em que se desqualificam e ridicularizam pessoas por exercerem seu direito à liberdade de expressão.

Sendo assim, partindo do pressuposto de contextualização dos temas transversais às diversas disciplinas (BRASIL, 1997), cabe salientar o tema transversal: orientação sexual. Essa é uma expressão mais precisa, uma vez que a titularidade educação sexual, referendada pelos documentos oficiais, se foca prioritariamente na emergência de ações preventivas de doenças sexualmente transmissíveis, aids e gravidez indesejada na adolescência, questões restritas ao campo biológico. Ou seja, assuntos que descaracterizam o propósito de esclarecimento sobre orientação sexual, já que se limitam a orientar sexualmente as pessoas no âmbito biológico, sem levar em conta a subjetividade do indivíduo e o respeito à diversidade quanto a preferências sexuais e comportamentos de acordo com o gênero com que se afina – sua orientação e sua identidade social.

A atual abordagem contemplada pelos PCNs carece de uma perspectiva positiva da sexualidade humana, para que a juventude possa vivê-la de maneira responsável, desmistificando preconceitos, para a vivência da sexualidade de forma responsável e segura. Seria uma educação sexual escolarizada e intencional, respaldada no respeito à diversidade sexual e à subjetividade dos desejos e dos prazeres e nas necessidades dos educandos de combate à violência decorrente do sexismo e da homofobia.

GÊNERO E SEXUALIDADE

Conforme exposto, emerge o desafio de enfrentamento na busca por um espaço, a partir da promoção da igualdade e do respeito à individualidade, envolvendo os educandos em práticas de valorização da diversidade, a fim de atuarem no combate ao preconceito no ambiente escolar.

Há diversos graus e formas de violência que perpassam o cotidiano escolar, atuando sobre a diversidade sexual e de gênero, desde ameaças e ofensas morais à agressão física. Essas manifestações vêm sendo estudadas, no campo educacional, por meio da noção do *bullying*, e suas expressões, mais comuns e discriminatórias, são quanto ao sexismo e à homofobia. Por isso, cabe à interpretação dos fatos, detendo-se a uma avaliação mais abrangente, portanto, sistêmica, analisando a cadeia de valores que incitam e dão sustentação a essas práticas.

Quanto à discriminação de caráter homofóbico, vale ressaltar a definição do psicólogo Borrillo (2010, p. 88): "A homofobia manifesta sua hostilidade não só a *gays* e lésbicas, mas também a qualquer indivíduo que não se adapte aos papéis, supostamente, determinados pelo sexo biológico".

As agressões realizadas contra homossexuais têm caráter de punição e correção. São exemplos o estupro impetrado às lésbicas, o insulto e o espancamento aos homens *gays* e a violência letal às travestis, por meio da transfobia, de acordo com pesquisas realizadas na área. O preconceito ocorre muitas vezes de forma velada, com uso do eufemismo, impedindo a garantia do respeito à livre expressão da orientação sexual e da identidade de gênero.

O público juvenil com identidade sexual ou de gênero que foge à heteronormatividade e aos padrões sexistas é o que mais sofre, sendo mais vulnerável dada sua dependência, pois muitas vezes a própria família é a agressora.

Tendo na violência contra a mulher a atribuição de violência de gênero, a partir desse pressuposto podemos tipificar os atos violentos e dimensioná-los em estruturais, concernentes ao acesso aos direitos básicos; em simbólicos, tocante à dominação cultural; em jurídicos, referentes ao crime propriamente dito; e de resistência, como reação e resistência à dominação.

No cotidiano escolar, podemos nos deparar com diversas situações angustiantes. Infelizmente, o uso de drogas e o desrespeito à identidade de gênero e à orientação sexual ocorrem com frequência, por meio de atos de discriminação disfarçados de brincadeiras e trocadilhos pejorativos anunciados pelos colegas.

Os constrangimentos envolvem assuntos como roupas ou até acessórios dos colegas homossexuais e chegam a levar ao isolamento ou a um grupo restrito de amizades. Os estudantes constrangidos acabam por isolar-se na sala e, quando aceitos, são tolerados como assexuados, na condição de que mantenham sua afetividade e sua sexualidade reprimidas e rejeitadas.

Esses estudantes, isolados e silenciados principalmente pelas palavras pejorativas dos colegas, passam a praticar, como constatado em conversas com eles e seus familiares, atos de automutilação, como cortes paralelos com estilete ou faca nos braços, que são ostentados em fotos publicadas nas redes sociais.

Por sua vez, o grupo de docentes e gestores da escola, mesmo tendo ciência das ocorrências, nem sempre se posiciona quanto ao assunto. Durante a execução do projeto, por exemplo, alguns colegas docentes chegam a tecer brincadeiras sobre o assunto, mesmo sabendo que há alunos na escola com histórico de tentativa de suicídio. Enfim, negligenciam os fatos, fingindo não ver as bandagens nos braços de alunos e alunas para não se comprometerem em acolhê-los, escutá-los e muito menos abordar as famílias. A postura negligente dos professores ao fingirem não ver o isolamento dos alunos e das alunas homossexuais perpetua a não aceitação da diversidade e enaltece o padrão de normatização e homogeneização tão combatido pela democratização.

Os cortes nos braços traduzem um pedido de ajuda, de socorro, diante das dificuldades em relação à aceitação, por parte da sociedade, de sua identidade de gênero, muitas vezes levando ao suicídio, ato extremo, mas mais comum do que parece, resultado da opressão sofrida por *gays*, lésbicas, travestis e transexuais. Outra prática violenta que exige reflexão é o aborto como último recurso na interrupção da vida, legalizado no Brasil em caso de estupro.

Ainda sobre a concepção de atos violentos, temos o abuso infantil e o estupro como o estágio mais crítico de violência. O abuso sexual se dá quando o agressor está em estágio de desenvolvimento psicossexual mais adiantado que a vítima e pode ocorrer por meio de violência física, ameaças ou por indução de sua vontade, já a exploração sexual está para além do abuso, pois ocorre com a intenção de obtenção de lucro ou ganho material com a utilização da vítima, no caso a *prostituição*, que pode estar vinculada ao turismo sexual ou ao tráfico de pessoas. Infelizmente, a convivência familiar, de comerciante e autoridades, é muito comum nos dois casos, seja de abuso infantil ou de exploração sexual via prostituição.

Precisamos pensar a sexualidade também na perspectiva do direito, pois devemos analisar as crianças e os adolescentes como pessoas em desenvolvimento e sujeitos de direitos. Desse modo, respeitar e garantir proteção e autonomia para os jovens, a fim de que não sejam estigmatizados, expulsos de casa, mantidos em cárcere privado ou sofram violência psicológica, podendo, assim, ter sua identidade sexual ou de gênero preservada.

Quanto à *gravidez na adolescência*, muitas vezes as adolescentes grávidas são estigmatizadas como promíscuas. Portanto, o tema merece uma reflexão compartilhada que favoreça o debate, ampliando o diálogo e erradicando a prescrição moral sobre o tema. É necessário garantir na escola um espaço de reflexão crítica sobre a autonomia, as expectativas e os desejos da juventude, trabalhando os direitos sexuais como direitos humanos.

O que, na atualidade, parece uma catástrofe se explica pelo fato de o papel da mulher ter se alterado ao longo dos anos. Com o empoderamento feminino e a queda da fecundidade de mulheres de grupos etários mais velhos, logo se verifica uma maior participação da mulher no mercado de trabalho às expensas de outros tempos em que as mulheres se restringiam às responsabilidades domésticas, o que é confirmado pelas colocações de Beauvoir (2008, p. 9), "[...] não se nasce mulher, torna-se mulher [...]". Portanto, como educadores devemos fomentar "um ambiente que favoreça o diálogo e menos a prescrição moral".

OBJETIVO: GERAL E ESPECÍFICOS

A implementação do projeto teve como objetivo promover o respeito e a valorização da diversidade no cotidiano escolar a partir de uma educação crítica que trabalhe para a autonomia do sujeito e a superação das desigualdades, garantindo o pleno exercício da cidadania. Para tanto, busca fomentar no ensino tradicional a incorporação de temáticas que perpassam as angústias vivenciadas pela juventude em foco, incorporando-as às práticas educativas e aprofundando o conhecimento na área a partir da identificação das problemáticas por meio de debates.

METODOLOGIA

A metodologia foi baseada na abordagem dos alunos, com foco na ação dos professores em sala de aula, envolvendo as áreas de ciências da natureza, ciências humanas, ciências ambientais e linguagens e códigos.

Como procedimentos, tivemos as ações a fim de desenvolver estratégias, por meio de trabalhos em sala de aula em grupo para pesquisas e debates, usando filmes, vídeos e outros recursos tecnológicos. Primamos pela utilização intensiva dos debates, produção de cartazes, para inserção em murais e pesquisas, bem como a utilização de filmes, vídeos e outros recursos tecnológicos como a internet a fim de promover o conhecimento por meio de pesquisa, orientação e conscientização e enriquecer o debate.

A avaliação aconteceu durante todo o processo de realização do projeto, por meio da observação participante e do envolvimento dos professores junto à produção dos trabalhos, interagindo com os alunos, diagnosticando as conquistas e proporcionando a análise, como promotores da transformação de informação em conhecimento.

Para tanto, durante o processo, tivemos como indicador o diagnóstico inicial, por meio de desenhos, frases e redações, assim como a observação e o exame processual e continuado, ao apropriarmos os temas que emergiram dos jovens, incorporando as temáticas ao currículo de forma interdisciplinar e transversal.

Por uma proposta de inclusão, partimos do pressuposto de questionar as estruturas que produzem as desigualdades e que determinam como o outro deve se portar, a partir de novas abordagens dos conteúdos, quebrando manifestações machistas e homofóbicas, bem como reforçando a troca de experiências e a ação comunitária de cunho educativo, objetivando a valorização da vida e a participação da comunidade por meio de conscientização, ênfase na autoestima e autoconfiança, abordagem contextualizada e integrada em prol de soluções participativas, pautadas na valorização das relações familiares e escolares. Para a efetivação das ações, foram utilizados os espaços físicos de salas de aula, pátio e biblioteca.

Nas salas de aula, os alunos foram informados a respeito do conceito de riscos sociais e o que eles representam em sua vivência comunitária. A eles foi dada uma folha branca para, de modo livre, desenhar ou escrever uma frase ou redação que retratasse suas vivências comunitárias, com riscos ou benefícios a sua juventude e projeção positiva de um futuro.

É fato, segundo Arroyo (2013), que as diversas carências e, por vezes, os tipos de violências vivenciados por eles, como abandono, repressão e precariedade econômica, são fatores que agravam as angústias naturais em relação ao futuro, comprometendo o empoderamento de sua identidade social, familiar e sexual, deslocando-os à alienação ou ao afastamento, tornando-os alvos fáceis para o sequestro de sua subjetividade por aliciadores no mercado do trabalho infantil, de exploração sexual, de consumo abusivo de drogas lícitas e ilícitas, e narcotráfico.

Cabe ressaltar que as ações de sensibilização desenvolvidas incluíram educadores, funcionários e comunidade escolar, por meio da sensibilização e do compartilhamento dos saberes adquiridos mediante experiências vivenciadas e conhecimento científico dos atores envolvidos, tangenciando a temática ou liderando atividades de socialização para a culminância do projeto, prevista para a comemoração na escola referente ao Dia das Crianças.

Na realização do evento de culminância do projeto, os alunos puderam visitar salas temáticas. Em uma delas, as professoras responsáveis ficaram coordenando a visitação; as demais salas apresentaram atividades de jogos tradicionais (xadrez e dama) e modernos (digitais, como *videogame*), de *show* de talentos e cinema e, na quadra de esportes, havia torneio de futebol, carimba e vôlei.

Nessa perspectiva, para o momento de culminância às salas, as ações foram redimensionadas em atividades positivas e lúdicas, com o objetivo de levar os estudantes a se afastarem dos ambientes com riscos sociais e a vislumbrarem a escola como proposta emancipatória e interlocutora na mediação de relações sociais que valorizam a vida humana.

Esse projeto favoreceu a integração de planos e programas voltados às questões de gênero, sexualidade e direitos humanos, pois, ao ser implementado, construiu, incentivou e agregou ao calendário da escola a temática, fomentando o protagonismo juvenil, para que os educandos se identificassem a partir do sentimento de pertença quanto às atividades desenvolvidas na escola.

O grupo docente selecionou os temas mais citados e relevantes sobre a temática de riscos sociais. Os temas foram levados em consideração para integração do currículo, a serem trabalhados com ênfase junto aos alunos, previstos como ações transversais e interdisciplinares a serem aplicadas ao longo do ano posterior.

REFERÊNCIAS

ARROYO, M. G. *Currículo, território em disputa*. 5. ed. Petrópolis: Vozes, 2013.

BEAUVOIR, S. *O segundo sexo*. Rio de Janeiro: Nova Fronteira, 2008.

BORRILLO, D. *Homofobia:* história e crítica de um preconceito. Belo Horizonte: Autêntica Editora, 2010.

BRASIL. *Constituição da República Federativa do Brasil*. 1988. Disponível em: <http://www.planalto.gov.br/ccivil_03/constituicao/constituicaocompilado.htm>. Acesso em: 30 ago. 2018.

BRASIL. Ministério da Educação e do Desporto. Secretaria de Educação Fundamental. *Parâmetros curriculares nacionais: introdução aos parâmetros curriculares nacionais*. Brasília: MEC, 1997. Disponível em: <http://portal.mec.gov.br/seb/arquivos/pdf/livro01.pdf>. Acesso em: 30 ago. 2018.

KARNAL, L. *Conversas com um jovem professor*. São Paulo: Contexto, 2012.

SANTOS, M. *Da totalidade ao lugar*. São Paulo: Edusp, 2005.

RELATO DE EXPERIÊNCIA DE PROFESSOR:
a transposição da leitura em vivências

Felipe Roberto Martins

"Hoje homens sem medo aportam no futuro [...]"
　　　　　Taiguara – cantor e compositor

"Quando a educação não é libertadora, o sonho do oprimido é ser opressor."
　　　　　Paulo Freire

Sou Felipe Roberto Martins, tenho 33 anos e leciono na Escola Técnica Estadual – Etec de Suzano, do Centro Estadual de Educação Tecnológica Paula Souza (Ceeteps). Sou professor de língua portuguesa, literatura e comunicação profissional na respectiva escola, um sistema de escolas de ensino médio, ensino técnico (administração, meio ambiente e química) integrado ao ensino médio técnico e de ensino técnico (administração, contabilidade, eventos e química). A equipe gestora atual da minha unidade preza pela liberdade de aprender, ensinar, pesquisar e divulgar a cultura, o pensamento, a arte e o saber de acordo com outros princípios da Lei de Diretrizes e Bases Nacionais da Educação (LDB), Lei nº 9.394/96.

Escrevo também e sou formado em Letras, Pedagogia e Psicopedagogia.

A minha escola está situada no Alto Tietê, região metropolitana da grande São Paulo/Cinturão Verde (SÃO PAULO, 2018). O Ceeteps é, outrossim, mantenedor das Faculdades de Tecnologia (Fatecs) do Estado de São Paulo. As Etecs e Fatecs são vinculadas à Secretaria de Desenvolvimento Econômico, Ciência, Tecnologia e Inovação e existem desde 1969 (SÃO PAULO, 2017).

Meu adiantado e apaixonado muito obrigado aos alunos e colegas operários "caminhantes" e trabalhadores da educação de nível médio e técnico, campo fértil para lavradores com esperança e sem medo das lavouras, semeando o debate por meio das ciências e reforçando o bom senso e o senso crítico discursivo/ideológico/linguístico nas salas de aula de todo o nosso Brasil. Já estou nessa estrada do ensino médio público e de qualidade há mais de 10 anos.

Gostei da proposta de relatar uma situação inovadora e relevante de dentro da sala de aula proporcionada pelo Centro Lemann e a escola de educação da Universidade de Stanford para este livro.

Gostei porque sinto que meu país pouco valoriza os professores de educação básica, e talvez por isso continue anos a fio no subdesenvolvimento, sem generalizar: "Não se inicia a construção de uma casa pelo telhado". Sem a valorização docente da educação básica e essencialmente da escola pública de qualidade, nosso Brasil não prosperará com igualdade, liberdade e fraternidade para todos. Não há justiça social verdadeira sem ações.

A ação do Centro Lemann e da Universidade de Stanford aumenta a chance de construir um novo cenário na educação pública brasileira, outros olhares e tempos. Desejo que meu relato seja bastante sólido aos leitores como foi na prática para mim e meus estudantes pesquisadores. E, assim, conhecer, reconhecer e repartir visões analíticas e amorosas sobre o que é o ensino da leitura e literatura na práxis.

Embora lecione em um sistema educacional até certo ponto tradicional – público –, foi/é possível, sim, o inovar, basta o docente e as turmas se unirem em duas frentes essenciais, a meu ver:

a. **Coragem**
b. **Engajamento**

Afinal, sala de aula para o docente deve ser local sagrado, e o professor em sala de aula é personagem sagrado junto ao aluno. Evoco aqui a pedagogia do nosso mestre maior, Paulo Freire, o patrono da educação brasileira, que recentemente teve sua obra reconhecida como patrimônio da educação mundial pela Organização das Nações Unidas (ONU)/Organização das Nações Unidas para a Educação, a Ciência e a Cultura (Unesco) (NAÇÕES UNIDAS, 2017).

Ressalto que, independentemente de ser tradicional ou não, um sistema de ensino só pode ser transmutado por dentro, pelos personagens desse sistema, por quem faz o sistema engrenar, por quem imerge definitivamente no papel de professor-aluno-equipe. Ser, nesse caso, implica viver a leitura como a democracia que deve ser a escola, de acordo com o professor francês Freinet (1966), logo, transformando o percurso de vidas e destino na sociedade. Escola aberta é democrática e leitora – transformadora do mundo interno-externo.

Por essa ótica, trilhei alguns passos das Diretrizes Curriculares Nacionais para Ensino Médio, Parecer do Conselho Nacional de Educação (CEB)/Câmara de Educação Básica (CNE) nº 15/98. Livremente organizados, os estudantes iniciaram os preparativos para a criação dessas experiências de leitura e literatura. Experimentar a leitura não é apenas ficar lendo com atenção e concentração. O espaço estudantil (escola/sala de aula) propiciou cenário alinhado à pluralidade de conhecimentos, visualizada no projeto político-pedagógico da minha escola.

Hoje já se fala no Brasil e em outros países de projeto ecopolítico-pedagógico (PETRÓLEO BRASILEIRO S. A., 2011). Gosto das ideias e dos ideais, pois as palavras têm força prática quando nos unimos e repensamos em seus significados na ação. Desejei por meio dessas experiências as práticas de vida ligadas à leitura e à literatura.

Em 2016, realizei, em minha escola, uma atividade interessante com alunos adolescentes e obtive ótimos resultados. A Etec, na época, contava com turmas de ensino médio regular e ensino médio integral.

A palavra "experiência" vem do latim *experientia*.

Considero que tais inquietações surgiram em mim devido às participações na Feira Tecnológica do Ceeteps (Feteps)* e na Feira Brasileira de Ciências e Engenharia (Febrace),** da Escola Politécnica da Universidade de São Paulo (USP), além da busca da formação continuada docente formal e não formal (direcionadas ao panorama educacional global em constante mudança). E não sendo poético, o contato com a professora Roseli de Deus Lopes, da USP/Febrace, me fez ver esperança e "luz" em todas as pessoas de minha escola, da educação, em especial alguns colegas, e, lógico, meus alunos. Posteriormente, ajudei a ideali-

---

*Disponível em: <http://feteps.cps.sp.gov.br>.
**Disponível em: <http://febrace.org.br>.

zar a Mostra Científica da Escola Técnica Estadual – Etec de Suzano, apelidada de MOC.*

Você, professor que lê este relato, pense: cada um vive a experiência de uma forma única, você, seus alunos, sua escola, equipes e famílias. A comunidade.

A tarefa foi intitulada (sim, eu e os alunos a intitulamos) como Experiências Literárias ou Experiências de Leitura, a fim de tocar as mentes e os corações diversos dos nossos estudantes da 3ª série do ensino médio. O fato de os estudantes participarem desde a concepção do nome da atividade desenvolvida na aula já gera uma conexão aluno-experiência-professor maior.

Não tem aula boa sem a conexão aluno-professor, pode apostar!

A conexão é importantíssima nas relações intelectuais-emocionais diárias entre os agentes participantes do ato educativo, o fazer e o refazer, a significação e a ressignificação dos fatos passados e presentes no cotidiano das aulas teóricas e práticas, das vivências escolares e da própria vida além dos muros escolares.

Todo componente curricular envolve a leitura e a escrita como competências.

Essa atividade ajudou a desconstruir um ensino engessado, em que o ensino médio serve apenas como trampolim para o Exame Nacional do Ensino Médio (Enem), vestibulares e concursos públicos. A leitura e a literatura consistem em mais do que testes de múltipla escolha quantificados, aliás surgiram antes... como é sabido.

A leitura perpassa todos os conhecimentos, e a literatura, por natureza científica e social, é interdisciplinar. As "experiências" nasceram ao perceber que a maioria dos alunos inicia a percepção do universo subjetivo da literatura brasileira/portuguesa por meio de processos concretos de aprendizagem, isto é, por meio de experiências pessoais únicas e coletivas vinculas ao ler real da maneira mais abrangente possível.

Notei por bate-papo com os alunos que muitos almejavam decorar as informações de leitura das narrativas literárias longas e curtas, como contos e crônicas e, no caso das mais longas, os livros de vestibulares da USP e da Universidade Estadual de Campinas (Unicamp), os maiores vestibulares do País.

Decorar não é aprender, apesar de a etimologia da palavra contar "algo mais" para nós. Aprender é se enriquecer por dentro e enriquecer por fora e fazer o prosperar por dentro e por fora. Infelizmente, as listas de livros são obrigatórias para os candidatos desses exames (UNIVERSIDADE DE SÃO PAULO, 2016; COMISSÃO PERMANENTE PARA VESTIBULARES, 2017), apesar de os livros literários brasileiros e portugueses jamais terem sido criados por suas escritoras e escritores com essa finalidade.

A experiência contemplou 120 alunos na faixa etária de 16 a 18 anos, 40 por classe de 3ª série do ensino médio. Todos os alunos participantes foram do último ano do ensino médio, no primeiro semestre letivo de 2016.

Cada experiência era aplicada em sala de aula por 10 a 15 minutos e permeada por regras flexíveis com fomento à criatividade dos indivíduos das equipes. A parte processual do trabalho em sala de aula é manancial poderoso para as metamorfoses do que é a leitura e do que é a literatura, suas vinculações ao mundo do cidadão e aos múltiplos papéis sociais e culturais.

É fato: literatura não existe por causa dos vestibulares, embora utilizem-na!

E usar a leitura e a literatura somente para essa finalidade é um pouco "desistir" do ato solene de ler por prazer e crescer em âmbito cognitivo-emocional. Ambas são patrimônios culturais inesgotáveis das boas habilidades de escrever, falar, ler e ouvir dos cidadãos, ou seja, da linguagem e simbologia humana.

O processo de leitura de mundo rompe paradigmas, não se compõe de decorar fórmulas e os elementos da narrativa:

---

*Disponível em: <https://sites.google.com/site/mocsuzano/>.

- **F = Foco narrativo**
- **A = Ação**
- **P = Personagens**
- **E = Espaço**
- **T = Tempo**

Nem da análise objetiva do "eu-lírico" em textos poéticos, e, sim, das correspondências entre sentidos e sentimentos da palavra escrita em um grande contexto de tempo e espaço. A operação com as experiências visou intuição e instinto, hipóteses, um oceano de mistérios de leitores, livros, textos e realidades. O educando deve ser conduzido pelo educador tendo como canais de força a autonomia e a liberdade. Nas experiências deste relato houve sucesso pela empatia entre o professor e os alunos, algo que pode dar certo ou errado. Experiência vem do ato de experimentar atitudes novas ou remodeladas entre alunos e professor, se cada indivíduo e turma são únicos.

Algumas experiências deram errado, mas todas despertaram no aluno o sentido de que leitura e literatura não se resumem no ato. O ato é só o começo. Cada classe se dividiu em grupos de 4 ou 5 integrantes (por experiência, equipes com mais de cinco integrantes em geral deixam a desejar no quesito capricho e dedicação). "Professor engajado, aluno engajado" é igual evolução de consciência na prática educativa, ou seja, é preciso se envolver para envolvê-los.

As equipes citadas receberam o seguinte desafio:

- Pesquisar profundamente textos de escritores brasileiros pré-escolhidos.
- Planejar e realizar experiências com seus colegas com foco nos textos escolhidos/escritor com objetividade e subjetividade.

Entre os instrumentos didáticos e pedagógicos utilizados pelas equipes, destaco: bandeiras, cadeiras, carteiras, diversos tipos de papéis (jornais e revistas), essências variadas, excertos de filmes, faixas, flores, gelo, incensos, lanternas, lenços, piscas-piscas, projetor, retalhos de tecidos, sucatas em geral (foco na sustentabilidade), ventiladores, videoclipes, etc., conforme a criatividade dos estudantes para o aumento do repertório afetivo, cultural e intelectual das turmas.

Para ousar a reflexão-ação: temos de compreender e colaborar para que a escola seja o ponto de mutação do retrato de mundo contemporâneo, porque ela é, se desejarmos e lutarmos por isso com otimismo e garra!

Uma unidade escolar não é eco do "mundo lá de fora". Pelo contrário, faz parte de "todos os mundos". A leitura na aula deve se misturar às leituras que nascem e renascem em nossos dias como *fanfics* e *wikis*, citando só alguns exemplos, que aprendi e aprendo com os meus estudantes.

Os escritores brasileiros nos quais concentramos as experiências, os olhares, as emoções dessas leituras em experiências, foram principalmente: Alice Ruiz, Ana Cristina César, Caio Fernando Abreu, Carolina Maria de Jesus, Cassandra Rios, Clarice Lispector, Cora Coralina, Carolina Maria de Jesus, Conceição Evaristo, Cruz e Souza, Fernando Sabino, Ferreira Gullar, Hilda Hilst, Machado de Assis, Marcos Rey, Maria Firmina dos Reis, Marina Colasanti, Nelson Rodrigues, Olga Savary, Orides Fontela, Paulo Leminski, Plínio Marcos, Rachel de Queiróz, entre outros.

Os passos didáticos buscaram luz no "ensino vocacional" (ASSOCIAÇÃO DOS EX-ALUNOS E AMIGOS DO VOCACIONAL, c2016) do Estado de São Paulo, experiência educacional na década de 1960 interrompida pela ditadura militar; na "Escola da Ponte" (ESCOLA DA PONTE, c2017), em Portugal; no projeto "Mate com Angu" (JORNAL FUTURA, 2015), da Escola Experimental da Lapa (PASSOS; FERREIRA; MATTE, 2013); e na Escola Parque de Anísio Teixeira (CORDEIRO, 2011), precursores e exponenciais dos quatro pilares da Unesco da Comissão Internacional da Educação do século XXI, organizada pelo francês Jacques Delors:

- **Aprender a conhecer**
- **Aprender a fazer**
- **Aprender a viver**
- **Aprender a ser**

As aprendizagens que as "experiências de leitura" geraram e geram são inúmeras; nós, como docentes, nunca podemos esquecer que a sala de aula é um espaço de humanidade e inteligência. Como professores, devemos viver de forma veemente a sala de aula em formato de "laboratório", isto é, processo em que se criam e reconstroem princípios, valores, pensamentos e ações dos seres sociais coletivos e individuais, do ser da língua e de linguagem.

Não podemos pensar em sala de aula e na língua materna – o idioma – sem poder e ideologia. É crucial que o professor demonstre aos jovens pontos cegos de reflexão e ação textuais e todos que a cátedra permitir. O laboratório citado anteriormente não é só do aluno, é nosso, é erro e acerto em re-formula-ação = reformulação.

Foi possível às turmas perceber que a leitura é – acima de tudo – ato cidadão e, portanto, de cidadania e sensibilidade, de leitura comportamental, épocas e universos que não se esgotam nas palavras de ruptura de padrões injustos, de uma folha de papel ou arquivo digital na atualidade, sejam quais forem os aspectos discursivos, literários e textuais tecidos, por exemplo, indiretamente às teorias das inteligências múltiplas, do psicólogo Howard Gardner (1994): lógico-matemática, linguística, musical, espacial, corporal-cinestésica, interpessoal, intrapessoal, naturalista e existencial.

Ler é ato político pelas funções da representação, comunicação, investigação, compreensão e da contextualização sociocultural por meio do domínio básico das variantes da língua portuguesa e do uso das diferentes linguagens para a expressão, construção e aplicação nas áreas dos conhecimentos de modo a investigar e compreender as realidades, o enfrentamento de decisões e o fundamentar consistentemente para a elaboração de novas e melhores realidades.

Reflexão – pessoal e profissional – para você, professora e professor: "Professores, alunos, responsáveis e sistemas não podem nem devem se comportar como barreiras diante das novas demandas que chegam à escola, ponto zero de esteio da sociedade após a família. Ser professor é ser alguém que arrisca!"

QUADRO 40.1 Passo a passo de possibilidades de "experiências" em sala de aula

1. Só é possível fazer atividade diversificadas com turmas em que o professor tem amigável relação. É preciso cultivá-la.
2. Verifique quais são os ambientes leitores da sua clientela escolar.
3. Comece a partir das afinidades literárias dos seus alunos. Quem são seus alunos?
4. Ouça seus alunos; ouça antes de agir. Ouvir é sentir, é ter empatia.
5. Caso você fosse o aluno, gostaria de ter a "sua" aula? A pergunta não é retórica, é provocação mesmo, sem desvios.
6. Pesquise sobre ideias de outros docentes, converse com outros colegas por *e-mail*, redes sociais, como Facebook e WhatsApp, ou leia bons *blogs* como de Leonardo Sakamoto* e Lola Aronovich.**
7. Anote as inspirações, aparecem e desaparecem como "animais em extinção".
8. Ensine a ser leitor, quem lê.
9. Veja a realidade da escola, perceba a realidade da sala e afine as experiências leitoras em suas aulas de qualquer área.
10. Quase tudo em didática pode mudar dependendo do país, estado, região, cidade, bairro, até rua. Preste atenção nos sinais que incidem em seu trabalho.

(Continua)

QUADRO 40.1 Passo a passo de possibilidades de "experiências" em sala de aula
(Continuação)

11. Cada sala/turma é diferente da outra. Nesse caso, toda regra tem exceção, sim, humanos não são máquinas.
12. Filtre as sugestões dos estudantes: "Você é o capitão desse navio".
13. Explique que a ação é experimental e pode dar errado.
14. Professor, não tenha medo de errar. A gente aprende em sala de aula errando também.
15. Professor, não tenha medo de arriscar. O risco é uma oportunidade.
16. Instigar é provocar positivamente a criatividade e criticidade dos seus estudantes com artes diversas: arquitetura, cinema, dança, escultura, fotografia, música, teatro, quadrinhos e *games*.
17. Lembre-se: todos os espaços da escola são espaços de ensinar e aprender. Não reduza o trabalho apenas ao "quadrado" sala.
18. Quem é seu público-alvo? Repita em todas as aulas.
19. Não tema o uso de escritores desconhecidos pelo aluno, não o subestime.
20. Leitura hoje é multiletramento, não só o livro físico, mas arquivos digitais, audiolivros e até o que está nascendo no momento que você lê este relato.
21. Qual é a sua "leitura de mundo"? Qual é a "leitura de mundo" da sua escola? Qual é a "leitura de mundo" do seu aluno? Qual "leitura de mundo" desejamos viver em um futuro próximo?
22. Valorize a cultura brasileira, todas as etnias e raças que formam nosso povo.
23. Mexa com a literatura informal, e com a oratura também.
24. Participe de concursos de redação. Existem inúmeros acontecendo no Brasil e até no exterior hoje em dia.
25. Não tem concurso de redação para participar, crie.
26. Exponha produções dos alunos nos murais da sua escola, mas avise antes. É impressionante como a qualidade melhora; vivi isso também em 2016.
27. Valorize o olhar respeitoso e tolerante às variantes linguísticas, sempre.
28. Trabalhe alicerçado em teorias fortes – coesas e coerentes –, mas lembre-se de que uma prática boa pode "quebrar" inúmeras teorias, inclusive as mais inquebráveis, devido à inflexibilidade.
29. Leituras que cruzem temas polêmicos chamam a atenção dos adolescentes.
30. Não sabe quais leituras, pergunte, não leem, investigue os temas que gostam de debater ou sobre os quais estão curiosos.
31. Coligue uma linha de tarefas com leituras fáceis, de média dificuldade e de muita dificuldade, assim treina o olhar compreensivo da turma.
32. Não menospreze seu trabalho nem a compreensão dos alunos.
33. Abra espaço*** de experiências para a literatura africana, indígena e marginal.
34. Crie ambientes de experiências para a literatura das regiões, dos estados, dos municípios e das macro e microrregiões. Conhecer seu redor social é conhecer-se.
35. Comunidades – pouco leitoras – podem iniciar com textos curtos: charges, contos, minicontos, minicrônicas, piadas, entre outros gêneros textuais.
36. Use dicionários (em papel ou digitais). Não faça deles seu inimigo e inimigo dos alunos, leitura é crescimento plurissignificativo.
37. Use enciclopédias (em papel ou digitais). Ler é ficar rico em cultura e história, desenvolvendo consciência atitudinal da ação/participação.
38. Inferência é possível.
39. Inferência não é certeza.
40. Professor, abuse da leitura do cotidiano escolar.
41. Aproveite toda a sua biblioteca escolar! Eu escrevi "TODA" – cada livro, cada folha, tesouros estão lá, e você nem imagina. Vá com seus alunos lá.
42. Crie expectativas, quebre tabus, leia em voz alta, leia trechos, comece as leituras de trás para a frente.
43. Cada experiência de cada grupo é livre.
44. Não espere resultados iguais. As formas de lidar com a literatura como arte e ciência são líquidas.
45. Peça ajuda aos colegas, troque opiniões.
46. Peça ajuda aos alunos e suas famílias, se precisar.
47. Peça ajuda à coordenação de curso (se tiver) ou à coordenação pedagógica.
48. Realize o exercício de autocrítica (autoavaliação) ao encerrar as "experiências".
49. Faça a sua autocrítica diariamente e realize exercícios de autocrítica com seus alunos.
50. Lembre-se de que as experiências citadas podem usar um ou vários sentidos do corpo e da alma de uma só vez.

*Disponível em: <https://blogdosakamoto.blogosfera.uol.com.br>.
**Disponível em: <http://escrevalolaescreva.blogspot.com.br>.
***Espaço aqui deve ser observado como objetivo e subjetivo.

REFERÊNCIAS

ASSOCIAÇÃO DOS EX-ALUNOS E AMIGOS DO VOCACIONAL. [*Site*]. c2016. Disponível em: <http://gvive.org.br/>. Acesso em: 30 ago. 2018.

BRASIL. *Lei nº 9.394, de 20 de dezembro de 1996*. Estabelece as diretrizes e bases da educação nacional. 1996. Disponível em: <http://www.planalto.gov.br/CCIVIL_03/Leis/L9394.htm>. Acesso em: 30 ago. 2018.

BRASIL. Ministério da Educação e do Desporto. Conselho Nacional de Educação. *Parecer CEB/CNE nº 15/98*. Diretrizes curriculares nacionais para o ensino médio. 1998. Disponível em: <http://portal.mec.gov.br/index.php?option=com_docman&view=download&alias=853-parecer-ceb-15-98-pdf&category_slug=documentos-pdf&Itemid=30192>. Acesso em: 30 ago. 2018.

COMISSÃO PERMANENTE PARA VESTIBULARES. *Unicamp divulga lista de livros válida para o Vestibular 2019*. 2017. Disponível em: <https://www.comvest.unicamp.br/unicamp-divulga-lista-de-livros-valida-para-o-vestibular-2019/>. Acesso em: 30 ago. 2018.

CORDEIRO, C. M. F. Anísio Teixeira, uma "visão" do futuro. *Estudos Avançados*, v. 15, n. 42, p. 241-258, 2001.

ESCOLA DA PONTE. *Bem vindo à Escola da Ponte*. c2017. Disponível em: <http://www.escoladaponte.pt/novo/>. Acesso em: 30 ago. 2018.

FREINET, C. *Para uma escola do povo*: guia prático para a organização material, técnica e pedagógica da escola popular. São Paulo: Martins Fontes, 1996.

GARDNER, H. *Estruturas da mente*: a teoria das múltiplas inteligências. Porto Alegre: Artmed, 1994.

JORNAL FUTURA. *Educadores pedem o tombamento da histórica escola "Mate com Angu"*. 2015. Disponível em: <https://www.youtube.com/watch?v=56cCbuqfv7Y>. Acesso em: 30 ago. 2018.

NAÇÕES UNIDAS. *Brasil ganha três novas inscrições no Registro Internacional Memória do Mundo*. 2017. Disponível em: <http://www.unesco.org/new/pt/brasilia/about-this-office/single-view/news/brazil_has_won_three_new_inscriptions_on_the_memory_of_the_w/>. Acesso em: 30 ago. 2018.

PASSOS, L. F.; FERREIRA, V. L.; MATTE, C. H. Escola experimental da Lapa: a cultura material revelando uma experiência curricular renovadora. In: CONGRESSO BRASILEIRO DE HISTÓRIA DA EDUCAÇÃO, 7., 2013, Cuiabá. *Anais...* Cuiabá: SBHE, 2013. Disponível em: <http://sbhe.org.br/novo/congressos/cbhe7/pdf/10-%20PATRIMONIOEDUCATIVO%20E%20CULTURA%20MATERIAL%20ESCOLAR/ESCOLA%20EXPERIMENTAL%20DA%20LAPA.pdf>. Acesso em: 30 ago. 2018.

PETRÓLEO BRASILEIRO S. A. *Projeto Mova Brasil*: desenvolvimento e cidadania. 2011. Disponível em: <http://www.movabrasil.org.br/wp-content/uploads/2011/09/PEPP-MOVA_Brasil.pdf>. Acesso em: 30 ago. 2018.

SAKAMOTO, L. *Blog do Sakamoto*. 2018. Disponível em: <https://blogdosakamoto.blogosfera.uol.com.br/>. Acesso em: 30 ago. 2018.

SÃO PAULO. Centro Paula Souza. *Sobre o Centro Paula Souza*. São Paulo: CPS, [2017]. Disponível em: <http://www.cps.sp.gov.br/sobre-o-centro-paula-souza/>. Acesso em: 30 ago. 2018.

SÃO PAULO. Consórcio de Desenvolvimento dos Municípios do Alto Tietê. [*Site*]. São Paulo: CONDEMAT, [2018]. Disponível em: <https://condemat.sp.gov.br/>. Acesso em: 30 ago. 2018.

UNIVERSIDADE DE SÃO PAULO. *Fuvest divulga lista de obras obrigatórias para os próximos três anos*. 2016. Disponível em: <http://www5.usp.br/106038/fuvest-divulga-lista-de-obras-obrigatorias-para-os-proximos-tres-anos/>. Acesso em: 30 ago. 2018.

LEITURAS RECOMENDADAS

ARELARO, L. R. G. *Neoliberalismo e Educação*. Revista da Ande, 1997.

AULETE, F. J. C. *Dicionário Caldas Aulete de bolso*. Porto Alegre: L&PM, 2007.

BRASIL. Ministério da Educação. Secretaria de Educação Básica. *Orientações curriculares para ensino médio*. Brasília: MEC, 2006. (Linguagens, Códigos e suas Tecnologias, v. 1).

CÂNDIDO, A. O direito à literatura. In: CÂNDIDO, A. *Vários escritos*. São Paulo: Duas Cidades, 1995.

FREIRE, P. *Pedagogia do oprimido*. Rio de Janeiro: Paz e Terra, 19710.

KLEIMAN, Â. *Texto e leitor*: aspectos cognitivos da leitura. Campinas: Pontes, 2002.

LAJOLO, M. *Do mundo da leitura para a leitura do mundo*. São Paulo: Ática, 1993.

NAÇÕES UNIDAS. *Repensar a educação*: rumo a um bem comum mundial. Brasília: UNESCO Brasil, 2016.

ROVAI, E. (Org.). *Ensino vocacional uma pedagogia atual*. São Paulo: Cortez, 2005.

SILVA, E. T. *O professor e o combate à alienação imposta*. 4. ed. São Paulo: Cortez, 2000.

TIBURI, M. *Feminismo em comum*: para todas, todes e todos. Rio de Janeiro: Rosa dos Tempos, 2018.

PARTE IV

EXPERIÊNCIAS INOVADORAS DE ALUNOS

PROJETO A CIDADE IDEAL

Regina Pundek

Nossa escola traduz a metodologia que pratica como pedagogia do respeito – um ambiente multietário, rico em aspectos da natureza e que representa um pedacinho da sociedade dentro do universo escolar. As aprendizagens surgem à medida que há curiosidade e significado. Temos como objetivo que os alunos consigam se reconhecer como sujeitos e autores de suas vidas, que atuem no grupo, respeitem o diferente, compreendam, criem e sigam regras, percebam e verbalizem sentimentos, esperem a vez, ouçam e desenvolvam a curiosidade científica e o prazer em aprender.

O projeto que apresento aqui fermentou de uma primeira ação isolada – assistir a um filme – para um desejo significativo das crianças. A partir de então, o desenrolar foi natural, sob o ponto de vista das intenções, e estruturado pedagogicamente, sob o ponto de vista da realização dos objetivos surgidos. Por se tratar de uma escola de educação infantil, sou eu, a professora que tocou o projeto, a porta-voz deste relato.

Ferramentas do trabalho:

1. Filmes sobre os Ikpeng, sobre a construção de casas ancestrais sustentáveis, sobre aterro sanitário e lixão, sobre convivência social e sobre reciclagem.
2. Rodas de conversa – a maioria foi filmada e gerou um segundo filme.
3. Passeios a pé pelo bairro para observar e reconhecer o entorno.
4. Passeios com as famílias por São Paulo.
5. Teatro (*Os saltimbancos*), oficinas de argila, recorte e colagem, desenho e pintura.

Produtos realizados:

1. Filme de resposta aos Ikpeng.
2. Filme sobre as reflexões e conversas das crianças da escola.
3. Maquete da cidade idealizada pelo grupo (Cidade Ideal).
4. Livro *Zumbilixos atacam a Cidade Ideal*.

A CIDADE IDEAL

Dar voz, acolher e encaminhar percepções e sugestões das crianças é um bom desafio para professores da educação infantil, que precisam lidar com as especificidades dessa fase tão egocêntrica. Escutar, buscar consenso e realizar! Em março de 2016, um grupo de crianças de 4, 5 e 6 anos assistiu a um filme realizado por crianças Ikpeng. Ao apresentar sua aldeia, suas brincadeiras e seus costumes, as crianças Ikpeng interrogavam como era a vida do espectador. Foi o que bastou para que os alunos da escola manifestassem o desejo de responder aos pequenos Ikpeng. Eu não tinha ideia do quanto alcançaríamos, tanto na profundidade da reflexão quanto na dinâmica das discussões, tampouco que realizaríamos quatro produtos concretos. Muito aprendemos juntos!

Levantado o desejo de realizar um filme-resposta, foi preciso pensar comparativamente como é a nossa vida. Como é nosso bairro? Nossa cidade? A seguir, apresento um recorte de falas das crianças:

> "A gente tem que contar para eles que tem tanto trânsito?"
> "Por que os brinquedos deles viram terra, e os nossos não?"
> "Eles podem brincar o tempo todo descalços, eles podem sair pra pescar sozinhos."
> "Por que a gente tem que ficar tanto dentro, e eles ficam sempre fora?"
> "Na minha casa tem muros e na deles, não!"
> "Nossas calçadas estão quebradas... eles não têm calçadas"

Decidimos começar com pequenos filmes, com uma das crianças narrando coisas de que gostamos na escola e as quais queremos compartilhar: o galinheiro, as cabras, as árvores, a tirolesa e todos os brinquedos de quintal, o lago com as tartarugas, a horta, a pintura de parede, as músicas, a culinária, o teatro e os passeios a pé pelo bairro.

Depois resolvemos ir mais longe geograficamente. Queríamos mostrar um museu de arte, ciclovias, o metrô, praças, parques, como realizar um consumo consciente, como fazemos composteiras para transformar o lixo orgânico em terra. Então, envolvemos as famílias e sorteamos quem filmaria o quê. Com a data de entrega marcada para outubro, íamos recebendo os filmes. Cada filme que chegava era orgulhosamente apresentado pela criança produtora e aplaudido pelos colegas.

A edição dos filmes feitos por nós e dos que as famílias enviaram no decorrer do ano resultou no filme-resposta aos Ikpeng. Quantas e quantas vezes vimos e revimos, conversamos e imaginamos como seria a chegada do filme lá no Xingu.

Todas essas vivências revolveram um terreno de indignações e dúvidas que afofamos e adubamos, e sofremos a incerteza de como seria a colheita. Não somente as crianças, mas nós, os professores, trouxemos nossos sonhos sociais para a mesa. Vale a pena conhecer o processo pelo qual passamos.

Um dia ganhei uma caixa de blocos de madeira, e as crianças logo começaram a construir o objeto dos desejos, a maquete dessa tal cidade que teríamos orgulho de mostrar aos Ikpeng (**Fig. 41.1**). Buscamos sucata, argila, galhos, pedras, areia e papelão e trabalhamos com afinco. Todos eram bem-vindos. Havia dias em que tínhamos tantas visitas interessadas em participar que as mesas se tornavam pequenas. O importante era seguir a regra de não destruir o que alguém havia construído. As decisões sobre o que seria feito eram tomadas na Roda de Conversa. A cidade começou com um museu de dinossauros, alguns animais, árvores, praia e um *shopping* só com "coisas pensadas" – esse é o jeito de dizerem que são coisas que não estragam o planeta e não geram lixo. Cada vez que fazíamos algo novo, apreciávamos e brincávamos um pouco. Foram meses de pensar, fazer, desfazer, repensar e fazer melhor.

Cada um de nós fez um boneco que representava a si próprio (**Fig. 41.2**). Todos os dias, depois de conversar e trabalhar, as crianças usufruíam da maquete. Nunca tive certeza se para elas gerava mais aprendizado o refletir e fazer

Figura 41.1 Construção da maquete.

Figura 41.2 Bonecos representando alunos e professores.

ou o atuar na cidade. Um dia percebi que meu boneco e o da professora Mônica estavam presos. Ao questionarmos por que haviam construído uma prisão, disseram: "Na nossa cidade, vai preso quem só trabalha e não brinca!" – quanta coisa para aprender com as crianças, não? A partir do dia seguinte, passamos a brincar na Cidade Ideal também. E conversamos sobre como os adultos usam seu tempo.

Diariamente surgiam boas ideias. As crianças não querem carros nem ônibus. Querem metrô, bicicletas e motos. Ah, e também barcos interurbanos. Também não querem supermercado, porque faz muito lixo! Então eu problematizava:

> EU: O que vamos comer?
> CRIANÇAS: Coisas plantadas e pescadas!
> EU: Tá, mas o que faremos com o lixo de outras coisas?
> CRIANÇAS: Qual?
> EU: Ué, tem lixo plástico para tudo que é lado!
> CRIANÇAS: Onde nasce o plástico?

Contei sobre o petróleo que, além dos plásticos, produz combustível e asfalto. De repente, uma menina falou bem alto: "Porcaria!". E, confesso, não pude deixar de concordar! Um menino contou a história de uma pessoa que "morreu afogada em uma enchente porque o asfalto não deixa a terra chupar a água da chuva!". Foi o que bastou para que decidissem que não teria asfalto na Cidade Ideal, afinal, não vai ter carro mesmo! Os aviões levantaram grandes dúvidas, então convocamos um pai, especialista em transporte urbano, que veio conversar com o grupo (**Fig. 41.3**). A partir daquela conversa, construímos veículos ecológicos, como balões, bicicletas, carroças e até carros eólicos.

Um dia propus que assistíssemos a um filme sobre aterro sanitário, lixão e fábricas de reciclagem. A partir dali, a conversa era: "Queremos uma fábrica de transformar plástico usado em coisa nova" (**Fig. 41.4**). Ela foi feita e recebeu um espaço especial na maquete.

Fomos visitar o terreno baldio ao lado da escola, que tem muitas árvores (**Fig. 41.5**): "Eba, eba, a gente vai na floresta!". Quanta decepção vivemos ao constatar o entulho que ali foi jogado! Voltamos de lá com a determinação de que: "Na nossa cidade não se pode destruir florestas; vai ter guarda florestal!". E muitos falaram que essa será a sua profissão futuramente.

Figura 41.3 Conversa com especialista em transporte urbano.

Figura 41.4 Fábrica de reciclagem.

Figura 41.5 Visita ao terreno baldio ao lado da escola.

O lixo foi reconhecido pelo grupo como o maior dos problemas. E foi assim que, aos poucos, surgiu uma brincadeira, que virou historinha e acabou se tornando um livro. Zumbis saem dos lixões à noite e invadem a cidade, fazendo uma sujeirada – por isso, chamam-se "zumbilixos". São monstros nojentos, melequentos e bagunceiros. Desaparecem à luz do sol. Proliferam-se na proporção do aumento da quantidade de lixo produzido. O questionamento sobre a forma de exterminá-los foi bem educativo. O enredo se desenrola com a clareza da mentalidade infantil. Enquanto os adultos não forem educados, nada funcionará. Por isso, eles são encaminhados a uma escola especial, onde aprenderão a cuidar do planeta. Desenhamos as personagens e, aos poucos, estruturamos o enredo (**Fig. 41.6**). Ficamos orgulhosos do nosso livro/solução!

Em algum momento, sugerimos aos pais que levassem as crianças ao teatro para assistir à peça *Os saltimbancos*, e a conversa rendeu. A partir daí, meus pequenos começaram a pensar sobre o que cada um deles desejava. Acendi uma vela no meio da roda e pedi que fechassem os olhos para buscar no coração os seus desejos. No início, queriam casas de chocolate e outras guloseimas, árvores de brinquedos, torneiras de suco e muitas balas pelos caminhos. Eu quis saber se as pessoas iam se comportar em um lugar assim, se não seria bom

Figura 41.6 Fotos do livro *Zumbilixos atacam a Cidade Ideal*.

ter um prefeito ou governador para controlar quem comeria tudo aquilo. Mas as crianças foram incisivas:

> CRIANÇAS: Não! Não vai ter ninguém mandando! Ninguém vai ser chefe aqui! As pessoas vão resolver tudo em reunião!
> EU: Ah é? Mas olha só, aqui na escola precisa da professora para que uma conversa não fuja do assunto e consiga terminar. Como vai ser na cidade?
> CRIANÇAS: Todos já terão aprendido, porque as escolas vão ensinar a conversar, escutar e resolver problemas!
> EU: Ah, então vai ter escola? Ainda não fizemos.
> CRIANÇAS: Claro! Todo mundo tem que aprender e também pra se divertir!
> EU: Como vai ser essa escola?
> CRIANÇAS: Ué, Rê, vai ser uma escola com coisas divertidas para fazer, onde a gente possa andar descalço, brincar na água, escolher o que quer fazer e professoras que abraçam!

Confesso que fiquei realizada ao constatar que a escola idealizada corresponde à nossa prática.

Muitas vezes, ouvimos a música *A cidade ideal*, dos *Saltimbancos*, e um dia um menino disse:

> MENINO: Essa música me deixa triste!

Eu quis saber por que, e ele respondeu:

> MENINO: Porque fala das coisas que não tem!
> EU: Como assim?
> MENINO: Os animais precisam de coisas, e ninguém liga. Eles têm que ir embora, porque não dá pra ter o que querem.

Outra criança respondeu:

> MENINO: Por isso, eles foram embora procurar sua cidade ideal.

Um dia olhando para a nossa Cidade Ideal, uma criança disse: "*Tá* faltando casa de morar, só tem loja, cinema, livraria...". Pesquisamos casas ancestrais e bioconstrução (**Fig. 41.7**). Começamos a construção de moradias, fizemos também um cinema, uma igreja, uma biblioteca e uma loja para a venda de alimentos e artesanato. O antigo *shopping* foi desfeito! Nossas moradias são redondas e de argila, com galhos de sustentação. Inicialmente foram enfileiradas formando ruas, mas, em algumas semanas, as crianças desejaram uma área comum para brincar. As casas foram todas viradas para o centro, formando um círculo. Então uma menina comentou: "Como a dos índios, eles são bem sabidos". Depois, eu trouxe uma estrutura metálica de um vaso antigo, que, virada de cabeça para baixo,

Figura 41.7 Construção de casas.

é uma cúpula geodésica e tornou-se o parque de diversões (**Fig. 41.8**).

Montamos, desmontamos e remontamos a Cidade Ideal, fizemos mapa com planejamento urbano, sempre na tentativa de facilitar a vida dos habitantes. No nosso último planejamento, agrupamos a área urbana, a central e a comercial, a área rural e a de lazer e, distante da cidade, foi colocada a máquina devoradora de lixo.

Surgiam perguntas entre eles mesmos: como levariam o lixo até a máquina devoradora se o rio está separando os espaços? Foi interessante verificar que as pontes não surgiram como resposta imediata. Primeiro, pensaram em pranchas de *surf*, depois em barcos e, somente então, surgiram as pontes.

A Cidade Ideal envolveu toda a escola. Crianças e professores vinham visitar nosso espaço, trazendo ideias, querendo brincar (**Fig. 41.9**). Ela não é estática, mas orgânica, sujeita a mudanças de acordo com a maioria. As crianças percebem a necessidade de sermos democráticos, elegermos as melhores ideias e as praticarmos. Ouvir as crianças, o quanto sabem e o quanto percebem, é uma revelação que nos compromete. Elas esperam uma mudança viva e real que saia da nossa maquete e invada nossas ruas, nosso bairro e nossa cidade. Responsabilizam os adultos pelo estado em que se encontra a sociedade. Isso ficou muito claro especialmente na questão do lixo e do desejo de não haver governo.

Figura 41.8 Nova configuração da cidade.

Figura 41.9 Visitas à Cidade Ideal.

O significado e a importância do trabalho foram sendo revelados à medida que ele fluía. Cada conversa, cada construção, cada filme, cada passeio se somavam em um universo de percepções e entendimentos do que é a vida em sociedade.

Para encerrar o ano, decidimos montar cenário, fazer fantasias, ensaiar e apresentar para as famílias e para todos os colegas da escola a peça *Zumbilixos atacam a Cidade Ideal* (**Fig. 41.10**).

Foi um ano intenso, rico e ousado! Preocupo-me, porque tanto os professores como meus meninos e minhas meninas sonharam alto. Dei corda, ateei fogo. Agora a Cidade Ideal mora dentro de nós (**Fig. 41.11**).

FILME MOTIVADOR

Vídeo das crianças Ikpeng para o mundo (dublado).
https://www.youtube.com/watch?v=28r1cj0xwEs&t=636s0

FILMES REALIZADOS

Filme-resposta às crianças Ikpeng. Disponível em: https://www.youtube.com/watch?v=zRJO89e9ioE

Vídeo *Cidade Ideal: um compilado das reflexões e discussões que acompanharam o processo da Cidade Ideal*. Disponível em: <https://www.youtube.com/watch?v=6yI5d8V6d3I&t=5s>.

Figura 41.10 Encenação da peça *Zumbilixos atacam a Cidade Ideal*.

Figura 41.11 A Cidade Ideal.

EDUCAÇÃO AGORA:
possibilidade de implementação de projetos educacionais a partir da cultura *maker*

Thiago Stefanin

O projeto Educação Agora é uma iniciativa dos estudantes da Escola Estadual Eduardo Velho Filho da cidade de Bauru/SP, que se organizaram junto aos discentes da Universidade Estadual Paulista (Unesp). Essa ação teve como objetivo disseminar e promover a cultura *maker* (PAPERT, 1993; BLIKSTEIN, 2013; ANDERSON, 2014) em espaços de ensino formal, proporcionando processos de aprendizagem que potencializam habilidades nas diversas áreas do conhecimento e fazem parte do dia a dia dos educandos, a fim de desenvolver projetos de seu interesse.

O acesso às tecnologias emergentes contribui para o desenvolvimento de dispositivos e projetos domésticos que abrem novas fronteiras e possibilidades para aplicações inéditas. Como projeto inicial, foi decidido realizar um estudo aprofundado sobre as relações econômicas e sociais envolvidas no processo de produção do alimento que abastece o mercado interno, com levantamento das principais problemáticas e soluções. A partir desse estudo, foi desenvolvido um protótipo com potencial real para sanar algumas deficiências desse processo, agregando as tecnologias de forma inovadora na ampliação da produção local, visando o incremento na qualidade dos produtos alimentícios em oferta.

Ao final, foi desenvolvido um protótipo que se configura em uma horta autônoma com conceitos de automação que visam auxiliar a implementação e a manutenção de cultivos alimentícios que sejam de fácil manuseio com equipamentos de baixo custo, além da possibilidade de expansão e implementação de sistemas auxiliares de monitoramento e instrumentalização de espaços inteligentes. Essa iniciativa espera que os processos educacionais empregados, assim como as metodologias emergentes, promovam o fazer e pensar contemporâneo, traçando novas diretrizes para a educação.

A presente pesquisa foi aplicada em colaboração com o SaguiLab Unesp/Bauru e a Escola Estadual Eduardo Velho Filho e está inserida no Programa Educação Compromisso de São Paulo, instituído pelo Decreto nº 57.571, de 2 de dezembro de 2011 (SÃO PAULO, 2011). Um dos pilares desse programa foi lançar as bases de um novo modelo de escola e de um regime mais atrativo na carreira do magistério.

Junto desse programa, está o modelo de Escola de Tempo Integral do Estado de São Paulo, implementado em 2012, como uma grande inovação de ensino que abriu novas oportunidades para os alunos que ingressaram em tal modelo educacional, com a implementação de disciplinas alternativas que se distinguem das tradicionais pelo conteúdo nelas apresentado, como disciplinas eletivas, clubes, projeto de vida, preparação acadêmica e mundo do trabalho.

Com um incentivo maior vindo dos professores por firmarem um compromisso integral com a escola, os alunos que fazem parte do modelo são inspirados na elaboração de um futuro condizente com suas habilidades, a partir de uma ampliação do senso reflexivo sobre si mesmos e sobre o mundo que os envolve (desenvolvido sobretudo na disciplina de projeto de vida).

Um dos importantes diferenciais que uma escola de ensino integral abrange em seu currículo é o clube juvenil, no qual os alunos são incentivados a compartilhar, por meio de aulas por eles elaboradas, informações sobre uma matéria escolhida anteriormente, a qual pode estar no currículo do ensino médio ou não. O clube também leva aqueles que são escolhidos como "líderes" a adquirir um senso de organização e responsabilidade que pode ser aplicado em situações diárias e/ou profissionais. Os principais diferenciais de uma escola de ensino integral são:

- Clubes: autonomia que gera nos alunos
- Reuniões semanais com a participação de líderes das salas
- Diversas eletivas que auxiliam no currículo e preferência dos alunos em relação ao projeto de vida
- Biblioteca: gama de livros e inspiração dada pelos professores para estudar
- Laboratório: leva os alunos a um ambiente que envolve atividades práticas na implementação do conhecimento pedagógico a partir de experimentos
- Intervenções artísticas: auxiliam a criatividade, a interação social, o trabalho em equipe e a elaboração e o desenvolvimento de ideias.

EDUCAÇÃO AGORA

Essa iniciativa partiu dos alunos da escola, que se organizaram junto ao projeto de extensão SaguiLab, da Unesp. Essa ação tem como objetivo disseminar e promover a cultura *maker* em espaços de ensino formal, proporcionando processos de aprendizagem que potencializam habilidades nas diversas áreas do conhecimento que fazem parte do dia a dia dos educandos, a fim de desenvolver projetos de seu interesse. O acesso às tecnologias emergentes contribui no desenvolvimento de dispositivos e projetos domésticos que abrem novas fronteiras e possibilidades para aplicações inéditas.

O aluno, por meio do pensamento computacional, passa primeiramente a perceber o que em seu meio necessita de mudança. Essa necessidade de mudança pode partir de uma percepção material, integrando a experiência da pesquisa e da investigação. O compartilhamento por virtualidades torna esses objetos hápticos capazes de formar escola e alunos inclusivos e não restritos somente ao meio escolar, e, sim, atuando em outros espaços e esferas políticas, ativando múltiplas conexões sociais.

Dessa forma, foram aplicados questionários pré e pós-avaliativos sobre o método realizado. Foi executada a montagem de um protótipo de horta autônoma utilizando *hardware* e *software* (Arduino) abertos e livres de direitos autorais, configurando-se em um recurso educacional aberto (REA).

Como análise das habilidades e dos conhecimentos dos participantes, foram aplicados questionários não diretivos (THIOLLENT, 2008). Esses questionários pretendiam identificar as habilidades autodeclaradas dos alunos e reconhecer o que gostariam de aprender a fazer. Dessa forma, o preenchimento de formulários e o exame dos resultados determinaram os próximos encontros, que foram construídos de acordo com a demanda analisada pelas informações coletadas no primeiro encontro. Assim, foi possível verificar os principais interesses e conhecimentos que os alunos almejavam, e, dessa forma, ajustar o programa de atividades, que foi desenvolvido ao longo de 24 horas de atividades práticas, participativas e compartilhadas de pesquisa, construção e aplicações até ser feita a entrega do primeiro protótipo para a exibição em uma feira de ciências.

A seguir, ilustramos as principais respostas do questionário inicial que destaca quais as habilidades mais notáveis que os estudantes gostariam de desenvolver (**Fig. 42.1**).

O primeiro questionário de registro dos alunos de interesses e habilidades resultou em manipulação de tecnologia, programação, robótica, desenho digital, eletrônica e engenharia mecânica.

A segunda parte das perguntas busca mapear quais as habilidades que os estudantes participantes consideravam dominar e gostariam de compartilhar e, dessa forma, colaborar com o projeto. A **Figura 42.2** apresenta os principais resultados.

Destacamos cinco ocorrências para matemática e quatro para lógica, além de duas para desenho: todas as habilidades que competem com a construção de protótipos computacionais e tecnológicos.

No final do projeto, após a participação na feira de ciências, foi solicitada uma autoavaliação quanto à participação dos alunos no projeto (**Figs. 42.3** e **42.4**).

Ao final, foi desenvolvido um protótipo, que se configura em uma horta autônoma, que demonstra conceitos de automação, com o objetivo de auxiliar a implementação e a manutenção de cultivos alimentícios que sejam de fácil manuseio com equipamentos de baixo custo, além da possibilidade de expansão e implementação de sistemas auxiliares de monitoramento e instrumentalização de espaços inteligentes. Essa iniciativa espera que os processos educacionais empregados, assim como as metodologias emergentes, promovam o fazer e pensar contemporâneo, traçando novas diretrizes para a educação.

O protótipo tem um módulo de sensor de umidade do solo, higrômetro, que recebe um comando do Arduino, realizando uma leitura da densidade do solo (identificando se está seco, molhado, desativado ou apenas em água). Depois, manda a leitura realizada em seu siste-

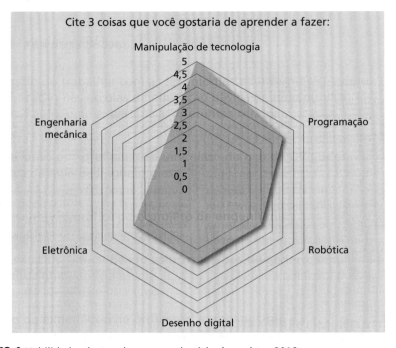

Figura 42.1 Habilidades destacadas no questionário de registro 2016.

Inovações Radicais na Educação Brasileira   **475**

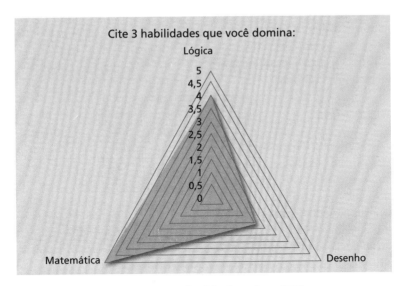

Figura 42.2 Habilidades destacadas no questionário de registro 2016.

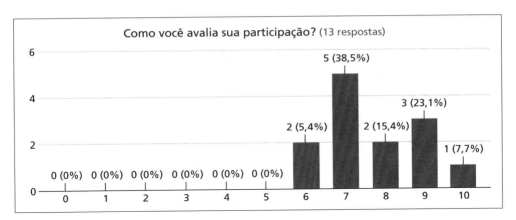

Figura 42.3 Autoavaliação dos participantes em 2016.

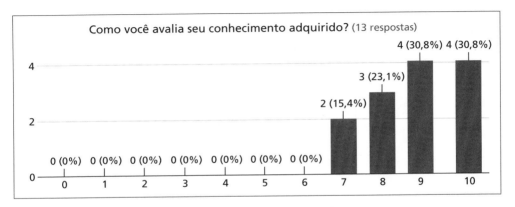

Figura 42.4 Autoavaliação do conhecimento adquirido em 2016.

ma, que monitora os dados e armazena no *log*; e a válvula solenoide, por sua vez, abre a passagem de água se a leitura do sensor de umidade indicar que o solo está seco.

Ferramentas *on-line*

Como recurso documentacional e instrumental, usamos *sites* de compartilhamento de projetos, como o instructables.com, para buscar projetos semelhantes que auxiliassem no desenvolver de nosso projeto. Em relação à forma de registro e ao gerenciamento, foi aplicada uma metodologia aberta e participativa por meio de documentos compartilhados no Google Docs, livre para todos os participantes colaborarem em todas as etapas de desenvolvimento do projeto, a saber:

Garduino: biblioteca Arduino de hortas e irrigação automática
Instructables: tutoriais
Make: tutoriais
Google Docs: documentação e gerenciamento
ThingSpeak: IoT server broker

As relações práticas e de compartilhamento hoje, em *sites*, Facebook, e outras redes sociais, é algo a ser considerado na educação, pois vai além do entretenimento, do raciocínio lógico e digital. Por isso, utilizamos essas redes e outras, como WhatsApp, para, além do foco comunicacional, gerenciar arquivos e documentos. Essas ferramentas juntas do Google Drive e Docs proporcionaram um trabalho democrático e aberto em todas as suas camadas de implementação.

A programação e a instrumentalização de *hardware* e *software* livre é uma possibilidade de construção de conhecimento, exercícios críticos, interpretativos, além das múltiplas possibilidades de criação artística.

Consideramos que o formato da horta é compacto (ocupa pouco espaço), de baixo custo tecnológico e de fácil acessibilidade, já que os materiais usados podem ser adquiridos em lojas de componentes eletrônicos, ou até equipamentos usados, além de ser de prática locomoção e construção. É esperado que o resultado final seja aplicado por pequenos produtores em hortas, residências e, até mesmo, escolas para produção de alimentos de consumo próprio que possam ser utilizados de forma prática.

Os estudantes participaram efetivamente das atividades teórico-práticas, aprendendo a trabalhar em equipe e unir a tecnologia a partir de métodos alternativos, prototipando uma horta com sistema de irrigação automatizada. Com isso, pretendem melhorar a qualidade nutricional da escola.

A abertura do modelo da escola para a implantação de um projeto inovador facilitou sua aplicação, resultando em um projeto de fácil acesso, alta aceitabilidade, com baixo custo financeiro e que pode proporcionar a economia dos recursos naturais para gerar consciência pelo meio da reflexão, pesquisa, prática e inovação.

REFERÊNCIAS

ANDERSON, C. *Makers*: the new industrial revolution. New York: Crow Business, 2014.

BLIKSTEIN, Paulo. Digital fabrication and 'making 'in education: The democratization of invention. *FabLabs:* of machines, makers and inventors, v. 4, p. 1-21, 2013.

PAPERT, S. *The children's machine*: rethinking school in the age of the computer. New York: Basic Books, 1993.

SÃO PAULO. *Decreto nº 57.571, de 2 de dezembro de 2011*. Institui, junto à Secretaria da Educação, o Programa Educação - Compromisso de São Paulo e dá providências correlatas. 2011. Disponível em: <https://www.al.sp.gov.br/repositorio/legislacao/decreto/2011/decreto-57571-02.12.2011.html>. Acesso em: 31 ago. 2018.

THIOLLENT, M. J. *Metodologia da pesquisa-ação*. 16. ed. São Paulo: Cortez, 2008.

PROJETO TOGOTOY

Giulia Yosue Kawakami Pereira | Vitor Yamashita Akamine

Teoria e prática nem sempre se acompanham. Como estudantes universitários, observamos que são raras as oportunidades de expandir ideias concebidas dentro da sala de aula e vemos muitos projetos com potencial de se consolidar fora do ambiente acadêmico sendo esquecidos. A partir de nosso relato, gostaríamos de ressaltar a importância de termos sido alunos de professores que não se contentaram apenas com a teoria, mas que, com suas aulas, nos estimularam a buscar também fora da universidade recursos necessários para que pudéssemos desenvolver um projeto capaz de trazer, a partir da integração, uma nova abordagem aos brinquedos inclusivos hoje no mercado.

A inspiração para esse projeto surgiu em meio a uma disciplina da faculdade, partindo da premissa de que os alunos deveriam aprender os processos da modelagem 3D com a criação de um brinquedo infantil. Além dos requisitos obrigatórios, a professora nos incitou a entrar em contato com o Centro de Desenvolvimento de Produtos da universidade e a pesquisar métodos de prototipagem aplicáveis ao brinquedo, para que nos atentássemos à compatibilidade do projeto aos meios de produção industriais. Mas a recomendação de maior impacto foi a de projetarmos um brinquedo acessível ao maior número de crianças possível, o que nos levou a dar início ao desenvolvimento de um brinquedo inclusivo voltado para crianças com deficiência visual.

Nosso brinquedo se chama TOGOTOY (**Figs. 43.1** e **43.2**), nome que vem da palavra japonesa 統合 (to-go-) que significa integra-

Figura 43.1 TOGOTOY.

Figura 43.2 TOGOTOY – peça.

ção, que é nosso maior objetivo: criar um brinquedo com o qual crianças videntes e crianças com deficiência visual possam brincar juntas e demonstrar que, apesar de parecerem universos distantes, as diferentes características das crianças são, na verdade, complementares – especialmente quando estimuladas a participar, de forma cooperativa, de uma atividade lúdica. A nossa proposta é que elas criem as próprias histórias, encaixando blocos que contêm palavras-chave para o enredo, construindo simultaneamente a estrutura que desejarem, estimulando, assim, a cooperação e a integração entre elas.

Logo no início do processo, percebemos que o ambiente acadêmico não seria o suficiente para entendermos a complexidade das implicações da deficiência visual no cotidiano das pessoas. E foi nesse momento que conhecemos Jair Barbosa: bibliotecário e professor de braille na Biblioteca Louis Braille, Centro Cultural São Paulo – uma das pessoas mais importantes para o "pontapé" inicial do brinquedo. Conversando com ele, pudemos aprender muito sobre a perspectiva das pessoas com deficiência visual sobre mobilidade, independência, relações interpessoais, educação e, especialmente, sobre suas reais necessidades, procurando entender de que forma poderíamos ajudar de fato.

Muito além de enriquecer o projeto, nossa relação com o Jair causou impacto muito grande sobre nossa ideia preconcebida de como seria a vida das pessoas que não podem contar com a visão. Muitos dos preconceitos que inconscientemente carregávamos foram se extinguindo à medida que fomos conhecendo ainda mais pessoas interessadas em contribuir e compartilhar experiências e que acabaram se tornando nossas amigas, como o locutor da rádio Transamérica André Batista Ferreira e o fotógrafo Dimang Kon Beu, que nos ensinaram muito a respeito do período de adaptação e sobre como reinventaram sua vida profissional após a perda da visão na idade adulta.

Além dos depoimentos de adultos, logo após a consolidação do primeiro protótipo do TOGOTOY, o Instituto Padre Chico – uma das mais antigas e respeitadas instituições de ensino para crianças com deficiência visual no Brasil – nos confiou um período de tempo com seus alunos em uma classe com crianças videntes e crianças com deficiência visual para a realização de nosso primeiro teste. O teste em si foi bom, e, com ele, pudemos perceber diversos detalhes que teríamos de mudar se quiséssemos oferecer às crianças um brinquedo realmente atrativo e divertido. Contudo, o maior aprendizado que levamos dessa experiência, na verdade, foi em relação à abordagem que mais se adequaria às crianças, pois a maioria delas precisa lidar com dois ou mais tipos de deficiência, o que torna o processo de aprendizagem muito mais complexo.

Todos os depoimentos que escutamos ao longo do tempo, além de nos sensibilizar, foram essenciais para nos nortear durante os primeiros rascunhos das peças do TOGOTOY. Contudo, o contato com os Fab Labs foi o que garantiu nosso avanço no projeto, tornando possível realizarmos diversos testes e a consolidação do primeiro protótipo. O contato com a cultura *maker* se deu primeiramente na universidade, em uma disciplina em que, novamente, o professor exalta a importância da aplicação prática dos projetos e como eles podem crescer a partir da criação colaborativa, apresentando diversas ferramentas que promovem o envolvimento de uma rede que pode impactar de modo positivo uma comunidade.

A unidade do Centro Cultural São Paulo dos Fab Labs Livres da Prefeitura de São Paulo acolheu o TOGOTOY de braços abertos, e, desde então, formamos uma parceria para a criação de nossos protótipos. Os blocos são impressos em impressoras 3D, em poliácido láctico (PLA) – o que nos garante a rapidez e a precisão necessárias para testarmos as peças e melhorarmos o projeto. No decorrer do processo, foi possível perceber a importância da prototipagem e da atenção aos pequenos detalhes, que, na maioria das vezes, são os principais responsáveis por nosso avanço ou retrocesso. Nossa convivência com o ambiente dos Fab Labs e o envolvimento com a Rede Fab Lab Brasil também nos ofereceram diversas oportunidades de encontrar pessoas com conhecimento de diversas áreas que puderam nos ajudar com sugestões, novas ideias e contatos.

Unindo os depoimentos das pessoas com deficiência visual que se disponibilizaram a nos ajudar à rapidez da prototipagem usando a impressora 3D e à rede de contatos que o envolvimento com o movimento *maker* nos proporcionou, o TOGOTOY ganhou um ritmo acelerado e, após três meses de desenvolvimento, fomos selecionados para participar da Fab Learn Conference 2016 – primeira edição na América Latina, em São Paulo, Brasil. A presença em peso da comunidade de professores e profissionais envolvidos no aprimoramento da educação no Brasil foi uma importante oportunidade de medir o impacto que nosso brinquedo poderia gerar no processo de desenvolvimento infantil, bem como de discutir com profissionais o potencial de auxiliar, com uma abordagem muito mais dinâmica e leve, no processo de alfabetização em sala de aula.

Logo após o Fab Learn, mostramos nosso projeto no MakerFest (primeira edição). Na ocasião, foi possível testar o brinquedo com crianças de diversas idades. Outra grande oportunidade para o TOGOTOY foi o convite para participarmos da primeira edição do International Symposium on Academic Makerspaces 2016 (ISAM), onde foi possível obter um maior entendimento da dimensão do movimento *maker* e de como são os Fab Labs do mundo todo. Além disso, apresentamos nosso projeto para diversas pessoas ligadas ao movimento *maker* e obtivemos muitas sugestões e fizemos muitos contatos. Ao final do ISAM 2016, fomos premiados como o melhor pôster da categoria de estudantes. Também participamos, em parceria com a Rede Fab Lab, da Campus Party BR 2017. Nesse evento, mostramos o TOGOTOY para diversas pessoas ligadas à tecnologia e também fizemos alguns contatos importantes para a continuidade do projeto.

Estamos orgulhosos do nosso brinquedo e pretendemos consolidá-lo para que seja de fato útil para as crianças. As parcerias que estamos firmando serão extremamente importantes para concretizarmos esse desejo. Esperamos que o relato de nossa experiência possa inspirar muitos professores a estimularem a continuidade de projetos para além da sala de aula e também muitos alunos a acreditarem em suas ideias. Todo o nosso aprendizado foi alcançado especialmente por termos unido o conhecimento absorvido na universidade aos recursos e contatos que fizemos ao longo da nossa trajetória. Por isso, ressaltamos a importância de aulas que incitem no aluno a curiosidade e a confiança para fazê-lo ver o potencial que todos nós temos para fazer a diferença.